昭和後期の科学思想史

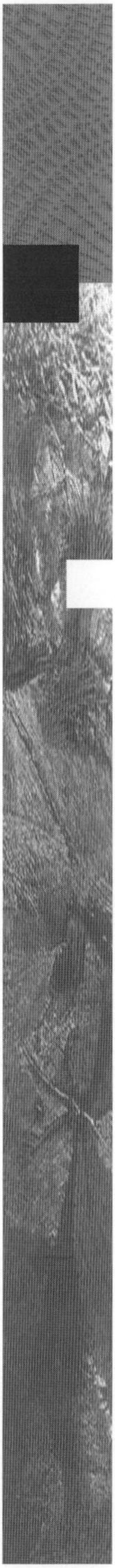

Essais d'histoire de la pensée scientifique au Japon moderne

La pensée japonaise sur les sciences approximativement entre les années 1940 et 1980

金森 修［編著］

Osamu Kanamori éd.

勁草書房

昭和後期の科学思想史　目次

目次

第一部

目次

第一部

第一章　武谷三男論
——科学主義の淵源

金山浩司

自然科学は最も有効な最も実力ある最も進歩せる学問である事は万人が認めるところである。かかる優れた学問を正しくつかみ正しく押し進めている自然科学者は最も能力ある人々でありこれら人々の考え方は必ずや一般人を導くものでなければならぬ。

——武谷三男（武谷：1946b, p. 12）

自由意思をもつ人間、崇高で美しく、しかも時には恐ろしく残虐で醜くもなる、そういう人間というものをそのなかに含んでいるシステムを取り扱うのに、自然現象だけを含むシステムと同じ手法が使えるかどうか、使えるにしても、それによって得られる解答に何らかの限界があるのか、ないのか、そういうことをわれわれはまだ知らないのです。

——朝永振一郎（朝永：1972, p. 34）

はじめに

武谷三男は、いまなお注目を集めている。

生誕百年、没後一〇年以上を経ている言論人である武谷は、現在でも決して「忘れられた」存在とはなっていないと思われる。二〇一〇年には戦後間もなく出版された『弁証法の諸問題』の新装版が再刊され（武谷：2010）[1]、『物理学入門――力と運動』も二〇一四年には再刊された（武谷：2014）。本章でこれから言及するような武谷に対する強力な批判者たちの著作が入手しにくくなっており彼らの名もなじみなくなってきているのに比すれば、武谷の名は現代の読者にも比較的記憶されているものであろう。また、科学史家たちあるいは科学史に関心をもつ科学者たちの研究対象としても、関心を集め続けている。二〇一三年には生物学者としての立場から武谷の科学論を批判的に再検討する書もあらわれた（伊藤：2013）。二〇一四年の科学史学会年会では、本章の筆者のものを含めて武谷を主な対象とした口頭発表が三件行われている（日本科学史学会：2014）[2]。

武谷がその長い生涯において残した評論は、量的にも膨大であり、彼の言論の対象は実に多岐にわたっている。安全性、科学の発展あるいは自然の構造についての仮説、冷戦下にあっての核戦争の見通し、原子力発電所の日本への導入問題、哲学と科学の相関関係、都市政策、人権に関する考察、芸術論。同じく物理学をホームグラウンドとして同時代を生きた科学者たちの中には、湯川秀樹、朝永振一郎をはじめとして、科学界を超えた一般言論空間の中で活躍した者は数多いが、これほどあらゆるテーマにつき意見を吐き出した人物は、ほかに例をみない。

その活動の多彩さゆえに、武谷の全体像を論じた研究はいまだ存在しないといってよい。本章でも、この大きな人物の思想・行動を余すところなく描出する、というわけにはおそらくいくまい。そもそも、一九六〇―七〇年代の時点での代表的著作を集めた『武谷三男著作集』『武谷三男現代論集』（いずれも勁草書房より刊行）にしてからがあわせて一三巻、五千頁にのぼるというこの著者に対しては、仮にありとあらゆる彼の言論活動を、あるいは年譜にしたがい、あるいは適宜分類しながら追ってみたところで、意味なしとはいわないまでも、退屈な作業になってしまいかねないであろう。

本章ではむしろ、科学論を中心に彼の主要著作群を検討することにより、戦後に武谷が示したさまざまな見解の根本にある態度を浮き彫りにする、という手法をとってみたい。科学や技術はどういった意味で社会経済的に規定されているといえるのか？ 科学者・技術者の人間社会における位置づけ・特殊性はどこにあるか？ 科学的合理性を備えていることと倫理的に善であることとの関係はいかなるものか？ こうした問いに対して武谷がいかに答え、いかなる考えをもっていたのか、それを彼自身の書いたものを手掛かりに読み解いていき、彼の思想に統一された像を与えることが、本章の目論見である。武谷の科学論については現在までも中山茂や吉岡斉による批判的検討があるが（中山：1995；吉岡：1984）、彼らがどちらかというと武谷の生きた社会状況の諸相のもとに彼の著作を検討しているのに対し、本章では、理論的側面の厳密な分析により力を注ぐとともに、数十年間の長きにわたって多様な対象に立ち向かってきた武谷に通底する基本的発想・認識論的立場を剔出することをめざすこととする。

後述するように、武谷の基本思想は戦時中からの読書・討論などにより形成され、すでに一九四〇年代の時点でまとまった形をとるにいたっていた。本書は『昭和後期の科学思想史』という表題をもっているが、武谷を思想史的に論じようとするならば、どうしても戦前期にさかのぼって彼の根本思想の形成をたどったうえで、一九五〇年ごろまでに定式化され発表された諸論考に着目せざるをえない。明らかに「昭和前期」に属する時期の武谷の論考を分析することにかなりのページが割かれることを、あらかじめ断っておきたい。

第一節　生い立ちと自己形成

武谷三男は、マージナル・マンである。

武谷の知的屋台骨となっているのは、ひとつには自身が専攻していた学問分野である物理学であり、彼自身、自身が科学者の一員であることをことあるたびに強調していた。また、技術者・技術論者たちとの討論を通じて鍛えあげた技術論ももうひとつの屋台骨といえる。これら諸領域における議論の内在的側面を追究することは重要であり、その作業は後の節で行うこととなるが、本章の目的に照らしても、武谷の個人史を規定してきた社会的・経済的側面を剔出することはある程度は避けて通ることができない。本節ではまず、戦前期の若き日に武谷がおかれていた知的社会的状況と世相を描出することで、この論者のスタイルが拠ってくるところにつき、考えていこう。以下、年表風の記述も含めて、武谷の生い立ちを性格づけてみたい。

武谷の生家は、炭鉱技術者であった。技術者・経営者一家というのは、被搾取階級とは到底いえないかもしれないが、彼と同年で後年最も親しく交友する坂田昌一が大臣秘書官の家に生まれていたこと、彼がしばしばその個人的親交を誇示しようとしていた湯川秀樹や朝永振一郎の父親が帝国大学の教授職にあったことを思うならば、戦前育ちの代表的科学者たちの中で必ずしも「毛並みがいい」とは言えない。一九一九年、三男が八歳のときに武谷家は台湾に転居しているが、これは第一次世界大戦後の不況のために迫られたものであったとされる。

日本人小学校、台北第一中学校を経て、一九二八年、武谷三男は台湾総督府台北高等学校の理科乙類に入学する。大正教養主義の影響は台湾のこの高校にも及んでいたのであろうか、のちに武谷はロマン・ロランとトルストイをこの時期に読んだ本として挙げている。当時知的な若者たちを捉えるようになってきたマルクス主義関連の読書については、このころ加藤正による邦訳が出ていたエンゲルスの『自然の弁証法』は読んでいたというが、とくに「サークルなんかあったわけじゃない。わりと左翼的なことを言う人もいたけど、僕自身にそういうことを説教する人はいなかったですね」とのことであり、彼自身の記憶によれば、マルクス主義関連の読書は孤立した中で行われていたもののようだ（武谷：1985, p. 30）。初期武谷の作品の一つ「ロマン・ロランとベートーヴェン」（一九三七年、のちに『弁証法の諸問題』に収録）は、調子において悲憤慷慨調、分析の道具としては階級闘争史観が用いられており、当時の高等学校を覆っていた大正教養主義と武谷自身が読書で身につけたのであろうマルクス主義との融合がみてとれる。武谷が自己形成期に影響を受けた知的潮流がマルクス主義一辺倒ではなかったことは、のちの武谷の活動・交友の広さやその科学論の独創性とも結びついてくることとなる。

一九三一年、武谷は京都帝国大学に入学、最初は地球物理学科に属したが二年生の時、物理学科に転科した。ちょうど中性子の発見と引き続く新しい原子核モデルの提唱、初のサイクロトロンの建設、陽電子の発見などで物理学界が沸き立っていた頃であった（武谷が物理学科に転科した一九三二年は二〇世紀物理学史上の「奇跡の年」と呼ばれる）。次節で詳述するが、一九三四年の湯川秀樹による中間子の提唱と素粒子物理学の興隆とは、数年前にもちあがった量子力学の原理的問題とあわせて、武谷の基本的科学観を形成するのに力あったようだ。このころ理化学研究室を訪ね、同年生まれの坂田昌一と知遇を得た。「彼と大いに意気投合しました」とのちに武谷は回想しているが、坂田と武谷の自然観・科学観には少なからぬ相違があった。「そのころ坂田君はもうすでにマルクス主義的な考えにちゃんと立ってたんですが、僕は観念論」（武谷：1985, p. 55）とは同じく、回想における武谷の言であるが、オーソドックスなマルクス主義からすればかなり異端的な見解を、武谷はこのころからつむいでいっている。唯物論研究会の自然哲学的議論にもこのころ接したようで、彼らマルクス主義者と「かんかんがくがくやってきた」「僕は譲らなかった」という（武谷：1985, pp. 56-57）。後述するように武谷はこのころ同研究会が刊行する『唯物論研究』にも論文を載せているが、確かに、弁証法を自然把握に適用しようとする試みの中で唯物論研究会が実際に行ってきたことに対してはかなり批判的である（武谷：1936a）。

一九三四年、武谷は大学を卒業するが就職口はなく（本人によれば、陸軍航空士官学校の教師の口を断ったという）、無給副手として過ごすなか、文章を発表するようになる。彼が文筆活動にたずさわるようになったのは、西日本における人民戦線の拠点ともいうべき雑誌『世界文化』メンバーとの交流がきっかけだった。一九三六年、武谷はこの雑誌に、戦後『弁証法の諸問題』としてまとめられることになる諸論文のうちのいくつかを載せている。なかでも美学者の中井正一との出会いは印象的だったらしく、カッシーラーに傾倒していた中井との論争は、武谷を一〇年後に有名にした三段階発展説および技術論の基盤をかたちづくったとされる。

武谷は、自らの若いころにおける経済的余裕のなさを後年、強調している。学生時代は、昼食を抜き、一日二食で過ごしていた（武谷：1985, p. 44）。京都大学を卒業したのち、七年間「中学校で教えたり、阪大でサイクロトロンの実験をやって、菊池先生〔菊池正士〕からポケットマネーをもらったりしていた」。理化学研究所の研究員に採択されたときにも無給の立場であった（奨学金〔岩波書店の風樹会、服部報公会〕は受給していた）。戦後は岩波書店からの奨学金はなくなり、「私はまた路頭に迷った。それ以来、一九五三年に立教大学で職を得るまでは、ずっとジャーナリストとして文筆で生活し、研究室は自宅だという状態だった」（武谷：1965, p. 360）。

同年生まれで同じ分野の中で知的成長をとげた坂田が、その言論において時に直截的ではあっても節度を忘れず、辛辣さよりは抑制のきいた語法を多用しているのに比べると、武谷はとにかく喧嘩速く、容赦なく相手を追い詰めようとし、自らの優位性をことあるごとに誇示しようとする。よく言えば直線的な力強さ、悪く言えばニュアンスを欠いた余裕のなさが感じられる。このような文体・スタイルは、武谷の文章の多くが口述したものをまとめ直したものであるという事情にもよろうが、それとともに、武谷が物質的にも社会的待遇という点でも青年時代に恵まれなかったという被害者意識を強烈に感じていたことから出てきたのであろう。戦後武谷の親しい友人となる鶴見俊輔は、武谷が研究生活において「疎外され続けてきた」こと、研究条件の悪さのもとで奮闘してきたこと、このため、「稀有な結実とともに、稀有の怨恨を日本の研究条件にたいして、またその背景となる日本社会にたいしてもちつづけるようになった」ことを指摘しているが、これは当を得ているように思える（鶴見：1965, p. 55）。

第二節　物理学者武谷

武谷三男は、物理学者である。

彼の自然構造に対する理解や人間の自然認識に対する考察は、多くの面で二〇世紀物理学（量子力学、原子構造論、素粒子論など）や科学史（ニュートン力学の成立など）の彼なりの咀嚼に基づいている。武谷自ら、科学史を検討しまた現代の科学、特に物理学の状況を分析して出てきたと主張しているのが、科学の発展に関する有名な三段階発展説であった。

現象論的段階―実体論的段階―本質論的段階の三段階を経ながら自然認識は進展するとの三段階説は、一九四二年の論文「ニュートン力学の形成について」においてはじめて明示された（武谷：1942）。ただし、着想そのものは、おそらく一九三四―三五年ごろまでさかのぼるものであり、これからみていくように、一九三〇年代の諸論考の中にすでに萌芽的なそれがみてとれる。三段階説は、物理学史の検討とともに、雑誌『世界文化』を率いていた中井正一との哲学的論争によっても鍛えられたものであり、また『資本論』における商品の分析によっても確立をみていった、と武谷は主張している(3)。三段階をたどる進展は、科学認識が則っている原則とされ、自然科学研究を進めるにあたっての方法としても有効なモデルだとされた。

戦前期に発表された文章の中で、すでに武谷はニュートン力学の成立および量子力学の成立の双方にこのモデルを適用しようとしている。前者についていえば、ケプラーがティコ・ブラーエの天体観測のデータに基づき天体の運動に関する三法則を見出し、やがてニュートン力学の成立に至る過程は、武谷によれば、このような認識論的深化の三段階を表しているのであった（武谷：1936c, pp. 82-83）。現代物理学の歴史においてもこの三段階論は適用可能だと主張される。原子構造論と量子力学の出現につき、スペクトル線の観測が「ただかく現れるという現象論的な段階にすぎなかった」のに対し、一九一一年にラザフォードが提示した原子模型と、ボーアによる作用量子の導入により解決が与えられた。ただしこれは「私のいう実体論的な段階にすぎなかった」（武谷：1937a, p. 87）。量子力学の段階に至り、はじめて理論は本質論的な段階に至るという。すなわち、そこでは「波動と粒子と言《ママ》う対立した現象形態が状態《ステート》という本質的な概念に統一され把持される」（武谷：1936b, p. 59）。また、量子力学にあっては個別の観測でこそ偶然性が支配しているように見える（波動関数の確率的解釈のことが念頭に置かれているのであろう）が、総体的には完全に現象を反映できる、という意味において「必然と偶然の相即が確率として現象する」と若き武谷は主張している（武谷：1936b, p. 63）。こうして「自然科学は自然の弁証法をその範囲内で具体的に反映して行く」（武谷：1936b, p. 65）。

自然の弁証法的把握をめざす試みは、先述したように唯物論研究会内部で行われていたほか、国外にも目を投じれば弁証法的唯物論を公定イデオロギーとする同時期のソ連でも活発に行われていたが（金山：2015a）、それらの多くがマッハ主義的現象論への抵抗や対立物の統一をあれこれの自然現象の中に見出そうという次元にとどまっていたのに対し、「実体論的」「本質論的」契機という積極的な性格づけを科学史にも、外的自然の構造にも貫かれているべきものとして提示したことは、まさに武谷のオリジナリティーの表れといってよい。

ただ、本章で着目・指摘したいのは、こうした自然の構造に対する三段階論という独特の存在論的規定のほうではなく、武谷の認識論的立場である。観察と理論の構築の過程について、武谷は明らかに同時期のソ連の公定イデオロギーである弁証法的唯物論の立場と同じく、レーニンが『唯物論と経験批判論』の中で提示した反映論の立場に立っている。すなわち、自然認識には紆余曲折あれど、唯一無二の現実の正確な反映に一歩一歩近づいていく、というそれである。物理学者による物理学の解釈はその世界観によって規定されるとはいえ、「物理学は十分現実においてためされるものであり、物理学者にとって理解できない事でも、自然に強いられて一定の結果に到達するものである」。一定の法則・構造は実験により確認され、ほとんどの物理学者にとって一致した見解が得られる。「それ故それ〔物理学〕は自然を大体において、その近似の範囲において正直に反映したものと言う事ができるものである」（武谷：1946c, p. 41）。

むろん、科学的認識能力は誰しもが身につけていけるものではない。武谷は、自然科学に専門的に従事することによってただちに望ましい世界観・哲学を自動的に身につけることができるわけではない、とも釘を刺している。物理学者といえども時に「自分のやっていることを完全に反省するだけの方法をもち合わしていない」（武谷：1946c, p. 42）。こうした留保をつける際に例として挙げられたのは、たとえばボーアの相補性原理に関する考え方であった。相補性原理は「哲学上の概念でも自然科学の概念でもないといったもの」で、「量子論をボーア教授が自分で解釈したり説明したりする時に使うだけの無根拠な、単に現象論的な言葉にすぎない」（武谷：1937a, pp. 88-89）。同原理は「決して量子力学を構成する原理にはなり得ない」（武谷：1937a, p. 89）。あるいは、一九三〇年代前半にボーアが、原子核が崩壊してベータ線（電子）が放出されるいわゆるベータ崩壊について、これの前後にエネルギー保存則が破れているのではないかという（あとから見れば誤った）仮説を掲げたこと、[4] 一九三七年にボーアが来日したさい、自身の中間子論について話した湯川秀樹に対して冷淡に対応したことを、「彼の非弁証法的神秘主義的観念論的性格に原因するものであるということができる」（武谷：1947b, p. 276）として、この高名な物理学者の誤りを印象づけようとしている。

このような留保がつけられていることは忘れてはならないが、それでも武谷の認識論が基本的に極めて素朴なモデルに拠っていることを指摘しておかざるをえない。認識に先立つ偏見・先入観、認識主体の被拘束性について、彼の考察は深まっていくことはない。当時マルクス主義者たちの間では当然考察の対象に含まれていたところの科学の階級性、あるいは科学の社会経済的被規定性についての文言は、武谷の著述からほとんど見出すことはできない。こういった諸要素が科学史を規定するさまはソ連の科学史家・ゲッセンの論考「ニュートン『プリンキピア』の社会的経済的根源」において強調され、同論考は日本の左翼知識人にも多大な影響を及ぼしたが、これについても、武谷は通り一遍の賛辞を投げかけるだけであった(5)。次節以降でみていく点をいささか先取りしていうならば、武谷にあっては、社会的・階級的拘束から免れる超歴史的な人間主体が、自然に関する謎を次々に解いていく、といった像が前提とされているように思える。認識の道具（科学機器など）やそれによる認識の規定・制限についても彼はまったく考察の対象としない。一切の媒介を抜きにして自然に対峙する主体が形成する自然認識そして自然科学、という観点が、武谷の科学論の基本にあり、この観点に従って武谷は自然科学史を、そして自然科学の行く末を見据えようとする。

第三節　技術論者として

武谷三男は、技術論者でもある。

科学思想史家として名高い坂本賢三は、一九四六年に初版が出版された『弁証法の諸問題』を紹介する記事の中で、この論集に収録されている一三編の「大小精粗こもごも」の諸論文のうち、「物理学の学生を超えて広く影響を残した」それは「哲学はいかにして有効さを取り戻しうるか」と「技術論」であるとしている（坂本：1977, p. 276）。この論集のなかには前節で扱ったような物理学理論に関連する諸論考も収められており、これらもまた武谷の思考をかたちづくっていった重要な議論であることは間違いないが、確かに、戦後の日本語読書界に大きな衝撃を与え、もっともしばしば論議の的となったのが、坂本の挙げている二編であることは疑いえない。「哲学はいかにして有効さを取り戻しうるか」については後述するとして、本節では、「技術論」（初出は一九四六年二月）にみられる武谷の技術論・技術規定がいかなる思想的系譜のもとに出現し、そこに彼ならではの思想的特徴がいかなる形をとってあらわれているのか、を考察していこう。

武谷技術論が与えたインパクトを理解するためには、まずは日本戦前技術論の潮流について瞥見しておく必要がある。武谷は、戦前の技術論者が前提としていた技術の概念規定に切り込み、戦争協力に結局のところ傾いてしまったとみなされるこれら論者たちの観点を一刀両断し、新鮮な技術規定を提示したということで、その名を成したのであった。武谷技術論が鮮烈な印象を与えることとなったのは、「技術とは、人間実践における客観的法則性の意識的適応である」という規定（「意識的適用説」といわれる）それ自体の説得力もさることながら、戦前期にすでに多様で豊かな技術論の知見が蓄積されており、それらが一方で戦時下の日本の体制のとった科学技術振興策に掉さす形での興隆をみていたという、戦後には否定的にみられる特徴を有していたがゆえにでもある。

日本において、技術の規定や、工業化の進んだ二〇世紀社会の生産体制における技術の特色がおおいに論じられてきたのは、一九三二年に結成された唯物論研究会においてであった。そこでは、従来西欧で論じられてきた技術論の「観念性」がまず問題とされた。例えば唯物論研究会のリーダー格であった戸坂潤は、技術の客観的・物質的存在様式の把握こそが重要であると訴えかけた。これに呼応する形で、人間労働力の契機をどれほど技術規定に含ませるか等をめぐっての論争が戸坂のほか岡邦雄、相川春喜、永田廣志らの間で行われる。この論争の詳細は中村静治の浩瀚な著作に譲ることとして（中村：1995, pp. 3-52）、とりあえずここで確認しておきたいのは以下のようなことである。唯物論研究会のメンバーの間では、ただ「もの」にのみ技術が集約されているという単純な見解に対して警戒がなされつつも、個人技ならぬ技術のもつ客観性を担保するためにも、そして何よりも、現代社会における典型的な技術形態は産業技術に現れているという実情を強調して技術論と現行の生産関係（とりもなおさず、資本主義体制）に対する批判とを架橋する余地を残すためにも、技術とは「労働手段〔道具や機械といった物質的存在〕の体系」であるという規定を共有するようになっていった。

さて、武谷は一九三八年には、大阪大学理学部と共同研究をさかんに行うなか、工場にて働く理学部出身者と議論し、物理学が技術に応用される現場を意識するに至ったという。「技術を労働手段と言ったのでは、物理学者としてはそんなものは初めから話にならんですよね」というのが、のちに星野芳郎に対して語ったことである（武谷・星野：1968, p. 411）[6]。

武谷の技術論は、戦前には公刊されることはなかったが、一九四〇年ごろにはすでに完成をみていたらしく、戦時中にほかの技術論者も武谷規定を知るに至っていた。その一人が、近衛新体制下において科学技術振興策が採られるなかで、科学論・技術論が大いに興隆をみせるなか、この分野の旗手として旺盛に発表を行っていたかつての唯物論研究会メンバー、相川春喜であった。相川は労働手段の体系説に今や新たな展開を付加しようとしていた。武谷は機会を得て相川とも一九四一年三月ごろ議論している[7]。相川のこのころの著作には、科学者による技術概念の代表的なものとしての適用説に関する少なからぬ言及（ただし相川は武谷の名前は挙げていない）がある（相川：1942a, pp. 159-166：相川：1942b, p. 18）。これから見ていくように、適用説は、労働手段体系説を超克しようとすると同時に戦時中の相川の見地も批判しようとしたものであり、これに対し相川自身も着目せざるを得なかったのである。

一九四六年二月、雑誌『新生』に掲載された論文「技術論――迫害と戦いし知識人にささぐ――」によって武谷技術論ははじめて衆目にさらされた（武谷：1946e）。これは一九四四年に検挙されて特高警察に対する調書を取られたさいに申し述べた内容をもとにしているとされ、そこに対して戦後の公刊時にいくつかのコメントが付されるという形式をとっている。この内容を見ていこう。

武谷は唯物論にもとづいた戦前技術論を一定程度評価する。日本では従来、技術が単なる技能、個々人の職人技のようなものと同一視されており、観念論者たちはこの延長線上にあったが、技術は「単に主観的な理念のごときものではなく、やはり客観的なものを相手とし、客観的なものの保証の上で人間の実践が行なわれる場合に存するもの」である（武谷：1946e, p. 151）。労働手段の体系説に立つ論者たちにはこの点において観念論者たちを乗り越えたという功績がある。しかしながら、労働手段というのは、武谷に言わせれば「実体概念」でしかない。すなわち、三段階説を採ろうとする武谷としては、さらに進んで技術の本質概念をとらえなければならない、ということになる。

実際には相川春喜らは、唯物論研究会内部での論争などを経て、あたかも現前する物こそが技術であるというかのような単純な見解からはいまや脱していたが[8]、そのような微妙さは、武谷にとっては問題にならなかった。武谷は相川技術論を「過去の唯物論者たちの欠陥を実によく指摘したもの」とするが、「相変らず実体論の段階を出でず」、手段という実体概念に固執しているとみなす（武谷：1946e, p. 150）。同時期に技術論の領域で注目すべき論考を発表していた三木清についても、「行為の形」として技術を特徴づけようとするその規定は「技術の本質ではなく、その現象形態であり、ために技術にとって偶然的、非技術的要素を含んだ概念なのであります」とした（武谷：1946e, p. 158）。

武谷が訴えるのは、実践的な技術論の樹立である。「現代の技術の困難を解決し、技術の発展に役立つ現実に有力なる」、かつ「全技術史が正しく、深く扱える」技術論が打ち立てられねばならない（武谷：1946e, pp. 152-153）。相川や三木のように実践概念として技術をとらえることには異論はないとしつつも、「私の唯物弁証法の論理学の観点からして」考えたところ、彼らは「実践の外部からその結果すなわち現象をながめたにすぎない」（武谷：1946, p. 154）。実践がいかにして行われるかについての原理を考えたという武谷は、生産的実践は客観的法則性のもとに、これを行為において適用して行われること、技術は技能ではないことの二点を強調し、技術をあくまで客観的なもの、人から人に知識のかたちによって伝承できることを強調する。こうして、武谷は「技術とは人間実践における客観的法則性の意識的適用である」とのテーゼに行きつく。

第四節　技術論論争から見えてくること

武谷三男は、哲学者＝マルクス主義者の猛反発を受けた。

先述した武谷の論考、「技術論」における戦前技術論論者たちの描出の仕方をみるに、いかにも論敵を単純化・矮小化したうえで自らの土俵に強引に敵たちをあげたうえで批判している、との印象は免れえない。このほかにも、様々な反論がありえたであろうし、実際反論もされていった。しかし、「労働手段の体系説」の流れをくむ者たちによる武谷に対する反論は次のような外的事情により、戦後すぐには大きな声となってひろがることはなかった。すなわち、唯物論研究会に集っていた戦前技術論論者たちは、その多くが戦後には死去するか国外在住などの事情により、第一線を退いていた。戸坂潤と三木清はよく知られているように、戦争終結前後に相次いで獄死しており、相川春喜はソ連軍の虜囚となりソ連国内の収容所に送られていた(9)。永田廣志は病を得て文筆活動を休止しており、戦後数年を経て早逝している。また、戦時中に日本の軍国主義体制に協力したという経歴上の汚点をもたない論者の出現が戦後論壇にあっては望まれてもいただろう。こうした外的状況は、武谷に対して極めて有利に働いたと思われる。

とはいえこの時期にあっても、敢然と武谷批判に動いた論者はいた。それが、戦前から科学論・技術論の領域で精力的に論陣を張り、翻訳活動も行ってきた哲学者・山田坂仁である。武谷より数歳年長の山田は、科学が技術を規定する、科学的発展が技術を支えるとする武谷の技術観に対し、マルクス主義者に典型的な、上部構造による被規定性、すなわち、技術あるいは生産過程こそが科学を規定しその発展を導くという日本左翼知識人の伝統的観点をもちだすことで対抗しようとした。

技術論論争――武谷の「意識的適用説」と従来の「労働手段の体系説」の流れをくむ議論との対立――の戦後の展開はここに始まった。そしてこの展開はここに尽きてもいる。すなわち、それ以降の論議は具体的なテーマについては諸々の変遷を経たが、意識的適用説について最も根本的な批判は山田がすでに提示していたといってよい。また、武谷が技術論分野において正面から応答した最後の機会でもあった。そのため、同論争は、意識的適用説の根源的性格を理解するための貴重かつ有益な事例となっており、本章の趣旨に照らしても多少の紙幅を割いて紹介する価値があろう。[10] なお、武谷―山田論争については近年も伊藤康彦が言及しているが（伊藤：2013, pp. 82-116）、伊藤がもっぱらルィセンコ学説や遺伝学に関する論点に着目しているのに対し、本章では技術論にかかわる山田の原理的批判について主として検討していくこととする。

山田の反論は多岐にわたるが、本章の関心にとって重要なのは、自然と人間との関係について武谷に対抗しようとする彼の論述である。これは、科学や技術をどの程度生産関係のごとき社会的要因による規定を受けるものとみなすのかという問題と密接に関連している。

山田は戦前の唯物論研究会メンバーが強調した労働手段概念の重要性を改めて主張する中で、自然資源そのものを人間が利用する方式から人間は次第に離れていっていること、そのかわり労働手段の源泉になり得るものが重要になってくることを強調する（山田はこう述べているわけではないが、例えば蒸気機関やプラスチック製品の出現と普及がそれぞれ、石炭と石油の資源としての重要性を格段に向上させた例などを思い浮かべると分かりやすい）。彼によれば、「労働手段が発達し、自然に対する人間の支配が強化すればするほど、社会の発展そのものが人間に対する自然の役割如何を益々強く規定するに至るのである」（山田：1946, p. 138）。すなわち、自然と人間とのかかわり合いは単に自然法則をより正確に把握してそれを応用する中で変わっていくというものではない。したがって、「『科学技術さへ発達させれば人民の幸福はいくらでも増進させることができる』ということを手放しで主張するほど馬鹿げた見地はない」（山田：1946, p. 142）。

山田にとってみれば、武谷技術論は社会的生産諸関係の重要性を無視している、科学主義あるいは技術主義の弊に陥っている議論にしか見えない。哲学者として、山田は武谷だけでなく自然科学者や技術者全般に対し、「自然科学や技術が何よりもまず一個の社会現象であるということを理解する必要」を訴え、「科学や技術の社会的機能はただ経済学的範疇としてこれを捉えることによってのみはじめて正しく解明されることができる」とした（山田：1946, p. 144）（強調は原文、以下同様）。

山田の議論に対しては武谷は激しい反発を示しており、幾度も激烈な言葉を投げかけている。自らの技術論につき学生からの質問に答えるなかで、武谷は山田は「非常な誤解をして書いて」いる、「この著書〔武谷「技術論」〕は山田氏のような事はすでに前提して書かれたものだし、そういった問題以上のことが問題になっている」ことをわかってほしい、と述べている。武谷に言わせるならば、「弁証法は、これを使用する人にでなければ意味はないので、山田氏のような暗記勉強のやり方では理解することはできないものです」（武谷：1947a, pp. 257-258）。生産関係のもとのうちに技術史を分析するということは、武谷によれば、「技術論」に引き続く諸論文の中で行っていることであり、山田はそこをみようとしていない（武谷：1950, pp. 227-228）。しかし、本質概念としての技術概念に自らがたどりついていること、三段階論は図式主義的ではないこと、などについては強調している武谷のこの当時の文章を読んでみても、自然と社会の関係についての根本的な山田の批判に対する答えにはなっていないように思える。

いずれにせよ、武谷・山田論争はおおむね最終的には悪罵の投げ合いに堕してしまった。別の論攷で武谷は論敵のことを「小哲学者」「単純なあわてんぼの哲学者」と称し（武谷：1947b, pp. 283-285）、山田の側も「内容空疎な駄文」やしつこい「挑発的言辞」を流し続けている、と、言葉遣いは非常に荒々しい（山田：1948, p. 152）。ただし、何回かのこうした応酬を経つつも、山田は武谷技術論の問題をさらに剔出し一般的な議論を行ってもいる。彼は「技術の歴史的な発展の諸要因やその諸段階をあきらかにすることは、技術をたんに科学の応用としてみる立場からは、きわめて不充分に、また一面的にしか、できない」ことを強調する。「問題は、技術がいかなる所有関係におかれ、その中でいかなる社会的生産の役割を演じているかという点にある。労働手段がいかなる所有関係におかれ、実際にそれを扱う労働者なり技術家なりがいかなる社会的階級的地位におかれているかという点にある」。こうした基本的観点抜きでは、技術の歴史的発展を説明することはできない（山田：1948, p. 162）。

労働手段の体系説を受け継ぐ山田にあって、技術とは何よりも所有関係、生産関係の中に本来的にあるものであり、技術者や労働者にしても同様である。これは、三〇年後に英語圏の科学論の中で提唱されてきた技術の社会構成主義と基本的な機制を同じくするものとみなせる。それに対し、武谷にあってはあたかも裸の人間が裸の自然に対峙する中で技術的行為が生み出されるごとくである。

ちなみに、論争の経緯についていえば、山田にとっては逆風が吹いていた。戦後すぐの時代にあっては、先述したような労働手段体系説の流れをくむ論者たちの多くが不在という状況のもとにあって山田は孤軍奮闘せざるを得なかった。また、彼自身戦時中の潔白さという点で「脛に傷をもつ」身であり、[11]これがために彼は、武谷という戦時中には沈黙を強いられていた新しい論客に対して守勢に立たされてしまったかもしれない。

このほかにも、武谷技術論が二〇世紀半ばの、変遷する科学と技術との関係性のリアルな描出を行っているようにみえたことも、武谷理論の流行（とりわけ科学者や技術者の間における）に拍車をかけたであろう。武谷技術論は、卑俗に解釈されるならば、科学が技術を規定する、科学的発展が技術を支えるという、いわゆるリニア・モデルにもとづいた考えといえるが、これは、技術あるいは生産過程こそが科学を規定しその発展を導くという、唯物論研究会の伝統のなかで共有されてきた日本左翼知識人の常識を問い直すものとなっており、二〇世紀になってめだってきた科学技術の特質の把握としてより妥当性があるようにみえた。武谷自身、戦後になっての後知恵のごとき言い方ではあるが、原水爆開発において、基礎科学が応用研究の成果を支えていることを指摘している（武谷：1956c, pp. 26-27）。中山茂も、武谷が新たな時代の技術の特色をとらえていること、「社会学者などの議論は下部構造決定論的な農業技術のようなものを技術の原型としているのに対し、武谷技術論の考えるものは原子力のように、科学を内包してその革命的なインパクトを評価する二十世紀の科学技術である」ことに着目した（中山：1995, p. 10）。中山自身、山田・武谷論争をみたさいには、「理科系出身の私には、それに反対する山田坂仁の泥臭さよりも〔武谷技術論のほうが〕ずっと新鮮に見えた」と回想している（中山：1996）。武谷が提示したようなリニア・モデル的発想は、米国などにおいては科学者だけでなく経営学者・経済学者らをも巻き込んで唱導されたものであるが（Godin, 2009）、日本では対照的に、これを支持したのは科学者・技術者が中心であり、それに対して哲学者・経済史家といった人々が反発する、という対立構造が作られていくようになる。

武谷はマルクス主義の流れをくむ論者たちにまつわる概念上・言語上の複雑さを取り払っており、すっきりとした形の議論を提示しているのは間違いない。また、生産関係の中においてのみ技術をみる狭さから離れることで、技術そのものをより一般的な相のもとにとらえる途を開いたとみることもできよう。しかし、社会的関係（山田のような論者たちにあってはそれはとりもなおさず階級的関係だが、このように敷衍してもよい）を取り払った中で行われる技術的行為という観念、そして技術に対する生産関係による規定を外的・偶然的なものとする観念は、次のような状況を導いてしまいかねない。すなわち、①何ものにもとらわれない無垢な行動主体（とくに、科学者・技術者）を理念形として暗に想定することで、そもそも科学・技術の体制化に取りこまれているものとして主体をとらえる視点が希薄になること。②科学者や技術者の実践が、客観性・合理性の洞察というそれ自体ポジティヴとされた性格づけを与えられることにより、彼らが善悪の判断の俎上にのせられなくなり、根本的批判の対象外となってしまうこと。これは実際、武谷がたどった道でもあった。

第五節　中間総括——媒介を捨てた武谷

武谷三男は、哲学者たちに対して手厳しい。

技術論分野における哲学者への激しい言葉遣いは前節でみたとおりだが、一九二〇—三〇年代に激変した物理学の前線の状況、なかんずく量子力学の解釈問題や素粒子論の勃興について、これを適切に取り扱える科学哲学上の立場に立ち得るのは物理学者である自らである、との自信・確信を彼は抱いていた。本人の言によれば、武谷は既に高校時代より認識論に興味を抱いていたが、大学入学以降、田辺元に影響されたこともあり、いったんはカント主義的自然把握を試みる。その後、一九三〇年代前半における物質科学の急激な進展をみて、物自体の想定などにあきたらぬものを抱くようになり、新カント派やマッハ的な立場を経て唯物論に接近していったという（武谷・星野：1968, pp. 399-403）。ちなみに、戦後すぐの時点となると、田辺に対する評価は大変手厳しい。「田辺哲学の現代物理学について論じたものは全くの誤りである事、また実際の物理学に全然役に立たない議論である事を知った」(武谷：1946c, p. 44)。

一方で、一九三〇年代半ば当時に唯物論研究会などで行われていた科学哲学的論議に対しても、一九三六年には早くも武谷は見切りをつけていた。そうした論議が行われていたまさにその場であった唯物論研究会の月刊誌『唯物論研究』の紙上において武谷は、自然弁証法についてのもろもろの議論は「浮いた、圧力のないもの」といい、「まだ一度も自然科学を推し進めた事のない事だけは確からしかった」と言い切る(武谷：1936a, p. 36)。戦前のこの時期からすでに、哲学は自然科学そのものの進展にとって有益であるべきである、との示唆を武谷は行っている。

この立場は戦後すぐ、論文「哲学はいかにして有効さを取戻しうるか」において明確に表明された。先述したとおり、坂本賢三によって、「技術論」と並んで『弁証法の諸問題』に収録されている諸篇のなかで最も影響力を持ったそれとして紹介されたものである(坂本：1977, p. 276)。この論文で武谷は、哲学は理論解釈の失敗に学び、現代的問題を扱うことによって鍛え上げられねばならない、と論じる。近代自然科学に対して哲学は様々な解釈を試みたが、この物理学者にしてみれば、それらはほとんど間違った解釈だった。「むしろ科学の発展に障害を与えるにすぎなかったのである。それも現在の問題に常にその方法論が取っ組んでいたならば、その成功と失敗とによって鍛えられて有効さを失わずにすんだのである」(武谷：1946d, p. 27)。すなわち、武谷にとっては、哲学はまず自然科学の発展に資するものであるべきであり、かつそれは、あたかも科学理論が実験や観測によって確証されることによって精度や信頼性を高めるのと同様に、実際に行われている科学的営みによって試されることによって「鍛えられて有効さを失わずにすむ」ようなものであった。哲学は自然科学と同様の方法を採るべきである、といっているのに等しい。

本章は実際にこのような哲学が可能なのか、またそもそも哲学の役割というのはそういうものなのか、ということについての検討を目的としない。[12] 本章にとって重要なのは、武谷が科学哲学や技術哲学を、個々の理論の解釈に自らを限定しようとする態度とは一線を画した、実践的で有効性をもったものでなければならないと考えていたということである。彼がそうした実践的方法として自ら提示したのが、三段階論にほかならない。

三段階論に対しては様々な方面からの批判が寄せられてきた。三段階論の非歴史性と図式主義を指摘したもの（山田：1948）。『資本論』の解釈の甘さを指摘したもの（仲村：1975）。弁証法的論理学の見地から実体概念の扱いを批判するもの（中村：1977, p. 171）。科学史に三段階論を適用することの不適当さを指摘したもの（廣重：1965）。筆者もこれら先行する批判にとりたてて反論なり補足なりがあるわけではない。本章ではむしろ、武谷の哲学観と技術論上の立場からみてとれる、自然―人間の認識論的実践論的関係についての見解、および、こうした見解において彼と論敵との相違が奈辺にあるかを整理しておきたい。三段階論という衣をはぎとり、彼の思想的中核について検討することによって、武谷の科学主義的態度の思想的淵源をより明快に理解できるであろうと考えるからである。以下、前節までに確認したことも改めてまとめつつ、みていこう。

まずは武谷の科学論はどうか。そこに見られるのは、社会政治的な契機（マルクス主義的用語でいうならば下部構造）によってあらかじめ規定されているわけではない人間が自然に対峙する姿である。科学の発展にとって、社会政治的な契機は「一応自然自身の構造にとって偶然的なもの」、科学の発展を複雑化させるものでしかなく、あくまで外挿されるものでしかない（武谷：1946c, p. 51）。武谷のいう自然の論理的構造は、生産技術の要求やイデオロギーといった側面からは独立して成立し、人間はそれを正確に反映した認識をもちうる（実践を通じて）ものとする（このことは、のちにみていくように、科学者が本来的に社会的・経済的に被拘束的な存在であるという考えを武谷が希薄にしかもたないこととつながっている）。また、社会体制・組織が自然科学を規定するという考えもみられない。[13]

同様の構造は、彼の技術論においても保持されている。武谷の論敵たる唯物論研究会の流れをくむ論者たちは、生産過程あるいは労働手段という媒介のうちに、客観的だがまったく不変のものではない、人間の自然への対峙のしかたや社会のダイナミクス（マルクス主義者にあっては、まずは階級闘争）を反映した社会経済的契機をみてとろうとしていた。これに対して、武谷技術論はこのような媒介を欠いている。生産現場において目的に先導されつつかたちづくられる経験・試行錯誤などが技術の形成に与える影響は見逃される。このことをマルクス主義的用語を使って表現するならば、一九七〇年代に仲村政文がいったように、武谷技術論は「労働ないし労働過程の全体的構造＝結合労働に視点を据えるものとなってはおらず、労働の疎外された形態としての技術的労働に限定され、直接的労働は視野の外に置かれ」ている、ということになる（仲村：1975, p. 87）。岡邦雄は武谷技術論につき「『技術は科学の応用である』という通俗的な、倒錯的常識と共通の一面性をもっている」と評したが（岡：1955, p. 98）、まさにここで描き出されている人間と、その自然・社会との関係は、哲学用語でいうところの常識の観点にのっとっているものにほかならない。あるいは、ずっと時代が下ってから英語圏において用いられるようになった概念をここに外挿することが許されるとすれば、武谷の観点には構成主義的なそれが欠けている、ということになるだろう。

武谷においては人間と自然との関係の図式は、媒介を欠くためによりすっきりとした、わかりやすいものになっている。また、こうした媒介の欠如からは人間の認識や実践が普遍的であるとの結論が導けるため、武谷には民族文化を過度に重視し「日本科学」の提唱に至ってしまった相川や山田の轍を踏むようなことが原理的にあり得ない(14)。ただし、それとともに、次のようなことを指摘せざるを得ない。武谷にあっては人間主体は、「客観的法則性」を認識するとき（科学的認識の段階もこれに含まれる）にあっても、それを「意識的」に「適用」するとき（技術的実践の段階）にあっても、まるで、自然的・社会的な拘束を一切受けないかのようである。むろん、武谷とて現実にこのような人間主体が認識・実践を行う、という見方をとっているわけではないが、彼のような哲学的立場に立つかぎり、なにか不備が起こるとすればそれはすべて、外からの妨害をうけたから、ということになってしまう。そして、邪魔立てされなければ理想的な科学的認識および実践がどこかにあるはずだという観点がここから導き出されるだろう。後述するように、武谷にあっては結局のところ、科学者こそがこうした「正しい」「汚れなき」存在であった。

科学を正しく適用すること――武谷はこれを、自然科学そのものの政策を論じるなかで訴えたことはもちろん、社会問題の解決を論じるなかで訴えた。彼は常に、「科学的」でありさえすればもろもろの社会問題は解決する、と言ってはばからない。このような観点が典型的に現れている戦後すぐ（一九四六年）の発言は以下のようなものである。

すべての人々がすべてのことを科学的に考えれば、何も乗客が電車の中で喧嘩を始めることもないし、省電の側もあのような混乱を放任状態のままにして置くこともないだろうし、否第一にまた国家自身がかかる産業の破壊状態を前にして平気な顔をしていられることはできないはずで万事がうまく行くのじゃないかと思う。（武谷：1946a, pp. 8-9）

同様の発言は枚挙にいとまがない。一九五〇年代は武谷が冷戦体制のうちで将来起こりうるかもしれない戦争についてさかんに書いていた時期であったが、彼によれば、「すべてが科学的に行くなら、戦争なんてあり得ない筈である」のだった（武谷：1954, p. 88）。一九五〇年代から問題となってきた原子炉についても、科学者に任せていればうまくいったであろう、とする（第六節で後述）。

一九七〇年前後、公害問題がかまびすしく言われていた時期にあっても、武谷はあくまで、科学が純正に用いられればこうした害悪は防げる、との立場を崩していない。このころ行われた湯川秀樹との対話では、科学技術そのものに対する留保・懐疑をみせる湯川と武谷との相違が浮き彫りになっている。

武谷　「ところで、わたしは学問、あるいは、科学の使い方の問題が大事だと思うんです。科学の成果の〝非科学的使用〟がこれまでにもいろいろ害をもたらしていた。科学を使う場合に、科学にもとづいた、科学的な使い方をするということが重大じゃないでしょうか。公害なんかの問題にしても、ほかの原則、資本の論理のなかにゆがめられて利潤に都合のよい面だけ利己的に使われるところに問題があるのであって、科学がゆがめられて使用されないように、科学の非科学的適用に対して、戦っていかなくてはならない。そう考えるべきじゃないでしょうか。」

湯川　「わたしの意見は、その点で武谷さんとちょっと違いますね。基礎、応用をふくめて、学問それ自体の中に、簡単にいいもの、といい切れない性格、わからないものがある、と思うんです。」（湯川・坂田・武谷：1970, p. 5）

武谷にとっては、科学こそがもっとも正しい外界の反映である以上、それが適用される以前の認識の段階の誤りにせよ、適用する時点で生ずる社会・政治的問題にせよ、科学性の不足こそにそれらの原因が求められた。武谷のこうした基本的態度は、人間社会もまた自然と同様の法則性に従うべきであり、倫理的問題もこの法則性に従っているか否かという問題に解消される、という見解を導く。彼はこうした科学主義的態度を生涯崩さなかった。最晩年（一九九〇年代後半）の論集『罪作りな科学』においても、この本のタイトルから受ける印象とは裏腹に、湯川との対談で端的に示された態度は保たれている。八五歳を超えた武谷は、相変わらず次のように言う。「科学それ自体には、いいも悪いもない。事実は事実だからです。／社会が科学をどう扱うかが問題なのです。／現在の地球の危機は、科学を『非科学的に扱ってきた』ことによります」(武谷：1998, p. 80)。

第六節　主体性論者？

武谷三男は、主体性論者ではない。

『弁証法の諸問題』で一躍日本語言論界に名をはせた武谷は、幾人もの信奉者を一九四〇年代後半時点で得るに至っていた。田中吉六、星野芳郎らがそうした論者たちであり、彼らは、技術論の分野で武谷の技術規定を引き継ぎ、山田をはじめとする武谷の論敵に対しても論難を加えようとした。日本技術論論争はここにおいて新たなる展開をみることになる。

技術論論争をさらににぎにぎしいものにしたのが、戦後、一九四六年ごろから数年間、日本言論界を覆った主体性論争である(15)。それまでのマルクス主義的論議の客観主義を排し、実存的主体性を回復しようとする運動のなかで、武谷技術論は主体の実践という契機を重視するものであるとして、田中吉六らにより主体性論の表れのひとつとして喧伝された。

近年でも、おそらくこの時の論議を引き継いでのことであろう、武谷技術論は主体性論との親和性が高いと論じられることがある。たとえば、絓秀実は二〇一二年に出版された『反原発の思想史』の中で次のように述べている。「文学上・哲学上の戦後主体性論も、その技術論ヴァージョンである意識的適用説も、戦前戦中において、マルクス主義者や科学者・技術者が──心ならずも？──転向と戦争協力のなかに崩れ落ちてしまったことへの、主体的な反省に立っていると、一般にはみなされている」(絓：2012, p. 58)。絓は続けて、武谷技術論が戦時下に生産手段を有効活用するため、戦時下における技術者運動とのつながりにおいて出てきたものであることを指摘する。絓によれば、「そこ〔意識的適用説〕では、『主体的』に生産力増強にコミットすることこそが技術の本質であると言われ、そのことは、総力戦体制に適合するものだった。／武谷の意識的適用説は、その『転向』の完成だったのである。そして、その転向の論理が、そのまま『戦後主体性論』として、無傷のまま通過していった」のであった（絓：2012, p. 61）。こうした観測はどの程度妥当だろうか。また、客体と主体による実践との関係が如実に表れてくる技術論のなかで武谷が採っていたスタンスは、彼の根本的思考・発想をどのように反映しているだろうか。

結論から言うならば、一九四六年に公刊された「技術論」を読む限りにおいては、武谷の姿勢で目立つのは実践的主体性の契機を含めようとすることよりも、技術がもつ客観性の強調のほうであり、また、生産力増強への主体的なコミットという要素はほとんど表れていない。先述したように、「技術論」からは、①労働手段説への反対、②相川春喜ら実体説を採る（と武谷がみなす）論者への反対、③技能と技術の混同への戒め、という立場を看取できる。実際のところ、労働手段の体系説批判は、この武谷の特高調書のなかでは、実践性・主体性の不足を衝くがゆえ行われているというよりは、武谷自身の三段階論に照らして「実体論的段階」にしかこれが至っていない＝「本質論的段階」に至っていないことを批判しているものである。③の、技能概念をもってしては現代技術は扱えない、との論は、主観的心理的個人的な技能に対して知識として伝承することができる客観的な技術を対比させており、技術の客観性をより重要視している、と評するべきであろう。その規定からもわかるように実践概念を重視する武谷ではあるが、実践の原理について彼が重視するのは「自由とは必然性の洞察である」とのヘーゲルの言であり、この言は武谷にあっては、客観的法則性の把握においてこそ人間の生産的実践が行われるとの謂いであるとされ、主体性論との親和性は薄い。

主体性論争たけなわのころ、一九四八年に季刊『理論』に掲載された武谷の論文「実践について」でも、むしろ客観主義に傾いているとみなせる議論が展開されている。ここで武谷が強調するのは主体性や「実践の論理」の「神秘化」に対抗することであり、「実践の構造を客観の側から掘りくずして行くこと」であり「合理主義的な実践の把握を可能にしよう」というのが目的とされる（武谷：1948a, p. 232）。

主体性論争についての代表的な研究書を著したコシュマンは、武谷の「技術論」に触れるなかで、「技術は根源的に主体的ではなく客観的なものだとする彼〔武谷〕自身の主張にもかかわらず、彼は技術の定義自体のなかに強力な実践的主体性の契機をふくめることに関心をもっていた」とする（コシュマン：2011, p. 192）。しかし、そうはいってもコシュマンが続けて指摘する通り、実践的主体性は武谷にあっては結局のところ「客観的全体性に従属《サブジェクテッド》」してしまっている（コシュマン：2011, p. 195）。

武谷技術論が主体性論争の中で取り上げられることによってその主体的側面が強調されたことは、彼の根源的思想的傾向を把握する上での障害となってきたかもしれない。実際のところ、武谷にあっては人間主体はむろん実践過程での役割を果たすものの、彼に従っていくならば、技術的理性・合理性のなかに最終的には飲みこまれてしまう。コシュマンは、政治過程における主体が本来的には不確実性の中における選択の問題にかかわっており、自立性と内的一貫性が維持できないその点において生じてくるものであることに照らせば、武谷技術論における主体は、民主主義革命において生産的な役割を果たし得ない、と評価している（コシュマン：2012, p. 196）。これを別の方面から見るならば、武谷にあっては客観的なもの・必然的なものの洞察だけが重要なのであり、実践はすべてその洞察により、そこに従う形でなされるべきだ、ということになろう。

武谷技術論にみられる客観主義は、社会・政治問題の解決の途として科学的合理性の認識以上のものを武谷が結局のところ訴えることができなかったことと、偶然的ではない仕方で結びついている。科学的合理性を超えた判断基準が要求される局面があるとして、そこでは武谷的主体は途方に暮れるか、さもなくばこのような基準の存在そのものを等閑視するしかない。そして武谷が採ったのは後者の途であった。真なるものと善なるものは彼にあっては融合させられる。武谷は本節でさきほど参照した文献と同じ年（一九四八年）に書かれた文章の中で、原子力が今後悪用される見通しについて、今後の核戦争が人類滅亡を導きかねないことをもってかえってこの状況が核兵器利用への歯止めとなるとみなした。「原子力は悪いように使える代物ではない。必ずいいようにしか使えない代物である。人類が、すべて生の本能をもっている限り、人類絶滅の道具として使用することはあり得ない。道徳の問題としてではなく、ザインとしてそういう事はあり得ない」（武谷：1948b, p. 301）。

新たなエネルギー源として、そして人類滅亡の悪夢を喚起させる技術としてあらわれてきた原子力について論じるところから、武谷の新たな領域が切り開かれていく。次節ではその様子を見ていくことにしよう。

第七節　原爆を称揚し、原発に反対する？

武谷三男は、第二次大戦中の原子爆弾開発を肯定し、戦後の原子力発電の日本への導入に慎重を期する。物理学、技術論、文化論など、戦後すぐの時点ですでに多彩な領域における評論活動を行っていた武谷は、その後数十年にわたり、科学政策、国際関係、芸術、司法、安全問題、など、ありとあらゆる社会文化的領域にかかわる発言を行った。その中で、武谷はしばしば、その物理学者としての専門的知識も援用しつつ原水爆・核戦争そして原子力発電について発言しており、これは一九五〇年代までの彼の社会的発言の中で最も目立つ領域となっている。ここでも、様々な問題に対する解決の途を与えることができるのは科学者であり、外からの攪乱に惑わされない限りでの科学者の正しさが強調され、彼らが技術開発においてのみならず科学政策の決定にもかかわっていくことが期待されている。

原子爆弾については、まず論文「革命期における思惟の基準」(1946) が最も有名、かつ重要である。この論文の冒頭部分はこれまでもしばしば引用・言及されてきており、武谷に対する最も激しい非難を呼び起こしてきた記述がそこには含まれている。武谷はここで、終結したばかりの第二次世界大戦を科学者が「この世界から野蛮を追放した」契機としてとらえ、(米国の) 原子爆弾もまた、人道主義的な科学者によってつくられたものであるとする。「これらの科学者達は大体において熱烈な人道主義者である。彼らの仕事が非人道的なる理由がないではないか」。「原子爆弾は日本の野蛮に対する青天の霹靂であった。日本の科学者はかかる野蛮に対して追撃戦を行うべきことに責任ある地位にある」(武谷：1946b, p. 11)。

よく知られているように、哲学者・批評家の唐木順三は後年 (一九七〇年代末)、この文言に対して激しい反発を示した。唐木は病に侵されながら執筆した未完に終わった遺稿の中で、原爆投下を受けてのオットー・ハーンそしてアインシュタインの苦悩と対比させつつ、「武谷には、凡そ懊悩、懺悔などという気配はない」と書き、一九六四年に武谷がこの文章を何ら修正を加えることなく再刊したことに対して「問題を感ぜざるをえない」とした (唐木：1980, pp. 77-78)。金森修も近年、この武谷の文章と唐木の反発に触れ、「これだけ無神経でセンスの悪い文章には、唐木でなくとも顔をしかめたくなる」と書いた (金森：2015, p. 155)。唐木や金森が反発した武谷の発言は、一部には、前節までに見てきたような、それ自体政治・社会的に規定されている人間主体という発想が武谷にはなかったことから出現すると考えられる。武谷の基本的見地からすれば、科学者は妨害なきところでは最も理性的であり「野蛮」に対抗しうる。この「野蛮」への対抗は人道的な態度となって表れる。理性的であることと人道的であることとがどう結びつくのか、という (すぐさま出てくるであろう) 問いについては、武谷はこの結びつきを自明のものとみなす。

原子爆弾の開発についての武谷の態度はまた、マンハッタン計画に科学者の理想の共同体を見出し、科学者が反ファシズムの志向性のもとに主導権をとりつつ結集した計画遂行であったと同プロジェクトをとらえていたことにもよっている。一九六一年に刊行された『物理学は世界をどう変えたか』では、原子爆弾の開発を物理学者が中心になった「素晴らしいチーム・ワーク」として描いている。「原子爆弾という研究目標は悪かったが、研究体制としては非常に理想的にうまくいった」（武谷：1961, p. 171）。それだのに、戦後には思想調査などがあり、科学者の指導性が失われてしまったと武谷はこぼし、そのことを残念に感じていた。「われわれ日本の物理学者も、アメリカにおいて物理学者たちが戦時中やった原爆研究の立派な組織を知っていたし、また、戦後原爆研究で物理学者が逆に苦しめられた歴史もよく知っているから、われわれとしては、原子力の研究はどういう体制でやらねばならないかということを真っ先に考えねばならなかった」（武谷：1961, p. 172）。

大量殺りく兵器の開発に科学者がかかわっていったこと自体の悲劇性に対する感性、あるいは、特定の社会政治的条件のもとにいかなる科学者といえども包摂され行動を規定されざるを得ないという視点は武谷にはない。科学にかかわる政策においてこれを物理学者に任せるのが最良であるとの哲人政治的発想は、原子力発電の導入をめぐっても表明される。一九五四年、原子力発電の実用化が議論の俎上に上った年に、武谷は次のように発言している。

　　もし、国民が原子力の平和産業への活用を希い政府が着々と学者のいう通りに金を出してくれるならば、十年ちょっと経てば平和的な利用もできるであろうが、今のように学者のいうことも聞かずにでたらめな金を出していれば、日本では永久に原子力の研究は駄目になる（武谷：1954, p. 86）。

さて、原子力発電に関する武谷の立場は、これまたよく知られている。一九五〇年代初めまでは核分裂・核融合のいわゆる「平和利用」の解説をさかんに行っていた武谷であるが、水素爆弾の出現（一九五三年）とビキニ諸島での水爆実験による日本漁船被曝事件（一九五四年）ののちには、その態度は慎重なものとなった。一九五五年から一九五七年にかけて、武谷は当時検討されていた原子炉の日本への導入に反対する論陣を各所で張っている。[16] 一九五二年の時点から原子力関連の研究については原子力三原則（公開、民主、自主）が必要であるとくりかえし述べ、学術会議にも三原則をさかんに訴え、この原則が満たされるまでの原子力導入を見合わせるように主張している。

しかし、原子力発電導入に関する武谷の慎重さの理由はあくまで、①外国から技術を導入すると、従来からある日本技術の対外依存体制を脱しきれないこと、②若い未熟な技術を導入しても（世界初の民生用原子炉はソ連のオブニンスクに設置されたものだが、これが稼働を開始したのはようやく一九五四年になってからであり、英国がつづいて一九五六年に稼働させた）、安全性においてはとりわけ問題が生ずることが容易に予想できること、③放射性物質の処理、安全性などについてその時点で解決をみておらず、とうてい実用段階に至っていない原子炉を英米の売込みに呼応して早急に導入することへの疑念、であり、原子力発電そのものに原理的に反対する立場を採っているわけではない。

このうち、放射性物質の安全性あるいは放射線被曝の問題は、こののちの武谷の安全論を形作るための出発点となった。彼は、現在でいうところの放射線の人体影響に関する閾値なしモデルに基づいての警告をくりかえし行っている。その論拠となったのは、いわゆる許容量以下の放射線被曝でも、例えば放射線を用いる医者の平均寿命が短いこと、晩発性の放射線障害は被曝との因果関係の立証が非常に難しいことなどであった。[17] こうして武谷は、原水爆実験などによる許容量以下の放射線被曝を容認する議論を批判し、それによってなんらの益も出ない場合には放射線被曝はできるかぎり避けるべきとの考えを示していた。武谷によれば、レントゲン撮影を受ける際などはそれにより（傷病の有無が判明するなどの）利益・見返りが生まれるので、許容量という考えが意味をなすが、原水爆実験の場合、何ら利益を受けない以上は許容量というものは存在しない（武谷：1957b, p. 81）。

この閾値なしモデルに基づく放射線防護の議論は、きわめて先駆的かつ人道的な議論、と評することもできるであろうし、許容量をめぐる議論には、単なる科学主義とはいえない人道的観点もいちおう盛り込まれてもいるが、一方で、同議論の根本的論拠については注意しておく必要がある。現代にいたるまでごく微量の放射線の人体への被害について一定の科学的知見が存在しないことを考えるなら、武谷が依拠する閾値なしモデルも本人が言うほど「科学的」なものだとはいえないだろう。科学性に主として基づいて被曝の問題を論ずるがゆえに、その科学的妥当性を突かれると立論そのものが崩れてしまう危険性を、武谷のこの論法は持っている。

本章の視点をやや外れることになるが、この問題について現在のわれわれが問い直すべきは、広範な一般市民に影響を及ぼすことが確実な問題の要因について科学的にいまだ不確定な要素の大きいとき、いかなる態度をとるべきか、ということであろう。ここでヒントとなるのが「トランス・サイエンス」概念である。研究開発の方向付けや各種指標の評価について、必ずしも科学的合理性のもとで判定がつけられるわけではない、市民による討議を経ることが必要な「トランス・サイエンス」の領域の問題としてとらえることが推奨されるときがある（小林：2007）。武谷は、原子力発電の導入につき、許容量の問題にみるように個人的選択の問題としてとらえる視点はあっても、これを市民的討議に付されるべき問題としてはとらえてはいない。このことは、当時の武谷の主張がもたらした（あるいはもたらしうる）政治的帰結に対する評価とは別個に、おさえておくべきことであろう。

第八節　科学者にして人権擁護者

武谷三男は、人権を重視する。

前節で述べてきた原子力発電導入慎重論における安全性問題も、人権問題の一部としてとらえることができる。

多くのマルクス主義的傾向をもつ論客たちとは異なり、武谷はきわめて早くから様々な社会問題に接するさいに人権概念に依拠した議論を展開してきた。本節では、武谷科学思想についてこれまで述べてきたことと人権（あるいは倫理）に対する武谷の態度がどのように連結しているのかを検討しよう。

武谷において、人権を確保し、人間社会の福利を向上させるために必要とされるのは何だろうか。まず確認しておくべきは、武谷が真偽如何（ザイン）の領域と善悪如何（ゾルレン）の領域を区別しないことである。すなわち、正確な外界認識をできるかどうか（あるいはそれに基づいた方策を採れるかどうか）と思想行動の善悪を判定できるかどうかは別の問題である、というようには彼はみなさない。

武谷にとっては、人道性を支えているのもまた科学なのであった。すでにみたように、彼は原爆開発に参加した物理学者たちをおおむね「熱烈な人道主義者」であるとみなし、この兵器製作にかかわったことに対する責任を彼らに対して一切追求しなかった。この文章が書かれたのは一九四六年であったが、一九六〇年代になっても、そもそも科学と倫理的善は媒介なく無条件に結びついているとの（必ずしも自明ではない）観点を武谷は抱き続けていた。「科学・技術および人間」と題した文章の中で彼はこう述べている。「（……）科学や技術というものがヒューマニズムとは別な次元だとは私は考えない」。ルネサンス期には、人間の自然的存在というものからヒューマニズムが打ち立てられてきた。自然を解明しようとし、自然科学が発達してきた。「そういうものが本当にヒューマニズムへ導いてきたのです」。「だから科学は本質的にヒューマニスティックなものだといえるのではないか」（武谷：1963, pp. 263-264）。武谷は続けて、科学者や技術者が「自分の知っている範囲内でウソが許せないという面」を重視する。社会機構さえ整えば、科学者や技術者は、社会問題についても嘘をつくことなく発言するようになるだろう、という（武谷：1963, p. 264）。

八巻俊憲は、武谷の生涯にわたる言論活動を分析する中で、武谷の活動を貫いているものは「科学主義」と「ヒユーマニズム」というふたつの相補的な軸である、とし、ザインの極、ゾルレンの極双方の間に数々の武谷の言論が位置づけられる、とする興味深い図式を提唱している（八巻：2015）。たしかに、人倫の領域と自然の領域との区別を武谷は認めない。むしろ、ザインとゾルレンの双方の領域が媒介なしに接続されるとみなす。しきりに弁証法的思考の重要性を強調する武谷だが、この点に関して言うなら、もっとも過激な機械論的・還元主義的立場に立っている、との印象はぬぐいえない。

ザインの領域とゾルレンの領域の双方にまたがった発言をさかんに行った物理学者という点で、武谷三男には、ソ連の水素爆弾開発の立役者でありやがて人権擁護活動家として活躍するようになる（そしてソ連政府による弾圧を受ける）ノーベル平和賞受賞者・サハロフとの共通項を見出すことができる。だが、サハロフと武谷には大きな違いがひとつある。サハロフは、人権擁護の理論づけの際に、科学を持ち出すことは決してせず、最晩年に至るまで、科学それ自体は平和も、人間の幸福ももたらさない（逆に、戦争ももたらさない）と考えていた（Gorelik and Bouis, 2005, p. 350）[18]。それに対し、武谷には、科学的であることがすなわち人間の福利厚生、幸福を促進させるとする科学主義の観点がはっきり見受けられる。この科学・技術（あるいは科学者・技術者）に対する無条件の信頼は、裸のまま自然そして社会に対峙する人間主体が「本来的」には正しいものを認識できるはずだという、本章でこれまで述べてきた武谷の基本的態度と結びついていよう。

一九六〇年代以降は、武谷の科学者・技術者に対する無条件の賞賛は、ある理論的装置の導入とともにさらに巧妙な形で主張されていくこととなった。特権と人権の対立がそれである。武谷によれば、特権とは「私権及び身分をあらわす」ものである。これに対して人権は「連帯の論理であり、身分や国家をはなれた、職能の立場、すなわち労働者とか、学者とか芸術家とか、いわゆる職に貴賤はないといわれる立場を意味する」。特権と人権とは「一人の人間において両者が常に拮抗しているものである」（武谷：1979, p. 3）。たとえば一人の東京大学教授が、言論の自由、学問研究の自由を訴えるさいには人権の立場に立っているだろう。しかし、同じ人間が、権威を振りかざして抑圧的にふるまうとき、この人物は特権の立場に立っていることとなろう。

この対立軸を導入することの妥当性等については本章の関知するところではない。ともあれ、概念としては新しいものが導入されているものの、ここから出る結論は武谷が科学者・技術者に対して従来訴えてきたことを大きく変えるものではない。「ほんとうの科学精神」をもっていない科学者は、科学者といえど「政治的に利用されるような人」となってしまう、とは一九五七年、水爆実験推進派の科学者、リビーを評して武谷が言ったことである（武谷：1957e, p. 207）。六〇年代以降の武谷の言い方なら、リビーは職能の立場を忘れ、人権を忘れ、身分の立場・特権の立場に立ってしまった、ということになるだろう。裏を返せば、仮に特権を振りかざす抑圧的な科学者がいたとしても、それは本来の姿ではないのだから、科学者・技術者という職業人に対する全幅の信頼（あるいは無批判の称揚）は動かないのである。

この点を鋭く突いたのが吉岡斉であった。吉岡は先述した大学教授の二面性についての武谷の議論をとりあげつついう。大学教授一人一人が強圧的にふるまわなかったとしても、社会制度としての科学が一般人から税金を取得することで成立し、科学的知識生産が一般人の生活を変えていくことからして、彼らは特権的である。「制度化された科学はその存在自体からして大きな特権性をもつ」。「研究という行為自体はもちろん人権であるが、それを職業として営むことは、特権的である。だが特権と人権についての武谷の議論の中には、職業科学者とは何かについての根本的な問いかけが出てくる契機がない」（吉岡：1984, p. 124）。

武谷自身についていえば、彼は特権と人権概念を提出した時点で職業的科学者とはいいがたいので、このような特権を有しているわけではない、との反論はありえたかもしれない。しかし、一九六九年まで立教大学教授であった彼は幾度も科学者として発言するといっているばかりか、職業的科学者と共に各種科学政策に対する発言を行ってきたことを強調している。その際であっても特権的ではない立場から発言しているとするなら（すなわち自らの態度を人権に立ったものとして首尾一貫させるとするなら）、やはり、「職業的科学者としての立場は、このような特権性から解放された、つねに人権の立場に立ったものである」との前提をおかざるを得ないだろう。特権と人権に関する武谷の議論は、結局のところ、このような仮定が武谷にあったことの、一証左となっている。

第九節　現存社会主義諸国に対して

武谷三男は、現存社会主義に対する共感を示す。

「初めからたいしたマルクス主義者でもない」と自らいう武谷ではあり（武谷：1985, p. 107）、また、すでにみたように、武谷の科学哲学上の立場などは、坂田昌一などと比べても、正統派マルクス主義者のそれに対して独特である。とはいえ、彼は資本主義体制に対する明白な批判者であり続けたことは間違いない。そうした批判の裏返しということもあり、ソ連や大陸中国といった社会主義諸国に対して、武谷はずいぶん同情的である。このことは彼の科学・技術思想に直接関係するところは薄いようにも思えるが、①現在でも言及され想起されているところの武谷のソ連科学（就中生物学）に対する評価について考えるうえでも（伊藤：2013）、彼の社会主義諸国全般についての見解を押さえておく必要があること、②現存社会主義諸国と資本主義諸国との関係に対する武谷の見方は、彼の自然と人間との関係に対する基本的態度とも通底するところが大きいように思えることの二点から、本章でも若干言及しておくこととする。

七四年間にわたるボリシェヴィキ・ソ連共産党による支配の歴史（一九一七—一九九一）は、武谷の生きていた時期にちょうどおさまっており、彼はしばしば、ソ連における学術の体制や、弁証法的唯物論をもとに科学を解釈あるいは押し進めようとする試みについて言及している。一九五〇年代には、この国の国内的・対外的状況はスターリン批判や米国との軍拡競争を通じて大きく変化しているが、それに対しても彼は積極的に論評を加えている。

武谷のソ連（あるいは現存社会主義）観の変遷については、近年、加藤哲郎が原水爆・原子力に対するこの科学者の立場と絡みあわせる形で検討を加えている。それによると、一九五〇年代前半までソ連礼賛派であった武谷であったが、一九五〇年代のソ連の行動、とりわけ、一九五三年の水爆実験、一九五六年のフルシチョフによるスターリン批判、同年のハンガリー動乱をきっかけに、彼はそれまでの崇拝をやめ、ソ連批判に転じたとみなされる（加藤：2013, p. 205）。

この見方は、はたしてどの程度妥当だろうか。加藤は、一九五六年一〇月号の『科学画報』に載った「二つの世界と二つの科学」において「ソ連の唯物弁証法と称するものにもお門違いがある」との文言があること、五七年一月号の『世界評論』に掲載された「大国と小国と平和と」で武谷がハンガリー動乱に対するソ連の行動を批判したこと、五八年六月号『思想』における久野収との対談で、彼がソ連の現状を「軍事的戒厳令的社会主義」と呼んだこと等をあげて武谷が五〇年代後半にソ連批判に転じたことの根拠としている。順に検討していこう。

まず第一点目についていえば、この武谷の文章で批判されているのは弁証法的唯物論そのものではない。たしかに、武谷は「ソ連の哲学者の唯物弁証法と称するものもかなりお門違いなものであることも明か」としているが、弁証法的唯物論がソ連の科学者自身の手によって適用されることで天文学や地学の領域で成果をおさめたとも述べており、またルィセンコに対しても偏見に基づいた態度をやめるようにとの（ルィセンコを擁護する）論旨になっている（武谷：1956b, pp. 118-119）。二点目についていえば、確かに武谷は「大国の態度としてのソ連、そういった問題」がハンガリーへの介入に現れている、東欧諸国において「小国の国民的感情を無視した、大国ソ連の政策が、遂行されていた」といっており（武谷：1957d, pp. 143-144）、ソ連の大国主義を批判している。しかし、この文章に続く諸段落においては、ハンガリーへの介入がちょうど英仏によるスエズ動乱と時期を同じくすることから、背後に（西側による）強力な扇動のような何かよほどの事態があったのではないか、という推測を行っており、必ずしもソ連批判にのみ終始しているわけではなく、むしろ同国に対してかなり同情的である。[19] この、西側諸国による脅威や挑発を重視する姿勢は、加藤の三点目の論拠として挙げられている一九五八年の久野収との対談においても顕著である。ここでいう軍事的戒厳令的な社会主義とは、特に両大戦間期において、資本主義諸国が「機会があれば、これ〔ソ連が社会主義を志すこと〕をつぶそうとしていた」こと、一国社会主義の理論をもってソ連自体の生き残りを図らざるを得なかったことから、スターリンの原則が「（……）具体的な政策および政治指導においては、何よりも軍事優先の観点として現われた」ことを指している（武谷・久野：1958, p. 187）。この国際情勢の中でソ連を軍事的に守ろうとすることが各国の共産主義者たちの政治的立場を悪くしたのは明らかだ、といいつつも、[20] 武谷の主要な批判はスターリンやソ連に向けられているわけではなく、彼らを追いつめた資本主義国のほうにむしろ向けられている。

同様の筋道は、一九六四年に中華人民共和国が初の原爆実験を行ったときの文章にもみることができる。中国は原爆を作る必要はないとして同国を批判する立場に対して、武谷は、トンキン湾事件を挙げ、中国が「アメリカによって徹底的におどかされている国」であることのほうが「先にある問題じゃないかと思う」としている（武谷：1964, p. 301）。また、いかなる国の原子爆弾にも反対である武谷としても、原子力潜水艦を入港させることを決めたことが原爆実験の引き金になったかもしれない、そうであるなら中国だけに原爆をもつなという権利はない、という（武谷：1964, p. 302）。これもまた、中国に対しソ連に対するのと同じく、包囲された軍事的・戒厳令的国家とみなしたうえで同情的に接する論法であるといえよう。

現存の社会主義諸国にこのように接する立場を、武谷は、最晩年まで保ち続けた。『環境と社会体制』（1998）には、軍事的・威厳令的国家なる概念についての星野芳郎の「解説」が寄せられており、この概念にもとづく社会主義諸国に対する観察を行った論文（執筆時期は一九五六年から一九九一年に至る）が数本再録されている。同書に収められた鶴見俊輔との対談では、軍事的・戒厳令的というのは「戦前の、例の粛清時代、それからスペイン戦争のころから骨身に感じていたこと」としている。管見のかぎり、一九四〇年代までの武谷の著作の中にこれを裏づけるような記述はなく、本人のこの言をただちに信用する必要はないが、少なくとも彼は一九五〇年代以降は長期にわたってこのような基本的観点を保ち続けてきたことは間違いない。一九九一年のソ連社会主義体制の転換と解体が進行した時点でも武谷は、「〔ソ連では〕外圧をネタに人民を思うがままに支配する。民主主義なんて育ちようがないんですよ。だから、現存する社会主義体制を他人ごとのように批判するのは困りものです。原因の一端は資本主義勢力のイジメにあり、社会主義が特殊なスタイルに追い込まれていったわけですから」と語った（武谷：1991, pp. 131-132）。

武谷の現存社会主義諸国に対する接し方そして社会主義諸国と国際関係との相互作用のとらえ方は、ちょうどそれぞれ、彼の科学者・技術者に対する接し方、および、科学者・技術者と社会政治体制との相関関係のとらえ方と並行的であるといってよいだろう。すなわち、資本主義諸国の脅威・邪魔立てといった外的要因さえなければ社会主義体制は健全に育ちえたであろうとの仮定が武谷には存在するように思われるが、これはちょうど、資本制や外圧や非合理的な抑圧がなければ科学や技術は健全に発達するとの、彼のこれまで述べてきたような仮定とよき類比を成している。科学者・技術者の社会的責任を問う論理的回路が武谷にあっては細かったのと同様、現存社会主義体制内部の失敗・欠点を見つめ直す論理的回路も、彼にあっては細くならざるをえない。科学論・技術論で通底していた彼の認識論的・実践論的立場が、そのまま国際情勢をみる上でも持ちこまれている好例といってよいだろう。

おわりに

武谷三男を、われわれはいま、どう読むべきだろうか。

膨大な領域にわたる言論活動を行った武谷であるが、その根源的態度は終始一貫していた。三段階論や弁証法などといった一見複雑な装いをはぎとってみるならば、彼の自然と人間との関係に対する見方は比較的単純明快であり、本章で行ったとおり、初期の科学認識論や技術論の中からもすでに、それをはっきりとみてとることができる。すなわち、武谷にあっては人間主体は人間社会等の規定を元来受けるものとしてあるのではなく、自然に対して裸のまま対峙し、模写するがごとき形で自然を認識でき、さらに自然にそのまま働きかけうるものである。このさい、関係性、言語、観念、物質的手段といったもろもろの媒介的項目（ほかの哲学者ならしばしば第一次的なものとしてとらえるような）の存在やその歴史的規定はほとんど無視されており、このことが、さまざまな対抗者（労働手段の体系説の立場に立つ技術論者たちや、科学的認識の歴史性を重視する廣重徹のような科学史家といった）の基本的立場との鋭い対比を印象づけている。武谷に対する対抗者の立場を構成主義的と仮に呼ぶとすれば、武谷の立場は模写説的、と呼ぶことができよう。

客観的世界を人間がはたして模写できるのか、認識や実践にあたって媒介のもたらす働きは根源的なものではないか、ということに対する哲学的考察は武谷にあってはのぼってこない。ジグザグはあれど、客観的自然構造の把握は正確なものに近づいていく。そしてこうした把握を進める認識主体として最もふさわしいのが、武谷にあっては、社会政治的要素によってねじ曲げられていない、「清潔な」科学者であったと思われる。科学者を手本に、客観的・合理的認識を進め、それに従った、科学・技術の発展を邪魔だてしない社会体制を築いていけば、あらゆる問題（人倫にかかわる問題も含めた）の解決をみることができる。こうした科学主義的で楽観的な態度は、武谷の認識論的立場からの帰結であった。

このような武谷にあっては、およそ何が真であるかという領域と何が善であるかという領域の境目は究極のところ存在し得ないため、倫理を倫理として科学的合理性とは別個打ち立てようとする動機は生まれてこない。また、二〇世紀思想の多くがたどり着いた、科学や合理主義を推し進めることに対する懐疑的・悲観的態度とも武谷は一切無縁であった。彼は、本来的に科学が体制化されている、あるいは科学が文化的・社会経済的に規定されているという視点も持っていない。言葉遣いの差やあれこれの問題に対する立場の急進性の程度の差はみられるものの、こうした性格は、武谷の言論を生涯貫いていた。

ある時期までの武谷が日本社会の言説空間で広く受け入れられた要因がなんであったかについての詳細な分析は本章では十分に扱えなかった点であり、日本科学文化史の課題として残されていようが、ひとまず指摘しておくなら、中山茂が指摘するように武谷が二〇世紀に入ってからの科学技術のあり方をそれまでの日本の論者よりも適切にとらえているように見えたことがひとつ挙げられる。そのほかにも、合理主義・科学主義的傾向の持ち主にとって、彼の基本的立場が明快かつ自信を与えてくれるものだった、ということがあるだろう。戦前・戦中期日本の混沌とした科学・技術をめぐる社会的・思想的状況――それは、武谷にとっては端的に、科学精神の不足に由来するものであった――に対するアンチテーゼとして提出された、武谷の科学主義的態度は、戦後の新たな生を模索し、戦時中の反省を踏まえようとする知識人たちを惹きつけた。武谷自身も、単純なる認識論的・実践論的図式をもとに、逡巡や懐疑とはほとんど無縁なまま、生産的な言論活動を行うことができた。

しかし、武谷の科学主義ではとらえきれない諸問題は、二〇世紀後半に噴出してきており、生前から彼は多くの根本的批判を浴びた。山田坂仁の、科学技術が本来的に社会的なものであるとの批判は、批判当初はかき消されてしまったように見えるが、廣重徹の指摘したように二〇世紀科学技術がますます本来的に体制化された性格をもつようになってきているとすれば、体制化されない科学技術という理念型をもちだして科学や技術を論じることはもはや実態に合わないというだけでなく、ある種の逃避とみなされてもやむを得ないであろう。吉岡斉の指摘する、科学者・技術者という職業（社会における立場）のもつ特権性も、武谷のような立場からすれば看過されてしまう問題である。

現代科学技術社会論の理論的水準からいうなら、武谷という論者に対しては、そもそもその前提としている図式にしてから、単純であり一面的であったと指摘して済ませてしまえるかもしれない。だが、単に武谷を一時期一世を風靡したものの限界があった論者として現代の高みに立った視線から分析するだけでは十分ではない。彼の認識論的・実践論的立場は、現在でも、職業的科学者をはじめとする多くの人々に対する訴求力をもっているようにみえる。彼の根源的立場（模写説的な立場）それ自体にさかのぼって批判を加えないかぎり、武谷のような科学主義は今後も形を変えて出てくるであろう。この一貫性ある論者の思想を検討した後でわれわれが行うべきは、彼の個別の発言における態度や立場を批判することだけではなく、彼の中に通底する図式を見出し、そうした図式の持つ力の強さを警戒することではないだろうか。

註

（1）一九四六年に初版が出された『弁証法の諸問題』および一九五〇年に初版が出された『続・弁証法の諸問題』がまとまって一九六八年に勁草書房より出版されたものの再版。

（2）八巻俊憲「武谷三男（一九一一―二〇〇〇）の思想形成」、雨宮高久・中根美知代・植松英穂「武谷三男と坂田昌一の交流――「科学史研究所」創設の提案と武谷の博士論文について」、金山浩司「戦後主体性論争再考――技術論との連関から」の三報告が武谷を扱った。

(3) 中井正一はカッシーラーの機能主義に傾倒していた。カッシーラーに従って実体概念を機能概念に解消してしまおうとするこの美学者に対して、武谷は、では、戦艦は採光・通風・攻撃・防御といった機能だけに解消できるものか、と問いただしていたという。しかし、鉄塊という戦艦の「実体」にのみ執着していたのでは中井の論議に対する有効な反論ができないと考えた武谷は、現象と実体を統一する上位概念としての本質概念に行きついたとしている（武谷：1985, pp. 70-72）。また、『資本論』の商品の分析において交換価値と使用価値という現象をもつ価値が、統一された本質としての価値となっていることにもヒントを得たと主張している（武谷：1985, p. 73）。

(4) このボーア仮説については、強力な反証（パウリのニュートリノ仮説を用いた、フェルミによるベータ崩壊理論）によりエネルギー保存則が保持される形で早期に決着がついたこともあって、今日ではあまり顧みられることはない。しかし、一九三〇年代にはマルクス主義者たちの間では、エンゲルスに従ってエネルギー保存則はこの世界の運動の量が一定であることの表現であるとの形而上学的説明が加えられていたためもあり、ボーア仮説に対する反論は激烈なものがあった。武谷のほか、坂田も後年に至ってもボーアの仮説について言及し、武谷と同様、この仮説の淵源をボーアの観念論的立場にみようとしているほか（坂田：1972, pp. 39-41）、一九三〇年代前半のソ連では、公定イデオロギーを奉ずる科学ジャーナリストや共産党員である哲学者らを巻き込んでの一大議論が起こっている（金山：2007）。

(5) 「ニュートン力学の成立について」(1942) では、技術的要求による科学の発展の規定について言及されているが、武谷はこれが「科学の発展にとってかなり本質的な一面をもつ」としながらも、「規定的なものでわ《ママ》なく、それわ《ママ》偶然的なものを科学自身の構成から見れば持つわけである」とし、文化、世界観としての科学という側面のほうに着目している（武谷：1942, p. 101）。

(6) ちなみに、適用説については、当時大阪大学の学生で戦後には共産党の活動家として活躍した内山弘正が提起したことが明らかになっている。

(7) この点については中村静治が聞き取りにより突き止めている（中村：1995, p. 90）。

(8) たとえば先述した相川春喜は、当時刊行されていた『現代技術論』(1940) をはじめとする諸著作の中で、技術を固定化したものではない、生産過程のうちにある動的過程としてとらえようとする新機軸を打ち出している。これは、主体と客体それぞれの孤立化を避け両者を融合しようという、弁証法的試みの一環としてみることができよう（金山：2015b）。

(9) 相川はやがてハバロフスクにて、各地の被抑留旧日本軍将兵むけ「民主化」プロパガンダ活動を行うための日本語新聞「日本新聞」の編集者として活躍した。帰国したのは一九四九年一一月のことである。シベリア時代および帰国直後の相川については（富田：2013, pp. 112-114）を参照。

(10) 技術論論争を取り扱う意義そのものについてもここで一言しておきたい。というのは、日本技術論論争について、これを基本的に不毛な争いであったとする観測が現代では強まっているように思えるからだ。本書の前編たる『昭和前期の科学思想史』所収の論攷のなかで金森修は、「残念なことに、技術論論争は議論をあまり深化させることなく、先人の概念の切り口をただそのまま反復するような消耗戦に終わった」としている（金森：2011, p. 36）。技術哲学をフィールドとする現代日本において数少ない哲学者のひとりである村田純一も、その技術哲学の教科書のなかで、日本技術論論争を総括して「技術の一義的定義を求める努力が、しばしば言葉の端々をめぐって相手の揚げ足取りに終始してしまい、それゆえ決して生産的な結果をもたらし得ないことを如実に示すことになった」、この論争からの積極的な遺産を現代の（技術哲学をめぐる）議論のなかに見出すのは難しいのはそのためもある、と手厳しい（村田：2009, pp. 183-184）。しかし、議論が実際にたどった経過はそのようであるにしても、武谷が提唱した「意識的適用説」に対して「労働手段の体系説」の流れをくむ論者が加えた反論そのものはかなり根源的なものであり、人間・自然・社会という三項の相互関係をいかにとらえるかという認識論上の立場が表明されてもいる。技術概念の図式的把握、単なる言葉の定義をめぐる小さな争いというにとどまらない射程をもった議論としてこれをとらえることが場合によってはできる、と思われる。このほかにも、日本技術論論争からは、切り口次第では、現代的問題関心にとってのなんらかの示唆を引き出すことは十分に可能であるように思われる。例えば比較的近年の論攷としては、技術倫理を定立した先駆者としての三木清を再考する初山高仁の労作がある（初山：2004）。

(11) 山田坂仁の選集に付された年譜および著作目録からは、山田は一九三九年から四五年までにかけて翻訳を除き執筆活動を停止したように見えるが（いいだ：1996, pp. 285：290）、実際のところ、彼は太平洋戦争中にも『科学主義工業』などに科学の民族性に関するそれなど一連の論攷を発表していた。これら山田の戦時中の科学論・技術論については、別稿を期したい。

(12) 筆者自身は、武谷のような立場は、自然科学のように明確な解答のあるわけではない問いに取り組む哲学という知的領域の豊饒さを狭めてしまうと考えている。

(13) 廣重徹は一九六〇年代前半にはやくも武谷の自然観がもつこのような特徴を明るみにし、これに対抗して科学の歴史を人間の実践的活動としてとらえ直すこと、科学的認識の主体的契機を入り込ませることの重要性を説いた。科学は「問題設定、仮説構成、実験、等々の主体的活動なしには成立しえない」のであり、さらに、こうした主体たる人間の本質は「抽象的な普遍的理性」ならぬ「社会的諸関係の総体」であることを廣重は強調する（廣重：1965, pp. 38-39）。

(14) この点については別稿を期したい。

(15) 主体性論争に関する文献は数多いが、さしあたり（菅：1995；岩佐：2013）を参照のこと。

(16) 一九五五年に原子力基本法が成立、日米原子力協定により、米国からの実験用原子炉が導入された。商業用発電炉については、英国のコールダーホール型原子炉の導入が一九五六年より検討され、一九五九年の暮れに決定されている（奥田：2015）。

（17）たとえば一九五七年五月六日、核原料物質、核燃料物質及び原子炉の規制に関する法律案について衆議院科学技術振興対策特別委員会における参考人意見（武谷：1957c, pp. 94-95）。また、（武谷：1956a, p. 69：武谷：1957b, p. 94）も参照のこと。

（18）これゆえ、「ソ連水爆の父」ともいわれるサハロフは、自身が核兵器開発にかかわったことそれ自体については、罪悪感からまぬかれていた。

（19）ちなみに、多くの左翼論客が衝撃を受けたもう一つの重大な事件である、「プラハの春」に対するワルシャワ条約機構軍の軍事介入（一九六八年八月）に対して、武谷は管見のかぎりコメントを残していない。

（20）明言されていないが、武谷・久野が念頭に置いているのは、間違いなく、ナチス・ドイツとの不可侵条約締結（一九三九年）とそれに引き続いて起こった独ソ両国による東ヨーロッパの分割であろう。

第二章　生物学者・柴谷篤弘の科学思想

斎藤　光

はじめに

柴谷篤弘は、一九二〇年に生まれ、二〇一一年三月二五日に亡くなった。東日本大震災とフクシマ原発事故の直後である。彼は、二一世紀に入って、公的な発言をする場から自らの意思で引退していた。そのためこの災害に対する公的発言は残していない。亡くなった時期を考えると残すことが現実的には不可能であったかもしれない。しかし、想像ではあるが、柴谷的思索というものがあるとして、その思索は、この災害における震災と事故の双方を対象とした／するにちがいない。なぜなら、今回の震災と事故は、自然と社会と科学と政治の交差のなかで生じた出来事であり、柴谷は、科学を中心に置きつつそうした交差について、思索を続けて来たからである。柴谷的思索は、そういう意味でひとつの科学思想である、と言えよう。

ここでは、柴谷的思索について検討するが、その前にまず彼の生涯をごく簡単にまとめておこう。

柴谷篤弘は、はじめ化学の道を目指したがすぐに生物学の領域に転じた(1)。やがて科学論の領域に踏み込み、最終的には社会の問題も思索の対象とし、たとえば反差別論の思想を展開した。その活動領域は非常に広い。とはいえ、最後の著作が『構造主義生物学』(2)であった点に象徴されるように、彼は本質的には研究者であり、生物学者であった、といってよいだろう。

学問的職業的経歴を簡単にたどっておく。

柴谷篤弘は、京都帝国大学理学部の動物学科に一九四三年入学し戦後すぐ四六年に卒業している。それ以前に同大工学部工業化学科に入学したが病気等により途中退学している。京都帝大理学部卒業後、製薬会社の研究部、大阪大学、山口県立医科大学、広島大学に勤め核酸研究や分子生物学研究に携わった。一九六六年、オーストラリア連邦科学産業研究機構に活動・研究の場を移し八五年まで過ごした。日本帰国後は、関西医科大学、ベルリン高等学術研究所を経て八九年一〇月京都精華大学にうつり、九二年から九五年まで学長をつとめた。九五年以降前世紀中はフリーの研究者として発表・発言し続けた。

柴谷の学問的活動の一般的な特色は、第一に、すでに述べたが、カバーした領域の広さである。昆虫学、分子生物学、発生学、進化論といった生物学諸領域での論文執筆や論考作成から、科学論や科学批判での論考著作、社会問題への発言、世界各地についてのエッセイや料理レシピ評論まで発表している。

特色の第二は、個々の問題へその時々で対処しながら自ら学びつつ考えるというスタイルである。ある問題がある場合、その問題にどのようなアプローチが過去に、また、現在なされているかを、論文著作を広くリサーチすることで整理する。その整理を基盤として、時にフィールドワークを試みながら、自らの思索を展開していく、という方法をとる。その上で、そうしたスタイル自体、あるいはアプローチ自体が、論考内に軌跡として残る文体あるいは構成を採用している。一定の思想内容を構築的に前もって仮設し計画的に記述していくというスタイルや文体と対立するもの、といってよいだろう(3)。

第三の特色としてあげたいのは、先行する自らの思索へ回帰し、自らの思索や思考を再定義しながら進むという方法である。これは、知識や言説に対する責任という問題とつながるであろうし、知識や言説にかかわる主体という問題であるように思う。知識などを広く求め、いろいろな分野に進出するという「快楽主義」的面を持ちながら、発言や言説に対し常時回帰し再確認するという「禁欲主義」的な位置の取り方もした、とまとめることができるだろう。(4)

このような特色があるため、柴谷思想や柴谷的思索を考察する場合、ある種の困難に直面する。広さに対しては、その広さについていくことの困難。文体あるいは構成に関しては、どちらかといえば非体系的になるため、一貫した把握が難しいという困難。そして方法に関し再定義を行うということなどから、思索の現場性を追うことの困難である。しかし、そうした困難があるにもかかわらず、柴谷の科学思想や科学技術に関する思索（柴谷科学論）を一定の形にまとめながら理解する、というのは重要な試みのように思う。

どうして重要なのか。大きく分けると二つほど理由があるであろう。

第一は、戦後期において、生物学の領域を中心として、学術文脈内だけではなくその外部も含めた学問や科学の在り方などについて、また、組織論や対社会関係も含めた研究者の在り方などに対して柴谷科学論は問題提起を行い、様々な論争の場を形作った、という点がある。残念ながら、どのような論争の場があったかをここで網羅的経年的に示すことはできない。というのは、柴谷や彼をめぐる論客の論争の場に関して、これまでまったくといっていいほど整理されてきていないからであり、今回もそこまでの準備をすることができなかったからだ。しかし、ここで取り上げる予定の『生物学の革命』(5)と『反科学論』(6)は、ともに、様々な人々の注目をひき、議論を巻き起こしたことが知られている。その二つの作品に関して、科学論という枠で整理しておくことは、今後、柴谷の思索の展開をより広く検討するときの一つのたたき台にはなるであろう。両作品で展開された柴谷の思索、柴谷の思想自体を検討し、暫定的とはいえ一定の図柄を定位しておく必要はあると考えている。(7)

彼の思索・思想は、発表当時から多数派のものでなかった。現在もそうであろう。ただ、たとえば『生物学の革命』で主張されたものの一部は、その後、実現したり、日本における科学技術の進行過程に取り込まれたと思われるものもある。他方、『生物学の革命』を批判的にとらえ返した『反科学論』は、状況把握と将来展開に関してはほぼ正鵠を射ていたが、いまだにそこでの主張は、明示された形に図柄化されてはいない。つまり、柴谷科学論の図柄のあぶり出しと位置づけの提示が、科学技術の現在を批判的に捉え返す作業の参照枠や道具となる可能性があるという点で重要性を持つと思われる。それはまた、科学と科学把握（科学論）の日本語文化圏における展開を歴史的にたどる基礎となるかもしれない。

第二の理由は第一の理由とつながり重なっているようにも見える。それは、柴谷篤弘が、ある意味忘れられつつある、ということにかかわる。二つほど例をあげておこう。例えば、横山輝雄は、科学技術社会論という領域での柴谷篤弘の扱われ方（あるいは扱われ無さ）をトランス・サイエンスという議論との関連で例示している(8)。それによると、柴谷が、『反科学論』でトランス・サイエンスという概念を紹介し批判しているのであるが、その後に立ち現れた科学技術社会論領域では、トランス・サイエンスに関連して柴谷科学論が言及されることはほぼないという。議論を紹介した先駆者という形でふれられることはあっても、柴谷が展開した議論を検討するという場面は見られない、らしい。つまり、一九七三年時点での柴谷の位置づけとその議論の図柄の提示はなされていない、ということだろう(9)。

もう一つの例は、個人的経験である。ごく最近、社会思想を研究している中堅の研究者たちと意見を交換する機会があった。そのときこちらから柴谷篤弘や『反科学論』について少し話題を提供した。自然科学と社会との関係にも深い関心を持つ研究者たちであるが、柴谷篤弘に関しては、名前は聞いたことがあるという認識であり、『反科学論』に関しても存在は知っているが、内容を検討しようとしたことはない、ということであった。

つまり、柴谷思想は、形が明確化されていない、というだけではなく、忘却されつつあるのではないか、ということである。そうした状況下で、図柄の提示を通して、歴史的な位置を仮設し、そこから現在の状況をとらえ返す要素を見つけ出すべきではないか、思われるのだ。

ところで、柴谷篤弘は、『反科学論』が文庫本として出版されたとき、「文庫本あとがき[10]」を執筆し、本文の後に付け加えた。そこには、文庫本での『反科学論』の再刊に関して、彼の希望のようなものが書かれている。

「第二の大転換の時期に書いた本を再刊できるのは、どんどん数が増える「若い世代」との対話を続ける希望をさらにつないでゆける、という意味で、私にとって大きな励ましになっている[11]」

柴谷が忘れられているという意味では、この対話の希望は現在実現されていない。しかし、ここで、『生物学の革命』と『反科学論』という二つの議論の舞台を検討することで、柴谷的思索と柴谷以降の人々との「対話」を可能にする機会を作ることができるかもしれない。そのように考えながら、本章では、二つの舞台についてのおおざっぱな紹介と、ごく簡単な分析を、柴谷の科学思想を対象として試みたい。

これは、今後の議論の出発点ではなく、せいぜい出発点の始まりという位置づけとなるであろう。

第一節　『生物学の革命』（1960）の科学思想

『生物学の革命』は、一九六〇年にみすず書房から単行本として刊行された。第一刷の発行は一九六〇年一二月二〇日。その年も押し迫った時期であった。

「はじめに」で述べたように、この著作は、一定の思想内容を構造的に想定して体系的に書かれていったものではない。むしろ、方向やテーマだけを定め、その時点で自ら学びつつ考えるというスタイルをとって、ある主題に対するより短い論考を論文という形式で発表し、それを集め編集した形になっている。「はしがき」の次のような一節からその事情について、柴谷自身も自覚的だったことがわかる。

「（前略）……いまこうして各篇を配列してみると、私の論旨は一本の脈絡をたもって、ひとつの明確な主題、すなわち生物学を契機とした進歩の内容と方法の探求をめぐって展開してきたようである。[12]」

諸論考、つまり、「各篇」の執筆あるいは成立のきっかけは、中央公論社が出していた自然科学系の月刊誌『自然』の編集者・岡部昭彦によってもたらされた。彼は、柴谷に対して「生物学についての、挑戦的・批判的な展望」の連載を依頼したのである。当時山口県立医科大学の教授職にあった柴谷は、それを引き受け、一九六〇年一月号から「二〇世紀後半の生物学」という表題のもと、八回連載し、その連載分に、他雑誌などでの同時期の論考と連載に対する批判への反批判を合わせて一冊にまとめたのが、『生物学の革命』であった。[13]

では、その構成を見ておこう。「はしがき」に始まり、全体は大きく二部に分かれている。

第一部は「生物学はどう進むか」と題され、「これまでの生物学――二つの流れ」「生物の人造――生物学の第三の流れ」「分子生物学――現代生物学の主流」「ガンと放射線障害――生物学の逆説」「理論生物学――情報理論と生物の人造」の五章からなる。対する第二部は「生物学者はどうすればよいのか」と題され、最後の「付録」も入れると、七章構成だ。それぞれ「日本の生物学の不振――学部制批判」「討論会で――学界の現状」「生物学の教育」[14]「科学者の価値」「科学と民主主義」「生物学者の社会的責任」、そして付録とされた「もっと動的な思考を」[15]である。出版後二年経過した時点で、柴谷は、この二つを「現代生物学」と「生物学者論」とまとめなおしているが、林真理が最近整理したように、前半部を「生物学内在的な議論」、後半部を「科学者の社会的責任や学会体制、民主主義を論じ」た議論とすることもできるだろう。[16]

このように構成をみると、学問論と制度論の二部構成のようにも受け取られ、そのように位相を分離して扱うことも可能である。林も、「前半と後半には深いつながりがあり、当時の生物学の研究内容に対する批判が、新しい生物学を受け入れようとしない大学の学部体制の批判にもなっている」としつつも、前半部分を主たる対象として「生物学研究そのもののあり方についての柴谷の見解」の検討を試みている。[17]

ところで、『反科学論』の「序章」では、大学闘争において全共闘が指摘した問題と『反科学論』との、そして『生物学の革命』との関係について自ら整理記述しながら『生物学の革命』の性格を次のように要約してみせた。つまり、「分子生物学を基本とする日本の大学改革の方向を暗示する書きもの」をまとめたものが『生物学の革命』である、と。[18] 柴谷の見解は、こうであったろう。すなわち、新しい「分子生物学」などを扱う「現代生物学」論あるいは「生物学内在的な議論」と、「生物学者論」あるいは「科学者の社会的責任や学会体制、民主主義を論じ」た議論つまり「日本の大学改革の方向」は、密接につながり、ある種の同型性を有している。要するに第一部と第二部は、同じ構造の二つの現れである、とまとめてよかろう。そこで、本章では、『生物学の革命』を一体的なテキストとして検討していきたい。

では検討に入るが、ここでは、テキストに沿って内容を紹介し考えるというやり方をとらない。いきなりであるが、『生物学の革命』がもつ思想上の特質を抽出し論じる。以下に述べる三点が重要な特質と思われる。

第一は、柴谷の生物学研究や科学思想における理論生物学の中心性、という論点である。この点をはじめて指摘したのは、林真理であるので、彼の議論に沿う形でまとめ、随時『生物学の革命』のテキストにも立ち返りながらコメントしていきたい。[19]

林は、『生物学の革命』が一九六〇年当時勃興しつつあった分子生物学を中軸に置いたテキストである、という評価あるいは把握は、本質を見誤っているという。一九四七年に刊行された柴谷の最初の著作『理論生物学』[20]との関係を解析することで、理論生物学という方法と視座と射程が、『生物学の革命』の中軸であると指摘した。

では、この時の理論生物学とは何か。林の指摘に従いつついくつか付け加えながら検討していこう。柴谷によればそれは、まず方法あるいは任務として「生物モデルに仮定された諸性質から演繹的にモデルの持つ種々の機能を考察する」[21]ことである。また、生物モデルの工学的実現をはかるべき設計図の考察がもう一つの方法あるいは任務となる。[22]

いずれの方法も実は「生物モデル」が前提にされている。まず『理論生物学』では、無生物から分け隔てられるところの生物の性格（つまり生物モデル）は、「全体性」という概念でとらえられている。他方『生物学の革命』には「全体性」という表現はない。しかし、林が提示するように「生命システムの全体としての仕組みを捉えようとしている点を考えると、柴谷の関心がそこを離れたというわけではない。」[23]『生物学の革命』でも「全体性の見方は否定されていないし、全体論と対立するような還元主義が主張されているわけではない。」[24]理論生物学の方法とは独立に、その前提として、非還元的な生物モデル、あるいは、生命の性格としての全体性が、理論生物学の「生物」の部分にあらかじめ組み入れられているのである。

言い換えると、林も指摘するように、理論生物学とは、全体性、あるいは、生物モデルに特異な非還元的生命的原理に由来するであろう「生物学独自の法則を探求する」演繹的構えを持つ学問である、ということになる。この考えは、柴谷においては、少なくとも『理論生物学』と『生物学の革命』を貫くものであった。生物界における「個別現象の理解」よりもむしろ「生命現象の本質的理解」を強く志向する視座が学に据えられていた。[25]

こうした性格を持つ以上、理論生物学は、生命の一般理論を目指すことにもなる。[26]『生物学の革命』で明確に述べられているように、生命の一般理論は、地球外の生物、将来進化してくる生物、生物人造で工学的に作り出される生物、といったものも含む「生物」あるいは「生命」を理解する学術である[27]。さらにこのような形での理論の追及は、柴谷によれば基本的な法則へと向かうゆえに、医学や農学においても有効な応用が見いだされる。かくして理論生物学は、「応用まで含めた生物学の全分野をつなぐことを構想する」という射程を持つことになる[28]。

このように、理論生物学は、『生物学の革命』における柴谷の生物学研究や科学思想の中心に位置づいていたのである。

整理すると、理論生物学とされるものは、一つは生物モデルから導出される諸機能を研究説明するというところに焦点化する働きを持ち、もう一つは生物モデルの人工プロセスでの構築実現というところに焦点化するという働きを持つ、理論群といえよう。明示化されてはいないが、実は生物モデル自体の理論的哲学的考察という出発点もそこには前提とされていたように思える。

第二に、『生物学の革命』で重要なのは、学術モデルを設定しそれを考察することを通して現実の学術構造を再編成、再構築していこうとする傾向あるいは志向である。

『生物学の革命』について、当時の生物学を「枚挙生物学」としたり、「切手蒐集」としたりすることで、批判したという印象批評を聞くことがある。確かに、『生物学の革命』では本文でいきなり「切手蒐集」エピソードが出てくる[29]。しかし、柴谷自身が生物学をそのように評価したわけではない。また、「枚挙生物学」にもコメントしておくと、柴谷本人は、「枚挙生物学」と対立する「基礎生物学」を進めようとしているが、生物の研究などにおける枚挙性を否定しているわけでもない。つまり、柴谷が生物学の現状を、「切手蒐集」や「枚挙生物学」としてまったく無意味と批判・非難しているのではない。では、彼の傾向・志向はどのようなものなのか。

柴谷篤弘は、一九五〇年代後半当時、自然科学の最前線を物理学と捉えていた。物理学は自然科学の最高進歩形と位置づけられていたようだ。物理学は「宇宙のありとあらゆる現象の統一的理解という最高の一点を求めてゆく[30]」のである。一般化すると、科学は、対象とする現象や領域の統一的理解や、そこでの統一的原理を見出す試み、とみなされていた。この方向で進む科学を彼は基礎科学とした。これに対して、対象とする現象や領域を構成する個別存在・個別要素、あるいは「種や諸型[31]」をあげつくしつつ研究を進める科学を枚挙科学としたのである。

特に前者は、「ピラミッド建設的な性格[32]」と規定され、説明原理を手に入れるための実験観察の対象は交換可能だ。遺伝の原理をつかむためにはネズミを使ってもいいしウィルスでも可能だということである。ただこの二つに科学の類型がとどまるのではない。もうひとつの類型として、工学がある。これは基本的には基礎科学に含まれるが、これまでにないものを作り出す、という知識の働きで、「新しい可能性を求めてやまぬ逆ピラミッド[33]」の知識活動であった。

このように定式化すると、生物学の理念的な体系が構成される。生物学はまず基礎生物学と枚挙生物学からなる。前者は、生物工学、理論生物学、実験生物学から構成され、後者は、地球生物学と宇宙開発一般に分かれる。その当時存在していたすべての生物系の諸科学、たとえば動物学、植物学、解剖学、細胞学、遺伝学などなどは、地球生物学の下位分科に位置づけられた。当時ようやく姿を現していた分子生物学が、一部の生態学とともに実験生物学の下に置かれている。つまり、この体系の多くの部分はまだ学問的な空白になっていたのだ。

柴谷の試みをまとめるとこうなろうか。ある学術の体系を思索・想定・仮設し、多くのサブジャンルを位置づけ、現在の学術のあり方を相対化し批判する。ジャンル／サブジャンルの名称のみが存在し、実際の科学活動は不在である、つまり可能態でしかないところがある。そうしたところに、新しい科学研究の未開地があり、そこに向けて実際の科学活動を展開する見通しが立つ、ということだ。しかも、そうした未開地は、自然科学の自己運動として現実化すると、彼は考えていたと思われる。

柴谷によって取り上げられるそうした未開地には、すでに研究の前線形成が世界的に始められ、彼自身もそこに参与しているという自覚のある分子生物学がある[34]。もうひとつは、まったく進められていなかった、生物人造を目指す生物学である。その目的は、「どれかの生物に全体として匹敵するような〝機能〟をもった系を人工的に作る[35]」ことであった。

こうした諸学の整理は、ある学術の萌芽系や、仮想系を枠付け、それを体系に照らしながら新しい分野であると捉え返したり、新しい分野・前線を創出・新造したりその方向を見定めるという戦術を示している。

ところで、明示的に示されているわけでないが、『生物学の革命』の第二部の制度論、または、「科学者の社会的責任や学会体制、民主義を論じ」た議論でも、学術モデルを設定・考察することで現実を批判的に捉え返す傾向・志向が重要な役割を持っていたようにみえる。

柴谷が、第二部（後半部）でまず行うのは、アメリカ、ソ連、日本における、学術の分野構成の比較である。そこからは、日本においての、分野やその分野で活躍する研究者を再生産する学部の不合理性が導かれる。アメリカやソ連が、生物学の理念的な体系に即した学術体制・制度を必ずしも持っているわけではない。しかし、生物学に関する日本の学術体制は「もっとも手ひどい損害をこうむっている[36]」。その理由は、学術の体系とは異なる学部体制があり、生物学では「勢力分散」がなされ「浪費的」であり研究者間の交流もないからなのだ[37]。生物学的研究は、理学部で、農学部で、そして医学部でなされているが、学術の側から見ると、その体制は一つの分野を「八つざきにしてしまっている」のである[38]。

ここにおける柴谷の図式はこうなるだろう。学問のあり方は、自然のあり方と対応すべきであり、自然のあり方と対応した学問を支える学術体制こそが、学術や科学を進歩させる、と彼は考えているように見える。したがって、そうした視点からの制度批判・体制批評がなされることになり、特に「日本の生物学の不振——学部制批判」「討論会で――学界の現状」「生物学の教育」[39]の三つの章は、当時の事例を扱った、現代から見るとジャーナリスティックとも評することができそうな論述だが、「硬直した学術体制を変えることを呼びかけ」[40]るものであったのだ。学術体系の理念的モデルで、現実の学術自体を批判・分析するとともに、学術を支える制度を、学術との矛盾において批判・分析し学術に適合的制度へと変革するという戦術が取られたのだ。いずれにしろこの傾向は、『生物学の革命』の思想上の特質と位置づけることができると思う。[41]

思想的特質の第三のものとして読み取ることが可能なのは、歴史性への志向、といってよいだろう。これがある程度明示されているのは、「生物学者の社会的責任」[42]の章においてであるが、「科学者の価値」と「科学と民主主義」の章も関連している。

とはいえ、「生物学者の社会的責任」の章は、基本的には、軍事研究についての考え方を整理しようというものであった。「生物学領域において画期的な新境地開拓が見えた」場合、そこにかかわる研究を「軍事研究費」で「研究する可能性」と妥当性について考える、という点が中心的議論のひとつなのである。[43]さらにもう一歩彼は議論を進め、「世界に戦争の可能性があるかぎり」「研究費の出どころに関係なく、基礎研究の発展は軍事研究に動員される可能性を含んでいる」とする。[44]こうした極端な考え方を論じるときの論拠が、導入として示された歴史性への志向であった。[45]つまり、「進化論も反人間的な植民地主義の申し子であり、それ自身〝軍事研究〟の形をとって開拓された」[46]、とすることができる、というわけだ。

しかし軍事研究についての議論だけではなく、歴史性への志向が一般的な議論の幅を広げ、さまざまな事柄、特に自然科学のあり方の理解を深めていっていると読むこともできる。そういう点から考えて『生物学の革命』における三つ目の特質と位置づけることが可能であろう。

「生物学者の社会的責任」の章では、具体的な自身の経験や体験から、歴史に対する省察を通して、「科学の発展からくり[47]」の把握がなされた。この経験や体験とは、一九五五年のイギリスへの留学途上の船旅でまずもたらされたものであり、帰国のときも選んだ欧州からアジア、日本への船旅である。最初の船旅を経験し、その後大英博物館自然史部門へ行くなどしたことから、彼は、「イギリスにしろ、日本にしろ、植民地統治により、本国の自然科学はそれだけ進んだ[48]」という認識を得るにいたった。つまり「全イギリスの科学が、今も植民地主義によって力強く支えられている」のであり「イギリスの科学的水準の高さと、そのたくみな植民地政策とがみごとに平行している[49]」という了解である。

すなわち、科学がある歴史的、そして、社会的文脈上で、展開しているという洞察であるといえよう。ただ、『生物学の革命』でこの歴史性への志向が十分に展開されたわけではない。しかし、この経験以降、歴史にかかわる事柄を学習し自身の思考の中に取り入れるという姿勢が自覚的に確立されたと思われる。「パリ」を訪れるとき「アルジェリアやインドシナのことは常に脳裏」に浮かび、「ベルギー」を見るとき「コンゴとの関係を忘れ」ないという思考のあり方、「日本人の生活水準」を考えるとき「朝鮮や中国に対する日本の侵略の犠牲がどれほど深刻であったかを思うと同時に、それと平行してどのように日本の近代化がすすめられたか、ということも考える」という思考法である[50]。「パリ」「ベルギー」「日本人の生活水準」は、「科学」と交換可能でもあるという視点である。

歴史性への志向は『生物学の革命』ではまだ広く展開されてはいなかったが、一九九六年の時点での柴谷の回顧を見ると、このイギリス「留学」は、重要なものとされている。

「私のこれまでの生をふりかえってみても、この一年間ほど、あたらしい経験・価値観の転換つまり人生の啓示を得た時期はなかった…（中略）…啓示は英国だけにかかわらず、世界・日本と私との関係すべてにわたっていた。この経験が私のその後の生きかたをおおきく変えた[51]」

まさしくここで得られたのが歴史性の志向であったといえよう。

以上、『生物学の革命』がもつ思想上の特質を三点抽出した。ひとつは、理論生物学の中心性であり、第二は、学術モデル設定と対照して現実の学術構造を再考、再編成、再構築していこうとする傾向であり、最後に、歴史性への志向である。

では、『反科学論』とは何であったのか、次節で検討しよう。

第二節　『反科学論』（1973）の科学思想

『反科学論』は、一九七三年に、『生物学の革命』と同じく、みすず書房から単行本として刊行された。第一刷の発行は、一九七三年一二月一八日。柴谷によって、『生物学の革命』の続編という位置づけ[52]を与えられていた。編纂のスタイルも似ている。あらかじめ存在している思想内容を体系的に記述・構築するというのではなく、方向だけを暫定的にさだめ、『生物学の革命』と同じく、その時点で自ら学びつつ考えるというスタイルをとりながら、短い論考を発表し編集していくという形式をとった。

諸論考の発表のきっかけは、みすず書房の編集者松井巻之助のすすめであった。松井のすすめを受け柴谷は、同社発行の雑誌『みすず』に、「反科学論」と題して一九七一年八月号から一九七三年八月号まで、飛び飛びだが一三回にわたり自身の考えの展開を連載し、さらに単行本化に当たって、全体の三分の一にあたる分量を書き加えて完結したのが本テキストであった[53]。

構成を示しておこう。「まえがき」「あとがき」をのぞき六章からなっている。「まえがき」に続いて、本文は、「序章」「専門家とその勢力の拡大」「科学の再評価」「科学と社会」「実践への展望」「解放へ」からなり「あとがき」で終わる。一九九八年に出た文庫本版では、さらに柴谷による「文庫版あとがき」と池田清彦による「解説」が付け加えられている。[54]

すでにすこし触れてもいるが、発表にいたるきっかけとは別に、この作品の思想史的位置づけとして重要なことがある。それは、『反科学論』が大学闘争の際になされた問いかけへの柴谷篤弘による回答として提出されている、ということだ。[55]「序章」は次のように始まっている。

「過ぐる一九六八年の大学闘争において、全共闘のつき出した、科学とは何か、研究とは何か、という問いかけに対して、自然科学者の側からする回答は、まことに手薄であったようにおもう。[56]」

そのひとつの回答が『反科学論』であるわけだが、どういう側面に議論の焦点をしぼっているのか、それは「序章」の最後に記されている。

「…（前略）…なんのため、誰のために、自然科学はあり、またその研究はなされるのか、また、自然科学の価値は、人間の他の諸活動の価値とくらべてどうであるのか。自然科学の研究のゆきつこうとする先と人間性のあいだには、解きがたい難問が出てくるが、それをどうするのか。

…（中略）…わたしの当初の問い（引用者註：『生物学の革命』で提示した諸問題を指す）にわたしを回帰させたのは、日本の大学闘争にかかわった、とくに全共闘を中心とする人々の言動であった。今日、この運動はほとんど終熄したようにみえるけれども、それは、実は、きわめて深い学問上の問題提起と、解決の方向の示唆を内発的に行ったことにより、しばしば考えられているような破壊的な活動であった以上に、建設的な動機を多くふくんでいたといわねばならないのである。[57]」

つまり、柴谷の見立てでは、『生物学の革命』に萌芽された自然科学をめぐる問題は、大学闘争の全共闘運動による問題提起につながり、『反科学論』はそれを受けての柴谷的思索の深化ということになろう。

それでは、『反科学論』についての検討に入ろう。このテキストは『生物学の革命』以上に議論が多岐にわたっているようにおもわれる。内容を十分に紹介し議論するには、短い論考では難しい。そこで、ここでも全体をテキストに沿って分析していくのではなく、まず、『生物学の革命』との主要な差異を指摘しそこから『反科学論』の論点を具体的に見てみよう。続いて、『反科学論』で示されていると読み取れる、現状の自然科学への批判の形式（反科学）をまとめることにしたい。

柴谷は、『反科学論』を『生物学の革命』の続編と位置づけていたので、二つのテキストのあいだにある、思想的な差異に関して意識的であった。『反科学論』の初めの部分で、『生物学の革命』時点での自身の立ち位置を次のように表現している。

「一九六〇年、『生物学の革命』を書いたとき、わたしは、科学の成果は、その悪用の可能性は明らかながら、本質的に善である、という立場をとっていた。この信仰ともいうべき固定観念があったればこそ、科学の進歩にすべてを賭けるような価値体系の成立を想定し、新しく獲得された知識にもとづいて、社会変革のおこることが不可避であること、そしてそこにこそ、停滞する日本の社会のなかの、諸悪をゆりうごかし、これを変革する動機が得られる、と考えていたようである。[58]」

しかし、『反科学論』を書き始めた七〇年代初めにおいて、柴谷は、そうした一九六〇年の思想を、「きわめて素朴な信念であり、思考範囲もせまく、視野も限られて[59]」いるものであったとするのだ。つまり、科学や科学の成果は本質的に善でない可能性が高く、科学の進歩や新しい知識によってもたらされるものや社会変革は、諸悪をゆりうごかすどころか、諸悪を増殖させるかもしれない、というものではないだろうか。

『反科学論』からしばしば引用される部分だが、科学が悪である可能性に立ち至った「啓示」あるいは「解放」についてこう語っている。

「わたしは粛然として机に向かい、それまでの私の学問に対する態度が何であったかを考え、紙にそれを書き記した、私の信じた科学とは、何であったか、そうして、とうとう、科学は悪である、とみとめざるをえないような気もちになった。そこで、そのように紙に書いた[60]。」

『生物学の革命』と『反科学論』における大きな差異は、このような科学の位置づけである。前者では、科学は本質的に善であり、進歩自体であり進歩の原動力である。他方、後者では、科学は本質的に善ではない。本質的に悪である可能性もある。少なくとも非善／反善／善の欠如である可能性が高い、ということになろう。進歩であったり進歩の原動力であるかどうかには当然深い疑いが生まれる。一言でまとめると科学をどのように評価し価値付けるかという科学観における転換が、二つのテキストの差異の中軸にあるということになる。この中軸の科学観の転換は、科学や近代文明の矛盾の明確な把握や科学の価値や科学自体の相対化と相即的であり[61]、そのことに関する、柴谷の思考の過程や研究の記録が、『反科学論』に刻まれていく／いるのである[62]。

たとえば、『生物学の革命』で抽出したその思想の第三の特質、歴史性への志向は、科学観における転換を経ることで、表層的内容において変貌し、また深層においてより精緻で射程の広い志向へと深化した。

柴谷は、『生物学の革命』で植民地主義などを扱った部分について、彼自身はかつて「植民地的収奪の進行」を「やむをえない人類の進歩の犠牲」であると捉えていた、と回顧的・批判的に整理している。犠牲ではあったとはいえ、科学によって新しく「得られた知識は、人類全体にむかって、ひろくひらかれ、それによって、かつて犠牲になった階層の人々の福祉も向上することになる」という見通しを立てていたのである。[63]

「しかし、…（中略）…多くの人々の犠牲の上に築かれた自然科学には、なお、人類社会における富と権力、ないしは社会福祉の分配における分極化を、いっそう強め、あるいは多くの人々を、質的にあたらしい不幸に追いやる機構が、内部構造として、つくりつけになっているのではないか、と疑わせるようなものがある。現在にいたるまでも、自然科学は客観性をも中立性をも獲得するにはいたっていない。その様相は、むしろ不吉である。」[64]

こうして歴史性への志向という特質によって、「科学・技術による人類福祉の増大というのは、あからさまな、まやかしである」[65]という認識が導かれる。その上で、「科学・技術と民主主義によってより多くの自由を享受する人々のある反面、相対的に以前よりも自由を失っている人々がたえず存在し、しかもこのような不平等を消失させたうえで、なおかつ科学・技術文明を維持していくことができるかどうかは、まだ人類にとっては未知の課題なのである」[66]と、問題点を明確化したのだ。

では、柴谷は、現在の科学／当時（一九七〇年代前半）の科学のあり方に対して、どのような提案をしているのであろうか。まず指摘しておく必要があるのは、明確な図式が示されているわけではないということだ。ただし、一言で言えば、それは反科学（の提案）ということである。だが、最後に少しだけ検討するが、この反科学あるいは反科学論という概念は、なかなか問題含みである／あった。柴谷自身の思想的歩みを『反科学論』以降ある意味で拘束し翻弄することにもなるものだった。

柴谷は、第二章の「専門家とその勢力の拡大」(67)で、専門家というものの機能や隠蔽されたその内実を分析する。出だしで、専門家の専門領域における発言や言説、あるいは非専門領域でのそれに隠されている政治性や、自分の専門から逸脱した領域に関わる発言・言説での、自分の領域の保全傾向を指摘する。ある専門領域にかかわっている専門家や科学者・技術者は、「自分の専門領域には損にならないように」また「その専門領域における立場が不利にならないように」発言し立ち居振舞う。(68)しかしその発言自体の「科学性」は極めて疑わしい。それにもかかわらず、そうした専門家・科学者・技術者が、科学・技術の進行を支えている。

柴谷はここで、「専門家であることをやめる」ことを提案する。そのうえで、専門家をやめる≒専門家をなくすことが可能か、その意味は何か、を考えることが「反科学論」の目的であると設定する。「知識・学問を否定し去ることなしに、反科学である、というのは、どういうことなのか」、これを考えてみたいというのである。(69)

とはいえ、柴谷は、明確に、「知識・学問を否定し去ることなしに、反科学である、というのは、どういうことなのか」ということをこの『反科学論』で図式化できたとはいえないだろう。しかし、彼の論を追ってゆくと、かなり入り組んでいるように感じられるのだが、少なくとも三つのモデルがあるのではないかという気がする。それを考えてみたい。

第一に提示が読み取れるのは、科学技術の展開等および展開による社会などの受ける影響等に対する科学技術内外の方法やデータや論理や基準などを用いた批判的検討である。暫定的に「内在的批判モデル」(70)と名づけておこう。この形の「反科学」モデルについては、主として『反科学論』の第五章「実践への展望」で、事例の紹介とそこでの問題点の整理およびそれに対する柴谷自身の批判的コメントという形で示されていると見ることができる。

こういう実践は、柴谷によると、科学者・技術者・専門家が、どのような形で社会的責任を果たすのか、ということに関わる。(71) 科学・技術がもたらす反人間的・反社会的影響に対して、事前にあるいは事後に科学者・技術者・専門家が、問題点を指摘し整理すること、またある種の判断の模型を示すこと、である。(72) ここでの日本の例としては、ビキニ環礁の水爆実験における放射性降下物の悪影響に関する調査と研究(73)などをあげているが、その後この研究の流れは、研究者のヘゲモニー問題や研究費獲得問題へと変質したことも指摘している。

第五章「実践への展望」で、たとえば、一九六七年九月の日本物理学会臨時総会での、学会としての軍事的研究費の拒否の決議の問題などにも言及している(74)が、専門家が、研究を職業とするときに、一定のルールがどこまで歯止めとなるのか、という問題が現在の科学の社会内でのあり方からは必然的に生まれる。(75) これは、この「内在的批判モデル」に常に付きまとう問題であると柴谷は捉えていた。

第二に読み取れるのは、現在の科学技術とは、別の方法的基礎や、原理的基礎を持つ「科学」を創出しすすめるという実践としての「反科学」モデルである。(76) これも暫定的に「もうひとつの科学モデル」と呼んでおこう。この「反科学」モデルは、現状の科学の批判的分析・理解とそれを通しての別の科学の可能性を想定しようとするものである。では、現状の科学について柴谷の了解はどのようなものだったのだろうか。

柴谷によれば、現状の自然科学の自然説明力や威力は非常に大きいものであるが、その成功の原因は、分析手段の的確性に求められるとして以下のように解説している。

「原子論的、要素論的または還元主義的といえるその方法論は、対象をまず要素に分解し、個々の要素…（中略）…の性質を理解したうえで、対象を個々の要素の総和の形で理解しようとする。基礎数学の大部分がこういう形の分析によく対応しており、また物理学ではなばなしい成功をおさめた領域は、ごく最近の発展にいたるまで、すべて個々の要素を分析し、それを加えあわせることで、全体の系と等値することができる、線形の系をとりあつかってきた(77)」

こうした要素論的科学とは別の科学の構想が、「もうひとつの科学モデル」である。おそらくここでの「もうひとつの科学モデル」にも明確な図式化がなされているわけではない。そこで、柴谷がそれについて記述しているところをいくつか列記して、柴谷の「もうひとつの科学モデル」の大まかな枠組みを見ておこう。

柴谷によれば、対象を考えることから想起できる「もうひとつの科学」がある。要素論的科学は、その対象が線形の系であったことにより、強い説明能力と予知能力を得た、と柴谷は見ている。しかし、自然界にも、自然界の一部である人間の世界にも、線形の系ではない、つまり非線形の系である領域や現象が多くかつ広く存在している。当時柴谷が非線形の系であろうとみなした生物現象は神経生物学、発生生物学、群集生態学の領域にあるとしていた(78)。さらに「地球、生態系、人間、社会、といった対象は、たんにその構成が極めて複雑で、地域的にも変化が多いばかりではなく、その変化が歴史的にも一過性であ(79)」るという点で、接近・理解の難易度が高い複雑な非線形の系である、という。要するに、こうした非線形の系を対象とできるような非／反要素論的、非／反還元主義的な科学が想定されていたのではあるまいか。

対象を認識する側でも、現象を要素に分解せずに、「全体論的直観と経験(80)」や「動的な直感的洞察力(81)」で捉えようとする方法を内在する科学がありえるのではないか、とも想定する。ただ、ここまで来た場合、これは「もうひとつの科学」なのか、という点では、問題が発生してくる。柴谷自身「もうひとつの科学モデル」にあたる代案を(82)提示しているのだが、「はたして科学の名に値するかどうか(83)」と自ら疑問を告白している。つまり、三つの目の

「反科学」モデルが要請されることになるわけであるが、それは少し後で論じよう。

「もうひとつの科学モデル」をつくるにあたり、『生物学の革命』との関係性があるのではないかと思われるので、その点を指摘しておきたい。先に『生物学の革命』の特質として三点挙げたが、そのうちの第一点と第二点が関わる。

かんたんにまとめておこう。理論生物学の中心性という論点では、方法とは別に、非還元的な生物モデルや全体性という観念が、理論生物学の「生物」の部分にあらかじめ組み入れられている点を指摘した。じつは、「もうひとつの科学モデル」でも、非／反要素論な非線形の系が対象として仮設される。それは対象であると同時に、「もうひとつの科学モデル」を成立させる前提にもなっているとは言えまいか。ということであれば、この『反科学論』でも、理論生物学という概念こそ登場していないとはいえ、その構図は引き継がれているといえよう。

また、第二の学術モデルを設定する傾向についても考えておこう。「反科学」を科学に対置する試み自体が、この傾向のひとつの現れであるが、『反科学論』では、クーンの『科学革命の構造』を研究することを通して得たパラダイム概念が、この傾向と合流する形で、新しい科学を構想しようとする柴谷の試みを基礎づけているのではないかと考えられる。

はじめは科学の客観性が「神話」であることを示す理屈として『科学革命の構造』やパラダイム概念を利用し論じているのではあるが、すぐに『反科学論』の試みを意味づける理論としても採用している。[85] 執筆当時の状況が「科学の総体をまきこむ大革命」である可能性を指摘しつつ、「現在のような科学全体にわたるパラダイムの交替が予想されるとき」「同業の専門的科学者だけではなく、ひろく市民社会にむかって語りかける必要がある」[86]とする。であれば、『反科学論』や「反科学」モデルは、パラダイムとして仮設されているわけであり、学術モデルを新造するという『生物学の革命』の傾向を引き継いだ試みでもあったわけだ。

元に戻って、第三に読み取れる「反科学」モデルを見ておきたい。「科学」とされるものと相補的に人間の知を構成する「科学」とは異なる学術的知識、という形の「反科学」モデル、と説明できようか。この第三のものは、「科学を超えた知のあり方モデル」と名づけておこう。[87] このモデルを第二の「もうひとつの科学モデル」とどう切り分けるか、なかなか難しい点はあるが、ポイントは対抗文化・カウンターカルチャーとの関係である。

すでに指摘したが、『反科学論』ではまず専門家という存在との連関で反科学を位置づけていた。次に「反科学」というタームが登場するのは、「科学の再評価」[88]の章の半ばあたりである。そこでは、「社会の反科学的傾向」[89]や「いわゆる反科学と総称される諸運動」[90]が、要素論的科学の限界性とのかかわりで論じられていく。これら反科学と目される傾向や思想を持つものが、対抗文化・カウンターカルチャーであった。より具体的には、占星術への関心、ミュージカル作品『ヘア』、東洋思想・禅、インディアンの思想と文化的伝統、などである。[91]

柴谷はこれらの運動を次のように位置づける。

「このような反科学的、または反知性的な動きは、科学信仰にたいする代案を求めるうえでの手さぐりの段階をあらわすものであり、多くの文化的革命と同様、また科学内部における新しいパラダイムの創設と同様、いくつもの試行によってはじめて実を結ぶものである。[92]」

さらに、ローザックの『対抗文化の思想』[93]とブラックバーンの論文[94]に依拠しながら、対抗文化的様式は、ちょうど物理学で粒子と波動が相補的であるように、これまでの要素論的自然科学認識と相補的な関係にあるものだとする。対抗文化的様式は、直接性、主観性、感性、直観といった科学では排除されるはたらきを基にしている。しかもそれらの働きは、実は専門性が低く、開かれている。そうした働きによる（まだ出現していないかもしれない）「科学を超えた知のあり方」が反科学であるのだ。

最終章の「解放へ」は、人間をめぐる諸関係を考察検討しているのであるが、第三モデルの「反科学」をめぐる省察にも読める。おそらく、感性的・直感的観点を排除しない形での「ひとつの知識・ひとつの学問」を、科学と反科学で構成したい、というのが、この著作を書いた柴谷の目的のひとつであり、何らかの終着点を見出そうと最後の章で試みたのではあるまいか。しかし、残念なことに、一定の思想にまとめきれていないように感じられる。そのためでもあろう、「反科学」と「反科学論」という概念は、この後、柴谷思想を拘束し柴谷的思索を翻弄するのである。(95)

おわりに

柴谷篤弘の科学と社会に関する思考・思索の二つの個別プロセス、『生物学の革命』(1960)と『反科学論』(1973)について、前者に関してはそのプロセスから見て取れる三つの特質を、後者に関しては前者からの軸的転換と三つの特質の連続性および後者で提示された三つの「反科学」モデルを抽出し整理した。

最初にも述べたように、それぞれのテキストの内容の解析ではない。とはいえ、両プロセスを理解し、そこから柴谷的思索を立ち上げ、さらにその思索を現状を考えるときに参照・利用する、ということの準備運動程度にはなったかもしれない、と考えている。ではあるが、逆に見ると、柴谷篤弘の科学思想の一端は形にできたにしろ、今後に残された課題は大きいということでもある。

たとえば『反科学論』で論じられていたが、扱わなかったことに、「無知の拡大」(96)の問題がある。科学研究が進行することで、個人(あるいは科学者)の持つ知識が、相対的に急速に縮小していくという問題と、科学研究などの結果、対象が変化・拡大し、未知未決の問題を創出することによる無知域の拡大である。『反科学論』出版当時はなかったネットという領域の拡大も、無知域の拡張に寄与しているのではないか。柴谷は、このことを、科学技術が進行する過程で科学技術自体が生み出す問題として提示していた。非常に重要な問題であり、現代性も高いが、取り上げることはできなかった。科学を進めるべき速度の問題(97)も同様である。

現時点を「無知の拡大」という柴谷的思索で探査すると、東電原発事故のフクシマ問題を始め、さまざまな科学技術に関わる事柄との関連で、交差するところが出てくる。ではあるが、いまだ、その前線へ具体的に、しかも無知の拡大を伴わない、少なくとも無知化を最小化しつつ向かう方法を手に入れているとはいいがたい。柴谷が『反科学論』で示した三つの「反科学」モデルのいずれかが利用可能なのか、それとも第四の道を考えていくというのがわれわれの次の選択なのか、それもわからないままだ。

さらに基本的な事項であるが、『生物学の革命』と『反科学論』は、いかなる他のプロセスと関係していたのか、また、いかに他のプロセスへと影響を与えたのか、この点も明らかではない。別な表現をすると、社会史的文化史的思想史的理解ということになろうか。

この点に関連して、とくに『生物学の革命』であるが、最後に、ごく個人的な関係性を記述して、本章を閉じたい。

本章を書き進めるうえで、三冊の『生物学の革命』を手元においていた。一冊は、一九七三年四月三〇日発行の「改訂第三刷」である。これは、京都の百万遍にある古書店吉岡書店で求めたものである。手に入れた時期はわからない。何箇所かに前の所有者による傍線が引かれている。一九七三年の春以降、誰かが柴谷的思索をこのテキストでたどり、その思考を追跡しようとした跡と読める。ここから七〇年代における影響の存在を少なくとも推測することはできる。

後の二冊は、一九六一年三月一〇日発行の「第二刷」である。この二冊はいずれも京大植物学研究室で学んだ工藤照夫が、一九六一年五月二〇日に尼崎市塚口の書店で購入したものだ。工藤照夫が所有していたものにそのことが記載されている。「二冊求めた中、一冊は、斉藤和夫氏（Yale 大学 Gibbs 研究所に留学中）に贈る」とある。斎藤和夫が所有していたものも手元で使用した。そこには「K. Saitoh 工藤照夫君より」と記載されている。

どちらにもとくに書き込みや傍線を引いた痕などはない。二人が柴谷的思索をどうたどったかの痕跡は見当たらない。ただ、斎藤和夫所有のものには、手紙が入っている。「前略　お借りした書物　返却が遅くなり御迷惑をお掛け致しましたこと、深くお詫び申上げます。」とあり、一一月九日の日付と、西沢敏という署名がある。たぶん一九六一年のことだろう。斎藤は染色体を研究していたが、西沢は生物海洋学の研究者で、同じくエール大学に留学していた。彼ら以外に、あと京都大学関係者として、小西通夫、加地早苗もエール大学で学んでいたので、その二人の手にもこの本が回ったかもしれない。加地早苗の場合、遺伝学者であり柴谷篤弘の直接の後輩になるはずだから、関心も高かったのではないか。

実は、『生物学の革命』の成立のきっかけを作った岡部昭彦は斎藤の大学時代の友人である。ここにもひとつのつながりが潜在しているわけだ。

林真理は、本庶佑が、京大の医学部の二回生のとき、一九六一年に『生物学の革命』を読み影響を受けたとする記述を引用している。(98) これは、後の分子生物学者への影響ということで注目されている。しかし、それ以外でも『生物学の革命』はインパクトを与えたのは間違いない。そうしたインパクトの内容と方向性は、後の分子生物学者たちへのそれとは異なるものであった可能性も大きい。現在ではそれを再構成することはできないかもしれないが、そこに近似的に接近すること、また『反科学論』に関しても同様の試みを行うこと、それが、現在の科学技術の状況に対して、批判がどのように働きうるのか、を知るひとつの手がかりになるかもしれない。

註

（1）斎藤光「われわれにとって柴谷篤弘とは「何」か――二〇一一年シンポジウムについて」『生物学史研究』九〇号、二〇一四年、五一―五五頁。
本論考ではまったく触れない、差別論については、以下の論文を参照のこと。

中島勝住「柴谷篤弘と反差別論」『生物学史研究』九〇号、二〇一四年、七七―九〇頁。

（2）柴谷篤弘（1999）『構造主義生物学』東京大学出版会。
今回はこの著作を検討できない。しかし、柴谷を評伝的にとらえたり、柴谷思想を全体的総合的に検討する場合、この著作を外すことはできないだろう。表題的には、生物学の著作のように見え、自身も「私なりの、生物学の「もう一つの総合理論」への筋道になりかけている」と把握していた。しかし、それだけではなく、それまでの科学論や科学批判の思索も複雑に組み込まれた作品となっている。

なお、この著作で柴谷が、自らの主要著作として挙げているのは、編集したものも含めて次の五点である。

『生物学の革命』（みすず書房、一九六〇年）、『反科学論』（みすず書房、一九七三年）、『私にとって科学とは何か』（朝日新聞社、一九八二年）、『構造主義をめぐる生物学論争』（編）（吉岡書店、一九八九年）、『講座　進化〔全7巻〕』（共編）（東京大学出版会、一九九一年）。

（3）このスタイルは、自然についての科学的説明の試みや、人間や社会についての人文的理解の試みでも当然なされることであり、一般的学問の作法といってもいいかもしれない。しかし、柴谷の場合、そのスタイルやアプローチが、論考や著作自体に、あるいは文体に、顕著に組み込まれている。
ただ、彼が、このスタイルに常にとられているわけではない。たとえば『理論生物学』や『あなたにとって科学とは何か』では内容を構築的に仮設してから記述したと思われる。

（4）「あなたにとって……」「わたしにとって……」「われわれにとって……」といった印象的な表題は、知識や言説に対する「責任」という問題や知識や言説にかかわる主体という問題と関係しているのではあるまいか。

（5）柴谷篤弘（1960）『生物学の革命』みすず書房。
一九七〇年以降の版には、「第三刷へのあとがき」が追加されている。

（6）柴谷篤弘『反科学論――ひとつの知識・ひとつの学問をめざして』（筑摩書房〔ちくま学芸文庫〕、一九九八年）（『反科学論』の原著は、一九七三年みすず書房から刊行された。本論考では、ちくま学芸文庫版『反科学論』を参照し、引用の際の頁は文庫版を用いた。みすず書房版の当該ページを記してはいない。）
（7）横山輝雄「反科学から科学批判へ――柴谷篤弘の科学論」『生物学史研究』九〇号、二〇一四年、六七―七六頁。横山は、柴谷の科学論の特徴として、その実践的性格を指摘し、そのうえで、柴谷科学論の現代的意義について考察している。つまり「柴谷科学論は…（中略）…学説・理論としても受け継ぐことが可能なのではない」か、という。そのポイントは、「科学批判の契機を科学論において保持すること」が現時点でも必要であるからだ。柴谷の科学論や議論は、「当時の実践的文脈と結びついているため、そのまま現代に生かすには困難」かもしれない。しかし、「柴谷を含め一九七〇年代の科学論をふりかえること」は、批判の契機の構造や機能を検討継承するという意味で重要である、と横山は主張しているように思われる。
（8）同前、七四頁。
（9）池内了・島薗進（2015）『科学・技術の危機――再生のための対話』合同出版。池内と島薗の対話では、冒頭（一七―一八頁）で「トランスサイエンス問題」への言及があり、近年注目を集めているとされている。さらに科学技術と社会にかかわる問題、より具体的には、軍事研究などの問題は、トランスサイエンス的問題と把握し、市民を含めた公開の議論の場を設定する必要があると論じられている（池上の発言、一七一頁）。とはいえ、柴谷篤弘の議論は、言及参照されてはいない。
（10）柴谷篤弘「文庫版あとがき」、『反科学論』（筑摩書房（ちくま学芸文庫）、一九九八年）、四〇九―四一四頁。なお、池内と島薗は、科学技術社会論（ＳＴＳ）に対しては距離を置いた立場を、この対談の中ではとっている。
（11）同前、四一二頁。
（12）前掲書、註（5）、一頁。
（13）柴谷篤弘（1996）『われわれにとって革命とは何か――ある分子生物学者の回想』朝日新聞社、六―九頁。『生物学の革命』の「はしがき」にも、元になった連載等についての記述がある。
（14）『生物学の革命』は、一九七〇年に「改訂第一刷」が発行されている。柴谷自身はこれを「第三刷」と位置づけ記載している。この七〇年に再版されその後も増刷されたバージョンには、「第三刷へのあとがき」（二六五―二七〇頁）が追加されている。
（15）柴谷篤弘「中村禎里氏に対する反批判」『生物科学』第一四巻、第四号、一九六二年、一八八―一九一頁。
（16）林真理「柴谷篤弘と分子生物学――唱道者はどのようにして批判者になったか？」『生物学史研究』九〇号、二〇一四年、五六―六六頁。
（17）同前、五九頁。
（18）前掲書、註（6）、二四―二五頁。

(19) 前掲論文、註（16）、五九—六四頁。
(20) 柴谷篤弘（1947）『理論生物学』日本科学社。
(21) 前掲書、註（5）、三三頁。
(22) 同前、註（5）、三四—三五頁。
(23) 前掲論文、註（16）、六一—六二頁。
(24) 同前、註（16）、六二頁。
(25) 同前。
(26) 同前、註（16）、六三頁。
(27) 前掲書、註（5）、二六頁。
(28) 前掲論文、註（16）、六二頁。
(29) 前掲書、註（5）、六頁。
(30) 同前、註（5）、一〇頁。
(31) 同前、註（5）、一二頁。
(32) 同前、註（5）、一六頁。
(33) 同前、註（5）、二三頁。
(34) 同前、註（5）、三六、三八、四〇—六五頁。
(35) 同前、註（5）、二七頁。

生物人造、あるいは、「生物を人工的に作ること」については、「Ⅱ．生物の人造——生物学の第三の流れ」（『生物学の革命』二一—三九頁）、「理論生物学——情報理論と生物の人造」（『生物学の革命』八三—一一二頁）、「人工生物の〝進化〟」（『生物学の革命』二三五—二三八頁）、「生物人造について」（『生物学の革命』二五七—二六〇頁）において柴谷の考えが展開される。このうち「人工生物の〝進化〟」は、『反科学論』では、『反科学論』的思考の萌芽系と回顧的に（一九七三年からの回顧）位置づけられている。

なお、理論生物学に関する生物学の理念的体系とのかかわりでの論議もあるが、理論生物学に関しては別な形で扱ったので、省略したい。

(36) 同前、註（5）、一二九頁。
(37) 同前、註（5）、一三二頁。

(38) 同前、註(5)、一三〇―一三一頁。
(39) 同前、註(5)、一二五―一七八頁。
(40) 前掲書、註(13)、六頁。
(41) ただ、「もっと動的な思考を」(『生物学の革命』二三九―二六四頁)でも述べているように、この戦術は一つの試みである。柴谷自身「かんたんにこの試みが実現されるとも考えていない」。むしろ「実現のための障害を考えることは、ひとつの行動であり変化である。これが次の新たな変化を呼」ぶかもしれないという想定で実験的に議論を進めている。
(42) 前掲書、註(5)、二一四―二三八頁。
(43) 同前、註(5)、二三〇頁。
(44) 同前、註(5)、二三一頁。
(45) 最終章の「もっと動的な思考を」で柴谷がまとめているように、『生物学の革命』のひとつの目的は、「問題点をえぐりだすことである。(『生物学の革命』二四六頁)　軍事研究の問題も、問題点をえぐり出すべき「さかだち」の議論をしている、と柴谷はまとめている。
(46) 前掲書、註(5)、二三一―二三二頁。
『反科学論』(前掲書、註(6))では、『生物学の革命』での軍事研究の扱いについて次のようにまとめている。「その当時わたしは、感情的にはこの種の軍事研究に反撥しながらそれを理論的に否定するだけの用意を持たなかった。」(『反科学論』二六四頁)。

また、軍事研究問題の整理と、それに関する柴谷的思考の展開に関しては、『反科学論』の「Vの2」「科学者の戦争協力における註(4)が重要である(『反科学論』二七六―二七七頁)。
(47) 同前、註(5)、二三二頁。
(48) 同前、註(5)、二一九頁。
(49) 同前、註(5)、二三一頁。
具体的には、台湾産のチョウの標本の問題と系統学の問題が関係する(『生物学の革命』二一五―二一九頁)。
(50) 同前、註(5)、二三〇頁。
(51) 前掲書、註(13)、一〇二頁。
(52) 前掲書、註(6)、一一頁。
(53) 同前、註(6)、一二頁。

(54) 池田清彦「解説」、柴谷篤弘『反科学論』(筑摩書房(ちくま学芸文庫)、一九九八年)、四一五―四二五頁。
池田のこの解説は、各章の内容を簡潔に示すとともに、『反科学論』が登場する時代的背景や社会的文脈に関しても、自身の回想も関わらせる形で論じており、非常に優れている。
(55) 同前、註(6)、一一頁。
(56) 同前、註(6)、一九頁。
この引用以外にも以下のような重要な記述がある。

「…(前略)…一九六九年、東大時計台の攻防があったしばらく後であった。わたしは、シドニーにあり、大学闘争には超然としておられたわけであるが、しきりにひとつの思いがわたしについてはなれなかった。わたしは、戦争の学徒動員の時代に学生時代をすごしたものである。そのときの社会人たちが、なんらの抵抗の姿勢を示すことなく、わたしたち同年輩のものを、戦争に駆り出していった記憶が去来した。それらの人々に対して憤りうるためには、わたしたちの世代が、同じことを、若い世代に対してしてはならないことは、明らかであった。しかるに、機動隊を導入した東京大学で行われていることは、わたしたちが学生時代に、大学の諸先輩たちからうけた仕うちと、基本的には同じであるとしか、わたしには思われなかった。みずからが、権力の矢面に立って、身の危険をかえりみずに、若い人々と、その正当な申し立てを守るという姿勢は、戦争中の大学人には見られなかったと同様、一九六九年の大学人にも見られなかった。」(『反科学論』三八二頁)。

この引用では、科学の問題は論じられていない。しかし、第二次世界大戦下のあり方と一九六九年のあり方の相似性が指摘されており、柴谷的思考の思想史的理解を得るうえでは、示唆的と思われるので、ここに引用した。
(57) 同前、註(6)、二五頁。
(58) 同前、註(6)、二九頁。
(59) 同前、註(6)、三〇頁。
(60) 同前、註(6)、三八二―三八三頁。
(61) 前掲書、註(13)、二一三、二一六頁。
(62) 前掲書、註(6)、八九―一五五頁。
なお、横山は、この科学観の転換を、科学性善説から科学性悪説への転換と図式化している。

前掲論文、註(7)、七一頁。

池田清彦は、『反科学論』を科学は本質的に善であるという素朴な信念から抜け出ていなかった『生物学の革命』とくらべて「一八〇度反転し、科学は本質的に悪かもしれない、との立場に変わっ」たものと解説している。

(63) 前掲解説、註(54)、四一六―四一七頁。
(64) 前掲書、註(6)、一三四頁。
(65) 同前、註(6)、一三五頁。
(66) 同前、註(6)、一四〇頁。
(67) 同前、註(6)。
(68) 同前、註(6)、二九―八八頁。
(69) 同前、註(6)、三〇頁。
(70) 同前、註(6)、三七頁。
(71) 同前、註(6)、二四一―三八〇頁。
一九六〇年代後半から七〇年代前半にかけての欧米や日本で起きた科学と軍事セクターの関係の問題へのさまざまな批判的対応や批判的科学運動などを扱っている。
(72) 同前、註(6)、二〇五頁。
(73) 同前、註(6)、一九七―二〇五頁。
(74) 同前、註(6)、二〇五頁。
(75) 同前、註(6)、三〇一―三〇二頁。
(76) 同前、註(6)、三〇二―三〇五頁。
(77) 横山も、「「反科学」は現在の主流科学と違う「もうひとつの科学」としても考えられている」と指摘している。前掲論文、註(7)、七〇頁。
(78) 前掲書、註(6)、九〇頁。
(79) 同前、註(6)、九二頁。
(80) 同前、註(6)、九三頁。
(81) 同前、註(6)、一一九頁。
(82) 同前、註(6)。
(83) 同前、註(6)、一一三頁。
提示された代案は以下のとおりである。

「1．対象を要素に分解したうえで、要素ごとの性質をこまかくせんさくすることがない。

2. 対象全体の性質を、部分の完全な理解を介せずに、つかんでいこうとする。
3. 対象への接近について、客観的であろうと努力しない。むしろ自分の感じかたに忠実であろうとする。
4. 結果として、対象に対するある種の実践的理解に到達し、実用的な予言の能力をもつ。
5. 対象の理解能力を身につけるには、長い時間の訓練と練磨を要するものであって差支えないが、教育による個人間の伝達の可能なものであることが望ましい。」

横山は、この「代案」を「これは、職人的技能知などに妥当するある種の「知」であり、その限りではそれはとくに科学批判になるものではない」としている（横山輝雄、前掲論文、註（7）、七〇頁）。

(83) 前掲書、註（6）、一一三頁。
(84) 同前、註（6）、九七―一〇四頁。
(85) 同前、註（6）、一〇八―一一一頁。
(86) 同前、註（6）、一〇九頁。
(87) ただし、「超科学」（trans-science）とは異なる。柴谷は、『反科学論』の第四章「科学と社会」の一節で「超科学」を扱っている。そこでは「超科学」を「科学的に定義できる問題であるが科学的に解答の出せないものを扱う領域」としている（『反科学論』二二三―二三二頁）。
また、註（9）も参照のこと。
(88) 前掲書、註（6）、八九―一五五頁。
(89) 同前、註（6）、一二一―一二二頁。
(90) 同前、註（6）、一二二頁。
(91) 同前、註（6）、一二二―一二三頁。
ネイティヴ・アメリカンの思想と文化的伝統については、鶴見俊輔の『北米体験再考』（岩波書店（岩波新書）、一九七一年）が引用されており、日本語文化圏におけるカウンターカルチャーの展開を考える上で重要と思われる。おそらくオウム真理教事件に関係する問題群とも接点があるであろう。

また、柴谷は、「文庫版あとがき」（1998）では、「当時のカウンター・カルチャーへの興味から、「反科学」の可能性を模索してみたい、という気持ちに駆られていたことも事実である」（『反科学論』四一一頁）としている。大学闘争の影響と対抗文化の影響をどのように切り分けつつ考えていくかも重要な論点であろう。
(92) 前掲書、註（6）、一二三頁。

(93) シオドア・ローザック、稲見芳勝・風間禎三郎訳（1972：原著 1962）『対応文化の思想』ダイヤモンド社。

(94) T. R. Blackburn, "Sensuous-intellectual complementarity in science," *Science* 172, 1971, 1003-1007.

(95) 一九九六年の自伝的著作では次のように回顧されている。

「こうして、私ははじめのうち、自分の選んだ書名にふりまわされ、「反科学」の概念化の課題にとらえられ、science の逆綴りの ecneics（エクネイクス ―― つまり反科学）の概念をもてあそんだりして、なかなか「科学批判」の構想にはたどりつけなかった。」（註（13）『われわれにとって革命とは何か』二一六頁）。

(96) 前掲書、註（6）、八三―八八頁。

(97) 同前、註（6）、二三二―二四〇頁。

(98) 前掲論文、註（16）、五七頁。

第三章　下村寅太郎という謎
――「精神史」としての科学思想史と「自己否定の自覚」

板橋勇仁

はじめに

下村寅太郎（明治三五年―平成七年）が、科学思想史に関して優れた業績を残したことに異論を挟む者はほとんどいないであろう。たとえば下村の著名な作品『科学史の哲学』（昭和一六年）が目指すのは、「存在する科学の生成でなく科学そのものの生成成立を考えること」（1：144）[(1)] であると明言されている。このことは、下村の言い方によれば、「精神史としての科学史」（同）を構想することである。科学の成立史をその思想的・精神的背景に焦点を当てつつ構想するものを広義の科学思想史と呼ぶなら、下村の「精神史としての科学史」がこの科学思想史と軌を一にすることはほぼ衆目の一致するところであろう[(2)]。実際、下村は戦時中の昭和一六年には菅井準一らと共に桑木彧雄を会長として日本科学史学会を、また戦後の昭和二八年には末綱恕一らと共に高木貞二を委員長として科学基礎論学会を設立するなど、日本における科学史・科学思想史あるいは科学哲学の研究の定礎を築いた功労者の一人であった。

ただし、下村寅太郎を単なる科学思想史家と同定できないこともまた、多くの識者によって気づかれていることである。実際、下村の残した多様な業績を見てみれば、それらを統一的に連関づけて理解すること自身がほとんど不可能なものに思えてくる。したがって、日本の哲学者として下村の名はあまりにもよく知られているにもかかわらず、下村の生涯に亙る主要な思索について連関づけ、下村の業績の統一的・包括的な全体像を描こうとするような研究書は、未だ現れて来ていない。(3) それゆえに、下村の科学思想史的考察が下村の生涯の思索の全体像においてどのような意味・意義を有しているのかについては、明らかになっていないことになる。それでは、下村にとって「精神史としての科学史」ないし科学思想史とは何であり、また彼にとってこの科学思想史を構想することはどのような意味・意義を持つのであろうか。(4)

ここで、下村寅太郎の生涯に亙る研究の謎を簡単に確認してみよう。『ライプニッツ』（昭和一三年）を処女作とした下村は、終戦までは、前掲の『科学史の哲学』の他に『自然哲学』（昭和一四年）、『無限論の形成と構造』（昭和一九年）といった科学思想史的な業績を遺している。そして、昭和二〇年の終戦の後には、自らの師の一人である西田幾多郎の哲学について共感しつつ跡づける『西田哲学』『若き西田幾多郎先生』『西田哲学への道』などを発表している。さらには昭和三一年のヨーロッパ旅行を機縁にして、『レオナルド・ダ・ヴィンチ』（昭和三六年）、『アッシシの聖フランシス』（昭和四〇年）、『ルネッサンスの芸術家』（昭和四四年）、『モナ・リザ論考』（昭和四九年）などを発表する。そして昭和五八年には、七〇〇頁を超える大著『ブルクハルトの世界』を刊行するに至る。(5)

生前から刊行され死後に完結した『下村寅太郎著作集』全一三巻に纏められている以上のような下村の業績の内に見出されるものは、一つには、科学においてのみならず、芸術や文化の多様な領域においてヨーロッパの「精神史」を構想した作品群である。しかし、これらの「精神史」が互いにどのように結びついているのかについては、下村自身も明言していない。こうして、「精神史としての科学史」と言われる科学思想史と、こうした多様な「精神史」とが、どのような関係にあるのか、すなわち、下村の科学思想史と彼の生涯の思索全体とがどのような関係にあるのかは、必ずしも明瞭ではない。

下村の業績において他に目立った仕方で見出されるものとしては、純粋に哲学的な考察を展開した著作群である。そして、これらの著作において、下村は、常に西田哲学を代表とする日本哲学を背景とし、またそれを全面的に支持している。下村のこうした態度は、西田と田邊元とを師とする下村が、思想的にまさしく京都学派に属すること を意味する。しかし、下村が、科学思想史家ないし精神史家としての顔と京都学派の哲学者としての顔とを躊躇無く顕わにすることに、我々は少なからずとまどいを感じざるを得ない。下村は自ら認めるように「historian」であったと思われるが（13：334）、しかし同時にその下村は、独特の思弁による世界観を提起してやまない西田哲学の熱烈な擁護者でもあり、この哲学に東洋ないし日本から構想する世界的な哲学の模範を見出しているのである（これについては後述する）。

以上の事実を考慮すると、下村にとって科学思想史とは何であり、科学思想史を構想することはどのような意味を持つのかについて明らかにするには、下村の諸々の研究の連関を解きほぐし、さらにはそうした連関と、彼の西田哲学への態度とを統一して明らかにすることが必要となろう。しかし、この課題は未だ果たされていないままである。[6] それに加えて、下村自身、ある統一的な課題を意識して研究を進めたわけではないことを告白している（13：332）。また、自分の著作の非連続性が極めて大きいことも自覚している（同）。下村には、「未完結の思想に対する積極的な関心」（13：296）も存していたようであり、そのことも影響していよう。こうして、「下村寅太郎」とは、我々にとって、その統一的な像を描けないままに謎のままに止まっている存在であると言っても過言ではない。しかし、下村自身が自覚していなかった、彼の思索の通底音に我々が耳を澄まし、それを新たに響かせること こそ、科学思想史のスタイルではないだろうか。

本章は、実質的に下村の生涯の思索を通底していると目される問題意識を浮き彫りにすることを試み、その上で、彼の様々な思索を、この問題へ回答を与えようとする営為として理解してゆく。そして、そのことを介して、下村における科学思想史の内実と意味・意義とを明らかにする。それは迂路に充ちたものになるかもしれない。それでも、この課題に取り組むことで、およそ〈科学思想史〉とはいかなる仕方で構想され成立するのかについて、その一つの重要な例を浮き彫りにしたい。それは「科学への歴史」を論ずる「科学史の哲学」ならぬ、〈科学思想史への歴史〉を論ずる一つの〈科学思想史の哲学〉を試みることである。

第一節　処女作『ライプニッツ』まで

下村は、明治三五年八月一七日に京都の下京に、三兄弟の末弟として生まれる。父は度量衡の販売を営む利三郎、母はコウ、長兄直三郎、次兄利一郎。(7) 京都府立京都第一中学校、第三高等学校を順次卒業し、大正一二年に京都帝国大学文学部哲学科に入学した下村は、西田と田邊に師事することになる。下村によると、三校の二年生の時に上級生が哲学研究会を発起し、田邊に助言を仰いだところ、カントの『道徳形而上学原論』の講読を推奨され、下村は研究会には出席せずにもっぱらこの『原論』の原典を一人で読みふけり、大きな感動を得たという（13：5–6, 41, 297–298）。そしてカントへの関心は新カント学派の学問論・科学論的な理論哲学への関心となり、(8) さらにそれを介して数理哲学への関心となったという（同）。大正一五年に京都帝国大学を卒業した下村は、以後、一五年ほど安定した地位に就くことなく、生活も貧しかったが、しかし「学究人の自由を思うさま享受した」（13：319）という（下村は同箇所で先輩同輩も同様でみなこれに満足していたと述べている）。その中で、昭和一三年に京都帝国大学の卒業生たちが著者となって刊行した『西哲叢書』シリーズの一冊として処女作『ライプニッツ』を刊行する。(9)

よく知られるように、田邊や西田から高い評価を受けたこの著作の目指すところは、下村自身によって以下のように述懐されている。「〔ライプニッツの「モナドロジー」は：亀甲内は筆者補足。以下同様。〕多を含む一を représentation, expression として規定しているのであり、したがってモナドは窓がないどころではなくむしろそれ自身が、其れ全体の窓であり、それ自身において他のモナドと représentation, expression の関係をもって結びついているのであり、モナドとモナドとの結合には何ら予定調和の原理を導入する必要はなく、モナドはそれ自身においてあらかじめ相調和しているのである。représentation, expression はモナドロジーの根本概念であり、同時に彼の記号的思想や体系を基礎づけるものである――このような解釈を貫こうとするものであった」（7：296–297）[10]。

ライプニッツへの関心は、一つには、『ライプニッツ』の「序」などで述べられるように、その未完成・未完結性への関心から来ていると言う（7：6, 13：296）。しかし下村自身が『ライプニッツ』において述べるところによれば、上述したようなモナドロジー解釈は、個体とは無限を表出しつつ他と関係し交渉する一であるとみなすものである。そこではそうしたライプニッツの論理は、無限についての数学的考察を背景にして成立するとみなされる（7：206–206）。このことを顧慮すれば明らかであるように、『ライプニッツ』には、下村の元来の数理哲学的関心が働いていることは否定できない。下村自身、「モナドロジーをライプニッツ哲学の「公理化」と解することは、数学の基礎論から示唆を得たことはいうまでもない」（13：50）と振り返っている。

さらに下村によれば、この著作における数理哲学的な考察成果を機縁として、やがて「数学・科学の「形成」が関心の中心になった」（13：304）。それは「科学への歴史」（同）を問題とすることであり、「数学・科学の存在そのものが新しく問題として意識された」（同）ことであった。こうした問題意識の下で、昭和一五年には『自然哲学』、また昭和一六年になって京都をはじめて離れ、東京文理科大学に定職を得て「哲学史」を担当することになってから『科学史の哲学』、そしてその三年後には『無限論の形成と構造』を刊行する。

ただし、実はこうした著作によって、数学・科学への歴史としての「精神史」ないし科学思想史が構想されるようになったのは、単なる数理哲学的な関心によってでもなく、およそ単なる理論的な関心によってでもないことは、「〔数学・科学の〕歴史性が問題になったのは、やはり時局的状況によるであろう」（13：306）という下村の述懐でも明らかである。それでは、下村を科学思想史的な考察に導いたものは何であったのか。『科学史の哲学』は、この時期の一連の科学思想史的考察の基礎をなしており、また先取りしておけば、下村の生涯の思索を通底する問題意識を涵養した著作でもある。次節以降では、こうした意味で決定的な意義を持つ『科学史の哲学』について、紙数を割いて議論をやや細かく跡づけていこう。

第二節　『科学史の哲学』――数学・科学・哲学の生成と「機械化」

下村は『科学史の哲学』の「序」の冒頭を以下のように始めている。「今日、日本の「世界的地位」あるいは「世界史的使命」が問題とされる場合その「世界」は単に日本を一つの部分として含む如き全体ではない。具体的には西洋と東洋とが対立してよってもって形成する如き世界である」（1：143）。すなわち、下村にとって、『科学史の哲学』における科学思想史的考察は、こうした意味での「世界」を問題とするためのものである。そしてこの問題意識については、この書の序章「ヨーロッパ的学問の性格」においてより詳しく説明される。

下村によれば、そもそも「ヨーロッパは我々にとって彼岸でなく此岸である」「むしろ我々自身の裡にヨーロッパが氾濫している」（1：147）のであり、それは、「東洋と西洋との交渉はもとより古代以来存したが、しかし単に一時的、一局地的にではなく、不断に全面的にかつ共通の問題を挟んで相対することになったのは現代においてである」（同）というような〔当時の〕「現代」の持つ「世界的」性格を示すものである。すなわち、「単に国際的でなく世界的――東洋と西洋との対立において成立する包括的性格は、まさしく現代の特性」である（同）。しかも下村は、この意味での「世界」が、思想文化を含めて普遍的にあらゆる場面で問題になるのは、特に「我々日本人に」おいてであるとする（同）。というのも、「東洋に関しては我々の教養は単に古典的な東洋でしかない。事実上我々には「近世」はヨーロッパであった」（1：148）のであり、「我々の生活はことごとくヨーロッパ的色彩によって彩られている」（同）からである。

したがって、下村によれば、日本人においてこそ、東洋と西洋とが直接に相対立することによって形成している世界的「世界」が問題であり、ヨーロッパもこの「世界的問題」として、「我々自身の問題である」（1：148–149）。すなわち、「ヨーロッパは……ヨーロッパとは違った仕方で我々の問題である」（1：149）。だとすれば、「ヨーロッパは何をなし得たか、何をなし得るか——ヨーロッパ精神の可能性、本質は我々にとっても重要な問題である」（同）と言わねばならない。そしてその上で、我々がいかにこれを受容し、いかにこれを止揚するかが問題である（同）。

こうした下村の見解が、当時の支配的な論調への強い批判を意味していることは、下村が、ヨーロッパ精神の必要なものはもはや受容されたという見解を想定しつつ、むしろ「受容の仕方がより根本的な問題である」（同）と述べていることからも伺われる。すなわち、「それ〔ヨーロッパ精神〕の受容は果して根本的であったか否か、それの根源において把握せられたか否か、単に受容でなく自主的であったか否かが本質的問題である。……徹底的な止揚が究極的な問題である」（同）。ヨーロッパ精神と日本的なるものとを峻別し、ともすれば後者をひたすら称揚するような態度に対して、むしろ下村は、ヨーロッパ精神の本質・根源に正対し、両者が互いに媒介しあいながらそれを我々に固有の仕方で活かし、それを通じて日本の文化を形成していくことを現代日本の「世界的問題」とする。

以上のような問題意識に基づき、下村は、ヨーロッパ精神の可能性を考察しようとするわけであるが、その際に下村が選ぶ方法は、ヨーロッパにおいて形成された学問の性格を省察するというものである。なぜなら、「学問の形成によって自己の性格を確立したものがヨーロッパ精神である」（1：187）からである。しかも下村によれば、ヨーロッパにおける学問の性格は、数学の形成によって特徴づけられるものである。「純粋数学の成立は実はきわめて稀有な歴史的個性的な事件であり、深き精神史的意義を持つのではないか、数学・科学（自然学）・哲学（形而上学）の三・一的な学問の体系を組織するヨーロッパ的学問の理念も数学の形成を媒介として初めて成立し得たのではないか――かかる学問理念の精神史的意義について若干の省察を行おうとするものが小著の意図である」（1：144）。

ここで言われる「精神史」とは、学問が学問として生成し成立する過程を考察することであり、いわば〈学問への歴史〉とも言われるべきものである。下村は数学に焦点を当てて以下のように述べている。「通常の数学史においては特に数学の成立は問題にされていない。しかし数学史において数学の歴史と数学への歴史とは区別さるべきである。これが特に注意せられないのはもっぱら数学の精神史的意義あるいは性格が意識されないからである。一般に科学史や哲学史において両者の交渉が問題にされる場合には常に影響という関係において考察されるに止まり、結局あらかじめ両者の独立の存在が前提せられていて、それ自身の形成、成立は問題にされていない。いわばそれの自然史であった精神史ではない。……存在する科学の生成でなく科学そのものの生成成立を考えることは精神史的な問題である」（1：144）。したがって、『科学史の哲学』の第二章は、「〔学問の〕精神史における数学の位置」を明らかにする「精神としての数学史」という理念を提起するものとなる。

下村によれば、そもそも「数えることは直ちに数を数えることではない」（1：194）のであり、「数」とは、個々のものを普遍化する立場において形成されるものである。これを自覚的に遂行し、体系的な純粋学問として数学を形成することは古代ギリシャ人においてはじめて成立した歴史的事件であり、すべての民族が「数学」を持つわけではない（同）。したがって、「すでに存在する数学そのものはあくまで生成の結果である」（1：197）。下村が構想するのは、「数学における発展」の「数学史」ではなく、「数学そのものへの発展」「数学そのものの歴史的成立」を明らかにする「数学の形成の精神史」（同）に他ならない。

ただし、「数学の形成の精神史」を構想することは、それが数学の独立的存在を所与のものとみなさないことをまた意味するため、他の学問との相関的生成・成立を解明することでもある。そして「数は数による世界の構想」（1：195）である以上、数学が数学として形成される場面では、哲学との相関的生成が本質的であると言わねばならない。このことは、下村によれば、数学の形成において、「数学・科学（自然学）・哲学（形而上学）の三・一的な学問の体系」が形成されたことを意味する。以下で見ていこう。

「純粋な数学」とは、一つ（ないし二つ）の石と一（ないし二）そのものを区別し、算数測量の術ではない「純粋な数の学」を形成して、諸自然学を「数」を原理とする統一的な一つの学問に還元することによって初めて成立する（1：201）。したがって、「数学的存在は自然的存在を超えたものとしてそれ自身形而上学的（超自然的）存在である」（同）。すなわち、数学と形而上学は内的に関連する。ただし、数学において、自然的存在はそれ自身の存在性あるいは意義を持たない。これがいわば「理想主義的超越」であるのに対して、形而上学においては、自然的存在を否定せず、これを個体としてそれにおいて超越者の実現を認める、いわば「現実主義的な超越」がある（1：202）。これは、「数学的理想主義的超越を媒介として自然に復帰せる、還帰せる現実主義」（同）とも言うべきものである。またこれが、形而上学をして数学と自然学から原理的に区別せしめるものであり、ここに哲学としての哲学の立場の自覚がある。

こうして、「数学の成立に哲学・科学が媒介となり、逆に、哲学・科学の成立に数学が媒介になる。数学の成立において哲学としての哲学、科学としての科学が成立する」（1：202）。ここにはじめて、「数学・科学（自然学）・哲学（形而上学）の三・一的な学問の体系」が成立しうる。そして、「数学と自然学（科学）と形而上学とが相媒介し、よってもって三位一体的体系をなすが如き学問の理念こそは西洋の学問の特性であって、ギリシャ的精神の伝統の下にのみ成立し、それ以外にはかつて存在しなかった」（同）。他方、東洋では、数に関する知識や技術ではない、「数学としての数学」が形成されなかったゆえに、「東洋においては学問即宗教であり道徳であり政治学であった。形而上学は直接に自然学であり数学であった」（同）。すなわち、「哲学と科学とを互いに媒介しあう数学の形成は西洋の学問に独自の事柄であった」（1：203）と言いうるのである。

その上で下村は、実際にヨーロッパにおける数学の形成を歴史的に跡づける。数学の形成は古代ギリシャにおいて実現したが、それはギリシャ人の証明的方法が数学の学問性を形成したからである（1：211-212）。およそ「証明」とは「思惟の自覚」としての「普遍者による限定の自覚」（1：213）であるが、ギリシャにおいて思惟は「存在の思惟」（1：215）であり、しかもそれは「共同的対話的な思惟」（1：216）である。したがって「証明」は「公開的・公示的」であり、「公共的な承認」を要求し、すなわち「共同的」であり「対話的」である（同）。それは共同的社会としてのPolisにおいて成立する。こうして、古代ギリシャでは、「証明は公理をもち、公理の自覚的形成から出発し、したがって公共性、公開性、共同性をもつことにおいて成立する」（1：217）。ここに、証明を方法とする「学問としての数学」が成立する。

同時に、数学はまた、単に特殊な抽象的対象としての数や図形ではなく、世界一般にかかわる普遍学であり（1：220）、そうである以上、それは「数による世界の象徴的形成」という性格を持つ。すなわち「数」とは、世界ないし存在一般の「本質」「形相」の意味を有する（1：226）。したがって、数学の形成には、プラトンのイデア論などの「多における一」の発見を使命とする哲学的思弁と数学との相互媒介が必要であったと言いうる。しかも下村は、こうした哲学的思弁は感性界についての諸々の自然学の探求と相互に媒介しあうものでもあったとみなした上で、こうした三者の相互媒介はプラトンの『国家』における哲人の姿に現実化しているとする（1：240-241）。以上から、下村は、「数学と自然学と形而上学との三位一体性」が、ギリシャの学問組織の原理であり、その確立はギリシャにおいて、同時に真の国家の形成であり、やがてまた人間の形成とされたと述べる（1：242）。

それでは、近世の数学はどのような性格を有しているのであろうか。近世のはじめにおいて、幾何学は「数学そのもの」であり、「世界の数学という性格をもっていた」（1：243）。そして近世の幾何学とも言うべき射影幾何学において、空間は無限なる空間である（1：244）。下村によれば、こうした無限なる空間の幾何学的数学は、世界を無限とする新しい形而上学を背景とし、予想する（1：246）。この形而上学は、神を、古代ギリシャのように混沌に秩序を与える形成者としてではなく、無からの創造者として理解するものであり、世界を神の「展開explicatio」とする。こうして、「哲学の展開に応じて空間の数学たる幾何学はもはや直接に世界の数学ではなく、いなすでに現象の数学ですらなく、ついに純粋思惟の数学になる。すなわち直接的には実在性をもたない単に可能的な空間論となる」（1：257）と言いうるのであり、そのことによってやがて非ユークリッド的なリーマン幾何学も成立することになる。

こうした数学は「純粋思惟」の数学となるが、これは単なる抽象ではなく、「積極的な抽象」「獲得された抽象」（1：264）である。すなわち、この「抽象」は「具体化への抽象化」であり、「抽象化を媒介にしない具体的なるものは実は具体的なるものではなくして単に素朴であるにすぎない」（同）。別言すれば、世界の具体的な把握を恣意的にではなく世界に即して遂行することは、世界をいったん抽象化し形式化することを介してはじめて可能となる。この意味では、「数学のもっている高度の抽象性は、単なる日常的技術的精神からは出て来ない」（同）のであり、「数学的にどこまで抽象し得るかはどこまで我々の精神が棲むに堪える高所に登り得るかである」（同）と言いうる。哲学は世界の具体的な把握を意図し、数学は世界の抽象的な形成を意図するが（同）、「具体的」は常に「抽象的」を媒介し、抽象化は常に具体化を媒介にするのである（同）。

それでは、ヨーロッパの近世においては、「数学・科学（自然学）・哲学（形而上学）の三・一的な学問の体系」はどのような仕方で成立しているのであろうか。近世の数学が「純粋思惟」に基づくとすれば、この純粋思惟とは、客観と独立なる主観における思惟であり、直観や明証から独立に、自己自身における内的な「整合性」を原理とする思惟である（1：206）。そして「近世の「数学」が純粋思惟に基づく「純粋数学」として形成されることによって同時に近世の「自然学」は経験的な「実証科学」として形成される」（1：206）。すなわち、主観における思惟である数学と区別される仕方で、もっぱら客観の認識としての実験を方法とする「自然科学」が形成される。「ここでは「理性」の性格は古代ギリシャのようにロゴス的＝論証的ではなく、実験的＝技術的である。このいわば実験的理性が端的に自己を現わすのは「論議」においてでなく、「機械」の形成においてである」（同）。すなわち、自然の延長でも模倣でもない、「自然」の「再編成、再構成」ないし「再創造」としての機械の形成である（同）。そしてこれは、自然・客観からの超越として、主観の優位ひいては自由において実現する主意的実践的立場としての形而上学の成立を導くものである。下村によれば、以上のように、近世における数学、科学、哲学は、「いちじるしく外貌を異にする分岐対立の根底」になお「三者の三・一的体系」を見出しうる仕方で成立・生成したのである。

第三節　精神の制限の自覚と「機械の形而上学」の主体化

すでに見たように、『科学史の哲学』の目的は、「我々自身の問題」としての「ヨーロッパ精神の可能性」を問うことであった。そして、ヨーロッパ精神をその根源において自主的に把握し活かすことがいかにして可能かを探ることであった。下村は、『科学史の哲学』第四章「科学論の方法について」の中で、この課題に取り組む。

まず下村は、ヨーロッパ精神がどのような意味で「我々自身の問題」であるのかについて、上述のように形成されてきた近世の「科学」に焦点を当てて説明する。以下のように述べられる。「今日においては、科学は単なる教養や教育の問題としてでなく、政策の、国策の根本問題として提唱されるようになった。……今日の世界状況においては科学は一国の興廃を決定し、国家の存在そのものに係わるものであることが端的に実感されている」(1：293)。したがって、日本においても、ヨーロッパにおいて生成・成立した「科学」の受容ないし主体的な振興が「我々自身の問題」として存在する。

この際、「科学」とは「知識としての科学」ではなく、「技術としてのあるいは技術化された科学」である(1：294)。「しかし問題は、しかも最も重大な問題は、科学そのものは、かかる政治的経済的その他一切の実践的要求にもかかわらず、それ自身としてはすべてこれから独立な、純粋に客観的な知識であることである」(同)。すなわち、科学はそれ自身としてはあくまで客観的普遍的な理論的知識であり、歴史的地盤に成立しつつ、しかし歴史性・社会性を超える限りにおいて、単なる個別的な経験知ではない「科学」が成立したのである(同)。それは近代科学が「自然科学」に代表されることに明らかである。自然科学とは、「一切の人間の意欲から独立な、人間の意志をもっていかんともなし難きメカニズムを自己の本性とする如き自然を発見し、形成する学問」(1：296)であり、ゆえに、自然科学の発展とは、「自然を抽象化することによって自然としての自然を見出すこと」(同)である。それは人間的利害に対して全く無関心的であり、科学的な理論がそれとして発展するとは、直接の実利的見地からますます離れていくことである。

そしてこうした自然科学を人間的関心の下に支配し統制しようとするものが「技術」の任務である(同)。もちろん、技術と科学は相結合しており、互いに他を媒介にして形成される。しかしそれは、互いに別の関心に基づく別個のものでありつつ相媒介し統一結合するという仕方においてである(11)。近代技術の驚異的な成功と発展は、人間の意欲から独立した「純粋な自然」が発見され、技術から独立した純粋理論としての科学が樹立され、しかも両者の区別を媒介にした総合が実現されたことによる（1：297）。そもそも、近代的技術とは、自然の模倣ではなく、自然的には存在・生起しないものを人為的に再構成することで自然的生起を新たに形成することであり、「機械化的再形成」（1：298）を行うものである。そしてそのためには、「純粋な自然」の抽象としての「自然の抽象的形成」が先行せねばならず、そこには、科学による「積極的な抽象」の形成、現実性を超えた「理想的なもの」の形成によって現実を現実以上に表現し具象化する科学の形成がなければならない（1：299）。そして数学の形成とは、こうした抽象化ないし形式化を徹底的に進めることである。逆に言えば、純粋数学の形成によって、自然科学が自然科学として形成されたのであり（1：302）、正確には、すでに示されたように、数学・科学・哲学の三・一的体系が形成されたのである。

以上のような考察を踏まえれば、下村によれば、「我々の問題」とは以下のようなものとなる。「今日の我々の任務は単に日本的科学の業績の回収や和魂漢才的な折衷ではなく、たとえば関孝和は我々の誇るべき天才ではあるが、しかし今日の我々の数学は決してその伝統には属しないこと、率直に「科学」の外来性を承認し、その性格の異質性の由来を考え、改めて全面的に積極的に進取的にこれを把握し、真にこれを主体化するにある。これをば、真に可能ならしめ、しかもよく伝統を生かす新しき学問の理念を確立せねばならぬ。我々は我々自身のこの歴史的課題を解くために、科学を形成したヨーロッパ的精神を、およびそれに基づく学問の理念を改めて反省し、省察すべきである」（1：303）。このことは、「純粋な自然」の「積極的な抽象」を形成する精神、そしてそこから機械化（的再形成）を行う精神を主体化することである。

下村によれば、科学を形成したこのヨーロッパ精神とは、「近代的観念論」を地盤としている。すなわち、「近代科学」の方法としての実証や実験は、存在が主観の経験を通してのみ認識されるべきことを根本要請とするものであり、その意味において、主観の媒介に於いてのみ一切の存在性を承認する「近代的観念論」を地盤とする（1：

306)。しかしこの観念論は、自然的原理を承認しそれに問いかけるものであり、観念論自身の制限を自覚する観念論である。それは、主観ないし（存在・物質と区別された）精神の力それ自身の限界ないし制限を自ら自覚するものである。それこそが、「純粋な自然」の「積極的な抽象」を形成する精神、そしてそこから機械化（的再形成）を行う精神である。「機械は、精神に対して独立な自然の厳存を自覚し、精神の制限の自覚を媒介にしてこの限界を超越する所に初めて形成される」（1：308）。このことはまた以下のようにも言い換えられる。「近代的な機械は……主体的な主観の構成に基づいて自然的生起を媒介にしてかえって自然的生起を超えたものを実現する。自然物でありながら自然以上の威力を持つ、いわば第二の自然の創造である」（1：308–309）。近代の自然科学はこうした機械の形成を成果とする学問であり、それは、機械の形成の持つ意味とその可能となる所以を自覚するような形而上学を基礎に持つ。「機械化はこの形而上学の自覚にまで到らねばならぬ」（1：309）のであり、それは、単なる科学や技術の問題ではなく、「文化理想の問題」「国家体制の問題」であり、「哲学の問題」、それも単なる認識論や技術論にとどまらない「歴史哲学の根本問題」である（同）。

ただし下村によれば、ここで問題となるのは、科学の「制限」すなわち「弱所や無力な一隅」を摘発し科学を廃棄することなどではなく、科学の「統制」である。「科学がもたらした害悪があるとすれば、それは科学を抑制することによってではなく、むしろ科学を振興することによって超克すべきであろう」（1：310）。科学を形成した精神はまた、自然を前にして自らの制限を自ら自覚しつつ、自然にはない仕方で自然を再形成する精神であり、自らを自らによって制限することを介して自らを自由にするという意味での主体的な精神である。したがって、科学の「統制」とは、この主体的な精神を制限することではなく、むしろそれをさらに振興し発揮することである。そして科学が明らかにする、人間の意図から独立した自然的原理についての認識を徹底的に深め主体化した上で、科学を統制し、科学とその結果としての技術が人間にもたらす害悪を統制することであり、そうした仕方で統制された機械〔技術〕の環境を形成することである。「問題はいかにこれ〔科学〕を統制するかにある。我々はまず科学を主体化し、これを媒介にし、これを超えた哲学を形成し、文明の建設の方針を与え得ねばならない。新しき科学論は知識論に止まらず、歴史哲学を基礎にもった文明論でなければならない」（1：315）。

したがって、本来、科学としての科学の成立と哲学としての哲学の成立とが同時的・媒介的であった以上、科学と哲学とが互いに相独立しながら相連関し、それによって学問の体系を形成し来たった伝統的性格が記憶され、維持されなければならない（同）。しかし下村によれば、いまや科学は当初の人間の意図から独立し，科学自身、自己を統制できず、また技術者の意図を制約できなくなっている。すなわち、「科学の精神史的把握は科学の統制に対する哲学の使命の自覚に至らねばならない」（同）。ゆえに、「科学哲学にとって、科学の制限ではなく、科学の支配、科学の統制が問題である」（同）。

下村は、この問題について、第五章「現代における人間の概念」においては、以下のように述べている。「人間が自然を主体化することによって自然を支配することが同時に逆に人間がそれによって形成されるという「世界」の弁証法における人間の運命が――人間の制限が問題である」（1：326）。我々が人間として自らの主体性を実現しつつ生きるためには、科学と機械を形成した精神を制限するのではなく、かえって、この精神を主体的に働かせる必要があり、またそのことを介して、人間がこの科学と機械とによって逆に形成されるという「運命」「制限」の自覚にまで高まっていく必要がある。しかもこのことは、科学と機械を形成する精神において働く、ひいては近代学問の三・一的体系の理念において働く、人間の自然に対する限界・制限の自覚すなわち人間に対する否定の自覚を、近代的な観念論の立場を超えるまでに活性化し高めていくことによってのみ可能となる。そして哲学は、「精神史」によって浮かび上がるこうした自覚を受けて、科学と互いに媒介しあいつつ、近代的な観念論の弁証法ではなく、「世界」の弁証法の哲学を形成すべきなのである。

下村は、こうした「世界」の弁証法の哲学について、西田哲学にその一つの典型例を見出すべきものと考えている。下村は、昭和一一年一一月発行の『思想』の特輯号「西田哲学」に掲載した「西田哲学における弁証法的世界の数学的構造」を『科学史の哲学』に再録しているが、この論文は以下のように結ばれている。「東洋思想の深淵は西欧近代の学問を容れ得ぬほどに狭隘浅底ではない。実際に西田哲学が東洋の形而上学の深所に立ちながらしかも克く西欧のそれが支配されているのは、伝統が真に生きている所以であり、凝滞していない所以である。最も伝統的にしてしかも克く同時に進歩的なのは西田哲学の性格である。世界の哲学者たる所以である」(12：202)。この論文の主旨は、純粋思惟による現実の世界の典型的形式化としての「「世界」の数学」がいかなる形態をとるべきかについて「西田哲学において示唆される「世界」の構造から若干の素描的考察を試みるもの」(12：191)である。そして群論が「世界」の数学的象徴であると論じ(12：200)、すなわち、数学は「群論」的構造において「世界の象徴的な根源的構造を表現する」(12：201)と論じる。この際、「西田哲学において示唆される「世界」の構造」とは、「主観的・客観的、客観的・主観的」である「弁証法的世界の自己限定」としてのそれであり、我々の行為と認識は、したがって学問の形成も、そうした世界の自己限定としての「行為的直観」として実在するとされる(12;193)[12]。ここに、下村が「世界」の弁証法の有力な展開例を見て取っていることは明らかである。

以上の議論を概括しよう。下村は、ヨーロッパ精神の可能性を問うことで、その本質・根源に正対し、それを我々に固有の仕方で活かし、そのことを通じて日本の文化を形成していくことを、現代日本の「世界的問題」とする。そして、ヨーロッパ精神は「学問」の形成、とりわけ「純粋数学」の成立・生成によって特徴づけられるとして、「数学・科学(自然学)・哲学(形而上学)の三・一的な学問の体系を組織するヨーロッパ的学問の理念」の形成を明らかにしようとする。下村の言う「精神史」的考察とは、この解明を目指すためのものなのである。そしてこの考察によれば、近代科学とその結果としての技術は、「機械化的再形成」(1：298)を行うものとして特徴づけられる一方、日本は、その受容という課題を認識してきたとはいえ、十分な受容には至っていない。したがって、日本的科学の業績の回収や和魂漢才的な折衷を目指すのではなく、すなわち科学の制限を企図するのではなく、むしろ科学的な精神を我々自身が主体化し振興することで科学を支配し統制することを課題とすべきであり、またそれを可能にする哲学（形而上学）の形成を課題とすべきである。『科学史の哲学』を考察してきたその範囲において暫定的な結論を提出するなら、下村にとって、科学思想史の構想は、この課題を明確にし、その解決を誘うものとしての意味を有するものであったと言えよう。

第四節　二重の「自己否定の自覚」と主体性――「知性改善論」

「機械化的再形成」ないし「機械の創造」を導いたヨーロッパの科学的精神を主体化することが日本の文化的・歴史的課題であるという下村の態度は、基本的に終戦によっても変わることはなかった。むしろその意を強くした感がある。このことは終戦期の多くの論考からうかがわれる。(13) そして、この観点から見ると、『展望』（昭和二一年二月）に発表された論文「「知性改善論」」は、従来は注目されることのなかった短い論考ではあるものの、注視すべき重要な意義を持っていると思われる。というのも、この論考において下村は、科学的精神の主体化という従来の主張は維持しつつも、日本文化の性格について従来よりも踏み込んだ分析と批判とを加えているからである。以下ではこの論文の内容について見ていこう。

下村は、終戦による日本の没落に際して、敗因の一つが科学の不振であるとした上で（11：166）、「科学の背後にある精神、むしろこの科学を支えている精神と我々自身の精神、我々の伝統的な知性とは全く別個のものであることはすでに明らかである。問題はただいかに異なるか、そしてまた我々の知性はこれに対していかに対決すべきかである」(11：167) と述べる。これは、すでに戦時中の『科学史の哲学』の問題意識であった。その上で下村は、「我々の知性は何よりも植物的性格である」(11：168) とする。「植物的性格」とは、「自然に対する極めて敏感繊細な感覚と感情と叡智を持っている」(同) ということである。すなわち、「自然への随順、むしろ自然と合体することが理念的な在り方である。自然との対立も自然からの独立も意志されない。したがって、そこには空想力や想像力が微弱である。空想や想像は自然からの意識的あるいは意識における可能的な独立、超越に外ならぬからである」(11：169–170)。たとえば、「柔軟性・順応性・悟淡性・諦観性・織細性」といった「我々日本人の考え方や感じ方の性格」ひいては「一般に我々の文化の性格」は、「すべて植物的性格以外のものではない」(11：171)。さらには、「主情性・感動性は日本文化一般に顕著な性格であるが、単純化、端的化はそれに関連する。これはもっぱら過程の断絶、構成や展開の排棄、前後裁断的な飛躍である。感動の本性としての直接性・純粋性による」(11：173) とも述べられる(14)。

こうして下村は、日本文化を形成してきた心性ないし精神を、自然への随順的な理念に基づくものとする。それは、空想や想像によって自然からの意識的な独立や超越を志向しないために、空想や想像による精神独自の構成や展開の過程に乏しく、単純で端的な直接性・純粋性を理念とするものである。このような評価を下した後、下村は、機械を形成した科学的精神の主体化によって、植物的性格がもたらす日本文化の欠点を超克するべきであるとする。下村によれば、「我々のこの植物的精神に対して近代科学を形成した西欧の精神は全く別個の、別種のものである」(11：174)。すなわち、日本における植物的な精神に対して、近代科学を形成した西欧の精神は、機械を形成する精神、自然を「改編」「再構成」し「第二の自然の創造」(同) を行う精神であり、「たんに作られたままの存在――被造物でなく、自ら作る存在――創造者の性格をもつ。近代の機械の形成は人間の歴史において画期的である」(同)。機械を形成した西欧の精神は、あるがままの存在＝自然に随順しそれと端的に合体しようとする精神ではなく、自らによって再構成・再展開しつつ、自然のうちにない新たな第二の自然＝機械を創造する精神である。ここに見られるのは、すでに『科学史の哲学』において論じられたように、自然的原理を前にして自らの制限・限界を自覚しつつ自然を主体化する精神である。下村によれば、「精神から独立なる純粋な自然の摘出によって、自然そのものの領域の原理や構造が明らかになる。自然そのもののメカニズムの認識を前提してはじめてその機構の再編成による近代的機械が形成され得た」(11：175)。そしてこの事実は、「自然は精神の限界であり、限界の彼岸である。しかしこの限界の自覚がかえってその限界の超越を克くせしめ得る」(同)ということを意味するのである。

これに対して、東洋の哲学は、下村によれば、「心の向け方の転換」に終始していたのであり、「静観の、打座の哲学」であり、「自然に帰する」「物になる」といった「心身一如化」の工夫が課題であった(11：176)。そこでは、「無機的」な機械は、異質で疎遠なるものに留まる(同)。しかし、「もし我々の精神が機械を積極的に蔑視するとすれば、それの根底にあるものはたんなるあるいは悪しき精神主義である。精神の限界を自覚せざる傲慢である。その傲慢は現実に罰せられざるを得ぬであろう。今日の我々の悲運もこれを一つの原因とする」(11：177)。

こうして下村は、『科学史の哲学』と同様に、「新しき「機械の形而上学」は精神の限界の自覚から、精神の無力さの自覚から出発せねばならぬ」(11：178)とした上で、以下のように締めくくる。「精神の無力性、自己否定の自覚なくしては宗教は成立し得ない。しかし宗教性なくしては精神の真の高揚も真の強固さも存しないのである。日本精神の復興はこの宗教性を通してでなければその偉大な興隆を期待することはできない。我々はここで改めて機械の形而上学や機械の倫理性を想うべきである。我々の知性の改善はこの地盤の上においてされねばならぬ。これにおいて我々の科学の振興が期待される」(11：178)。

以上の考察において、下村は、日本文化の植物的性格そのものが廃棄されるべきであるとは述べていない。しかし、それは自然への随順・合体を志向し、「自然の再構成」としての「機械の創造」への志向には疎遠である。そして、機械を積極的に蔑視する「悪しき精神主義」において「精神の限界を自覚せざる傲慢」に陥る傾向を有している。下村は、この傾向に陥らないためには「自然は精神の限界であり、限界の彼岸である」ことの「自覚」、すなわち「精神の無力性、自己否定の自覚」から、我々が出発しなければならないと主張した。というのも、下村によれば、「この限界の自覚がかえってその限界の超越を克くせしめ得る」のであり、我々において自然からの意識的な独立・超越による「機械」の創造を可能にするのである。したがって、下村が「知性改善論」において述べているのは、「精神の無力性、自己否定の自覚」を介して、科学と機械を形成した精神を主体化すること、別言すれば、人間の意図から独立した自然的原理についての認識を徹底的に深めつつ自然を主体化し「機械」を創造することが、日本精神の復興に際して期待されるということである。しかも上掲の引用箇所の中で、下村は、「精神の無力性の自覚」が宗教を形成するのであり、この宗教性なしには精神的復興も成立し得ないという、『科学史の哲学』では強調されていなかった論点を示唆している。『科学史の哲学』で述べられていたことは、日本における「数学・科学・哲学の三・一的体系」は、科学的精神を主体化し「新しき「機械の形而上学」」を形成してゆくことで現実化するということであった。そして「知性改善論」で新たに提起されるのは、この現実化はまた、すべてを超越した絶対的なるものに面して我々の自己の存在の無力を自覚するという「宗教」的な「自己否定の自覚」なしには有り得ないということである。

ただし、こうした議論では、「自己否定の自覚」と自己による主体的な「機械の創造」との関係について、未だ解決されていない問題が残存していることもまた事実である。既に見てきたように、下村によれば、「精神の限界を自覚せざる傲慢」が否定され、自己の無力が自覚されることを介して、自然を超越し自然を再構想・再形成するような主体性が可能になる。しかし、そもそも、自己の無力の自覚が、自然の受容への終始や単なる諦観を帰結するのではなく、かえって逆に、自己による自然の主体的な超越ないし超克を可能にするというのは、矛盾した事態のようにも思われる。下村は、こうした事態が実際に現実化しうる所以について、我々の自己の精神の成立・生成の構造に即して詳しく明らかにすることはしていない。

しかも、昭和二七年に発表された論考「科学を成り立たせるもの」「科学と倫理」「科学文明と現代の問題」などにおいて、下村は、自然を再構成し機械を創造する主体性とは、それだけでは、いまだ自然を超越・超克する主体性としては十分ではなく、大きな問題を抱えていることを指摘する。下村によれば、自己による自然の主体的な超越・超克は、現に成し遂げられたものではなく、現実にどのようにして可能となるのかについては未だ明らかになっていないことである。というのも、科学とは、我々の意欲から独立した自然的原理の承認を媒介とすることによって生成・成立するが、そのために、科学とは人間の意欲に「中性的」で「人間の幸福や不幸に無関心な知識」(11：358) である。すなわち、「近代の科学は直接には何ら倫理と関係をもたない」(11：359)。しかし「科学と倫理とが無関係であることそのことが現代の倫理の問題である」(11：417)。下村は以下のように述べる。「近代の科学文明は倫理と無関係である。しかしこのことは同時に近代の倫理もまた科学に無関係であることである。この限り科学文明は精神的には頽廃である、と同時に同じ意味において近代の倫理自身も現代の倫理として頽廃的である。科学文明が人間を、人間精神を、機械化し頽廃せしめる顕著な徴候を呈しつつあるにかかわらず、科学に対して無力であることは頽廃と言わざるを得ないではないか。もし科学が倫理から遊離したことが咎められるならば、同じ権利において科学から遊離した倫理そのものも咎めらるべきである」(11：445)。こうした見解を基にして、下村は、「科学をヒューマナイズする」(11：359, 447) ことこそが我々の課題であると述べる。

すでに『科学史の哲学』では、人間の主体的な創造性とは、人間が自然を主体化することで逆に人間がそれによって形成されるということを自覚することで可能となるとされていた。この観点からすれば、科学における自然の主体化と「機械」の創造は、人間がそれによって形成されることにも他ならない。したがって、科学の発展と機械の創造がそれ自身としては単純に人間の意欲に中性的で倫理に無関心的であるとされることは、ひいては人間自身を倫理に無関心的なものによって形成され支配されるままにし、倫理を頽廃させるのである。それは、人間が自然を主体的に超越しているどころか、実際には自然に従属し自らの主体性を失うことに堕している。それゆえに、下村は「科学をヒューマナイズする」ことを課題として提起したのである。

言うまでもなく、「科学をヒューマナイズする」ことは、科学と機械を形成した精神を制限することではない。かえって、この精神を主体的に働かせることを介して、人間の意図から独立した自然的原理についての認識を徹底的に深めつつ自然を主体化する（＝機械を創造する）ことである。しかしそれは、この主体化を介して人間の精神が科学と機械とによって逆に形成されるという事実を自覚し、その上で人間が主体的に科学と機械を支配・統御しつつ我々自身の生を形成することができて初めて、真の意味での自然の主体化となりうる。科学と機械の精神とは、この意味での主体化を貫徹することにおいてはじめて我々に主体化される。

こうして『科学史の哲学』および「知性改善論」の議論を跡づけたことで、下村が相対した問題・課題が、我々にとって明確になるように思われる。すなわちそれは、「精神の無力性、自己否定の自覚」を介した自己の創造的な主体性の生成・成立という矛盾した構造を整合的に明らかにし、そうした自己の精神を主体化するという問題・課題である。しかも、そうした「自己否定の自覚」とは、人間の意欲から独立した自然的原理の自覚であると共に、それを介した機械の創造によって人間が否応なしに形成されることの自覚であり、いわば二重の「自己否定の自覚」である。しかもこの二重の自覚は、宗教的な事実において初めて徹底的に実現しうる自覚であるとされた。下村が「知性改善論」において述べているのは、この意味での（二重の）「精神の無力性、自己否定の自覚」こそが、日本精神の復興に際して期待されるということに他ならない。それでは、この課題は、実際にどのように果たされるのであろうか。

とはいえ、以下で見ていくように、下村の後の思索は、少なくとも表面上は、この課題に回答を与えることをめざして進展していったとは言い難い。戦後において下村は大部の著作を幾つも発表していくが、それらにおいて、この課題への明示的な取り組みは、表面上はほとんど見られないのである。しかし、以上に試みてきたような考察の上に立って下村の生涯の研究活動を考察するなら、当該の課題の自覚こそが、彼の研究を通底する隠れた問題意識であるとする見方も十分に可能であると筆者には思われる。すなわち、以下の考察は、統一的・体系的に把握することがほとんど不可能に見える下村の生涯の研究活動を、統一的な視座から捉える試みとなる。

第五節　「眼と手をもってする思惟」における主体性——『レオナルド・ダ・ヴィンチ』

終戦直後の下村の主な活動を跡づけていくなら、まず、西田幾多郎の人と思想を紹介しその意義を解説する講演および著作の刊行、そして『西田幾多郎全集』の編集者としてその刊行に尽力したことが挙げられる。これらは、戦時中から引き続いて「精神史」としての科学史に関わる諸論考を発表することと並行して行われたものである。下村の著書のうち、終戦後に最も早く刊行されたものは昭和二二年の『西田哲学』『若き西田幾多郎先生』であった（昭和二六年には『西田哲学への道』、精神史的考察としては、昭和二三年に『科学以前』、昭和二四年に『精神史の一隅』が刊行されている）。そのほとんどが請われての講演や解説であったとはいえ、西田哲学への下村の熱意が感じられる。下村自身、昭和五八年の時点でも、以下のように述懐している。「戦後いちはやく全集の刊行が企てられたことは、会心の至りであった。欣然として編集の一員に加わり、前後七年それに没頭した。全集の広告文に「我々の国土は焼土と化し廃墟となったが、戦火に焼かれないものが此処に存する」云々の文を草したが、占領軍によるか、出版社の配慮によるものか知らないが、印刷されるに至らなかった」（13：335）と述懐している。西田哲学へのこうした共感は、後の下村の思索にしばしば見受けられる問題意識、すなわちヨーロッパとは異なる東洋ないし日本の思惟ないし哲学の形成という問題意識へと引き継がれていくと思われるが、これについては後述することにしたい。

昭和三〇年代になると、昭和三一年、イギリスでの学会参加という名目で、三か月のヨーロッパ旅行に出る。イスタンブール、アテネ、ロンドン、オックスフォード、カンタベリ、ウィンザー、エディンバラ、スペインを一巡、パリ、チュービンゲン、ハイデルベルク、ボン、ミュンヘン、ウィーン、チューリッヒ、ユングフラウ、イタリア、ミラノ、ヴェネチア、フィレンツェ、アッシジ、ローマと巡歴する。この間、連日、朝から終日歩き回り、特に「聖堂・画廊・広場」に焦点を置いて巡歴したと言う。そして「ヨーロッパのエッセンスをほぼ見得た」(以上、13：345–347)。そしてその結果、「これまでの数学史、科学史の領域からにわかに文化的領域への関心に急傾斜した」(13：367)。さらに下村が述べるところでは、「しかしこれを関心の転向でなく関心の拡大と自己弁護する気分があったが、事実上、やはり転換であって、前者に関しては中断を来たした。発散的関心がいちおう収斂して聖フランシスとレオナルドとブルクハルトに結実することになった」(同)。

下村がレオナルドとブルクハルトに関心を向けたのは、「ルネサンス」への関心が契機となっている(13：347–348)。そもそも、東京文理科大学に赴任して「近代哲学史」を担当することになってから、下村は近代哲学をルネサンスから始めるためにルネサンスとは何かに関心を向けた(4：449)。ブルクハルト『イタリアにおけるルネサンスと文化』に感銘を受けた下村は、折しも旅行中が、この著作の刊行百周年であり、各地でそれが回想されていたこともあり、ブルクハルトへの傾倒を強めたと言う(13：348, 387)。レオナルドについても、学生時代から魅力を感じていたが(13：359)、ルネサンスへの関心を媒介とし、さらにヨーロッパで実際に作品に接した感動から、関心を深めたと言う[15]。

こうした「文化的領域」への関心から、まず昭和三六年には、紀行書『ヨーロッパ遍歴　聖堂、画廊、広場』が刊行され、同年に続いて『レオナルド・ダ・ヴィンチ』が刊行される（レオナルドへの関心は、昭和四四年の『ルネッサンスの芸術家』、昭和四九年の『モナ・リザ論考』、昭和五二年の『レオナルド　遠景と近景』の刊行へと続いていく(16)）。この『レオナルド・ダ・ヴィンチ』は、レオナルドを既成の伝統的な哲学者の系列に組み入れずに、「あくまで画家であるレオナルドがそれにおいて哲学者になる」（5：7）という意味で、彼が「独自な哲学者」（同）であることを主題とするものである。より詳しく言えば、この著作について後に述懐されるように、レオナルドが「芸術的性格を通して根源的に思惟した哲学者」であり、「原初的根源的な芸術家としてそれにおいて哲学者であった」という意味で「芸術家・哲学者」（13：356）であることを明らかにし、またそのことで、「芸術は科学を媒介にし科学は芸術を媒介にして生成する」（13：357）ことを明らかにするのが、『レオナルド・ダ・ヴィンチ』という著作である。

したがって、このレオナルド論は、最終節の標題も示すように、レオナルドを「芸術家・科学者・哲学者レオナルド」として明らかにしつつ、芸術と科学と哲学とが互いに媒介しあいつつ形成されるありようを描こうとするものである。この意味では、この書を貫く問題意識は、「芸術」を新たに主題化しつつ、従来の精神史的ないし科学思想史的考察を引き継ぐものと評価しうる。以下では、この観点から当該書の内容をごくかいつまんで跡づける。そして下村が『科学史の哲学』と「知性改善論」において提起した課題とこのレオナルド論との関係を見定めていきたい。

序章において下村が述べるところによれば、伝統的・正統的な意味において、哲学とは、原理ないし根源の学的探求であり、言語によって精密に表現し論証することを意図するものである（5：7‒8）。しかし、近代における造形芸術の形成は、「言語のほかに造形が思想の表現とされること」（5：15）であり、ここに思想や精神の「新しい性格の自覚」(同)が見出される。またそれゆえに、画家であるレオナルドがそれにおいて哲学者でありうる所以も予想しうると述べられる(同)。

その上で、本書の骨子とも言うべき第四章においては、「一切の芸術的創作活動が同時に思想的科学的技術的探求活動と常に媒介し合っているレオナルド」(5:90)が明らかにされる。下村によれば、レオナルドにおいては、芸術的想像とは、自然そのものの内在的な本質を発見し開示するものであり(5:92)、まさしく「近代の新しい科学」は、こうしたレオナルドの芸術的想像から生成する(5:93)。実際、「レオナルドの絵画の科学は、まず「影をつくる物体とは何か、原初的な影と派生的な影とは何か、照明(暗、光、色)とは何か、物体、形態、位置とは何か、遠近、動静とは何か、を確立」する」(同)のであり、絵画はこうした知識を基礎とする。しかも、自然についての知識を獲得し伝達することにおいて、それを直接的な直観において為す絵画の方が、科学よりも優れている(同)。したがって、「レオナルドにおいては、画家の課題と目標は、自然と生命との形式と法則を把握し、これらの形式と法則を芸術作品に封じこめること、これを具象化することにある」(同)。こうして「画家レオナルド」は、自覚的に科学者として探求するレオナルドであり、彼の絵画制作はその認識の伝達・表現の一形式として、それ自身学問の「オルガノン」である(5:93–94)。下村によれば、彼の科学的素描は芸術作品と区別し難いものが多いのであり、それゆえに、彼においては、直観されたものが実験的に吟味・分析され、その普遍的認識がまた直観化されるという方法が取られていると言いうる。なるほど、彼の科学的研究は自然科学に止まり、直観的表象の領域に止まるものではあったが、それは彼の限界であると共に、しかし彼自身によって自覚的・積極的に意欲されたものに他ならない(5:94)。

さらには、こうした「画家レオナルド」は「世界の終末」にも大きな関心を寄せた。彼は、彼自身の科学的な探求の成果として、「世界の終末」としての「大洪水」が自然的な必然性において生じるという科学的仮説を立て、それを描き具象化した。そこに描かれているのは、「彼の科学と形而上学の核心を世界の終末の Vision において芸術的に象徴化したもの」（5：108）である。しかもこの際、レオナルドが、画家が持つ創作的自由・自在性に「超越、超脱、悟達」（5：111）をも見出していることを顧慮すれば、下村によれば、「終末論は、彼においては、画家的実存によって世界を今、ここで、終末せしめ、それによって超越を遂げるもの」（5：112）とさえ言いうる。

こうしてみれば、レオナルドには、芸術的制作を哲学の「オルガノン」とする「一つの独自な哲学」が見出される（5：115）。このことは、レオナルドには、「眼と手をもってする思惟」（5：118）が働いているということである。下村からすれば、「眼が見るものは、手がそれを模写的に作り出す時に初めて明瞭になる」（5：117）と一般に言いうる。というのも、「我々は平生、ものを見ていると思っているが実際は眼で見ているよりも多く観念によって見ている。我々が画家の作品によって初めてものを「見る」ことを教えられることは我々の常に経験するところではないか」（同）と考えられるからである。したがって、「眼が見るもの」は「手がそれを再現的に作り出す時に初めて明瞭になる」（同）。下村は以下のように述べる。「手は解剖の際運動によって言葉なしに思惟するように、画家は素描を描くことによって思惟する。のみならず素描によって思惟する——素描は模像を越えて、自然の中にあらかじめ見出し得ないものを創り出す想像を可視的なものとする。素描は抽象し、それによって本質的なるものを抽出することにおいて端的に思惟の性格をもつ」（同）。

したがって、レオナルドにおいて、認識とは、見ることと同時に形成することないし創ることであり、手の作品において作り出すような「形成する直観」（5：118）である。下村によれば、「絵画は眼が受動的に眺め、手が単に盲目的に動くことによって認識するのでなく、それは一つの思惟的活動である。眼と手をもってする思惟である。これにおいて可視的なものが真に可視的になる。むしろ不可視的なものを可視的にする思惟である」（同）。下村は、何らの華麗さも装飾もないまま、したがって、可視的なるものが最も明瞭に可視的であるままに、夢幻的になっているような世界が、別言すれば、「現実の中に超現実的なものに連続推移しゆくものを認め、しかもこれが現実性と全き融合をなしている如き渾然たる世界」（5：122）が、レオナルドの描くものであると述べる。レオナルドは、絵画制作において「単に自然を模倣するだけでなく、自然の本質を洞察し、さらに自然を超える諦観にまで達する」（5：124）のである。この意味において、レオナルドは「画家・科学者・哲学者」に他ならないのである。

しかも下村によれば、絵画制作という方法に止まらず、「絵画・素描・文章が互いに独立視ながらその間を自由に往来」（5：124）することが、晩年の最後における「レオナルドの方法」であった（同）。したがって、レオナルドにおいては絵画の完成が究極目標ではない。それどころか、すべてが未完成である。下村はこの未完成性について以下のように述べる。「不可視的なものが可視的なものとなるとは、可視的なものの否定において初めて完成するるのではないか、不可視的なるものは可視的なるものの未完成・未完結において初めて現前するのではないか。レオナルドの未完成はそれ故その未完成において完成するのではないか。レオナルドは未完成において悠々としていたのではないか。未完成に遊んだのではないか」（5：124）。

以上のように、下村によれば、レオナルドにおいては、科学的考察、絵画制作（と素描・文章）、形而上学的考察とが、互いに相予想し媒介しあうことによって三・一的に成立しているのであり、それは、「形成する直観」としての「眼と手をもってする思惟」において、分離せずに一つのこととして具現化している。また逆に、「眼と手をもってする思惟」こそが、この三・一的体系が成立し生成する現場である。こうした考察は、下村は明言してはいないものの、下村による自身の課題への取り組みの一貫として位置づけることができよう。本章が明らかにしてきたように、下村の課題とは、自己否定の自覚を介して成立する自己の創造的な主体性を明らかにし、それを自己において主体化するないし実現することで、「科学と倫理とが無関係」となっている精神的頽廃を克服するというものであった。そしてこの課題に対して、「眼と手をもってする思惟」への考察は以下のことを提起するものと評価することができよう。すなわち、自然を再構成する科学と、その結果としての機械の創造と、世界と人間の生のありようを考究する倫理学ないし哲学とが、絵画制作における「眼と手をもってする思惟」において、未だ分かれずに一つのことをなしているありようを提起するものと評価できよう。下村からすれば、レオナルドは、この思惟のありようにおいて、終末観のペシミズムを超越し、「不可視的なるものは可視的なるものの未完成・未完結において初めて現前する」という仕方で「未完成において悠々」とする倫理を構想し生きたと言いうるのである。[17]

たしかにレオナルドの科学的研究は自然科学に止まり、直観的表象の領域に止まるものではあった。それゆえに、純粋科学は成立しておらず、同様に純粋な「芸術」も「哲学」も成立していない。その意味では、「画家・科学者・哲学者レオナルド」は、純粋科学の成立・生成によって、純粋科学と（純粋）倫理学・哲学とが無関係となった現代の状況を克服するという課題に対して、ただちには回答とはならない。とはいえ、ここで下村は、言語的な、ひいては記号的で機械的な思惟とは異なる思惟、機械の創造と人間の主体的な生の探求とが分かれていない思惟に着目することで、自然を超越し機械を創造する人間の主体性が実現されるありようを模索していると解釈しうる。「私のレオナルド・ダ・ヴィンチへのアプローチは、実は美術史からではなく、先の思惟または思惟方法の問題を動機としたものである。すなわち言語による思惟とは別個な思惟の可能性に関する問題からである」（11：672）という下村の後の述懐は以上のように理解されるべきものなのである。

とはいえ、こうした主体性の実現は、すでに考察してきたように、二重の「自己の無力の自覚、自己否定の自覚」を介して、しかも絶対的なものに面する宗教的事実としてのそれを介して実現するものであった。この点は『レオナルド・ダ・ヴィンチ』においては語られていない。そしてこの「自己否定の自覚」について探求を進めたものが、昭和四〇年に刊行された『アッシシの聖フランシス』である。「自分にとってフランシス省察がもたらした最大の収穫は、自分にとっておよそ彼岸のものであった宗教信仰がいかなるものであるかに示唆を与えたことである。むしろ「距離」をより意識せしめるものであったが、距離の意識にはかえって接近の意識をもたらすディアレクティクがある」(13：367)。次にこの著作を跡づけていこう。

第六節　宗教的な「自己否定の自覚」――『アッシシの聖フランシス』

下村によれば、この『アッシシの聖フランシス』を執筆した直接のきっかけは、昭和三一年のヨーロッパ旅行において訪れたアッシジの地で受けた感銘である(13：363)。そしてこの書を著した学問的な問題意識は、「序」において以下のように記されている。「政治的関心を交えない純粋なフランシスの伝記があるか、対立する解釈以前の謂わば「原フランシス像」は如何なるものであるかが問題になる。アッシシのフランシスは、光輪を冠して壁龕に安らう伝説的な聖者から現実の激流の裡に立つ歴史的存在とならねばならぬ。殊に、もっぱら貧困を根本信条とし、学問・神学に対して寧ろ嫌悪と敵意の感情をもっていたこのフランシスの「乞食団」が教団となり、聖者の没後直ちにさらに学問教団となり、当時の全欧の神学研究の指導権を握っていたパリ大学の講壇をドミニコの説教団と並んで占拠し、高期スコラ哲学を現出するような熾んな事態が如何にして成立し得たか、それは聖者の志に沿うものであったか、あるいは反するものであったか、そもそもフランシスの理想とは何であったか。しかしそれの成敗の如何にかかわらずかかる偉大な結果を惹起したことは歴史的な事実である。かくの如きことが如何にして可能となったか、かが関心事とならざるを得なくなる」(3：12–13)。

下村が伝記的・思想的考察によって明らかにする「原フランシス像」とは、フランシスは無所有の「貧しきキリスト」の生活を模倣し、それを実例・範例としてその生活を貫徹して歓喜を経験した人であり(3：218)、哲学や思想を持たず、ただ「経験によって把握されたものに留まらんとした」人(3：217)であるというものである。すなわち、後に述懐されるように、「貧困無所有の生活によるキリストの模倣が私のフランシス像の公理になった」(13：365)。この「貧困無所有の生活」とは、具体的には、外的生活の貧しさを通して内的生活の謙虚さが実践されることであり(3：151)、「自然や人間の善意の寛大さに現れている神の恩恵への依存」(3：167)を意味する。ここには、「神あるいはキリストに帰依すること」、自らを「無力なる者」となし、「卑しき者」「謙虚」になり「へりくだる」こと(3：187)によって、一切のものが与えられるという逆説がある(同)。「無所有」によって「無力」になり、全的に神のみに依存するという「貧困無所有」において、「一切のもの、自己の存在そのものが賜物となる」(3：171)のである。そして、「それは、自己が何ものをもたないことにおいてである」(同)、すなわち、「自己愛を、自己に対する執着を持たないことにおいてである。その自己が生きているものである時、……自然は人間に対立するもの、人間に閉ざされたもの、でなく、人間に親愛なるもの、人間に開かれたものとなる」(同)。こうして、フランシスの「無所有の苦行」とは、「否定を通しての一切の肯定」「特定の所有を否定することでいっさいのものが与えられる」(3：188)ことであり、そこに絶対的な「自由」が実現する。別言すれば、フランシスにおいて、「自由への意志は、意志の絶対的否定によって、絶対的従順によって、初めて実現され得た」(3：191)のである。

この際、自らを「無力なる者」としてへりくだるようなフランシスの無所有・貧困の生活は、人間の理性によって超越的真理を語ろうとする態度を斥け、人間の思想と学問の一切をも無力として放棄し、それに執着しない態度となる。フランシス自身は、キリストの生活を範例とし、「言葉によらず実例に生きる」(3：220)ことに徹底する。したがって、フランシス自身は哲学思想を持たなかったものの、「フランシス的な哲学思想がもし存するとすれば、かかる範例の生活から、範例の生活を通して生まれた思想でなければならぬ」(3：218)。下村によれば、それは、論理や理性に拠り所を求める学問でなく実践や経験に求める学問である(3：249)。こうしてみれば、盛期スコラ哲学におけるフランシス派の巨頭の一人ボナヴェントゥラの哲学は、実はフランシス自身とは「無縁」である(3：

234)。むしろ、「フランシス派の哲学は大陸を風靡したアリストテリアニズム・トミズムから比較的独立であり得たイギリスにおいてその独自性を発揮展開し得る」(3：234)。とりわけ、イギリスのオックスフォードの兄弟団におけるロジャー・ベーコンやオッカムの経験主義こそ「フランシスの精神」に沿うものである。それは、盛期スコラ哲学などの概念的思弁をあくまでも廃し、「直覚的認識すなわち直接の経験をあらゆる確証の基礎」(3：266)とする哲学思想である。

以上のような下村の議論から看取されるのは、下村がフランシスの「貧困無所有」の実践を探求するのは、従来から下村が論じてきた「精神の無力性、自己否定の自覚」に関わってのものであるということである。下村は、フランシスの生を、自己の無力さの自覚によるへりくだりないし謙虚さの端的な現前であり、すなわち自己の徹底的な否定による自己の自由な主体性の実現であると捉えている。フランシスにおいては、「精神の無力性の自覚、自己否定の自覚」を介した神への端的な依存によって、自然は、そして一切は、「対立するもの」「閉ざされたもの」でなく「親愛なるもの」「開かれたもの」となる。そしてこのフランシスの精神に沿って、直覚的認識および直接の経験をあらゆる確証の基礎とする哲学思想の精神が生成・成立したと下村は理解している。そこには、自己否定の自覚を介して我々人間の自己から独立した自然原理を認めて、その経験において自然認識の確証の原理とするという科学的精神の源があり、しかもそうした自然が単に我々に独立し、我々人間の生に中性的・無関心のものではなく、かえって我々のあるべき生活に親愛なるものであり、キリストの範例の実践による歓喜の現前の端的な確証の場であることも示されている。それは我々人間によってではなく、自然が(根源的には神が)、我々の生を確証するということである。ここで下村は、自然の客観的独立性の自覚と、自己のあるべき生活(範例の実践)が自然によって確証されることとの自覚とを二重に実現する、まさしく二重の「自己の無力の自覚」によって、科学的精神と倫理学ないし哲学とが未だ分かれずに「範例の実践」において具現し、そこに人間の自己の主体的な自由が実現している姿を見て取っていると言えよう。

もとより、二重の「自己否定の自覚」を介したこうした主体性の実現は、純粋科学の生成・成立の後の精神状況下のものではない。とはいえ、宗教的な「自己否定の自覚」の二重性ということで下村が何を構想しているかについては明らかとなった。すなわちそれは、絶対的なるものの前にいっさいを放棄し、自己に対する執着を棄てることで、逆に一切が自己の主体的な自由の確証の場となるということである。その主体性は、自己と自然ないし一切のものとの対立区分を超えた仕方で、すなわち両者が分かたれずに一なる働きをなす仕方で実現するものに他ならない。

以上の考察をふまえれば、一般に下村の業績の中で孤高の位置を占めているかのように見える『アッシシの聖フランシス』も、『科学史の哲学』以来の彼の問題意識における内的必然の中で生み出されたものであると言うことができる(18)。またこの観点から下村の業績を考察すれば、『レオナルド・ダ・ヴィンチ』と『アッシシの聖フランシス』を刊行した時期の下村の他の論考には、前者において考究された思惟のありよう、すなわち言語的ないしは記号的な思惟とは異なる思惟のありようと、後者において解明された、「自己否定の自覚」を介して自然ないし一切のものと一なる仕方で実現する主体性とを結びつけ重ね合わせる考察が見て取れる。以下ではさらにこうした論考について検討していこう。

第七節　思惟の日本的性格と「無」——根拠無き主体性

『レオナルド・ダ・ヴィンチ』を刊行した昭和三六年から『アッシシの聖フランシス』を刊行した昭和四〇年前後の下村の論考の中には、ヨーロッパとは異なる東洋ないし日本に独自の思惟方法に対する考察が多く見られる。

こうした諸考察は、広く言えば一種の精神史的・文化史的考察と言うことができようが、とはいえ、それらと『レオナルド・ダ・ヴィンチ』や『アッシジの聖フランシス』、ましてそれに先立つ『科学史の哲学』との関連は見通しがたいものである。しかし、「自己否定の自覚」を介した主体性への考究という問題意識を下村の思索の過程の内に想定するなら、彼の東洋・日本の思惟方法への考察も新たな相貌を呈してくる。

下村は、昭和三八年に発表した論文「西田哲学と日本語」の冒頭において、日本における哲学の研究では、「世界の哲学を研究することが目標」(12：178) となるべきであり、「我々自身の立場で我々自身の哲学的な問題を問題としなければならない」(同) とした上で、にもかかわらず、哲学研究が我々自身の経験や体験と直接結びつきを持つことに乏しかったと論じる (同)。たとえば、認識論が日本の哲学界を支配した時期があったが、「西洋の哲学者が近代の科学と対決して、科学の限界や科学の批判を内面的必然的な問題としたような内面的必然性を日本の哲学者は必ずしも意識したわけではなく、単に知的理論的な問題という以上のものにはほとんどならなかった」(12：178–179) と下村は述べる。そもそも、「近代西洋で認識論が哲学の中心問題になったのには内面的な必然性があった」(同)。というのも、近代西洋で認識は科学的認識を典型とするのであり、伝統的な世界観における目的論的な考察を排除して、世界を機械論的原理で理解するものである。すなわち、自然の征服・支配の理念による「工作的理性」がそれである。したがって、人間の世界観・人生観はこうした機械的原理との対決を迫られるのであり、ゆえに、「哲学の重要な問題として、認識論が「科学批判」という形で成立せざるを得ない内面的な必然性がある」(12：178)。

しかし、こうした内面的必然性を日本の哲学者は必ずしも意識したわけではなく (12：179)、したがって、「我々自身の問題として、我々自身の知識概念の反省、批判に至らない」(12：178)。このことをふまえて、下村は以下のように述べる。「実際に真に我々日本人が認識論を問題にするならば、我々自身が真に認識としているものがいかなるものであるか、これを科学的認識と対決せしめて問題とせねばならない。我々にとっては科学的認識は一つの認識の仕方にすぎない。しかも既成の、受容された知識である」(12：179)。これに加えて、下村によれば、「そもそも西洋で「思惟」と言えば判断すること、区別すること、批判することを本質としている」(12：181)。しかし、我々の場合には、「分別する、批判すること」を「最高の思惟」とはしていない（同）。「分別知より無分別知を高次の思惟、真の思惟としている」ことは、仏教哲学のみならず、日常の思惟の性格でもあり、したがって、思惟の原理としての論理学は西洋の論理学と同一ではないことが問題として自覚されるべきである（同）。

それでは、こうした論理学とは、いかなるものとなるであろうか。下村は、日本語文法は西洋の主語述語形式を根本形式としないとみなし(12：182)[19]、その上で、西田哲学を知る者は、西田哲学の「場所の自己限定」「絶対無の自己限定」という考え方に、[20]「主語のない日本語と相対応するもの」があり、「日本語で思惟している我々の思惟の仕方そのものの論理の自覚」があることに気付くとする(12：183)。すなわち、「日常的なものの見方、考え方、それの根底にある思惟の仕方の原理の反省、あるいは哲学的自覚として〔西田哲学における〕場所の論理学が形成された」（同）とする。

日本における我々の日常的なものの見方・考え方とは、下村によれば、たとえば我々の「人間」や「自然」という観念が、西洋でいう「主観」や「客観的世界」ではないことに現れている。つまり、「我々の主観と客観の関係は対立・独立において考えられてはいない」(12：184)。下村は以下のように記す。「我々には喜びとか悲しみとかいう感情は、単にわれという個人の感情ではなくて、「世界」の本質に属するというような意味をもっている。端的な言い方をすれば、私の感情は単に私の主観的感情でなくて世界の底から湧いてくる感情、世界の感情というような含蓄をもっている」（同）。このことは、伝統的な芸術には端的に現れている。墨一色で遠近法のない水墨画は、物が客観的なそれ自身の色や形をもつと考えられていないことを示し、画の大部分が空白であることは、空白が、物象の於いてあるところのものであることを示す（12：183–184）。すなわち、「形は形なきものの形、色は色なきものの色」という意味をもっており、つまり「有は無の顕現である」（12：184）。

思惟を行う我々の言語においても、同様の特色のあることが見て取れる。すなわち、我々の言語・言葉は「言葉を否定する言葉」、「「言語道断」的な言葉」である（12：185）のに対して、「西洋の言語の特色は表現の正確さにある。しかし同時に正確にしか表現できないという制限がある」（同）。西洋の思惟とその論理学が、表現の正確さの理念に基づくのに対して、日本人の思惟とその論理学が基づくのは、言語に依存せず、言語を否定するというそれである。

もちろん、このことは優劣の問題ではない。しかし、「西洋の哲学者が非合理的とか、神秘主義といっているもの、あるいは思惟の制限とか限界とかいっているものは、実は西洋的思惟の限界、あるいは西洋の言語で思惟されないということであって、必ずしも思惟そのものの制限、あらゆる思惟の限界といい得るかは問題である。西洋的な思惟の仕方を唯一のものとする理由はない」（12：186）。したがって、我々にとっての哲学の研究が問題とすべきことが明らかになる。「もし我々自身の哲学といい得るものは、実際に我々自身の経験や体験を地盤にし、それを通して、そこから出てきた理論や論理でなければならないとすれば、今までのように、既成の西洋哲学の概念や論理を踏襲し、それに立脚して考える段階を越えて、我々自身の経験や思惟の仕方を根本的に問題とせねばならない」（12：187）。ただし、これは日本独自の哲学を形成することを目標とするという意味ではない。西洋の哲学が単に西洋の哲学に止まるなら、哲学の名に値しないのであり（同）、むしろ西洋や東洋・日本といった地方性を越えた「世界性」が確立されなければ真の哲学になったとはいえない（12：187）。言うまでもなく、東洋的な考え方を「精確な概念体系に組織化することはきわめて困難な仕事である」（12：188）。しかし、「後期の西田哲学はその基礎を築いたきわめて偉大な哲学史的業績である」（同）と下村は述べる。

以上のように、下村は「西田哲学と日本語」において、西田哲学を一つの先駆的な範例としつつ、西洋の科学的思惟とは異なる東洋ないし日本の思惟の性格を浮き彫りにしている。この思惟は、言語的ひいては記号的・機械的な科学的思惟とは異なる、言語を否定する思惟であり、主観と客観の関係を対立・独立において捉えず、いっさいの形を「形なきものの形」と見る「無」の思想を展開するものである。(21) そして下村は、こうした思惟の性格を地盤にしながら、さらに単なる地方性にとどまらない世界性を有した「哲学」を構築すべきであると主張しているのである。

時代が少しだけ前後するが、昭和三七年に刊行された論考「哲学的思惟の多様性について」には、この「無の思想」について、本章が提起する下村の問題意識、すなわち、「自己否定の自覚」を介した自然の超越およびそこで実現される自己の主体性の解明という問題と関わる以下のような記述が見受けられる。「物の外に心はなく、心の外に物はない。風景は同時に心の風景である。そこに描かれる自然は自然であって同時に自然を越えている。かかるものが東方の「自然」である。これはもとより西方的意味における自然主義ではない。素材や原始性がそのまま是認されるのではなく、その意味での自然性の克服や超越は求められるが、しかしその克服や超越を決して究極としない。再び自然に復帰することを以て究極とする。自然の絶対的克服は自然への復帰と解される。芸術におけるこのような考え方は東方文化の一切を貫いている。かかる考え方の根底をなすものが我々のいう「無」の思想である」(11：479)。

こうした無の思想においては、自己の心・精神が自然から独立することは否定されて、自己の心・精神の働きの現場として自然が捉えられている。このことは一方から見れば、自然が主体化されることであり、自然性の克服や超越を意味する。しかしそれは自己の心・精神に基づいて自然を構成し形成することを意味しない。下村によれば、たとえば東方の詩は主観的な感情を自然の風物に託すが、それは比喩的寓意的あるいは象徴的に表現するのではなく、すなわち、心の間接的表現ではない。それは「自然と一体不可離なる心の表現」として、「直接的な心の表出」である（11：480）。すなわち、「「一葉落ちて知る天下の秋」は一片の落葉において世界の、やがて人生の、秋の到来を直感し直観するのであって、落葉によって秋の到来を推論するのではない」（同）。ここでは、自己による自然性の克服による自然の主体化が、自己と自然の対立・独立の否定として、すなわち自己と自然の「一体不可離」として、したがって「自然への復帰」として現実化している。すなわち自己の主体性とは、自然と別に存在し働くものではなく、かえって自己と自然との独立・対立の否定の現場において働く「無心」（11：479）の主体性である。

下村は、ヨーロッパの科学的理性は理性の機械化であって、現象の法則性のみを問題とするものであるゆえに、真理性とは普遍的客観性と同義になっているとみなす（11：487）。そして、こうした理性においては、主観と客観とを対立・独立視しつつ客観のみを問題とするのであり、主観を問題にすることができないと評価している（同）。下村のこの主張を解釈すれば、以下のようになろう。すなわち、なるほど科学的理性の思惟によっては、自然への復帰は、自己による自然の克服・超越ではなく、かえってその主体性の喪失と映ろう。しかし、科学的思惟は、それだけでは自己の主体性を問題にすることができないのであり、むしろ、無の思想は、自然への復帰という仕方で、自己による自然の主体化と自然による自己の客観化が一つのこととして具現するということ、また自然の主体化と自己の客観化は、そもそも分離して生じることはできず、一つのこととしてのみ具現しうるということを示すのである。すなわち、無の思想には、自己による自然の超越と再形成・再構成を、自然の直接的な現前において具現化する認識ないし思惟が働いているのであり、それこそが、ヨーロッパの批判・分別の思惟とは異なる、言語化ないし記号化を否定する思惟であると考えられる。

この思惟において、自然は、自己を本体としてそれを象徴的に表現するのでも自然を本体としてそれを象徴的に表現するのでもなく、およそ表現の背後に何らの本体を持たない。「音は音を否定する音」、「色は色を否定する色」であるゆえに、「音や色の主体は実体的な物でなく、絶対無である。世界の音、色である。音が音なきものの音であるのは絶対無の音であることである」（11：504）。それは自己の主体性の単なる喪失を意味しない。絶対的なものは、自己と自然ないしいっさいの存在者がその存在を無化されてそれに融合・溶解してしまうような存在＝有では無いからである。したがって、「（絶対）無の思想」とその思惟（言語を否定する思惟）は、自己に基づいて自然をあるいは自己をそして一切を形成・構成することが不可能であるということ、しかも自己の主体性は自然の現前において以外にそれと離れて生成・成立することがないということ、こうした二重の「自己否定の自覚」を通して自己の主体生が実現するという構造を明らかにするものでもある。

すでに見たように、下村にとって、こうした二重の「自己否定の自覚」は絶対的なものに面する宗教的な事実において徹底して現実化するものであった。「西田哲学と日本語」では、宗教について以下のように述べられる。「仏教は「仏」になる教えで、仏とは「覚者」である。この「悟り」は恒常不変の存在はないこと、かかる存在を求めることが「迷い」であることを認識することである。それ故キリスト教のように絶対的な存在としての神はない。むしろそのような神を否定する」（12：187）。また「哲学的思惟の多様性」においては、「西方においては神は究極的存在である」（11：476）とした上で、「しかし東方においては、仏教によって代表されているように、存在の根拠は存在でなく無である」（同）、そしてこの「無」は、「存在に対する非存在としての相対的な無でなく、存在・非存在の対立を越えた絶対無である。東方において神は——神に対応するものは、絶対無である」（11：476）と述べる。[22]すなわち、東方においては、絶対的なものに面する宗教的な事実とは、恒常不変の存在根拠を求めることそれ自身が否定されることを通して、上述したような二重の「自己否定の自覚」が具現し、自然の現前と一つの仕方で自己の主体性が実現することなのである。

下村は、以上のような考察を展開した後、昭和四一年に東京教育大学を定年退官し、同大学の名誉教授となると共に、学習院大学の教授となる。東京教育大学退官の際の「最終講義」は、公刊された講義記録によれば、自らの研究生活を振り返り、その問題意識を改めて明示するものである。そしてその内容は主として、東洋ないし日本の経験と思惟の性格を示しつつそれに基づいた「哲学」の形成を提起するというものであり、その主張は基本的に今までに考察してきた内容である。ただし、下村は、この講義において、記号的な思惟とは異なる思惟の持つ性格についてより立ち入った考察を展開し、この思惟においては、芸術・哲学・倫理・宗教が積極的な未分化のうちにあることを指摘する。

上述の内容と重複するところもあるが、この講義の内容について、講義録に基づいて簡単に振り返ってみよう。下村によれば、「西欧において思惟は Kritik すなわち区別あるいは対決の意味をもち、それを思惟の本質としている」（11：651）。そして、もう一つ西欧的思想の公理を挙げるなら、それは、人間を理性において、すなわち理性的動物として捉えることであり、別言すれば、「理由律」ないし「根拠律」に基づいて「何ものも理由なしに、あるいは根拠なしには存在しない」とみなすことである（11：652）。しかし、東洋においては、「因縁」の思想が示すように、根拠律は究極的な原理ではない。「むしろ何ものも究極的絶対的な根拠のない」とし、そうした根拠を求めることをかえって無明あるいは無知とする（11：653）。そこで、我々自身のこうした哲学的状況を自覚し、「我々自身の経験や体験を基盤とした哲学の形成」が問題となる（11：655）。それは、民族主義的な動機ではなく、哲学そのものの深化を目指すものであり、「哲学そのものの重大な課題として普遍的意味をもつ」（11：655）。なるほど、この課題を果たすことは不可能な企てのように思われる。しかし、困難なことではあるにせよ、異質な思惟の出会いによって哲学が形成されたことは、歴史上、たとえばギリシャ哲学とキリスト教との出会いにも見出される（11：656）。そのことで、キリスト教哲学が形成されたと共に、ギリシャ哲学は深さないし内面性を獲得したのである（同）。それは長い課程を必要とした困難な問題であり、数百年を要したが、しかし不可能なことではないと下村は述べる。

こうした主張の上で、下村は、「exactな言語表現を理念としない東洋的な思惟は芸術的表現が重要な役割をもつ」と指摘すると共に、それは、宗教・道徳・哲学について、「我々の伝統においてはこれらの間には必ずしも明確な区別はなく、相融通し相浸透している」（11：657）ことを意味すると述べる。すなわち、東洋と日本においては、宗教としての宗教、芸術としての芸術、学問としての学問はかならずしも存在しない（同）。「茶道の如く最も日常的な作法が同時に芸術であり宗教的悟達の方法とすらなる」（11：657）。「絵を書くことも一つの思惟の仕方」（11：659）であり、「宗教家が書や画をかくこと」も「宗教的な行」「祈り」である（同）。こうしてみれば、東洋においては、宗教・学問・芸術が明確に区別されず、しかもそれは、生活の作法としての倫理・道徳とも融通しあっている。すなわち、「宗教・芸術・学問等々が明確に区別されない」のであり、それは「東洋においては「思惟」が同時にこれらにおいてなされていること」（11：660）を意味する。それは、言語ないし記号によらない思惟が、宗教・芸術・生活（の倫理）の相互融通の中で、それを通して働いているということである。

下村によれば、こうした東洋的な思惟の仕方を論理化する基礎を作り上げたのが西田哲学の絶対無の思想体系であり（11：661）、それは西欧的な思惟の仕方をも一つの思惟の仕方として包括する「普遍的な論理体系」である（同）。この際、こうした「絶対無」の思想に抵抗を感じるとすれば、それは記号的な「科学的思惟」に依拠するゆえである。しかし、「科学的思惟は物質を利用し支配することを目的とするもの、それを限度とするもの、したがってそれを越えて事物の全体について思惟する時には直ちに二律背反に陥る」（11：662）。そもそも、運動を本質とする生命や意識をその本来性において把握することは科学とは別個の学問、哲学の領域に属する（同）。

こうして下村は、言語ないし記号によらない思惟、宗教・芸術・学問・生の相互融通における思惟を論理化する

「哲学」の形成という課題を提示した後、以下のようにまとめる。「自分は数理哲学から哲学の勉強を始めた。「数学」の存在に驚きを感じ、数学と哲学との内面的連結に西欧哲学の正統的伝統を認め、数理哲学からの出発を正統的なものと考えた。そして今上述のような問題状況の中にある。自分としては「科学的な」西欧哲学の攻究を通してここに到ったものと信じている」(11：663)。

上述してきたように、下村は『レオナルド・ダ・ヴィンチ』において、言語的ないし記号的ではない思惟、科学・芸術・哲学が一つに具現する思惟という着想を得た。この際、レオナルドにおいては、この思惟は自然を超越して記号的な機械を創造することへと連なりうる思惟でありつつも、それ自身としては自己の生の倫理と離れて存在するものではなかった。そのことをふまえつつ、東洋の日本における思惟についてみれば、それはやはり言語的・記号的ではない思惟であるが、むしろ言語ないし記号の積極的な否定による思惟である。そして、上述してきたように、レオナルドの場合と異なり、日本の思惟において自然を超越し主体化することは、かえって自然に復帰するそれである。すなわち、この思惟は、宗教・芸術・学問・生（の倫理）が積極的に融通し合い未分化であることに止まり続ける中で働く思惟である。そしてこの思惟とは、以下に見るように、まさしく宗教的な「自己否定の自覚」を介して実現する思惟である。

下村は、『アッシジの聖フランシス』において、我々の自己が神の前にいっさいを放棄し、自己に対する執着を棄てることで「自己否定の自覚」が実現すること、そしてその実現は、自己の主体的な自由と自然ないし一切のものとが一なる仕方においてであることを理解した。そして、この見地から見れば、日本における宗教的な「自己否定の自覚」もまた、自然の現前と一つの仕方で自己の主体的な自由が実現することを意味する。しかし、フランシスの場合、こうした宗教的な事実は、我々を超越した存在としての「神」への絶対依存によって実現するものであった。それに対して、日本においては、かえってそうした恒常不変の存在根拠としての「神」への依存をも執着として否定し、根拠が「無」であることを自覚することで実現するものである。こうして、日本における宗教的な「自己否定の自覚」とそれを介した主体性においては、自然を超越し主体化することは、自然ないし一切のもの以外の超越者を否定することであり、したがって、この超越と主体化は、そのままに自然ないし一切のものへの全き復帰となる。そこに働くのは、言語化・記号化による思惟を否定する思惟であり、宗教・芸術・学問・生（の倫理）が融通し合う仕方で働く思惟である。逆に言えば、こうした仕方で「思惟する」ことが、日本における主体性の性格を理解し実現することなのである。

以上、『科学史の哲学』や「知性改善論」から出発した下村が、『レオナルド・ダ・ヴィンチ』や『アッシシの聖フランシス』を経て、東京教育大学定年退官の時期までにどのような考察を展開してきたのかを見てきた。それは、二重の自己否定の自覚を介した自己の主体性の成立構造を示しつつ、それを日本において主体化する可能性を探るものであった。それでは、この考察は、『科学史の哲学』で掲げられた課題、すなわち、日本において「機械の形而上学」を形成することで、自然の記号的な再構成を行い、「機械」の創造を生むような科学的精神を主体化するという課題に対して、どのような回答を与えたことになったのであろうか。別言すれば、科学を統制する倫理を形成し、科学を統御しつつ生きることがいかにして可能となるのかという課題にはどのような回答を与えたのであろうか。

実際のところ、下村は、この問いについて立ち入った考察を展開していないが、これまでの考察を敷衍すれば、以下のように考えることも可能であろう。すでに考察してきたように、科学とその結果としての機械の創造は、我々の意欲から独立した自然的原理の承認を媒介とし、したがって人間の意欲に「中性的」で倫理に無関心的である。このことは、科学はいかなる世界観も持たずに中立的であるということ、科学は科学自身の意味ないし価値を示すことはないということを意味する。[23] したがって、科学が明らかにする限りでの自然の構造には、それがそのように成り立つことの意味ないし根拠が存在しないということになる。そして、東方ないし日本における宗教的な事実とは、いっさいの存在根拠は「無」であり、存在根拠など存在しないことの自覚において成り立ち、自己の主体性が自然の現前と一なる仕方で実現するものであった。また、日本における思惟は「何ものも究極的絶対的な根拠のない」とする点に特徴を持つものであった。こうしてみれば、日本において、自己のこの根拠無き（絶対無の）主体性が実現するとは、一切の存在を意味中立的で根拠を持たないものとする科学的精神とその結果としての「機械の創造」を徹底的に主体化することと矛盾せず、かえって両者は一つのこととして実現しうると言えよう。

そもそも、自然の内に根拠を措定しない科学的精神を我々の自己が徹底的に主体化するなら、それはやがて自己を含む一切のものの存在根拠の措定を否定することに至るであろう。しかしそれは、主体としての自己は存在せず、本来存在するのは自己ではなく〈根拠の無い自然〉のみであるとみなすことを意味しない。そうした態度は、倫理に無関心的な機械的自然に従属する態度を帰結するが、しかしそれは、仮相としての自己の根拠として〈根拠の無い自然〉を措定する態度であり、実際には存在根拠を措定する態度それ自身を否定するに至っていない。したがって、存在根拠の措定の全き否定とは、自己が主体的に働くことそれ自身が、そのままに根拠無くしてそうであるということ、すなわち、自己による主体的な形成が実現することそれ自身は無根拠であるということである。それは、主体的な自己と根拠の無い自然と自己の自由なる生とが、自己が自由なる主体性を持つままに、したがって互いに相異なりつつ、一つの事態の両面をなすということである。ここでは、自己が機械によって再形成され機械に従属するということと、自己が機械に従属せずに自ら働くということは、相互対立・対向の次元のうちにない。根拠の無い自然であり機械でありうるその自己が、機械に従属せずに自由に主体的に働くところに、自己が主体的に機械を統制・統御することが実現するのである。

こうして、日本において科学的精神を徹底的に主体化することは、いっさいの存在根拠の否定にまで、この科学的精神を内破し内から超克することを意味するのであり、そこでは、自己の根拠無き（絶対無の）主体性と科学的精神とが矛盾せずに一つに実現する。(24) ここには、自然の独立的原理の自覚と、それを介した自然の主体化が自己の客観化と一つのこととしてのみ現前することの自覚と、そうした二重の「制限」の自覚すなわち「自己否定の自覚」を介して、自己の主体性と自然の現前とが一なる仕方で実現する。なるほど、この自然とは、東洋ではしばしば「心の直接の表出」として表現されてきたが、それは自然物のありように主体性が託されていることを意味するのではなかった。言うなれば、この自然とは、自己の主体性が存在根拠の措定を否定することで根拠無くして働くことのリアリティーを表現しているものである。そしてこのことは、機械の創造を蔑視して自然との端的な合一化を説くような「悪しき精神主義」「精神の限界を自覚せざる傲慢」を否定し、「過程の断絶、構成や展開の排棄、前後裁断的な飛躍」を特徴とする「植物的性格」を超克していくことを意味すると共に、同時にまた、自然による自己の機械化の超克をも意味する（この側面において、日本の思惟は記号化を否定する思惟である、と言われる）。ここでは、自己による自然の記号的再構成と機械の創造もまた、その制限性・限界性と共に、我々の自己の主体性の内へと主体化され位置づけられているのである。

以上のように、下村の考察に基づき、日本における「機械の形而上学」は、二重の「自己否定の自覚」を介した〈根拠無き主体性〉の哲学（＝絶対無の思想）において実現することが提起された。それでは、このような哲学によって、実際に科学を統制する倫理を形成し、科学を統御しつつ生きることは、どのように可能となるのであろうか。そこでは、日本の社会・文明の理念ないし倫理としてどのようなものが指し示されることになるのであろうか。これについては、下村の思索をさらに年代を下って辿りながら考察してみよう。

第八節　『ブルクハルトの世界』――世界史の連続性の「直観」

前述のように、下村は、昭和四一年に学習院大学教授に就任する（昭和四八年に退官）。その後も、翌年には日本哲学会委員長に就任するなど、益々精力的に活動を続けていく。哲学的な著作としては、近代的な芸術と科学の生成・成立を考察する科学思想史的・精神史的考察として、『ルネッサンスの芸術家』（昭和四四年）、『モナ・リザ論考』（昭和四九年）、『ルネッサンス的人間像』（昭和五〇年）、『レオナルド　遠景と近景』（昭和五二年）、『精神史の中の芸術家』（昭和五六年）が刊行された。またその間に、デカルトとの思想交流でも有名なスウェーデン女王クリスティーナの生涯を跡づけつつ、哲学が人生ないし宗教的な信条に与える実践的な影響に焦点を当てる評伝『スウェーデン女王クリスチナ』（昭和五〇年）も出版されている。

こうした研究活動の背景には、一つには、従来に引き続き、科学・芸術についての精神史ないし科学思想史を構想する問題意識が存する。しかし、それに加えて同時に、「歴史意識・歴史学」の精神史・科学思想史を構想する問題意識もあったと思われる。下村は、すでに学習院大学の最終講義において、「これまで一般に思想の歴史性を問題にしてきたことから、歴史そのものを問題にすることになる。歴史哲学が問題になる」（11, 664）と述べている。また昭和四三年に発表した論考「世界史の可能根拠について」においては、「歴史意識は我々が歴史過程においてあり、我々の存在がこれに依存し、これに委ねられていることの自覚であって、この過程の裡にある自己の存在の意味を問うこと、さらにこの過程そのものの意味を問うことである。それはやがて歴史の全体を、歴史の目的を問うことである」（11：552）とも述べている。こうした叙述を見れば、下村が構想する、歴史意識・歴史学についての科学思想史的・精神的考察とは、ヨーロッパにおける歴史意識・歴史学の生成・成立を考察し、ヨーロッパ精神を形成する、「歴史」の方向・目標ないし理念を明らかにすることを目指すものであると言いうる。

さらに下村は、昭和四八年の学習院大学での最終講義では、二一世紀の歴史哲学はキリスト教の終末論を地盤として成立しており、「歴史は方向をもち、目標をもち、Endeをもつ」すなわち「発展を歴史の本質として前提している」(11：676)とした上で、「ヨーロッパの歴史意識は未来に対する希望である。しかし東洋では、未来に対する希望の空しさから、「今のここで」歴史をendenさせることが意欲されたのである」(11：680)と述べる。この叙述からも明らかとなるように、下村は、歴史意識・歴史学についての科学思想史的考察を通じて、ヨーロッパと異なる日本における歴史(の方向・理念)の意識・学の可能性を、ひいてはヨーロッパと日本とを包括する「世界史」の学の可能性を探求しようとしたと言うことができよう。そうだとすれば、この探求は、前節末尾で述べた課題、すなわち、日本社会の理念ないし倫理を追究するという課題に、日本ひいては世界が進むべき「歴史」の「方向」を考察することで取り組もうとするものであると評価することもできよう。

この際、下村が特別な関心を払ったのがブルクハルトの人と思想である。上述のように、下村はすでに昭和三一年のヨーロッパ歴訪以来、ブルクハルトに深い関心を寄せていた。また下村の昭和四一年以降の業績が主としてルネサンスに関わるものであることも、ルネサンスの美術史研究家としても高名であるブルクハルトへの下村の関心と密接に関わっていよう。事実、「世界史の可能根拠について」という論考では、ブルクハルトの文化史的な歴史学が、古代ギリシャ的な周期的循環でもキリスト教的終末論でもなく、それらを相対化しつつ「世界史は始めも終わりもない、進歩もないたんなる過程しか存しない」という立場を取ることにおいて、さらには、歴史の過程そのものの中に認められる一種の恒常性・連続性だけを唯一の原理とすることにおいて、高く評価される(11：564)。下村は、ブルクハルトのこの文化史的な歴史学の立場に共鳴し、一〇年以上の歳月を捧げ、五度にわたり構想を変更し序文を書き直す推敲を続けて、ついに大著『ブルクハルトの世界』を昭和五八年に刊行する。そしてこの著作が、下村が平成七年に逝去するまでの最後の哲学的著書となる。

『ブルクハルトの世界』の意図は、「序」において以下のように述べられる。「ブルクハルトは美術史家・文化史家・歴史哲学者であることにおいて、この全体性において、初めて独自なブルクハルトであり、その美術史も、文化史も、歴史哲学も、これにおいて初めてその独自性を理解しうるとする見解を含蓄する。ブルクハルトをまず歴史家とし、副次的二次的に美術史家とする常識を前提せず、もっぱら伝記的事実に即して、もっぱらその生活と労作の事実を通して、彼の思想を跡づける」(9：3)。この著作において下村は、「美術史家」「文化史家」「歴史哲学者」の三つの側面から、ブルクハルトの人生と諸著作の生成・成立とを丹念に明らかにしていく。従来はともすれば、これら三つを分離し、その一から他への移行を論じたり、業績の優劣を付けたりしてきた。それに対して、下村は、これら三つが互いに相予想し相媒介しあいながら一体となって生成しているさまを描き出すことをめざす。しかし、紙数の都合上、この大著を跡づけることはもはや叶わない。以下では、本稿の問題意識に沿う限りで、この著書の内容を検討したい。

『ブルクハルトの世界』によれば、ブルクハルトの唯一の体系的著作『世界史的考察』は、国家・宗教・文化を世界史の三つのポテンツ（力）とする根本思想の上に立つものであり(9：472)、この際、「歴史」とは、これら三者の交互的制約と相互貫入の仕方において成立する劇的な出来事を意味する(9：473)。そして、「文化」の概念規定と、国家・宗教の位置づけには、ブルクハルトの創意が見られる。ブルクハルトにおいて、文化とは「自発的に起こり、何ら普遍的あるいは強制的妥当を要求しない精神の展開の体系」であり、「自発的な精神の所産である故に」「自由」であり「個性的」である(9：474)。その中でもっとも高次の地位を与えられる者が芸術であり、次に哲学、続いて科学である。芸術の本質は創造である。そして「芸術は、魂が身を委ねる神秘に充ちた振動に基づく。これによって解き放たれたものは、もはや個人的、時間的でなく、象徴的な意味に充ち(sinnbildlich bedeutungsvoll)

不滅である」(9：484)、それは「地上においてただ一つの恒常的なもの、すべての者に妥当し、すべての者に理解しうるものを集める」(同)のであり、「一定の個別的時間性から解放された」ものとして、当代の最大の「代表者」である(同)。すなわち、芸術は、ある偉大な個人において自由に創造されるものとして個性的ではあるが、しかしそこに表現されるのは時代を超えて理解される「恒常的なもの」であり永遠なるものである。この性質は文化において、科学でも哲学でも有するものであるが、その強度は、科学よりも哲学において強く、そして芸術において頂点に達する。芸術は最も非凡のものであり、「芸術なくしては存在しないより高次の生を表現する」(9：484)。それに対して、国家と宗教(教会)とは、「自己に所属する者に自己の普遍的妥当性を強制し強要するもの」「権力によって自己を保持するもの」に他ならない(同)。

とはいえ、下村によれば、ブルクハルトは、個々のポテンツについては、「異質的並立的なものとするだけで、積極的な概念的規定も説明もせず、もっぱら歴史的現象において叙述する」(9：475)。そこに彼の「文化史的方法」がある。三者の真の起源は認識し得ない以上、すべての歴史的なものは根本的に多様であり、その中で、この文化史的方法は「繰り返すもの、恒常的なもの、類型的なもの」を体系的に叙述しようとするものである(同)。ブルクハルトによれば、世界史の始めや終わりの認識は神学的形而上学的前提なしには実際には不可能であり、すなわち我々は世界史の目的を知り得ない(9：588)。したがって、歴史は発展として理解される根拠を持たないのであり、我々は歴史の中に変化生成を見うるのみである(同)。「我々にはこの変化は単なる過程である。我々はこれにおいて単に「繰り返すもの、恒常的なもの、類型的なもの」を求めうるのみである」(同)。この際、ブルクハルトにとって、芸術をはじめとする文化において「繰り返すもの、恒常的なもの、類型的なもの」を求めうることは、現に我々に生じている事実であり、なぜそれが可能となるのかについては、もはやその根拠を問うことができない。そして、この「恒常的なもの」において、「我々は世界史の連続性を認めうる」(同)。したがって、ブルクハルトによれば、「世界史はそれ自身としては「中間」でも「途中」でもなく、単なる過程であるとするならば、世界史は本質的に「危機」ないし「岐路」である」（同）。すなわち世界史は、定められた何らかの目的を遂行し発展していくことにあるのではなく、人間の責任において、歴史の連続性・統一性を実現していくその都度の自由な選択・決断の内に成立するのである。

このようにブルクハルトの議論を跡づけた上で、下村は、歴史のこの連続性・統一性を把捉する方法としての「直観」に着目する。以下のように述べられる。「この歴史の連続性は、単なる「要請」ではなく、ブルクハルト自身においては、「直観」される事実である。特に美術史において直接に経験される事実である。遠い過去の芸術作品が直接に現在と結合し、我々において生きていることは直観される直接的な経験である。しかしこれは「直観」されるというだけで、かくの如きことがいかにして可能であるかを我々は理解することはできない」（9：589）。この「直観」とは、「過去を自己に関係づけること」「過去の現在化としての内面化」なのであり（9：592）、歴史の連続性は「過去との出会いの場所」であると共に、この場所は出会いそのものにおいて成立する（同）。すなわち、「歴史と歴史認識とは交互媒介的関係を持つ」（同）のであり、「歴史は本質的に多様性である」（同）。したがって、歴史の連続性は、常に「拡張」と「深化」が要求されるそれである（9：622）。

こうして、下村によれば、「ブルクハルトの歴史的方法は、本来一回的にして時間的な過程とされている歴史を、空間的体系的に叙述しようとするもの」であり、一回的な世界史において、「繰り返すもの、恒常的なもの、類型的なもの」を求め体系化しようとするものである（9：436）。それが、「直観」による文化史的方法である。この直観は、あたかも「一切の過去の作品が同時に存在し、配列されている」（同）ような「美術館」においてなしていることであるが、しかし、そうした「繰り返すもの、恒常的なもの、類型的なもの」は、芸術作品のように完結した形を持たないために、歴史家によって彫塑化され見出されなければならない（同）。すなわち、この「直観」は、単に観察者ないし美的な観照者となることではなく、「見ることによってそれの生命に共感し、自己の生命とする」（9：564）ことであり、生き方・生活の仕方そのものに関わる「直接的な共感、自己同一化」（同）を意味するものに他ならない。

以上、『ブルクハルトの世界』の内容を考察してきた。そのことでまず明らかになるのは、下村が着目するのは、ブルクハルトの文化史的考察が、世界史の理念について、終末論的なキリスト教的世界観に基づくものとは異なる理念を提示しているということである。下村によれば、ブルクハルトは、世界史の始めや終わりについての認識を否定し、したがって、世界史の理念を「進歩」とすることを否定する。世界史は単なる「過程」であり、世界史の理念は、自発的に「過去」と出会い、それを自己の生命とする「直観」によって連続性・統一性を拡張し深化することにある。歴史の理念・方向とは、進歩に向かうそれではなく、「恒常的なもの」を把握し、連続性を可塑化しつつ深化させていくことそれ自身に他ならない。それは、世界史の過程を意味づけるような根拠をいっさい認めない態度を意味しており、それゆえに下村もまたブルクハルトを「ペッシミスト」と呼ぶ。ただしブルクハルトは、根拠措定の態度を否定すると共に、自発的に実現する自由にして創造的な「直観」において、歴史を貫く生命の共感を認めるのであり、その意味においてブルクハルトには「快活なるペッシミズム」（9：610）がある。

したがって、下村によれば、ブルクハルトは、何らかの根拠によって歴史の過程を意味づけようとすることを否定しつつ、自発的に過去との出会いの場を開き、過去との出会いにおいて連続性を直観しそれを自己の生命とすることを、世界史の方法としている。しかもこの方法は、単に理論的・学問的なそれではなく、まさに生命における同一化を意味するのであり、したがって、自らの生き方それ自身の主体的な参与によって可能となる。[25] 自由で創造的なこの直観は、自らの生き方それ自身の創造である。すなわち「直観」は、文化における芸術・哲学・科学の理念であり、そして我々の創造的な生の実現そのものである。

こうしてみれば、下村は明言していないものの、ブルクハルトの世界史の理念は、日本における社会の理念および倫理を考察するという下村の課題に、大きな示唆を与えるものであったことが想像される。ブルクハルトは、根拠の措定を否定することで実現する、過去との出会いの「直観」において、我々の創造的・主体的な生の実現を見て取り、それを芸術・哲学・科学を含むいっさいの文化の本質的理念とした。したがって、日本において、いっさいの根拠を否定する「自己否定の自覚」を介して実現する、科学と社会（文明）の理念ないし倫理を構想する際には、いっさいの根拠を否定しつつ、連続性を彫塑化するこうした「直観」の方法が重要な意義を持つこととなろう。この方法に従えば、科学の振興は、「過去」と出会い、「過去」を共感することを介して「恒常的なもの」を把握し、「連続性」を可塑化し深化させていくという理念・倫理の下に、統制され統御されるべきこととなる。[26]

ただし、下村によれば、ブルクハルトの世界史像は、一九世紀ヨーロッパの世界史像であり、ヨーロッパ中心性において制限されているものである（9：613）。このことは、ヨーロッパの歴史の「連続性」をなお歴史の過程の根拠として暗に措定していることを意味しよう。とはいえ、ブルクハルトの思索は、終末論的なキリスト教的世界観からの独立を自覚している点において、ヨーロッパ中心性から解放された世界史の可能性を示唆するものでもある（9：616–617）。したがって、下村からすれば、ブルクハルトを超えて、ヨーロッパの歴史の連続性を根拠として措定する態度それ自身をも否定することにおいてこそ、日本における歴史の連続性の理念が構想されることになろう。そして、そこにはじめて、〈根拠無き主体の哲学〉から、社会ないし文化の理念と倫理をも構想しうることになろう。その際には、根拠の措定を否定することで、過去との出会いと共感とを介して連続性を彫塑化することが求められることになろう。

しかし下村は、生涯の最後の著書において、かろうじて我々にこうした方向性を示唆するに止まった。前掲のように、下村は、『ブルクハルトの世界』に先立つこと一〇年前に行われた、前述の学習院大学での退官講義において、東洋では「宗教的救済を未来に期待するのではなく、今のここにおいて成就することを求めるのである。それは歴史の aufheben であるともいえる」(11：680) と述べていた。しかし、『ブルクハルトの世界』における「直観」をめぐる考察と、「歴史の aufheben」という着想とを直接結びつけるような叙述は、下村の論考のうちに見出すことはもはやできない。東洋とりわけ日本における歴史の理念については、もはや我々はこの記述以上の下村の考察を見出すことができないままになっている。

おわりに

今までの考察をふまえつつ、下村にとって、精神史ないし科学思想史を構想するとはどのような意義を持つものであったのかについてまとめよう。下村は、『科学史の哲学』において、ヨーロッパにおける「科学への歴史」ないし科学思想史を構想したが、それは、ヨーロッパの科学的精神とその結果としての機械化について、その本質・根源を明らかにするためであり、そしてそれらをいかなる仕方で日本において主体化しうるのかを問うためであった。こうした問いの背景にあるのは、「知性改善論」論考に見られたように、日本において我々の自己の創造的な主体性を現実化するためには、自己の制限・限界を認めない精神主義的な傲慢さを否定する必要があるとの見解である。いまや我々は、下村の科学思想史とは、(二重の)「自己否定の自覚」を介して生成・成立する創造的な主体性がいかにして成立し、いかにして現実化するのかを問う試みであったと評価しうる。

やがて下村は、「科学への歴史」という科学思想史的なアプローチを用いて、芸術や文化の領域においても一種の「芸術への歴史」「文化への歴史」を展開するようになる。そのことで下村は、一方でヨーロッパの思惟のありようを明らかにすると共に、同時に他方で、ヨーロッパとは異なる東洋ないし日本における思惟の在り方を明らかにする。日本における思惟においては、宗教・芸術・学問・生（の倫理）が融通し合い積極的に未分化である。そして、こうした思惟は、我々の自己ないし一切のものに存在根拠が無いことの自覚を介して実現する、底無き（絶対無の）主体の思惟である。下村は、この思惟の展開において、我々の自己が科学的精神と機械化を主体化し科学を統御して生きることが実現するとみなし、その解明を目指したのである（それは上述のように未完のままに止まった）。

以上のような下村の思索の過程を精確に見つめるならば、下村にとって科学思想史がいかなる意義を持つのかが、改めて浮き彫りになってくる。下村は、ヨーロッパにおける「科学への歴史」としての科学思想史を展開することによって、科学的精神とは、自然的原理に対する我々の自己の制限ないし否定の自覚を介して、我々の自己が自然を超越し主体的に再形成し、その結果、機械の創造を生むような精神であること、そして日本における我々はそれを主体化すべきことを明らかにした。ただしこの際、下村自身が、日本における科学批判の内面的必然性を問題としていたように（本章第七節参照）、科学的精神の主体化が、どのような仕方で、日本における内面的・必然的な問題となりうるのかが問題となる。すなわち、ヨーロッパの科学的精神における「否定」「超越」「主体性」といった概念が、すべて日本の「我々自身の問題」（12：179）となるべきである。これらの概念がヨーロッパにおいて意味するところのものが、日本における思惟においては、すなわち、科学と宗教と芸術とが互いに独立せず「科学への歴史」もそれ自体としては成立していない思惟においては、どのような概念ないし位相に相応するのかが明らかにされなければならない。

本章で明らかにしてきたように、そもそも日本における思惟においては、自己が自然を「超越」し、自然を主体的に再形成することは、自己から独立視された自然が「超越」され、自己と自然との対立・独立が「否定」されることであり、またそのことで、自己の「主体性」の表出と自然の直接的な現前とが一つになることである。こうした「超越」「否定」「主体性」の意味は、下村からすれば、「Kritik すなわち区別あるいは対決」を本質とするヨーロッパにおける思惟のそれとは異なっている。機械によって再形成され機械に従属するということと、自己が機械に従属せずに自ら働くということは、相互対立・対向の次元のうちになく、自己において相表裏することである。したがって、日本における科学的精神と機械化の主体化とは、自己の内の機械化され得ない部分、すなわち機械化とは対立・対決関係にある部分に自己の主体性が存し、自己はそれを根拠として機械を統御する、ということを意味しない。かえって、科学からは余すところ無く機械化しうるその自己が、機械に従属せずに働くということが、機械を統制・統御する「主体性」ということである。それは、自然ないし第二の自然（＝機械）に対立し、それから独立する自己に根拠を措定する（あるいは同じことの別面として、自己から独立した自然に根拠を措定する）ような「主体性」ではない。自己といっさいの存在に根拠が無いという「自己否定の自覚」を介して、根拠措定が無くなることで実現する「主体性」（根拠無き「無」の主体性）である。ただし、下村からすれば、この主体性は日本において従来からすでに実現されている主体性ではなく、科学的精神の徹底した主体化という課題を果たすことによって、これから実現されるべき主体性である。

このように考察してくれば、そもそも日本における科学思想史は、ともすれば科学（学問）がそれとして独立に存在するというヨーロッパ的な理念に基づいて思惟されているものではないかとの懸念が生じてくる。我々は、ヨーロッパ的な理念に基づく科学思想史の成果を日本の精神的状況に独断的に適用してしまっているのではないか。下村が問うているのは、科学思想史がいかにして我々自身の思惟の問題となるか、いかにして我々において内面的必然性を獲得するかということである。下村にとって、「精神史」としての科学思想史の意義とは、独立した科学への形成を問いつつ、それがいかにして日本の我々の問題、ひいては様々な性格の文化が出逢う「世界」の問題として内面化・必然化するのかをもあわせて明らかにすることにある。あるいは、かえって下村は、こうした内面化・必然化の実現にこそ、科学思想史の意義を見出していたと言うこともできるかもしれない。だからこそ、下村の精神史・科学思想史的研究は、数学の形成を問題とした科学史から、多様な領域にわたる芸術史・文化史的考察へと拡がりを見せ、他方、日本における思惟とその論理学の形成を探求し、西田哲学を中心とする京都学派の哲学に深い関心を寄せ続けたのである。

科学思想史とは、「科学」への歴史としての科学思想史を、そうした歴史において成立したのではなかった我々の思惟自身の「問題」とするものなのであり、その意味において、〈科学思想史への歴史〉を明らかにする〈科学思想史の哲学〉の遂行そのことである。科学思想史を構想するとは、こうした内面化・必然化を遂行することである。ここに我々は、科学思想史とは何であり、いかなる意義を持つのかについて、見過ごすことの出来ない一つの重大な回答を見ることができるのである。

註

（1）下村寅太郎の著作からの引用・参照に際しては、『下村寅太郎著作集』（1988–1999）を底本とし、巻数および頁数を本文中に付記する。たとえば『下村寅太郎著作集』第二巻一五頁であれば、（2：15）と付記する。また原則として強調表現は省略する。

（2）金森修は下村の精神史としての科学史を「科学思想史そのもの」であると評価している（金森 2011：21）。

（3）大橋良介は、二〇〇〇年の時点で、「下村寅太郎の業績をその全貌において捉える試みは、管見に入ったかぎりでは、今までなされたことがない」と述べ、その理由の一つとして、下村の業績の範囲が広く、学識および考察の深さをフォローすることが困難であることを挙げている（大橋 2000a：452）。また金森修は、二〇一一年の時点で、「下村は、その業績の質と量に見合った扱いを依然受けていないという印象が強いが、それは、彼を総体として論じようとすればするほど、その全体像を描きにくいという内在的な理由があるからのように思われてならない。下村論は、今後、誰かに書かれるべき課題の一つであろう」と述べている（金森 2011：21）。この情況は現在も変わりがないと思われる。

（4）下村の「精神史としての科学史」に関わる研究で筆者が参照したものとして、荻原（1967）、大橋（2000a）、竹田（2001）、野家（2003）、中岡（2005）、城阪（2009）、中島（2009）、原田（2009a,b）、笠井（2014）、がある。下村の学問的業績に関する研究は現在に至るまでそれほど多くないと言って過言ではないであろう。

（5）下村のその他の著書としては以下がある。『東郷平八郎』（昭和一八年に雑誌『知性』に発表、昭和五六年に単行本として刊行）、『科学以前』（昭和二三年）、『精神史の一隅』（昭和二四年）、『ヨーロッパ遍歴』（昭和三六年）、『西田幾多郎 人と思想』（昭和四〇年）、『遭逢の人』（昭和四五年）、『精神史の森の中で』（昭和四七年）、『スウェーデン女王クリスチナ』（昭和五〇年）、『ルネッサンス的人間像』（昭和五〇年）、『レオナルド 遠景と近景』（昭和五二年）、『西東心景』（同）、『我が書架』（昭和五四年）、『明治の日本人』（同）、『精神史の中の芸術家』（昭和五六年）、『煙霞帖』（昭和五七年）。

（6）大橋は、下村寅太郎の業績をその全貌において捉える試みがなされて来なかった理由として、註3で挙げたものの他に、「彼がいわゆる京都学派の思想家として特に前面に出なかった」ことを挙げている（大橋 2000a：453）。

（7）『下村寅太郎著作集』第13巻所収の竹田篤司作成の年譜による（13：571）。以下、本章における下村の伝記的記述については、この年譜ならびに、大橋良介作成の略年譜・作品譜（大橋 2000b）、そして下村自身の手による回想である「読書漫録」（13：15–111）と「著作遍路あるいは自画自賛」（13：291–423）に負っている。

（8）そうした関心の背景について、下村が後日に述懐するところによると、「私自身のセンチメンタルな性格に対する自己嫌悪とそれを克服する「苦行」を自己に課そうとするひそかな意識があった」（1：483–484）という。

（9）これについては下村自身による報告がある（13：294–295）。

（10）酒井潔は、下村の『ライプニッツ』は「わが国における最初のライプニッツ研究書」であり、「ライプニッツを万学の天才と見て、とくにその普遍学構想を重視した」ものであると特徴づけている（酒井 2008：134）。

（11）下村は「技術」について以下のように論じる。そもそも科学論には「二つの立場」があり、一つは「知識論」ないし「認識論」として、「科学を一つの精神的事実として、それらの内部構造を明らかにしようとする」立場であり、科学を「意識」の問題に還元する「観念論」的な方法に立つ（1：311–312）。もう一つは、「社会科学的方法」に立つものであり、科学を単に自存的知識とせず、その外的な「社会的制約」において問題とするものであり、「唯物論」を前提とするものである（1：312）。前者では、科学はその「内在性・純粋性」において、すなわちその「理想的存在」において取り扱われるのに対して、後者では、「生成・形成の過程」において捉えられ、純粋な「知識」としてではなく、むしろ「技術」として解される。すなわち科学を「社会的機能」において考察する（同）。しかし下村は、「これらの二つの方法はいずれもそれ自身の意義と権限をもつものであって、直ちに一方を他方に還元し尽くすことはできない。このことは同時に、両者はそれ自身としては一応抽象的立場であり、それだけでは具体的十全的な立場でないことを意味する」（同）。すなわち、「科学は単なる知識として主観性において、また単に社会的所産として単に客観的機械性において理解さるべきでなく、また理解され得ない。……構成すなわち所産、被制約即自発性、生成即形成として考察さるべきことが当然要求される」(1：313)。こうした理由から、科学もまた主観的にして客観的である「歴史的社会的」なるものとして考察されるべきであり、したがって「科学の歴史性」を把握する「精神史」としての科学史」が要求される(同)。以上の考察により、下村は、科学は、単に科学の結果としての「知識」においてでなく、また単に科学の過程としての「技術性」においてでなく、「科学の主体性歴史性」において捉えられるべきことを提起する(同)。

(12) 本稿では紙幅の関係上、西田哲学の思想、とくに後期西田哲学における「弁証法的(一般者の)世界」「行為的直観」や、後述する『善の研究』における「純粋経験」について、これ以上立ち入ることはできない。詳しくは拙著『西田哲学の論理と方法』(2004)、『歴史的現実と西田哲学』(2008)、および『底無き意志の系譜』(2016)第五・六章を参照いただければ幸いである。

(13) たとえば論文として、「科学と文化の性格」「近代科学の成立」(以上、昭和二一年)「科学とヒューマニズム」「科学と哲学との内面的連関」(以上、昭和二二年)などがある。

(14) 下村は、同時期に後掲のように西田哲学に関わる著作を次々に出版しているが、それらも含め、下村の西田哲学に対する評価は終生肯定的なものに終始した。しかし、この「「知性改善論」」に限っては、西田哲学についての批判的な言辞が見られる。当該箇所について、長くなるが全文を引く。「我々が受容した近代の西欧の科学中、我々が最大の業績を挙げ得たものはおそらく数学であろう。数学の端的な単純化、抽象化は我々の民族の思惟に適えるものであると言い得よう。和算の高度の発達もあるいはこれによるであろう。今日の我々の代表的哲学である西田哲学においてもこの端的な性格が顕われたのももとより偶然ではない。『善の研究』が「純粋経験」を基礎概念とし、後期の思想がそれの深化として「行為的直観」を形成するのもまたこの性格による。純粋経験においては「東西もわかぬ」嬰児の意識と天才の宗教的ないし芸術的経験におけるそれとが——最低の意識と最高のそれとが、同一されている。そうしてその区別の自覚と区別を通しての同一化の論理の形成がそれ以後の問題であった。西田哲学は聖者の哲学でも凡夫の哲学でもなく、聖者即凡夫、凡夫即聖者の哲学である。すべてこれは直接に端的である。端的な飛躍である。一点への凝縮化、単純化である。瞬間における永遠の把握である。しかし同時にそこには過程がない。展開がない。建築的構成・組織がない。内実性・実体性がない。むしろそれによって可能となった。過程の省略によって、展開の断念によって。しかし近代科学はまさにこれとは反対の性格において成立するのである。ゴティックの大伽藍の構成と類比的な、壮大強靭な建築的設計と勤勉精緻な無数の無限の事実の経験の畳層的積み上げをまって成立するのである。かくの如きものはすべて我々の知性に欠如している」(11：174)。

ただし、下村は、同時期の昭和二一年に発表した『若き西田幾多郎先生』においては異なった評価を下している。「主客未だ未分なるものと主客既に未分なるものとが区別せられず、直接に同一化されている。心理学的には区別がない、また区別され得ない」（12：81）という『善の研究』の「純粋経験」の難点に対して、「これを自覚的に区別し、区別した後それにもかかわらず両者の自己同一を立するものが後年の西田哲学の核心である」とみなし、後期西田哲学においては「純粋経験」の難点が克服されていることを強調している。この論点は、この後に下村が「西田哲学」について論じた著作にも共通するものである（12：111 以下など）。そして、こうした考察においては、『善の研究』ならびに後期西田哲学について、端的な「同一化」を提唱するその「植物的性格」を批判的に指弾するような上掲の言辞はいっさい見られない。著作によっては、『善の研究』について難点への批判は行いつつも、基本的にはその意義を高く評価する記述が際立っている（同参照）。

また、『下村寅太郎著作集』には未収録であるが、『展望』昭和二四年一月号に掲載された「思想の植物性について」という論文においては、「唯物論」の思想的性格が受容的で「植物的」であるとして批判的に述べられると共に（下村 1949：25）、おそらく西田哲学を念頭に置きつつ、個体の主体性を支えるものとしての「絶対無」という着想について、積極的に支持している（下村 1949：27）。このような事実を顧慮するなら、論文「「知性改善論」」における西田哲学への批判的言辞は例外的なものに感じられる。現時点では、その真意について憶測なしに推し量ることは難しい。ただ私見では、この批判的な言辞に過度の注目を向けるのは的確ではないと考える。

(15) 下村は同時に聖フランシスへの関心も呼び覚まされた旨書いているが（13：348）、これについては後述する。

(16) 下村はこうして『レオナルド・ダ・ヴィンチ』、『ルネッサンスの芸術家』、『モナ・リザ論考』、と刊行することで、思想家、科学者、芸術家としてのレオナルドに順次焦点を置いたことになると述べている（13：358–59）。さらに「さまざまな機縁によってさらに数篇の小篇を書き」（13：359）、それが『レオナルド 遠景と近景』となる。下村はこのように書いている。「レオナルドについてこんなに多くを書くことになったのは、まったく予期しないことであった。レオナルドとは生涯にわたる長い交わりになった。宿縁という外ない」（同）。

(17) こうした主張の背景には、そもそも下村の終生の学問的問題意識を貫く「未完成性・未完結性」に対する強い関心が存在していると思われる。下村自身は処女作『ライプニッツ』まで振り返りつつ、以下のように述べている。「ライプニッツを選んだことは、後年顕著となった未完成の思想家に対する関心の伏在を改めて意識させる。……完結した体系よりも未完結あるいは未完結の思想に対する積極的な関心は、後年のレオナルド・ダ・ヴィンチに対する関心につながる。もとより偉大な芸術家に対する畏敬を源泉とするが、特にその未完成・未完結性に対する関心が強い魅力であった。これは完成した体系の追認的な復原よりも、積極的に新しく自ら再構成することの悦びに通じる」（13：296）。

(18) 門脇佳吉は、下村自身が「無名のキリスト者」であると論じ、そのことに、下村が聖フランシスにとりわけ魅力を感じた理由を見出している（門脇 1990：7）。

(19) 下村はこうした見解を提出するに際して、佐久間鼎、矢田部達郎の説を挙げている（11：661, 12：183）。ただし特に典拠テクストを挙げてはいない。

(20) 西田哲学における「場所の自己限定」「絶対無」については、拙著『西田哲学の論理と方法』（2004）を参照いただければ幸いである。

(21)「形なきものの形」とは西田哲学の表現から取られていると思われる。西田の著作『働くものから見るものへ』の「序」（西田 1927：6）を参照。

(22) 下村はこうした「（絶対）無」の哲学の例として、鈴木大拙の業績や西谷啓治著『宗教とは何か』を挙げてその意義を積極的に評価している（12：478, 11：488–489）。

(23) これについては、昭和四三年に発表された下村の論文「進歩の理念」における同趣旨の記述（11：514–516）も参照のこと。

(24) すでに触れた、全集未収録の下村の論考「思想の植物性について」において、「植物的性格」を克服するような個体の主体性は、根拠無き絶対無の主体性であることが示唆されている（下村 1949：27）。

(25) 下村によるブルクハルトの文化史的考察の理解それ自身も、下村の生き方それ自身の主体的な参与を伴っているように見受けられる。たとえば下村は以下のように述懐している。「ブルクハルトに関しては、偉大な存在に直接したという感銘を深くし、十年の間親密な隣人をもったことを生涯の最大の幸福の一つと感じる。ブルクハルト自身から学んだ人間的・歴史的知見や知恵には、量りがたい恩恵を感じる。これはもっぱらブルクハルトの「人」からの享受である」（13：385）。

(26) ブルクハルトにおける「直観」は、単なる理論的営為ではなく、むしろ我々の創造的な生の実現それ自身であり、しかも芸術的創作にも比すべき彫塑化を意味するものである。この点でも、彼の言う「直観」は、下村にとって、言語的・記号的ではない「思惟」、すなわち芸術・学問・生が積極的に融通し未分化であるような日本における思惟の一つの模範となりうるものであろう。

第二部

第四章　科学論の展開
——武谷三男から廣重徹へ

岡本拓司

本章では、敗戦直後から科学論・技術論において旺盛な執筆活動を行った武谷三男（一九一一—二〇〇〇）と、武谷の強い影響下で物理学と科学史の研究を始め、次いで科学史を専門とするようになったうえで、武谷批判を経て独自の科学論を科学史研究に基づいて展開するに至る廣重徹（一九二八—一九七五）を取り上げ、彼らの、というよりは特に廣重の、科学論の形成過程と特徴を明らかにする。二人の人物が叙述の対象であるが、重点は廣重に置かれており、武谷については、一九五〇年前後までの、いわゆる三段階論を中心とする議論が完成をみるに至る過程をまず記し（第一節）、そののちは廣重に関する記述に移って、廣重の観点から武谷を捉えることとする。廣重については一九七五年の死に至るまで続いた研究の跡を辿る（第二節）。

本章の関心は、武谷や廣重の科学論の形成過程の検討にあり、彼らの科学論の個々の論点の正否を吟味することにはない。武谷や廣重の科学論が学問的に取り上げられる際には、それらが科学の性格をどのように分析しているかが吟味され、新たな科学論を構築する際の手がかりとして検討されるのが通常であろう（吉岡：1984）。しかし本章では、科学史において対象となる歴史上の科学研究の正否をさしあたり問わない態度が豊かな成果を生んだことに倣って、対象となる歴史上の科学論の正否を問わず、それらが成立する過程や、展開の論理を追跡することを目指す。社会的状況と照らし合わせて論ずることができれば記述は重厚なものになるであろうが、その余裕はないため、描写の中心は、武谷や廣重の個人の内部における見解の進展に即したものとなる。また、武谷にしても廣重にしても、その議論は必ずも広く知られているわけではないので、叙述の大きな部分は、彼らの議論の筆者の理解に基づく解説に充てられる。

科学論に関する歴史的検討であって、対象となる個々の科学論の正否を論じないものに、果たしてどのような意味があるのであろうか。筆者としては、科学論が形成される過程は、それぞれの論者が置かれた状況から見た科学・社会・思想等の姿を直接間接に反映しており、個々の科学論の正否を越えて学問的な鑑賞に耐えうるものであると考えている。加えて、個々の科学論の成立の過程や、複数の科学論の間の影響関係は、個別の論点の正否に関する議論を措いても叙述することができるが、そうすることにより、人々は何を手がかりに何に依拠して科学論を築いていくのかを理解することが可能になる。正しい科学論が一つあればそれで充分であり、他の誤った科学論は不要であるという主張もあるいはありうるかもしれないが、科学論がどのようにして成立するものであるのかについての理解が不十分であれば、当該の科学論が正しいとする判断もその分根拠を欠くものとなろう。また、出来上がった科学論を見てその正否を検討することは重要であるが、そうした諸科学論の成立過程をつぶさに見ることで得られる知見も貴重である。人は、出来上がった姿からは想像できないような多様な動機に基づいて多様な材料をもとに科学論を築こうとするものである。おそらくは、正しい科学論が何であるかについての共通理解は容易には成立しないであろうが、今までに世に問われた諸科学論の成立過程は、確認のできる証拠に基づいて明らかにすることができる。科学論が文化的な産物として重要であるのであれば、そうした作業は行っておくべきであろう。

とはいえ、本章の対象となる論者が、科学論の形成過程を辿るための材料を充分に与えてくれる個性的な存在であったことも、論点の正否の検討を措いて、まずは彼らの思考の過程を辿ろうとする動機の重要な部分を構成している。科学者もそうであるが、科学論者にも、武谷・廣重にとどまらず、魅力的な人々は多い。本章は、そのような人々を歴史的検討の対象とする、科学論史とも呼ぶべき領域を切り拓こうとする、一つの試みでもある。

第一節　武谷三男――自然弁証法と三段階論

武谷三男は、敗戦後、特に一九四六年から主として科学と技術に関する見解を盛んに発表し、三段階論の名で知られる科学論と、技術を客観的法則の意識的適用と定義する技術論（適用説）によって注目を集めた。ただし、武谷の科学論の構想は、一九三〇年代後半には得られており、戦前期にも、量子力学の現状やニュートン力学の形成過程を理解するために用いられていた。武谷は当初、量子力学をどのように理解するかという問題に関心を抱き、それに沿って、田辺元（一八八五―一九六二）や、戦前期にマルクス主義科学論に関わる論攷を盛んに発信した唯物論研究会の議論を検討した末、自身でマルクス主義に基づく科学論を築くに至っている。唯物論研究会の岡邦雄（一八九〇―一九七一）や戸坂潤（一九〇〇―一九四五）らが、重要であると判断しながらも解決には到達しなかった課題に対し、武谷は独自に答えを見出し、それを戦後になってさらに展開したといえる。以下では、戦前と戦後をつなぐ存在であり、また戦後に注目され広く影響を与えた科学論者でもある、武谷の見解の形成と展開を検討する。

1　量子力学との格闘から三段階論へ

(A)　武谷が科学論に分類できる文章の発表を始めるのは、一九三四年に京都帝国大学の物理学科を卒業して無給副手となった後であり、最初の発表の媒体は、京都帝大出身の、美学者の中井正一（一九〇〇―一九五二）、仏文学者の新村猛（一九〇五―一九九二）、哲学者の久野収（一九一〇―一九九九）らの始めた、人民戦線的傾向の強い『世界文化』であった。武谷自身も有力な同人であり、「竹谷」、「武谷」、「谷一夫」などの筆名で寄稿している。

武谷は当初、『ネイチャー』に掲載されたハリコフの国際理論物理学会議の解説や、ディラック（Paul Adrien Maurice Dirac, 1902-1984）の訪日の予告の記事を書いていたが、一九三五年一〇月の「現代フランス文化特輯」号では、フランスの自然科学者による「唯物弁証法的研究」の紹介を行った（武谷：1935a）。武谷が取り上げたのは、「新ロシヤ・サークル」の科学委員会による会議であり、弁証法的唯物論を自然科学の研究において具体化しようとする、ソ連以外の欧米諸国では初めての集団的な試みであるとして注目している。論文集の紹介では、収録されているのが唯物弁証法を科学に応用しようとする試みであることから、「現代科学の諸問題に就いては或ひは正鵠を失している」かもしれないと述べつつも、これが「西欧に於ける此の方面の今後の中核」をなすであろうと評した（武谷：1935a, p. 74）。この時点で武谷はすでに弁証法的唯物論に基づく科学論に強く期待していたことが分かる。

同年一一月号では、アインシュタイン（Albert Einstein, 1879-1955）とボーア（Niels Henrik David Bohr, 1885-1962）の論争を紹介し、アインシュタインの量子力学批判を、「固形化した観念はますます判然として来る自然科学の弁証法を追ふことが出来ない」と描写する（武谷：1935b, p. 24）。アインシュタインは、マッハ主義に基づいてエーテルを放棄し、次いで古典力学の「自生的唯物論」に立って物理的実在を根拠に量子力学の完全性を疑う人物と看做されている。対するにボーアは、一九一三年の原子模型で成功し、多くの研究者を教育した原子物理学の中心人物とされる。武谷の観察では、量子力学についていく者は機械的唯物論と別れなければならないが、哲学の知識が欠けていると、「安価な」経験主義、マッハ主義、象徴主義、不可知論に陥ることになる（武谷：1935b, p. 27）。

翌年二月号では、武谷は、「ボーア、アインシュタインを教ふ」という表題で論争の経過を報じている。ここでは武谷はボーアにもやや批判的であり、ボーアが何を物理的実在と考えるべきかを積極的に示さない点や、ボーアの言葉遣いが通常の哲学上のものとは異なっている点を論難している（武谷：1936a）。

同月には、『唯物論研究』にも画期的な文章を掲載している。題は、「自然弁証法、空想から科学へ――一自然科学者の無遠慮な感想」（武谷：1936b）という刺激的なもので、唯物論研究会にひしめく自然弁証法論者を挑発しようという意図が見える。ここでは、武谷は、自然弁証法に関する議論が文献研究にとどまって、「左様とも左様でないとも云へば云へる様なもの」になっている点を非難し、経済学において弁証法が成功しているように、具体的な自然科学を自然の反映と捉えて、自然科学に即した自然弁証法の構築を行うべきであると論ずる。

さらに、武谷自身、エンゲルス（Friedrich Engels, 1820-1895）の『自然弁証法』（加藤正訳）を読み、没頭した挙句、様々な知識を、対立の統一の例、否定の否定の例、量から質への転換の例に分類し、数学を多用するブルジョア自然科学とは異なる、労働者にも理解できるプロレタリア自然科学たる自然弁証法を造ると宣言した過去があることを明かしている。ところがその後、カント（Immanuel Kant, 1724-1804）に魅了されると、自然弁証法に見られる例証主義を空しく感ずるようになり、自然科学と弁証法は無縁であると考えるようになった。量子力学は関心の中心にあったが、当時すでに観念論やカント主義に都合のよい解釈も現れていたと武谷は言う。具体的には、田辺元が相対論や量子力学についての解釈を論じた、「古代哲学の質料概念と現代物理学」（田辺：1935）などであろう。しかし、量子力学を武谷が自身で分析するようになることで、武谷はカント主義から自然弁証法へと導かれたと回想する。武谷は、自然それ自体が弁証法であり、自然の反映たらんと努める自然科学も弁証法を反映するという理解に達したと告白し、そのうえでこう述べる。「勿論意識的な全面的な適用は矛盾の社会に於ては不可能なる事は吾々が一番痛切にそれを知つて居る。しかし之に向って努力する事が主体的弁証法的對度《ママ》なのである」。技術論における適用説を思わせる言葉であるが、ここでは、自然を全面的に反映した自然科学を作ることが現実の社会では困難であること、しかしそれを行おうとする主体性こそ弁証法的態度を担うものであることが主張されている。

具体的に量子力学と弁証法がどうかかわるかについての内容はないが、武谷は、現実の自然科学や自然の諸現象を弁証法的に分析することで、弁証法と自然科学を豊かにしようと宣言する。そのために、現在の自然科学とその具体的な歴史に向かうとも述べている。「自然弁証法、空想から科学へ」の末尾には「一九三六、一、一」の日付があり、この決意が年頭のものであったことを伝えている。

量子力学を自然弁証法に基づいてどう理解するかという問題は、『世界文化』に舞台を移して論じられた（武谷：1936c）。「自然の弁証法（量子力学に就て）――問題の提示」と題されたこの文章の冒頭で、武谷は、一九世紀末からの数学や物理学における危機に「形式的思惟」では対処できなくなったと述べ、数学も物理学も自然の弁証法の反映であること、物理学の成果は本質と現象の弁証法的な理解をもたらしたことにあると主張する。さらに、方程式を作る際には、そこに何があるか、どのような相互作用が働いているかという実体的な構造、すなわち模型（モデル）を知る必要があり、したがって物理学はマッハ主義が主張するような単なる現象論ではないとする。古典力学ではモデルの表象がそのまま意味をもつが、量子力学ではモデルの表象がすべてではなく、「契機的に」取り上げられると武谷はいう。具体的にはこれは、モデルからハミルトニアンが作られ、方程式が得られるという過程、すなわちボーアの対応原理が古典論にモデルを求めるといった事態を指している。

次に数学自体が弁証法を反映する点を詳述した後、量子力学においては、波動と粒子という対立した現象形態が、状態という本質的な概念において統一されていると武谷は指摘する。この状態を表す波動関数は、観測において現れる確率を与えるが、個別の観測を越えた本質的な意味をもつ。閉じた系であれば状態は厳密に因果律に従うが、観測の際には確率的にのみ予測できる結果を与えると武谷は指摘する。

さらに、量子力学においては、たとえば二つの電子からなる系では、各々はその個性を失うと武谷は論ずる。すなわち、部分の和以上のものが全体において現れる。観測とはこの全体に切れ目を入れて部分を取り出すことであるが、これを武谷は本質がその全体の関連において現象する自己実現のプロセスと表現し、因果律に従う全体から個別の観測によって得られる結果が確率的にのみ与えられることを、「必然と偶然の相即が確率として現象する」

と描写する。この観測は回数を重ねて行うことができるので、実在を得るには充分な役割を果たす。状態というような概念は表象されえないが、そのことによって状態の実在としての意味が否定されることはなく、却ってこれは、人間が外界から法則や論理をつかんだことを意味すると武谷は解釈している（武谷：1936c, p. 9）。武谷はまた、「本質的な、波動函数で表はされる状態が波動（干渉）、粒子、確率の形に於て現象する」と述べており、本質と現象の間の、波動・粒子といったもう一つ別の段階を意識しているようにも思われる。

以上の議論により、武谷は、量子力学では、対立の統一、本質と現象、部分と全体、必然と偶然の弁証法が緊密に結び合っているとする（武谷：1936c, p. 10）。前途にはさらに、原子核、高エネルギー現象、負運動エネルギー状態、電磁量子力学などの難問が待ち構えているが、この状態を救うのは弁証法的分析と弁証法的実験のみである。

武谷にとっては、上述の通り、自然科学は自然の弁証法を具体的に反映しているのであり、田辺元らが論ずるような、根底に弁証法を反映しつつそれ自身は分析的な理論を組織する（田辺：1935, p. 433）といったものではない。論文の末尾は、相対論と量子力学を論じた田辺の「古代哲学の質料概念と現代物理学」がアリストテレス（Ἀριστοτέλης, BCE384-BCE322）の哲学を援用していることを揶揄して、現実から離れた「空想的弁証法」に基づく自然哲学は、「歴史的な否定の否定を理解せず、たゞまつしぐらにギリシヤへ」帰っていくと結ばれる。

一方では自然弁証法を文献のみに依拠して論じ具体的な科学に即した理解を示そうとしない唯物論研究会を批判し、他方では量子力学では主観の作用によって不確定性が生ずるといった解釈を示す田辺元らに反駁しながら、現実に自身が取り組みつつある量子力学の構造を自然弁証法によって把握しようとする努力の成果が、一九三六年段階の武谷のこの論文であった。武谷はここでは量子力学という理論の解説をしているようにも見えるが、すでに現象、本質、実体という言葉は現れており、明記はしていないものの理論は自然を反映しているとの理解のもとに、量子力学に反映される自然の構造について説いていると考えていたであろう。自然弁証法は導きの糸として使われており、量子力学の各所に現れる弁証法的な構造の意味するものを正確に理解することにより、量子力学が、および量子力学の反映する自然が、どのような姿をしているかが把握できると了解されている。

『世界文化』の翌月号では、武谷は、ノーベル賞を受賞した物理学者のフレデリック・ジョリオ・キュリー（Jean Frédéric Joliot-Curie, 1900-1958）とイレーヌ・ジョリオ・キュリー（Irène Joliot-Curie, 1897-1956）の業績を紹介しつつ、放射能の発見から、中性子・陽電子などの発見、人工放射能の発見、原子核理論の展開、宇宙線の扱いなどに至るまでの同時代の物理学の歴史を振り返り、さらに前号で展開した議論のさらなる展開の試みを加えた文章を発表した（武谷：1936d）。武谷は、中性子の発見が原子核理論の困難を解決した事例を「物理学の認識過程の特徴を示すもの」であるとして注目し、キュリーらの発見した人工放射能についても認識論上決定的な意味があるとする。また、陽子と中性子が陽電子（または電子）とニュートリノの組合せの放出により互いに変換しあうとするフェルミ（Enrico Fermi, 1901-1954）の説が困難に陥っている状況を、素粒子が変化して他のものになるという弁証法が「契機的に不完全に」のみ理解されている証拠であると看做している（武谷：1936d, p. 18）。高エネルギー現象で新たな困難が生じている事態も、量の増大が質の変化をもたらす事例として解釈している。弁証法の利用の方法を見出しかけて、あらゆる場面で適用の可能性を試しているように見える。

同じ文章の後半では、武谷はまず、前月に論じたモデルの重要性の例として、ティコ・ブラーエ（Tycho Brahe, 1564-1601）の段階ではモデルを欠く現象論であったものが、ケプラー（Johannes Kepler, 1571-1630）によってモデルを与えられて法則性を獲得し、さらにガリレオ（Galileo Galilei, 1564-1642）の物理学によって人間の活動・実験・労働の要素を加えられ、ついにニュートン（Isaac Newton, 1642/1643-1726/1727）の物理的量の考察に基づいて「現象論な法則」から「本質的な法則」へと達した過程を分析する（武谷：1936d, p. 19）。次いで、物質構造のモデルとして原子・分子が果たした役割を指摘し、ラザフォード（Ernest Rutherford, 1871-1937）やボーアの原子模型、中性子・陽電子などを「実体的要素」とするモデルについても、自然の理解を次の段階へと進めた役割があったとする。人工放射能の発見については、人間の活動・実験・労働を広める役割を果たしたという点で、「自然に於ける弁証法の勝利を標識するもの」であると論じている。武谷にとって、原子核物理学の歴史は、固定した元素と理解されていたものの間の相互移行が発見されていく過程であり、これも「新しい弁証法的物質観」の勝利を示す。固定的に捉えられていた生物種に関して進化が発見されたのも、武谷は弁証法的観点の勝利であるとする（武谷：1936d, p. 20）。もはや武谷は、弁証法以外の観点からは自然科学の展開を説明できなくなっているかのようである。

その後も武谷は外国の物理学の状況の紹介等の記事を『世界文化』に寄稿したが、一九三七年のボーアの来日の後は、彼の業績の紹介を行いながら、やはり自身の理論の適用可能性を探る文章を記している（武谷：1937）。ボーアといえば量子論的な原子模型が最初の顕著な業績であったが、これについては武谷は「私の謂ふ実体論的な段階」に過ぎないとする（武谷：1937, p. 38）。交互作用（相互作用）、物理的量の本質的認識が「本質論的段階量子力学」に導いたと武谷は理解するのである。さらに武谷は、ボーアらがエネルギーと運動量の保存則が統計的にのみ成り立つとする理論（ＢＫＳ理論）を発表し、それがコンプトン—サイモンおよびボーテ—ガイガーの実験により否定されたことに言及し、その直後に現れた量子力学は、この実験を根拠として、かつて武谷が論じたように、「偶然性と必然性を立体的に自己の内に含んでいる」とする。つまり、微視的な現象でも個別に保存則が成り立つことを示している上記の実験が、保存則への統計性の適用を否定し、波動函数によって確率が与えられる形式の成立の根拠を与えたというのである。武谷によれば、このことは、かつて自身が「自然の弁証法（量子力学に就て）」で展開した、確率や統計性は現象形態であり、状態が本質であり、波動函数の従う法則は統計的法則ではなく本質的法則であり、確率・統計性は単に現象面の特徴であるという、立体的な構造を量子力学がもつという主張の根拠であるという。

武谷の見るところ、単なる基本法則の否定は弁証法的な否定でないために、その後の発展をもたらさないのである。保存則を疑う態度は弁証法的ではなく、その前に理論の欠陥に注意して理論を「豊富」にする方向を検討すべきであると武谷は言う。

ボーアの「補足性」（相補性）という概念については、武谷は現象論的であると看做し、これを信条としてしまえば、量子論や諸現実の豊富な内容を平面化し化石化するものとなると論ずる（武谷：1937, p. 40）。対するに、「対応原理」については、量子力学に実体論的契機を与え、また量子力学が古典力学の否定の否定であることを示すものとして評価しているが、曖昧さを含むために使い難く、乱用されて誤解を生むとも指摘する。ボーアについては、豊富な内容に対して忠実であることを望みながら、正しい方法を知らないために、自身不満を覚えながら、曖昧なかたちで古典力学の残滓や現象論に陥るという「一つの悲劇」であるとの評価を与え、「之を見る時、自然弁証法が如何に有力であるかを通観させられる」と結んでいる。

(B)　ボーアの一九三七年春の来日の後、当時大阪帝大にいた湯川秀樹（一九〇七―一九八一）が一九三四年に存在を予言した中間子が発見されたとする指摘がアメリカにおいて現れ、中間子論は世界的に注目されるようになる。武谷は、京都帝大の二年であったころ、一年上級の坂田昌一（一九一一―一九七〇）の雑誌会におけるハイゼンベルク（Werner Karl Heisenberg, 1901-1976）の原子核に関する論文の報告を聞いて発表の明晰さに驚いた経験をもっていたが（武谷：1969, p. 291）、三年の夏休みに理化学研究所（理研）を訪問した際、一九三三年に京都帝大を卒業して理研にいた坂田とあらためて親交を深めるようになり（西谷：2011, p. 57）、坂田が一九三四年に大阪帝大の湯川の下に移ると、そこを訪ねて研究に参加するようになっていた（坂田：1949, p. 29）。湯川の理論が注目されるようになると、理研の仁科芳雄（一八九〇―一九五一）は、大阪の理論研究者たちを招いて討論会を開くようになり、東西の理論研究者の交流も盛んになっていったが、湯川と彼の協力者であった坂田・武谷も理論の進展に力を注ぐようになる（坂田：1949, p. 31）。

武谷は一九三八年には湯川らのいる大阪帝大の無給副手にもなるが（湯川ほか：1965, p. 145）、この年には『京都帝国大学新聞』に湯川の粒子を説明する文章を寄稿している（武谷：1968, pp. 73-76）。ここでは自身の理論の解説は控えられているが、エネルギー保存則を否定しようとしたボーアのマッハ的な考察が失敗し、フェルミが観測されていない粒子であるニュートリノを用いてベータ線の性質の説明に成功したことなどに言及している。後者は、新たな実体の導入が成功をもたらす、中間子と同様の事例であると看做されている。

『京都帝国大学新聞』の文章では、武谷は、他の機会に、「物質概念の著しい変革や物理学の方法の新しい反省」について詳述すると述べている。しかし、その三か月後の九月には『世界文化』の同人として検挙され、翌一九三九年の春に不起訴となって釈放されるまでは研究の中断を余儀なくされた。湯川は一九三九年より京都帝大の教授となって坂田とともに移り、大阪に残った武谷は菊池正士（一九〇二―一九七四）の下でガンマ線のエネルギーを結晶による回折を用いて測定する実験を行いつつ、京都の湯川研究室のコロキウムには参加するという生活を送っていた（坂田：1951, p. 71）。

一時は世界的な注目を集めた中間子論は、一九三〇年代末には、問題を含むものであることが明らかになっていた。当時中間子であるとされていた粒子の散乱が理論上の予想よりも大きくなく、また寿命が理論値よりも百倍長いという二点が特に深刻な問題であった（坂田：1951, p. 71）。武谷が一九三七年までに発表した科学論関連の文章は、湯川、坂田などと中間子論に関する研究を行いながら得られた構想を記したものであるが、中間子論についての特段の言及はない。しかし、一九四二年に武谷が『科学』に発表した「ニュートン力学の形成について」（武谷：1942）には、以下に見る通り、武谷が、中間子論の抱える困難を意識しつつ、自身の科学論の構築を進めていたことを示す記述が見られる。武谷の科学論関連の論文としては、これは敗戦前では最後のものであるが、ここにおいて武谷の科学論はのちに広く知られるに至るかたちへと定式化される。その作業は、中間子論の改訂の努力と並行して行われていたことになる。なお、武谷は一九四一年には理研の仁科研究室に移っており、この論文にはその所属が記されている。

「ニュートン力学の形成」には参照文献が記されていないが、ニュートン力学の形成に関して二つの対立する見解、すなわち、それが技術的要求の下に生まれたとする説と、あくまでも自然認識を目的としたものであるという説の二つが最初に取り上げられている点からは、武谷がヘッセン（Борис Михайлович Гессен, 1893-1936）の「ニュートンの『プリンシピヤ』の社会的及び経済的根柢」（ブハーリンほか：1934, pp. 260-385）とボルケナウ（Franz Borkenau, 1900-1957）の『近代世界観成立史』（ボルケナウ：1935）を意識していることは明らかである（武谷：1968, p. 84）。武谷は両者の見方を否定しつつ取り入れ、科学は一つの文化として世界観の一部をなし、自然の構成に規定され、さらに技術的基盤の上にたつとする。つまり科学は、技術と、自然自体の構成と、思惟様式の三者によって規定される（武谷：1942, p. 308）。ニュートン力学に関して言えば、マニュファクチャー期の技術的基盤と、近代的アカデミーの成立が重要であるが、どちらも単独でプリンキピアの登場を説明しきることができるわけではない。

武谷はまた、中間子論の困難の解決を、量子力学の帰趨を決める重大事と看做しており、そのために過去に学ぼうとしていると述べる。武谷は、物理学は一つの体系であり、自立したこの体系は一つの発展の論理をもつと考えているのである。そして、マッハ（Ernst Waldfried Josef Wenzel Mach, 1838-1916）、ブリッジマン（Percy Williams Bridgman, 1882-1961）やカッシーラー（Ernst Cassirer, 1874-1945）が独自に発展の論理を議論したが、いずれも物理学者の使用に耐えるものではなかったと指摘する。カッシーラーの『実体概念と関係概念』は一九二六年に翻訳が出ており（カッシラー：1926）、ブリッジマンの『現代物理学の論理』も一九四一年には訳されている（ブリッヂマン：1941)。後者の主張は科学上の概念を操作（operation）によって定義するというもので、翻訳が出る前に西田幾多郎（一八七〇―一九四五）が一九三九年に『思想』に発表した論文（西田：1939）で詳細に論じており、翻訳に対しては渡辺慧（一九一〇―一九九三）が一九四一年一一月三日の『朝日新聞』に書評を発表している（渡辺：1948a, pp. 175-176)。武谷はとくにブリッジマンの主張を揶揄し、ブリッジマンらの科学論は、現代的課題に「オペレート」しなかった、すなわち「操作的」でなかったために無力であったと述べ、自身はニュートン力学を見直すことによって、量子力学の論理構成についての深い理解を得ようと論ずる。

武谷は、認識において最初に人間が獲得するのは、物すなわち実体と、その実体の属性という概念であるという。実体はマッハ以降軽視され、カッシーラーやブリッジマンも実体以外のものに科学の根拠を求めようとしたが、実際には量子力学においてもまず対象がどのようなものからできているかが把握され、ついでその実体の「行動」が知られることになる。量子力学の危機と看做された過去の事態は、その都度新たな実体、すなわち、中性子、陽電子、中間子、中性微子が導入されることにより救われ、理論自体が変更されることはなかったと武谷は観察する（武谷：1942, p. 309)。原子核物理学は目下、実体論的時期にあると見ることができるが、中間子論は困難に面している。そのことの意味を明らかにするため、武谷は、近代科学の黎明期に範を求めて、ニュートン力学の形成過程のさらなる探究へと向かう。

武谷は、一九三六年にジョリオ・キュリーについて論じた際にも天動説・地動説の対立からニュートン力学の形成に至る迄の時期を論じていたが、ここでもそれが繰り返される。ただし、コペルニクス（Nicolaus Copernicus, 1473-1543）は実体的な太陽系を導入し、ケプラーは、ティコ・ブラーエの得た観測結果を、この実体的なモデルによって整理して、三法則を得たと論じられる。ここではティコは現象論、ケプラーは実体論に明確に分類されている。武谷は、ケプラーは実体の属性として法則を導入したに過ぎないとする。

次いで取り上げられるガリレオは、物体の運動を研究したが、当初は実体の属性として物体の運動の法則の発見に至ったと武谷は述べる（武谷：1942, p. 310）。その上で、多様な条件の下に物体をおいて実験を行うことで、力が加速度に関連するものであることを発見し、実体論的段階から脱するための媒介がどの方向にあるかを示した点を評価している。

ニュートンは、ケプラーの発見した天上の法則と、ガリレオの発見した地上の法則、および両者の実体論的認識から、本質的な認識へと進んだ。すなわち、物体の相互作用において本質的な力の概念を、実体の運動を検討することによって、物質の実体的な量である質量と、運動に関わる加速度との関係として理解した。さらに、諸物質間の相互作用のうちで最も一般的な万有引力を、質量に関する法則として定式化した。こうして、観察される現象は、実体間の相互作用から生ずる運動として導出できることとなったと武谷は言う（武谷：1942, p. 310）。

武谷は以上の過程を三段階に分けて整理する。第一段階は、現象や実験結果の記述、あるいは現象に関する知識の集積の段階、すなわち現象論的段階である。第二段階は、現象をもたらす実体的な構造を知った上で、現象をこれによって整理して、実体の属性としての法則を得る段階、実体論的段階である。第三段階は、諸実体の相互作用の法則を理解し、任意の構造の実体が任意の条件の下で起こす現象を明らかにする本質論的段階である。理論に固有の論理的性格、すなわちニュートン力学における微分方程式は、この最後の段階において現れると武谷は主張する。また、物理学は、何か一つの方向性をもつ集積のように「ますますどをなる」と進んでいくのではなく、三つの段階の環を繰り返しながら進んでいくとも述べる。

以上の三段階論によって武谷は原子核物理学の現段階を分析し、目下の困難は、実体論から本質論への移行にあたっての模索に伴うものであるとする（武谷：1942, p. 311）。その上で、現状の課題、すなわち、中間子場や重粒子（陽子・中性子を指す）の実体的な性質、それらが従う方程式、量子力学の輻射理論の近似の方法の良否、量子力学そのものの正否などが、整理のための指標として提示される。武谷は、これらを扱うための具体的な指針は提示せず、「慎重な分析を必要とする」と述べるのみであるが、ニュートン力学の形成過程は今日的課題に対して論理を与えたと評価して結論としている。

「ニュートン力学の形成」においては、「弁証法」、「自然弁証法」といった言葉は使われず、代わりに「媒介」という語が多用されている。媒介も弁証法も曖昧さを含む言葉であるが、前者は単なる仲介、あるいは方途・階梯・経路のような含みであるのに対し、後者はそれらによって到達した境地や到達の過程、およびそこで生ずる対立など、指し示すものが多様である。ただし、一般的に、「媒介」は「契機」とともに「弁証法」に依拠する論者が頻繁に用いる言葉であって、この論文においても、武谷自身が弁証法から離れたという意識を持ったわけではないものと思われる。戦後のものであるが、一九四六年七月のラジオ放送に手を加えた「現代自然科学思想」の中には、「この媒介という事は弁証法の論理なのであって」といった言い回しも見受けられる（武谷：1968, p. 201）。「ニュートン力学の形成」において弁証法の語が用いられなかったのは、官憲の目をはばかったためである。

一九三八年から翌年に至る取調べでは、武谷は、コミンテルンの指令の下、自然弁証法をもって人民戦線の文化運動に参加し、日本共産党の進出を援護したと書かされていた（湯川ほか：1965, p. 145）。

「ニュートン力学の形成」では、議論は全体として、弁証法的過程の詳細の分析よりも、これによって到達された諸段階の特徴を明確にすることを目的に進められている。武谷の科学論は、結局はこれらの諸段階によって標識され、「三段階論」の名称が与えられることになる。一九三六年の「自然の弁証法（量子力学に就て）」とジョリオ・キュリーの業績の報告においても、現象、実体、本質の語は現れ、実体とほぼ同じ意味をもつモデルの重要性は主張されていたが、一九四二年に至って、三つの段階の別が意識され、それぞれの特徴が論じられることとなった。一九三六年までの諸論文と、一九四二年の「ニュートン力学の形成」によって、武谷の科学論の骨格は提示されたと言ってよい。戦後に行われるのは、この骨格の詳細の解説や、この構想に基づく前途の見通しの表明、社会科学への適用の可能性の示唆などであった。

なお、第一次大戦期から一九二〇年代にかけて、田辺元や石原純（一八八一―一九四七）は、現象から法則・仮説が導かれ、さらにそれらによって世界像・実在が描かれる過程を、それぞれの科学論の中で描写している（田辺：1915；田辺：1918；石原：1929）。武谷は石原をマッハに近い実証主義者と考えていたようであるが、物理的実在に関する見解ではプランク（Max Karl Ernst Ludwig Planck, 1858-1947）に近く、統一的世界像の支持者である（プランク：1928）。田辺・石原は、経験・概念・法則・仮説といった概念に依拠しており、現象・実体・本質といった段階による整理や、現象から本質への循環が各所で生ずるといった主張は行っていないが、科学一般、物理学一般に関する議論としての傾向は、経験を基礎にして理論が築かれ、そこから科学が実在に迫っていく姿を描くもので、その点では武谷の科学論の先行例であるともいえる。一方で、武谷の場合は、具体的に解くべき課題を抱える現役の物理学者が研究を行う上で必要とする科学論を導いたこと、注目を集める量子力学の理解についてマルクス主義を基礎に置く指針を示したこと、戦前の議論では抽象的な段階にとどまっていた自然弁証法についての検討を具体的かつ最新の科学理論を材料にして行い一応の成功をみたことが、注目に値する。これらはいずれも、唯物論研究会の論者たちが、目指しながらも達成できなかった目標であった。

「ニュートン力学の形成」発表の後、武谷は、自身の構想を歴史を記述することによって表現する可能性を教える書籍に出会っている。天野清（一九〇七―一九四五）が訳し、解説を付けたウィーン（Wilhelm Wien, 1864-1928）とプランクの論文集『熱輻射論と量子論の起源：ウィーン、プランク論文集』（ウィーンほか：1943）がそれで、これを評した武谷は、天野の力量を称賛しつつ、量子論の歴史は、人間の理性が困難を克服して道を切り拓くことを示すと論じている（武谷：1943, p. 218）。さらに武谷は、天野の記述から直接的な技術的要求の下に熱輻射論が展開した事情を知ることができたと述べ、次いで、我々はエネルギー一元論と原子論の対立よりも高い立場から科学の進歩に資する論理学を建設しなければならないが、量子論の歴史はこれに示唆するところが大きいとする。さらに、量子論前期においても、理論は実験式をまとめたようなものではなく、科学研究は理論の導きなしには一歩も進みえないものであったことが了解されたとも言う。自身もすでに手掛けていた科学史研究の重要性を改めて武谷は確認するが、最後に、天野が相補性について「綜合の深い意味」を闡明するものと評している点については、「天野氏に似ず形式的イージーゴーイングで残念である」と批判する。武谷にとってはボーアの相補性は飽くまでも根本的な対立を糊塗する便法に過ぎなかった。

2 三段階論の彫琢

一九四二年、武谷が理研にいたころ、京都では坂田と谷川安孝（一九一六—一九八七）が、中間子論の困難を救う着想に至っていた。中間子は二つあり、一つは重い湯川粒子、もう一つは宇宙線中の粒子であるとするものである。坂田はただちに武谷に意見を求めた。前年から、東西の研究者が集まる理研の講演会の後で、「メソン会」とも「中間子討論会」とも呼ばれる研究会が開かれていたが、一九四二年六月には武谷が世話人となり（湯川ほか：1965, p. 159）、二中間子論は理研の講演会およびメソン会で検討された。翌年九月の中間子討論会では、朝永振一郎（一九〇六—一九七九）の提案で、現象論—実体論—本質論の三段階に即した検討の計画が立てられ、宇宙線の実験の分析、中間子の模型の検討、中間子の数学的解釈の三グループに分かれて発表が行われた（素粒子論研究会：1949, pp. 224-225）。討論会はさらに渡辺慧のいた東京帝大の第二工学部でも開かれたが、その後、研究者に軍事研究に従事する必要が生ずるなどしたため、敗戦後まで開催されることはなかった（坂田：1951, p. 72）。

武谷もまた理研の仁科研究室において軍事研究に従事していたが、一九四四年五月には再び検挙された。原子核理論・科学論の検討と並行して行っていた技術論に関する研究、具体的にはそのための会合の活動が問題視されたためである。しかし、持病の喘息が悪化し、九月には自宅療養を許され、その後、一九四五年七月から行われた取り調べには自宅から通った（湯川ほか：1965, pp. 188-189）。

敗戦後、武谷の執筆した文章が盛んに発表されるようになるのは一九四六年になってからのことであり、この年以降、武谷の名は、マルクス主義に基づく科学論・技術論の専門家として広く知られていくこととなる（武谷：1968, pp. 444）。

(A)　戦後の武谷の執筆活動は、科学論や物理学の解説ではなく、科学技術の振興や、科学的な合理性の社会の諸方面への適用の必要性など、戦前期には踏み込まなかった領域において開始した。一九四六年一月に刊行された、民主主義科学者協会（民科）の『自然科学』の創刊号には、「革命期における思惟の基準――自然科学者の立場から」（武谷：1969, pp. 11-28）と題する文章を発表し、反ファッショであり人道主義者である科学者が完成させた原子爆弾が日本の野蛮を追放したと述べた上で、日本の科学者がこの戦いに続くよう訴えている。ここでの主張は、自然科学の合理性を言論や政治などの領域で貫徹させるべきであるという、自然科学の社会状況への適用可能性に関する一般的な性格をもつものであった。

同年三月に『技術』に発表した「日本技術の分析と産業再建――日本民主主義革命と技術者」（武谷：1969, pp. 136-152）では、主張も訴える対象もより明確になる。ここでは武谷はまず、日本の資本主義が貧弱であったために、技術者の仕事は外国の技術や特許を利用することに留まり、科学と技術が結びつくこともなかったと指摘する。日本は、高い技術をもった本格的な資本主義国の植民地のような状態にあったとも観察している。加えて、科学界、技術界の「封建的派閥的性格」も、特に戦時中に顕著に現れ、日本の科学動員、技術動員の失敗を導いたとする。

こうした状況を前提に、武谷は、技術者に対して、労働者の側に立って、農民・勤労者・進歩的資本家も加えた民主戦線を結成し、封建制・軍閥・官僚支配と戦い、技術の合理的な前進を可能にするべきであると訴える（武谷：1969, p. 142）。

武谷が模範と仰ぐのは、科学技術に注目した天才レーニン（Владимир Ильич Ленин, 1870-1924）の指導下のソ連であり、そこでは、科学思想と科学的創造性の積極性が生産力に結びついていたと記している（武谷：1969, pp. 144-145）。対するに日本では政府や資本家の怠慢により技術者が活用されず、国民経済も立て直されていない。武谷は、民主戦線による人民政府が樹立されることにより、ソ連のように技術者が活用できると主張し、日本でもそれが可能である例として、三井美唄炭坑の従業員による生産管理の成功に言及している（武谷：1969, pp. 149-150）。

やはり一九四六年に書かれ、一九五〇年になって『科学と技術』（武谷：1969, pp. 1-246）に収められることになる「科学技術政策の基準」（武谷：1969, pp. 163-174）でも、武谷は、日本の科学技術が貧弱であるのは、外国の後追いに終始しつつ不足分は低賃金で獲得できる労働力で補うという、半封建制に依存する遅れた資本主義が原因であると主張している。国鉄争議の頂点で『新生』のために同年九月に書いた「政治と科学技術」（武谷：1969, pp. 175-188）では、従来経済学者が中心となって策定すると考えられてきた再建国家計画を技術者の手に委ねるべきであるとし、その実現に必要な体制は、資本の独裁が排除された上での、民主化された資本家と組織された労働者の協議に基づく、社会化された資本主義であるとされる（武谷：1969, p. 178）。技術者には、労働組合と協力し、産業再建のための科学的な計画を作るという役割が与えられる。武谷は、さらに具体的に、こうした活動を実施するために結成されつつある組織、民主技術協会についても解説している（武谷：1969, p. 182）。同様の訴えは、『読売新聞』や『東京新聞』にも掲載された（武谷：1969, pp. 152-162）。

武谷の主張は、日本の科学技術は海外の高度な資本主義国に比べて遅れたものであること、この現状は社会の諸領域を支配する半封建制と遅れた資本主義の組合せに由来すること、復興のためには科学者・技術者を中心に科学と結びついた技術の活用を図る必要があること、そのために目指すべき体制は民主統一戦線的なものでありこれにより科学技術の現場にも残る封建制を一掃する必要があること、というものであった。その内容は、武谷が石井金之助らとともに作成したともいわれる、日本共産党科学技術部の「日本の科学・技術の欠陥と共産主義者の任務」(日本共産党科学技術部：1946) にも反映されている。

「科学・技術テーゼ」とも呼ばれる共産党科学技術部の一九四六年の文書は、日本において人民共和政府を樹立するため、すなわち民主主義革命を達成し次いで社会主義社会を建設するためには、政治的建設と並んで経済の再建が必要であるとし、後者において科学技術が果たすべき役割と、現状から脱するために克服すべき欠陥を列挙したものである。

具体的には、日本の科学技術は、絶対主義的天皇制、寄生的封建的土地所有、独占資本主義によって構成される支配体制によって規定されており、以下のような特質を持つとされる。すなわち、技術の植民地性、科学の非実践性、科学技術の跛行性、技術の非科学性、科学技術の人民の利益への背反、科学方法論の欠如である。これらが、農業技術の低位に現れ、大学や公立試験研究機関の封建的官僚性をもたらし、さらに科学技術の研究は利潤追求性によって狭隘、低級、独善的なものになっているとも指摘され、また、軍需資本家による科学技術の独占・秘密化が進歩を阻害し、科学技術者の非社会性、人民生活の非科学性、教育の非科学性とブルジョア性が、科学技術の発展と人民文化の向上を阻害してきたとも論じられる。こうした特徴は、支配体制の三要素によってもたらされるのであり、それらとの闘争を訴える共産党の政策の実現によってのみ、科学技術の向上がもたらされると主張される。共産主義的科学技術者がとるべき行動とされるのは、上述の科学技術の発達を阻害する要因を暴露し、それらとの戦いに広く科学者・技術者を動員すること、さらに労働者・農民と提携し、日本の科学技術をすべての人民の利益のために解放することである。

「科学・技術テーゼ」は、基本的には、日本を封建制に依存する遅れた資本主義国であると看做し、封建制の一掃を目指す民主主義革命と、その後の社会主義建設の二段階を想定する戦前の共産党の「三二テーゼ」を引き継ぎつつ、敗戦後に広く求められていた科学技術の振興を、科学者・技術者の新国家建設への参加という形で織り込んだ綱領である。全体の主張は、科学技術の発展のためには人民共和政府の樹立が必要であるから、その実現に向かって、共産主義に共鳴する科学者・技術者は、各々の現場で問題点を暴露し、科学者・技術者一般の動員を行うようにせよというものであった。

武谷自身は、一九五〇年になって「科学・技術テーゼ」に対する評を漏らしており、そこでは、全体としては妥当であるが、積極性が足りないとし、特に理論物理学が、唯物弁証法と民主的な共同研究の賜物として世界最高の水準に達したことは指摘すべきであったと述べている（武谷：1969, p. 236）。湯川秀樹のノーベル賞があった直後のことであり、日本の科学技術全体が低水準にあるとする「科学・技術テーゼ」には若干の不満を覚えたのであろう。この感想と関連して注目されるのは、テーゼが科学方法論の欠如に関して一項を設けている点であり、そこでは、科学技術者の思想的無関心が指摘され、従来の自然哲学的・神秘主義的・マッハ主義的観念論が否定された上で、唯物弁証法が唯一の正しい科学方法論として認められている（日本共産党科学技術部：1946, p. 66）。この記述は、マルクス主義における一般的な了解の域を出ないものではあるが、一九三〇年代後半から現代物理学の実情に基づく科学方法論をマルクス主義に基づいて構築してきた武谷の影響が色濃く現れている箇所であったかもしれない。

(B)　戦前期に構築の終わった三段階論、および三段階論による量子力学の解釈に関しては、原理的な部分での新たな追加は戦後は行われず、三段階論に基づく科学史の記述の精緻化や、三段階論と自然・自然科学およびマルクス主義全体との関係の確認ともいうべき作業がなされた。一九四六年七月の「現代物理学と認識論」（武谷：1968, pp. 22-35）では、現象論的段階は即自的、実体論的段階は向自的、本質論的段階は即自かつ向自的とされ、自然がこうした立体的な構造を持っているのに対し、人間がこれを徐々に明らかにしていくと主張された。自然の構造、自然科学の構造、自然科学の歴史的な進展が一致する、すなわち歴史的発展と論理的構造が一致するとも武谷は言う（武谷：1968, p. 33）。ただし、具体的な自然の各局面では三段階は多様な配置において結合されており、また科学の発展は、生産技術とイデオロギーに規定されるため、やはり現実の形態は錯綜したものとなる。この錯綜した形態の分析は、弁証法によってのみ可能であると武谷は論ずる。

具体的な形態が錯綜した状態で現れるのは、社会の分析の場合と同様であり、封建制社会、資本制社会などが純粋な形で現れるわけではないことは、たとえば日本の場合を想定すれば了解でき、その分析に弁証法が必要であることも明瞭であると武谷は論ずる（武谷：1968, p. 34）。こうして、武谷科学論の各段階と自然弁証法の関係は、歴史学における封建制社会・資本制社会などの各段階と史的唯物論との関係になぞらえて理解しうること、すなわち、自然・自然科学の中の具体的な局面においては、自然弁証法はどこに三段階が現れているかを突き止める手段となると看做されていることが明らかにされた。ただし、武谷の三段階は、これが自然の各所で循環している点が、時間経過に沿った直線的な発展を基本了解とする、マルクス主義に基づく歴史や社会の描像と異なっている。また、具体的には中間子論は依然として実体論的諸問題の整理の段階にあるが、本質論的段階に進みつつあるとも評されている（武谷：1968, p. 35）。なお、後年、一九六三年に至ると、人間の認識が現象論・実体論・本質論の段階を追って進むとも武谷は述べるようになる（武谷：1969, p. 253）。

「現代物理学と認識論」の発表と同時期、一九四六年七月に行われたラジオ放送に基づく原稿、既出の「現代自然科学思想」（武谷：1968, pp. 183-206）では、自然弁証法に特化した説明がなされ、『唯物論研究』などで行われた、自然科学に自然弁証法の例証を求めるという方法の不毛さが指摘されたのち、自然弁証法は解釈に終始するのではなく科学の変革・進展に資するべきであるとの主張がなされる。唯物弁証法が社会経済現象の分析に有効であることは知られているが、同様に、科学に対しても「特効薬」「万能膏」であることが、物理学の実践において示されたと武谷は言う（武谷：1968, p. 188）。

武谷が一九三六年に到達した量子力学に対する理解、すなわち、「本質である状態が測定において統計性をもつ現象として現れる」、「観測対象と観測機器の間の相互作用は二つの系の結合に根拠をもち、全体が部分の和以上を意味する」、「量子力学は「対立の統一」」、「本質と現象」、「必然と偶然」、「全体と部分」の弁証法によって成り立っている」等々の見解は、基本的に一〇年後に至っても保持されている（武谷：1968, pp. 193-194）。特に、困難が現れた際に、エネルギー保存則のような基本原理の否定に向かわず、新たな実体を導入することに解決を見出すという方策の有効性は、原子核理論における中間子の導入に至る経過を根拠に、より強い確信をもって主張されている（武谷：1968, p. 196）。素粒子が互いに転化しあうものであることもまた、物質の世界における弁証法の論理の正しさを示すものであると理解されている。

一九四六年の武谷はまた、こうした素粒子の形成する物質の世界が、原子、分子、化合物を形成し、さらに有機化合物から蛋白質、生命が誕生する過程をも、「物理的化学的世界から生命の世界が媒介」される経緯として説明する（武谷：1963, p. 201）。「この媒介という事は弁証法の論理なのであって、形式的な思惟のつかみうるものではないのである」というのが武谷の基本的な姿勢である。生命の領域では進化の法則が弁証法的過程を描写するが、武谷は遺伝学における染色体の導入をもって実体論的段階と看做している（武谷：1963, p. 203）。染色体の各位置が具体的な形質を展開していく過程を解明する方向に、本質論的段階はある。このように、三段階は、静的な構造の中に見られるのみならず、時間の経過とともに起こる進化の中にも現れるものであると理解されている。

動物における一定の段階において神経系統が現れ、心理現象や知性、意識も進化の過程で発生すると武谷は言う（武谷：1968, p. 205）。社会的協同や意識が発生する過程については、武谷はエンゲルスの「猿の人間への進化における労働の役割」に言及し、「弁証法的な媒介」によって自然史から社会史が出現すると主張する。エンゲルスのこの論文は、一九二七年には翻訳（エンゲルス：1927）が現れ、加藤正（一九〇六―一九四九）などによっても、自然と社会を結ぶ議論の模範として評価されてきた。武谷は次いで、人間の形成する社会は自然の法則性の基礎の上に立っていると同時に、労働においても技術として自然の法則性が基礎に置かれていると論ずる。

さらに、『思想』の一九四七年四月号に掲載された「自然の論理について」（武谷：1968, pp. 255-276）、学生との誌上討論会をまとめた一九四七年四月の「自然弁証法について」（武谷：1968, pp. 239-254）などでも、自然弁証法と三段階論に関する上述と同様の見解が展開されている。また、一九四六年から翌年にかけては、「ニュートン力学の形成」では充分に展開できなかったガリレオやケプラーについての科学史的研究（武谷：1968, pp. 96-124, 291-313）も発表され、一九四八年には三巻の構想からなる量子力学史のうちの第一巻、「原子模型の形成」が刊行された（武谷：1948）。

武谷が、戦前および戦後まもなくの間に発表した文章の集成は、一九四六年に『弁証法の諸問題』（武谷：1968, pp. 1-170）として刊行され、次いで戦後一九四八年に至るまでに書かれた文章の集成が、一九五〇年に『続弁証法の諸問題』（武谷：1968, pp. 171-360）として出版された。後者には主題として実験を取り上げた一九四六年九月の文章、「実験について」（武谷：1968, pp. 277-290）があり、実験の意義についての若干の議論を含みながらも、理論的な方法の検討が主要部分を成していた武谷の科学論の、実験に関する分析を見ることが出来る。

武谷は、自然科学の確実性が実験によって試される点に依拠していることを認め、マルクス主義において重視される「実践」にも、理論を試すという意味で「実験」の要素があることを指摘している（武谷：1968, p. 278）。科学研究における実験の役割を論ずる段になると、武谷はまず自然現象にとって重要である「因子」の概念分析が必要であることを指摘し、実験によって得られた諸因子間の関係である実験法則が、現象論的段階を成すと論ずる（武谷：1968, p. 280）。武谷が積極的に攻撃するのは、経験を整理すれば科学が出来上がるとする経験主義的な議論であり、実験は、単に経験を収集するために用いられるわけではなく、理論の正否を自然に問う段階でも行われると指摘する（武谷：1968, p. 285）。理論が知られていなかったために無意味になった実験も多いことを武谷は主張し、具体例としては、宇宙線の実験を挙げる。こうした議論に続いて、武谷は実験が自然科学における方法として確立していく過程に関する記述も行っている。

実験についての検討は、一九四九年に刊行された社会科学者との対話（武谷ほか：1949）においても行われているが、ここでは、理論との対比でその役割に関する言及があるという程度であり、詳細な分析は見られない。武谷にとっては理論面での方法論が主たる関心の対象であり、自身のたどり着いた方法論の正しさは自然の構造に由来するはずのものであったから、帰納法の根拠や自然の斉一性といった議論には関心は向かなかったようである。理論の正否を確かめるための実験については、一般的な意味で正確であればよく、誤差やバックグラウンド、コントロールの重要性を指摘する程度の議論にとどまったともいえる。

具体的な例としては、たとえば、エネルギー保存則を否定しようとしたとして「誤った」理論であると武谷の判定したＢＫＳ理論が、コンプトン―サイモンおよびボーテ―ガイガーの実験によって否定された事実が、武谷の文章の中ではよく言及されている。この結果は、量子力学が偶然性と必然性を立体的に自己の内に含むことを示すものとして、さらに量子力学における確率・統計性が現象形態であることを示すものとして、三段階論に基づく量子力学理解においては重要な意味をもつが、武谷は実験の詳細を論ずることはなく、これが自身の理論的枠組みにうまく適合する点にのみ関心があるようである（武谷：1968, p. 285）。自身の見解に適合的であるために、結果のみが重要であると考えているようにも思われる。実際には、実験によって得られた結果に基づいてＢＫＳ理論が否定され、それをもとにして武谷の解釈が誕生しているのであるが、根本にある実験結果がなぜ自然科学において情報源として信頼されうるのかといった問題に対する関心は武谷には見られない。こういった具体的な個別の研究法——戸坂潤は一九三五年の『科学論』において操作と呼んだ（戸坂：1966）——の検討は、特異な自然像や自然理解に基づく自然弁証法や三段階論のように、それらの主張者の眼には無敵の強さを誇るものと映る方法論の彫琢の作業と比較すると、重要度が低いもののように見えることがあるようである。帰納法の困難や自然の斉一性を、田辺元や石原純は少なくとも問題として意識はしていたが、武谷の議論にはその痕跡はない。

(C)　坂田らが一九四二年に到達した二中間子論は、戦後になって新たな展開を見るようになった。一九四六年には、アメリカで、ベーテ（Hans Albrecht Bethe, 1906-2005）とマルシャク（Robert E. Marshak, 1916-1992）が、坂田らの理論とはやや異なるが、二つの中間子の存在を想定する理論を発表した。翌年にはパウエル（Cecil Frank Powell, 1903-1969）が高山で露出した写真乾板を用いた宇宙線の観測によって二つの中間子の存在を確認し、さらに一九四八年にはカリフォルニアで中間子が実験的に作られた（湯川ほか：1965, pp. 226-228）。これらの結果は、二中間子論、さらにさかのぼって湯川理論の正しさを示すものであった。一九四九年一一月には湯川のノーベル賞受賞の報が日本にもたらされることになる。

武谷にとっては、敗戦後の数年間は、自身の方法論がまさに具体的な自然科学上の成果を生みつつあるとの確信の深まっていく時期でもあった。たとえば一九四七年一一月には、武谷は、中間子論の建設が唯物弁証法に基づくものであり、実体論的な整理の結果であるとも述べ、特に二中間子論については、実体論的整理を意識的に行う考え方の下に坂田が作り上げたものであると論じている（武谷：1969, pp. 283-284）。一九四七年に坂田による自身の研究の解説などがまとめられた『物理学と方法：素粒子論の背景』（坂田：1947）が刊行されると、翌年に発表したその評では、坂田の成功は、唯物弁証法という方法論の正しさと民主的な研究組織によるものであると記した（武谷：1969, p. 321）。この年、坂田は二中間子論によって朝日賞を受賞したが、これを祝う文章（武谷：1969, pp. 287-295）では、戦前からの二人の交流を振り返った上で、出身高校の先輩に加藤正と加古祐二郎（一九〇五—一九三七）をもつ坂田が、当初は観念論的傾向の強かった武谷の質問にも親切に応じたことなどを述べ、当時から揺らぎなく唯物弁証法を支持する「真の進歩的学者」であったと評している。さらに、戦後すぐの物理学会において、通常は計算の発表のみを行う講演の冒頭で、坂田が唯物弁証法について論じた勇気を讃えた（武谷：1969, p. 293）。

以上は新聞や一般誌における論評である。その一方で、坂田が物理学会で唯物弁証法を論ずることには勇気が必要であったと述べている通り、専門の研究結果を発表する際には、やはり武谷でも、計算結果や具体的な検討の内容を重点的に記しており、三段階論や唯物弁証法への言及は控えめである。民主主義協会の『自然科学』に一九四八年に掲載された「素粒子論の新展開——坂田昌一博士の理論を中心として」（武谷：1968, pp. 327-342）では、理論の展開に関する記述が主体ではありながらも、雑誌の性格からして、唯物弁証法、実体論的整理、物質と場の対立という二つの概念の「基本的な対立矛盾」といった語が現れ、科学研究の現場で唯物弁証法が駆使されていると論じられるが、『素粒子論研究』に一九四九年に掲載された、中村誠太郎（一九一三—二〇〇七）との共著論文「素粒子論の方法について」では、相互作用を考える際に距離によって二通りに分ける必要があることを、末尾で「実体論的段階の意識的な方法」と評するにとどまっている（武谷：1968, p. 360）。『科学』に一九四八年に掲載された「物質と場の対立」という、いかにも弁証法的な話題を扱った文章でも、無限大の困難に関わる計算上の工夫などが議論の大半を占め、「根本的な矛盾」、「根本的な困難」、「実体的内容」、「実体論的性格」などの語は単発的に事態を表現するものとして現れるのみである。ただしそれでも武谷は、自身の文章全体が「弁証法的分析」であり、これにより「物質と場の二つの根本的な概念の対立が当面の矛盾としてわれわれに方向を与えている」ことが言いうると結んでいる。

武谷の主張については、哲学者の山田坂仁（一九〇八―一九八七）など民科哲学部の論者から理論的な反論があったが、物理学の研究者の間にも疑念はあった。坂田昌一が『自然』に一九四六年八月と一九四九年三月に発表した「湯川理論発展の背景」（坂田：1946）と「湯川理論展開の経路(I)」（坂田：1949）には、編集部による註が加えられており、これらが坂田の本来の意図を枉《ま》げるものであるとして武谷は憤っている（武谷：1968, p. 252：武谷：1949）。編集部の註の内容は、「ベクトル中間子理論」の段階における中間子論研究が、三段階論や弁証法によるものではないと指摘するものであり、さらに二中間子論をも無視して、三段階論が意識的に適用されたのはC中間子の理論が最初であるとしている（坂田：1949, p. 31）。ベクトル中間子理論が論じられている章の冒頭には、坂田自身が、「「三段階論」という羅針盤を獲得した私共は湯川理論の成功に大きな期待を抱いていた」（坂田：1949, p. 30）と記しており、編集部の意図が、坂田自身は高く評価する三段階論の効力を、読者に低めに見積もらせることにあったのは間違いない。武谷はこれに反論し、湯川・坂田・武谷による中間子論の検討の歴史を振り返って、一九三七年以来、三段階論に基づく検討が、二中間子論を含む成果を挙げてきたことは明らかであると主張している。また、『自然』の編集部が渡辺慧にかつてC中間子と同様の発想を得ていたと書かせたことを批判し、武谷と交わした会話からみて渡辺は実際には坂田のC中間子には否定的であったと指摘した（武谷：1949, p. 9）。

渡辺の文章（渡辺：1949）は、坂田らのC中間子（坂田ほか：1947）と類似の発想に自身も戦時中に至っていたことを明かし、しかし先取権を主張するのではなく、渡辺の場合には、坂田らとは異なり、「実体概念から機能概念へ」という流れに従って同じ構想に至ったと解説するものである。渡辺は、坂田らが、本質論的段階への移行を目指して実体概念を充実させるという方針のもとにC中間子に至ったと述べていると承知しているが、やはり同等の発想にパイス（Abraham Pais, 1918-2000）が独立に到達しており、そこには特に高級な指導原理についての説明はなく、色々計算した結果同じ考えに到達したように見えるとも指摘している。渡辺は、質量、電荷、スピンなど、素粒子に付随する物質的属性を機能へと転換させていくことが理論の向かう先であると考えており、特に質量の機能化を目指して、素粒子の数を減らそうと試みたという。これに対し、坂田らは、素粒子の実体概念を補強するために類似の結果を得た。渡辺は南口から、坂田らは北口から登山したと渡辺はいい、しかし北口のみが「官許」であるとする者があれば反対すると述べる（渡辺：1949, p. 16）。

渡辺は「指導原理」で争うのではなく、実証的な「アンパイア」に判定させるのが有益であると考えている。さらに、武谷説が、現象論から構造をもつ理論が生まれ、そのうえに綜合的理論が誕生するという常識的な流れを描写している限りでは承認できると述べる。しかしこれを、ヘーゲル（Georg Wilhelm Friedrich Hegel, 1770-1831）やマルクス（Karl Marx, 1818-1883）の弁証法で権威づける態度には渡辺は懐疑的であり、武谷や坂田が言う通り、物理学そのものと物理学者によるその解釈は区別しなければならないと警告する。渡辺のこの判断は、物理学者としての常識的なものであったと思われる。しかし、武谷の築いた科学論は、こうした科学の常識的な判断基準の検討には向かわず、見てきたように、自然、論理、歴史の構造や、それに由来する研究の指導原理を中心に展開されており、また第二節で見る通り、それに魅力を感ずる集団もあったのである。

武谷の理論を特に有益なものとする集団の中では、素粒子論における三段階論の役割の評価をめぐる論争に、政治的に決着をつけようとする動きが、湯川のノーベル賞受賞の報が伝わった一九四九年一一月から一九五〇年にかけて生じている。「アカハタ」紙上では戦前からの共産党員である神山茂夫（一九〇五—一九七四）が、日本の物理学の成果は民主的な空気と唯物弁証法によるものであると論じ（一一月六日）、武谷がそれに続いた（一一月八日）。

一九五〇年七月には、日本共産党中央機関誌の『前衛』に、佐以良進が「素粒子論における唯物弁証法——坂田理論を中心にして」を発表し（佐以良：1950）、武谷の『弁証法の論理』に言及しつつ、物理学研究における「実体」概念の重要性を指摘した。佐以良は筆名であると思われるが、この人物は物理学に詳しく、BKS理論に続いて、原子核の問題を検討する中でボーアがエネルギー保存則を放棄しようとした例を取り上げ、これが中性微子という実体の導入により救われたことを称揚したのち、湯川による中間子論も実体の導入とする理解を示している（佐以良：1950, p. 96）。さらに、二中間子論は、湯川理論の困難を、一つの実体性に基づく矛盾として把握した上で、諸困難を吸収させるために新たな実体を導入したものであると評され（佐以良：1950, p. 100）、C中間子は、単に電子の質量の発散を解決するのみならず、将来見いだされるべき運動法則に向かうための分析を可能にする実体であると看做されている（佐以良：1950, p. 105）。そのうえで、文章全体は、研究に役立つ方法論が武谷によって展開されていること、自然科学の弁証法は、自然の論理の弁証法と、それを追及する実践の弁証法的構造に基づくものであること、実践によって媒介されない模写は研究の役に立たないことなどの確認によって結ばれている。

一九五〇年初頭には、コミンフォルムが「日本の情勢について」を発表したのに対し、日本共産党政治局は「「日本の情勢について」に関する所感」で応じており、以後、共産党は国際派と所感派への分裂に至る混乱を抱えることとなる。佐以良の論文はそのさなかで発表されたものであり、神山や武谷への評価も共産党内における情勢の変化の影響を受けて変転を余儀なくされる。こうした事情から、一九五〇年前後に、政治的な理由に基づく武谷の科学論への支持は一つの頂点を迎えたと考えられる。しかし、武谷自身はこののちも活動の範囲をさらに広げていった（後藤：1995a, pp. 360-362）。

(D)　既述の通り、武谷の議論の根底には、自然から生物、意識、人間、社会が生まれたという了解がある。また、少なくとも戦後の武谷自身は、従来、マルクス主義の内部では自然弁証法の名称を与えられながらその内実や成果の明らかでなかったものを駆使して、自然の構造や時間的発展を支配する論理を明らかにしたと考えている。武谷以前のマルクス主義の論客のうち、加藤正は、一九二九年から一九三一年に刊行されたエンゲルスの『自然弁証法』に添えた解説（加藤：1963, pp. 30-51）において、弁証法は自然に起源を持ち、これが社会の弁証法を導くと論じ、この構想自体の正しさは、科学によって保証されるべきものであると指摘した。さらに、特定の階級の作った科学がこれを保証するのではなく、特定の階級に特定の役割が与えられることを科学が保証すべきであるとも主張した。ただし、加藤は自然弁証法の具体的な姿やそれによって得られるものを描き出すことはできなかった。武谷は、三段階論の完成によって、加藤の構想を実現するに足る成果を挙げたと看做すことができるが、では、その成果に基づいて、社会や階級の問題についてはどのような判断を下していたのであろうか。通常はこの問題は主として武谷の技術論の検討とともに論じられるであろうが、自然や自然科学と直結した形で武谷の見解が明らかにされる機会が、一九四八年の暮れに生じた。

湯川、坂田、武谷らの物理学上の成果は、武谷が旺盛な執筆活動を始める一九四六年には社会科学者も注目するところとなっており（羽仁：1946）、一九四八年春には経済学者の杉本栄一（一九〇一—一九五二）は武谷に物理学の講義を依頼しようと考えるに至っていた。やや遅れて、同種の企画に思い至った理論社社長の小宮山量平（一九一六—二〇一二）の協力により、武谷と杉本を中心に、物理学者の久保亮五（一九二〇—一九九五）、経済学者の高島善哉（一九〇四—一九九〇）と都留重人（一九一二—二〇〇六）が加わって、一九四八年一二月末に、三日間にわたって座談会が開かれた（武谷ほか：1949）。当初の趣旨に従って、内容の大半は武谷による物理学の成果や三段階論についての解説であるが、自然と社会をどのように接続するかという問題については、特に高島が執拗に武谷の見解を問いただしている。

武谷はまず、高島に歴史をどう考えるかと問われ、五つの点が五角形を作る例を出し、個々の点に注目しても五角形の性質は現れないと説明する。次いで、原子から分子、化合物、有機物、さらに生命が、化学的な法則によって生ずるが、いったん出来上がった生命の現象は化学の関係に解消することはできないと説く。ただし生命が出来る過程でも神は不要であり、すべては化学的関係から生ずると論じている。さらに植物、動物、類人猿が生じ、心理現象や、原初的な、目的や意識も誕生する。類人猿から人間になるにあたっては、動物進化を媒介として可能性が与えられ、労働を媒介して社会が作られると武谷は述べる（武谷ほか：1949, p. 194）。五つの点が作る図形が点の性質とは異なる性質を持つように、社会の関係は動物の段階とは異なる質を持つとしている。

高島はしかし、社会には主体があり、それが歴史を動かす点が、自然における歴史とは異なる点ではないかと問う。主体的な実践活動には、単なる質的差異一般以上のものがあるのではないかというのである（武谷ほか：1949, p. 350）。これに対し武谷は、社会で初めて主体的なものが現れるわけではなく、「アトム」にも原初的な主体性はあり、それら同士の反応から次の段階のものが現れ、さらに化合物や蛋白質にまで発展すると述べ、そのような主体性を考えなければ蛋白質が出てくるはずがないとする（武谷ほか：1949, p. 351）。原子の段階から、法則的な偶然性というべきものを媒介にしながら、主体性とは言わないまでもそれと同様のものが形成され、蛋白質はほぼ主体的な性格をもち、生命ならば主体的と言いうる状態になると武谷は論ずる。高等動物や人間に至る段階での主体性も自然淘汰を介して生まれ、人間の社会では労働によって意識が現れるようになる。こう述べたあと、気が付いたかのように、武谷は、意識された社会的主体性は労働者階級の形成によって初めて社会的に成立すると付け加えるが、物質にある程度の主体性を認め、その発展として個人の主体性が現れるという主張には揺らぎがない（武谷：1949, pp. 352-353）。

高島はこれに対し、歴史を、客観主義的あるいは自然科学主義的に見ているという惧れはないかと指摘する。客観主義とは、階級性より科学を優先する加藤正らの主張を非難する際に用いられた言葉である。高島は、原子同士の関係に主体性を持ち込んで理解しようとする武谷の論法を認めることができない。しかし武谷は、進化論によって主体性の発展を説明するほかはなく、それが弁証法である、そうでなければどこかで神でも持ち込まなければならなくなると反駁する（武谷ほか：1949, p. 358）。高島はさらに、武谷の主張は自然形而上学に帰着するのではないか、また社会における主体性と自然における主体性との間には飛躍があるのではないか、少なくとも両者の関係は問題となるのではないかと問う（武谷：1949, p. 359）。

武谷はもちろん自身の主張が形而上学に類するとは考えておらず、自分の論法は「発展的にあらゆるものを媒介してつかんでいる」とする。武谷としては、神を導入する論法こそが「メタヒジッシュ」（形而上学的）なのである。この語の使い方はエンゲルスに由来し、通常、マルクス主義においては、称揚されるべき「弁証法的」という形容語に対立するものとして用いられる。武谷は、ただし、主体性という概念が、自然の中の段階に応じて多様な意味をもつことは認め、主体性という言葉を場面ごとに規定してゆけばよいと説いている（武谷ほか：1949, p. 360）。これに対し高島は、実際には主体性の概念は社会科学の側でまず確立したのであり、武谷はそれと同様のものが原子の段階にも見いだされるというべきではないかと問い、社会科学的な主体性の把握が先決問題であると主張する。武谷はどこから始めるかには拘らず、ただ、自然と社会を媒介すること、社会を自然史の最後の段階として解明することの必要を説く（武谷ほか：1949, pp. 360-361）。武谷が主張の根拠とするのは、やはりエンゲルスの「猿の人間への進化における労働の役割」であり、また『空想から科学へ』にある有機物の合成の解説、さらにソ連のオパーリン（Александр Иванович Опарин, 1894-1980）の生命の起原に関する研究であった（武谷ほか：1949, p. 362）。

以上の展開からは、武谷は、物質から人間に至るまでの過程を一貫した進化に導かれた自然史として理解しており、主体性や階級性の問題は副次的な要素として意識しているに過ぎないように思われる。しかし、技術については、武谷はこれを、生産的実践または人間的実践における客観的法則性の意識的適用であると主張し、さらにやや不注意に、意識的適用は労働者階級の革命運動から始まるなどとも述べている（武谷ほか：1949, p. 387）。武谷としては、法則性を把握するのも実践による試行錯誤を介してのことでなければならず、技術論では各所に実践の意義が指摘されている。主体性や階級性に依拠する代わりに、実践による認識の重要性が主張されているようにも思われる。この場合の実践には自然科学者による研究も含まれているが、労働者階級の立場で作られる理論の正しさを主張するには、実践を介した認識を強調するのが便利ではある（武谷ほか：1949, p. 388）。武谷のこの技術論に対しては、高島は今度は主観主義的傾向があると指摘している（武谷ほか：1949, p. 389）。

武谷の議論全般を見れば、自然から社会へと通貫する弁証法的論理が先に立ち、技術論においてようやく階級性や主体性が持ち込まれているようである。内容の与えられていなかった自然弁証法を少なくとも主観的には駆使した上で三段階を導き、それを最新の量子力学や中間子論、さらに歴史的な題材としてはニュートン力学にも適用して一定の説得力をもつ議論を組み立てたことが武谷にとってもつ意味は大きく、生命、意識、社会や歴史に至るまでをこの枠組みで理解しようとする傾向は強い。

武谷の三段階論は、現役の自然科学の研究者から提出されたものとしては、日本では初めての科学論であった。田辺元や戸坂潤は哲学者、石原純は元理論物理学者であるが科学論に進出した時期は現に研究に携わっていたわけではなく、唯物論研究会の論者たちは自然科学の研究に従事する場は持っていなかった。武谷は、日本発の科学研究上の業績として、世界から最も広く注目を集めたと言ってよい中間子論の発展に関わった物理学者であり、三段階論は、彼や坂田の中間子論への貢献を導いた指針とも、量子力学や中間子論の発展の忠実な描画とも理解されうる理論であった。現実の科学を正確に描写しつつ、個別領域の内部にいたのでは見えない全体像の把握を可能にし、それに基づいて科学研究の指針を与え、さらにマルクス主義にとって脅威となるかに見えた相対論・量子論を自然弁証法によって解釈しうることを示す理論が導き出されたのであるから、戦前期以来のマルクス主義科学論の理想がここに実現したと言ってよい。実際には、渡辺慧のように批判を加える者もあったが、体系だった科学論が必要とされる以上は、これに代わるものがない限り、三段階論は依拠するに値する理論たりえた。

戦後の社会の民主化における科学技術の役割を説いた武谷の議論はまた、科学研究に邁進することや科学技術振興を行うことが、社会の進歩に結びつくと説いていた。科学技術振興は敗戦後の社会全般で広く訴えられたが、武谷の議論は、これが社会全体の民主化をも進める実践であることを保証した。ただし、科学技術振興が必要であり、それが民主主義の推進にも資するといった主張は、小倉金之助（一八八五―一九六二）や原光雄（一九〇九―一九九六）など、ほかの人々によってもなされていたので、この点のみに注目すれば、武谷が特異であったわけではない。武谷の議論がとりわけ注目に値したとすれば、それはやはり、研究を通して最新の科学理論に通じている科学者が、自然の弁証法に基づいて社会と歴史の弁証法を説き、さらにその議論に基づいて実践の意味を明らかにしたためであろう。武谷の議論の全体は、自然と社会の弁証法を、自然科学とマルクス主義に基づいて解き明かしたものと看做すことができた。

一方で、三段階論が自然と科学の姿を明らかにしたと考えたために、武谷は、方法論的な考察をそれ以上進めることはなかった。武谷自身の判断も、物理学の内部で行われる理論の構築や実験の結果に依存していたはずであるが、武谷が問題としたのは、そのような判定基準ともいうべき部分ではなく、それらに基づいて築かれる理論や自然像であり、マルクス主義と整合的な理論や自然像が自身の科学論によって得られた以上は、科学について、特にその方法論について、問うべき課題は残されていなかった。実際に科学者が行う作業は、日本でも明治期に研究を行うようになって以来、地道な計算や実験・観察であって、武谷はそのいずれにも携わった経験を持っていたが、科学論の主題としてこれらを取り上げることはなかった。

第二節　廣重徹――科学と運動と歴史

武谷三男に強く影響されながら物理学から科学史に転じ、その後、武谷への批判を経て自身の科学論を構築しようとしたのが廣重徹である。廣重が自身の科学論を主として歴史記述に織り込みながら発表するようになるのは一九五〇年代後半からのことであるが、それ以前の彼の経験は、民主化による日本の社会の進歩を信じて科学を志した若者が、同時代をどのように捉えていたかを伝えており、それ自体思想史の一つの断面と見ることができる。以下では、科学史家としての活動を始める以前の経験に遡って、廣重の科学論の形成の過程を辿ることとしたい。

(A)　1　大学卒業まで

廣重徹は、一九二八年に神戸に生まれ、中学校までは地元で教育を受けた。中学校は名門として知られる兵庫県立第一神戸中学校（神戸一中）であったが、入学以前に、父に買い与えられたヴァン・ルーン（Hendrik Willem Van Loon, 1882-1944）の『世界文明史物語』（ヴァン・ルーン：1926）を繰り返し読み、世界史に親しんでいたという。神戸一中では理化研究会で学科外の自然科学や科学史に関する知識を得ており、ポアンカレ（Henri Poincaré, 1854-1912）、寺田寅彦（一八七八―一九三五）、および天野清編訳の『熱輻射論と量子論の起源』（ウィーンほか：1943）なども読んでいたようである（村田：1975, p. 81）。

戦時中の臨時措置により中学校は四年で卒業し、次いで廣重は第五高等学校を受験したが失敗し、一九四五年に大阪高等工業学校に入学する。しかし工学は自身の進む道ではないとして敗戦前に退学し、翌年第三高等学校（三高）の理甲に入学した（村田：1945, p. 82）。廣重旧蔵書（国際日本文化研究センター所蔵）には、浪人時代の一九四五年一一月に友人から譲られたものと思われる湯川秀樹の『存在の理法』（湯川：1943）が含まれており、すでに知名度の高かった湯川や、彼の専門の物理学に関心を抱いていたことが分かる。三高時代には共産党に入党し（三木：2012, p. 9）、自然弁証法研究会に参加した（首藤ほか：2008, p. 5）。三高最終学年の一九四八年には、四月に渡辺慧の『原子核理論の概観』（渡辺：1948b）を、一二月には、前年に交通事故で死亡した石原純の、評論社によって再刊された『自然科学的世界像』（石原：1948）を購入している。石原の本には読んだ形跡がないが、渡辺のものには後で読んだ際のものかとも思われる書き込みがあり、物理学の専門書を買って大学での勉学に備えようとしていたことが分かる。

一九四九年四月には京都大学理学部物理学科に進学し、おそらくは三高入学当初からの念願であった物理学の勉学を始めた。在学中に廣重が購入した図書には、物理学の教科書や参考書、あるいは自習書として用いられたと思しきものが多く含まれるが、計算を追った書き込みが特に多いのは、素粒子論研究会編の『素粒子論の研究』Ⅰ、Ⅱ、Ⅲ（素粒子論研究会：1949；素粒子論研究会：1950；素粒子論研究会：1951）である。このうちⅠは、戦時下の一九四三年九月に開催された中間子討論会の報告であり、既述の通り、全体が、武谷の三段階論に従って、実験の整理（現象論）、諸模型の検討（実体論）、理論の検討（本質論）に分けられている。Ⅱは「場の理論」との副題があるが朝永振一郎のくりこみ理論、Ⅲは「中間子・宇宙線・核力・β崩壊」の副題をもち二中間子論以降の核力に関する議論を扱っている。Ⅱ、Ⅲは、湯川秀樹のノーベル賞受賞を記念して、民科の自然科学部会が主催し、朝日新聞社の後援を得て一九四九年一二月に東京大学において行われた「素粒子論討論会」の報告集である。一九五四年になってから、実験の成果をまとめたⅣ（素粒子論研究会：1954）も刊行されている。

『素粒子論の研究』の四巻の編集後記はいずれも武谷三男が執筆しており、Ⅰには武谷や坂田による三段階論に基づいた整理が中間子理論の発展に役立ったことも記されている（素粒子論研究会：1949, pp. 222-224）。廣重が三高で共産党に入党したころには武谷は旺盛な執筆活動を始めており、一九四六年には武谷の主張と共通する点の多い、日本共産党科学技術部の「科学・技術テーゼ」も発表されていたが、物理学科では、専門書を通じて、同じ学科出身の第一線の物理学者として彼の名を目にすることも多かったものと思われる。

在学中に廣重が入手した専門外の書籍にも武谷三男のものはあり、『弁証法の諸問題』は一九四七年刊行の第二版（武谷：1947）を得て（購入日不明）、『続弁証法の諸問題』は初版（武谷：1950）を刊行二か月後の一九五〇年四月に購入している。前者の量子力学と弁証法の関連を論じた箇所（武谷：1947, p. 45）には、「現象を統一するものは概念か?!　物質を忘れてはならない」（ローマ字）、「重ね合わされたこと自体が矛盾なのではなく、矛盾はシステムの実体的構造（ハミルトニアン）と状態との間にある。しかし、内部矛盾であり、自己運動であることは言うまでもない」（ローマ字）といった書き込みがある。なお、この時期の廣重はローマ字で書き込みを行っており（本章では読み易さのために漢字かな混じり文に直し、ローマ字表記の場合はその旨を別途記した）、後年に漢字とかなで書き込んだものと区別ができる。やはり前者の「ニュートン力学の形成」には、科学の発展の基礎に技術的基盤があることを指摘した箇所（武谷：1947, p. 87）に、「科学の社会史ということ」（ローマ字）の書き込みがあり、大学在学中のものとすれば、科学史、特に社会史についても意識はしていたことになる。また、ケプラーによる実体の導入を議論した箇所（武谷：1947, p. 96）には、「実体は超自然的な原因は持たない。自己の中に原因をもつ」（ローマ字）と書かれており、三段階論の吸収に熱心な様子が窺われる。

物理学科二年目すぐに購入した『続弁証法の諸問題』では、量子力学において統計性は現象形態に過ぎないと論じた箇所（武谷：1950, p. 13）に、「古典力学の「媒介する偶然性」はそれが置かれた偶然的な外的状態である。しかし、この外的状態が決まれば、現象の発現も決まる。Q.M. ではそこに違いがある」（ローマ字）と記され、また物質と場の対立を論じた箇所（武谷：1950, p. 158）には、「charged particle が自分の周りに場を作る。その場と自分自身が相互作用をする。これは物質と空間、場の弁証法的関係である」（ローマ字）と記されている。これらは武谷の議論を自分の言葉で理解しようとした痕跡であると考えられる。しかし、やや性格の異なる書き込みも見られ、武谷が、「原子力時代」において、アメリカのオッペンハイマー（J. Robert Oppenheimer, 1904-1967）が「私が日本のファッショ的状態の下で困苦している事を」きいて奨学金を用意しようとしたと記している箇所（武谷：1950, p. 35）には、傍線を引いた上で上部の余白に「あやしいもんだ」（ローマ字）と記している。ただし、字体からはやや後年のものかとも思われる。また、武谷が、実体論から本質論への移行に関して、「本質論的段階へは実体的な知識を含みながら実体論的段階の特有な、若しこの段階において固定するならば形而上学に陥いるような論理を否定して本質的な論理を得て進むのである」（武谷：1950, p. 94）と記した箇所には、「具体的に科学史的に分析すること」（ローマ字）との書き込みがある。武谷の説明のみでは不十分と思われる点について、より徹底した検討が必要であることが気づかれているように思われる。

武谷と経済学者たちの座談会の記録、『自然科学と社会科学の現代的交流』（武谷ほか：1949）は、重版の出た一九五〇年五月に購入し、やはり書き込みを入れながら読んでいる。実体論的な段階を武谷が説明する箇所（武谷ほか：1950, p. 63）では、「自然に問いかけること。これは実体論の段階で初めて行われる。Faraday はだから実体論のことを意識していた」（ローマ字）と記し、武谷が挙げていない例を加えている。武谷は、自身の理論を良く理解しているとして、哲学者の中では田中吉六（一九〇七―一九八五）を称賛し、『自然科学と社会科学の現代的交流』の記録においては彼の『史的唯物論の成立』（田中：1949）に言及していたが（武谷ほか：1949, p. 395）、廣重はこれを一九五一年一月に購入して熱心に読んでいる。同書にある、「post hoc から propter hoc への転化における実践の役割」、「自意識と人間的反省の逆転」、「人間の普遍化」、「社会的人間」、「人間の自然化、自然の人間化」、「対象的本質」、「可能性を現実性に転化させる」といった書き込みからは、武谷・田中を介してマルクス主義を学ぼうという姿勢が窺われるが、「もっと当たり前の言葉で言えばよいのに」、「Stakhanov 運動を見よ。是では割り切れない」、「これは非常に誤解されやすく、また、危険な言い方だ」といった注意書きもある。「post hoc、propter hoc」は武谷が現象を単に記述する法則（前者）と因果的な説明を与える法則（後者）を区分するためにに導入した対語（武谷：1968, p. 65）であり、スタハノフ運動とはソ連の炭坑労働者スタハノフ（Алексей Григорьевич Стаханов, 1906-1977）の名を冠した生産性向上運動である。ほか、エンゲルスの『自然弁証法』と『フォイエルバッハ論』を大月書店のマルクス＝エンゲルス選集（エンゲルス：1950）で読み（一九五一年三月購入）、バナールの『科学の社会的機能』（バーナル：1951-1952）（第一部は一九五一年一〇月、第二部は一九五二年一月に購入）も、刊行後二か月程度のうちに入手して、その後熱心に読んでいる。

(B)　読書傾向からわかる通り、大学に入った後の廣重は、マルクス主義に沿った政治活動にも没頭し、具体的には民科の学生部の結成に尽力した（三木：2012, p. 8）。民科は、戦前に弾圧を受けて消滅したマルクス主義者の集団、プロレタリア科学研究所や唯物論研究会に所属していた人々の主導で、一九四六年一月に小倉金之助を会長として結成された社会科学者・自然科学者の団体であり、戦後に急速に高まった民主化の動きの影響により、会員は、廣重が大学に進学した一九四九年には六千八百人、次いで一九五〇年には最盛期を迎えて一万人を超えた（柘植：1980, p. 163）。京都では、一九四六年二月に京都支部が関西支部と呼ばれていたものから分かれて成立し、一九四九年九月段階では、立命館総長の末川博（一八九二―一九七七）、湯川秀樹、同志社総長の湯浅八郎（一八九〇―一九八二）、動物学者の山内年彦が顧問を務めている（民主主義科学者協会京都支部：1949）。

設立当初の民科の活動の目的は、「科学精神を確立し、民主主義科学を建設する」、「科学に対する民衆の意欲を満し、たかめ結集する」、「反民主主義的な文教制度・政策・思想とたたかう」、「新進科学者を養成する」、「科学および技術を民衆のために動員する」、「科学者・技術者の職能的地位を向上し、擁護する」、「科学活動の完全な自由を獲得する」というものであった（民科京都支部委員会：1967）。一九四六年の日本共産党の「科学・技術テーゼ」は、科学技術の発展のために必要であるから民主化を推進すると謳っていたが、民科の場合には、目的と手段が逆であり、民主主義革命のために科学者・技術者が運動を行うことを目指している。このために行われる運動が科学運動と呼ばれている（民科京都支部委員会：1967, p. 6）。

「科学・技術テーゼ」は、科学技術振興のために民主化が必要であると説いているので、科学技術振興に民主化が必要でなくなるような事態、たとえば民主化は進まないが科学技術振興が実現するような事態が生ずれば、説得力は失われる。民科の活動目標も、民主化が科学技術の進展のために必要であるという前提の上に立ってのことではあるが、直接的には、民主化を目指して科学者・技術者が科学運動を行うと定められている（渡部：1946）。この運動は、論理的には、民主的革命が実現しなければ目的を達成したことにはならない。ただし、民科に集まった人々の多くは、科学者の擁護、科学研究の振興などを期待していたのであり、一九四八年一月の第三回大会では、総選挙において民科が特定の候補者を支持したことに批判があったことを受け、民科は「民主的・反ファッシズム的」であることのほかには特定の政治的立場をもつものではないことが確認された（民主主義科学者協会：1948, p. 56）。また、民主的革命・民主主義革命といっても、最盛期には一万人を越えた民科会員の間に何をもってそう呼ぶかについて統一された了解があったわけではなく（民科京都支部委員会：1967, p. 7）、多くの会員が参加できたのは啓蒙活動程度のことであった（廣重：2012, p. 154）。

一方、発足当初から共産党と民科の両者に関わりのある人々はおり、一九四八年ころからは共産党が民科を科学者・技術者の結集する先進的団体として利用しようという姿勢を明らかにするようになったため（中山：1995, p. 312）、この時期から一九五一年前後までは、科学運動に関する主張について、二つの組織の間に明確な違いがあると意識されていたとも考えにくい。事実、一九五〇年代に入って共産党に対する圧迫が強まると、同党科学技術部は、科学技術者を中心とした平和擁護闘争の実施や、科学技術者の日常闘争の政治闘争への転化などを訴える論文を発表した（日本共産党科学技術部：1951）。一九四六年のものと同様「科学・技術テーゼ」と呼ばれることもあるこの文章では、闘争が科学技術のためにあるのではなく、科学者・技術者が闘争のために立ちあがるべきであるとされ、研究至上主義への批判もなされている。

共産党員であった廣重が、科学運動を目的とする組織である民科の学生部を作ろうとしたのは、共産党と民科の目指すものの重なりが大きく、また両者の活動が最盛期にある頃であった。当初、体制の整っていなかった民科は、一九四九年四月の第四回大会で、サークル組織（班組織）と専門部会の確立を目指すことになる。京都支部では、班組織は学生についてのみ作ることとなったが、部会は結成し、各部会から委員を出して支部委員会を構成することとなった（民科京都支部委員会：1967, p. 6）。一九五〇年一一月には民科学生班懇談会があり、一二月には全国支部代表者会議が京都で開催された（民主々義科学者協会京都支部：1958, p.2）。ただし、一九四九年一一月にはＧＨＱ民間情報教育局顧問のイールズ（Walter Crosby Eells,1886-1962）が赤色教授の追放について論じ、翌年には教育界ではレッド・パージが起こったため（民主々義科学者協会京都支部：1958, p. 19）、民科からも多くの科学者が脱退する事態に至り、また、共産党の分裂に至る路線対立も始まっていた。

民科学生部の結成のため、廣重は、一九五四年に結婚することとなる三木壽子（一九二五―）と協力して各地の大学に連絡し、その過程で、生涯の交流を持つことになる北大の岡部昭彦（一九二九―二〇一三）とも知り合った（三木：2012, p. 8）。廣重は「民科学生部のボス」（中岡：1975a, p. 42）とも、「京都民科の輝ける存在」（山田：1975, p. 45）とも看做され、中岡哲郎（一九二八―）を京大理学部自治会の副委員長に据えて学生運動に携わらせるといった役割を果たした。また、占領下で原子爆弾に関する報道の規制の存在していた一九五一年七月に、京都駅前の丸物百貨店において開催された京大同学会の原爆展にも、東京まで写真を借りに行くなどして尽力した（三木：2012, p. 8）。宣伝にあたっては警察による妨害も受けながら、一〇日間で三万人の観客を得たこの展示は、翌年にかけて全国を回ることとなった（中岡：1960, pp. 38-45）。

2　物理学から科学史へ

(A)　物理学から哲学・社会科学におよぶ勉学と、学生運動で多忙を極めたと思われる大学生時代を終えると、廣重は大学院へ進んで湯川秀樹の研究室に所属した。大学卒業のころ、原爆展で写真を借りるために訪れた中央公論社の『自然』の編集部が編集者を募集していると聞き、就職も考えたというが、最終的には研究者の道を選んでいる。このとき『自然』の編集部に務めるようになったのは岡部昭彦であった（首藤ほか：2008, p. 4）。

大学院に進んでまもなく、廣重は、水上大との共著で、『科学史研究』に岡邦雄の論文に対する批判を発表した（廣重：1981, pp. 267-271）。この水上大とは岡部昭彦である（首藤ほか：2008, p. 3）。廣重らが批判の対象にしたのは岡の「科学史の本質」（岡：1951）であり、岡が科学史を社会科学と規定する点が主に取り上げられている。たしかに岡は、サートン（George Sarton, 1884-1956）が科学史を文化史に分類することに否定的であり、科学史を自然科学に対峙する社会科学の一分野としてとらえようとしている。これに対し、廣重らは、自然科学者が求めるのは、かつて武谷が哲学に有効性を求めたのと同様、「科学の現在的観点にたった有効な科学史」（廣重：1981, p. 268）であると論ずる。廣重らはまた、社会的条件のみを問題にする科学史にも満足できないと主張し、武谷のいうように、自然科学は技術的地盤と自然自体の構成と思惟様式の三つによって規定されて進むのであるから、科学史もこれらの関連を把握することによって有効たりうるとする。自然科学的な分析も必要だというのである。

廣重らの一九五二年の論文は、サートンに対抗して社会的条件の分析を重視した岡の科学史論に、実際の自然科学における研究に役立つ科学史を求めようとする見解に基づいて疑問を投げかけたもので、模範としているのは武谷が見せた、科学史を材料に用いながら現代の科学研究においても有効な科学論である。

武谷は、一九五二年六月に京大経済学部で「生産技術論」を講義しており（黒田ほか：2011, p. 47）、廣重も聴講する程度のことはしていたかもしれない。著名人となっていた当時の武谷は、科学論や技術論において新たな成果を得ていたわけではなく、講義は入門的であり、自然弁証法の史的唯物論との関連といった質問については明瞭な応答はできない「幾分不勉強」な状況にあったようであるが、それでも聴講していた辻哲夫（一九二八—二〇一二）はその不勉強は「理論的前進のため」のものであると好意的に解釈した（黒田ほか：2011, p. 50）。水上・廣重論文を見ても武谷への依拠は明瞭であり、このころの廣重は、武谷のように、科学史を題材としたマルクス主義科学論を導きの糸とする理論物理学者たることを目指していたように思われる。

水上・廣重の批判に対し、岡も反論を発表した（岡：1952）。岡は、廣重らの、自然科学の歴史性は、自然の歴史性と人間の自然認識の歴史性の二つに由来するという議論を批判し、後者のみが重要であるとする。岡は、自然の歴史性は、自然科学、特に博物学が扱うものであると考えている。さらに、廣重らが重要視する思惟様式は、技術的地盤と自然自体の構成の「弁証法的綜合」によって基礎づけられる、次元の違う要素であると主張する。また、廣重らが、マニュファクチュア以前の科学は自然自体の構成の反映であるよりも思惟様式の直接の反映であると観察するのに対して、岡は、マニュファクチュア以後の近代科学においても観念論的思惟様式などの影響は強いと論ずる。最後に、廣重らが同時代の社会科学が自然科学に比べて遅れた低い段階にあると判断するのに対し、岡は、自然科学内の各領域（物理学、植物学、地質学など）が「相互浸透」によって同一水準にあるように、社会科学と自然科学も同一水準にあるとする。

廣重らは武谷の議論に依拠して科学史の役割を論じているが、岡は武谷を顧慮することなく、科学史を自然それ自体からいったん分離した上で、哲学史や経済学史と同様、イデオロギー史であり、さらに特殊な歴史科学であると規定する。科学史における時間は歴史的時間であり、これはその他の歴史科学とは共有されるが、自然科学とは共有されない。科学史は、歴史科学の他の分野とは、対象が異なるといった相違点をもつのみであるが、自然科学とは学問としての本質が異なると岡は看做すのである。岡は、科学史を自然科学に役立てうるとすれば、それは理論的・方法論的な側面においてであるとするが、自然科学は独自の論理をもって展開するとは考えておらず、社会の物質的生産力への依存が決定的であると看做している。この点を明らかにすること、すなわち、科学の発展を唯物論と観念論の闘争として描くことが科学史の役割であると岡は論ずる。また、自然科学は社会科学の「濾過」を経なければ人間生活の解放と向上に役立つことはないが、科学史がこの「濾過」を行うと岡は主張する。

廣重らは、武谷に倣って科学史を自然科学に役立てようと逸り、自然科学の社会科学に対する優位を説く。一方岡は、自然科学は自然弁証法に、社会科学は唯物史観によって立つとし、それらは物質的生産によって人間が自然を変革する過程においてつながると理解している。この点を明らかにするのは技術論や技術史であるが、科学史はこれらと内容的に共有するものをもち、自然科学と社会科学の弁証法的関連を歴史的に明らかにするとも論ずる。

廣重らと岡の間の議論には、武谷と岡の間の技術の定義における相違も反映されており、また岡の主張には、一時代前の、唯物論研究会の中で築かれた科学観・技術観の影響が色濃い。武谷の議論が同時代の関心を集めていた当時にあっては、廣重らは岡の議論に採るべきものを認めなかったであろう。しかし、社会の影響を重く見て、「科学史にちょっぴり社会史的・経済史的背景を書添える位のこと」（岡：1952, p. 5）では唯物論と観念論の闘争を描くには足りないと指摘する点で、この時点では岡の方が歴史記述の多様性に向けて開かれた議論を展開していた。

(B)　水上・廣重論文は科学史の自然科学における有効性が関心の対象であるが、一九五二年には、廣重自身の経験の中で、現実の科学と社会との関わりについて検討を迫る状況が生まれつつあった。かつて自身が学生部を設立した民科に対し、廣重が次第に疑問を抱くようになる事態の発生、具体的には、「国民的科学」運動の登場である。

一九五一年八月には、日本共産党のいわゆる主流派は、サンフランシスコ条約や日米安全保障条約が、アメリカによる日本支配、日本の対米従属を強化するとして、民族独立により対米独立を勝ち取るという方針を採択するに至っていた。こうした民族解放が、朝鮮戦争（一九五〇—一九五三）のような惨禍に日本が引きずり込まれることを防ぐという主張もなされた（倉田：1951）。これを受けて、民科では、共産党主流派支持の石母田正（一九一二—一九八六）が「国民的科学」を提唱するようになり、一九五二年の第七回全国大会では、「平和と独立のための科学」、「国民的創造の創造と普及」という方針が採択された（歴史科学協議会：1999, pp. 72-74）。大方針としては、日本はアメリカの植民地的状態に置かれているとして、国民的科学の創造と普及により、民族解放民主革命の実現に資することが目指され、京都における具体的な活動としては、「寄生地主」がいるはずであるからこれを探す、民族資本家は「国民」に入るのでこれを探す、「村の歴史、工場の歴史」を書く、民衆の抵抗の歴史を祇園祭を題材にして書く（民主主義科学者協会京都支部歴史部会：1953）などがあった（民科京都支部委員会：1967, pp. 7-9）。

「国民的科学」運動は、帝政ロシアでナロードニキの唱えた「ヴ・ナロート」（国民の中へ）を自然科学者・社会科学者が実施しようというものであったが、幻燈や紙芝居を使った知識普及活動など啓蒙主義的姿勢が顕著な場面も、活動のために訪れた村で民衆史に学生が目覚める場面も、宿泊場所も食料もなく村を訪問して不審者と疑われる場面も、あるいは逆に偉くなって世の中をよくしてくれと酒を振る舞われる場面もあり、統一的な方針の下に所期の成果を挙げたというわけではなかった（中岡：1960, pp. 66-77）。分野や活動によっては有意義であったと評価されることもあるが、全般的には、政治的な目標をもつ「国民的科学」運動が混乱をもたらし、全国組織としての民科は方向と具体的活動内容を見失って解体するに至ったと理解されている（民科京都支部委員会：1967, p. 9）。

廣重自身の当時の心境は、一九五二年一一月に購入した荒木俊馬（一八九七―一九七八）の『科学論藪』（荒木：1943）の書き込みから読み取ることができる。荒木は天文学者であり、アインシュタインとの交流で知られていたが、戦時下では大東亜共栄圏における日本精神の作興と自然科学の飛躍的進歩の両立を訴える文章を発表していた。『科学論藪』はそれらを集めた書籍である。廣重は、荒木が、「『米英人は世界人類中一段と進化した種族であり、我等は生れつき米英人と同等ではないのだ』と心髄から信じ込んだ結果、正直な大東亜の諸民族は、彼らの暴圧酷政と奪略搾取に諦め、卑屈な飼犬の如き有様では無かったか」（荒木：1943, p. 76）と記した箇所に、「これは今の日本のことだ」（ローマ字）と記している。日本がアメリカの力を過大評価して自ら対米従属という状態を招いていると考えていたのであろうか。あるいは、この時期よりややのちの廣重の立場を読みこむとすれば、このときすでに、日本の科学技術への過小評価に基づいて、科学技術振興が日本の民主化や脱植民地化をもたらすと短絡する論調を非難していたとも考えられる。いずれにせよ、アメリカへの過大評価と、それと表裏一体の関係にある日本への過小評価を、批判すべきものと看做していたことはわかる。

また一方で、廣重は、荒木が、「世界に冠絶する皇国科学の建設、これこそ大東亜聖戦下に於ける皇国学徒の使命であり、而して其の完遂の為に勇往邁進、生命をも顧みざる覚悟こそ、真の滅私奉公の精神と謂ふべきである」（荒木：1943, p. 79）と記した箇所に傍線を引き、その上の余白に、「似たようなことをまるで正反対の場所で聞く」（ローマ字）と記している。これは、荒木の目指す方向とは全く逆に位置する民主革命が主張される場で、戦時下の「日本的科学」や「日本主義科学」と同様に「国民的科学」が鼓吹されることに覚えた反発を示すものであろう。さらに、荒木が、相対論と量子力学の統一を目指す試みが、現象の物理的理解を忘れて形而上学的観念論に堕し、微分幾何学の演習問題のように数学的演算を展開することに終始していると非難する箇所（荒木：1943, p. 118）には、「これは今でも valid らしい」（ローマ字）と記している。自身が携わりつつあった物理学研究の現状に対する、廣重の評価の反映であろう。

廣重が一九五二年に荒木の本を購入したのは、このころ原子力が科学界でも話題となり、その関連で日本の科学史を学び始めたためであったと考えられる。一九六一年の廣重の文章によると、一九五二年当時の民科などの現状認識が植民地化の進行と封建制の復活というものであったのに対し、自身で日本の社会における科学や技術の位置づけを検討してみると、通説とは異なって、日本は「完全な資本主義国ではないか」と考えるようになったという（廣重：1961a, p. 4）。しばらく後、廣重は明治維新のころの日本の科学技術政策の検討を始めるが、その結果、明治政府の制度の創設や改革は「完全にブルジョア的なそれ」であると考えるようになったとも述べている（廣重：1961a, p. 5）。日本を半封建的な遅れた資本主義国であるとする認識や、「国民的科学」の振興によって民主革命を遂行しようとする民科の方針に対して、現状の分析と歴史の検討を通じて、一九五二年以降の廣重は次第に疑問を覚えるようになっていったと考えることができる。

原子力に関しては、一九五二年九月以来、日本学術会議を中心に政府への検討開始のはたらきかけをめぐって議論が行われ、民科物理部会も、学生から大学教員に至るまでの個人や、諸機関の見解を集めた報告書を刊行した（民主主義科学者協会物理部会：1953）。民科の基本的な姿勢は、この当時の科学運動全般の方針を反映したもので、原子力問題を「日本民族の最重要な問題」であると看做し、これを、日本の科学研究が陥っている「とくべつに貧相な土台の上に立った意識」のみから論ずるのではなく、国際的・人類的な視野から検討するべきであるとしている。さらに、原子力問題を論ずる中で「日本の科学研究の土台の貧しさ」が立証されれば、その土台の改革へと議論は進むべきであるとも指摘し、これは国民共通の課題であるから、広範な民族的闘いを呼び起こしたうえで、科学における植民地化の危機を脱する必要があるとも主張する（民主主義科学者協会物理部会：1953, p. 2）。

報告書には、従って、原子力とは直接関わりのない、各研究機関の現状も記されている。そのうち、京大物理学教室に関する報告（民主主義科学者協会物理部会：1953, pp. 67-70）は、物価を考慮すると講座費は一九四一年に比べて一〇年ほどで一講座当たり三分の一に減っているのに対し、研究者数は一講座あたり二倍になっているという現状に言及し、実質的に研究を進めている「下級の研究員」、特に助手や、家庭教師などのアルバイトのために研究時間を削られる無給の研究員、大学院生の困苦を訴えている。さらに、「植民地化」の影響により、海外の装置の導入に研究費が使われて若手研究者への配分が減り、またアメリカ式の業績主義のため、内容も問わず論文や講演の数のみが評価される傾向に拍車がかかっているとも指摘する。教育においては、古典物理学が現代物理学と関連のないまま漫然と講義され、学生は現代的課題に接することができないといった点も指弾されている。

上述の報告では特に実験研究の困窮ぶりが強調されている。一方、廣重もその若き構成員の一人であった日本の理論物理学界、特に京大の集団は、一九五三年に入るころから、同年九月に開催を予定されていた、日本初の国際学会である国際理論物理学会議に向けて準備を加速させ、若手育成もそれと並行して推進された（小田：1977）。会議は東京と京都で開催され、京都での会場には、一九五二年に建設された湯川記念館（一九五三年に基礎物理学研究所が置かれる）が用いられた。

廣重の物理学研究者としての研究の発表は、会議の翌年から行われている。日本物理学会の一九五四年一〇月の年会と翌年春季分科会では、恒藤敏彦（一九三〇—）・藤原出と共同で「Spin2 の Fusion Theory について」と題する講演を行い（恒藤ほか：1954：1955）、同じ春季分科会と同年の年会では、田中一らとともに中性子と陽子の質量差という中間子論の研究を発表した（田中ほか：1955a：1955b）。一九五五年三月から五月にかけて湯川の指導下で行われた「場の理論における因果律」と題するシンポジウムにも参加し、綜合報告の執筆者にも名を連ねている（京大理フィールド・グループ：1955）。英文でも、恒藤らとの共同研究の成果を発表した（Tsuneto et al.：1955）。

(C)　廣重は、既述の通り、一九五二年には日本の科学技術の歴史に関心を持ち始めていたが、翌年の国際理論物理学会議のころから、科学史、特に武谷理論の補強や新展開を目指す研究に着手しようとしていた。これは、新制から旧制への切り替え期で、旧制の三年目にあたる学年が在学期間として必要なため、講義などの義務もなく過ごしていた辻哲夫が、東大で板倉聖宣（一九三〇―）らがやはり武谷の強い影響の下に始めた自然弁証法研究会に呼びかけられ、京大でも同様の組織を設立しようとしたことが直接の契機となって始まったようである（辻：2011, p. 25）。辻は夏ごろから武谷理論の微細構造を分析するための電磁気学史研究を志しており、国際会議前後には、素粒子論の若手研究者二、三人が方法論に関心をもっているが、これでは研究会の発足は難しいと観察していた。この二、三人の中に廣重と恒藤が含まれていたものと思われる。京大において自然弁証法研究会を作るのであれば、民科に働きかけるという方法も考えられるが、このころの民科は、辻の理解によれば、「妙チキリンな集合体があたかも蛇のぬけがらの如くのさばっている」という状態にあった。また、東大の自然弁証法研究会とは連絡が途絶えがちであり、結局、組織としての連携は断念された（黒田ほか：2012, pp. 79-80）。

電磁気学の形成過程に関する勉強は、辻を含む四人で進められ、一九五四年四月にはマクスウェル（James Clerk Maxwell, 1831-1879）にまでたどり着いて、次いで論文にまとめようという段階に入った。このころまでには、辻は、東大の自然弁証法研究会は、方法論の検討は行っているが科学の実践には携わっていないと考えるようになっていた。反対に、自分の研究は、三段階のうち本質論の形成についての分析、具体的にはマルクスの議論との関連の明確化を歴史を用いて実証的に行おうとするものであり、併せて唯物弁証法と科学の内的関連をも探ろうとするものであると自負している。アインシュタインや量子力学についても分析し、最終的には素粒子論の分析へ進むというのがこのころの辻らの目標であった（黒田ほか：2012, pp. 189-190）。辻は、板倉などとの交流が途切れがちであっても、東京で民科の研究会などに参加していた黒田寛一（一九二七―二〇〇六）との文通によって、東大の自然弁証法研究会の情報を間接的に得ることができた。

一九五四年七月には、電磁気学史に関する論文の構成もおおよそ決まり、廣重は場の理論形成に至るまでの史的分析を、辻は、個別にファラデー（Michael Faraday, 1791-1867）における理論形成の分析と、ニュートン以来の理論発展過程の論理構造の分析を、恒藤はマクスウェルを、それぞれ担当することとなった（黒田ほか：2012, pp. 257-258）。一一月には、『科学史研究』に投稿する予定も立ち（黒田ほか：2012, p. 306）、廣重が科学史学会とのやり取りを行って、百枚の長さの原稿を送付した結果、一二月上旬に受け取りの通知を得ている（辻：2011, p. 11）。辻としては、自分たちの実践的立場からの分析と、理論の解釈に終始する東大自然弁証法研究会の議論との違いを、この論文によって明らかにするつもりであった。

『科学史研究』に送られた論文は、一九五五年四月と七月に分けて掲載された。前半が東京に送られたのであろうか、五月頃には、京都の廣重・辻・恒藤と、東京の関根克彦・板倉・川上武（一九二五―二〇〇九）が、電磁気学史を中心に二時間ほど議論する機会があった。板倉は、『物理学と矛盾論：古典力学・電磁気学・量子力学の歴史的な分析』（板倉：1955）と題する論文を三月に刊行していたが、辻らは自分たちの論文の完成段階に至ってようやくこれを入手したため、内容に取り入れることはできなかった（廣重：1980, p. 29）。東京と京都の若い学生たちの対決によって、武谷理論の影響のもとに独立に進められた物理学史研究の成果の突き合せがなされたことになる。辻は、板倉が力学と電磁気学の関わりを問題にしていない点や、ファラデーからマクスウェルに至る過程を過小評価している点を批判しているが、東京の議論にも成果があることを認め、今後の協力の可能性を探ろうと考えている（黒田ほか：2012, pp. 347-348）。辻・廣重・恒藤が発表した論文の末尾には、板倉論文も併せて読むよう記されている（廣重：1980, p. 29）。

「電磁場理論の成立」と題された辻・廣重・恒藤の共著論文（廣重：1980, pp. 1-31）は、古代からマクスウェルに至るまでの電磁気学の通史的記述を試みたものであるが、冒頭に記されているのは、素粒子論における「場と物質の本質的統一」という課題の解決に関して、歴史を検討することで示唆を得ようという意図である。科学の歴史は「物質の運動を探求してきた自然認識の発展過程」と捉えられ、電磁気学と力学の関連は「現象的記述から本質的分析へと、逐次段階的に深められて」いくと理解されているなど、自然弁証法や武谷理論の強い影響を見ることが出来る（廣重：1980, pp. 1-2）。具体的な歴史の中に方法論的な示唆を得ようとする姿勢も顕著であり、たとえば、電磁気現象において力学的運動と共通する場面が最初に注目されるのは、「物質の運動様式は弁証法的な立体的構成」をもつためであるとされる（廣重：1980, p. 11）。しかし、「物質運動の認識」において優れていたファラデーはここから脱し、エネルギー保存則の検討において、共通の「力」が多様な現象として現れると指摘したことも確認されている（廣重：1980, pp. 12-13）。さらに廣重らは、ファラデーが分極した粒子を感応（電磁誘導）の「実体的な構成」として捉え、これにより感応の「本質的把握」への歩みを進めたと評価する（廣重：1980, p. 18）。

論文全体は著者三名が議論をしたうえでの成果であり、論調の中に見られる武谷理論への依拠は、程度の相違はあれ三人が共有していたものであろう。ただし、実体・本質といった言葉が現れるのは辻や恒藤が主として担当した部分であり、廣重が担当したと思われるファラデー以前の電磁気研究の箇所には、「反対物に転化した」、「自己に対立する要素を自らの中に生みだす」といった弁証法の影響の強い表現は見られるものの、三段階論で整理しようとする意図は見受けられないようにも思われる。

廣重は、一九五二年以来、自然科学に示唆を与えうる科学史に期待し、また社会史的な関心から科学史に関心を抱くようにはなっていたが、共著論文が発表された一九五五年には、科学史の研究に専心することを決意した。この年、村田全（一九二四―二〇〇八）に英文の素粒子論の論文（Tsuneto et al.：1955）を渡し、読まなくともよいがこれが自分の物理学に関する最後の論文であると告げている（村田：1975, p. 82）。この年から一八年後に刊行されたカルノー（Nicolas Léonard Sadi Carnot, 1796-1832）の翻訳のはしがきでは、廣重自身が、一八年前に京大の物理学者で科学史にも関心の深かった田村松平（一九〇四—一九九四）に薦められて翻訳を始めたことが、科学史研究に専念する端緒であったとも述べている。原著者の立場で著作を理解しようと努めるうち、そのためには科学史の調査・研究が必要であることに気付き、これを行いながら、科学史は趣味や片手間で片付くものではなく、独立した研究を要し、またそれに値することを痛感したという（カルノー：1973, pp. i-ii）。

電磁気学史の論文の共著者の辻は、当時から二〇年を経た回想で、恒藤を含めた三人の研究が始まった当初は廣重は二人を遠巻きに見ていたようなかたちであったが、論文がまとまるころには一番積極的になっていたと語っている（辻：2011, p. 28）。もう一人の共著者恒藤は、やはり同時期に主として物理学の中の議論においてであろうが、特殊な問題に関する長い計算や数学的形式的な展開を進めるよりは、概念的な思考を好む廣重の傾向を見て取っている（辻：1976, p. 25）。

一九五五年の廣重は、理論物理に不満を覚えつつ、科学史、特に学説史と呼ばれる理論の展開の歴史に関心をもち固有の意義を感ずるようになっていた。科学の社会史と呼ばれる制度や政策の歴史については、科学運動との関わりで調査を行い関心は抱いていたものの、専念するほどの魅力は感じなかったようである。

また一方で、一九七一年になってからの回想では、本来物理学を好んでその道に進もうとしていた自分が、「脇へそれて科学史にもっぱら取り組むようになった」理由として、「職業的な物理学の世界に身をおいてみて、こんな物理学はいやだと強く感じるようになっていった」（傍点は廣重自身のもの）ことを挙げている（竹内ほか：1971, pp. 226-227）。直接的には、恒藤の言う、計算に終始する研究を嫌ったのであろう。廣重は、物理学を、武谷が行って見せたように思想上の挑戦や冒険ができる領域であると考えたのであろうが、一九五〇年代の日本の物理学はそのような状況にはなかった。一方で、物理学の歴史的展開を追う作業には、未開拓で知的刺激に満ちた課題が多々あることが、電磁気学史の研究やカルノーの翻訳を通じて、明らかになったのであろう。

中岡哲郎は、一九七五年の文章（中岡：1975a）において、廣重が彼に、研究者の道を歩み始めると、対社会的には「科学精神」を説きながら、学界内では権力者や競争主義者として君臨する科学者の姿に疑問を覚え、科学に対して徐々に幻滅を覚えるようになったと語ったと回想している。廣重が「いやだ」と感じた「こんな物理学」を描写しているようにも思われ、こうした状況が物理学から離れる理由の一つにはなったとは推定される。もっとも、科学史に移っても、物理学ほどではなかったかもしれないが、類似の状況はあった。一九五二年の水上・廣重の論文の冒頭には、岡を批判するにあたって、「私たちはいまだ学窓にある身でもあり、大先輩に向かって物がいえるほどの身分でないことは充分自覚している」との断り書きがある――とはいえ文章全体では遠慮なく議論を展開しているが。また、一九五六年には、旧来の科学史家の間に、「礼節を守って、ある程度以上は他の批判をしないという」「サロン的悪風」が存在することを認めている（廣重：1981, p. 285）。ただし、研究者の数が少なく、それに比べれば未開拓の領域の大きい科学史には、素粒子論のように熾烈な競争は存在しておらず、また、学問領域としても、日本人初のノーベル賞受賞者を擁する物理学ほどの対社会的権威はなかった。

以上を総合すると、廣重が物理学から科学史に移った最も重要な理由は、科学史、特に学説史のほうが自身の知的関心をより強く引いたからというものであると考えるのが適切であろう。物理学の理論研究を手掛けてみてこれに幻滅を覚えたことも消極的な理由ではあろう。科学者集団への批判は、あったとしても、分野を変える強い理由ではなかったと考えられる。廣重は三木壽子と一九五四年に結婚したが、その三年後にこう記している。「二三年前僕は科学史に専念する道へ踏切ったものかどうか迷っていた。科学史への志向はきわめて強かったが、いろんな事情への配慮が僕を制約していた。そのとき妻が「自分のしたい研究をいろんなことへの気兼ねからやめることはない。したいことをしなさいよ」といってくれたのは大きな励ましであった」（廣重：1957a）。また三木はのちに、廣重は初め何か計算をしているようだったが、やがて科学史の方が面白いと言って転向したと回想している（三木：2012, p. 9）。廣重が科学史に移った事情はおおよそのようなものであったと思われる。

廣重が科学史に移るにあたって配慮したのは、まず、どのように生計を立てていくかという問題であったであろう。物理学を専攻していても大学への就職が確約されるわけではなかったが（無署名：1957）、科学史に比べれば展望は開けていた。この点で、伴侶が好きな分野を選ぶよう薦めたというのは、科学史に進む上で大きな意味があったが、また廣重自身にも、ある程度の計画はあったであろう。一九五〇年代前半のことと思われるが、やはり科学史に関心を抱いていた中山茂（一九二八―二〇一四）に、共産党科学技術部を名乗っていた星野芳郎（一九二二―二〇〇七）は児童書を出すことを、ジャーナリストの金関義則（一九一五―二〇〇一）は翻訳を行うことを薦めたという（中山：2013, p. 76）。金関は自身で原著を用意し、共訳者を務めた。一九五七年には、廣重は、単独の訳書を一冊、共訳を二冊刊行しており、一九五八年には子供向けと思われる単著、『原子と原子力の話』（廣重：1958a）を発表している。共訳書のうち一冊は金関とのものであり（ブリュー：1957）、中山の勤務していた平凡社から刊行された。単独で訳した『アインシュタインの生涯』（ゼーリッヒ：1957）も、金関の紹介で商工出版社から刊行された。廣重は、当面、こうした仕事によって生計を立てていこうとしていたものと思われる。一九五七年には日本大学理工学部に講師として就職するので、生計に関する懸念は解消される。

3　武谷三男批判と科学運動批判

(A)　一九五五年一〇月には、物理学者の内部にもあった科学史への関心を受けて、日本物理学会において、「近代物理学史シンポジウム」が開催され、多くの参加者を集めた（廣重：1981, pp. 283-234）。廣重は初日に恒藤・辻との共著論文に基づく発表を行い、板倉も電磁気学の形成史について講演を行った。同日の講演者は、やや上の世代の高林武彦（一九一九―一九九九）と菅井準一（一九〇三―一九八二）であった。廣重の観察によれば、準備不足もあって議論は散発的であり、特定の話題に集中した検討は行われなかったようである。二日目は日本の現下の物理学の研究体制を主題とし、坂田昌一を含む五名の話題提供があった後、自由討論が行われた。こちらは歴史とは直接かかわりのない現状の問題についての話し合いのようなものになった。シンポジウム全体は、科学史・技術史の研究が各所・各人によって連携のないまま行われていることを明らかにしたが、廣重自身は、意見交換を活発に行い新たな領域を開拓することで分野の進展が見込まれるとの期待も抱いたようである。

シンポジウムの翌年、一九五六年には、廣重は、「物理学史の戦後10年間」を『自然』に発表し、戦後の物理学史研究を総括した（廣重：1981, pp. 272-291）。シンポジウム開催を好機と捉え、分野の現況を明らかにして、自身の進む道を見出そうという意図があったのであろう。この文章では、廣重は、戦後の科学史の出発点として、民科の活動を取り上げている。民科が科学史を主題とする講演会を行ったのは、民主化運動の一環として、科学の民主化、人民のための科学の推進、唯物論を基礎とする科学の建設などを訴えるためであったと廣重は指摘する。同時期に現れた近藤洋逸（一九一一―一九七九）、武谷三男、原光雄の研究は、唯物史観を基礎とする方法論を意識して具体的な科学史の具体的な検討を提示し、科学研究に役立つ科学史を志向したとして評価されている。この時期の研究は、若者の関心を科学史に向けさせる役割を果たしたとも述べられている（廣重：1981, p. 294）。廣重自身がそうした若者の一人であった。

特に武谷の研究については、廣重は、三段階論の形式的な適用は「図式主義」に陥る可能性があると注意しつつも、自然科学に対する自然自体の論理的構造からの規定が追求された唯一の例であるとして、その意義を高く評価する。従来の科学史では、技術的要求やイデオロギー的制約が論じられるにとどまっていたとも廣重は指摘するが、ここは岡の議論が意識されているようでもある。さらに廣重は、武谷によるガリレオの役割の評価――実体論的であるとした——が力学形成史の出発点を成すとし、中間子論の発展においても、武谷が二中間子論やC中間子論の問題点を整理して、唯物論が物理学において有効であることを示したと論ずる（廣重：1981, p. 295）。量子力学史に関しては天野清の先駆的な研究への言及もあるが、武谷の『量子力学の形成と論理 I』（武谷：1948）の綿密な資料の分析と原子模型の確立の意義の指摘を称賛し、さらに、同書が、相対性理論がマッハ主義に基づくものではなく、光量子と結びついていたことを明らかにした点を特に取り上げて重要であると述べている（廣重：1981, p. 276）。自然あるいは自然科学の観点から科学史を吟味する姿勢も濃厚であり、朝永振一郎の『量子力学』（朝永：1948）については、量子力学の形成過程を分解して、「偶然的」なものから「本質的」なものを剔抉する手法を取った点を評価している。

敗戦直後の動きとしては、名古屋大学、東大自然弁証法研究会、東京教育大学物理学史研究会、東京大学教養学部の玉木英彦（一九〇九—二〇一三）を中心とする集団などへの言及がある。名古屋大学では坂田昌一の下、武谷理論を生かした素粒子論研究がなされていると考えられており、梅沢博臣（一九二四—一九九五）の『素粒子論』（梅沢：1953）などが注目されていた。辻は名古屋の動向を知るための手がかりとして同書に注目し（黒田ほか：2012, p. 48）、廣重も一九五三年八月にこれを購入して、書き込みを入れながら読んでいる。辻の理解では名古屋は実体論から脱出する方向が見えておらず、廣重は科学史が素粒子論に活かされている点を評価しながらも、「名古屋的」難解さがあると指摘した（廣重：1981, p. 279）。

自然科学における科学史の有効性を意識しながらも、廣重はまた、それが安易に主張されることへの懸念も示していた。科学者の側からはすぐに役に立たないことが指摘され、これに煽り立てられて無内容な「発展の論理」に奔る科学史研究が現れて不信を買うといった悪循環が見られることや（廣重：1981, p. 280）、科学史が歴史であり独立した科学であって素粒子論等の「はしため」ではないことを、廣重は確認しようとする（廣重：1981, p. 285）。独自の方法論を持つことの重要性も主張されており、特に当時注目を集めたスターリン（Иосиф Виссарионович Сталин, 1878-1953）の言語学論文を消化して方法論に生かすことの重要性が訴えられている（廣重：1981, p. 285）。廣重はスターリンの当該論文とその評価を掲載した書籍（コンスタンチーノフほか：1952）を一九五二年一二月に購入し、書き込みをしながら読んでいるが、自然科学史にとっての意義を記した章（コンスタンチーノフほか：1952, pp. 441-458）の末尾には、「大したことはない」（ローマ字）と記している。多くの人々の目に触れる可能性のある出版物では、本心を隠してマルクス主義本流への一応の配慮を示したのであろうか。ただし、廣重のこの文章が刊行される前後にスターリン批判が起こるので、以後は自身がかつてスターリンを賞賛したことも顧みられなかったであろう。

日本の物理学の歴史についても、もし継承すべき遺産がないとすればその理由が何であるのかも含めて、研究されなければならないことが確認されている。廣重は、バナールらの著作が紹介されたことは評価しているが、バナールの議論はイギリスで生まれたものであり、日本科学史への適用には限界があると指摘し、進歩的学会の中にも見られる、各国各地域の固有性を無視する「コスモポリチズム」を批判する（廣重：1981, p. 286）。

一九五六年の廣重は、独立した学問としての科学史の意義を主張しながら、その成果が自然科学に役立つことをも評価しようとしていた。自然科学が自然の論理的構造を反映したものである点を考慮に入れた武谷を称賛し、国民的科学創出の主張にも似た日本の事情に応じた科学史研究の必要を訴えて「コスモポリチズム」に抗し、スターリンの著名な論文を方法論に生かそうとする意向も見せた。これが、本格的な研究に入ろうとする以前の、日本と自分の位置の確認から得た、廣重なりの現状把握であり、今後の一応の指針もこれに基づいて立てられている。

(B)　一九五六年初め、『自然』に戦後一〇年の物理学史の総括を発表した時点の廣重は、自身で学説史研究を行うようになったことで、図式的な科学論への疑念をわずかながら抱くようになり、科学史に固有の学問的意義を認め始めてはいたが、自然科学それ自体、あるいは科学史についても、原理的な理解は、従来通り、民科や武谷に依存する所が大きかった。この状況は、一九五六年に入ってしばらく後に変化する。その端緒は歴史研究ではなく、自身の周辺の、科学と社会の関わりの動向の観察によってもたらされ、今度は科学の社会史における研究に反映されることとなる。詳しい検討は、敗戦直後からの歴史とともに、一九五九年から『自然』に連載され、一九六〇年に『戦後日本の科学運動』として刊行される著作の中で展開されるが、それ以前にも、廣重は、ごく断片的にではあったが、日本の科学の変容について記している。

岡部昭彦が編集者を務める『自然』には、「一家独鳴」という無署名時評の欄があったが、一九五七年三月号の「神武景気と科学者の場合――科学者の本来的使命」（無署名：1957）は廣重が執筆している（廣重：2012, p. 126）。ここで廣重は、一九五五年頃から理工系の卒業生や研究者の就職状況がよく、物理学科への進学も就職を念頭に置いた者が増えていることに注目している。ただしこれを歓迎するのではなく、大学が就職準備教育に追われ、科学技術者が外国から買った技術を日本の産業の中にはめ込む作業に忙殺されるであろうことを懸念する。日本が外国依存型の遅れた資本主義国であるという民科に倣った理解の上に立っているようであるが、その一方で、廣重は、かつてのような基礎科学を守れという主張も、科学者の失業を訴えて同情を買おうとする戦術も、無効になると見越している。

廣重はさらに世界科学者連盟の目的を引用し、第一に、「平和と人類の福祉の増進に科学を最大限に利用するために活動すること」が挙げられている点に注意を喚起する。ところが日本では、科学者の社会的責任は科学の悪用への反対によって果たされると理解され、それは一定の成果は挙げてはきたものの、科学が平和と人類の繁栄のためにどれほど役立つかについての啓蒙は不活発であった。廣重は、この種の啓蒙的活動こそ科学と科学者に対する国民の支持を生み出すはずであると指摘する。さらに、科学者・技術者への需要の高まりが、科学・技術・生産の健全な発展を生み出すわけではなく、大学の理工系学部や科学技術者の多忙な状況のみを生む結果に終わることを見通せなかった点については、科学史家・技術家・技術論者に責任があるとする。

廣重は、日本の資本主義の対外従属を認めながら、一方で、科学技術振興が平和と人類の福祉の増進につながっていない現状に危機感を覚えているのである。かつて、民科や共産党では、科学技術と民主主義が手を携えて歩むものと理解されていたが、廣重は、一九五五年以降の日本の状況は、科学技術のみが繁栄し、平和と人類の福祉が置き去りにされる方向に進んでいると観察していた。ここで廣重は、平和と人類の福祉が実現されることを重要視してはいるが、かといって科学技術の振興がそれをもたらさないことをもって、科学技術振興が悪であると断ずることはなかった。そうではなく、科学・技術・生産が、「健全」な発展をしていないと主張したのである。

科学と社会の関係についての見解の変化は、次いで、学説史における見解にも反映した。恒藤・辻と共著で一九五七年に発表した「電気力学を進めた人たち――アンペールとノイマンの場合」（廣重：1980, pp. 34-48）には、三人で研究を始めたころの雰囲気が残り、例えば、アンペール（André-Marie Ampère, 1775-1836）はすべてをニュートン力学に還元しようとしたために電磁気現象の「本質的な」認識に進めなかったといった記述（廣重：1980, p. 38）が見られる。また、オームの法則に関する記述では、起電力は本質的な要因であり、抵抗は物質ごとの偶然的な要因である（廣重：1980, p. 43）といった武谷風の言葉遣いも認められる。しかし、一九五八年の「アインシュタインは時代遅れの科学者か？」（廣重：1980, pp. 49-51）では、量子力学に反対した時代遅れの物理学者と看做されることのあるアインシュタインが、場の概念の拡張を目指した物理学の王道を歩んだのに対し、特殊相対論の数学的定式化のみを都合のよいように使う現在の素粒子論の方法は、「実用主義的」な「計算物理学者」のやり方であり、「理論」物理学者が採るべき道ではないのではないかと問うている（廣重：1980, p. 50）。科学技術振興によって安定的な状況を得つつあった物理学者たちが、安易な研究を選んでいるのではないかという疑問を提示しつつ、この疑念をアインシュタインの再評価として科学史研究に反映させているように読める。

さらに、同一九五八年の「戦後物理学史の回顧と展望」（廣重：1981, pp. 292-294）では、民主化と科学振興の動きに後押しされ、敗戦直後には勢いのあった科学史が、次第に弱体化していった要因を分析し、日本の資本主義が復興して社会が相対的に安定化に向かったため、科学者も科学史家も、個々の領域に安住しつつあると指摘した。科学史、特に物理学史が主題の文章であるため、科学そのものについての検討はあまり多くはないが、日本の物理学が仁科・湯川から始まるかのような印象を与えているのは、坂田・武谷らの回想がそのまま歴史記述であると受け取られているためであるとの分析もなされている。さらに、物理学史においても影響力のあった坂田・武谷らの理論から脱却を図る方途として、明治の地球物理学を再評価すること、仁科芳雄や湯川が重視されがちな量子論・相対論中心の物理学史をひとまず措き、後発の日本の物理学が先進諸国に追いつくためにどう進むべきであったかと問うようにすること、および磁気論などの物性論に注目することが提案されている。

一九五九年に入ると、科学史の方法論に即して、武谷理論からの脱却が図られるようになった。「古典電磁気学における場と電荷」（廣重：1980, pp. 52-60）では、冒頭で、過去の科学史研究が、現在の見地に立って過去の成功と失敗を裁定するという方法か、特定の科学方法論に依拠してやはり成功と失敗を説明するという方法のいずれかを取っており、両者ともに、歴史の中の科学の具体的な姿を明らかにすることのない、現在の視点から過去を判定する「結果論」に終わると断じている。特に後者の科学方法論としては、武谷の三段階論に言及している。廣重はここでも、自然科学の発展は自然の論理的構造によって規定されること、および科学史における論理的分析の意義を認めているが、それが科学史研究の主要な部分であるとは看做していない。論理的法則性は「偶然性の媒介」によってのみ貫徹するのであり、錯綜する偶然性のなかから必然性が現れる過程を明らかにするのが歴史的分析であると廣重は述べる。そのうえで、マクスウェルの電磁気学からローレンツ（Hendrik Antoon Lorentz, 1853-1928）の電子論に至るまでの場と電荷の概念の変遷が概観されるが、最終段落では、マッハとポアンカレの時間空間概念の再検討の重要性が指摘される。ここで再び、武谷の議論への直接の言及があり、詳論はされないが、相対論の形成には、武谷の主張するように、光子による電磁波の理解からエーテルが放棄されたことが重要であったわけではなく、時間空間概念の絶対性への疑問視の果たした役割が大きいと主張される（廣重：1980, p. 59）。

一九五九年の廣重は多方面での検討を試みており、その先々で武谷的方法論の不毛さを感じつつあった。「電磁気測定史ノート」（廣重：1981, pp. 93-104）は、廣重が以後主題としては取り上げることのなかった測定や機器の歴史を扱っているが、そこにも、時代ごとの具体的な測定の方法を明らかにせず、現代的な物理量の概念に基づいて過去の理論を理解して、そのうえで「何々論的段階」と名付けるのは「内容空疎」であるとの配慮が働いている（廣重：1981, p. 94）。廣重は新たな概念・物理量やそれらの間の関係の発見・分析といった理論上の成果に対してより強い関心を持っていたが、そうした成果が生まれた時期に、どの程度の測定が可能であったかを把握しておくことの重要性にも気づいていた。

科学史を現代の視点から記述すること、すなわち現代の科学に基づいて科学史を記述することへの批判は、重点を置き変えること、すなわち、科学史の視点から現代の科学を理解すること、つまり現代の科学を過去の科学の延長線上において捉えることの重要性の主張へと廣重を導いた。その成果はやはり一九五九年の「科学史における歴史性と有効性ということ」という小文（廣重：1981, pp. 295-297）において披露されており、廣重は、現在の科学研究にとって有効であるのは、過去を調べるのみの科学史でも、現在を肯定するのみの科学史でもなく、錯綜する諸概念や無秩序な事実の集積の中から新たな概念が生まれる過程を分析することであると論じた。現在と過去はともに歴史的過程としての共通性を持つという理解に立ち、現在から過去を眺めるのではなく、過去から現在を観察するという方法の採用を主張したのである。そのうえで廣重は、何らかの法則のようなものに依拠することの危険性も指摘する。廣重は、科学史の目的は、二、三行で定式化できる法則――廣重は科学史にそのような法則は存在しないと考えているが――を見出すことにはなく、多様な歴史的条件の中から必然的な発展方向が現れる具体的状況を分析することであると主張する。そしてここでは、武谷理論の発展を目指して、科学史における法則――物理学・化学における法則のようなもの――の発見の意義を主張する板倉の名前を挙げ、科学史の意義は、そうした「骨組」の比較ではなく、「肉」をつけることにあると論ずる。歴史の側に自身を据えて科学史と現在の科学を分析することを決心した廣重の姿勢が明確に現れている。

廣重と板倉との間には、電磁気学史から相対論への移行の過程に関する具体的な見解の相違もあった。板倉が、マクスウェルが電磁場の理論を確立した上で場の概念を取り出したと主張し、さらに、このマクスウェルの理論がどの座標系において成り立つのかという問題に答える新たな法則・原理を特殊相対性理論が与えたと論ずるのに対し、廣重は、マクスウェルでは場は物質に付随しており、ローレンツを経て相対論に至って場が物質から切り離されたと考えていた。この主張は、一九五九年のうちに、「古典電磁気学と相対性理論――板倉氏の科学方法論への批判をかねて」において展開された（廣重：1980, pp. 61-75）。

廣重の反論は、個別の事項を離れて、さらに板倉の方法論全体にも及んだ。板倉は、マクスウェル方程式の成り立つ座標系を相対論が定めたことを、古典力学における慣性の原理の確立、すなわち慣性系の確定になぞらえて理解し、両方の理論体系の形成過程に同一の論理的構造が見られると指摘する。廣重は、自身の反論によってこの主張が成り立たないことが示されたとし、さらに、科学史においては物理学や化学の法則と同列のものは成り立たないと主張する（廣重：1980, p. 70）。

廣重も、歴史に法則性が存在することを否定はしないが、そのような法則性は科学にとっての有効性を示すような内容は持たないと論ずる。廣重はさらに、具体的な事例に言及し、後の人々からは、たとえば「実体論的段階」であることを意識しなかったために、実体の導入に失敗したと判定されるような状況が、実際にはどの領域まで当時の理論が有効であるかといった問題に関わる微妙な判断の影響の下にあったことを指摘し、具体的な研究は複雑な精神活動そのものであって、発展法則によって単純に記述できるようなものではないことを示した（廣重：1980, pp. 71-72）。歴史の中の科学の姿を、錯綜した状況から次の道が示される過程として叙述することで、やはり歴史の中にある現在の科学の姿を明らかにすることができる、それが科学史の有効性を示す方途であると廣重は主張し、こうした科学史が現場の科学者にも求められている例として、井尻正二（一九一三―一九九九）の言葉を引用している（廣重：1980, p. 72）。井尻は、科学者が必要とする科学史・科学概論は、公式論ではなく、具体的な地質学者、たとえばライエル（Charles Lyell, 1797-1875）が、実際に置かれた状況でどのように地質学原理を導いたかという個別的な記述であると論じていた（井尻：1954, p. 33）。井尻は地学団体研究会（地団研）の指導者であり、地団研が加わった後の民科において「国民的科学」の創出が目標とされたのは、井尻の方針が採用されたと看做されるほどの影響力を持つ人物であった。

板倉の方法論上の師は武谷であり、廣重の武谷への反論のうち、後の機会に持ち越していたものも、一九六〇年に入ると発表された。「特殊相対性理論成立の要因」（廣重：1980, pp. 76-87）がその場であった。ここでは廣重は、光量子論の立場からアインシュタインがエーテルを放棄し、そこから相対論への道が開かれたとする武谷の主張への反論を、エーテルを放棄しないローレンツが相対論と同等の結果に達していたこと、にもかかわらずおそらくは共変性への無関心から時間空間概念の変更や相対論には至らなかったこと、従って相対論の形成には時間空間概念の相対性を説くマッハの影響が重要であったことを具体的に示しながら展開した。光量子という新しい実体を導入したために新しい運動学が必要になったという武谷の「スローガン的な思考」については、実際には試行錯誤を繰り返しながら進められた具体的な検討の過程を無視しているとして厳しく批判している（廣重：1980, p. 87）。

一九五六年以降の日本の科学の変化についての観察から、民主化への科学の貢献に関して疑念を抱いた廣重は、検討を進めつつあった電磁気学から相対論に至る過程の研究に即して、現在の自然科学への貢献を重視する科学史から、歴史の側から現在を検討するための科学史への移行を果たし、その過程で、武谷理論と板倉の方法論への批判を、具体的な歴史の事例に即して行った。武谷や民科の科学論が、科学の現状のみならず科学史をも含む議論であったために、廣重においても、同時代の科学の動向への洞察と科学史研究は相互に刺激しあいながら進展することとなった。その具体的成果はまず学説史において現れたが、しかし、廣重の活動のうち、より広い関心を集めた科学の社会史の研究も、同時期に、上述の学説史研究の成果と並行して発表されていた。

(C)　廣重の社会史研究、具体的には戦後の科学運動史の総括という、同時代史研究ともいえる検討の成果が発表されたのは、やはり『自然』においてであり、一九五九年から連載された後、一九六〇年に『戦後日本の科学運動』（廣重：2012）として刊行された。一九五六年からの科学の変化に刺激され、敗戦直後からの科学運動を、自身が直接経験した内容を反映させつつ描写したこの著作において、廣重は、科学と社会の関わりに関する自身の見解の、この時点での根幹に相当する部分を披露している。

廣重の叙述は、総額三百億円を超える、巨大加速器の建設を含む原子核物理学の研究計画を構想しうるに至った一九六〇年の日本の科学の状況と、自身が京大の物理学科を卒業した一九五二年当時とを比較し、復活を遂げた日本の独占資本主義体制が科学技術の振興を必要とし、これをその一部として組み込もうとしていると指摘することから始められている（廣重：2012, p. 11）。独占資本主義体制といえば、共産党・民科に所属した経験をもつ廣重はもちろん、一九六〇年当時の知識人や学生全般が、米国帝国主義と並んで諸悪の根源と看做す対象であり、その特徴を説明するまでもなく、否定されるべき対象であった。具体的に言えば、民主化や民主主義革命によって打倒されるべき対象が、この独占資本主義体制である。科学運動は、敗戦直後から、民主化と科学技術振興は手を携えて進むという信念の下に維持されてきたが、一九六〇年の廣重が確信したのは、科学技術振興は進展するが民主化は停滞もしくは衰退するという一九五六年以来の傾向と現状であり、これは従来の科学運動の基礎となっていた現状認識に重大な誤りがあったことを示していた。その誤りがどこにあり何に由来していたかを探るために、廣重は科学運動の歴史の検討を行おうとしたのである（廣重：2012, p. 14）。

廣重自身の結論はすでに「序」で述べられており、それは、誤りの原因は、科学運動を導いた思想が合理主義であったことにあるというものであった（廣重：2012, p. 15）。日本を半封建的な遅れた資本主義国と看做すのであれば、あるいは「神がかり的非合理主義」への対抗手段としては、合理主義に基づく科学技術振興は有効であったかもしれないが、すでに近代化された国家独占資本主義体制の実現している日本では、合理主義の推進はむしろ現体制を強化することとなる。にもかかわらず旧来の方針通りに科学運動を進めても、民主化という目標は達成できないというのが廣重の主張である。

科学技術振興のみが目指されているのであれば、独占資本主義体制下であるとはいえ、戦前に比べればはるかに民主的な社会で科学が発展を謳歌する現状を歓迎すべきであろう。廣重自身、先端的研究を行うために体制に順応し帝国主義のアメリカに留学を望むような、科学者の本来的な「弱さ」はよく認識していた（廣重：2012,p.81）。しかし、少なくとも廣重にとっては、科学運動とは、民主化を犠牲にして科学のみが発展することを許すものではなく、むしろ、民主化や平和と人類の福祉の増進のために科学が貢献する状況を作りだすことを目指すべき活動であった。民主化が進展せずに科学への経済的支援が拡大する状況を目前にすれば、科学には民主化を進める力はない、あるいは科学技術振興と民主化は必ずしも共に歩むものではないという判断を下すこともできたであろう。しかし、民主化を科学より重要な目標として設定する一方で、この時点の廣重はまた、科学は民主化とともに進むものである、少なくとも「科学・技術の自律的な発展」は、体制との緊張を保ちながら国民の福祉にこれを役立てるという方向においてのみ実現するという信念をも抱いていた（廣重：2012, p. 150）。

『戦後日本の科学運動』における廣重は、自分を含めた、かつてのあるいは現下の科学運動の推進者たちに憤っているのであり、その怒りが向けられたのは、より具体的には、明言はされていないものの、科学と独占資本の密接な関係に気づかず科学技術振興の有効性を信ずる人々、その関係を知りながら——しばしば気づかぬふりをして——民主化と科学技術振興の両立を唱える人々、および民主化という目的を明示的または非明示的に放棄して「理工系ブーム」などに便乗する人々であったと思われる。同書は、科学運動に関する客観的な記述を旨としながらも、上述のように特定された前提・目的と対象をもっており、それらを共有しない読者には、やや理解しづらい展開が各所にみられる。

『戦後日本の科学運動』の前半では、廣重は、敗戦から一九五九年当時に至るまでの時期を、一九四五年から一九四八年、一九四九年から一九五一年、一九五二年から一九五五年、一九五五年から一九五九年までの四期に分け、科学技術と日本社会の関わり全般を記述している。

敗戦から一九四八年までは、具体的な科学技術の進展は目覚ましくなかったものの、民主主義と科学への期待は大きく、たとえば武谷三男によって、科学者・技術者と労働者が協力して社会化された資本主義を建設するといった方針が導かれた（廣重：2012, p. 35）。科学運動の基本的な姿勢も、その具体的な推進組織である民科もこの時期に形成され、中央における日本学術会議の設立や、いくつかの大学における教室の民主化も実現した。廣重はこの時期を「窮乏と鎖国の時代」と名付けるが、科学運動は活発であり、「腹はへっていたが、意気はさかんであった」と描写する（廣重：2012, p. 18）。

続く一九四九年から一九五一年までは廣重の大学生時代であり、占領政策の変更に伴う民主化の後退、レッド・パージ、独占資本主義の復活があった。朝鮮戦争が勃発し、『前衛』には科学の軍事化が進行しているとの論文も掲載され（座間：1952）、学術会議が反戦的な決意の表明を否決するなど現実の軍事的脅威の前に反戦的な姿勢も後退したが、廣重は科学の軍事化は起こらなかったと判断している（廣重：2012, pp. 78-79）。ただし、この「暗い谷間の時代」には、レッド・パージによる民科の弱体化や、よりよい環境を求める科学者の海外流出が生じた。

一九五二年から一九五五年には、日本はサンフランシスコ条約締結により鎖国状態を脱し、国際会議が開かれるようになる一方で科学者の海外流出も続き、研究制限の撤廃を受けて原子力が科学者および一般の関心を集める話題となった。原子力は、科学者ではなく、産業界の主導によって研究体制の整備が進められ、一九五六年から始まる新たな科学技術振興の時代を象徴する領域になろうとしていた（廣重：2012, p. 115）。ほかに、科学をめぐる社会問題としては、一九五四年には、ビキニ環礁におけるアメリカの水爆実験による第五福竜丸事件や、黄変米の混入した輸入外米の配給決定といった出来事があった（廣重：2012, pp. 107-110）。廣重は、独占資本主義体制に科学技術が組み込まれることを批判しているが、彼にとっては独占資本主義が害悪であることは当然であり、特にそれを例証する必要はないと考えたためか、この体制の下の科学技術の具体的な問題として挙げられているのは、この時点ではほぼこれらの出来事のみである。軍事科学復興の動きがあったことも記されているが、大学を中心とする科学者は非協力的であった（廣重：2012, p. 104）。

一方、同時期に、民科では「国民的科学」の創出が目標として掲げられ、死の灰も黄変米も対米従属が原因であるとされた。廣重自身、国民への啓蒙活動に駆り出された研究者の話を大学で聞き、原水爆について説明者に「できるだけえげつない話」をさせて聴衆の恐怖心を煽り、それを米日反動への反発心につなげようとする、運動の一面を知らされている（廣重：2012, p. 111）。科学技術の悪用への反対を唱えることは盛んであったが、科学技術を国民の側に取り戻して役立てようとする動きは不活発であり、それがたとえば東京都田無の原子核研究所の建設に対する地元住民の反対運動にも関連していると廣重は指摘する（廣重：2012, p. 113）。一方、ミチューリン運動は、農民と研究者の協力が実ろうとした例として紹介されている（廣重：2012, p. 114）。

一九五六年からはいよいよ独占資本による科学技術の取り込みが本格化したと廣重は観察する。世界的にも、原子力関係ではアメリカとの動力協定が結ばれ、科学技術関連予算全体もこの年から急増する。不足する理工系人材の育成の必要が主張され、日本では、一九五七年に、五年後には理工系の高等教育修了者が八千人不足すると見込まれ、政府はこれを補うべく大学の定員を増加させる計画を立てた（廣重：2012, p. 132）。復興を遂げた日本の資本主義は、一九五七年度には科学技術関係の研究支出を対一九五四年度比で九一パーセント増大させた（廣重：2012, p. 128）。政策・予算による政府の科学技術振興も大規模化するが、廣重はこれを、官僚統制の強化策とみて、政策的判断が反映される科研費ではなく、講座研究費を増やすべきであると主張している（廣重：2012, p. 145）。

一九五六年以降、上述の通り、日本の科学技術は、体制に組み込まれつつ発展を謳歌し始めるようになる。日米安全保障条約の下で軍事化も進もうとしていると廣重は観察する（廣重：2012, p. 148）。対するに民科は、一九五六年の大会の後は、全国的な活動は停止させ、地方の支部や領域ごとの部会の一部が継続しているに過ぎない。従来の科学運動においては、遅れた日本の資本主義の下では科学技術には封建性という歪みがあり、対米従属下では科学技術は必要とされないという前提に立って、封建的な学界や個人との戦いや、研究費の増加や大学院での研究継続の要求がなされてきた。しかし、日本の資本主義が予想に反して高度に発展し、科学技術を取り込むようになった一九五六年以降の状況に照らし合わせると、旧来の科学運動の方針はもはや意味を持たないと廣重は指摘する（廣重：2012, p. 149）。そして、以後、科学者・技術者がとりうる道は、研究に専心して体制に組み込まれるか、体制に抗しながら科学技術を国民の福祉に役立てようとするかの二つであると述べる。科学技術の自律的な発展は後者によってのみもたらされるというのが、問題を一挙に解決する方途が見当たらない段階での、廣重のとりあえずの結論である。

科学者であれば、科学研究における要望が満たされればそこで運動を終えて研究に戻るのは自然な選択であろう。廣重は、科学者が「百パーセントの戦闘的民主主義者」ではないことは承知している（廣重：2012, pp. 81-82）。さらに、独立した資本主義国としての日本が、戦後の復興とともに、廣重から見れば歪んだ形であっても、科学技術の進展をもたらし始めるに至る歴史的な過程も、廣重は確認している。にもかかわらずここでの廣重は、現実に選択されることが困難に思われる理想を掲げ、それによって過去の運動に裁定を下し、現状を批判するのである。学説史において、現在の科学の視点や、科学理論の発展の論理を捉えたとする武谷理論などに依拠して、過去の試みを強引に整理・評価することの非を悟り、過去の視点から歴史的現在を捉える姿勢を確立したかに見えた廣重は、科学運動史では全く正反対の姿勢を取っている。歴史に学ぶ態度が重要であるとは主張されているが（廣重：2012, p. 275）、それは過去にどのような誤りを犯したかを明らかにし、現状と今後の運動の指針の設定に役立てるためであるとし、歴史の中から将来に向けた理論を導き出そうとする姿勢は、廣重が学説史において批判した武谷や板倉と同様のものである。ただし、廣重の場合には、従来の科学運動が失敗してきた理由を歴史と現状についての認識の深化によって導き出しながら、同様の認識を延長すればおそらくは成就しないであろうことが予測できる目標を掲げて、運動方針や活動の刷新を迫っていることになる。

学説史における方法として主張した通り、錯綜する事実群の中から現れる必然的過程を記述するというのであれば、科学運動史においては、独占資本主義が科学技術の進展を図りつつこれを取り込み、抗いがたく強大化する一方で、民主化という目標からすれば見当違いであると廣重には見える科学技術振興を訴える科学運動が、追い詰められた共産党の引きまわしもあって後退していくという趨勢を描かざるを得ない。その結果としての、一九六〇年段階の歴史的現在とは、独占資本主義とこれを支える国家の復興、理工系ブームの下での科学運動の退潮ということになる。おそらくはこれが歴史の必然であり、廣重もこの流れが「厳しい社会の運動法則の発現」であることは認めている（無署名：1957）。しかしその現実を変えようとする運動の側に廣重は身をおいて、運動が理想とする科学と社会の関係を基準に過去の誤りを批判するのである。

学説史においては、廣重の議論は具体的には現代にまでは及んでおらず、方法論が検討される際も、現代においても正しいとされる理論にのみ基づいて過去の試みに評価を与えてはならないという主張が、過去のある時点までの学説についての研究に対して適用されるにとどまっている。過去の学説の歴史を扱う限りにおいては、廣重自身、こうした態度をとることによって、まさに現実の科学の歩みが偶然性に満ちたものであることを確認できている。しかし、廣重が同時代の科学研究への評価をも含む学説史研究を展開するに至った場合には、現状を歴史的現在として過去との一貫性の下で理解するにとどまらず、自身が理想とする状態を基準にしてやはり現状や過去の誤りの批判に踏み込む可能性があったことは、以下で見る通り、一九六〇年段階での廣重の著作からも読み取ることが出来る。

廣重には、あるいは科学運動全般には、科学者の対社会的活動に関してのみならず、科学研究そのものについても、理想としていると思しきかたちがあった。そのような研究の形態を廣重は明示してはいないが、たとえば一九六〇年段階で科学者・技術者がとりうるのは、「自己の関心を〝研究業績〟をあげることだけに限ることによって、みずから体制の側にくみこまれる」か、「体制に対する緊張関係をもちながら、科学・技術を大多数の国民の福祉に役立てる道を探る」かの二つのみであると断じている様子を見れば、何が理想とされているのは明らかであろう（廣重：2012, p. 150）。その理想を基準とすれば、体制化が進む状況で前者のように業績の蓄積に汲々とする科学者の姿は容易に糾弾されうる。さらに、理想から逸脱した科学者がどのような研究を生むかについても、廣重は一定ことになる。

自身も一時所属した素粒子論グループに関する章の中では、組織の硬直化や業績主義のもたらす弊害が描写される

の判断を下している。『戦後日本の科学運動』は科学運動史であるために、研究の内容に関する記述は少ないが、

科学運動史にしても学説史にしても、廣重が正確に描写すればするほど、復活を果たした独占資本主義に科学技術が組み込まれて発展を遂げるという結末が、必然的なものとしてより強い説得力をもって表現されることとなる。廣重が現状に関する自身の観察を歴史記述を精密に行うことで保証しようとすればするほど、廣重の嫌悪する現状が歴史の必然であることがより明瞭に示されるのである。そうしたあとで、廣重は現状を覆さなければならないという意志を示すのであるが、必然として現れている状況を変化させるための具体的な方法、すなわち、「新安保体制下の独占資本主義との対決」という課題に立ち向かうための手段を見出すことは、当然の如く極めて難しく、廣重も、「できあいの答はまだない」というほかはないという状況に陥ることとなる（廣重：2012, p. 16）。

歴史から導かれる現状の流れを肯定してしまうほかはないと思われる状況で、しかしそれでもなぜ廣重が運動の側に身をおいてその可能性に期待していたかといえば、それは大学でこれに携わって以来の意識がこの時点でも存続していたためであった。廣重は、京大時代に運動を共にした中岡哲郎が、その経験を記した『現代における思想と行動』（中岡：1960）を一九六〇年五月に購入しているが、その最初の段落にある、「自分のこれまでの生きて来た時代がどこへもつながらなくなってしまうこと」という箇所に線を引き、上の余白に、「本当につながらなくなるか？」（ローマ字）と記していた。運動目標の達成が困難であることを示す学問的認識を得ながら、それでも運動を断念せず、運動の形態と方向の修正を提案するという廣重の姿勢は、闘うにあたってより理解しやすい運動方針に固執する人々からは支持を得なかったが、廣重にしてみれば、歴史の理解に裏付けられた自身の主張こそが、正しい運動の方向を示しうるものであり、また学生時代の科学運動と現在の研究の間の連続性を保証するものであ

ったのであろう。

『戦後日本の科学運動』の後半では、民科、素粒子論グループ、原子力問題という、廣重自身も関わった集団や問題が取り上げられ、それらの動向が描写されている。民科については、多様な科学者を擁する団体が革命に向けた急進性を維持することの困難を廣重は了解しており、研究環境や待遇の問題を主として扱う研究労働者組合か、科学者の社会的責任を広く論ずる集団として発展する可能性があったと見込んでいた（廣重：2012, p. 199）。実際には、文学者などに比べて動員の成功の見込みの高い科学者・技術者の集団である民科に対し、共産党が働きかけを強めて政治色の強い活動を行わせる「引きまわし」が混乱をもたらし、特に「国民的科学」創出の方針が一九五〇年代に入ってからの民科の衰退を招いたと廣重は論ずる（廣重：2012, p. 173）。同時期の学説史の中で廣重が現場の科学者の科学史への要望を伝える人物として取り上げた井尻正二は、民科に地団研の論理を持ち込み、一九五三年以降のさらなる混乱を招いた人物として描かれている（廣重：2012, pp. 182-185）。

素粒子論グループについては、戦前に未開拓の領域に関心をもった人々によって形成された集団が、一九五〇年代後半には若手の就職難という課題への対応から再編成を迫られ、次第に一種の学会のような機能をもつ組織へと変貌していく過程が描かれている。民科とは対照的に、研究を核とする集団へと変化していくことにより存続が図られたといえる。ただし、一九四〇年代末以降、くりこみといった研究手法がいったん確立すると、方法論的な反省や開拓者精神は忘れられ、既定の手段に従った計算に基づく「コマ切れ的な論文」や「すぐにすたれてしまう論文」のみが生産されるようになったと廣重は指摘する（廣重：2012, p. 205）。また、一九五〇年代に入り、素粒子論グループが大型化し組織が複雑になると、維持運営が自己目的化し、研究における創造性が失われる結果をもたらしたとも論ずる（廣重：2012, pp. 218-220）。

原子力に関しては、学術会議を中心とする研究開始をめぐる議論が停滞するなか、一九五四年に政府が原子炉予算を提示して主導権を握り、以後学界は「三原則」の遵守を訴えるなどの周辺的役割を果たすにとどまらざるを得なかった事情が、自身その三原則に固執する学生活動家であった過去を振り返りながら検討される。特に、関西原子炉問題では、原子核研究所の際と同様、科学者と住民の利害関心が一致しないことが明らかになったと廣重は論ずる。ここでも問題となるのは、独占による科学の支配に対して鈍感な科学者の現状であり、廣重は、具体的に武谷三男の名前を挙げて、「すべてを物理学者にまかせておけばうまくいくといわんばかり」の態度であると批判している（廣重：2012, p. 274）。学説史の場合と異なり、武谷への批判は『戦後日本の科学運動』の本文中には多くは見られないが、原子力を扱った章では武谷の見解を註で取り上げ、上述の評を加えた。

民科や井尻・武谷への批判を明確に行った『戦後日本の科学運動』に対しては、種々の批判が寄せられた。武谷理論の信奉者の川上武は、原子力の章に現れる武谷の文章を廣重が曲解しているとし、井尻・武谷を批判するのはよいが、彼らが権力と最も精力的に闘っている点を廣重が軽視していると非難した。また、廣重自身の科学運動に関する具体的な方針が述べられるべきであるとも指摘した（川上：1960）。

物理学者の小沼通二（一九三一—）は、関西原子炉に関する記述を取り上げ、学術会議による三原則遵守の主張を中心とする提案は住民の理解をも得ているとして、廣重の事態の理解には誤りがあると述べた。小沼は、自分たちは、学術会議を支持し、学問的基盤の上に立って、三原則によって独占資本と対決してきたと論じている。独占資本による支配の強化は必ず三原則と矛盾するのであるから、三原則こそが独占資本との対決の武器であるというのである（小沼：1960）。小沼の主張は、科学的な原理の貫徹は必ずや政府や独占資本と対立するのであり、そこから政治的な問題へのとりくみが始まるとする、廣重いうところの「科学運動でおなじみの論理」に基づいていた（廣重：2012, p. 213）。科学に固執していればよいとするこのような姿勢を、廣重は各所において批判しているのであるが、小沼の議論は、科学運動の中に廣重の指摘する通りの傾向が実際強固に存在していたことを示している。

川上・小沼のような、運動の論理に重きを置く批判に対しては、情勢の客観的分析が充分でないとして、廣重は具体的には反応しなかった（廣重：2012, p. 277）。

一方、技術論の研究者の近藤完一（一九三〇―一九九七）は、「戦後日本の技術者運動」（近藤：1960）と題する論文の中で、共産党の一九四六年の「科学・技術テーゼ」を取り上げ、一九六〇年段階でも学ぶべき点があると論じ、独占資本主義の復活後にはこの綱領は無効になったとする廣重を批判した。近藤は、武谷の技術論、具体的にはいわゆる適用説が、技術者の主体としての実践を問題にすることを可能にするもので、運動の指針として有効であったと指摘し、「科学・技術テーゼ」を、武谷の技術論を基礎に置くものとして評価している。綱領が誤っていたから運動が挫折したと評するのではなく、敗戦後早い時期にこの方針が出されていながら、なぜその後の運動の中でこれが生かされなかったかを、近藤は問うべきであるというのである（近藤：1960：28）。

廣重は、近藤の批判については、本文中でまず、科学運動を推進する人々が、敗戦直後と一九五〇年代後半では科学技術に関する状況が激変していることに気づいていない例として取り上げている（廣重：2012, p. 160）。さらに、連載が一書として刊行された一九六〇年に加えられた「むすびに代えて」においても言及し、武谷の技術論への批判に結び付けている。廣重は、「科学・技術テーゼ」に反映された武谷の技術論は、やはり敗戦直後の情勢の判断に基づくものであり、半封建的社会体制に規定された科学技術や天皇制に由来する非合理によって特徴づけられる日本を、合理主義者かつヒューマニストである科学者・技術者が改革・再建していくという構想に基づくものであると判断する（廣重：2012, pp. 277-278）。廣重は詳述していないが、武谷技術論の特徴である技術者の主体性の強調は、共産党の三二テーゼや講座派以来、敗戦直後までもちこされてきた、日本の資本主義は半封建制の下にあるという判断に基づく、科学技術の合理性の重視に由来すると解釈しているものと思われる。

廣重は、敗戦直後、体制側と反体制側の間で近代化の主導権の奪い合いがあった時期には、合理主義に基づく非合理主義との闘いには意味があったが、日本が完全に近代化された独占資本主義国家と化した一九六〇年の段階では、これを超える方針を見出さねばならず、そのためには科学技術の置かれた社会的基盤が敗戦後から大きく変化していることを理解する必要があると判断している（廣重：2012, p. 278）。武谷技術論も「科学・技術テーゼ」も、一九六〇年の現状に対しては、民主化のための運動の指針としては無効であるというのである。同様に廣重は、「国民的科学」運動についても、反アカデミズムの動きを作り、科学者と一般国民の連携を強めた点では評価できるが、その基礎にある、日本の植民地化・対米従属の中で学問が破壊されているという現状認識は誤りであり、従ってやはり運動としては無効であるとする。ただし、一九六〇年においても、廣重の周辺には、国民的科学という理念自体は正しかったとする人々も、また、日本の独占資本が科学技術を必要とするとは考えず、政府の科学政策はアメリカのそれに従属したものであると看做す人々も、依然として多かった（廣重：2012, pp. 279-280）。

4　「体制化」の発見

(A)　『戦後日本の科学運動』は、公然と武谷三男・井尻正二や民科、あるいは共産党の運動方針や現状認識を批判する書であったため、廣重自身の科学に関する見解には、諸方面から関心が集まったようである。『自然』での連載が始まって以降、廣重は多様な媒体に自身の科学論を発表していくことになる。

一九六〇年には、哲学者の花田圭介（一九二二―一九九六）の編集により、三一書房より、「講座　今日の哲学」の一つとして『科学論』が刊行されたが、廣重はここに科学と哲学の関わりについての文章を掲載している（廣重：1960）。花田は、自身の「あとがき」を『続弁証法の諸問題』からの引用で締めくくるなど、武谷を支持する姿勢を見せているが、敢えて武谷を明示的に批判してきた廣重に寄稿を依頼した。廣重は科学と哲学の関係を論ずる資格も能力もないと断りながら、科学史の研究者として哲学に寄せる期待を記しており、そこからはこの時点での廣重の思想上の傾向も読み取ることができる。

廣重にとっては哲学といえばまずマルクス主義哲学すなわち弁証法的唯物論であり、基本的文献としてソ連邦科学院哲学研究所の『哲学教程』（ソ連邦科学院哲学研究所：1959）を挙げ、同書に記されている内容によって、科学に関して哲学が果たしうる役割をを考察しようとしている。ただし、そこに記されている、認識の方法を与え、正しい世界観に基づく広い視野を与えるという哲学の役割の規定は漠然としており、科学者はより具体的な議論を求めているとも指摘している（廣重：1960, p. 121）。といっても、方法論の探索に集中する哲学者や「科学方法論屋」が、科学上の成果を指して弁証法的唯物論の命題を証明していると論ずる態度は、廣重には受け入れられない。廣重は、科学研究の成果、あるいは自然そのものが弁証法的であることは認めているが、それを示すのみでは、具体的な研究の過程が進行する際に、弁証法がどのように生かされたかは明らかにされないというのである（廣重：1960, p. 122）。物理学史において方法論的思考と格闘してきた実感に基づく観察であろう。

廣重は、武谷の、哲学は科学に対して有効性をもつべきであるという主張についても懐疑的であった。シンポジウム『戦後日本の思想』の中の民科に関する議論において、鶴見俊輔（一九二二—二〇一五）が武谷や大江精三（一九〇五—一九九二）を高く評価しているのを（久野ほか：1955, p. 67）、哲学者が科学について論じていさえすれば優れたものと看做す姿勢の現れであるとし、具体的な成果は挙がっていないと断ずる（廣重：1960, p. 124）。ここにも、科学史に対し科学研究にとっての有効性を求める主張から、自身の力で脱してきた経験が反映されている。

ただし、次いで廣重は、「自然はくみつくせない」といった言葉を引きながらレーニンの『唯物論と経験批判論』に言及し、同書の精神を素粒子論の現状の分析に生かそうとしている例として、武谷と坂田の研究を挙げている。彼らと対比的に、「とかく計算して実験データにあう数値をだすこと」を目標とする「アメリカあたりの素粒子論の研究のやり方」は批判されており、武谷・坂田は、正当な自然観を研究の基礎に置いている点が評価されている。もっとも廣重は、日本の研究もアメリカ流に押し流されつつあると観察している（廣重：1960, p. 129）。

さらにさかのぼって、廣重はエンゲルスの『自然の弁証法』についても、自然観を鍛え上げ、自然が弁証法的な構造をもつことを示したとして評価している。特に、エネルギー保存則を異なった運動形態の間の相互転換の法則として理解し、さらに進化という思想の重要性を強調した点にエンゲルスの「天才的な洞察」があったとする（廣重：1960, pp. 129-130）。後者の影響の現れとして、廣重はミチューリン生物学やオパーリンの研究のみならず、天体進化論にも言及し、同分野でソ連天文学者の寄与が大きいのは、彼らが意識的に唯物弁証法の立場をとろうとしているためであろうと推測している（廣重：1960, p. 132）。

研究の現場では、しかし、以上のような「大局的な問題設定」のみでは成果が生みだせないことも廣重は知っている。そこで哲学者たちは、科学的認識の過程を何らかの図式として表現できないか検討してきたが、それも実際の状況は反映していないのではないかという疑問を、廣重は、マイケルソン・モーリーの実験と特殊相対性理論の関係に関する議論を例に挙げて説明する（廣重：1960, p. 135）。科学史的に検討するとアインシュタインの構想は単なる実験結果の説明を超える規模を持っていたが、理解しやすいように整理した議論では、実験が理論を導いた好例とされてしまうことが多い。花田圭介が紹介するフランスにおける仮説構成の過程の論理化の努力や、それとは別系統の論理実証主義も、廣重から見れば、実際の科学研究とは関わりの薄いものでしかない（廣重：1960, pp. 136-137）。同様に、「科学史の法則」を見出して、万人の使用に耐える研究の進め方としようという方向性も、廣重からすれば「見当はずれ」でしかない（廣重：1960, p. 140）。

廣重が哲学に期待するのは、結局、大局的な自然観でも区々たる方法論でもなく、哲学者自身による「オリジナルな思索」である。これこそが、個別の研究に従事する科学者の精神に余裕と柔軟性を与える点で、重要な役割を果たすと廣重は指摘する（廣重：1960, p. 141）。

廣重の見るところ、現実の日本の科学研究は、研究の必然性と研究者の自主性に基づいて進んでいるのではなく、潤沢な研究費を用いて外国の装置を導入し、それを用いて成果を出すという傾向を持ちつつある。日本の科学のこうした性格は、科学が生産技術と関連を持たないまま進展してきたことに由来しており、また生産技術も外国からの輸入に頼り細部を改良する点に独自性があるにとどまっていると廣重は指摘し、これらは日本の資本主義の「後進性と弱さ」によってもたらされているとも述べる。科学と生産技術の性格のうちには、廣重は依然、日本の資本主義の後進性を見ている。ただし、その一方で、日本の独占資本が科学技術を自身の中に組み込んで運用する体制を固めていることにも言及し、この事実が科学技術の動向に影響を与えるとも予想している。この現状では、今後の科学の発展にとっては、科学をゆがめている下部構造との対決が最も重要であり、科学者の眼を「小手先」の課題からより根本的な全体状況へと転じさせるような、「世界の総体的認識」たる哲学が必要であると廣重は結んでいる（廣重：1960, pp. 143-146）。

科学研究の具体的な過程が図式化できないことを主張しつつも、自然の構造に関しては自然弁証法を認め、レーニンやエンゲルスを称揚し、彼らの思想を素粒子論に生かそうとしているとして武谷・坂田を評価し、また現実の日本の科学技術の姿には、復興する独占資本の影響を見出しながらも、遅れた資本主義国固有の特徴をより強く指摘するというのが、一九六〇年の廣重であった。

一九六〇年一〇月に、科学技術会議が「十年後を目標とする科学技術振興の総合的基本方策」を提出すると、国家と科学技術の関わりに関する議論が盛んになった。さっそく同年一二月には、廣重も自身の見解を発表したが（日野：1960）、これが日野禎治という筆名により（中村：1976, p. 106）、「アカハタ」に発表された点にも、当時の廣重の思想的・政治的状況が現れている。

廣重の論評に先立って、星野芳郎が『科学朝日』に自身の見解を発表していたが（星野：1960）、そこでは、答申は、基礎科学の振興を謳ってはいるものの、科学技術の体系的な発展や人材養成などについての具体的な目標は記さず、技術の自主的な発展ではなく外国技術の導入のみを目指しているとの観察が披露され、日本の独占資本主義が科学技術の発展を図ろうとしているという廣重の『戦後日本の科学運動』における見解が、名指しで批判されている。

対するに、「アカハタ」の廣重（日野）は、星野のような論評は誤りであり、日本の独占資本と政府は、「冗談や人気とり」で科学技術政策に臨んでいるのではないと指摘する。科学技術会議の答申は、国民所得倍増計画との連携のもとに作られており、独占資本は、外国技術の導入ではない自主的な研究投資と人材育成に意欲を燃やしつつあるというのが廣重の観察である。そのうえで、一九世紀半ばからの百年間、科学技術は資本主義経済の土台の上で発展を遂げてきたのであり、ブルジョアジーによる利潤追求に役立つ方向に推進されてきたと廣重は述べる。その限りでは基礎科学も振興されており、独占は「真の科学・技術」を志向しないとする批判は意味をもたないとも廣重は言う。

基礎科学も含めて体制に組み込まれるのであり、日本の現状では、たとえば、エレクトロニクス・原子力に多額の研究費が支出されながら、小児マヒの研究が不振であるという事実に、そうした様相が現れている。この状況に対決するためには、「真の科学・技術」という観念論を捨て、階級闘争の観点に立つことが必要であると廣重は論ずる。さらに、研究費や給与が増大し、研究の条件が向上している状況の下では、科学技術者は「結構自由なような気持ち」を抱くため、「研究の自由」の要求に期待して闘争を進めることはできないと廣重は述べ、独占の科学政策に対する闘いにおいても、「労働者階級のイニシアチブ」が確立されなければならないと結んでいる。

『戦後日本の科学運動』で展開された現状認識がそのまま展開されているが、研究の自由の要求と対独占闘争との関係については、同じく「アカハタ」紙上で、一週間後に物理学者の山口省太郎が日野批判を発表した（山口・

1960)。山口は、日本の支配層が科学技術を推進すれば、国民の生活を豊かにするという「科学技術本来のあり方」に反するため、国民大衆の反抗を引き起こすと予想する。そのうえで、このことは、科学技術者の側に、国民の大多数の幸福のために科学技術が役立つことが保障される社会でなければ、研究の自由はないという自覚を呼び起こすに違いないとさらに推測する。その結果、科学技術の成果を国民大衆のために役立てるための、科学技術者と国民大衆の統一行動が起こると山口は考えるのである。山口自身は、こうした見解を、原子核研究所設立や原水爆禁止運動の際の経験に基づいて抱くようになっていた。

(B)　一九五九年から一九六一年にかけては、日本科学史学会において科学革命をめぐる論争が起こり、一九六〇年五月のシンポジウムと、その内容をまとめた論集『科学革命』(日本科学史学会：1961) の刊行によって一応の終結をみた。論争は、科学史上の概念・学術語としての「科学革命」の妥当性をめぐるものであり、湯浅光朝(一九〇九—二〇〇五)、荻原明男(一九二九—一九八四)、伊東俊太郎(一九三〇—) らが、バターフィールド(Herbert Butterfield, 1900-1979) らの見解を受け、一七世紀における近代科学の誕生を「科学革命」と呼び、この時期の思想上・社会上の意味を強調する議論を始めたことにより始まった。湯浅らの提案には学会の大多数が強く反発し、個別報告を含めれば八時間に及んだシンポジウムでは、科学革命を認めるか否かという問題をめぐって激しい討論が行われた末、学会としてこの語を用いることは決めないという一応の結論を見た(松川：1960)。

廣重は、板倉聖宣らとともに、湯浅らの科学革命論に激しく反発した。シンポジウムの報告書には、討論の記録に代えて廣重による反論(日本科学史学会：1961, pp. 328-342) の総括が掲載されており(板倉：1961)、学会の雰囲気とともにこの時期の廣重の科学観・科学史観・歴史観を伝えている。

廣重の文章は、「方法論からみたわが国の科学革命論」という題が物語る通り、主として、自身が携わりつつあった科学史の領域における方法論の観点から、日本で唱えられるに至った科学革命論を検討している。廣重はまず、科学革命の意味するところが明らかでない点を突き、それが近代科学の誕生を指すのであれば、「革命」の語は不適切であると指摘する（日本科学史学会：1961, pp. 329-330）。またもしそれが科学による社会の革命を意味するのであれば、ブルジョア革命や市民革命との関係が問題となり、さらにマルクス主義的な近代の把握とも対立することになるが、日本での提唱者にはこれらを乗り越えようというほどの「気魄」は感じられないと廣重は言う。廣重は、単に近代科学の成立と呼べばよい事態に科学革命の名称を冠するのは、結局、外国の著作にそれが使われているために過ぎないと判断する（日本科学史学会：1961, p. 331）。

外国の論者としては、廣重は、バターフィールドを代表として取り上げ、近代の起原を近代科学の成立に求めうるか否か、彼の歴史叙述が正確であるかどうかの二点を検討する必要があると論じている。しかし、日本の科学革命論者たちは、こうした課題に挑もうとするのではなく、単に言葉を導入し、その後に内容を付加しようとしていると廣重は観察していた（日本科学史学会：1961, p. 332）。

さらにより具体的に、廣重は荻原、伊東、湯浅の著作を取り上げて、それらの主張を検討している。荻原については、まず、彼がマルクス主義に拠る科学史家が近代科学の革命性を無視してきたと論じている点を、廣重は強く批判し、エンゲルスの『自然弁証法』が近代科学の革命性を強調して以来、ヘッセンもボルケナウもこれを当然の前提としてきたと主張した上で、主に荻原のボルケナウの読解が不十分であることを指摘する。また、荻原の提唱する、近代科学の社会的側面の解明と、近代科学の成立を進めたエトスの解明という二つの課題は、科学革命の語の導入がなくとも追究されるべきであると論じている（日本科学史学会：1961, p. 336）。

廣重は、伊東の議論には従来主張されてこなかった論点が含まれることに気づいている。すなわち、伊東は、一七世紀に生じた事態を、思考の枠組み（conceptual system）の転換が先行して新たな事実認識が行われたものと解しており、次いで個々の代表的人物を挙げて、中世の名残や近代科学的な特徴を数え上げるという作業をしていると廣重は言う。後者については、廣重は、当時の学問や学者の中にある矛盾を存在するままに捉えて、「諸矛盾の消長」から近代科学が形成されてくる過程を描くことの方が重要であると批判する（日本科学史学会：1961, p. 337）。これは廣重が従来から行ってきた、論理先行の科学史への批判と軌を一にしている。前者の、思考の枠組みの先行については、廣重は、科学においては、頭に古い認識の枠組を残しながら、「手の働き」すなわち実験がこれに反する認識を打ち出し、両者の闘争を経て互いが統一されたより高次の認識が得られるという過程がしばしば起こると反論している（日本科学史学会：1961, pp. 338-339）。具体的な科学の歴史的展開についても、この時点の廣重はこうした弁証法的ともいえる見解を抱いていた。

湯浅は、西洋と日本の比較を提唱し、これによって日本における科学革命の時期や特徴を明らかにしようとしたが、廣重はこの比較という「静的」な方法自体の有効性を疑い、発展の過程、すなわち「必然的な要因」と「偶然的な要因」の関連を明らかにすることが歴史研究の第一の目的であると主張する（日本科学史学会：1961, p. 341）。

廣重の科学革命論批判は、全般的にマルクス主義に依拠しつつ、個別には図式的な理解の不毛さや科学史上の事実との齟齬を指摘するものであるが、根本には、海外で流行している方法論のやや安易にみえる導入への懐疑と、それと表裏一体の関係にある、自身の携わってきた科学史研究への自負があったといえる。科学史については自身の研究の経験に基づいて議論ができるが、それ以外の点、たとえば歴史全般の流れについては、マルクス主義を持ちださざるを得ない状況であったこともわかる。「革命」という語の導入に対する強い疑義は、民主主義革命に廣重が依然として託していた希望の反映であったかもしれない。

なお、廣重のほかには板倉も強く科学革命論には反対しており、シンポジウムの報告集の自身の担当箇所に、別途「『科学革命』という言葉のもつ危険性」と題する文章を付記し、一七世紀に生じたのは、「アリストテレス＝スコラのコスモス的な自然観」から「機械論的な自然観」に至る変革であるから、従来の理解通り、「機械論哲学の勝利」と名付けるのが適切であると論じた（湯浅：1961, pp. 236-237）。廣重も板倉の「力学的自然観の成立」という従来の言葉を用いればよいという見解に言及している（湯浅：1961, p. 330）。

すでに一九五四年には、影響力の強いマルクス主義科学論者であったバナールが、バターフィールドの理解には完全に賛成するわけではないにせよ、一五世紀から一七世紀にかけて生じた近代科学の誕生とも言うべき事態を科学革命と呼んでその歴史的意義を大きく評価しており（Bernal：1954, p. 252）、さらに二〇世紀における変革をこれに次ぐ科学革命（a second *scientific revolution*）とする解釈を示していた（Bernal：1954, p. 491）。伊東も廣重もバナールの科学革命に関する議論に触れており、日本国外では、マルクス主義の論者たちにも科学革命という概念が受け入れられつつあることは承知していたものと思われる。廣重は、この後も一七世紀における科学の誕生を科学革命と呼ぶことはなかったが、後述する通り、一九七〇年代には、二〇世紀に生じた変革を革命と呼ぶようになる。

科学革命論に関しては、廣重は湯浅を強く批判してはいるが、シンポジウムの報告集が出た年に刊行された湯浅の『科学史』には、敗戦以降の日本の科学の歴史を論じた部分（湯浅：1961, pp. 290-364）を寄稿して協力した。廣重執筆分は全体で一一章からなる同書の最後の二章を成すが、それ以外の章は湯浅自身が執筆している。まさに『戦後日本の科学運動』が扱った時期の記述を湯浅は廣重に完全に委ねており、信頼の厚さが窺われる。また、湯浅が執筆した箇所では積極的に科学革命の概念を用いているが、そのような書であっても廣重は快く協力しているようである。

同書への協力により、廣重にも多く得るものがあったものと思われる。『戦後日本の科学運動』には科学そのものについての議論は多くないが、『科学史』の第一一章「日本科学の現状」では、廣重は、日本の科学の現状を、世界および戦前との比較の下に論じている。国際的に見た日本の科学の水準に関しては、廣重は、研究者数、論文数、国際会議などから、米ソ英独以外を除いたヨーロッパ諸国並みであるとみなし、国外における日本人研究者に対する評価が高い点にも注目している（湯浅：1961, pp. 341-346）。戦前との比較においては、戦後、研究機関や学会の近代化と教室の民主化、研究内容の国際化が進んだことを認めつつも、科学者の「サラリーマン化」が進んだ点や、業績数をめぐる競争や研究グループ間の利害対立の発生などに、「資本主義的研究体制」の矛盾を見ている（湯浅：1961, pp. 346-351）。科学者の国外流出については、「コスモポリタン化」と呼んで批判しつつ、欧米の科学者に対する後進意識が払拭された点は評価している。

資本主義的弊害としては、さらに、文部省科研費や科学技術会議といった制度の統制により、特定の研究題目に研究費が集中することや、資本主義的競争に由来する企業内研究に見られる無駄が指摘されている（湯浅：1961, pp. 352-358）。資本主義下の科学技術の害悪としてこの時点で廣重が指摘できたのは、依然この程度のものにとどまっていた。

上述の一一章に先立つ一〇章は、日本の科学の敗戦後の再編成の過程の記述に充てられており、そのほとんどは『戦後日本の科学運動』の内容と重複するが、科学技術庁や科学技術会議の発足、および後者による答申など、『戦後日本の科学運動』の刊行以降に生じた事態をも含めた節（湯浅：1961, pp. 332-340）は、「科学技術ブームの体制化」と題されており、目新しい語である「体制化」がここで現れている。湯浅の執筆した第五章は「科学の制度化」の題を持つので、「体制化」はこれとは異なる含みをもつものと考えられるが、具体的に廣重が記述しているのは、科学技術ブームを受けて政府内の具体的な制度・組織が確立していく過程であり、ここで体制化の語が意味しているのは、実際には制度化・組織化である。「科学ブームの制度化」とするとブーム自体が制度となるような印象を与えるが、廣重が記述したいと考えたのはブームを受けて制度や組織が発足する過程であったので、体制化の語を用いたのであろう。この節の末尾には、科学技術会議の答申が、科学技術基本法の制定により総合行政体制を強化せよと述べている点に対し、国家独占資本主義体制の下ではこれは科学技術の独占企業体への従属を促進することになるとの懸念が記されているが（湯浅：1961, p. 340）、この時点での廣重の「体制化」は「総合行政体制」を反映したものであろう。

(C)　『戦後日本の科学運動』の出版の後、廣重は、産学協同の具体的な姿が人材育成に現れている点に注目して、企業の設立した丸善石油学院や松下電器工学院での聞き取りを行うなど、現実に日本で科学技術をめぐって生じている事態の把握に努め、高度な科学技術教育の要請といった現象は、資本主義・社会主義を問わない必然的なものであり、産学共同の流れに古典的な大学自治といった理念で対抗するのみでは、大きな波に受動的に押し流されるほかないとの懸念を示すに至っていた（廣重：1961b）。また、大学院生時代に抱いた、日本は完全な資本主義国であり、すでに明治のころから、「完全にブルジョア的」な制度改革を行っていたのではないかという推測は、日本の特殊性に捉われていたのでは、日本の歴史における、世界の他地域と共通する一般法則的な発展を見逃してしまうであろうという予測に変化していた。科学技術会議の答申も、世界の他の工業国・資本主義国に見られるのと同様の、一般法則の現れともいえる科学技術振興を目指したものであると理解している（廣重：1961a, p. 6）。

廣重は、社会主義国の事情の一端については、ソ連の後期中等教育で用いられている物理学教科書の検討などから知識を得ており、工学的な応用への言及が多く、原子物理学に入る以前の古典物理学の内容を充実させている点に特徴を見出している。ただし、スプートニクに見られる成果は、科学と科学研究が社会の中で高く評価され、「それに応じた物質的ならびに精神的な支援」が与えられていることによると判断している（廣重：1962a）。科学技術振興が政治体制を問わず趨勢になりつつあるというのは、まさに廣重の実感であった。

学説史では、「Lorentz 電子論の形成と電磁場概念の確立」（廣重：1980, pp. 96-143）が発表される一九六二年までには、廣重は方法論上の確信を得たようであり、現代の科学からみれば重要性の低い研究や誤りとされる試みが「科学的認識の進歩」において重要な役割を果たすこともあり（廣重：1980, p. 97）、論理的に当然と思われる事態でも実際に生ずるに至るには「歴史的契機」があるとして（廣重：1980, p. 114）、現実に存在した過去の諸理論を取り上げながら、試行錯誤に満ちた錯綜する過程に分け入って議論を展開するようになる。それまでは反発しながらも顧慮する所のあった法則発見的・法則適用的な姿勢への言及は、方法論が主題となる場合を除いては、見られなくなっていく。一方で、狭義の学説史を離れた科学全般の傾向を論ずる際には、物理学の主流である、「要素を見出してその運動法則をつかむ」という方法が、ひろく医学や生物学にも及んで弊害をもたらしていると論じ始めるようにもなっていた（廣重：1962b, p. 316）。

社会史においては、廣重は、科学運動史を離れて、資本主義の一般法則に即して日本の科学技術の歴史を描くという課題を見出していたが、具体的な成果の発表は一九六二年から行われることとなった。この年、自身の編著『日本資本主義と科学技術』（廣重：1962c）に「科学研究体制の近代化——昭和科学史序説」を発表し、「科学の体制の近代化」が一九三〇年代に始まると主張している。

廣重の言う科学の体制の近代化とは、日本の歴史に即してみると、明治期に導入された後、前近代的・封建的な慣習に依存しながら大学や学会で育てられた近代科学が、資本主義の発展とともに国家の近代的体制の中に組み込まれていく過程を指す（廣重：1962c, pp. 15-19）。その開始の時期を、廣重は、日本学術振興会（学振）が設立され（一九三二年）、宇宙線・原子核の研究、サイクロトロンの建設、結核予防体制の確立などが支援されていく一九三〇年代であると見るのである（廣重：1962c, pp. 25-32）。学振はまた、国家が重要視する領域の研究を支援する制度の先駆けとなり、日中戦争期以降の研究動員の基礎ともなったと廣重は観察している（廣重：1962c, p. 37）。科学の制度上の近代化は、戦時中も抵抗を受けながら進展した後、戦後になって学術体制刷新の動きに引き継がれ、さらに科学技術庁や科学技術会議の設立へと展開していく。

従来の廣重の検討においては、戦後史の中で議論されるにとどまっていた独占資本主義体制による科学技術の取り込みは、ここでは「科学の制度的な近代化」という名称を与えられ、日本が日中戦争へと向かう過程で具体化し、戦前・戦中の研究動員と戦後の民主化によって更なる進展を見たと描写される。一九六〇年代の日本の科学が米ソ英独に次ぐ水準にあるとの評価や、しかし補助金制度などによって科学研究が「社会の支配的勢力」の望む方向に進められているといった批判は繰り返されるが（廣重：1962c, p. 54）、日本における科学の制度の近代化は、欧米でそれが始まった第一次大戦後からほとんど遅れることなく始まり、以後日本の直面した諸条件に制約されながらも、一九六〇年代に至るまで着々と進行したと論ずる段階にまで、廣重の視野は広がった（廣重：1962c, pp. 55-57）。

以上の通り、ここで廣重は、歴史研究としては大きな成果を挙げているといえるが、そのような過程を経て成立した現状を、運動の立場からすると受け入れるわけにいかないために、論文は、「科学者にあらためて、歴史のなかの科学、社会における科学の機能、そして近代化ということの意義とそれがはらむ矛盾について、本格的な反省を要求するものである」（廣重：1962c, p. 57）という、自身が明らかにした内容の否定的な側面を取り上げる文章によって結ばれている。

同じ一九六二年には、廣重は、方法論や理念の成功として語られることの多い、日本の核物理学の発展を、一九三〇年代に始まる科学の制度的な近代化の具体的な成果として捉える論文（「日本における核物理学発展の社会的諸条件」）も発表している（廣重：1965a, pp. 207-231）。日本の原子核研究が成果を挙げるようになるのは一九三〇年代からであるが、これは物理学内部における研究の動向に即したものであるとはいえ、学振の第十小委員会による支援があって初めて実現したと廣重は指摘する。その上で、航空機の安全確保のために必要な高層気象学との関連から、宇宙線研究が推進された可能性に言及している（廣重：1965a, p. 224）。

戦前期から、戦時中にもとどまることなく科学の制度的な近代化は進展しており、その具体的な経過は日本固有の事情の影響を受けるものの、全体的に見れば世界の趨勢にほぼ一致している――以上のような日本の近代科学史に関する理解の深化に基づいて、一九六三年に入ると、廣重は、あらためて戦後の科学思想の流れを検討し、その結果を発表するようになった。

具体的には、まず、一九六三年二月刊行の編著『講座　戦後日本の思想4　科学思想』に発表した「戦後科学思想の特質」（廣重：1963, pp. 274-332）がその場となり、ここで廣重は、従来批判の対象としてきた武谷に加えて、小倉金之助も主要な検討の対象とした。廣重は、敗戦直後から一九六〇年までの科学思想の特徴を振り返り、民科に見られた「国民の科学」論に至るまで、日本の自立を目標として科学技術の振興を訴える論調が主流であり、支配層による科学技術への要求といえば、軍事科学のみが連想されていたと指摘する（廣重：1963,pp.274-282）。こうした発想を、一九五〇年代後半に至っても主張していた例として批判の対象となるのは、武谷三男編の『自然科学技術概論』の第一巻（武谷：1957）であり、じっさいにははしがきを執筆した程度の武谷に代わって、星野芳郎の論文が主に取り上げられる。廣重は、科学論・科学史においては武谷・板倉を、技術論・運動論においては武谷・星野を主たる批判対象としていた。

廣重が問題とするのは、一九五七年の段階でも、日本の科学技術は植民地状態にあり、自主的な計画性などない（武谷：1957, pp. 1-2）とする武谷の現状認識であり、明治維新以降、日本の科学は官製学問の封建性を、技術は植民地主義を特徴とし、戦後に至っても「外国技術導入一辺倒」の状況から抜け出すことはできず、さらにアメリカ式教育の導入により、青少年の学力低下が生ずるなど、「戦前以上に不毛の危機」にさらされているとする星野の観察であった（武谷：1957, p. 289）。廣重は、同じ書に収められている村松貞次郎（一九二四―一九九七）が、民間産業が研究に大量の資金を投じ始めている点に注目しながらも、外国技術の導入による科学技術分野における従属化をより重視する結論に落ち着いている点（武谷：1957, pp. 11-12）にも注意を向けている（廣重：1963, pp. 283-285）。

論文内ではとくに言及はないが、廣重は、星野の『現代日本技術史概説』（星野：1956）を刊行された一九五六年五月に購入し、書き込みをしながら熱心に読んだ。多くの書き込みの中には、「労働力こそが技術の源泉である」（星野：1956, p. 314）という箇所に「このような thèse はどこから引っ張り出して来るのか」（ローマ字）と記したもの、「どんな種類の技術の発展にも、それには共通したあるきまったしくみがある」（星野：1956, p. 349）という文章に「それに固有の内部矛盾として捉えないから歴史にならない」（ローマ字）と記したもの、武谷の意識的適用説をもとに技術の発展の指標を課題や成果ではなく法則の水準の高低に求めるべきであると述べた箇所（星野：1956, p. 369）に、「このようなつかみ方がだめになる歴史的事実を探すこと」（ローマ字）と記したものがあり、理論偏重で歴史を裁断する傾向のある星野の議論を、具体的な史実との突き合せによって批判しようという姿勢が読み取れる。

『自然科学概論』第一巻は刊行された一九五七年一〇月に、星野の『技術革新の根本問題』（星野：1958）は刊行の翌月の一九五八年七月に購入し、後者は多くの批判的書き込みを入れながら熟読したようである。原子爆弾の開発について、「アメリカやイギリスの独占資本は、大戦中に反ファシズム統一戦線にささえられたことによって、ふたたび活力を回復し、ふたたび新しい技術や生産力を生み出すことが、できた」（星野：1958, p. 55）と星野が論ずる箇所には、「バカな」（かな）と記して、「戦争があったから活力を回復したのだ。科学者の反ファシズムは2次的」（ローマ字）と解説している。

自身で戦前期に遡る歴史的検討を進めていた廣重は、より強い確信をもって、植民地主義がもたらす科学技術の不毛といった指摘が当てはまらないことや、一九五六年以降の科学技術の制度上の整備の急速な進展は、近代日本における科学技術の歴史からみれば異とするに足りないことを、主張できるようになっていた。そこで新たに廣重が批判の対象としたのは、明治維新以降の日本の科学を、封建性・官僚性・植民地性によって特徴づけてきた論者たちであり、具体的には小倉金之助と武谷三男であった。一九六〇年代には、武谷は依然著名人であったが、小倉の名前はあまり知られておらず、廣重は、小倉が敗戦直後の日本で民科会長を務めるなど学問の近代化の象徴的存在であったことを記し、また戦前には、「階級社会の算術」（小倉：1929）や、岡邦雄と並んで寄稿した『日本資本主義発達史講座』の論文などで、マルクス主義に近い論者として知られていたこと、一九三六年にはファシズムに対する戦いに立ち上がろうとしない科学者を批判する論文を発表したことなどを紹介しなければならなかった（廣重：1963, pp. 287-291）。

廣重が小倉の所説のうち特に取り上げるのは、敗戦直後の一九四六年前半に発表されたもので、日本の自然科学が、日本の資本主義の後進性を反映して、宗教や封建的因襲と闘う伝統を持たず、官僚的で社会意識も薄いとする見解であった。小倉はこうした旧弊を一掃するのが科学の民主化であると説いた。さらに小倉は、科学の歴史全般を振り返り、他の条件が同じであれば、科学的精神の伸長や科学研究の進展は、民主主義政治の社会において生ずると論じた（廣重：1963, pp. 291-292）。小倉の主張は敗戦後の日本で高く評価され、科学運動の理念的基礎となったが、廣重は彼の記述では、科学の発展のためには民主主義社会が建設されるべきであるとする主張は明確になっても、現実の歴史的の中で科学を動かす多様な「社会的力」の分析ができないと指摘する（廣重：1963, p. 293）。技術が関わる場面では小倉に代わって武谷の議論が支持を集めたが、これもまた、後進的な日本から民主戦線が封建的体制を駆除することによって、技術の本格的前進が実現するという、小倉同様の現状認識と目的設定を基礎に置いていたと廣重は断ずる（廣重：1963, p. 295）。小倉・武谷のような見解が、一九四六年の「科学・技術テーゼ」の骨格をなしていたと、廣重は見ていた。

廣重はさらに、欧米先進諸国との比較において日本が遅れていたという思考法は、科学者にとっては、戦前期から受け入れ易いものであり、その主張は特に日本には「科学的精神」が足りないとする指摘として、一九三〇年代に現れるようになったと論ずる（廣重：1963, p. 300）。ところが、一九四〇年以降、総力戦体制の強化が急がれるなかで、科学研究の拡充や研究体制の合理化が政府や支配層によって主唱されるようになると、科学的精神の強調は、軍国主義の下にある政府への支援を意味することとなった。廣重は、こうした事情は充分に理解されておらず、戦時下の科学動員については、軍国主義の非合理性が失敗の要因となったことのみが指摘され、科学的精神によって社会を先導するという発想は、批判されることなく武谷らに戦後引き継がれることとなったと観察する（廣重：1963, p. 301）。小倉も武谷も、科学主義、自然科学万能主義を基礎に置いており、自然科学こそが民主主義革命のための「思惟の基準」を与えると考えていたが、廣重は、その発想は一九六〇年代には成り立たないと主張する。それは、社会の支配層が科学の進歩を必要としてこれを取り入れる政策を推進している現状では、「科学の進歩はかならずしも社会進歩に無媒介で直結しない」ためであり、また、確かにかつて新興ブルジョアジーの下にあった自然科学は封建的イデオロギーと闘う武器となったが、産業革命以後、自然科学のイデオロギー的性格は後退し、道具としての性格がより強くなったためである（廣重：1963, pp. 303-304）。

次いで廣重は、科学的精神の強調への批判を科学的啓蒙主義批判へと拡張する。科学的啓蒙主義には、物質的自然が「ラショナル」な客観的法則によって理解できるように、人間社会も同様の理解が成立すると看做す点に問題があると廣重は指摘し、自然科学に引き寄せてマルクス主義を解釈する形態の思考法の影響をそこに見ている。具体例としては加藤正が『自然弁証法』に付した序言が挙げられている。しかし廣重は、『資本論』において「自然法則」の発見が目標とされ、恐慌や資本主義没落の必然性が示されているとしても、方程式に初期条件や境界条件を与えて結果が算出できるような具合には、実際の恐慌や革命がいつ起こるかを導き出すことはできないと主張する。現実の過程は「いりくんだ偶然性」を通して現れるのであり、こうした状況の分析には、社会工学者ではなく歴史家が取り組むことになる（廣重：1963, pp. 305-309）。廣重はまた、武谷の技術論においては、技術は客観的法則の適用とされるが、人間の人間に対する働きかけについても、自然に関して成立するような法則が適用できることを前提としている点を、社会工学との親近性として、問題視する（廣重：1963, p. 311）。

武谷の自然法則適用的発想は、科学および科学史における「方法論主義」にも反映していると廣重は見る。具体的な三段階論の検討は別の機会に行うとしながら、廣重は、三段階論のようなものの主張される前提、すなわち、科学的認識が自然の論理的構造を反映するという発想を問題視する。ここでの廣重は、自然の認識には、「対自然的」な面と「対社会的」な面があると指摘し、科学者は自身の置かれた社会的条件の中でのみ研究を行うのであり、彼らの活動は、物質的条件、理論水準、思想潮流などによって、歴史的に制約されていると述べる（廣重：1963, pp. 315-316）。廣重は、自然は人間の意識から独立に客観的に存在することを認めるが、科学的認識に自然そのものの構造が諸制約を超越して現れるわけではないという。社会の歴史同様、科学の歴史においても、自然科学が導くような「ラショナル」な法則が成立すると期待することはできないと廣重は結論する。

以上の議論も、廣重としては現状批判のために行っているのである。科学技術会議の答申に対し、ストラテジーがない、フィロソフィーがないとする批判は、政府が科学技術に対して持つ別様のフィロソフィーを見失わせるものであるという議論は、自身の従来の主張に沿ったものであるが、単なる科学技術振興、科学主義が、社会の分析にとって無益というより有害であることの例を、廣重は新たに小倉に見出している。廣重は、小倉が、大東亜戦争に勝ち抜くために科学技術の躍進が必須であると前置きして、フランス革命期のエコール・ポリテクニクについて論じた一九四三年の講演を、一九四八年になって、冒頭のみ、民主革命の遂行と平和な文化国家の建設のために科学の再建が必要であるという主張に代え、さらに「戦時下の」とある箇所を「民主革命下の」として発表した例を挙げる。科学技術振興は歴史的社会的条件を問わず主張できる内容であり、また科学は、民主主義や平和とのみ結びついて発展してきたわけではなく、その歴史には、戦争、資本主義的収奪、植民地支配など、「きたない舞台裏」があると廣重は指摘する（廣重：1963, pp. 318-323）。科学者がときに推進する「近代化」も、一九三〇年代に科学の制度上の近代化が進んだことに見られる通り、民主主義と結びついたものではない（廣重：1963, pp. 324-325）。

廣重は、科学至上主義的・科学啓蒙主義的発想に基づいて日本の科学技術の水準の向上のみを基準とした現状把握ではなく、「体制的編成のもとにおかれた科学の、体制的・構造的な矛盾を全体的にとらえる」ことを目指すべきであると主張する（廣重：1963, p. 327）。科学批判および科学史における議論としては、科学を、「全体制的構造」の中でとらえなければならないとも言う。そのような理解はすでに廣重の一連の議論によって示されているともいえるのであるが、廣重はさらに、科学的啓蒙主義に代わる新しい科学論を待望すると述べる（廣重：1963, p. 329）。この段階で自身でそれを示すことはできなかったが、よりよい社会を築くための科学運動の指針のようなものを、廣重は依然として求めていた。

(D)　廣重は、小倉金之助に対するより本格的な検討を準備しており、一九六三年三月に「小倉金之助と近代日本科学史」として『科学史研究』において発表した（廣重：1965, pp. 54-80）。武谷の三段階論への批判を含む科学史の方法論は、一九六四年三月から四月に『京都大学新聞』に一部発表し（廣重：1964）、次いで一九六五年六月に刊行した論文集『科学と歴史』に大幅に加筆したものを「科学史の方法」と題して掲載した（廣重：1965, pp. 1-53）。並行して、一九六三年初頭には、現役の物理学者たちと日本の物理学の来歴に関する共同討議の記録を発表し（小谷ほか：1963）、同年七月には、科学の具体的内容や社会との関わりを、科学の誕生の時期にまで遡って論じた「変革期における現代科学」（廣重：1965, pp. 258-292）を、おそらくは運動の指針の構築に向けた一歩として、東海大学文明研究所の『文明』に発表している。

この一九六三年から一九六五年の間に、廣重は、すでにそれ以前に「科学の制度の近代化」や「科学技術ブームの体制化」といった言葉で表現していたものに、「科学の体制化」という言葉を与えることに思い至り、さらに、体制化が進む過程で具体的な科学研究の内容がどのようなものになっていくかという問題についても考察を試みている。一九六五年刊行の『科学と歴史』において発表されるこの時期の考察は、以後の廣重の科学観の骨格を形成することとなった。以下では、まず小倉・武谷批判を含む科学史に関する議論を検討し、次いで現代科学論を見ていくこととする。

廣重の小倉への関心は、やはり敗戦後に広まった、自然科学の民主化の主張の中心人物としての小倉に対するものであり、西洋の民主主義社会における科学を模範として、講座派の影響を受けつつ、戦前の日本の科学や教育を、官僚的・軍事的・国家主義的な性格を持つものであるとする見解を小倉が抱いていった過程がまず分析される（廣重：1965, pp. 61-70）。日本においても、明治二〇年代には科学の発展が始まることを認めてはいるが、その原因としては、外国からの影響を挙げ、日本の科学は本当には独立していないと述べている点で、小倉の理解には、「多くの進歩的科学思想」と共通する点があると廣重は指摘する（廣重：1965, p. 70）。小倉は西洋の民主主義の下に置かれた科学を理想とし、これに都合のよい例を挙げて科学史を記述するのであるが、戦前の日本の特質であるとされる科学の国家主義化や科学者の官僚化は、特殊日本的なものではなく、従って、「きれいごと」のみを並べる小倉は、現実の歴史を記述していないと廣重は述べる（廣重：1965, p. 72）。

小倉の議論の特徴である科学の階級性の指摘についても、廣重は、科学を社会的制度として捉えた上で科学を動かす社会的勢力の分析に至ろうとする道を閉ざすものであると批判する（廣重：1965, p. 74）。科学をイデオロギーとして固定的に捉えると、近代初期のブルジョアジーの進歩性のみがそこに読みこまれ、西欧近代の科学が現実を離れて理想化されることになるとも論じている。廣重はまた、戦争に向かう過程で国家が科学的精神の重要性を主張するようになり、その結果、小倉は、一九四一年には、「原則として、科学及び技術の研究を、国家目的のために、強力に統制せよ」と主張するに至ったと指摘し、同時期に純粋科学の尊重を訴えて統制を批判していた石原純と比較している（廣重：1965, pp. 75-76）。小倉としては、当時も科学の動員・統制の強化により封建的ギルド性を駆逐しようとしていたのであり、廣重はここに、小倉の戦前・戦中・戦後の主張の一貫性を見出している。そしてこの一貫性が、非歴史化された理念で歴史を裁断する姿勢をもたらしていると論ずる。小倉を「発見」したことは、廣重にとってはまさに、科学至上主義・科学啓蒙主義の戦前戦後を貫通する流れと、こうした姿勢が科学運動と科学史研究にもたらした弊害を、一身で体現する人物が特定できたことを意味していた。

廣重自身の、学説史と社会史の両者を含めた科学史の方法論は、既述の通り一九六四年に一部発表され、一九六五年に「科学史の方法」（廣重：1965, pp. 1-53）と題された『科学と歴史』の冒頭の論文において、大幅に拡充されたかたちで披露された。ここでの廣重は、まず、科学史に科学や科学運動における有効性を求める見解を批判し、人間は歴史をつくると同時に歴史によってつくられるのであり、従って歴史を認識することと歴史を実践することとの関係は、法則を適用する者とその対象のように分離されているわけではないと論ずる（廣重：1965, p. 8）。

科学史の科学研究における有効性を、具体的な法則まで示して明らかにした理論として、検討の対象とされるのは武谷の三段階論である。部分的に、あるいは原則論的には、これ以前も廣重は三段階論や武谷の科学史研究を批判してきたが、全面的かつ細部にわたる吟味は一九六五年になって発表された。取り上げられるのは、三段階論が有効な指針として用いられたといわれる中間子論との関わりであるが、まずは、中間子論が発表されたのが一九三四年であるのに対し、武谷は、中間子論が世界的に関心を集めたのちの、一九四二年の「ニュートン力学の形成について」（武谷：1968, pp. 80-95）でようやくこの理論に言及したに過ぎないと廣重は指摘する（廣重：1965, pp. 14-15）。なお、廣重のこの指摘を受けてか、『武谷三男著作集』の第一巻には、一九六八年の版以降、武谷が湯川の新粒子に触れた『京都帝国大学新聞』の一九三八年の記事（武谷：1968, pp. 73-76）を掲載するようになったが、この文章には三段階論への言及はなく、末尾に「物質概念の著しい変革や物理学の方法の新しい反省については他の機会に詳述したいと思います」と述べられているのみである。

廣重は「科学史の方法」を執筆する過程で、一九五〇年前後に購入したと思われる武谷の『弁証法の諸問題』（武谷：1946）を読み返していたようである。同書には、一九三六年の武谷の論文（武谷：1936d）が「現代物理学の一段階」と改題されて掲載されているが、そのうち、陽子と中性子の相互作用が議論され、「素粒子が変化して他に転ずると云ふ弁証法がいまだ契機的に不完全にしか掴まれて居ない証拠と考へられる」と武谷が書いた箇所（武谷：1946, p. 69）に、廣重は「中間子に一言もふれないとは！」（漢字かな）と記している。さらに、武谷の同じ文章には、一九四六年の刊行に際して編註が付けられ、そこには、文章が示しているのは具体的には新たな実体としての中間子場の導入のことであり、武谷は、中間子に関心の集まる一九三七年より前に湯川理論に注目していたと書かれている。この同じ註には、一九三六年三月の時点で湯川理論について論ずる計画があったため、当該箇所では「此の問題は抽象的な形に止めてしまつたのである」と記されているが、これに対し廣重は、「信用ならん」（漢字かな）と書き込んでいる。

中間子論と三段階論の関わりについては、しかし、湯川理論の発表の後の展開、具体的には二中間子論などへの影響がよく言及されることは廣重も弁えており、論文中では、次いで、実体論的方法の成功例と看做される二中間子論が検討される。具体的には、廣重は、武谷自身が、一九四二年に坂田から二中間子論の知らせを受けた際、その重要性を評価できず、「実体論的方法の濫用」ではないかと考えたと明かしている一九五一年の文章（湯川ほか：1951, pp. 144-145）を引いて、武谷は二中間子論の成功を予見することに失敗したと論ずる。また、武谷の「物質と場の対立」という一九四三年の論文（武谷：1968, pp. 314-326）には、二中間子論への言及が全くないとも指摘する

（廣重：1965, p. 16）。

廣重は、武谷が、一九三七年以前から中間子論に着目していたと後になって示そうとしたように思われる箇所を見逃さず、三段階論の成果といわれる二中間子論についても、発表当時は高い評価は与えていなかったことを明らかにしている。この指摘は、武谷に、三段階論が有効に機能したとも看做しうる例についての先見性がなかったことを示す上では重要である。しかし、ここでは、本来は、二中間子論の提唱者である坂田昌一が具体的にどのように述べているかが重要である。或る学説に影響があったとされる思想や方法論の提唱者自身が、当該の学説に関心を示さない、あるいは拒否するといった事態は容易に想定できるためである。廣重はこうした可能性は見落としていたのであろうか。

坂田が三段階論と二中間子論の関係について書いたものとしては、戦後の回想があるが（坂田：1949；坂田：1951）、彼の研究全般が武谷の三段階論を「羅針盤」として進められたことが記されており、また、坂田本人に直接尋ねたとしても、同様の反応が返ってきたものと思われる。一方で、一九六五年の時点では、廣重は坂田の発言や主張を、真剣な検討に値するものとは看做していなかった可能性もある。「科学史の方法」の後の箇所では、坂田の当時の発言のうち、実体論を離れた数学的抽象化を観念論であると批判し、ソ連を含めた欧米の科学全般が実証主義的堕落を示しているとした上で、真の物理学はアジア・アフリカから現れると述べたものが取り上げられ、「異常」と評されている（廣重：1965, pp. 19-20）。廣重は、二中間子論の創始者の坂田自身の言動は、当初から問題にする価値がないと判断していたとも思われる。

廣重は、日本の素粒子論全般に対する三段階論の影響は認めており、特に実体論の強調は成果を生んだと評する（廣重：1965, pp. 17-18）。しかし、実体として粒子などの古典物理学的なものが想定され、時間空間の意味の再検討といった、湯川も重要視する基本的な概念を取り上げる方向へは進まないという問題点をも生み、その結果、モデルの抽象化や理論化において、日本の三段階論者は後れを取っていると廣重は指摘する（廣重：1965, p. 19）。粒子や古典的構造を想定することがすぐ唯物論を意味するわけではなく、また、実際の歴史においては、粒子論が観念論と結びつくことも、モデルへの固執が形而上学に導くこともあったと廣重は論ずる（廣重：1965, p. 20）。

日本の素粒子論に対する三段階論の影響を留保付きではあるが認めるのに対し、三段階論の歴史上の事例として挙げられるニュートン力学の形成などについての武谷の議論については、廣重はその曖昧さを攻撃する。具体的には、武谷が実体論であるとするケプラーの法則はむしろ現象論であり、電磁場の理論の場合には本質論であるマクスウェル方程式が先に発見され、その後多くの年月を費やしてようやく電磁場という実体が何であるかが明らかになったと廣重はいう（廣重：1965, p. 24）。こうした具体例に適用される際、三段階は明確には規定できないのである。

三段階論では、段階間の移行の論理が示されていない点、従って実際の研究の現場においては何が次の段階へ進む途であるのかを明らかにできない点も、廣重は批判し、移行の過程は結局「各人のカン」に任せられると論ずる（廣重：1965, p. 27）。

固定的な科学論・方法論と結びつくものに代わって廣重が意義を認める科学史の研究とは、現代の常識によって過去の試みの裁定を行うのではなく、当時の学問状況全般に関連させてそれらを理解し、しかし当時の状況に完全に埋没するのではなく、「歴史の高みに立って読み解いてゆく」ことから始まるものである（廣重：1965, p. 33）。科学の発展の歴史にも歴史の論理というべきものが見出されなければならないが、それは、「具体的な歴史的状況のなかでの発展の諸契機と、科学的達成の現実の姿とを追求することのなかにのみ見出される」と廣重は論ずる（廣重：1965, p. 34）。

自然科学が客観的な自然の普遍的な反映であると考え、過去においても現在と同様の姿で科学の真理が現れたと信じてしまえば、科学の発展は、人間とはかかわりのない、独自の論理に従うとする発想も生まれる。しかし廣重はこうした「科学の自己運動」を否定する（廣重：1965, pp. 35-36）。武谷は、三段階論は歴史的発展と論理構造の一致を示すと論じているので、歴史的発展と変革の論理が一致しているマルクスの理論との類似性が三段階論にはあるかのようにも思われるが、マルクスの理論の場合には、発展の内在的契機として、歴史によってつくられ、かつ、歴史をつくる実践主体が的確に捉えられている点が、三段階論との違いであると廣重は論ずる（廣重：1965, p. 37）。廣重は、マルクスに倣って、人間は社会的諸関係の総体であるとし、そのような人間の外的自然との交互作用という実践の結晶として、自然科学的認識が生まれるとする（廣重：1965, p. 39）。科学は人間の実践であり、それゆえに、「内在的に」、歴史的かつ社会的であると廣重は言う。

上述のような科学の理解に基づけば、学説史と社会史の区別は本質的ではない。科学研究の問題設定そのものが、歴史的・社会的に制約されるうえ、研究に必要な諸カテゴリーも歴史的に形成されたものである。さらに、認識を進めるための諸手続き（概念形成、仮説構成、推論、論証、実験など）も、同時代の思想状況や科学の全体的状況の影響を受ける。廣重は、したがって、学説史の中に、「歴史的に制約された社会的諸関係」が浸透しているという（廣重：1965, p. 42）。廣重は、そのような観点からの研究を試みた人々として、ヘッセン、バナール、小倉、天野清などを挙げるが、彼自身の目標はこうした先達たちの到達点よりもはるかに高いところに設定している。それは具体的には、科学の歴史的展開を通貫する社会的諸関係を明らかにするというものであり、これは困難な課題であるが、学説史・社会史の着実な研究の末に達成されるべきであると主張している（廣重：1965, p. 47）。

廣重は、ここで遂に、科学史を可能な限り社会の側に引き寄せて探究しようという姿勢を明らかにしたといえる。ただし論文の「むすび」には、純粋な方法論からは離れて、科学史研究の根底には、現在への批判がなければならないとの主張が現れる。現在を動きつつある歴史と捉え、「歴史によって克服されるべきもの」としてみること、特に科学史に即して言えば、学問的内容と社会的関連の両面において、科学の歴史を貫く普遍性を明らかにし、現在の科学を歴史的な存在として捉えることが必要であると廣重は言う。具体的に廣重が同時代の科学に見出していたのは、「とうとうとして技術化」し「技術に解消」してしまう傾向であり、根底的批判を提起する理論的精神が失われていく流れであった。この流れに抗して、科学が常に新しい生命を得ていくためにも、科学史は必要であると廣重は考えていた（廣重：1965, p. 49）。

やはりここでも、歴史の流れを記述しながら、その流れには反する理想を設定し、現実をその理想の側に導くことを是とする姿勢を見ることができる。現実を歴史の一部として理解しながら、その流れを止める、あるいは反対側に押し戻すことを廣重は考えていたように思われる。社会との関わりについて言えば、科学技術が民衆の福祉に直結しながら学問的にも高度な成果を挙げていく姿を理想としていたように思われるが、そのようなものをなんらかの運動によって実現するための論理を導くことは、少なくともこの段階の廣重にはできなかった。学問内容で言えば、批判的精神、理論的精神に満ちた試みが行われることを理想としていたと思われるが、これならば、過去の歴史の中には見出すことができる。廣重が科学について論ずる際には、次第に、現在の技術化する研究への批判と、過去の科学者の果敢な思想的挑戦への賞賛が現れるようになっていく。

やや時期が前後するが、一九六三年には、廣重は同時代の科学に関する見解を二度にわたって披露している。最初の機会は、雑誌『自然』の企画として、小谷正雄（一九〇六—一九九三）や熊谷寛夫（一九一一—一九七七）といった戦前期から活動していた人々から、廣重と同世代の人々に至るまでの、戦前・戦中・戦後の三世代の物理学者七名に、司会としての廣重を加えた八名が行った共同討議であり、その記録は一九六三年一月に発表された（小谷ほか：1963）。聞き役の廣重の発言は、多くはないが、同時代の物理学をどう見ていたかをうかがわせる特徴的なものである。

討議の中では、湯川・朝永の研究も話題となったが、これについて廣重は、湯川・朝永時代は、「日本の歴史の中で一度しか出なかった時代」とし、それ以前には、日本は世界の一流にはなれないという先入観があり、湯川・朝永の登場によってようやく世界に肩を並べるところまで行けるという意識が生まれたと論ずる。これに対して、物性物理学者の福留秀雄は、「あのクラスの仕事はもうでない」という意味かと尋ね、熊谷も「そのように聞こえますね」と応ずる。廣重は、その時代から日本の物理学が変わってくると言いたかったようであるが、その反面、「社会的に見たら、あのころは非常に袋小路という感じの時代」であるとも語っている（小谷ほか：1963, pp. 24-25）。満州事変、日中戦争が起こる状況を指しているが、それはまさに、日本で、廣重がいうところの科学の制度の近代化が始まる時期でもある。

また、おそらくは同時代の物理学の描写としてであろうが、近代科学の誕生以前にあったスコラ学の枠内で、多くの学者が非常に緻密な議論を「おそろしくたくさん書き残している」にも関わらず、結局それらが「もうあすこでおしまいになっている」とも廣重は指摘する。廣重が主張したいのは、現代は、近代科学が、世界全体の変化とともに、「もう一度生まれ変わらなければならない時期だ」ということのようである。これに対して熊谷は、近代科学として発達したものは実証科学であり、重要なのは観察と実験という方法の確立であったと指摘する。そのうえで廣重に、何を考え直せというのかと問うている。廣重は、「その観察と実験に対応するものですか？」と応じているが、明確な答えは提示しないままに話題は変化した（小谷ほか：1963, p. 30）。

共同討議の記録には、廣重のみが「三代の科学史的背景」と題した小文を寄せており、そこでは、一九六〇年代までの日本の物理学の歩みを社会的背景とともに描写したのち、廣重は、座談会のようすからも、現状にゆきづまりを感ずる人々が少なくないことが窺われると述べている。さらに、このゆきづまりが日本のみのものではなく先進工業国全体に見られるものであるとして、二〇世紀の科学を巨大企業と国家の科学と表現するバナールの議論を紹介し、日本でも科学技術行政機構の強化や科学技術基本法の制定などがあったと指摘する。こうした事態を、廣重は「科学の体制化」（小谷ほか：1963, p. 28）と呼び、それが研究の量的な拡大はもたらすものの、質的な発展はこれには比例せず、研究のルーチン化や小粒化の傾向を生みだしていると指摘する。体制と学問内容の変動が同時に生じているというのが廣重の観察である。物理学を基底として全自然科学を構築するという発想は近代合理主義の産物であり、他方で研究体制の矛盾は近代資本主義社会の矛盾の反映であるから、科学が直面する困難な状況は、「近代をなんらかの形でのりこえることの必要をつよく示している」と廣重は結ぶ（小谷ほか：1963, p. 29）。

科学関連の行政制度が整うことを指してであるが、上述の通り、廣重は「科学の体制化」の語を使っている。また、学問内容と制度上の困難が同時に生じており、それは合理主義と資本主義で特徴づけられる近代をなんらかのかたちで乗り越えることによって解決されるのではないかという見通しが示されている。廣重が想定する現状変革のための運動の標的は、抽象的ではあるがこのようなところにあったのであろう。

一九六三年七月には、現代科学を歴史的文脈の中において、さらに包括的に論じた文章を、廣重は発表している。「変革期における現代科学」（廣重：1965, pp. 258-292）というこの文章の表題は、まさに『自然』の共同討議の記録に現れた廣重の観察を反映するものである。

「変革期における現代科学」では、廣重は『自然』の共同討議で熊谷と交わした議論に触発されたかのように、一七世紀にスコラ的自然学からの脱却を目指したデカルト（René Descartes, 1596-1650）やベーコン（Francis Bacon, 1561-1626）の構想から説き起こし、ガリレオ、パスカル（Blaise Pascal, 1623-1662）、ホイヘンス（Christiaan Huygens, 1629-1695）、ニュートンによって、実験や数学を用いた自然法則の探求が、まず今日物理学と呼ばれる分野で成功を収めたことを論ずる。さらに、最初に形を整えるに至った物理学、あるいは精密科学は、他の領域の模範と看做されるようになり、化学・生物学においても、原子・分子の従う法則による説明が可能になることが想定されるに至ったと廣重は言う（廣重：1965, p. 267）。なお、「科学革命」の語は用いられず、わずかにハーヴィー（William

Harvey, 1578-1657）の血液循環説が「流産した科学革命」と評価されると指摘されるのみである（廣重：1965, p. 265）。

物理学の成功の要因を、廣重は、微粒子の存在を想定し、それらの力学の法則に従う振る舞いとして諸現象を説明しようとする、要素論的自然観に求めている。電磁気学においても、電磁場という要素的実体にマクスウェル方程式を組み合わせて諸現象の記述を行うのであり、その構造は力学と同じであると廣重は論ずるが、ここでは巧みに、武谷三段階論のうちもっとも実質的な意味をもつ、実体論が物理学の歴史で有効に機能してきた部分を取り出しているようにも思われる。廣重は、しかし、こうした方法を実体論とは呼ばずに「要素論」と呼び（廣重：1965, p. 271）、これが歴史的産物であって、今後も有効であり続ける保証はないと論ずる（廣重：1965, p. 276）。要素論とは異なる方法論の登場の兆しとして、廣重は、東洋医学やサイバネティックスへの関心の高まりに言及している（廣重：1965, pp. 276-278）。ただし、近代の自然科学全体を特徴づけるのは、やはり要素論的方法や機械論であると廣重は観察しており、これに対し、自然科学それ自体が弁証法的な構造をもつという主張は、「ひとつのフィクション」であると断ずる（廣重：1965, p. 278）。

次いで廣重は、要素論や機械論が主流であった自然科学の方法論に変化の兆しがあるように、科学の社会との関わりにも、今後変化が訪れるのではないかと推測する。一九世紀に始まった、バナールのいう「科学の制度化」を超える事態が、近時、純粋科学の加速度的な増大、基礎科学と工業技術の距離の短縮などの形で、先進工業諸国において起こりつつあると廣重は判断している（廣重：1965, p. 281）。第二次大戦後の基礎科学の規模の指数関数的な増大は、質的変化ももたらし、基礎科学は相対論や量子力学の草創期のような「息づまるような知的興奮」を生みださなくなったとも廣重は指摘する（廣重：1965, p. 283）。基礎科学においても、研究の多くは、既知の原理や法則が、多様な諸条件の下でどのように発現するかに関わるもので、未知の原理を探るという性格のものではない。さらに廣重は、こうした現状に至ったのは、逆行することのない歴史的過程の結果としてであり、また、この過程を嚮導してきた物理学が、最も激しい変動の波にさらされていると述べる（廣重：1965, p. 284）。「自然はくみつくせない」というレーニンの『唯物論と経験批判論』の言葉を引いて、要素論がさらに素粒子の領域で有効であると主張する人々――坂田昌一などを指すのであろう――に対しては、廣重は、この言葉は、自然は一つの方法論でとらえ切れるものではないと解すべきであると応ずる（廣重：1965, p. 286）。要素論が追求され、素粒子・原子力へと進むにつれ、科学と人間の距離は大きくなりすぎていくと廣重は見るが、一方で、社会制度に組み込まれ、政府・軍・産業界と強く結びついた科学においては、大規模化は避けられず、ここに、科学が自立して人間に対峙する、現代科学の疎外と呼ぶべき現象が発生すると指摘する（廣重：1965, p. 289）。

さらに廣重は、こうした現状は、科学と社会が相互に規定しあう段階にまで科学が大規模化したために生じたのであり、これを問題として扱うためには、両者を一体として捉える必要があると論ずる。近代の自然科学は、人間と自然を切り離したうえで、自律的な自然を対象として成立し、その成果は、科学から人間的要素を排除する原則に従いつつ獲得されてきたが、科学者が疎外から脱して人間性を回復するためには、かつて対象から切り離した、科学的認識を行いつつある人間を、再び自身の知的活動の対象とする必要があると廣重はいう（廣重：1965, p. 290）。この提唱の具体的な内容を想像するのは難しいが、各人の個性が学問の構築過程に影響する様子を記述する科学史が念頭にあったのであろうか。いずれにしても廣重は、少なくとも科学史から得られる洞察をもとにした科学論が、現代の科学を、その内実においても、また社会との関係においても、変革に導く構想、あるいはその材料を与えると考えていたように思われる。

一九六二年から一九六四年にかけて発表された論文群の多くは、既述の通り、一九六五年六月に刊行された『科学と歴史』に収められた。同書において、「戦後科学思想の特質――科学と歴史」（廣重：1963, pp. 274-332）は、副題のみが採られて「科学者と歴史」となり第三章に充てられたが、その際、廣重は、「戦後科学思想の特質」においては単に「はしがき」とされていた第一節の前半を大幅に書き換え、以後彼の名前と分かち難く結びつくこととなる、「科学の体制化」という言葉をその節の題とした（廣重：1965, p. 81）。書き換えられた第一節には「科学の体制化」の定義は与えられていないが、ここには、一九世紀に科学が一つの社会制度になったこととは区別されるべきものとして、第一次大戦・第二次大戦を経て、科学が軍事や産業と密接に結びつくようになった結果、現代の科学が「国家の科学」と呼ぶべき存在になったことが記されている（廣重：1965, p. 83）。「科学の体制化」は、こうした過程を指す言葉として、一九六五年になって意識的に使われるようになったと考えてよいものと思われる。

また、「戦後科学思想の特質」の「はしがき」で註に挙げられている「科学研究体制の近代化」（廣重：1962, pp. 13-65）の収められた『日本資本主義と科学技術』（廣重：1962）の廣重旧蔵本を見ると、「まえがき」のうち、科学技術が社会体制からの制約を免れないことを記した部分（廣重：1962, p. 2）の上の余白には、「体制化」「国家の科学」（漢字かな）という書き込みがあり、次のページの余白には、「体制側」「科学技術」の文字を含む文章が記されている。一九六二年に『日本資本主義と科学技術』が刊行される以前に「科学の体制化」の語が意識されることはなかったが、その後、『科学と歴史』が準備されるまでに、第一次大戦以後の、単なる制度化を越える国家と科学の結びつきの強化を、この語で表現することに思い至ったのであろう。「体制」が「制度」の言い換え以上の含みを持つことは、書き込みに、「体制側」という、通常、反体制側が支配層を敵意をもって表現する際に用いられる語が見えることから理解できるようにも思われる。あるいは、この箇所に限っては、「体制側が科学技術を必要とする」という程度のどちらかといえば中立的な表現をしようとしていたのかもしれないが、一九六五年の段階で「科学の体制化」という語を生み出せば、それはいずれにせよ、「科学の制度化」という言葉には希薄な、攻撃すべき体制側に科学がとりこまれる過程という意味をもっていくであろうことは、廣重は想定していたであろう。

5　分水嶺としての一九六九年

(A)　一七世紀に要素論と機械論を方法の主軸として誕生した近代科学が、一九世紀に制度化され、二〇世紀の二つの世界大戦を経て国家や産業界と緊密な関係を結ぶようになると、学問内容のルーチン化や大型機器への依存などの硬直化が進み、素粒子論のように行き詰まりを見せる分野が現れるようになった――。こうした見取り図を一九六五年までに得て、二〇世紀の科学の辿った道を表現するものとして「科学の体制化」の語を見出した廣重は、以後、同時代の科学と科学政策への批判、近代日本の科学の社会史、近代科学全体の動向の把握、その変革の展望といった課題を、自身の構図の下で次々に論ずるようになった。

物理学の学説史においては、すでに方法論を確立して独立した主題を追求していたために、社会史において獲得した分析の構図が用いられることはほとんどなかったが、これは、電磁気学史・相対論史・量子力学史といった、廣重いうところの「体制化」以前の領域が主たる研究対象であったためかもしれない。ここでやや視点を変えて、廣重が学説史面で理想としていた科学の姿を知るために、廣重による歴史上の科学者への論評を検討してみたい。廣重は科学者の伝記を手掛けることはなかったが、短い文章でも個々の物理学者への好悪は表現されている。そこには、学説史と社会史の関わりについての廣重の見解の一端も現れている。

日本の物理学者では、湯川秀樹は廣重にとって別格であり、活動期は日本の科学の体制化の時期と重なるが、その中で、多くの科学者が陥りがちな科学的啓蒙主義・合理主義を超えた人物であったと理解されている（廣重：1965b）。廣重がセミナーなどで湯川と頻繁に接するようになったのは大学院生時代であったが、話の中でしばしば「こうかもしれないし、そうでないかもしれない。なんとも分からない」と漏らすことに、合理主義や論理を越えた思考の飛躍を好む湯川の魅力を見出している（廣重：1965b, p. 440）。素粒子論グループの中でも、武谷三男や坂田昌一とは異なり、人間には合理的思考の対象となりえない部分があると公言する点も、廣重は好意的に評価している（廣重：1965b, p. 442）。

研究体制の中央集権化を嫌い、巨大な装置から得たデータを高速計算機にかけて研究と称する傾向に批判的な湯川の姿勢は、体制化する同時代の科学に対する廣重自身のものでもあった。湯川が『荘子』について語るのは、坂田がアジア・アフリカを理想化するのとは異なり、「自己の内からでてきた思索の展開過程にともなって、自然に東洋思想が言及されている」ように廣重には聞こえるのである（廣重：1965b, p. 444）。体制化が科学の向かう趨勢であることを発見し、しかしその流れそのものや、その流れに気づかず科学的合理主義に固執する人々を批判せざるを得ない廣重にとっては、湯川は尊重すべき例外として理解するほかない存在であった。

長岡半太郎（一八六五―一九五〇）への廣重の評価も、湯川とは別のかたちで、科学の体制化という軸の設定が、歴史上の現実の科学者への評価にあたって有効に機能しない場合があることを示しているように思われる。廣重は、板倉聖宣・木村東作・八木江里の『長岡半太郎伝』（板倉ほか：1973）への評（廣重：1981, pp. 258-264）を一九七四年に『科学史研究』に発表しているが、その中で、同書では、科学動員に向かう動きの中で欲求不満を募らせる長岡についての解説が不十分であることを指摘している。廣重によれば、長岡は同時代の日本の科学行政が向かうところ、すなわち「科学の体制化」について自覚的でなく、研究第一主義であったため、科学行政家として指導的立場にありながら、そこでは特筆すべき事績は残さなかったというのである（廣重：1981, p. 259）。反面、長岡が愛国者であったことは同書にも記されているので、そうであれば、彼の研究第一主義は、脱亜入欧や富国強兵を目指す当時の歴史的背景の下で、あるいは「日本の近代化のはらむ矛盾の中」で議論されるべきであったと廣重は論ずる（廣重：1981, p. 260）。

個々の科学者の意識や行動を議論する際に、科学の体制化や、日本の脱亜入欧・富国強兵といった要素を、どの程度重視すべきかを、廣重は考えてみてもよかったであろう。廣重にしてみれば、体制化が進む時期であったから、長岡の煩悶はその流れとの衝突や不整合として捉えるべきであるということになるのかもしれないが、社会史でも学説史と同様、当事者にとって事態は錯綜しているのであり、そこに「科学の体制化」や「日本の近代化のはらむ矛盾」のみを見ようとするのでは、学説史において三段階のみを見出そうとする態度と選ぶところはなくなってしまう。長岡は、体制化という趨勢に気づいていたとしても、それを歯牙にもかけなかったかもしれない。国家主義的であり科学主義的でありながら、体制化が重大関心事にはならない長岡のような科学者はやはり例外として措き、体制化という廣重にとっての大状況の描写を優先するのが、廣重の社会史の特徴である。そこでは、「国家」、「独占資本主義体制」といった、固有名詞を含まない存在の動向が主たる検討の対象であった。

外国の科学者では、少なくとも学説史の範囲では、アインシュタインは廣重の理想であった。一九七〇年に、世間で「創造性」が取りざたされていることを論評した小文の中で、廣重は、ローレンツの一九〇四年の理論はエーテルに対する地球の運動が検出されない理由を説明しようとしたものであるのに対し、アインシュタインは、電磁気学においても力学におけるのと同様、運動を相対的なものとして扱えるようにすべく検討を重ね、時間空間概念の変更に思い至るまで粘り強く思索を重ねたと指摘した（廣重：1970b）。廣重は、科学における創造性は、新しい問題の立て方と、余人の思いつかない問題解決の方法に認められるとし、同様の例として、電磁現象に関して特異なイメージを描いて見せたファラデーを挙げる。経験的事実から仮説を作り、その帰結を実験的に裏付けることにより仮説が理論に発展するといった具合に科学研究は展開するのではなく、ファラデーやアインシュタインの場合のように、余人が科学的問題があると認めなかった箇所に根本的な問題を秘めた事実を見出すこと、すなわち、自分流の事実や問題を作り上げていくことこそが科学における創造であると廣重はいう。博識や器用さで他人の研究を仕上げる秀才は、こうした創造性の対極にあるとも指摘する。

また、一九七四年に発表した「相対性理論の起原――自然観の転換としての」（廣重：1980, pp. 308-343）においても、ローレンツやポアンカレを、数学的には特殊相対論と同等の結果に到達しながらも、力学的自然観から脱することがなく、エーテルの問題に拘泥した人物として描き、これに対して、アインシュタインは、マッハの力学批判の影響の下に力学に特権的な地位を与える思考様式から脱し、それにより時間空間概念の変革を果したと評価した。このように、より広い視座の転換が物理学研究上の成果をもたらし、さらにその物理学上の成果が、新たな時空観への到達といった自然科学を超える意義をもつ革新を生みだす過程こそ、廣重が、「技術的有能さ」のみが意味をもつ同時代の物理学の対極にあると信じた科学の姿であった（廣重：1980, p. 335）。

一九六七年に訪日したハイゼンベルクの姿には、廣重は、相対論・量子論の時代の雰囲気の片鱗を見出しているように思われる。ハイゼンベルクの物理学上の業績を紹介しながら、廣重は、このドイツの物理学者が、アリストテレスやデカルト、ニュートンやゲーテ（Johann Wolfgang von Goethe, 1749-1832）に言及しつつ、自身の科学上の歩みをギリシア哲学以来の西欧の思想的伝統の中に位置づけようとし、現代物理学が、科学言語による抽象化がリアリティの記述に充分に適したものではないことを示したと論ずる姿を描写する（廣重：1967a）。技術的達成の基礎となるのみの科学は「十九世紀の一人のヨーロッパ人の唯物論哲学とともに東洋にまかせればよい」とし、西欧への信仰を説くハイゼンベルクの主張はもはや受け入れられるものではないにせよ、この「西欧の保守的な知的エリート」は、「科学思想生活の一体化」が現代でも可能であることを示していると廣重は認め、技術化の傾向を強めて生活のための便利な道具と化していく現代科学に泥む「今日のわれわれ」に対して、根本的な問いを投げかけると論ずる（廣重：1967a, p. 123）。

ハイゼンベルクの師のゾンマーフェルト（Arnold Johannes Wilhelm Sommerfeld,1868-1951）には、廣重はやや厳しい。思想的な挑戦をするのではなく、数学を用いて、技術的問題から理論物理学までの多くの問題を処理していく能力は「プロフェッショナル」のものではあるが、特許局に勤めながら光量子や相対性について考えていたアインシュタインとは対照的であると廣重は言う（廣重：1970a）。古い相対性原理に反対し電磁的原理に賛成した際、四〇歳以下の若者は後者に賛成するとして旧世代を嘲ったゾンマーフェルトは、廣重には、学問が専門職業化する過程で生じた世代間闘争の勝者を象徴する存在に見えるのである。ゾンマーフェルトは、物理学の最新の話題に関してコロキウムを開き、手がけうる課題を見つけると、自身数理物理学の腕をふるって処理し、あるいは弟子に担当させる。その一方で、廣重好みの「荒々しい創造的仕事」は不得意である。このようなゾンマーフェルトを見て、廣重は、「日本の物理学者はなるほど専門職業家（その腕力に彼我の懸隔があるが）であるわい」との感を深くしたという（廣重：1970a, p. 64）。廣重の、専門職業化、あるいは体制化への批判の背後には、彼自身の物理学研究の型についての好みが隠れている。

体制化を体現していると理解されるのがオッペンハイマーである。一九六七年に、この年の二月に死去したオッペンハイマーについての文章（廣重：1967b）を発表した廣重は、「科学の殉教者」と評されることの多いオッペンハイマーが、友人を誣告する卑劣さをもち、原子爆弾開発計画においては科学者を代表するのではなく政府側に立つ人物であったことを紹介している。後半生でうけた政治的迫害は権力機構内部での争いにおいて敗れた結果に過ぎず、科学と政治の関わりが深まれば、「科学者の上層部は不可避的に権力機構に同化される」ことになるが、そうすれば「第二、第三のオッペンハイマー」が現れる可能性があると廣重は言う（廣重：1967b, p. 47）。

個別の科学者の歴史的な評価においては、学説史では思想的な冒険の有無、社会史では体制化との関わりが、廣重にとっては重要な軸であった。こうした評価の軸は、誰に教えられたわけでもなく、いずれも廣重自身が研究の過程で見出したものであり、また、同時代の科学への批判のための科学史を記述する上では、多くの場面で有効に機能した。反面、思想性な面白さを持たない科学の領域や、体制化とは無縁な科学の社会史の領域については、廣重はあまり関心を持たなかったように思われる。こうした傾向は、廣重の科学論や科学史論の全体を特徴づけることとなった。

(B)　一九六〇年代に入ってからの廣重は、辻哲夫、鎌谷親善とともに『日本科学技術史体系』の第四、五巻（日本科学史学会：1966：日本科学史学会：1964）の編集・執筆を行っており、原資料の収集により日本の科学の社会史の検討には拍車がかかった。一九六五年には「日本の大学の理学部――その科学社会史的側面」（廣重：2008, pp. 201-263）を『自然』に発表し、戦前期、帝国大学に理学部が設けられるにあたって、軍国主義化する国家や産業界の要請が強く影響したこと、及び、ここには、先進工業国に共通に見られる「科学の体制化」が日本という条件の下でとった形態が現れていることを明らかにした。影響は応用分野に関わる組織の設立のみならず、理学部が関わる基礎科学の領域に及んだが、それは、基礎研究が多くの技術の根幹を成すことを、国家や産業界が次第に認めるようになっていったためであったと廣重は指摘する（廣重：2008, p. 255）。

「日本の大学の理学部」には、歴史の論文には長すぎると思われるほどの、「こんにちの問題」と題された結論部があり、そこでは、戦時の研究動員や体制化が実力主義を要請し、学問の近代化と研究の職業化が進んだことが論じられる。こうした理学部の「職業機関化」は戦後も続いたが、廣重は、その中で若い研究者が「保守化」していること、たとえば専門の学術雑誌のほかはほとんど読まず、論文作成に血道を上げているに至っていることを紹介している（廣重：2008, pp. 260-261）。廣重はこれを「学問的精神のおとろえ」、研究の「ルーチン化」であると評し、すでに一五年の歴史を持つものもある戦後の理学部は、戦前のそれに匹敵する学問的特色を備えていないと指摘する。そして、個々の研究者を見れば優れているにも関わらず、こうした状況が生じた原因は、「体制化されたこんにちの科学が深い疎外におちいっていること」にあると廣重は論ずる（廣重：2008, p. 262）。歴史の検討によってこうした結論が導かれるというよりは、同時代の科学の状況に対する憂慮が、その状況をもたらすに至った歴史的な起源と経緯の探索に廣重を向かわせたといったほうが、実情に近いのではないかと思われる。

一九六六年に入ると、藤井陽一郎による廣重の小倉金之助論（廣重：1965, pp. 54-80）への批判が『科学史研究』に掲載された（藤井：1966）。藤井はまず、小倉の科学史研究の立場・歴史観・研究方法を根本的な点で認めるか否かを廣重に問い、小倉が在野で批判的・実証的な態度を貫いた点を称賛する。また、小倉は単なる「ヨーロッパかぶれ」でヨーロッパ近代の民主主義を理想としたわけではなく、ヨーロッパ一般ではなく権威と闘うヨーロッパの科学者を理想としたと指摘し、日本の数学史においても開拓者的な研究を行っていると論じている。一方、藤井は、廣重が小倉に見出しているマルクス主義科学史の欠点や、それと共通する部分の大きい科学運動の指針の欠陥については、それらの存在を一応認め、特に後者は、かつての日本共産党が「半封建的遺制」を過大評価したことに由来すると述べる。ただし、日本の「マルクス主義者」は、日本の独占資本の科学技術面における復活強化も日本の科学技術の後進性を変化させず、それがむしろ対米従属の一要因をなしているという新たな現状認識を得ているとして、日本共産党の第七回大会における宮本顕治（一九〇八―二〇〇七）の報告を紹介している（藤井：1966, p. 27）。藤井の想定する科学運動は、日本の独占資本及びアメリカによる対日支配の両方の打倒を目指すものであるが、その観点から、廣重の現状認識については、日本の独占が科学技術を発展させ学界を近代化した功績をまず認めよという主張になりかねない危険をはらんでいると主張している。

廣重は藤井の批判に応え（廣重：1966a）、小倉の「西洋かぶれ」云々は廣重の所論にはない藤井の誤読に基づく議論であるとし、それとは別に、廣重がのちに紹介した小倉の戦時下での発言も含めて小倉への評価はなされるべきであると主張した。また、科学史には「マルクス主義的傾向」をもつ研究があることは確かであるが、確立された「マルクス主義科学史」という体系はないと断りつつ、科学運動に関してマルクス主義を論ずるとしても、例えばソ連共産党と対立している日本共産党の主張のみを正統とするわけにはいかないと指摘し、さらに、相変わらず日本の科学技術の後進性やたちおくれのみを論点とするのでは、「戦後科学史の本質的な矛盾」は認識できないと批判する。廣重はまた、自分は科学技術の発展や学界の近代化にこそ批判の主眼が向けられるべきであると論じていると述べ、廣重が近代化を称揚しているとする藤井の批判はやはり誤読に基づくものであるとする。

廣重の指摘する通り、藤井の批判は多くの誤読の上に書かれているが、この当時の共産党からすれば廣重の主張がどのように見えたかを物語っている点で興味深い。封建遺制の過大評価は改め、日本の独占資本が復活・強力化していることは認めるが、日本の科学技術は依然として遅れており、それを利用したアメリカによる支配が続いているというのが藤井の現状認識である（藤井：1966, p. 27）。沖縄の復帰以前であり、またベトナム戦争が日本でも高い関心を集めた時期であったから、対米従属を指摘することは依然として政治的には意味をもった。一方、科学技術の振興や学界の近代化の礼賛は独占資本や国家への追従を意味しており、対米従属や科学技術の後進性といった議論に惑わされてはならないという廣重の主張は、表面的には、アメリカを攻撃の対象から外しているようにも解釈でき、また科学技術振興や近代化といった通常肯定的に捉えられる現象に独占資本の主導性を認めていることは間違いないため、意図的にあるいは意図せずに、藤井のように誤解する者が現れる可能性はあったといえよう。単純な政治的目標の下に運動を闘いたい人々にとっては、廣重の議論はやや知的に高度に過ぎた。そのために、科学運動批判以来の廣重の主張は、その後も、特に共産党に近い主張をもつ人々からは批判され続けることとなる。

廣重自身の科学についての洞察は、一九六八年の『物理学史』Ⅰ・Ⅱ（廣重：1968a；廣重：1968b）に見られる通り、特定の方法を自然に適用して得られる知識といった武谷風の理解を超えて、その誕生から現代に至るまでの歴史を含みこんだものとして確立されつつあった。一方で、古代ギリシアから二〇世紀に至るまでの物理学の歴史を廣重が二巻にまとめえたのは、科学が辿った歴史を構造的に捉える視点が得られていたからであるともいえる。『物理学史』は、単に物理学という学問の進展を追った書物ではなく、科学と社会の関わりとともに知識が変容していく様を描いた点に特徴がある。近代科学の成立に当たって廣重が重視したのは、原子論や機械論といった要素論を構成する思潮であり、研究の組織化はベーコンに、機械論的自然観はデカルトに起源を求めて説明することができた（廣重：1968a, pp. 3-25）。ニュートン力学の進展とともに啓蒙主義の波及していく過程を経て、科学が技術に徐々に影響を及ぼし始めるようになり、一九世紀には社会史において注目される科学の制度化が、学会・学校・研究所の設立として進捗し、また科学者が職業としても認知されるに至る（廣重：1968a, pp. 135-141）。

一九世紀末から二〇世紀初頭の量子論・相対論の形成期には、物理学研究が思想の先端と切り結ぶという、おそらくは廣重が最も好んだ現象が各所で生じ、微視的領域に分け入る理論を獲得した物理学は、原子核・素粒子・物性といった諸領域に、要素論的方法を適用していくこととなる（廣重：1968b, p. 200）。原子力・電子工学といった技術の領域における物理学の成果も大きく、物理学は基礎工学と化していく（廣重：1968b, p. 203）。科学の有用性に着目した国家は、その体制が資本主義であるか社会主義であるかを問わず、二つの世界大戦を契機に科学の体制化を進め、これが「研究の技術化」をもたらす。すなわち、二〇世紀初頭にあったような新概念や新法則の発見は絶え、基礎的な法則や方法を具体的な問題に適用し解答を得ることを主体とする研究が大勢を占めるようになると廣重は記述する（廣重：1968b, p. 206）。

一方で廣重は、一九世紀末にも物理学には新たな問題はないと看做された時期があったと指摘し、今後も、近代社会の産物である要素論の克服を経て、物理学が新たな局面を迎える可能性もあると指摘する。ただし、そうした変革が近い将来に生ずるのか、あるいは要素論の主導が今後も続いてその枠の中で物理学が変化していくのかは、廣重も明確に予言することはできない（廣重：1968b, p. 207）。

なお、この『物理学史』には、「化学革命」の語は現れるが（廣重：1968a, p. 143）、「科学革命」は登場しない。

(C)　社会史・学説史の検討を進める一方、廣重は同時代の科学の動向についても旺盛な論評を行った。一九六五年九月に、科学技術会議が、五年前の答申で制定の要が論じられた「科学技術基本法案（未定稿）」を発表すると、これに対する学術会議の対応を紹介しつつ、財界・産業界の影響を強めるこうした法律が必要かどうかを問い、学術会議は法律制定に協力するよりも、科学行政に関する研究を行うべきではないかと主張した（廣重：1965c）。次いで翌年、科学技術会議が「科学技術振興の総合的方策に関する意見」を提出すると、廣重は、同会議が一九五九年に設置されて以来の経緯を振り返り、戦前に設けられた科学技術審議会よりも包括的に科学技術政策を提案できる強力な機関であるとの分析を行った（廣重：1966b）。ただし、一九六〇年に答申された一〇年後を目指した計画のうち、六年間で実現されたのは、理工系学生の増員程度であり、戦時下で目指された一元的な「科学技術機関」の構想が潰えた状況とは異なって産業界からの要請はあるものの、審議機関にとどまる科学技術会議にとっては、計画の実行を確実なものにすることも、また科学技術に関わる体制全般を改革することも難しいとしている。自民党文教部会の批判や省庁間の調整不足により、この時点までには、基本法要綱についても関係者間で合意を見るには至らなかった。廣重はしかし、一九六六年の「意見」は、学術会議の意見を取り入れたこともあり、より具体的になっていると観察している（廣重：1966b, p. 109）。

廣重の科学観がよく現れているのは、こうした分析の最後に現れる、科学技術振興や研究費の増大そのものへの疑問視である。科学技術の振興計画が「事業」と化してしまえば、研究者の学問的創造性が発揮できなくなることを廣重は懼れている（廣重：1966b, p. 112）。廣重の目には、学術会議が長期計画を立ててその実現を目指し、学問全体が大型科学に主導されるようになるのは、「浅ましさを丸出しに無理している」ようであり、学問の自律性を損なうものに見える。生活の保障が一応あり、ある程度の研究費が確保されていれば、振興政策などないほうが豊かな学問的発展が期待できる——廣重はこう主張する。

科学と金をめぐる問題は、一九六七年に入るとより具体的な形で現れるようになり、日本物理学会主催の半導体国際会議に米陸軍から補助金が出されていたことが新聞で報道され、学術会議会長の朝永振一郎が衆議院予算委員会で社会党の議員の質問に答えるなどの事態に発展した。さらに、東京大学宇宙航空研究所の乱脈経理が会計検査院の指摘を受け、また、湯川秀樹を代表とする素粒子論グループの科研費が打ち切られ、審査体制の方が問題視されるという事件も発生した。廣重にしてみれば、体制化の問題点が一気に噴出したかのように思われたであろう。同年七月に発表した「革新的科学政策のヴィジョン――手段から創造へ」（廣重：1967c）では、学者は政府の宇宙科学一元化構想に冷淡すぎはしないかと社会党が問うたのに対し、依然として科学技術振興を善として、科学技術政策においては自民党の現体制と同じ姿勢を取り続ける革新勢力への批判を展開している。

廣重がさらに攻撃するのは、科学を手段と捉え、商品化しようとする姿勢であるが、これに対抗して基礎科学の振興を訴えても、すでに体制側はその重要性に気づいて大きな力を注いでいるとも指摘する。現代の科学の特徴は、「あらゆる分野の科学の全体が、私的利潤の追求と国家主義の大目的のもとにくみいれられてしまった」という点にある（廣重：1967c, p. 40）。これにより研究のスタイルも商品化に規定されることとなる。もちろん廣重は、科学には創造的活動としての意義があるはずであると考えており、社会主義が人間の全体的解放を目指すのであれば、手段として体制化された科学を、人間的創造としての科学へと革新することを志向すべきであると論ずる（廣重：1967c, p. 41）。一九六七年には、崩壊した民科に代わる組織として日本科学者会議が設立されていたが、同会議が、「日本の科学の自主的・民主的発展につとめ、その普及をはかります」といった旧態依然たるスローガンを掲げるのを、廣重は、科学の国家主義への従属という現状を理解しないものとして非難する。

一方、廣重は、宇宙開発に関しては、国民すべてが納得した目標が建てられているのかと問い、米軍の資金の流入については、「紐つき」でなければどこからでも資金を得て研究を進めようとする科学者とこれを許す現代科学の構造を批判する（廣重：1967d）。廣重の見解では、金をめぐって巻き起こった諸問題のもっとも根本的な原因は、科学の「前線」が国家の「経済的・軍事的ポテンシャリティ」を高めるのに有効なように決められていることである。日本の科学研究費が貧困であるから問題が発生するのではなく、国家が金を出すようになったために、体制の好む前線配置に従って研究に従事すれば、豊かな研究費を得て成果を挙げることが可能になり、その結果資金獲得をめぐる問題が生じたと廣重は指摘する（廣重：1967d, p. 32）。

廣重は、しかし、科学の「前線配置」は、歴史の中で変転するものであり、人間の知的活動の大きな部分が経済と軍事に従属するようになったのは、ごく最近の現象に過ぎないとも論ずる（廣重：1967d, p. 33）。科学は絶対者のように振る舞い、これに献身する科学者の間に退廃を作りだし、また具体的な研究はといえば、技術的細部にわたるもののみ増え、人間の認識活動に新たな地平を開く発展は久しく現れていない状況ではあるが、これを変革すること、特に他の職業にはない大きな自由を認められている科学者が、科学の内部からそれを行うことは可能であると廣重は説く。ここでは廣重は、少なくとも科学の「前線配置」の転換に関しては、依然として科学者の自律性に期待を寄せている。

一九六〇年代の末に激化した学生運動が、従来の科学運動のように学問の自由の擁護や学問の民主化を目指すのではなく、学問や大学そのものの否定に向かったとき、廣重は、自身のかねてからの主張が具体的な政治的行動として現れたかのような、そして従来その要を訴えてきた変革がまさに起こるかのような感覚を得たものと思われる。勤務先の日本大学は、東京大学と並んで最も急進的な学生運動が闘われた場であり、一九六八年から翌年にかけては、廣重も国内外の学生運動に関する書物を購入している。また、一九六九年に入ると、まずは二月に、「問い直される科学の意味——体制化された科学とその変革」（廣重：2008, pp. 69-104）を『自然』に発表し、自身の科学史研究の蓄積に基づいて、学生たちの問いかけに応えようとした。

「問い直される科学の意味」では、現代科学の技術化を指摘し、一九世紀の制度化・職業化と、二〇世紀の両大戦を経て進んだ体制化を振り返る議論が繰り返され、世界的にみれば軍事的要因に基づく科学の「前線配置」が主流であることが指摘される。学問の内部で、学問上の必然性に基づかない、国威発揚や産業界の要請による巨大化と、業績主義、民主化の「空洞化」が進んでいることも、従来の廣重の観察に基づいて主張される。さらに、科学技術は普遍的であるから、体制を問わず進歩をもたらすとする発想に対しては、たとえば第三世界への技術的援助が実際には先進国による市場開拓を意味し、科学上の援助も先進国への頭脳流出を招く結果に終わっているとの反論がなされる（廣重：2008, p. 99）。また、科学による自然の客体化は人間をも対象とするようになり、「労働もレジャーも生殖も綿密な管理下におかれ」る社会を理想とするイデオロギーが支配的になりつつあるとも廣重はいう（廣重：2008, p. 101）。最終的には、廣重は、こうした社会観を支えるのは科学の価値としての絶対化であり、この価値観を転換して科学の構造を変革することが、科学を「人間解放のための盟友」とするための方途であると説く（廣重：2008, p. 102）。

一九六九年七月にはアポロ一一号の月飛行が成功したが、廣重はガリレオの『星界の報告』と比較して、その意外性のなさ、科学的な意義と必然性のなさを強調する（廣重：1969a）。アポロ計画は、国家の威信のために人命を賭して実施される計画であり、そこには宇宙開発に向けた軍と産業界の強い関心の下に現代科学が動員されている姿が如実に示されていると廣重は指摘する。しかし、こうした巨大科学は多くの領域で主流となりつつあり、装置から得られるデータを処理するというルーチン的な操作に多くの科学者が従事するのが常態である。これを批判し、科学は、大型装置を作りうる政治力・経済力への従属から脱し、自然への深い洞察や直観、そして構想力の営みたることを取り戻すべきであると廣重は説く。

まさに科学の全面的な体制化は進みつつあり、生理学・生化学でさえＶＸガスといったＢＣ兵器の開発に用いられるといった事態を生んでいる（廣重：1969b, p. 126）。一九六九年の再刊に際して『戦後日本の科学運動』に加えられたあとがきでは、廣重は、世界的な学生反乱、日本では全共闘、三派、ベ平連の活動で、現代社会における科学の意味が問われている一九六〇年代末にあっては、一九六〇年に廣重が展開した科学技術振興批判など「まどろっこしい限り」であろうと記し、以後の六〇年代の科学の社会的状況の特質は、おおよそ廣重が一九六〇年に予測できた通りであったと述べている。一九六〇年に『戦後日本の科学運動』が刊行された際には、体制が科学を組み入れて独占の主導下に置こうとしているという廣重の指摘に対し、「独占を過大評価している」という批判がなされたが、一九六九年となってみれば、そのような批判があったことなど「本当とは思えないくらいである」と廣重は言う。一九六〇年にはまだ明らかでなかった、独占にとりこまれた科学がもたらす害悪は、その後の一〇年のうちに顕在化し、いままさに学生たちの攻撃の対象となっているというわけである（廣重：2012, pp. 283-284）。

同時期に発表した「近代科学とその現代的状況」（廣重：1969b）の文章の中では、廣重は、しかし、「体制化された科学を否定して……」とこともなげに学生が語るのを聞くと、事態をあまりにも安易に捉えているのではないかとの不安を抱かざるをえないとも書いている。科学は、知識体系としても社会制度としても、否定すると口にした程度で揺らぐような対象ではないことを廣重自身よく知っており、また、自分の周辺に、勇ましいことを言いながら「やがて見事にひっくり返る例」、つまり、「科学をチャチなものときめこんでいただけに、いざ自分が科学の実践のなかに身をおいてみると、圧倒され、幻惑されてそのなかに溺れこんでしまう」例を少なからず見てきたためでもある（廣重：1969b, p. 127）。

独占資本主義体制が悪いのだから、独占資本を倒せという主張にも、廣重は容易には賛成できない。科学至上主義は、おそらく体制の変革を乗り越えて生き延びると予想できるためである。一九六五年にワルシャワで開催された国際科学史会議では、ソ連および東欧社会主義圏の人々の発言に対し、廣重は「イライラする気持ちをどうにもおさえがたかった」という。彼らが語るのは科学技術を円滑かつ急速に発展させる方途についてであり、核兵器やベトナム戦争など、科学技術の歪みに関わる議論はなされなかった。ソ連の科学史家も、科学は発展すべきもの、発展させるべきものという前提の下で一般公演を行っていた。産業や軍事と科学の結びつきを問題視したのはむしろイギリスの科学史家であった。この状況に、科学の現状に対する不満とプロテストが科学史研究の動機であることが多い日本から参加した廣重は、奇異の念を抱き、ソ連の社会主義に内発的な疑問を抱くようになったという（廣重：1969b, p. 128）。官僚制と結びついた科学技術の組織化・道具化は、社会主義体制下のソ連でも進行しており、また一方、自国の体制に批判的なカピッァ（Петр Леонидович Капица, 1894-1984）やサハロフ（Андрей Дмитриевич Сахаров, 1921-1989）にも科学技術振興を疑問視する姿勢は見えないと指摘する。唯一廣重がテクノクラート的合理化への挑戦として評価するのは、若干の馴染みにくさを感じはするものの、中国の文化大革命であった（廣重：1969b, p. 128）。

廣重の見るところ、アポロ計画のような巨大計画、中央集権的な装置中心の偉業先行型の研究が現代の科学を至るところで特徴づけており、科学者・技術者の仕事の細分化が進む過程で研究管理が深化し、科学者にとっての生産手段たる研究設備も、その労働生産物たる研究結果も、科学者から切り離されて国家や資本の所有に帰するという疎外が発生する。一九六九年の廣重は、こうした特質を、科学の外にある体制から押し付けられたものとしてのみ見るのではなく、ベーコンによる科学の有効性の強調と、デカルトの分析的理性の称揚から始まる、近代科学の本質に由来するものであると理解している（廣重：1969b, p. 131）。デカルトに従って自然を細分化したうえで理解する方法は大きな成果を収め、その成果はベーコンが期待したように産業の革新をもたらした。さらに二〇世紀の二つの世界大戦を経て、科学の生産力の要素としての位置は確立される（廣重：1969b, p. 133）。

廣重はまた、上述の過程は、全地球規模での環境汚染や、地球全体の気温の上昇、自然の生態学的バランスの破壊などの問題を惹き起こすに至ったとも指摘する。人間の精神と肉体を、操作と管理と加工の対象として客体化しようとする傾向も進んでいる。いずれも近代科学の限界を示す事態であるが、反科学主義による対抗ではなく、現在あるものの自己否定、すなわち科学者による学問革新への努力によってこれらを克服することを廣重は期待し、その動きに、科学史という分野から寄与していくことを目指すと述べる（廣重：1969b, p. 136）。

学生運動に迫られて、自身の学問との関わりを問い直さざるを得ない事態は、廣重自身の周辺、日本大学理工学部でも生じていた。一九六八年暮に学生による研究室封鎖が行われる旨が知らされた際には、廣重はこれを甘受せざるを得ないと考え、また教室会議で封鎖反対の決議の提案が出た際には反対した。直接的には、学生の成績を付け彼らの納める学費に依存する加害者の側にある教員には、学生が教員の体制側への加担を告発することを非難する資格はないという理解に基づく行動であったが、その根底には、研究の自由を主張する研究至上主義は、「科学者を自主的に体制に追随させるイデオロギー」として機能しているという意識があった（廣重：1969c, p. 47）。廣重の所属していた物理教室は、古田重二良（一九〇一－一九七〇）が、一九五八年に理工系ブームを先取りするかたちで理工学部の看板学科として設けたもので、ここで研究成果を挙げることは、日大会頭として日大学生運動の標的であった古田の体制を支えることに直結すると廣重は理解していた（廣重：1969c, p. 48）。日大全共闘が、学問への疑念を強調する東大闘争と結合した点に、廣重は大きな意味を見出している。そのうえで、民主化が実質的には進展しないまま、一九六九年春に機動隊がバリケードを撤去し、日大において授業が再開されたことに、教員が何ら疑念を抱かず協力する姿を、「虚妄」と批判した（廣重：1969c, p. 45）。

廣重はまた、一九六〇年代末の学生運動が、従来の科学（者）運動とは異なり、科学が善であるとする主張を疑い、科学者・技術者の存在基盤を問うものであることに注目していた。ただし、体制化されたとはいえ一定の相対的自律性をもつ研究者、特に大学の研究者には、現在の科学の構造を変革することを期待している。また、物理学は好きだが体制に役立つ研究に従事したくはないという若い世代に対しては、体制化され多くの人々が無自覚に追随するもののほかに物理学はないのか、現在体系として権威を与えられている学問を壊して新たな認識をうちたてることはできないのかとの期待を語っている（廣重ほか：1969）。

廣重が科学の変革をもたらすものと期待した学生運動は、しかし、科学者を動かすことはなかった。一九七一年になって発表した「科学技術と労働運動」で、廣重は、大学紛争は、自覚的あるいは無自覚的に、科学や技術の変革の要を訴えていたが、「バリケードとゲバ棒」による問いかけが、科学者や科学を動かすことはなかったと振返っている（廣重：1971a, p. 29）。紛争の最中には学生への理解を示す科学者もいたが、それは紛争対策に過ぎず、大多数の科学者は紛争を研究の妨げとしか看做さなかった。廣重は、今後は圧倒的に多数の大衆の力に期待するほかないと論ずるが、しかし、外国のおとなしい学者たちを憤激させるほどの公害も、日本の市民を動かすには至っていないことを嘆く。この文章が発表されたのは、『労働調査時報』であったが、そこで廣重は、労働運動が革新や人間の解放をめざすのであれば、科学技術の問題は、その目標にとって基本的に重要なものであることを理解してほしいと論ずる。

一九六〇年代末の学生運動の根底には、一九六〇年以来の廣重の現代科学批判と同様の意識があった。科学批判は科学運動の中では容易に受け入れられなかったが、学生運動の高まりは廣重の現状認識が若い世代には共有されていることを示していた。廣重は、それまでに蓄積した、学説史・社会史の両面に及ぶ科学史研究の成果をもとに、科学のどこにどのような問題が存在しているかを解き明かす文章を発表し、学生運動が科学技術の変革に結びつくことへの期待を表明した。しかし、一九七〇年代に入ると、学生運動は急速に衰退し、それとともに廣重の期待も次第に薄れることとなった。現状の科学技術の生んだ問題——公害、管理社会の出現、科学の体制化、研究の分業化、科学者の疎外など——は解消されないまま、問題を解決する可能性を持つかに見えた社会運動の一つが廣重の眼前から消えていったわけである。以後の廣重は、科学の変革の可能性を語るために、さらに別様の運動や体制に期待をつなぐことを迫られる。

6　変えられない科学、変わる科学史

(A)　一九七〇年代に入ると、廣重は、全地球規模での公害や環境破壊を、企業による合理化の追求と、操作される客体として自然を扱う科学の適用の結末であると主張するようになった。科学者には体制側から圧力がかかっており、また要素論に基づく部分的認識と価値の排除という方法論の特徴があるために、自律的な改革を望むことはできない。単に体制が社会主義に変化することでも、近代の科学技術の限界を越えることはできない。まずは大衆的規模の関心が科学技術の変革に集まることが必要であるというのが、廣重の抱いた展望であった（廣重：1971a)。

科学の行き詰まりは具体的内容にも現れており、素粒子論においては要素論的方法が限界に達しつつあると廣重は観察している。一九七一年の経済学者の竹内啓（一九三三—）との対談では、第二次大戦後に実験技術が進歩した結果、素粒子の数は増え続けて数百にも及んでいると指摘し、理論的な収束の見通しのないまま実験が続けられている現状は、従来の要素論的方法の限界を示しているのではないかと語っている（竹内ほか：1971, p. 187)。廣重は、一九世紀には実在とされたエーテルが、二〇世紀に入って相対論によって否定されたような事態が生じうるのではないかとも考え、しかし、要素論からの脱却が実現される前に、巨大な実験機器を要する研究を社会が支えきれなくなり、世界観の転換する前に物理学が「行き倒れ」になる可能性もあると論ずる（竹内ほか：1971, p. 189)。指摘こうした要素論的方法は、経済的価値を生む物質の流れにのみ関心を向けさせ、公害の根源ともなっているとも指摘する（竹内ほか：1971, p. 191)。そして、内実がこのようなものであったとしても、科学は国家や産業に不可欠の

要素として組み込まれており、これを維持するための科学者を教育機関が供給し続ける仕組みが出来上がっているとも論ずる（竹内ほか：1971, p. 196）。

自身の周辺を見ても、かつては職もないが好きなことをしたいという人間が物理学や数学を選んだが、今は成績がよく適性があるというのが科学を選ぶ理由であると廣重は振り返る（竹内ほか：1971, p. 198）。過去においても、必ずしも純粋な学問的好奇心が研究を導いてきたわけではないが、現在では経済や軍事が科学の方向を定める傾向が強く、それが学問における重要度を決める尺度ともなりつつある（竹内ほか：1971, pp. 208-209）。廣重は、科学者が自律的に科学の前線配置を決めることはないという実情を受け入れた上で、科学を変革するためには、科学外の価値判断を入れて、何を行うかを決める必要があるとする（竹内ほか：1971, p. 215）。遺伝子工学のように、危険性を考えてやめる可能性を想定しなければならない分野が現れるであろうとも予測している（竹内ほか：1971, p. 216）。

廣重がモデルとして注目するのは、中国の、学問を、人間が何を行いどう生きるかという問題と常に結びつけるという伝統である。能率は犠牲にしても、望ましい国家の建設を行う努力を進めるというのが、文化大革命であると廣重は理解している（竹内ほか：1971, p. 219）。

より現実的な路線として、廣重は、反科学主義に陥るのでもなく、科学への依存を続けるのでもなく、科学を専門家に任せたままにせず、これを専門家以外のあいだに「ばらまいてしまう」ことが重要であると論ずる。かつて批判した科学の道具化は、ここでの廣重にとってはもはや否定できない実情であり、そうである以上、「科学は役に立つものだという見方に徹して」、多様な使い手が多様な使い方を試み、壁にぶつかってみなければ、近代科学の限界を乗り越える道も見つからないというのである（竹内ほか：1971, p. 223）。

竹内との対談を終えた後、モスクワでの国際科学史会議に出席した廣重は、会議後、アルメニアのエレヴァンを訪れ、ユークリッド（Εὐκλείδης, fl. 300 BCE）やアリストテレスのアルメニア語訳などを見る機会を得た。さらに、古代には同国を含む地域が世界史の中心であったことを考え、いずれは、西欧・北米・日本の繁栄も失われるのではないか、また同様に、現在の科学が唯一のものであり続けるわけではないのではないかとの感慨を得ている（竹内ほか：1971, p. 226)。このころの廣重は、しかし、現代の科学への批判を原動力として科学史へと進んだ自身の意識には反する科学史の姿、すなわち、専門職業化し、ディシプリンを確立させ、研究のルーチン化を受け入れる科学史の姿を、国内外において目にするようになっていた（竹内ほか：1971, p. 227)。科学が辿った体制化や硬直化の道を、学問として確立し始めた科学史も、辿ろうとしていたのである。

(B)　科学の自律性を認めなくなった廣重は、自律性の概念が、今度は科学（者）の独善性を覆い隠す役割を果たしていることを指摘するようになる。例えば公害問題では、原因物質であると疑われるものがあっても、科学的に証明されていなければその物質の排除は実現できない。現実に最重要であるのは被害の防止であり、本来、科学的に証明できるか否かは二次的な問題であるはずであるが、加害責任を問われた際の「言い逃れ」の方法として、科学の問題へのすりかえが行われると廣重は指摘する（廣重：1972a, p. 24)。この種の科学の自律性（オートノミー）は、人間に対立するものである。科学を人間的な目的のための一手段とするために、廣重はやはり、科学を専門家集団から解放し、人々の間に「ばらまく」こと、すなわち、個々の市民が「いくばくかの程度において科学者となること」が必要であると主張する。科学者の自律性に期待していては科学の変革は進まないと見た廣重は、「科学のシロウト」が科学の関わる問題について発言するようになることを推奨する。

一方で、科学の方法論に原因の一端があるとする公害等の問題の解決にも、科学による検討は不可欠である。廣重は、そのような場合には、現場の科学者や医師たちが、他の同僚たちからの非難を受けながらも、通常の手続きの枠を越えた科学的実践に踏み込んでいることを理解している（廣重：2008, p. 66)。一九七三年に発表した「科学における近代と現代」（廣重：2008, pp. 17-67）において、廣重は、そのような科学を、体制に飼いならされた科学との対比で「野生の科学」と呼び、社会が直面する問題に対応するためにはこれが必要であるとした。またこの「野生の科学」は、要素論の枠を越えるためにも必要であるとも主張した。

既存の科学の枠の中にとどまる科学者たちへの廣重の批判は、科学者の自律性を認めなくなると同時に厳しさを増していった。理論研究においては、素粒子論の行き詰まりにみえる状態から、物理学における要素論的方法の崩壊が生ずるのではないかという見込みを抱き（山田：1973, p. 113）、本格的な研究が始まってから四〇年以上を経ながら、素粒子の数が三百や四百という規模になっても収拾がつかない状況を、「物理学の歴史でこういうことは、ちょっと例がない」（廣重ほか：1972, p. 21）と評した。

理論研究、特に素粒子論の場合には、廣重みるところの危機は、科学の体制化が直接影響を及ぼして生じているわけではなかったため、素粒子の数の、この時点では先行きの見えない増加が、要素論的方法の限界を示していると指摘するにとどまったが、社会制度と学問内容の両者が関わる巨大科学への批判には、廣重は、科学の内実と体制の両者に関わる議論を展開し、さらにそれを、多くの当事者が目にする媒体に発表することもためらわなかった。『日本物理学会誌』の一九七二年四月号では、「高エネルギー物理学研究所発足にあたって」という特集が組まれたが、廣重はここに「巨大科学と物理学の未来」（廣重：1972b）という文章を寄せ、日本で具体的に実現しつつある巨大計画への批判を展開した。

廣重の議論はまず、巨大科学が学問の発展からの内的必然性から生まれたものであるとする主張を疑うことから始まる。その上で廣重は、科学の歴史を見ると、学問の発展は、客観的自然の構造や内的必然性によってきまる「一本道」を辿るのではなく、世界観や思考様式、産業・経済からの要請や刺激などに強く影響されていることが理解できるとし、巨大科学について、それを成立させている社会的基盤を問おうとする（廣重：1972b, p. 308）。廣重は、物理学全般が規模の大きな研究を要請すると認めつつも、巨大科学の場合には、軍事・国家威信・経済的国益など、国家の関与する領域の影響が大きいと指摘する。原子核・素粒子物理学は基礎科学ではあるが、この分野が戦後に大きく成長するにあたっては、国家の核兵器への関心が本質的な役割を果たしたことを、廣重はアメリカの例を引いて説明する（廣重：1972b, p. 309）。

日本では事情は異なるというありうべき反論に対しては、廣重は、戦前の日本の宇宙線研究が気象・航空への関心に基づく支援を受けており、戦後は、原子核・素粒子領域が、はじめは原子力との関わりから、次いで諸外国での研究の進展との兼ね合いから、大きな金額と施設を獲得してきたと指摘する（廣重：1972b, p. 310）。廣重自身、核物理学将来計画の八〇億円の縮小が議論された際、加速器による物理学が自己目的化していると批判する人々が、宇宙線ならば一〇億円もあれば加速器より成果が挙がると言うのを聞き、物理学の内部のみを見て巨大科学を当然のものと理解している物理学者の姿勢に大きな違和感を覚えている（廣重：1972b, p. 311）。こうした議論の際に、ジェット戦闘機の値段を持ちだして比較するのも、廣重にしてみれば見当違いである。廣重にとっては、そもそも、大きな人員・施設・資金の投じられる科学分野、すなわち巨大科学が存在することの意義そのものが疑問の対象なのである。

一方で、廣重の見るところ、巨大科学を支えてきた社会的条件は、ベトナム戦争によるアメリカの弱体化や、中国の国連参加に見る第三世界の発言力の増大などによって、変化しつつある。また、巨大科学は、結局のところ軍事や環境破壊に奉仕してきたのであり、学問上の、素粒子の数の数百個への増加や、月の石の化学成分の分析といった成果は、否定的効果を打ち消すには程遠い。廣重はこうした評価を、専門家としての目前の利害関心からではなく、「全人間的な関心」から下している（廣重：1972b, p. 312）。

環境破壊や南北問題についての関心が高まるなか、単なる知的欲求を根拠に研究を行うことは、「日曜物理学者」であれば許されるであろうが、巨額の研究費を公共の資金から得る研究者には許されないと廣重は指摘する。さらに廣重は、巨大科学の内部にあっては、研究に従事する科学者・研究補助員が装置の部品として扱われることが常態となり、人間の手段化や全体性の喪失をもたらしていると論ずる。物理学の学問的な未来は巨大科学にはなく、そこから撤退するための残務処理は必要であるが、将来に向けての主目標は、いかに巨大科学から脱却するかという点におくべきであるというのが、廣重の結論である（廣重：1972b, p. 313）。

同時期の、科学者の国籍を論じた短い文章（廣重：1972c）にも、廣重の科学観は反映されている。ハミルトン（William Rowan Hamilton, 1805-1865）、カント、ボルン（Max Born, 1882-1970）、アインシュタイン、オイラー（Leonhard Euler, 1707-1783）、ボスコヴィッチ（Ruđer Josip Bošković, 1711-1787）など、生国、教育を受けた国、科学者としての経歴を積んだ国が異なり、また現在の国境をあてはめれば無理が生ずる例を挙げながら、廣重は、国を取り上げて問題にすることは適切ではなく、何語圏に属したかを問う方が重要であるとの結論に至っている。しかしその後で、二〇世紀、特に第二次大戦後については、科学と科学者は、政治・軍事・産業との結びつきを強め、国家機構の中に組み込まれることとなったため、国籍を問題にする必要があると指摘した（廣重：1972c, pp. 444-445）。

廣重の巨大科学批判には、現場の物理学者から異論が寄せられた。大阪府立放射線中央研究所の多幡達夫（一九三五―）は、社会的条件は重要であるにしても、内的必然性のないところに巨大科学は生まれないとし、物質のより深い構造を調べるにはより高エネルギーの粒子を使う必要があるというのは、客観的自然の構造からの帰結であり素粒子物理学の内的必然性を示すと主張した（多幡：1972）。多幡はまた、公共資金に対して研究費を要求する科学者が、その資金の科学以外への支出額と自身の要求額を比較することは責められないと論じ、科学のみを見て巨大科学を論じ続けるのは危険であると付言する。さらに、巨大科学が内的必然性を持つ限り、科学者の一部は、社会条件が整うのを待ってそれを実現させるべく準備をしておくべきだと述べている。

原子核・素粒子実験を戦前から牽引してきた熊谷寛夫も、加速器の建設は社会的条件の影響は受けたものの、その使用は遅かれ早かれ「浸透」したであろうと論じ、高エネルギー物理学、極低温物理学、生物物理学という三先端分野の探究では、設備も人員も大型化する傾向があるため、巨大科学に将来がなければこれらの分野には成長がないとする（熊谷：1972）。熊谷は、巨大設備ばかりが成果を生むわけではないが、巨大設備が不要であるわけではなく、大プロジェクトへの歩みは社会条件の影響を受けながらも浸透するように進むと予測する。廣重の指摘する人間の部品化等の問題も熊谷は理解しているが、大型プロジェクトは「幸運によって立派なリーダーの下によいチームワークが出来上がり、良い設備に恵まれると大きい仕事をする」ものであり、蟻の一穴から水が流れ始めるように、やはり浸透するがごとくに前進するであろうと述べる。

多幡も熊谷も、巨大科学が学問の内的必然性から生まれたとし、さらに、社会における他の領域の事項よりも科学の進展を優先する、科学至上主義に基づく主張をしているのであるが、少なくとも熊谷はそれを自身でも意識している（熊谷：1972, p. 725）。そのうえで、多幡は社会的条件の下で科学至上主義を多少なりとも実現させていく具体的方策について語り、熊谷は、何とか科学至上主義を貫徹させた末に得られた成果には評価すべきものがあると論じている。歴史の高みに立った廣重が、現実の科学者の活動を「分業化」「疎外」「技術化」といった観点からのみ評価するのに対し、評価された人々は、巨大科学で獲得しようとしているもの、獲得されたものを具体的に見よと問うている。

多幡と熊谷の両者が巨大科学の学問内的必然性を主張するのを見た廣重は、物理学者のいう内的必然性は、科学の歴史を現在の物理学の体系をもとに理解する観点から生みだされるものであるとし、熱素やエーテルといった、現在では顧みられない概念も、それらが置かれた時代の内的必然性に基づいて真剣な検討の対象となっていたと指摘する（廣重：1972d）。現在の物理学の教科書に従えば、相対論は、マクスウェルの方程式とヘルツの実験から直接導かれてもよいように思われるが、実際には当時としてはエーテル研究が物理学の本流であり、相対論はここからやや外れた箇所から登場したと廣重は論ずる。現在の視点から「内的必然性」を主張しても、それは過去の一時点の具体的な内的必然性とは異なっており、同様に、現時点から将来に向けて一意的に内的必然性を主張することはできないというのである。

廣重は、一方、加速器のエネルギーの増大を「内的〝不〟必然」とのみ主張したいわけではなく、これを内的必然と主張して疑わない姿勢に疑念を呈しているとして、以前の主張からやや後退してみせてもいる（廣重：1972d, p. 793）。エネルギーの増大を内的必然性とのみ看做す態度は、社会・経済など外的条件への研究の依存を深め、科学を「袋小路」に追い込む危険性があると廣重は懸念する。そのうえで、エーテルの物理学から三五年で量子力学が誕生したのに対し、最初の加速器による核変換や中性子・陽電子の発見のあった一九三二年から一九七二年現在までに、すでに四〇年が経過していると指摘して反論を終えている。

廣重は、廣重見るところの現代のエーテル問題に拘泥する物理学者に、現代の相対論に向かえと呼びかけているのである。物理学者たちの反応を受け、巨大科学がエーテル問題ではないかと疑えと論調を弱めてはいるが、当初の主張は、巨大科学を捨てよというものであった。廣重はまた、大方の物理学者には相対論が見えず、彼らの関心がエーテルに向かうこと、相対論が見えるのはごく少数の先駆者のみであることも知っている。そのうえで、自分は何がエーテル問題であるかが分かっているというのであるが、そう廣重にいわしめたのは、彼が科学史を研究して科学上の革新が起こる過程について洞察を得たこと、また、体制化や技術化へと向かう流れを発見したことであった。発見したとしてもそれを現場の物理学者に告げる必要はかならずしもないが、廣重は依然、現代の科学を変革しようとする意欲を保っており、科学史から得た知見をそのために用いることに躊躇は覚えなかった。

また、歴史上の事例をもとに現状について裁定を下すことや、体制化や技術化が大きな流れであるとすればあえてそれに反する方向を指し示すことを避けるという姿勢も、廣重以外の科学史家であればとりえたであろう。しかし、この巨大科学批判の場合には、わずか四〇年前まで続いていた、思想的な冒険に満ちていたように見える、相対論や量子力学の形成の過程についての洞察が、廣重の現状に関する判断の基礎をなしていた。潰えたとはいえ科学への問題提起を含む学生運動があり、公害や管理社会への強い反発が社会にあり、機械論や要素主義への疑念が科学者の間にあるという状況が、廣重に、内実においても体制においても、科学の変革は起こりうると思わせたのであろう。二〇世紀前半の物理学上の変革は、一七世紀の科学の誕生に次ぐ大事件であったから、それほど頻繁に同じ規模の出来事が起こるはずはないという判断もありえたであろうが、一九七〇年代初頭から見れば、これはわずか四〇年前にようやく収束した革命であり、条件さえ整えば同様の事態が再度起こると期待することも不自然ではなかったのかもしれない。廣重は、一七世紀における科学の誕生を自身が科学革命と呼ぶことはなかったが、一九七〇年代に入ると、二〇世紀の科学の激変を革命の語で表現することがしばしばあった（廣重：1970e, p. 259；廣重ほか：1975, p. 184）。

廣重は、科学史の研究者として、歴史の大きな流れと、革命によるその流れの急激な転換の両方に関心を抱いていたが、社会史で成功したのは制度化・体制化という大きな流れの描写においてであった。この流れは、戦争によっても断絶せず、社会体制の違いにも依存しない、革命の可能性を感じさせない強固なものであったから、社会的要素の変化を含む転換を論ずる際には、自身がより好んだ学説史における変革を範型として持ちだすこととなった。学説史においては、廣重は、相対論から始まる変革についても、古典物理学の完成期における停滞についても、充分な知識と分析の視座を獲得していた。

さらに、科学史上の知見と、現実の科学の動向との関わりについては、広重は、前者をもとに後者を予測するといった、通常想像されるもの以上の事態がありうると考えていたかもしれない。一九七〇年の編著『科学史のすすめ』では、コペルニクスの地動説が古代ギリシアの円原理に従う天文理論を作ろうとする過程で生まれたものであることや、科学史における啓蒙史観の打破をもたらしたデュエム（Pierre Maurice Duhem, 1861-1916）の中世力学史の研究が「カトリック的反動」を動機として行われていたことに言及し、アインシュタインの量子力学批判にも顧みるべきものがあるのではないかと論じている（廣重：1970e, pp. 313-314）。学説史研究では、一九七一年に発表した「相対論はどこから生まれたか」（廣重：1980, pp. 260-273）において、マッハの科学史的検討を含むニュートン力学批判が相対論に至る道をアインシュタインに示した可能性が指摘されており、この予測は、一九七四年の「相対性理論の起原――自然観の転換としての」（廣重：1980, pp. 308-343）では確信に変わっている。廣重が最も大きな力を注いだ研究対象こそが、歴史から得られた洞察が科学に変革をもたらす事例を含んでいたともいえる。

歴史的検討が現実の科学に影響を及ぼすとしても、その具体的な形態は上述の通り多様であるため、廣重も自身の科学史研究がどのように科学の変革に貢献できるのか確信はしていなかったであろう。しかし、どのような形であれ、科学史研究から得た知見をもとに、廣重は、現実の科学の変革の可能性について語り続けた。廣重は、マルクス主義から得た、人間は歴史によってつくられると同時に歴史をつくるという洞察を、科学史の研究者として、こうした形態で現実化しようとしていたのかもしれない。

適切な範型が見当たらない分、具体性においては欠けることとはなるが、科学の社会史に特化した自身の代表作の中でも、廣重は変革のための構想の開陳に躊躇することはなかった。物理学者と巨大科学をめぐる短い議論を行ったのと同じころ、一九七一年五月から一九七二年七月まで、廣重は『自然』において「社会のなかの科学」を連載し、それらを一冊にまとめたものを、一九七三年に『科学の社会史』（廣重：2002：2003）と題して刊行した。『科学の社会史』は、明治維新と同時に日本が科学を大規模に受け入れ始めて以降、二〇世紀の二つの大戦を経て科学の体制化を進めていく過程を、西洋での科学の制度化（一九世紀）や体制化の動向と比較しながら記述したもので、ここで廣重は、それ以前にも論文等で世に問うてきた、『戦後日本の科学運動』（廣重：2012）以後一〇年以上に及ぶ科学の社会史の研究における蓄積を、『日本科学技術史大系』第四、五巻（日本科学史学会：1966：日本科学史学会：1964）の編集の過程で収集した資料を用いながら、通史として披露している。

『科学の社会史』は、廣重の他の多くの歴史研究と同様、一九七〇年代初めの現状に対する批判的な観察から始まり、一連の歴史的叙述を経た後、科学を変革していくための指針の提示によって結ばれている。同書に記されている、日本の科学に関する廣重の社会史的な理解は、一九七一年以前に発表された文章に記されているものと大きく違いはないが、終章を含む最後の三つの章で、廣重は、一部、一九六〇年代末以降の現状の叙述に含めつつ、従来とは異なる変革の指針を記しており、それは必ずしも明確なものではないが、新たな科学についての展望を示したものとして注目に値する。

一一章の末尾には、以前は日大全共闘への評価のみにとどまっていた学生運動への廣重の意識をうかがわせる記述がある。米軍が日本で行われた国際学会に資金を援助した件を取り上げて、日本物理学会は一九六七年九月に臨時総会を開催していたが、この総会の実現に尽力し、活発な発言を行ったのが、素粒子論を専攻する東大大学院生であり、一年ほど後には東大全共闘代表として知られることになる山本義隆（一九四一―）であったことを廣重は記し、人々の科学技術（者）観を転換させるうえで、一九六八年から翌年にかけての学生反乱ほど大きな衝撃を与えたものはなかったことを象徴していると評価している（廣重：2003, pp. 183-184）。自身もかつて専攻した領域の研究を進める大学院生が、体制化した科学を咎めて運動に挺身する姿に、廣重は同志を見出したかのような感慨を覚え、科学の変革への希望を新たにしたのであろう。

次いで一二章では、一九六〇年代には体制を問わず急速に拡大した科学技術振興政策が、一九七〇年代には達成目標の特定化と同時に縮小し始め、またベトナム戦争での最新の科学技術に基づく兵器の使用への反発や環境汚染への危惧から、科学技術批判と反科学の声がアメリカを中心に高まったことが紹介されている（廣重：2003, pp. 185-203）。廣重はさらに、第三世界への先進国の技術援助が、資源や労働力の収奪に終わる現状を指摘し、その経験をもとに自力更生を目指す試みとして、中国の文化大革命に注目した。科学技術面から見れば、文化大革命は科学至上主義とテクノクラシーへの挑戦であり、科学の民主的コントロールの可能性を探る動きでもあると論じ、欧米からも注目を集めていると廣重は述べている（廣重：2003, p. 205）。

終章は「これからの科学」と題されており、体制化が進む科学において、機械への従属や研究のルーチン化、業績主義の激化、研究者の疎外が広がっていることが指摘される。この現状への反発から、反科学主義も関心を集めつつあるが、廣重はこれが科学技術文明に勝利できる見込みはないと考えている。一方廣重は、基礎科学を守れといった古いスローガンにも期待することはない。基礎科学といえども社会から超越することはできず、また、部分的に取り出せば自律的であるように見える科学も、全体を見れば、その前線の配置は、同時代の社会的条件に規定されていることは明らかであるためである。廣重が目標とするのは、科学の前線配置を変えること、そのために科学のコントロールの主導権を資本や国家から「われわれ」の手に取り戻すことである。しかし、科学者の自律性を認めない廣重にとって、「われわれ」とは科学者のことではない。科学の自律性はむしろ打破されるべきであって、「科学は、いわば全人民的なコントロールのもとにおかれねばならないであろう」というのが廣重の結論である（廣重：2003, p. 227）。

科学に一定の自律性は認めるものの、その全体は、基礎科学も含めて社会によって規定されるとする廣重は、もはや科学者に自己変革は期待できず、科学を外部から統御する者を、国家や資本から「全人民」に変えることによってのみ、科学の変革は可能であると考えるに至った。

科学の体制化とそれに伴う退廃が生ずる歴史を、科学とそれを取り巻く社会が辿った、他に選択の余地のない過程として描いてしまったために、廣重は、その結果としての現状を転換する経路として、「全人民的コントロール」という、やや想定のしにくい事態の出来に期待することになったのであろう。廣重は、社会史においては、学説史における相対論・量子論の誕生のような、適切な革命の先行例を見出すことはできなかった。また、科学に、真理へと到達する自律性を認めず、階級・党派によって規定されるものとしての性格をより重く見積もるのであれば、科学の理想に向けた変革は、これを規定する階級・党派を理想的なものへと移行させる以外に実現の途はなさそうである。科学を「全人民的なコントロール」のもとに置くという主張は、科学運動批判以来の廣重の科学史における学問的蓄積が、科学技術の民主的な変革を、遂には実現不可能なものに思わせる段階にまで達してしまったために生まれたかのようにも思われる——廣重自身は、事前に結末を想像することを許さない、革命に準ずる事態の発生を想定していたのであろうから、これを実現不可能であるとは考えなかったであろうが。

『科学の社会史』は社会史の記述を主体としていたが、伊東俊太郎・村上陽一郎（一九三六—）との共著であり彼らとの鼎談の記録を含む『思想史のなかの科学』（廣重ほか：1975）では、廣重は視野を世界に広げて古代からの科学思想の変遷を辿り、そのうえで現状の分析と今後の変革についても語っている。

伊東と著者として名を連ねてはいるものの、「科学革命」という言葉・概念についての廣重の否定的評価は、同書においても依然確認することができる。「科学革命」の語は、鼎談の記録や伊東執筆分には現れており、とくに後者では、人類史を特徴づける変革期の一つとして、「人類革命」、「農業革命」、「都市革命」、「哲学革命」に続くものとして「科学革命」が取り上げられ（廣重ほか：1975, p. 38）、科学思想史の記述においても「近代の起源をつくった画期的な事件」としてその解説に一章が充てられている。対するに廣重執筆分では、二〇世紀における科学技術の質量両面にわたる変化が「科学技術革命」と名付けられており、学問内容の変化と、科学の制度化以降、国家が科学をとりこんでいく第一次大戦までの過程が描かれている（廣重ほか：1975, pp. 184-189）。「現代文明と科学」

と題された廣重・伊東共著の章は、「科学技術とイデオロギー」という、第二次大戦以降、科学が国家的事業となった時期の、科学研究を富と力の源泉と信じ、見返りを期待して大きな投資を行う「科学技術主義」を記述した部分と、「科学革命」により特徴づけられる時代が転換点を迎えているとする「現代文明という変換期」という部分に分かれているが、前者が廣重、後者が伊東の担当分であることはそれぞれの内容から明らかであろう（廣重ほか：1975, pp. 226-232）。伊東担当分では「科学革命」の語は中心的な役割を果たすが、廣重担当分には、バナールの言葉として「第二の科学革命」が現れる程度である。廣重は、伊東・村上と共著を出すことは了解しても、自身は、一七世紀の科学の誕生を「科学革命」と呼ぶことはなかった。

廣重にとっても本題である現代科学批判や変革の構想は、主として鼎談の部分で語られており、廣重の関心はやはり巨大科学、巨大計画の中の科学者の自由にまず向けられている（廣重ほか：1975, pp. 9-10）。多様な課題のうち何が研究の対象として選ばれるかという問題については、廣重自身、個人的な経験を振り返り、湯川のノーベル賞受賞で日本の素粒子論は世界の先端をいくといった報道がなされ、素粒子論の研究は、「それだけで何かすばらしいこと」であるかと思わせる雰囲気であったと語り、外からの刺激が研究の対象となる分野を決めるという主張の例証としている（廣重ほか：1975, pp. 14-15）。廣重は科学の自律性を認めず、したがって、科学そのものは従来通り進めばよいとする楽観主義も、科学の否定的部分を解消するために科学全体を否定すればよいとする反科学主義も採ることはできず、科学批判に現状克服の途を見出している（廣重ほか：1975, pp. 18-19）。

科学批判に基づく現状克服の道は、しかし簡単には明確にはならないが、廣重はやはり「前線配置」に注目し、一七世紀以降引き継がれてきた科学の前線配置を転換する可能性について述べている。具体的には、近代科学には「普遍性」があると考えられているが、その「普遍性」の根底にある主観客観図式や要素主義は、二〇世紀後半、特に素粒子論において限界に達し、停滞が一〇年二〇年の単位で続くという、物理科学の歴史からみても深刻な状態にあると廣重は観察する（廣重ほか：1975, pp. 233-240）。廣重の見るところ、目下、近代科学の大前提であった方法や思考の図式に対する反省が現れ始めており、それはまた、科学の価値中立性への疑念をも呼び起こしている（廣重ほか：1975, pp. 241-242）。

廣重は、物理学の歴史全体から見て、現状での停滞は深刻なものであると判断していた。プライス（Derek J. de Solla Price, 1922-1983）が指摘する科学研究の指数関数的な成長が継続するというのは量的な側面のみに注目した場合の予測であり、内実から言えば、エックス線や電子の発見から三五年で量子力学が完成したのに対し、以後三五年を経た一九六〇年までの期間、さらにその後の一四年間を含めたほぼ半世紀に及ぶ期間には、技術的応用は伸びたものの、本質的な発展はなかったと廣重は論ずる（廣重ほか：1975, pp. 268-267）。こうした飽和とも呼びうる状態から見ても、「まさにわれわれはターニング・ポジションにたしかにさしかかっているのではないか」と廣重は観察している。

廣重は、量子力学の完成や現代物理学の奇蹟の年といわれる一九三二年から四〇年ほど経過した一九七〇年代に至っても、制度上も内容上も科学に大きな変化の兆しがないことにいら立っていた。学問的にはルーチン化や細分化が進んで固定したまま、国家や独占資本の作る体制と一体化したためにそれでもなお研究の継続が日常迫られるという状態を打ち破る、何らかの動きが現れることを、廣重は期待していた。社会体制からいえば、全人民のコントロールの下における前線配置の転換が目指されるべき方向であり、学問内容からいえば、要素主義や主観客観図式の超克が課題であると廣重は見込んでいたが、そのような変化が、徐々にではあれ近い将来に生ずると、学生運動の高まりへの期待が潰えた後も、彼は実際に信じていたように思われる。

(C)　科学には一向に変化の兆しはないにしても、科学史において変化が生じていることは、一九六〇年代後半以降、廣重は身近に感ずるようになっていた。ただしその変化は、廣重にとって好ましいものではなかった。

武谷三男や板倉聖宣らの科学史と決別し、自身の方法論に到達した後の廣重は、一九六五年にポーランドで開催された第一一回国際科学史会議に出席し、そこで、日本のものとは形態や目的の異なる科学史研究に一定量以上接している。同時期、日本の科学史については、多くの大学で一般教育科目に科学史が取り入れられながらも、非常勤講師を雇用して間に合わせる程度の実情であるのを嘆き、専門的な研究の必要が理解されることの重要性を廣重は主張していたが（廣重：1966c）、国際会議に出席しても、科学史の学問水準は高くないという印象を抱いた（廣重：1966d, p. 102）。この印象は、各国の雑誌に発表された論文を見て廣重が得たものと同様であったが、会議では、「素人的ふんい気」、すなわち、「素人の一寸した思いつき」を喋るに過ぎない講演が多数あるという状況がより直接的に理解できたようである。

一方、専門家の研究はといえば、「誰それはこれこれの結果を出しています、これこれの本にはこういうことが書かれています」といった直接的な事実を述べるのみのものが多く、廣重はここに、同時代の科学の弊、すなわち「きまりきった方法でただデータを出すだけという研究のはんらん」が及んでいる可能性を見ている。廣重にとって、科学史とは、緊張した問題意識に導かれた批判的学問であるべきであったが、国際会議の報告の多くは、問題意識を秘めているようには見えず、素朴に事実を述べるのみのものであった（廣重：1966d, pp. 103-104）。また、ソ連は科学史家の数も多く、科学史は学問として認知されてもいるようであったが、その研究は「純情素朴にすぎる」との印象を廣重は抱いている。「科学の過去と未来」というシンポジウムでは、ソ連・東欧の社会主義圏の科学史研究者は、核兵器やベトナム戦争については一言もなく、どのようにすれば科学を円滑・急速に発展させることができるかという議論を行い、一般講演でも、科学は発展すべきであるという肯定的な姿勢が見えるのみであった（廣重：1969b, pp. 127-128）。総じていえば、廣重は、日本の科学史研究は、質として外国のものに比べて水準は高い、ただし研究者が少なく資料に関しては不利であるため、今後の展開を楽観視することはできないという感想を得た（廣重：1966d, p. 105）。

日本の国内では、科学者は依然として現代の科学研究に都合のよい科学史への接し方を学生にも推奨していた。廣重は、伏見康治（一九〇九―二〇〇八）が、古典的論文を学生が自身で読むことを推奨しながら、「しかし、あまり文献検索に身を入れすぎて科学史家にならないこと！」と記しているのに憤慨し、古典的な論文を読むには、物理学科の学生でも科学史家になるほどの心構えで取り掛かるのでなければ却って時間の無駄になると主張した。読んだ結果、科学史家になるのもよし、物理学者にとどまるのもよし、というのである（廣重：1968c）。

廣重は、一九六八年には、フランスで開催された国際科学史会議に出席し、その後、コペンハーゲンとアメリカ各地で資料収集などを行った。当時、アメリカでは現代物理学史に関する研究や資料収集がクーン（Thomas S. Kuhn,1922-1996）やマコーミック（Russell McCormmach）によって進められており、廣重は多くの物理学史家とそうした活動の内情について議論しているが、物理学者が科学史の方法を理解せず、何の役にたつのか疑いがちであることや、量子力学はボーアとその学派のみによって作られたかのような誤解が広まっていることなど、日本と同様の現象がアメリカでも見られることを認識している（廣重：1969d）。

フランスでの会議から一年を経た一九六九年に書かれた「展望：現代物理学史」（廣重：1981, pp. 327-349）では、廣重はやはり研究者が科学史の研究に向かう動機を重視してはいるが、それは個人ごとに違っていて構わないとし、しかし科学史全体としては、独立した学問として他とは異なる目標を持つべきであると主張している。物理学の教育や研究に役立てることや、史実を離れて方法論や科学論を導き出すことには、廣重は明確に反対し、科学の歴史像を描くこと、具体的には、「科学という形での、人間の社会的活動としての自然認識の形成と展開が、いかなるモメントにより、どのような連関のなかで行われてきたかを描き出すこと」を目指したいと述べる（廣重：1981, p.

329)。アメリカでは科学史の大学院を置く大学が増え、研究や資料収集が盛んであることは認めているが、そうした好条件が、大学院における博士論文作成の圧力や、「アメリカに根強い実証主義の学風」と相俟って、「機械的な資料の操作」に終始する研究を生むのではないかとも懸念している（廣重：1981, p. 332)。廣重は、原典を歴史的な文脈に即して理解することの重要性を説きながらも、現代物理学に関して言えば、「十九世紀から二十世紀はじめにかけての物理学の変革が、物理学、あるいは一般に科学をどのように変えたのか、それを今日の科学のいわゆる体制化された状況に内在的に関連させながら考察してみること」といった、根底に現代の科学への批判を含む研究を理想としているのである（廣重：1981, p. 334)。

日本の物理学者についてでは、廣重らが中心となって資料収集を行わなければならないはずであったが、廣重自身は、「やはり一寸尻込みする」と感じており、その理由は、「正直いって食指の動く対象はそんなに多くないから」というものであった。ただし、社会史においては、網羅的な調査を、一定の組織によって行う必要は感じている（廣重：1970c, p. 60)。

一九七〇年七月には、廣重は、マサチューセッツ工科大学で開催された物理学教育における物理学史の役割に関する会議に参加し、合わせて資料調査などを行っている。会議では、物理学史の固有性や自律性を意識する歴史の研究者と、歴史を物理学教育に取り入れることを容易であると考える物理学者や教師の間の見解の相違が垣間見え、物理学史の研究者による物理学史の教科書を国際的な協力の下で作成する必要性が確認されるなどした（廣重：1970c)。また、日本ではすでに終戦直後から科学史における中心的な課題であった科学の社会的側面の検討が、一九六〇年代末からの科学批判の勃興の影響で、この会議でも話題となっている。廣重は、ハーヴァードがこうした動きの中心地であるとの情報を得ている（廣重：1970c, p. 59)。

アメリカで廣重は、大学の書店に、反体制もの、公害ものと並んで科学史の書物が並んでいるのを目にしている

（廣重：1970d, p. 8）。ベトナム反戦や公害問題と結びついた科学批判の隆盛の一環として科学史への関心の高まりがあったのである。廣重はまた、アメリカでは社会学的方法が試みられ、さらに経済的要素を重視するマルクス主義科学史や、コイレ（Alexandre Koyré, 1892-1964）に倣った思想史を越えて、既存の方法によらず何のためにどのように科学が推進されてきたかを明らかにするという意欲をもつ研究者もいることも知らされている。しかし、この時点の廣重は、小倉金之助や天野清といった先駆的な研究者をもつ日本の科学史研究が、他国に比べて後れをとっているとは考えていない。物理学教育の会議では、各国で出されている物理学史の通史を確認したところ、物理学史の研究者が著したものは廣重の『物理学史』（廣重：1968a；廣重：1968b）があるのみであり、その翻訳が議論されるほどであった。外国語読解の困難を抱えるのはアメリカも同様であると教えられ、むしろ日本人は語学が得意なようだと評価されていることも知らされた。さらに、科学の歴史は必ずしも自分たちの歴史とは重ならないために、日本の科学史研究者は、歴史を相対化することもできるのではないかと廣重は想像している（廣重：1970d, p. 11）。

この一九七〇年には、廣重の編集により、科学史研究の入門書、『科学史のすすめ』（廣重：1970e）が刊行されている。廣重が記した序は「科学史に何を求めるか」と題され、学問としての科学史の全体についての廣重の見解が展開されており、「存在VS.機能」と題された第五章では、二〇世紀前半の物理学史について、学説史に重点をおきながらも社会史的な問題設定を意識した解説がなされている。

『科学史のすすめ』の「序」では、廣重はやはり科学史という学問が存在する意義から説き起こしている。啓蒙主義的なものであれ、方法論的なものであれ、教育のためのものであれ、科学史に何らかの効用を求める議論を認めないわけではないが、廣重はより根源的な、科学史に向かうことを余儀なくさせる衝動は何であるかをまず問う。経済や政治が歴史研究の対象となるように、科学という文化現象が歴史研究の対象になるのは自然であると廣重は主張し、そこには、「こんにち人間にとってあらゆる意味で無視できない、大きな、ときに不気味ですらある存在となっている科学とは一体何であるのか」という問いを歴史を通じて究明したいという欲求があると述べる。さらに廣重は、科学は、内容においても、人間に対してもつ意味においても、歴史の中で質的な変換を遂げてきていると指摘する（廣重：1970e, p. 7）。大学紛争は科学が人間に敵対的な存在と化したことについての問題提起でもあったと廣重は理解している。ただし、学問である限りは、こうした問題提起に直接答えることはできず、科学史も、学問としての自律性や独自の方法と対象を有し、学問であるがゆえの「迂遠さ」をもつとも論じている（廣重：1970e, p. 8）。科学の現状から出発しながらも、おそらくはより正確な現状の認識のために、学問的な科学史を目指すというのが廣重の姿勢であった。

廣重自身の研究の対象であった現代物理学の歴史を論ずる章では、廣重の議論はより直接的である。冒頭で廣重は、科学技術の急激な進歩によって二〇世紀を特徴づける議論、いわゆる「科学技術革命論」に言及し、これがまた「科学革命」とも、あるいは「第二の科学革命」とも呼ばれることを紹介している（廣重：1970e, p. 259）。既述の通り、このように、廣重は、一七世紀における科学の成立を科学革命と呼ぶことには反対したが、二〇世紀に生じた大転換を革命と呼ぶことは否定しなかった。ただし廣重は、バナールであれ芝田進午（一九三〇―二〇〇一）であれ、こうした革命論者たちが革命を肯定しているのに対し、一九六〇年代後半以降、科学技術文明への反発が強まりつつあることに言及し、科学の展開の過程を受け入れて、単に記述し解説するのみでは科学史は学問として自立しえないと指摘する（廣重：1970e, p. 261）。科学史が学問として自立するためには、自律的で批判的な問題意識をもって科学に立ち向かう必要があり、いわゆる科学技術革命への疑問や反抗は、そうした意識を生む一つの契機となりうる廣重は言う。

科学の展開を単に知識の拡大や進歩として捉える啓蒙史観は、すでにデュエムによる中世の力学の研究や、ボルケナウの思想史研究によって克服されており、廣重は、二〇世紀科学史においても同様の挑戦がなされるべきであると主張する。デュエムの中世科学史研究は、「カトリック的反動」ともいうべき動機に基づいていたが、廣重は、近代を絶対化する啓蒙史観への批判が近代を相対化しうる思想的根拠を持つのは不思議ではないとし、ボルケナウの場合には、逆の方向から近代批判を行うマルクス主義に啓蒙史観批判の基盤があったと指摘する。近代科学全体に関わる啓蒙史観へのこうした批判に倣って、さらに廣重は、具体的には、二〇世紀の革命において、何がどう変わり、それが現代のわれわれにとって何を意味するのかを問うことが課題であると論ずる（廣重：1970e, p. 264）。

次いで廣重は、一九世紀から一九三〇年代に至る物理学を、実在への関心から有効性の強調への移行という流れに即して叙述し、新たに生まれた量子力学は、経験を処理する上での機能にその存在基盤をもつと論ずる（廣重：1970e, p. 310）。廣重は、こうした「役立つものとしての科学」こそ、「科学技術革命論」の根拠となった事態の根源にあるとし、科学の有用性に着目した国家や産業が主導する、科学の体制化と巨大化を招いたと主張する。現状への批判は、したがって、たとえば機能に対立する存在をより重視する議論、具体的にはアインシュタインの量子力学批判などに倣うものとして組み立てることも可能であろう（廣重：1970e, p. 313）。かつてコペルニクスが古代ギリシアの理念に導かれて地動説にたどり着いたように、いまとなっては時代遅れか否かが問われるばかりのアインシュタインの理念が、現代にも有効な積極的な意味をもちうるのではないかと廣重は問うている（廣重：1970e, pp. 313-314）。

一方で、学問として存在する限り、科学史も、科学と同様の道を歩むのではないかという危惧を、廣重は折に触れて表明していた。一九七一年前後には、日本物理学会の創立三〇周年を記念して、関連の回顧などが『科学史研究』に掲載されたが、廣重は、「科学史学会の創立について記しておくべきこと」という文章を寄せ、科学史学会創立のころ、日本の科学界は科学動員に向けて大きく動こうとしており、国民への科学の普及・浸透に科学史を用いることが注目されて、学会創立が促進されたという見解を発表している（廣重：1971b）。一方敗戦直後は一転して、民主主義革命に役立つものとしての[illegible]性が科学史について強調されたこともあった。役に立つ科学と同様、役に立つ科学史にも廣重は反発するのであ[illegible]

　役に立つ科学史の標榜は、しかし、むしろ国[illegible]に出た際により顕著に見られる傾向であった。一九七一年には廣重はモスクワで開催された国際科学史会議に出席[illegible]が、そこで目の当たりにしたのは、依然として、科学史は科学技術振興のためにあるという姿勢を崩さないソ連[illegible]科学史研究者の姿であった（廣重：1971c）。アメリカや西欧では科学技術批判が高まり、それを受けた科学史研究[illegible]蓄積されていた。同じ会議で、プライスは、近代科学が始まって以来の指数関数的な規模の拡大が、いずれは飽和値[illegible]近づくとする彼の予測が、研究費の削減や反科学主義の隆盛、大学紛争の激化などによって、現実のものとなりつつ[illegible]るという発表を行っている。プライスはこの傾向は第二の科学大国ソ連においても生ずるであろうことを示唆したが[illegible]連の科学史研究者は、科学技術は社会的に規定されているので、アメリカで起こっていることはソ連では起きず[illegible]連では科学は発展し続けると主張した（廣重：1971c, p. 120）。科学が善たることを疑わないその主張は、「科学[illegible]の信仰告白」に過ぎないと廣重は論ずる。

　廣重自身は、科学史という学問の独立を唱え、科学史研究[illegible]科学批判という[illegible]が[illegible]に含まれなければならないと主張してきたが、ソ連の研究者の発言はこの努力に反[illegible]るものであった。ただし[illegible]世界的に見れば、科学史が科学から独立したものであるとの認識は共通の了解事項[illegible]あり、孤立しているのはソ連の方であるとも廣重は理解している（廣重：1971c, p. 120）。

　モスクワでの会議の様子を知らせる廣重の文章[illegible]次の会議が日本で開催されることをも記している。廣重は、一九七四年に東京と京都で行われたこの会議[illegible]現と運営に尽力した人物の一人であった。開催に向けて記した「科学史の新展開——国際会議を前に」（廣重：[illegible], pp. 350-360）は、科学史という分野に関して、廣重が自身の見解を包括的に述べた最後の文章となった。

廣重は、日本で国際科学史会議が開催されること自体に、科学を欧米のものとする見方から脱却し、近代科学を問い直そうとする姿勢を認めている。この回の会議では、非西欧的伝統や、科学と社会、科学の専門職業化、公害などを扱うシンポジウムが設けられたことを廣重は特記している（廣重：1981, p. 352）。また、従来、趣味の領域にあると看做されてきた科学史が学問として自立した一九三〇年代以来、科学史には内的アプローチと外的アプローチの二つが存在してきたことを廣重は振り返り、一九二九年に発表された小倉金之助の「階級社会の算術」は、外的アプローチを初めて公的に発表した、一九三一年のロンドンの第二回国際科学史会議におけるヘッセンの講演に先立つものであることを紹介している（廣重：1981, p. 355）。

内的アプローチでは、コイレの研究が、これを科学史の正統となすほどの影響力をもち、一九六〇年代に入ってアメリカで科学史の大学院が生まれると、詳細な記述や膨大な資料の引用を誇る論文は現れるようになったが、廣重はこれを、正統であるがゆえの「停滞」、「退廃」であると述べる（廣重：1981, p. 357）。詳細な記述を行う目的が記されておらず、どのような歴史的な問題が問われているのが明らかではない研究が多いというのである。もっとも廣重は、職業的に生産されたこうした論文さえ日本では少ないことを嘆いている。

廣重はもちろん、科学を歴史と社会に規定された活動と捉えており、その観点から、内的アプローチと外的アプローチの区別は固定化されているわけではないとも指摘する。ただし、自然科学が自然に関する普遍的認識を獲得し続けてきたとして、その普遍性を強調する主張はいまだに存在しており、そのような姿勢をとれば、科学を社会や歴史の産物として捉えることはできなくなり、科学史は啓蒙史観に基づく目録作成や顕彰事業に退行することになるとも述べている（廣重：1981, p. 360）。

上の指摘で、自然科学の普遍性を主張する論者として挙げられているのは大沼正則（一九二五―二〇〇一）である。

別の箇所では、大沼による廣重の『科学の社会史』の書評（大沼：1974b）が、政治的非難に過ぎず、非難に内実を与える日本科学史の研究を伴わないものとして言及されている。大沼は、自然と自然科学に弁証法的構造を認めており、廣重の主張するように要素論や機械論が自然科学の主要な方法であったことはないと論じている。また、廣重が体制化と呼ぶ現象は、利潤追求を優先する資本のもとに科学がある際に生ずる独占の腐朽性の現れであるとし、科学の進展に応じて、科学と独占資本の論理との間の矛盾は拡大すると主張する。大沼にすれば、科学者と国民は、全般的には結びついているのであり、廣重が行うような、国民の科学への反発の強調は、科学者と国民を切り離し、反科学主義を推進するものでしかないのである。さらに大沼は、一九七四年に『日本の科学者』に発表した「反科学主義のゆくえ」において、廣重と柴谷篤弘（一九二〇—二〇一一）を代表的な反科学論者として取り上げ、廣重の『科学の社会史』最終章の「全人民的コントロール」の主張については、ここに突如現れる全人民とは、科学と結びつかない非合理主義集団を指すのではないかと問うている（大沼：1974a, pp. 54-69）。

歴史研究に基づく科学批判、科学批判を根底にもつ歴史研究を進めようとする廣重の眼前には、学問として自立する過程で、業績主義や自己目的化の弊害を生みつつあるように見えたアメリカの現状と、自身が歴史研究に携わることによって超克してきた科学観の側に科学史を引き戻そうとする日本の動向があった。前者は学問が確立していく過程で辿らざるを得ない道を示しており、後者は現状変革のための学問を志せば必ず付きまとうことになる政治的な反発の現れであった。一九六〇年代末にいったん日本を含む先進工業国で広く共有された科学批判の機運は、一九七〇年代に入ると勢いを弱め、同時に科学史研究全体の目標や形態にも、一時的な運動の高まりを越える長期的な変化の影響が及んでいったといえる。

自身が最も好んだ学説史、相対論形成史における論文でも、廣重は科学史の変化を確認せざるを得なかった。相対論史は、一九七五年一月に死去する直前まで廣重が手掛けた研究課題であり、学問の理想が何であるかという課題や、画期的な研究が立ち現れる過程などについて思考するための材料をも与え続けた。一九六九年に『物理学史研究』に発表された「相対論の受容過程」（廣重：1980, pp. 257-259）は、一九〇五年から一九一三年までの主要科学雑誌に現れた相対論関連の論文・報告や学会発表の数の推移を調べた小文であるが、全体として相対論を扱った論文の数が極めて少ないことに廣重は驚いている。相対論登場当時の世界の物理学界は、廣重からみれば、この画期的研究には関心を払わず、「ルーチンの仕事」に携わっていたことになる。廣重は、「そういう、あとから見れば歴史の進行にとってあってもなくてもよかったような、文字通りの paper の山」を、「こんにちの物理学の退廃的状況」を象徴するものとして捉え、二〇世紀初頭に物理学はすでに技術化の傾向を示していたと判断している。

一九七四年六月の『科学史研究』には、エーテルがニュートンの絶対空間と看做されており、エーテル問題の追求が絶対基準系の探求を意味したという前提に立って、光量子論と相対論の直接的なつながりを論ずる長崎正幸（一九二九―）・武谷三男の主張（武谷：1972, pp. 291-293）を否定する論文、「十九世紀のエーテル問題」を発表している（廣重：1980, pp. 274-307）。エーテルは物質の影響を受けないと考えざるを得ない状況に至った時点で、エーテルと絶対空間を結びつける議論が現れたことは、古くは一九〇六年の桑木彧雄（一八七八―一九四五）の「絶対運動論」（桑木：1922,pp.63-108）でも指摘されており、廣重も特殊相対論登場の直前にそうした現象があったことはたびたび認めている（廣重：1980, pp. 82, 94, 248, 252-253）。一九七四年の論文の主張は、この短い期間のエーテルと絶対基準系の関わりの有無についてのものではなく、光の媒質としてのエーテルが絶対空間と関連づけられて研究されてきた伝統があるか否かを問うもので、廣重の結論は、光の媒質としてのエーテルに関する研究の蓄積があった上で、一八九八年になって、ロッジ（Oliver Joseph Lodge, 1851-1940）が、エーテルの性質を検討した結果、エーテルを絶対基準系と考えることを提唱したというものであった。それ以前には、エーテルは絶対空間に根拠を与えるものとして検討の対象とされていたわけではなく、光の媒質としてのエーテル研究の成果が、一九世紀末になって、絶対静止エーテルを絶対空間と看做しうるという発想を生んだのである。武谷の信奉者はいまだに数多くまた戦闘的であり、彼らとの論争を、廣重は一九七〇年代に入っても行わなければならなかった。

次いで、一九七五年一月に廣重の命を奪うこととなる再発した癌の進行とともに仕上げられ、死後の一九七五年三月に『科学史研究』に発表された「相対性理論の起原——自然観の転換としての」（廣重：1980, pp. 308-337）は、マッハの力学批判に接したことが、アインシュタインを力学的自然観から脱却させ、電磁気学と力学を同等に扱う相対論の構築に向かわせたと主張する意欲的な論文であったが、ここでは哲学者の廣松渉（一九三三—一九九四）によるアインシュタインへのマッハの影響についての議論なども参照されており、死の直前まで廣重が相対論形成史の研究に力を注いでいたことを示している。廣松と加藤尚武（一九三七—）の翻訳した、マッハの論文集、『認識の分析』（マッハ：1966）を、廣重は刊行された一九六六年に購入し、その後、同書にある廣松の解説論文のうち、特にマッハのニュートン批判や、アインシュタインへの影響を論じた箇所を注意深く読んでいる。ニュートンの質量概念に対するマッハの批判が、カントの物自体に批判的なマッハの哲学と吻合すると廣松が指摘する箇所（マッハ：1966, p. 143）には、廣重は、「読み込みすぎ。だれだって Mach ていどの批判はできる」（漢字かな）と書き、マッハが物理学研究を行っていた時期には「まだ光速の一定性ということが確定されていなかった」と廣松が記した箇所（マッハ：1966, p. 158）には、〔光速の一定性は〕「経験的には確定されない」（漢字かな）と注記している。さらに、アインシュタインの、「光速の一定性ということがマッハがまだ若く彼の頭脳が柔軟だった時期に物理学者たちの間で問題にされているようであったら、マッハこそが相対性理論を発見したであろう」という言葉を引いて、廣松が「単なる社交辞令ではない」と指摘している箇所（マッハ：1966, p. 160）の上には、「やはり社交辞令」（漢字かな）と記している。廣重の見るところ、廣松はマッハとアインシュタインの議論の間に見られる概念上の類縁関係を指摘したのみであったが、廣重はそこからさらに進んで、両者の間の「発生史的関係」を論じようとしたのであった（廣重：1980, p. 327）。

廣重最後の意欲作の結論には、しかし、その後の物理学が辿った道と、それが科学史研究に与える影響についての、悲観的な見通しが記されている。廣重は、過去半世紀にわたって、物理学は根本的な変革を経験しないまま知識の漸進的増大のみに甘んじ、科学の体制化の下での研究のルーチン化や大型プロジェクト化、およびそれに伴う作業の細分化を許してきたと指摘する。創造的な知的作業からは程遠いこうした研究は、クーンのいう「通常科学のパズル解き」であると廣重は評し、科学者の哲学・世界観ではなく、技術的有能さのみが問題とされていることを嘆く（廣重：1980, p. 335）。廣重はまた、こうした科学の状況が、科学史家のいだく科学の観念にも影響を及ぼすと想像する。科学史の研究者は、技術的細部の検討に終始する科学上の活動を取り上げるようになるが、それで一応の研究は成り立つであろうし、また、科学史研究における新しさは、従来検討されてこなかった対象や新資料の発見のみをめぐって論じられることになると廣重は予想する。

廣重はしかし、クーンのいうパラダイムの拡大や変更、すなわち新分野の開拓や学問の方向の変更をもたらす革新は、既成の前提の延長からは生まれず、問題設定そのものの転換から生ずると論ずる（廣重：1980, p. 336）。そのうえで、科学史家に、歴史を見る視座を転換し、科学の革新をもたらしたものが何であるかに注目することを要請する。「科学研究の問題は自然観・科学観と相関的にのみ設定される」のであり、その最も雄弁な例こそ、エーテルをエーテル問題の枠組みの中でのみ検討したローレンツとポアンカレと異なり、力学的自然観を脱していたがゆえにマッハの絶対空間・絶対時間への批判から意味を汲み取り、相対論に至る新しい問題を発見したアインシュタインであった。

体制化し技術化されたまま変革の兆しのない科学と、それを対象とすることで自身、細分化・通常科学化の道を歩んでいく科学史——死を目前にした廣重が見たのは、科学批判を推進力とすべき科学史が、学問としての自立を遂げる過程で、現状の科学と同様に思想性を欠く作業と化していく姿であった。それはまた、学問が、専門家養成機関、学位、学会などの装置を得て、それ自体が一つの体制を備えていくという、廣重がおそらくは想定しなかった、体制化の別の側面を、科学史というごく小さな領域が見せ始めていたことを意味していた。

廣重の死後、彼が生前、若手の科学史研究者から別刷を送ってもらうことに抵抗を覚えると、二度ほど語っていたことを、中岡哲郎は回想している。別刷はよいが、大家に認めてもらおうという姿勢に廣重は反発したのである。また廣重は、科学史学会の同世代の仲間が、あまりに早く「えらい人」になることに違和感を覚えてもいた（中岡：1975b, p. 84）。村田全は、日本で開催された国際科学史会議において、事務への小さな依頼が不首尾に終わったことについて廣重に苦情をいうと、普段は温和な廣重が不満をあらわにしたと明かしている。「村田さんもとうとう大家のような顔をしだしましたね」とでも言いたげであったと村田は記憶している（村田：1975, p. 84）。

廣重は、国家や独占資本が科学をとりこむことを体制化と呼んだが、同じ言葉は、科学それ自体が、独自の制度や権威を備えた一つの体制となることを意味しうる。「科学の体制化」の語をこうした意味で使うことのなかった廣重は、早くも「体制化」する科学史を見て、ただ不満を覚えるほかはなかったようである。物理学に比べるべくもない科学史という小さな領域におけるこの意味での「体制化」の現実は、廣重に従来彼の視野にはなかった学問の特質を教えることになったかもしれないが、そうした方面を検討する時間は彼には残されておらず、また、自然観や科学観によって科学史を叙述することを好んだ彼は、こうした卑小な現象に拘泥するのに適した資質――たとえば科学者どころか科学史家の蔵書の書き込みを漁って論文の材料に用いるようなそれ――も持ち合わせていなかったであろう。

7　弁証法から歴史へ——廣重徹が科学論にもたらしたもの

廣重は、武谷三段階論や自然弁証法に魅了されて物理学と科学史の研究を始め、科学と諸思潮が直接関わる課題を扱うことのできる科学史を専門に選んだ。それ以前から科学と民主主義が相携えて進展することを目指す科学運動にも従事していたが、一九五六年以降、独占資本主義体制に科学技術が組みこまれて発展し、民主化が取り残される現状への反省から、日本の戦後社会と科学技術の関わりの歴史的検討を手掛けるようになった。民科・共産党、および武谷三男などに見られる、日本の遅れた資本主義の下では科学技術振興が民主化と対米従属の打倒を実現するという現状認識と運動方針には疑問を抱くようになり、一九六〇年代前半には、学説史においても、武谷の三段階論やこれをもとにした科学史研究の方法全般に対して批判を加えた。同時期には明治維新以降の科学の社会史全般を検討するようになり、科学技術振興は戦時下でも唱えられていたこと、科学は社会体制によらず進展しうること、二〇世紀の二つの世界大戦を通じて完成した国家と産業による科学の取り込みは、日本を含む先進工業国全般で生じていたことなどを発見した。科学運動の指針はこうした歴史とそれがもたらした現状を理解した上で定められるべきであるとの認識を得る一方、学説史の研究の蓄積もあって、あらかじめ定められた理論に沿って歴史を利用するのではなく、錯綜した諸事象の中から本質的な事象が現れるという過程を正確に理解すべきこと、および現在を歴史的過程の一環として捉えるべきことを知るようになった。

科学論としてみれば、廣重が近代科学を特徴づけるものとして科学の歴史から取り出したのは、思想面でいえば要素論と機械論であり、社会面では二〇世紀に政治状況を問わず進展した体制化であった。二〇世紀後半にさらに進んだ体制化は、近代科学が出発地点で持っていた要素論・機械論の欠陥を、科学の全般的な細分化・技術化として、また環境破壊、管理社会化などとして、よりあらわに示すこととなったと廣重は理解した。一九六〇年代前半までは、廣重は科学の自律性に期待を寄せたが、やがて限定的な評価を与えるようになり、科学をとりまく国家・

産業・社会が科学の前線配置を決定すると主張するようになる。一九六〇年代末に激化した学生運動の主張の中には、廣重が次第に抱くようになっていた科学への疑念が含まれており、廣重も、運動が、科学それ自体およびその社会との関わりの両面における変革への刺激となることを期待したが、廣重が望んだような事態には至らなかった。

科学運動の挫折から、科学と社会の関わりについて得た洞察は、歴史研究に生かされ、科学の体制化という現象の発見を広重にもたらした。対するに、科学の方法上の特徴を要素論・機械論とのみ看做し、その欠陥が二〇世紀後半の科学に現れていると考えた廣重は、巨大科学や分業化・技術化の下でなお科学者が追求するものに関心を抱くことが出来ず、現在の科学を変革すれば実験・観察以上の方法が現れるのかという熊谷寛夫の質問にも答えることはできなかった。一方、充分に理念化することはなかったが、歴史上は過去のものに属する思潮や、科学史的な反省が、科学研究の現場に変革に至る刺激を与えうることも廣重は発見している。これにより、科学運動の可能性を信じ続ける科学史研究者であった廣重は、科学史研究は現実の改革に寄与しうるとの信念を強めたであろう。

廣重の科学論への寄与は、しかし、科学とその社会との関係について彼が見出した個別の事象ではなく、従来、科学に関する特定の理論の正否を判断するための材料を提供する事実群の集積としてのみ扱われてきた科学史を、むしろそこから科学論を築くための未知の現象の源として、またそれゆえに固有の意味をもつものとして扱う意義を明らかにしたことに即して測られるべきであろう。既存の哲学体系や最新の科学の観察に基づく理論に依拠して歴史に向かうのではなく、試行錯誤に満ちた歴史をもち、その中から成立したものとして科学を論ずることの必要性を、廣重の学問的な歩みの全体が示している。

廣重が歴史の重要性を理解したのは、近代日本の科学技術史を検討する過程で講座派的な理解が不十分であることを認識し、電磁気学史の検討によって武谷三段階論では描き切れない学説の展開の実態を知ったことによってであった。こうして始まった歴史的検討の結果、廣重は最終的に、要素論・機械論で力学から相対論・量子力学に至るまでの成功を見た近代科学が、一九世紀の制度化、二〇世紀の体制化を経て、二〇世紀後半に学問としても社会との関わりにおいてもむしろ害悪を露呈する状況に至ったという理解を得た。一定の論理的過程が繰り返すことを主張する三段階論のような科学論と違って、この描像が、一回性をもつ歴史の展開を組みこんだ議論を提示していることは認めざるを得ない。廣重がここで意識した模範があるとすれば、マルクス主義の発展段階説であったかもしれない。ただし、生産力の増大や階級闘争といった、マルクスが提示した発展の論理を、廣重は自身の科学史研究において見出すことはなかった。比較して言えば、武谷は、三つの段階の特徴を描写し、各所で三段階が繰り返すと主張したが、各段階の間の移行の論理は導かなかった。

マルクス主義的な発展段階論であれば、各段階を経た末に到達する境地を予言し、厭うべき現状もそこに至るための過程の一部であると説明することができる。しかし廣重は、否定的な現状に至るまでの歴史的過程を描くことはできたが、それを導いた発展の原理も、最終的に到達するであろう科学と社会の段階も、示すことはできなかった。それでも、廣重は科学の変革にも期待を寄せていたので、歴史的過程の展開の末に現状があるとのみ叙述すれば消え去ってしまうように思われるその可能性を、二〇世紀初頭に起きた直近の学説史上の変動が当事者にも予見不可能であったことを強調して保持しようとし、また科学史研究がこれに貢献しうることも実例によって示そうとした。ここでも廣重は歴史に忠実であろうとしたが、体制化の進展についての悲観的な記述と、変革の必要性・可能性の指摘との間に、おそらくは本人以外には埋めようのない断絶があることは否定できない。

それでよいともいえる。廣重の描いた科学の姿や、その変革の構想が受け入れられないのであれば、科学の歴史に入りこんで、それらを超える描像を得ればよい。それはまさに、武谷の三段階論や技術論とは異なる科学の把握の仕方を、科学史研究の中から見出した廣重が行ってみせたことであった。科学をその歴史とともに理解しようとすることで、科学の現状や特定の理論体系を前提として歴史を叙述するよりも豊かな成果が得られることを廣重は示したのであり、これこそが科学論に対する彼の最大の貢献であった。

第五章　生命としての科学／機械としての科学
——科学の意味をめぐる問い

瀬戸口明久

はじめに——科学批判とは何だったのか

一九七〇年代は科学批判の時代である。この時期、科学技術がもたらすさまざまな災厄が社会問題として注目されるようになった。これは世界的な現象である。アメリカにおいてはベトナム戦争が長期化するにつれ、大学における軍事研究が問題視されるようになった。日本でも深刻な公害問題の出現とともに、企業や大学の研究者の果たす役割が厳しく問われはじめる。ここで重要なことは、問題とされたのが科学の成果を悪用する政府や企業ではなく、科学そのものであったことである。現代においては、基礎科学も含めてすべての科学が国家の支援を受け、社会体制と深く結びついている。したがって科学はそれ自体として進展させるべきで、問われるべきはその利用であるとする啓蒙主義的な科学観は、もはや通用しなくなりつつあった。そこで登場したのが科学批判だったのである。(1)

そこでの論点は大きく分けて二つあった。一つは軍産学複合体批判である。第二次世界大戦以降、各国で国家が科学研究を支援する体制が整備された。とりわけ冷戦下のアメリカとソ連においては、直接に軍事に結びつく研究だけでなく、すべての基礎科学に向けて豊富な支援がおこなわれるようになる。宇宙開発におけるアポロ計画や素粒子物理学における巨大加速器のように、二〇世紀後半の科学では「ビッグ・サイエンス」と呼ばれる大規模なプロジェクトが登場しはじめたのである。そこではもはや、科学研究は真理を探究する科学者の個人的な営みとする素朴な科学観を取ることはできない。あらゆる科学研究は直接、間接に軍事技術を支え、華々しい研究成果は国威発揚や経済発展とつながることが期待されているのである。

もう一つの論点は、科学者の主体性の喪失である。かつての科学者は、自らの関心をもとに新しい知識を切り開いていく自律的な存在であった。しかし科学研究が大規模化するとともに、科学者はプロジェクトのなかに埋没していくことになる。そこで科学者一人一人は、交換可能な部品にすぎない。プロジェクトに属さずに個人研究をおこなっている科学者でも、学界の動向からまぬがれることはできない。学界は研究成果を共有する交流の場所というよりも、生き残りをかけた競争の場となっている。そこで評価される業績をつくりだすことが、研究者にとっての至上の課題となる。すると失敗するリスクは高いかもしれないが興味深いテーマではなく、ある程度の時間をかければ確実に成果を出せる領域に研究が集中することになる。そこでは科学者は自分の研究を主体的に選び取ることすらできないのである。

一九七〇年代においては、これら二つの論点は密接に結びついていた。後者の論点で問題とされているのは科学における意味の喪失である。主体性を失った科学者がおこなう科学とは、誰のための、何のための科学と言えるのだろうか。そこでは科学者個人にとっての意味などは見失われてしまっている。それはもはや国家のための科学、産業界のための科学である。こうして前者の論点とつながってくる。そこでこの時期の科学批判においては、政治と一体化した科学を根底から問い直すことによって、人間のための科学を取り戻そうとする議論が展開された。たとえば科学史家の廣重徹（一九二八―一九七五）は、現代科学がいかに政治や社会に規定されているか明らかにし、科学は「体制化」してしまっていると告発した（廣重：1973b）[(2)]。あるいは核化学者の高木仁三郎（一九三八―二〇〇〇）は、原子力産業と一体化した大学から逃れ、「市民のための科学」を目指して一九七五年に原子力資料情報室を設立した（高木：1999）。このように一九七〇年代の科学批判においては、社会的な変革と科学の意味の回復は密接に結びついていたのである。

しかし現在においては、両者の結びつきはそれほど自明ではなくなったように思われる。まず前者の論点となった軍産学複合体というものが、冷戦の終焉とともに消滅してしまった。もちろん原子力研究のように国家や産業界と密接に結びついた分野は現在でも存在している。しかしほとんどの国では厳しい財政状況を受けて、かつてのようなビッグ・サイエンスは科学の主流ではなくなった（中山：2006）。むしろ現在の科学研究は、その直接的、間接的なスポンサーである国民と向き合わざるを得なくなっている。たとえば遺伝子組み換え食品のように社会的な争点となる技術の導入については、消費者となる市民の意見を取り入れることが求められる。科学者も自らの研究の社会的な意義を積極的に語らなければ、研究への公的な支援を得ることができない。国家を中心とする体制が科学をめぐる諸問題をもたらしているという図式は、現在の科学の多くの領域では成り立たなくなっている。つまり前者の論点にもとづく科学批判は、いまやかつてほどの迫力を持たなくなったと言ってよい。

それに対して後者の論点は、現在ますます深刻化しているのではないだろうか。現在の科学者は、プロジェクトのなかで成果を出すことに加えて、社会的な意義も求められるようになった。実際には社会との関わりが希薄な基礎的な研究においても、科学者と市民のコミュニケーションが求められるようになったのである。そこで科学者が本心から自分の研究に社会的な意義があると思っているかどうかは関係ない。すると市民とのやり取りは、しばしば形骸化したイベントとなりはててしまう。あるいは現在の科学者は、社会的なコンプライアンスを求められる。たとえば生命科学の研究者は生命倫理にのっとって研究を進めなければならず、必要な場合には倫理委員会などの承認を得ることが求められる。もしくは現在の科学では、研究不正を予防し、起こった場合には処罰するためのさまざまな手続きが準備されている。現在の科学者は、これらの制度のなかでますます建前と本音を切り離され、個人としての主体性を発揮できなくなっているように見受けられる。これらの科学コミュニケーション、科学技術倫理の諸制度は、一九七〇年代以降の科学批判が勝ち取ってきた成果でもある。しかし現在の科学は、あらかじめ内部に社会との調節機構を兼ね備え、あたかも空回りする機械のようになってしまっている。

そこで本章では、科学における意味、科学者の主体性の喪失という問題について、一九七〇年代の科学批判における議論を手がかりに考えていきたい。ここで注目するのは、柴谷篤弘（一九二〇—二〇一一）と坂本賢三（一九三一—一九九一）の論争である。分子生物学者の柴谷篤弘は一九七〇年代に科学批判を展開しはじめ、とりわけ『反科学論』（1973）は大きな反響を呼んだ（以下、引用中では「H」と表記）。本書では「西欧文明」の延長線上にある現代科学のあり方が批判され、人間のための科学を目指して「直感的認識」を重視すべきとする議論が展開されている。科学者の社会的責任などについての議論も含まれているが、全体としては同時代のカウンター・カルチャーの影響を強く受けている著作である。それに噛みついたのが哲学者の坂本賢三である。一九七四年六月、坂本は総合雑誌『展望』に「反科学論への疑問——科学の意味と現代」と題する論文を発表し、柴谷の議論を激しく批判した（坂本：1974）。その要点は、『反科学論』の論調は反知性主義、神秘主義につながるとする批判である。それに対して柴谷は翌年二月に同誌に「『反科学』の意味するもの」を発表し、坂本に対する反論と反批判を展開した（柴谷：1975）。両者の応酬は熾烈を極め、論点も多岐にわたるので、ここでは詳細には紹介しない。(3) むしろ重要なことは、多くの論争がそうであるように、両者は対立してはいたが多くのものを共有しており、とりわけ問題意識はほとんど同一であったということである。それは科学における意味をめぐる問いであった。以下では、柴谷の科学批判、坂本の技術批判を検討し、両者が科学における意味の喪失という問題といかに向き合ったのか見ていくことにしたい。

第一節　高速化する生命——柴谷篤弘の科学批判

1　自己増殖する科学

柴谷篤弘は、一九五〇年代に生まれた分子生物学の日本におけるもっとも強力な提唱者の一人である。柴谷は一九四六年に京都帝国大学理学部動物学科を卒業後、ミノファーゲン製薬研究部、大阪大学、山口県立医科大学、広島大学などを経て、一九六六年以降はオーストラリア連邦産業研究機構で研究した。グラスゴー大学やロックフェラー医学研究所などにも滞在した経験を持ち、海外の分子生物学者とも活発に交流した（柴谷：1996）。しかし一九六〇年代末になると、柴谷は現代科学のあり方に疑問の念を抱くようになる。決定的だったのは一九六八年の大学紛争である。柴谷はオーストラリアの研究所にいたため、大学紛争を直接に目撃したわけではない。だが、柴谷は学生たちが突きつけた「科学とは何か、研究とは何かという問いかけ」に強い衝撃を受けたという。そして「粛然として机に向かい、それまでの私の学問に対する態度が何であったのか」考えはじめた（H：1,292）。そこから生まれたのが『反科学論』である。本書には同時代の相対主義的な科学哲学や軍産学複合体批判の議論が反映され、欧米におけるラディカルな科学批判についても詳しく紹介されている。しかしここで注目したいのは、本書において柴谷が、彼が以前から持っていた生命観をもとに科学批判を展開しているということである。それは、生物を静的な枠組みと動的な営みの両面を兼ね備えた存在と見なす生命観である。

ここで柴谷は、生物の進化の歴史を踏まえて、科学から意味が奪われていくメカニズムを説明することを試みている。すべての生物は、自己増殖し、勢力を拡大するという性質を生まれながらに持っている。しかし自然状態のもとでは、ある程度まで個体数が増加すると平衡状態に達し、それ以降はほぼ一定に保たれる。その数は、その生物が補食する栄養量やほかの生物との関係から決定される。ただしこのことは、安定した静的な状態が固定されるという意味ではない。生物集団とは、つねにゆらぎながら変化し続けるダイナミックなシステムである。たえず新しい生物種が生まれてきて集団に参入し、ほかの生物と相互作用しながら増殖し、最終的に集団中に定着していく。そこでは生物種の絶滅もたえず起こっている。ときには中生代末のように大量絶滅が起こることもある。だが長い時間が経過すれば、さまざまな生物種が進化してきて、集団中の多様性は増大する方向へと進んでいくのである。

このように柴谷にとって生物とは、つねにゆれ動きながら、同時に平衡状態を維持しているシステムである。それは生物集団においてだけでなく、個体としての生物においても見られる。こうした生命観は、柴谷の最初の著書『理論生物学――動的平衡論』（1947）において展開されている。そこで柴谷は、オーストリアの理論生物学者ルードヴィヒ・フォン・ベルタランフィ（一九〇一―一九七二）のシステム論を参照しつつ、生命の本質を明らかにすることを試みている。そこで提示されているのが「動的平衡系」としての生命という見方である。生体内ではつねに新しい化学物質がつくりだされ、古いものが分解される新陳代謝が起こっている。また細胞分裂によって生まれる細胞もあれば死滅する細胞もある。このような「『動』の流れのなかにあって、しかも一定の『静』の秩序がもたれ」ているのが、生物個体というシステムなのである（柴谷：1947, p. 125）。『反科学論』で展開されている参入と絶滅を繰り返しながら一定の平衡状態を保つ生物集団という進化観も、このような柴谷の生命観の延長線上にある。

しかし柴谷によれば、地球上の生物集団の平衡を大きく崩してしまうほど増殖してしまった種が一つだけ存在する。それが人類である。地球上の人口が急増したのは、「最近三世紀間、つまり、産業・科学革命いらいのこと」だと柴谷はいう（H：26）。その起源は「西欧文明」のなかにある。大航海時代以降、ヨーロッパ人はそれまでの生物に見られない規模で移動し、植民地の環境をつくりかえ、生産活動を極限まで押し進めてきた。こうした量的な拡大をともなう経済システムが地球全体をおおうようになったのが現代である。これまでの生物の進化を踏まえれば、人類の増加もどこかで停止し、動的な平衡状態に達するはずである。しかし現代における人口の増加はあまりにも急激である。平衡状態をつくりあげる生物集団のメカニズムは、生態系の急激な変化に追いつかないかもしれない。その先にあるのは地球規模のカタストロフィーである。そのとき生物の多様性は「非可逆的」に失われてしまい、ふたたび生態系が安定を取り戻すには「地質学的時間」が必要になるだろう（H：33）。このように柴谷にとって人類は、これまでの自然とはまったく異なる次元の速度を持つ特殊な生物なのである。

現代科学もまた、こうした人類の急激な拡大に組み込まれた「自己増殖」するシステムである（H：16-21）。そもそも科学は、それ自体として増殖する性質を持つ営みである。一つのことがわかると、そこから次々と疑問がわき出してきて新たな知識を追い求めなければならなくなる。それに加えて科学の増殖のスピードを飛躍的に高めたのが、科学者の職業化である。一九世紀末以降、科学は専門分野ごとにわかれ、研究を職業とする科学者によって進められるようになった。そこでは自分自身の地位を確保し、自らの専門分野を拡大しようとする「自己保存、自己増殖」の力が働いている（H：20）。これは生命との単なるアナロジーではない。科学の自己増殖において働いているのは、生命の増殖とまったく同様のメカニズムである。現代科学は、増殖して拡大しようとする特定の集団——多くの場合、支配的な政治的な権力——と結びつくことによって、自らも増殖するための資源を獲得する。そのとき科学は、自律的に増殖するメカニズムの一翼を担うことになる。こうして科学は、自己増殖する人類、自己増殖する経済システムと支え合って、自らの規模を急速に拡大させてきたのである。

このようなメカニズムのなかで科学者は、科学の増殖のスピードに振り落とされないように「可能な最大速度」で研究を進めなければならない（H：49）。その結果、科学全体の研究成果の蓄積は膨大なものに達する一方で、個々の科学者は細分化された狭い領域の研究に没頭することになる。つまり一人一人の科学者にとってはわからないことの方が多くなり、科学の前進によってむしろ「無知の拡大」がもたらされるという逆説が生じることになってしまう（H：54）。こうして科学者は、蓄積された科学知識全体のなかでの自らの研究の位置づけを見失うことになる。そのとき科学者は、自らの主体性を持って研究を進める存在ではなく、ものすごいスピードで自己増殖するシステムを回転させるための一つの齣にすぎなくなるのである。

以上のように柴谷は、過剰な自己増殖が科学から意味を奪っていく構造を明らかにした。それは生物としての増殖の延長線上にありながら、自然状態の生物とは明らかに一線を画するシステムである。その自己増殖のスピードは、もともと生物が兼ね備えている動的平衡のメカニズムを脅かすほど大きい。その結果、地球上の生態系は破壊されつつあり、人間は無限に増殖し続けるシステムにしばりつけられている。このようなシステムの回転から脱出し、人間のための科学を取り戻す道を探るために、柴谷は『反科学論』を書き上げたのである。

2　高速化する分子生物学

前述したように柴谷は、分子生物学の強力な推進者であったにもかかわらず、大学闘争をきっかけとして激しい科学批判を展開するようになった。しかし実際には、自分自身の分子生物学者としての研究生活を通しても、科学の意味とは何なのか考えざるを得ないような状況に柴谷は置かれていた。自らが積極的に進めてきた分子生物学から意味が失われつつあるのではないかと感じるようになっていたのである。『反科学論』で柴谷は、以下のように分子生物学への不満を述べている。

「……遺伝子暗号の解読がなされたころからあと、分子生物学における羅列的な知識のいちじるしい増大にもかかわらず、生命現象に対するわれわれの基本的な理解の地平は、最近の十年間ほとんど変わっていないといっていいようである。この点で、一九五二―六二年と、一九六二―七二年の、分子生物学の進歩のありようには、本質的なちがいがあるように思われる。分子生物学も、ある意味で核物理学の無意味な繁殖に近い状況にまで来ているのかもしれない。」（H：103-104）(4)

このあと柴谷は、はっきりと分子生物学批判を展開するようになる。一九七八年のエッセイ「分子生物学の終焉」では、最近の研究は一見すると華々しい成果でも「本当の意味がよくわからないものが少なくない」と不満を漏らしている（柴谷：1978=1981a, p. 375）。この時期には欧米においても、草創期の分子生物学者が次々と別の領域へ関心を移しつつあった。ＤＮＡの情報からタンパク質がつくられるメカニズムがほぼ明らかになった段階で、彼らにとって分子生物学は魅力のある領域ではなくなってしまったのである。その一人で神経生物学へ転じたガンサー・ステント（一九二四―二〇〇八）の『進歩の終焉』（1969）を読んだことも、科学批判へと向かうきっかけになったと柴谷は回想している（柴谷：1996, p. 207）。しかしそれだけではなく、柴谷自身が以前から持っていた科学観から見ても、その当時の分子生物学からは魅力が失われつつあった。

その過程を理解するためには、柴谷の二冊目の著書『生物学の革命』（1960）までさかのぼらなければならない。本書はそれまでの生物学を「枚挙生物学」と呼んで批判し、新しい生物学の必要性を訴えた書物である。そこで分子生物学は、これからの生物学の主流となるべき一つの柱とされた。この主張はきわめて大きな影響力を持ち、読者の中から多くの若手研究者が分子生物学へと向かったと言われている（柴谷：1996, p. 5）。しかしここで重要なことは、柴谷が自らの科学観にもとづいて、新しい「基礎生物学」の構築を目指したということである。この時期の生物学においては、一つ一つの生物種を特定して命名する分類学や、個別の種における現象を記述的に明らかにする研究が主流であった。それは比較的狭い領域で知識を蓄積していくタイプの研究である。しかし柴谷によれば、そのような研究はときに「羅列的」な「切手蒐集」と揶揄されてしまう。それが柴谷が言うところの「枚挙生物学」である。それに対して柴谷が構想する「基礎生物学」において目指されるのは、「生物を人工的につくること」である（柴谷：1960, pp. 10,24）。生物学でしばしば問われる「生命とは何か」という課題は、あまりに抽象的すぎて実際の研究から乖離していると柴谷はいう。そこで柴谷は、工学的な発想を持ち込むことによって生命の本質をあぶり出そうとする。ここで柴谷が具体的な目標として設定するのは、分子レベルでの生命現象を説明するモデルの構築である。ここでのモデルとは、情報理論を駆使したシミュレーションのことを指している。その先には、機械の上で自己保存、自己増殖する人工生命がつくりだされるであろう。このように柴谷は、それまでの生物学における単調な知識の蓄積に物足りなさを感じていた。それは柴谷には、平板で静止しているかのような研究に思えた。柴谷にとって科学とは、彼の生命観と同様に、動的で生き生きとした営みであるべきだったのである。(5)

このような生物学を実現するため、柴谷は日本における分子生物学の制度化に向けて尽力することになる。しかし『反科学論』を発表したころには分子生物学の状況に不満を表明しはじめ、一九八〇年前後には激しい批判を展開するようになる。その理由の一つには、分子レベルの遺伝のメカニズムが一応は解明され、草創期の分子生物学の課題が一段落したということもあるだろう。だがより重要なことは「分子生物学」という分野が制度として確立し、自己増殖する巨大なシステムとなったということがある。各国で学会や学術誌、研究所が整備され、研究者の数も論文数も草創期とは比較にならないほど膨大なものとなった。研究の量的な拡大とともに、その内容も変化していく。象徴的なのはＤＮＡの塩基配列を決定する研究の増加である。一九七〇年代後半、簡便な塩基配列決定法が開発されると、さまざまな生物種のＤＮＡの配列を決定する研究が爆発的に出版されはじめる。その数は指数関数的に成長し、一九八〇年には毎月一五％増という急激な増加を見せる。(6)それはもはや個人の研究者ではすべてをおさえることが不可能な量である。そこで登場したのが、ネットワーク化されたコンピュータのなかに塩基配列を蓄積するデータベースの構築である。一九八二年にはアメリカ保健省（ＮＩＨ）の支援のもと、世界初のＤＮＡ配列データベースGenbankが発足する。こうして分子生物学は、すべての生物種のデータを分子レベルで蓄積していく時代へと突入したのである（Strasser, 2011）。

しかしこのような状況は、柴谷にとっては「枚挙生物学」への回帰にほかならなかった[7]。そこでの研究は平板な情報の蓄積になっているというだけではない。そこでは科学者が主体的に選び取るべき問題意識が、どこかに雲散霧消してしまっている。そこでは「個人的な色合い」のある研究が少なく、「誰もが思いつくような小刻みな結果を何人もがつみ重ねて」いると柴谷はいう（柴谷：1981b＝1982c, p. 28）。しかもその蓄積のスピードは、かつての生物学が経験したことのない猛烈な速さである。分子生物学は「高速度科学」の段階へと突入した（柴谷：1981c＝1982c, p. 37）。ものすごいスピードで単調に突き進んでいく科学。それは人間と自然のあいだの生き生きとしたやり取りから生まれてくる柴谷の科学観とは大きく食い違うものであった。それはもはや、知識を生産し続けるためにひたすら高速回転する機械のような営みにしか見えなかったのである[8]。

3　生き生きした科学へ

それではこうした機械のような世界から抜け出すにはどうすればよいのだろうか。柴谷の答えは単純である。過剰に加速してしまった科学のスピードを、かつての人間の速度、もともとの生物の進化に見合う速度へと戻しさえすればよいのである。そこでは人間とほかの生物とのあいだに「負のフィードバックのきいた調節系」が成り立ち、一定の限度を超えることのない平衡が生じるはずである（H：176）。だがどのようにすれば科学の速度を減じることができるのだろうか。そこで柴谷は、職業的な科学者をなくし、狭い意味の専門家をなくすべきという提案をする。柴谷の枠組みから見れば、科学者の職業化こそが、科学の細分化、科学の自己増殖、権力との密着をもたらした要因である。したがって科学が職業でなくなりさえすれば、人間の知的な好奇心にもとづく主体的な探究が取り戻されるはずである。そこでは科学者は、学界のなかで評価されるために狭い領域に特化する必要がない。『反科学論』の副題の「ひとつの知識・ひとつの学問をめざして」は、このような柴谷の理想の科学観をあらわしている。この提案は決して現在の科学のすべてをなくしてしまおうというものではない。むしろこれからのオルタナティブな科学のあり方を探ろうとするものである。

その一方で、柴谷は際限ない科学の増殖を何らかの形で制限しなければならないとも考えている。『反科学論』においてとりわけ問題とされているのは、科学と軍事技術とのつながりである。柴谷は欧米のラディカルな科学者運動を紹介しながら、彼らが軍事的応用につながる可能性のある研究を拒絶し、科学の意味を問い直しはじめていることを積極的に評価している。その一方で、この時期に登場しつつあったバイオテクノロジーについては、この時点ではまだ批判の対象となっていない。だが、自らがかつて『生物学の革命』で提唱した生物の人造については、明確に否定してはいないが一定の距離感を持って言及している（H：6）。一九八〇年代になると、柴谷はバイオテクノロジー、遺伝子工学を積極的に批判しはじめ、研究を制限すべきとする議論を展開するようになる。その一つでは、生命を工学的につくりあげるのは不可能であると述べ、人間機械論は「科学的妄想のひとつ」であると論じている（柴谷：1982b=1982a, p. 202）。ここにおいて柴谷は、人工生命をつくりあげようとするかつての構想を完全に捨て去ったのである。

さらに柴谷は、現代文明そのものを問い直し、西欧由来の近代科学とは異なる自然との関係を構築することも提唱している。柴谷によれば「西欧文明」こそが、人類の際限ない拡大をもたらした元凶である。そこで生まれた近代科学においては、自然の一要素を切り取ってきた部分的な認識しかえられないと批判し、自然を全体として受け止める「直感的・感性的接近法」の重要性を提言する。あるいは長期間にわたって人口が一定だった江戸時代の日本に注目し、そこに「自然保護に対してもった積極的な意義」を読み込んでしまう。アメリカのカウンター・カルチャーにおける東洋思想や占星術への関心についても、「非建設的として否定することは単純にすぎよう」と理解を示す（H：86, 120, 85）。伝統社会や土着文化を理想化するロマン主義的なコメントもいたるところに散りばめられている。このような柴谷の発言から、彼の主張は文字通りの「反科学」であると受け止められることも少なくはなかった。そのため『反科学論』は多くの批判を浴びることになる。その一つが坂本賢三によるものである。だが坂本には、ほかの批判者たちと違っている点が一つだけあった。それはほとんどの批判者が啓蒙主義的な科学観を持っていたのに対し、坂本の場合には、彼自身も科学に対して強い批判的な意識を持っていたということである。

第二節　機械に包み込まれる人間――坂本賢三の技術批判

1　外骨格としての機械

坂本賢三の名は、現在では科学批判の論者というよりも、科学思想史、技術史の研究者として記憶されているかもしれない。確かに坂本は、専門教育を受けた科学史、技術史研究者の最初の一人である。坂本は大阪大学理学部物理学科で理論物理を学び、その後、同大学文学部、大学院文学研究科で哲学を学んだ。当時の阪大文学部には医学概論を講じた哲学者の澤瀉久敬《おもだかひさゆき》（一九〇四―一九九五）やフランス科学思想史、数学史の原亨吉《こうきち》（一九一八―二〇一二）が教員として在籍していた。また同時期の工学部には、機械工学者で技術史家でもあった石谷清幹《いしがいせいかん》（一九一七―二〇一二）がいた。坂本は彼らの指導を受けながら研究者としてのキャリアをスタートさせる。大学院博士課程を退学したあとは、桃山学院大学経済学部、神戸商船大学商船学部、千葉大学文学部などで教鞭をとった。坂本のもともとの関心は、物理学における観測問題だったという。だが在野の哲学者、田辺振太郎（一九〇七―一九八七）から、科学の哲学をやるためには「技術をやらなければだめである」と言われ、技術論にも関心を持つようになった（坂本・三藤：1987, p. 22）。その後の坂本は、科学技術史、科学技術論においてきわめて広範囲の研究を展開していくことになる。その題材は、古代ギリシャ科学、デカルト、ベーコンなどの近代科学思想から、マルクス主義哲学、船舶技術史、先端技術論にいたるまで多岐にわたる。このように坂本は、着々と研究成果を蓄積することによって、アカデミズムで成功した哲学者である。その執筆のスタイルはきわめて堅実で、個人を標的とした批判も柴谷との論争をのぞけばほとんどしていない(9)。

その一方で坂本は、同時代の科学批判の問題意識も明確に共有している。物理学徒として出発した坂本は、武谷三男（一九一一―二〇〇〇）の科学技術論に強い影響を受けていた。それは科学の発展を「三段階論」で説明できるとし、それにもとづいて科学研究を進めるべきとする理論である。戦時中の弾圧を経験した武谷は、非合理的な政治こそが諸問題の元凶であり、より科学的な精神を行きわたらせれば社会は進歩するという科学観を持っていた。だが坂本は「ヘーゲルをきちんと読むようになってから」、次第に武谷の理論が「底の浅い、悪くいうと思いつきのようなもの」と感じるようになったという（中岡・広重・後藤・坂本：1972, p. 109）。また啓蒙的な科学主義に対しても違和感を持ちはじめるようになる。一九六〇年代の関西では、坂本も含めて科学に批判的な問題意識を持つ青年科学史家のグループが活躍していた(10)。その一人、技術史家の中岡哲郎（一九二八―）によれば、彼らのあいだでは「武谷的な啓蒙主義的科学精神」を乗り越えることが「暗黙のうちに共有されていた」という。さらにメンバーの多くが理科系の出身者であったこと、科学者運動などの左翼運動の経験があったことが共通点であった（中岡・柿原：2001, p. 62）。坂本自身も一九五二年の吹田事件で警官の銃撃を受けて負傷し、逮捕された経験を持っていた。ただ、理学部在学中から哲学に関心を持っていた坂本は、ほかの科学史家に比べると科学者としての挫折経験は少なかっただろう。だがそれでも、啓蒙的な科学観に対する批判的な姿勢は強く共有されていたのである。

ここで注目するのは、坂本の二冊目の著書『機械の現象学』(1975)である(以下引用中では「K」と表記)。本書を取り上げる理由は、そこで展開されている議論が柴谷との論争の背景になっているからだけではない[11]。本書は、坂本の著作のなかでも異彩を放っている。その前に書かれたものとも、その後に書かれたものとも、大きく性格が異なるテキストである。最初の著作『技術論序説』(1965)は、それまでの技術論を踏まえて自らの技術哲学を整理したものである。その後の著作はすべて、古今東西の科学思想、技術思想を縦横無尽に論じた思想史的な研究である。それに対して『機械の現象学』においては、徹底して坂本自身の哲学が論じられている。もちろん、そこにさまざまな既存の技術論の影響を読み解くことは容易である。だが、それらは坂本の問題意識にしたがって換骨奪胎されていて、全体として独創的な技術論になっている。その問題意識こそが、「機械の意味」の喪失という問いである。本書では、人間が機械に組み込まれ、主体性が奪われていく感覚がいたるところで表明されている。現代社会においては「人間の営みのあらゆるものが機械のなかにある」と坂本はいう。家電製品の普及によって、人間は生産活動だけでなく、日常生活のすべてを機械に取り囲まれて営むようになった。そればかりか社会も一つの機械のように回りはじめている。現代の組織においては「会社のなかでも革新政党のなかでも」、個人の意志は「抑圧すべき対象」となってしまっている。「核戦略」のような国際政治も「一個の巨大な機械と見なしうるシステム」である。そして科学そのものも「機械として登場」している(K：304, 7, 291)。これらの現代の機械は、人間の意志ではままならない存在になりつつある。そこでは合理的にコントロールしようとすればするほど、機械の論理にしたがって人間が決定させられるような状況に追い込まれていく。人間は機械に包み込まれ、機械に突き動かされながら生きているのである。

このような坂本の問題意識は、じつは柴谷と同様に、一九六八年の学生運動をきっかけに生まれたものである。この年の八月にパリで開催された国際科学史学会に出席するため渡欧した坂本は、各地で激しい学生運動を目の当たりにする（坂本：1968）。そこから坂本が受け止めたのは、それは合理性そのものへの強い反発であるということであった。この時期におこなわれた座談会で、坂本は次のように述べている。現代においては、誰もがシステムの内部にある「客観的必然性」にしたがって判断せざるを得なくなっている。そこで人間は直面する問題を解くことだけに終始していて、それにどのような意味があるのかは問われることがない。結果として何のために、誰のためにシステムを回しているのかわからなくなってしまう。「管理社会の問題というのは、いわば、意志決定というのが人間から離れていってしまった。逆に、どこか人間の手から離れたところから意志決定が行われるという状況をさすのだ」と坂本はいう（北沢・中岡・坂本：1969, pp. 26-28）。こうしたシステムに組み込まれることへの激しい反発が、学生運動が突きつけた問いだったのである。坂本によれば、それは「デカルト以来の近代合理主義〔へ〕の批判」である（坂本：1974, p. 59）[12]。このような状況のなか、私たちはどうすれば主体性を取り戻すことができるのだろうか。そしてますます巨大化する機械の世界のなかでどのように生きていけばよいのだろうか。これらの問いから生み出されたのが『機械の現象学』だったのである。

そこで坂本が提示しているのが、「人間の拡大」としての機械という技術観である（K：172）。「機械」とは人間の自然への介入を「外化」したものである。これが坂本の技術論の基本的なテーゼである。人類は、その誕生以来、手でものをつかみ、爪や歯で切断し、指で加工して、自然物からさまざまな人工物をつくりあげてきた。そんな人間の身体の働きの延長線上で、より大きな力で対象をつくりかえるのが「機械」である。その出発点は単純な「道具」である。握り拳では叩きつぶせないような堅い自然物を相手にするための道具が金槌である。あるいは刃物の助けを借りることによって、歯では噛み切れないような動物の骨肉を断ち切ることもできる。現代のテクノロジーも、これらの単純な道具の延長線上にある。鉱山を掘り起こして原料を獲得し、堅い金属を切断して製品をつくりあげる産業機械も、人間の身体の拡大として機能しているのである。これらの機械を通じて、人間はさまざまな人工物を生産し、自然を大きくつくりかえてきた。

このような「人間の拡大」としての機械という技術観は、当時の技術論においては何ら目新しいものではない。[13]むしろ坂本の技術論の特色は、機械のもう一つの側面に注目している点にある。それは「器」としての側面である。「器」もまた、人間の自然への働きかけの一つが「外化」されたものである。人間の手を広げてみると、材料を加工する指の根元は、ひらたい掌につながっている。指を折り曲げると、掌にくぼみができて物体を入れることができる。このような掌の働きを「外化」したものが、コップや皿などの容器である。あるいは人間の身体そのものも「器」としての構造を持っている。私たちの身体は内部が中空になっていて、皮膚が身体と外部の境界を区切っている。その外側で身体を包み込んでいるのが衣服という「器」である。さらにその外には建築物の壁や屋根がある。これらの「器」がなければ私たちは、夏の日差し、冬の寒さ、風雨といった自然の猛威に直接さらされることになるのである。

このような「器」は原始的な道具であって、自然の奥深くまで介入する現代のテクノロジーとは別物と思われるかもしれない。しかし人間が新たに人工物をつくりだすとき、そこには必ず「器」が存在することを思い起こさなければならない。そのもっとも初期の道具は、食材を調理する鍋である。これは人間の消化器系という「器」の機能を外部へはき出したものである。この反応が何段階にも分けられ、複雑な工程を踏むようになったのが現代の化学工場である。ここで「器」は、それ自体としては対象を変化させることはない静的な構造物である。しかし「器」によって仕切られた空間のなかで動的な作用を引き起こすことによって、人間はより大きな変化を自然におよぼすことが可能になったのである。このように「機械」とは、動的な介入と静的な構造物が組み合わさることによって成り立っている存在である。[14]そもそも「機械」という言葉のなかに、この二つの側面が含意されていると坂本はいう。「機」には「動きを表現する」という意味が込められているのに対し、「械」とは罪人をしばりつける

「『木』製のカセ」を指すのである（K：98, 100）。

ここで注目すべきは、坂本が柴谷と同様に、生物の進化の歴史のなかに機械の登場を位置づけているということである。動物の進化の系統樹は、大きな二つの幹にわかれている。その一方の幹の先端にいるのが人間である。それは脊椎動物の進化の幹である。そしてもう一つの幹の先端には昆虫がいる。昆虫は外敵からの攻撃に備えて堅い表皮を持っているが、成長するたびに脱皮しなければならない。それに対して脊椎動物のような内骨格の動物は、容易に成長することができるが外部からの侵害に弱い。そこで人間が自らの弱点をおぎなう手段としてつくりだしたのが、「機械」だったのである。そこで重要になってくるのが、機械の「器」としての側面である。機械が巨大な「器」として人間を包み込むことによって、「外骨格」としての役割を果たすようになる。のちに坂本はこうした進化史的な視点を発展させ、ネオテニー（幼態成熟）の概念から人間の特殊性を説明している。人間は「不完全な状態」で生まれてくる動物である。体毛が薄いため寒さに弱く、生まれたばかりのときには歩くことすらできない。だからこそ、さまざまな機械を生み出して、自らの不完全さをおぎなって生きる必要があったのである（坂本：1985b）。このように坂本は、西欧近代に断絶を見出した柴谷とは違って、人類はその出発点からほかの生物とは異なる道を歩みはじめたと考えている。生き延びるために自然の猛威と闘わざるを得ない状況が、人類をほかの動物とは異なる生物種へとつくりあげたのである。人間は機械という「外骨格」を持つことによって初めて、激しい自然の変化に脅かされることのない安定した生活をすごすことが可能になったのである。

2　システム化する機械

それでは、本来は人間の能力を拡大し、人間を守るためにつくりだされた機械が、いかにして人間を圧迫するようになるのだろうか。そのプロセスにおいて坂本が重要と考えているのが、「分化」と「自立化」という二つの現象である。

まずは「分化」から見ていこう。「『分ける』ことは外化において本質的な事柄である」と坂本はいう（K：174）。先に見たように、「機械」の出発点は刃物や器のような単純な「道具」だった。それは歯や爪の働きや、掌や消化器系の機能が「外化」されたものである。このとき人間と自然との関係のすべてが「外化」されることは決してない。必ずその一部だけが切り離され、道具のなかに込められることになる。たとえば掌の器としての機能が「外化」されてコップが発明されるとき、掌が対象を叩きつぶしたりひらたく伸ばしたりする役割は切り捨てられている。このように「外化」というプロセスには、必ず機能の「分化」がともなっている。こうして人類は、多種多様な機能を持つ「道具」に囲まれて生活するようになったのである。

それに続くのが、複数の機能が統合された「からくりじかけ」を持つ「機械」の登場である（K：102）。たとえば織機は、縦糸を上下に組み換える動きと、横糸を左右に通す動きが組み合わされ、さらにこれらの機能が枠に固定されることによって成り立っている。あるいはミシンや自転車においても、「縫う」「歩く」という機能が一度に「外化」されたわけではない。実際には、歯車や伝動機構などの複数の機能が組み合わさることによって、人間の複雑な動きが再現されているのである。ただしこの段階までは、機械は人間が操作することによって初めて動くことができる存在である。あくまで人間の方が、機械を操作する側なのである。

しかし、さらに「外化」が進むと、機械は人間の手を離れて「自立化」の道を歩みはじめる。蒸気機関の発明によって、機械はそれまで動物にしか備わっていなかった「動力」を持つようになった。さらにコンピュータの登場によって、情報を処理して「制御」する脳の役割も機械の側に譲り渡された。こうして「外化」を進めれば進めるほど、機械は自ら動きはじめ、自分自身を制御して「自立化」していく。それにともなって、人間の労働の領域はどんどん狭まっていく。たとえば単純な繰り返し作業などは、機械によって大量かつ迅速におこなわれるようになる。これは人間が望んで進んできた道である。こうして機械が労働を肩代わりしてくれることによって、人間はますます自由になっていくはずだった。しかし実際には機械の発達は、逆に人間の自由を圧迫していくことになるのである。

その要因が、先に見た「分化」である。ミシンや自転車においては、「分化」した機能の組み合わせは比較的単純である。それに対して、動力や制御までも「外化」してつくられた機械は、無数の「要素」が組み合わさった複雑なメカニズムを兼ね備えている[15]。こうして「外化」の道を突き進むことによって機械の世界は巨大化するだけでなく、その内部は細かく「要素化」されて複雑なシステムと化していく。しかもそれは、自らの動きを制御しながら自律的に動き、止まることなく回り続けるのである。そこで人間は、動き続ける機械を監視したり、工程と工程のあいだの隙間をつなぐような作業に従事することになる。つまり人間もメカニズムを構成する「要素」となって「機械の一部分」に組み込まれるのである（K：269）。こうして人間は、機械に包み込まれ、機械の論理に従属し、その労働から意味が失われていくことになるのである。

坂本の技術論がユニークなのは、ここでいう「機械」にいわゆる工業機械だけではなく、人間がつくりだしたあらゆる手段が含まれているということである。その一つが「社会」である。法律、行政などの制度、会社や国家のような組織には、これまで述べてきた機械の性質がすべて含まれている。そのもっとも初期の段階においては、権力者は自らの目的を達成するため、自分以外の人間を「道具」として操作する。そこでは他者のなかに権力者の力が「外化」されているのである。そこでさまざまな力が「分化」することによって「分業」が起こる（K：135-138）。このときつくりあげられる社会は、自然に介入して人工物を生み出すという動的な機能だけを担うわけではない。一人一人の人間が安心して生きていけるための「秩序」をつくりあげる「器」としても機能している（K：155-159）。そして工業機械と同様に社会的な機械も、さまざまな制度が蓄積され、組織が巨大化すればするほど、その内部は細かい要素へと分けられていく。そのなかで個人の意志が社会全体に影響をおよぼすことはますます困難になっていく。こうして現代のシステム化した社会においては、権力者さえも全体を回すための要素の一つとなり、社会を自由に操作することは困難になっているのである。

そして「科学」もまた、一つの機械である。科学とは、人間の意識のなかの自然像を「外化」して言語化し、知識体系として構築したものである。それは工学的な機械と密接に結びついている。人間は手の拡張としての器具を用いて自然を測定し、目の拡張である望遠鏡や顕微鏡を使って観察する。その延長線上にあるのが、複雑で巨大なシステムとなった現代の大規模な実験設備である。そこでは「分化」という現象も同時に起こっている。人間は自然を「分ける」ことによって初めて「わかる」ことができるのである（K：140）。さらに「外化」された科学知識が人びとのあいだで共有され、科学研究が集団的な営みになったとき、それは社会的な機械の一部としても組み込まれる。そのとき科学知識は、限られた領域へとさらに「分化」し、科学者は専門分野ごとに「分業」するのである。現代の科学においては、このような「外化」と「分化」がよりいっそう押し進められ、科学研究はシステム化された機械となっている。それは巨大な知識生産装置である。その内部は細分化され、そこからは要素化された科学知識が大量に生産される。そして知識を生産する科学者もまた、システムを構成する要素である。そこでは一人一人の科学者は、科学というシステムを回し続ける要素として機能しさえすればよいのである。こうして科学からは意味が失われ、科学者は主体性を奪われていく。それは際限なく巨大化し細分化し続ける「機械」の必然の結果なのである。

こうして現代の人間は、細密で分厚い機械に包み込まれながら生きている。工学的機械、社会的機械、科学的機械は、それぞれお互いに作用し合いながら、ひたすら巨大化、細密化の道を歩み続けてきた。それは「外化」を通じて自然に働きかけるという人間の営みと、それにともなう「分化」という現象によってもたらされる帰結である。

そこから生まれた現代の機械は、細分化された要素が複雑に組み合わされた巨大なシステムである。そのとき機械は、人間のコントロールを越えた「悪魔的」な存在として立ち現れてくると坂本はいう。それは「得体の知れない威力」を持ち、「自立的なもの」として振る舞いはじめる（K：171）。ここで坂本は、機械の動的な側面に注目して議論を展開している。つまり機械が人間の意志を離れて自ら動きはじめるとき、人間にとって脅威として立ち向かってくるというのである。

しかし、坂本は必ずしも明示的に論じてはいないが、機械の静的な側面も重要な作用をおよぼしているはずである。現代の機械は巨大な「外骨格」として私たちを包み込んでいる。その外骨格は、ある程度の「堅さ」がなければ人間を守ることはできない。容易には変えられないからこそ、建築物は崩れることなく立ち続け、社会制度は秩序を維持することができ、科学知識は信頼されるのである。私たちの世界は、どこを見ても堅い「器」にあふれている。原子力発電所、高層ビル、実験室、パソコン、携帯電話……。細分化された社会組織、科学雑誌やデータベースのような情報も「器」である。こうして現代の機械においては、小さな無数の「器」が集合し、お互いに支え合うことによって巨大な「外骨格」がつくりあげられている。このような静的な構築物としての機械が、人間を包み込んで秩序をつくりあげると同時に、容易には越えがたい巨大な壁として人間の前に立ちふさがっているのである。

3　生き生きした機械へ

では、このような機械の世界のなかで、私たちはどうすれば主体性を持って機械とつき合い、生き生きとした科学を取り戻すことができるのだろうか。ここで坂本がもっとも避けるべきと考えているのは、機械の世界から離脱することである。坂本は繰り返し、それはそもそも不可能であることを強調している。人間は「すでに引き返し不可能なところ」まで進んできているのであって、「機械なしには一刻も生きて行けない」段階に達している。「機械を無視したり、否定したり、残された『人間的なもの』を強調したり」しても、決して機械の世界から脱出することはできない（K：300, 305）。これは坂本の一貫した主張である。その後も、ヒッピーのような運動は「機械化された社会にのみ存在しうる寄生的生活をした」にすぎなかったと厳しく評価している（坂本：1982a, p. 3）。この点で坂本は、同時代の科学批判の多くに見られるカウンター・カルチャーへの共感とは明確に一線を画している。

だが坂本が機械を捨てるべきでないと考えるのは、単に生存が不可能になるからというだけではない。「機械を否定することは、人間の本質を否定することである」と坂本はいう。人間は機械を通じて働きかけることによって「客体」としての「自然」と向き合うことが可能になった。それは同時に「主体」としての「自己」を確立することでもあったのである。自分の一部を「外化」して切り離すことによって初めて、自分自身とは何者か知ることが可能になる。したがって機械のない世界は、人間としての主体性が守られている世界ではない。それは対象もなく、主体もない世界である。それは「自己」が生まれる以前の、混沌とした「野蛮な、動物的、未分化な幼児の世界」にほかならない。つまり機械の世界から離脱するということは、主体としての人間を取り戻すことではなく、「人間であることをやめること」なのである（K：154-155）[16]。

ここにいたって坂本が柴谷に激しく噛みついた理由も明らかであろう。柴谷の『反科学論』には、近代科学の分析的方法を否定し、人間の直感や感情を重視すべきとする論調が含まれていた。しかし坂本によれば、科学を否定して切り捨てたとしても、「主体」を取り戻すことはできない。そもそも科学とは、人間の意識から自然についての認識を「外化」させたものであった。この時点で「主体」としての人間は切り離され、人間にとっての「自然」の意味も切り落とされているのである。そうすることによって初めて、「人間」の外部の存在としての「自然」が立ち現れてくる。それは決して近代科学に特有のものではなく、古代ギリシャにおける「科学のはじまり」からそうなのである。坂本によれば、科学とはそもそも「疎外態」なのである（K：175）。ここでは坂本の見立てが科学思想史として妥当かどうかは問わない[17]。重要なことは、坂本が主体性の喪失を科学的な思考の出発点に置いているということである。それは人間の主体としての確立と表裏一体の出来事であった。したがって科学そのものを切り捨てたとしても、決して主体性を取り戻すことにはつながらないのである。

となると、機械の世界をつくりかえるためには、その内部から突き崩していくしか方法はない。一つの可能性としては、社会的な変革によって機械を人間的なものに再構成していくという道がある。これは同時代の科学批判、技術批判においては一般的な打開策であったと言ってよい。柴谷の『反科学論』もロマン主義的な論点ではなく、科学者の社会的責任などの政治的な側面に注目すれば、この流れの一つと見なすことができる。そして坂本自身も、かつては社会経済構造の変革を通じて、技術を人間的なものへとつくりかえなければならないと論じていた（坂本：1966b, 1967, 1972）。しかし『機械の現象学』においては、社会や経済も機械の一つと見なされている。それらと工学的な機械、もしくは機械となった科学との関係についての分析は、ほとんどなされていないと言ってよい[18]。しかしだからといって、坂本は機械の世界のなかであきらめて生きることを受け入れているわけではない。坂本は一貫して、現代の機械が人間から意味を奪いつつあること、科学が平板で単調な営みになっていることに強い危機感を持っている。そしてそれを打開する道筋を模索し続けているのである。それではいったいどうすればよいのだろうか。

そこで坂本が出す答えは驚くべきものである。機械を人間と同等の、もしくはそれに準ずる「主体」としてあつかうべきだというのである。機械は「外化された人間」である（K：300）。いかに悪魔的な振る舞いを見せても、あるいは人間をしばりつける堅い壁のように見えても、本来は人間の営みによって生み出されたものである。そこには必ず人間そのものが込められているはずである。それを読み解き、機械に「批判的に立ち向かう」ことを坂本は要求するのである（K：305）。これはどういうことを意味しているのだろうか。この論点から刺激を受けて、印象的なエッセイを書き残しているのが中岡哲郎である。それは中岡が技術者として工場に勤務していたときのエピソードからはじまる。あるとき中岡は、滞りがちな工程に改良を施し、スムーズな流れで製品をはき出す装置をつくりあげた。しばらくすると、一人の労働者が中岡に近づいてきて次のように言ったという。「お前の作った機械はチャップリンのモダン・タイムスみたいだ」。その言葉に中岡は、「腹の底から凍ってくるような衝撃」を受ける（中岡：1976=1980, pp. 100, 102）。そのとき中岡が受け止めたのは、自分が設計した機械のなかに込められた「自己」の姿であった。労働者から突きつけられた、効率的な機械をつくることに満足する自分自身の姿。それは技術主義とも資本主義とも距離を置こうとしていた中岡の自己認識とはまったく違ったものだった。その姿を他者に読み取られ、投げかけられたことに衝撃を受けたのである。機械とは決して単なる物体ではない。そこには必ずつくりあげた人間そのものが込められている。物体としての機械だけを見ていても、そのなかにいる人間の存在は気付かれることはない。機械を「主体」としてあつかうとは、それをつくりあげてきた人間に思いを馳せるということである。そして機械と批判的に向き合うとは、機械の向こう側にいる人間と対峙することである。そのとき機械と人間の関係は、お互いをしばりつける堅い静的な関係ではなく、人間と人間の関係として生き生きと動きはじめるのである。

しかし私には、坂本の機械の主体化というテーゼには、もう一歩進んだ含意があるように思われる。それは機械を文字通りの「主体」として、あたかも一つの「生命」のように取り扱うべきとする見解である。機械と批判的に向き合うということが、そのなかに「過去」の人間の営みを見出すということならば、こちらは機械のなかに「未来」の姿を吹き込むということである。それは機械が文字通り、人間と同等になる世界である。将来、さらに「外化」が進めば、機械はますます人間から「自立」していくはずである。そのとき機械は一つの「生命」となるだろう。さらにその先にあるのは「人造人間」の誕生である。ここで坂本が念頭に置いているのは、コンピュータ上の人工生命、もしくは人間をモデルにしたロボットである。だがそれだけでなく、同時代の人工授精や分子生物学の進展も踏まえて、生物工学的な人工生命についても想定されている。そのことについて坂本は決して否定的ではない。これまで動物に特有の性質とされてきた「力」や「制御」も、次々と機械のなかに投げ込まれてきた。現在残されている「意志」や「感情」なども、いずれは機械に移されることになるに違いない。それを決して恐れることなく、むしろ機械という「伴侶と友人として暮らしていくことが必要」と坂本はいう（K：300）。それは坂本にとって望ましいとか恐ろしいとか判断すべきことではなく、単純な道具から出発してひたすら「外化」を続けてきた人類の必然の未来と考えているように思われる。機械が「生命」となるとき、それは生き生きとした営みをはじめるだろう。そのとき、機械に包み込まれた人間もまた、生き生きとした存在となるのである(19)。「生命」としての「機械」と向き合うこと。それこそが坂本にとって、機械の世界からのがれるための唯一の手段だったのである。

おわりに――機械に回収される生命／機械から生まれる生命

本章では、一九七〇年代の科学批判において激しく論争した二人の論者について検討してきた。彼らは鋭く対立していたにもかかわらず、多くの共通点を持っている。彼らは一九六八年に衝撃を受けて、科学の意味を問い直す作業に着手した。彼らは科学研究が単調で息苦しい営みになりつつあること、技術が自然を破壊し、人間から自由を奪う側面があることに危機感を抱いていた。それだけでなく、彼らの世界観も驚くほど似通っている（表1）。もちろん科学的な実在論に立つ柴谷と現象学的な坂本の世界観は、基本的には異なるものである。類似しているの

表1　柴谷・坂本の科学論・技術論の比較

	柴谷篤弘『反科学論』	坂本賢三『機械の現象学』
科学観	生命としての科学	機械としての科学
世界観	動的な増殖・静的な平衡	動的な作用・静的な構造
科学批判（技術批判）	高速化	システム化
進化史	西欧近代に断絶	人間の誕生に断絶
未来像	人類の減速、政治的変革	機械の主体化

は両者の構造である。それは静と動が組み合わさった世界である。柴谷は、動的な営みを通じて静的な平衡状態が維持されるという生命観を一貫して持ち続けている。一方、坂本も機械とは静的な構造のなかで動的な作用をおよぼす存在であると見なしている。この共通性は、そもそも生命と機械が類似していることに由来する。柴谷は生命の延長として、坂本は機械の一部として現代科学の問題について考えようとした。意見の相違が生じるのはそこからである。柴谷は、科学の増殖という動的な側面に注目し、その過剰な加速が生命の平衡を脅かしつつあると考えた。それに対して坂本が問題にしたのは、むしろ静的な構造の緻密化である。現代の機械は、あまりにも巨大化し、内部は細分化されて複雑なシステムと化している。そのなかに閉じ込められ、圧迫されているのが現代の科学者なのである。さらに両者が描く未来像も異なるものとなる。柴谷の場合には、過剰になってしまった人類の速度を抑えることが必要とされる。それに対して坂本は、人類の歴史を後戻りすることはできないと考える。むしろ機械に積極的に主体性を与えることによって、そこに生き生きとした意味を取り戻そうとしたのである。

では、以上のような両者の議論は、現在の科学技術にどのような示唆を与えてくれるのだろうか。まず柴谷の科学批判においては、科学の量的な拡大と加速についての議論が重要である。二〇世紀の科学が、それまでにない指数関数的な速度で増加していることを指摘したのは、科学計量学者のデ・ソラ・プライス（一九二二―一九八三）であった。だがプライスによれば、科学の成長は一定の段階に達すると増加率が鈍り、いずれは上限値に近づくことになる。一九六三年に『リトル・サイエンス　ビッグ・サイエンス』を書いた時点で、プライスは科学は停滞期に近づきつつあると考えていた。その日本語版序文（1970）でも、当時の「新しい反科学運動の耳ざわりな口調」は、科学が飽和状態に近づきつつある兆候であると述べられている（プライス：1970, p.2）。ここで科学の規模と科学批判を結びつけている点は、柴谷と同様に注目すべき論点である。しかし柴谷の場合には、停滞ではなくむしろ急激な量的拡大が科学批判へとつながっている。またその後も科学は一貫して成長を続けているので、その点でもプライスの指摘は当たっていない。柴谷が批判した急増するＤＮＡ配列のデータ量は、現在でも止まることなく指数関数的増加を続けているのである。そこからは新しい生命科学の知見が、日々刻々と生み出され続けている。その一方で現在の科学においても、とりわけ生命科学の研究室からは、実験室に組み込まれ、単調で苛酷な研究環境に苦しむ科学者の声が発せられることがある（榎木：2014）。この点でも柴谷の批判は、現在の科学においても通用すると言えよう。

だがその一方で、近代科学の方法論の見直しや直感的認識の再評価といった論点は、現在から見ると陳腐な科学批判のように見える。柴谷自身ものちに『反科学論』は、科学の現状を「覆すだけの方策を提供できなかったために、著作としてではなく、社会的な実践としては、完全な失敗と見なすべき本」であったと振り返っている（柴谷：1998, p. 411）。『反科学論』は、柴谷自身も坂本への反論で述べているように、緻密な分析というよりも、徹底して「政治的」な闘争を意図した書物であった（柴谷：1975, p. 69）。だが現在においては、その政治的な役割は終わったと見なすべきであろう。本書で批判されている科学をめぐる社会的状況は、冷戦終結以降大きく変容している。それにもかかわらず、科学から意味が失われ、科学者が主体性を奪われている状況は変わっていない。おそらく、政治的な改革や近代科学の見直しによって事態を打開しようとした柴谷の見通しは誤っていたのである。それでも一九七〇年代においては、柴谷の議論は多くの科学者や学生を惹きつけ、彼らを科学批判へと導いた。その点では同時代においては意義はあったと言えよう[20]。

それに対して坂本の『機械の現象学』は、同時代の科学批判、技術批判にほとんど影響をおよぼしていないように思われる。むしろ一貫して機械の歩んできた道は引き返し不可能としている点から「進歩主義的技術論の繰り返しに過ぎない」のではないかと評されることさえあった（室田：1983, p. 95）。確かに坂本は、科学を制限すべきとは一度も言ってはいない。また同時代の科学批判の論者の多くが問題にした科学と軍事技術との関係についても、ほとんど言及していない。もちろん坂本は、科学技術が「平和と人類の福祉」のためのものでなければならないことを繰り返し強調している（坂本：1975a, p. 128）。しかし坂本の主な関心は、急速に拡大する科学技術の動的な側面にはなかったように思われる。むしろ坂本にとって考えるべき問いとは、意味が失われた世界とどう向き合うかという課題だったのである。一九七〇年代においては、科学批判、技術批判の多くの論者が、現代科学から意味が奪われ、人間の主体性が失われつつあることを告発している。それにもかかわらず、その構造を明確に論じきっているのは坂本だけである(21)。そのほかの論者は、何者にもしばられない自由な主体としての人間がかつては存在したことを前提とし、それを何らかの回路を通じて取り戻すことを夢見ている。坂本の考えでは、そんなものは一度も存在したことがなかった。それを取り戻すために過去に帰れと叫ぶ科学批判は、坂本にとって我慢がならないものだったのである。いま私たちがやるべきことは、科学技術がもたらす現実から目を背けることなく、合理性を貫き通すしかない。ここにあるのは、合理性の極北からの、もっとも根源的な技術批判、科学批判である。

最後に、その後の柴谷と坂本について言及して本章を終えよう。柴谷は『反科学論』以降も、バイオテクノロジー批判、自然保護問題、反差別論など、科学に関わるさまざまな問題に取り組み、論争的な議論を展開していった。その一方で、科学者としての問題意識も持ち続け、生物の形態形成、今西進化論や構造主義生物学についての理論的な考察を進めている。そこで見られるのは、一貫して生物学の主流派とは距離を置き、もう一つの生物学を構築しようとする姿勢である。それらの研究成果は、いずれもメジャーな科学誌ではなく、マイナーな国際誌の投稿論文として、あるいは日本語の書籍として発表された。これは現代の科学研究においては、必ずしも一般的な発表の方法ではない。つまり、ここでも科学批判と同様に、柴谷の試みが生物学の流れを変えることはなかったのである。それと同時に、柴谷は批判勢力としての地位に安住することもなかった。柴谷は批判的な言論を展開して、ある程度の論争を巻き起こすと、すぐに次のテーマに移ってしまう。こうして柴谷は高速化した科学に飲み込まれることなく、自らのスピードで次々と関心を移すことによって、自分にとっての主体性を守りぬいたのである。

一方、坂本も、古今東西の思想を駆使して科学技術のさまざまな問題について発言を続けていく。とりわけ坂本が力を入れたのは、科学思想史の研究である（坂本：1978a, 1984）。それは坂本の科学批判からの必然の帰結であった。坂本にとって科学思想史とは、意味が失われた現代科学にふたたび意味を吹き込むための回路なのである。しかしそこから導かれる結論は、科学批判としては陳腐なものになってしまっている。たとえば『現代科学をどうとらえるか』（1978）では、これまでの科学には「機械論」「有機体論」「化生論」という三つの流れがあったと整理される。ここで「機械論」は物理学的な自然観、「有機体論」は進化論のような歴史性を持つ科学思想、「化生論」はヘルメス主義に代表される自然に意味を見出す思想のことを指しているという。そこで坂本は、機械論のアプローチが「部分的認識でしかない」ことを批判し、現代科学に「有機体論」「化生論」の視点を再導入することを求めている（坂本：1978a, p. 170）。さらに日本文化や東洋思想を強調する議論も目立つようになる。たとえば西洋文化を石器、日本文化を土器で対比させ、自然を切断する前者ではなく、「器」の内部で熟成させる後者の「見直し」を提言するエッセイを発表している（坂本：1985a）。しかし『機械の現象学』においては、自然への介入と「器」は機械の両面だったはずである。これらの議論は、坂本が批判した柴谷の安直な主張とほとんど変わらないものになってしまっている。私には、思想史を通じて意味をつくりあげるという坂本の試みそのものが、歴史という巨大な機械に飲み込まれてしまったように見える。坂本は、自分自身がつくりあげた意味の回復というプログラムに回収されてしまったのである。[22]

そもそも「意味」とは何だろうか。それは自己と外部が出会ったとき、自らの内部で響き合う声である。同時にそれは、明確な言葉にして自己から吐き出した瞬間に、外部の世界に組み込まれて「機能」と化するものでもある。自己を機能に回収させないためには、自分自身に密着した言葉を吐き出し続けるしかない。かつての坂本にとって、そのような言葉は文学であった。坂本は阪大理学部に在籍中、詩人の小野十三郎《とおざぶろう》（一九〇三―一九九六）の「夜の詩会」に参加している。その後、物理学から哲学に転向してからは、詩を書くことができなくなったという（坂本：1966a, 1978b）。だが坂本は一貫して文学への関心を持ち続け、『機械の現象学』においても、小野が戦時中に発表した詩を引用している。そこで坂本は、機械には「カ行」の形容詞がよく似合うという。それは「乾いた」「堅い」「固まりとしての」「幾何学的な」「画然とした」「構造」を持つ存在である（K：46）。そんな機械の風景を描いているとして引用されているのが、小野が大阪の工業地帯の荒涼とした風景をよんだ詩である。そのもともとの全文は以下の通りである。

風の中に
煙がみだれる。
おれが草だつて。
むしろ鉱物だよ。
地に突き刺さった幾億千万本のガラス管《チューブ》

ひよつとすると
ああ、これはもう日本ぢやないぞ。
（葦の地方（五））（小野 :1943=1979,p.163）

ここに描かれているのは、機械に組み込まれた「ガラス管」――これもまた「器」である――と化した植物の姿である。それは機械に包み込まれた自分自身の姿でもある。そこで人間は、機械に取り囲まれて直立する自分自身を強烈に感じ取り、自らの言葉を発している。生き生きとした意味は、機械のなかからさえも、いや、乾ききった機械のなかからこそ、噴き出してくるのである。一九七〇年代における科学批判とは、そのような営みの一つであった。

註

（1）一九七〇年代においては、ほとんどの科学論が何らかの点で科学に対して批判的だが、ここでいう「科学批判」とは、啓蒙主義的な科学観を相対化し、科学を根底から問い直そうとする狭い意味での科学批判を指す。

（2）廣重の「体制化」の議論には、二〇世紀の戦争を通じて国家を中心とする「体制」に科学が組み込まれたというだけでなく、人間が「体制」の檻の中でがんじがらめにされていることへの批判も含意されている。廣重は「科学の体制的構造を変えること」が、その檻から脱するための回路だと考えていた（廣重：1973b, p. 333）。

（3）この論争については科学史家の中山茂が言及し、「柴谷の日本人離れしたポレミークには坂本もたじたじの感であった」と述べている（中山：1995, p. 30）。中山は柴谷の科学批判に共感しているが、本章では坂本の議論の方が重要であることを指摘する。また同時代においては中岡哲郎が、坂本の批判が「『歴史的でない』という印象をもった」と述べている（中岡：1975=1980, p. 24）。しかし坂本の批判は、彼の技術論を全体としてとらえなければ理解することはできない。それは『機械の現象学』（1975）として論争のあとに発表されているので、同時代の読者は論争のポイントをとらえることはできなかっただろう。

(4) ここで「核物理学の無意味な繁殖」とは、巨大装置を用いて次々と素粒子を発見するだけで理論的な展開に乏しい状況になっているという廣重徹による批判のことを指している（竹内・広重：1971, pp. 182-199）。
(5) 林真理は、『生物学の革命』は還元主義的な意味での分子生物学を提唱したわけではなく、動的な生命像を明らかにしようとしている点で『理論生物学』の延長線上にあることを指摘している（林：2014）。私がここで論じるのは、『反科学論』においても動的な生命観、科学観にもとづいて議論が展開されているということである。ただ違っていたのは、『生物学の革命』では動的な「基礎生物学」を構築することが目標だったのに対し、『反科学論』ではあまりに高速で回転するようになった科学を、人間的なスピードに戻すことが目指されていたということである。
(6) この数値を算出したのは、科学計量学者のデ・ソラ・プライスである（Strasser,2011,p.65）。
(7) しかし膨大なデータに科学者の主体性が飲み込まれるという現象は、遺伝学の初期から起こっている。科学史家のロバート・コーラーは、一九二〇年代のトーマス・ハント・モーガンの研究室でショウジョウバエが実験動物となったとき、突然変異が「breeder reactor」（高速増殖炉）のようにあふれ出し、研究者が右往左往させられる様子を描いている（Kohler,1994）。
(8) ただし「機械」のメタファーは柴谷が使っているわけではなく、私が後述の坂本の機械論との類比を明確にするために導入したものである。柴谷が好んで使ったのは、ルイス・キャロル『鏡の国のアリス』に登場する疾走する「赤の女王」のメタファーである（「おなじ場所にたちつづけるためには、全速力で走らねばならぬ」）（柴谷：1977, p. iii; 1996, p. 151）。
(9) 坂本の経歴と業績については、「故坂本賢三教授略年譜・業績一覧」（1992）、「故坂本賢三教授業績一覧追補」（1996）、天理図書館編『坂本賢三蔵書目録』（1997）を参照（ほかに坂本：1986：坂本・三藤：1987：加藤：1992）。
(10) そのほかのメンバーは青木靖三、廣重徹、中川米造、坂本賢三、荻原明男、山田慶児、中岡哲郎、後藤邦夫（中岡・柿原：2001, p. 62）。彼らは廣重が年に一度、関西を訪れた際に青木の自宅に集まって議論を重ねた（中岡：2015）。
(11) 本書は柴谷の『反科学論』のあとに出版されているが、執筆されたのはその前のことだという（坂本：1974, p. 59）。したがって本書は柴谷批判として執筆されたものではないが、『反科学論』を読んだあとに加筆修正された可能性は否定できない。
(12) 別の場所では一九六八年のパリで「デカルト主義は終わったという痛烈な感触」と「近代哲学が現実性を失ったという感慨」を経験したと述べている（坂本：1982b）。このように坂本はヨーロッパの学生運動に大きな衝撃を受けているのに対し、大学教員として直接に経験した日本の大学紛争についての評価は厳しい。「全共闘運動は『科学とは何か』という問いかけをついに出すことがなかったとわたしは思っている」と述べている（坂本：1974, p. 48）。しかし私には、坂本と全共闘世代は、問題意識において共通していただけでなく、現状を打開する回路を科学史に求めた点においても似ているように思われる。
(13) 坂本も言及しているように、一九世紀の技術哲学者エルンスト・カップは機械は人間の器官の「射影」であると論じたし、同時代においてはマーシャル・マクルーハンがメディアを「人間の拡張」と見なしている（柴田：2013）。

（14）坂本によれば、「器」の機能には、本文で説明したコップや建築物などの「貯蔵（内容保護）」、鍋や反応炉などの「反応（内容変化）」のほかに、船や箱などの「運搬（位置変化）」がある（K：96）。

（15）同時代に廣重徹は「要素論」について、部分的に切り取って認識する近代科学のアプローチとして論じている（広重：1973a=1979）。だが坂本の「要素化」は、「外化」にともなう「分化」の到達点として生じた二〇世紀的な現象のことを指している。また「分化」も機械の制作に不可分の現象であって、廣重のように近代科学に特有の思想とはとらえていない。このような坂本の立場から見れば、「要素論」を批判し、全体的アプローチの可能性を探ろうとする廣重の科学論は批判の対象となるべきものである。しかし坂本は一貫して廣重の研究を高く評価している（坂本：1979）。

（16）中岡哲郎も熟練労働を技術として「外化」することが、そのまま自己の一部を失う「疎外」となることを論じている（中岡 1970：81-87）。その書評で坂本は「ロマン主義的な（とわたしには思える）この技術論の批判を自分の一生の仕事にしてもよいと思った」と述べ、その後の小論でも「技術＝外化＝疎外というニヒリスティックな悲観主義」であると批判している（坂本 1970, 1972：40）。しかし『機械の現象学』においては「主は手段に自己を外化することによって、主であることを喪失する」と述べていて、中岡の議論とほとんど違いがないように思える（K：152）。

（17）もちろん坂本は、科学における「自己（主観）」と「対象（客観）」の関係が歴史的に不変であったと考えているわけではなく、近代科学の成立などいくつかの段階にわかれて分化が起こったと論じている。この主題は坂本の科学思想史においては重要な課題で、その後も何度も論じられている（坂本 1984,1989）。この論点について検討した科学史家のダストンとギャリソンによれば、「自己」から切り離された「客観性」は比較的新しく、一九世紀半ばに確立したものだという（Daston and Galison 2007）。

（18）本書の末尾では機械を資本の「支配から解放すること」が求められているが、そこまでの議論からすると唐突な印象を受ける（K：310）。坂本が技術と社会の関係について論じているのは、晩年の著作『先端技術のゆくえ』（1987）である。そこでは歴史的な検討を踏まえ、今後は新技術の開発のために経済や国家が振り回される「技術の時代」が来るとする見解が示されている。

（19）しかし坂本は、機械が人間とほぼ同等になる世界がどのようなものか具体的にはイメージできていないようである。『機械の現象学』においては、機械がすぐに廃棄されるのではなく「充実した生」を生きられる世界にすることが「資源の浪費と汚染の拡大」を防ぐことにつながると論じている（K：311）。また一〇年後の日航機墜落事故の際には、機械の「疲労」の声に耳を傾けるべきだとするエッセイを発表している（坂本：1985c）。いずれも技術的に処理すべき問題で、技術論として検討すべき論点とは思えない。『機械の現象学』以降の坂本は、機械の主体化という論点を進展させることなく、歴史研究に専念して意味を回復する道を選んだのである。むしろこの論点については、近年のロボット工学や人工生命研究においてより真剣に考えられている。

(20) 私自身、批判的な科学史・科学論の研究者から、柴谷に影響を受けたと聞いたことがある。また文芸評論家の絓秀実は、その後のニューサイエンスや反原発運動の流れの出発点の一つに柴谷の科学批判を位置づけている（絓：2012）。

(21) この時期には、科学批判の外でも「主体性」をめぐって激しい議論が繰り広げられていた。哲学者の小林敏明は、一九六〇年代の「主体性」を求める思想が、「自主講座」などを生んだ一方で、「自己否定」という隘路へと追い込まれていったと論じている（小林：2010）。本章の課題とも関連する重要な指摘である。

(22) もちろんこれは科学批判としての力を失ったということであって、坂本の研究を科学思想史や技術史として評価できないということではない。

第六章　不完全な死体
――脳死と臓器移植の淵源

美馬達哉

第一節　昭和後期という視点

二一世紀の日本において脳死と臓器移植（とくに心臓移植）が語られるとき中心となるテーマは、脳死をどう定義して正確に判定したか、ドナー（臓器提供者）とレシピエント（臓器受容者）の両者の権利に配慮したインフォームド・コンセントの手続きをしっかりと守ったかどうか、という二つの点につきる。

こんにち、そうした問題をはらむものとして脳死と臓器移植が存在することは自明であるかのようにみえる。だが、実際には、ある特定の問題設定がメディアにおいて取り上げられているのは、いまでは忘れ去られて見えなくなってしまった他の問題設定との間にかつて生じた複雑な争いの結果である。本論考では、南アフリカでの世界初の人間の心臓移植（一九六七年）から厚生省「脳死に関する研究班（主任：竹内一夫）」による脳死判定基準（竹内基準）の作成（一九八五年）まで、とりわけ一九七〇年前後を中心に検討することで、いかにして脳死判定とインフォームド・コンセントという主題が支配的なものとなっていったかを明らかにしていく。そのための方法として、ここでは、主としてその時期に新聞記事、雑誌論文、単行本の形で公表された脳死と臓器移植についての言説を分

析する。(1)

日本における脳死と臓器移植についての論争史はいくつか書かれている（Lock, 2001、唄：1989、後藤：1985などが詳しい）。なお「和田心臓移植」についてはとくに多く、ほぼ同時代のドキュメントとして（吉村：1969、1971）、批判側のまとめとして（和田心臓移植を告発する会：1970）、本人の回想録として（和田：1992）、検察の報告を含む詳細な取材として（共同通信社会部移植取材班：1998）がある。

この時期のおおよその流れは次のようなものとしてほぼ一致している。

南アフリカでの世界初の心臓移植から九か月後の一九六八年八月、日本で最初の心臓移植が札幌医大の和田寿郎によって行われた。だが、術後八三日目にレシピエントは死亡した。その後、ドナーの死の判定はどのように行われたのか、レシピエントが本当に心臓移植を必要とするほどの重症であったのか、などの問題点が次々と明らかになったため、和田は殺人罪あるいは業務上過失致死罪で刑事告発を受けるという展開になった（ただし不起訴処分）。以降、心臓移植は国内では行われない状態が長く続いた。いっぽう、世界的にも、当時の生物医学の技術では移植臓器に対する免疫の拒絶反応をコントロールすることが難しく成功率は低かったため、一時的な流行の後一九七〇年代には心臓移植は下火になっていた。

一九七〇年代末に新しい免疫抑制剤（シクロスポリン）が開発実用化され、それ以降に先進国の多くでの心臓移植は実験段階ではなく治療として確立した。だが、日本では、刑事告発を受けた「和田心臓移植」が事件として語られるようになった影響もあり、国内での心臓移植は一九九九年まで行われなかった。いっぽう、腎臓移植で成功率（生着率）を上げるために脳死状態のドナーからの臓器摘出が日本でも行われていたことが、一九八二年に大きく報道された。そして、一九八三年には、新しい脳死の判定基準の作成を見据えたかたちで厚生省（当時）厚生科学研究費の事業として「脳死に関する研究班」が発足している。こうした状況のもとで脳死状態のドナーからの膵臓・腎臓同時移植（一九八四年）を行った筑波大学の岩崎洋治（「脳死に関する研究班」班員でもあった）が、脳死を一律に人の死とすることに疑問を持つ医師・弁護士らのグループによって殺人・傷害致死罪で告発された（ただし不起訴処分）。こうして、「脳死を人の死と認めることができるかどうか」の議論はマスメディアも巻き込む社会的な論争となったのである。一九八五年には、「脳死に関する研究班」による脳死判定基準が作成されたが、その科学的信頼性には数多くの根本的な疑問が投げかけられ、脳死に関する議論が収束することはなかった。この論争がそれなりに決着するのは、一九九七年に、いくつかの条件の下での脳死を人の死として法的に認めることを規定した「臓器の移植に関する法律（臓器移植法）」の成立によってである。

第二節　インフォームド・コンセントの不在

当時の資料をざっとみるだけですぐにわかることがある。それは、「インフォームド・コンセント」（Faden and Beauchamp, 1986 : Leflar, 2002）という言葉はもちろんそれに類した概念も、本論考で取り上げる時期すなわち昭和後期においては脳死と臓器移植を考える上での重要性をもっていなかったという事実である(2)。これは、もちろん、医師が医療行為について患者や家族に説明を行い、患者や家族がそれに納得した上で同意するという過程が存在しなかったという意味ではない。その過程が、医療行為のなかで重要かつ不可欠なこととして位置づけられ、「納得」の実質的な中身が精査の上で確認され、多くの場合は法的に効力のある文書として記録に留められ、インフォームド・コンセントとして名指されることはなかったという意味である。

医療・医学に関連して同意や承諾という語が新聞紙上にはっきりと登場するのは一九七〇年代初頭に精神医療の人権問題（いわゆる「台（うてな）人体実験」）に関連してのことである（青年医師連合東大支部 : 1978, pp. 220-225 ;

橳島：2012, pp. 92-93)。これは、一九七一年、当時の東京大学医学部精神科教授であった臺弘の一九五一年の研究論文について、石川清（同大・講師）が患者の人権を無視した人体実験であるとして精神神経学会に告発したものである（当時から臺・台は併用されているため「台人体実験」については略字を用いた）。一九六〇年代後半からの精神医療改革を目指す社会運動のなかでは従来の精神医療の実態を暴露する大きな問題として取り上げられた。この告発に対する精神神経学会の見解がまとまったことが「患者の同意なしは遺憾　精神病者の〝人体実験〟」（朝日新聞一九七二年五月二二日）として報道されている。その後に、インフォームド・コンセントに関する報道が現れるのは一九八五年に新薬の治療試験について「被験者の同意　明示」（朝日新聞一九八五年一二月一七日）とする記事である。だが、これらはいずれも、人間を対象とした研究目的での実験についての被験者の同意の問題であり、日常的な診療行為のなかでの患者の行うインフォームド・コンセントとは性質が異なっている。

日本の法学領域（医事法）で、医療における説明と同意の問題が注目されるようになったのは一九六〇年代半ばに、旧西ドイツの法的状況を法学者の唄孝一が紹介したのが始まりとされる（「治療行為における患者の承諾と医師の説明――西ドイツにおける判例・学説」、唄：1970 に第一章として再録）。さらに、患者の承諾のない外科手術を違法な侵害と明確に位置づけた判例が日本で登場したのは一九七一年であった（新美：1976）。例えば、それ以前である一九六八年出版の『一般医家のための医療過誤の諸問題』という小冊子では、医療行為に伴って生じるリスクの説明と同意に関して次のように描かれている（松倉：1968, p. 92）。

> ただ、どの点を明らかにするのか、どの程度まで明らかにするかは、患者にもよるし、又問題の医学的性質にもよるので、必ずしも原則通りには取り扱えないであろう。……その事情を明らかにいう事が却って患者を混乱させ、結局必要な治療行為の妨げとなり、そのこと自体却って悪い治療行為をしたということにもなるおそ

れがある。

こんにちの見方からすれば、ここで書かれたように医師の一方的な裁量によって治療方法やそれに伴うリスクの説明内容が左右されることは不誠実で不当なこととなる。だが、当時はそうではない。一九九〇年に出版された一般向けの新書であってもまだ、医事評論家の水野肇は、インフォームド・コンセントの重要性について「ただ、残念ながら、いまの日本では、このことに、ほとんど気づいている人はいない。せいぜい一部の弁護士や法律学者ぐらいである」と指摘している（水野：1990, p. iii）。さらにその書物のなかで、インフォームド・コンセントを実践している数少ない（！）医療機関を先進的な取り組みとして名前を挙げて紹介しているほどである。このことからも、当時のインフォームド・コンセントが欧米由来の新しい概念として扱われていたことがわかるだろう。また、日本におけるインフォームド・コンセントは、医療における同意一般の問題というよりは、がんなど予後の悪いことの多い疾患における「真実告知」と同じに理解される場合も多かった。先に引用した『一般医家のための医療過誤の諸問題』の一節でも、説明と同意が必要となるのは予後の悪い疾患だけであるということが前提とされてしまっている。

一九九〇年代には、日本医師会の生命倫理懇談会による『「説明と同意」についての報告』（1990）、厚生省（当時）の「インフォームド・コンセントの在り方に関する検討会」報告書（1995、柳田：1996）などが公表されている。これらの経過を経て一九九〇年代後半に、インフォームド・コンセントは日本の臨床医療のなかで制度化され一般的なものとなっていく。E・A・フェルドマンは、この時期の日本における「患者の権利」としてのインフォームド・コンセントの受容と定着をより広い文脈のなかに置いて、環境権・日照権・人格権・納税者の権利などの日本における「新しい権利」運動の一つとして位置づけ、次のようにのべている（Feldman, 2000, p. 39）。

そうして生じてきた運動と権利を新しいものとしているのは、人々が自分たちの要求の法的・道徳的・政治的な諸要素を一つの単語やフレーズに込めることができるような新しい語彙を生み出したことだ。

知らないうちに実験台にされたり不要で危険な治療法を押しつけられたりしないように患者の生命と身体の安全を守るという意味で、インフォームド・コンセントの有用性は明らかだろう。だが、その有用性を認めた上で、イインフォームド・コンセントという語彙の不在のもとで臓器移植と脳死について何が語られたかを再読することで、ドナーとレシピエントの人権の対立・矛盾という見方を問い直すことができる。

第三節　本論考の目的

本論考の主たる目的は、一九七〇年頃に遡行することによって死と脳死の差異を再考する点にある。それは、こう言い換えてもよい。すなわち、こんにち、特に一九八〇年代半ば以降に「脳死」に固有の問題として饒舌に論じられてきたことは、脳や神経科学とは無関係なたんなる死の判定すなわち生と死の線引きの問題とみるべきだったのではないかという反省である。さらにいえば、生物医学的・社会的・文化的・宗教的な問題をはらんだ論題として「脳死」を考えることは、人間における脳の地位を過剰に評価する脳フェティシズムであって、臓器移植と死という問題を神秘化しているだけなのではないか。この点については、『「脳死」の神話学』として理論的に考察したことがある（美馬：2007、第五章）。本論考は、その続編である。

じっさい、一九七〇年前後には、心臓移植そのものが生と死の定義や人間観に関わる深遠な問題と見なされていたのに比べて、当時の「脳死」は、倫理的問題を伴いつつも、死の判定についての生物医学の知識に関わる技術的問題として扱われることが多かった。例えば、一九六八年一〇月二五日に公表された「臓器移植法案研究会」の「臓器移植法要綱（試案）」では、死の判定については、素っ気なく「死体から臓器を摘出する場合、その前提となる死の認定の基準については、関係学会で検討中である」（町野：1993, pp. 203-204）とのみ触れているに過ぎない。(3)いっぽう、現在では、心臓移植という手術そのものよりも、脳死のほうが倫理的・法的な難問を含むと考えられている。そのため、「臓器移植法（一九九七年）」の第六条二項では、「前項に規定する『脳死した者の身体』とは、その身体から移植術に使用されるための臓器が摘出されることとなる者であって脳幹を含む全脳の機能が不可逆的に停止するに至ったと判定されたものの人体をいう」と詳細な説明がなされている。死の判定をめぐる論点に、「脳死」の概念という問題がせり上がってくるにつれて、どのような変化が生じたかについては、議論の経過を具体的にたどりつつ考えていくことにしよう。

第四節　世界初の心臓移植

一九六七年一二月三日、南アフリカ共和国ケープタウンのグルート・スキュール病院で、クリスチャン・バーナードによって世界初の心臓移植手術が行われた。ドナーは交通事故に遭った二四歳女性でレシピエントは五五歳男性だった。それまでには、米国を中心に人工心臓やチンパンジーの心臓を用いた異種間心臓移植は数例行われていたが、いずれも実験の域を超えず実用化できる段階ではなかった。ただし一九六〇年代にはイヌなどの動物では心臓移植後に五年以上生存した例も報告されており、同種移植は人間への臨床応用の前段階にあると見なされていた。だが、心臓移植はいったん心臓を取り出すため失敗すれば確実にレシピエントの患者の死につながることから、多くの医師は実際に行うことをためらっていたようだ。

バーナードの心臓移植に遅れること数日の一二月六日、世界第二例目としてニューヨークのマイモニディーズ病院で無脳児をドナーとして新生児への心臓移植がエイドリアン・カントロヴィッツによって行われた。だが、レシピエントは手術後六時間あまりで死亡している。また、世界初の心臓移植患者も、術後一八日目の一二月二一日に拒絶反応のために死亡した。

第三例目は、一九六八年一月二日に同じくバーナードによって行われた（五九四日生存し、一九六九年八月一七日に死亡）。なお、この長期に生存した第三例目の患者は自身の手記を公表している（Blaiberg, 1968）。第四例目は、一九六八年の一月六日にスタンフォード大学のノーマン・シャムウェイによって行われたが同月二一日には死亡している。第五例目は、カントロヴィッツによって行われたが一月九日に半日余りで死亡している。

相次ぐ心臓移植手術の失敗を受けて、米国上院議員ウォルター・モンデールは二月八日に「健康科学と社会に関する大統領委員会」の設立を求めた決議案を提出し、「遺伝子工学と心臓移植を、深刻な問題を提起する先端科学領域として挙げた」という（Jonsen, 1998, p. 112）。この時期の日本の報道も心臓移植に対する批判的な論調が強まり、「深刻な波紋呼ぶ心臓移植　生死をどう判断　医学の倫理が表面化」（一九六八年一月一一日、朝日新聞）との見出しが見受けられる。だが、モンデールの公聴会では、呼び出された科学者たちが委員会の設立に強く反対した。なかでも、バーナードは「その委員会は、この種の治療法をやり始めようとする医者を、私よりもずっと後陣に留めることになり、彼らの活動を妨げるので、私の方はずっと先まで進んでいって、彼らは決して私に追いつけなくなるでしょうから」と皮肉たっぷりの証言をしている（ibid., p. 115）。モンデールの提案は、ようやく一九七三年には議会を通過し、後の「被験者の保護のための国家委員会」で具体化された。この国家委員会の提言は、こんにちの医療倫理や生命倫理の基本的な制度――国家レベルでの倫理ガイドラインと研究被験者を保護するための施設内審査委員会（日本でいう「倫理委員会」）――の構築へとつながっていった（米本：1988）。

さて、ここで確認しておく必要があるのは、バーナードによる心臓移植が行われる以前から米国において、死の判定の問題そのものはすでに議論され始めていたことだ。一九六二年には、ボストンのピーター・ベント・ブリガム病院でジョセフ・マレーによって最初の死体腎移植が行われた。それ以降、腎臓移植の成功率を向上させるためにドナーの死の判定が早められているのではないかという疑惑があった。メディアでは例えば「ブリガムの医師たちは臓器を取り去ることで神の役割を演じている」との扇情的な見出しがあったとされる（Wijdicks, 2003, p. 971）。一九六六年にＣＩＢＡ財団によって行われた国際会議「医学の発展に伴う倫理：とくに移植に関して」は、死の判定の問題など臓器移植の倫理的諸問題を扱った会議の最初のものだ。マレーも含めて二〇人の医学者、五人の法学者、ジャーナリストと神学者各一名を参加者とした三日間のシンポジウムは「脳に回復不可能な障害を受けた個人の『生命』をどれくらいの期間維持すべきか」などの諸問題を議論するものだった（Wolstenholme and O'Connor, 1966, p. vii）。

「脳死」という用語を使った死の判定に関する議論は、ハーバード大学の特別委員会が報告書「不可逆性昏睡の定義」を発表した一九六八年八月を始まりとしている（Report of the Ad Hoc Committee of the Harvard Medical School to Examine the Definition of Brain Death, 1968）。その委員長を務めたのは、臨床研究の倫理についても先駆的な役割を果たしたことで知られる麻酔科医ヘンリー・ビーチャーだった(4)。「私たちの第一の目的は、不可逆性昏睡を死の新しい定義とすることである」という野心的な書き出しで始まるこの報告では、死の判定を従来の三徴候死（心停止、呼吸停止、瞳孔の対光反射消失）ではなく、脳機能のテストに特化した神経学的な手法で行うことを提唱した。不可逆性昏睡は「脳死症候群」と同じ病態として扱われ、外界に対する無反応、自発的な動きや呼吸がないこと、反射がないこと、平坦な脳波の四条件が判定基準として示された（ハーバード脳死判定基準とも呼ばれる）。

この報告書は一九六七年以降の心臓移植をめぐる議論の方向性を規定したことから、心臓移植ドナーに関わる死の判定を目的とした提言と見なされがちだが、実際にはそれだけのものではない（Rothman, 1999, chap. 4；Wijdicks, 2003；Giacomini, 1997）。新しい死の定義が求められている理由について報告書は、蘇生技術の進歩によって「回復不可能なまでに脳に障害を負ったものの心臓が拍動し続けている個人」が生み出されたことと「移植のための臓器を入手する際に古びた死の基準が用いられることで議論が生じていること」の二つを挙げているからだ。バーナードによる心臓移植の行われる以前の一九六七年一〇月から、蘇生後の「徐脳された状態の患者」（Wijdicks, 2003, p. 971）の治療打ち切りの問題を扱うためにビーチャーは、特別委員会を招集する準備を進めていたことが確認されている。ビーチャー自身は麻酔医として臓器移植よりは慢性意識障害の患者について関心があったようだ（Beecher, 1968）。手紙のやりとりの中で、特別委員会の委員となったマレーは心臓移植ではなく死体腎移植を念頭に置きつつ「第一には死につつある患者について、第二には、それとは別のこととして切り離した問題としてだが、移植臓器の必要性だ」（Wijdicks, 2003, p. 971）と語っている。

このハーバード脳死判定基準はその後の脳死判定基準のあり方のモデルとなっていったことで重要である。第一に特徴的なことは、不可逆性を確認するため時間をおいて同じ判定を二度繰り返す手続きを用いる点である（ハーバード脳死判定基準では二四時間）。三徴候死でも（誤診による）死後の蘇りのケースは存在していたにもかかわらず、こうした手続きは脳死判定基準前には求められていなかった。例えば日本では、死亡診断後に埋葬するまで二四時間という法的規定はあるものの、二四時間後に死亡診断の再確認が必要とされるわけではない。その意味で脳死とは、生と死は生物学的には連続していることを認めた上で安全域を設定する新しい死の判定のスタイルと言ってもよい。ただし、厳密に考えれば、二回同じ手順で判定して同じ状態のままであることは、その間の医療的な介入が無益で回復の見込みが少ないことを示すだけで、「死者」として扱うにはいかにも根拠薄弱だ。もう一つの従来との大きな違いは、死の判定を行う条件として、主治医だけでなく複数の医師が関与するべきであること、死の判定後の移植の実施に関わる医師は含まれるべきでないことを規定しているところにある。これは、三徴候死が病床で一人の主治医によって宣告されるものと見なされていたこととは大きく異なる。それは、ドナーとレシピエントという複数の患者を含む医療であるために主治医と患者との一対一の医者患者関係では完結できない移植医療の特徴を反映している。誰のための医療か、誰のための死の判定か、ということは、臓器移植と脳死をめぐる議論のなかで繰り返し登場することになる。「医療不信」という言葉は後に臓器移植と脳死を語るキーワードになっていくが、それは医療システムの全体という構造的問題を指し示すと同時に、あるいはそれ以上に主治医と患者の間の二者関係での信頼の欠如をも意味している。

ハーバード脳死判定基準では、新しい死の判定方法を提案しつつも「法律はこの問題を本質的には医師によって決定されるべき事実問題として扱っているため、法律の変更による承認は不要である」と述べている（Report of the Ad Hoc Committee of the Harvard Medical School to Examine the Definition of Brain Death, 1968, p. 87）。だが、米国においてさえ、事態は医学的事実の問題の確認として摩擦なく進行したわけではない。多くの裁判をも含んだ米国内での論争が決着するのは、一九八一年、大統領委員会の報告（「死を定義すること——死の判定における医的・法的・倫理的諸問題についての報告」）が発表されたことと、心臓死と脳死を並列して認める「統一死亡判定法」が連邦レベルで成立したことによってである（唄：1989、第八章）。

第五節　「和田心臓移植」以前

まず本論考では、日本において「和田心臓移植」以前には何が語られていたか、に着目する。なぜなら、この時期での移植と死の判定に関する議論は、インフォームド・コンセントも「脳死」の概念も前提とされないかたちで、こんにちの臓器移植と脳死に関する議論の場や道具立てが設定される以前、論争のゼロ度であるかのように展開されているからだ。傍目八目というわけでもないが、さまざまな点で問題含みであった「和田心臓移植」という具体的事例が欠けていることによって、かえって歴史的・社会的な着弾距離の長い議論が行われたようにみえる。

世界初の心臓移植から日本初の心臓移植までの九か月間に現れた言説はそう多くないが、そこで目立つのは医師――とくに心臓外科医――と法律家の声である。とりわけ、一九六八年に行われた二つの座談会はもっとも初期の反応として興味深い（我妻ら：1968：稲生ら：1968）。

この時期の特徴の一つは、日本の心臓外科医、少なくとも指導的地位にある医師たちが、日本での心臓移植の実施に否定的な主張をしていたところにある（朝日新聞一九六八年五月一三日「日本でも議論盛ん　学会主流、移植に否定的」など）。例えば、曲直部寿夫（大阪大学教授、心臓外科）は、いち早く一九六八年一月に「本来、あらゆる手段をつくして生命の延長をはからねばならない医師が、材料の新鮮さを望むあまり、逆に人間が早く死体になるのを期待し、むしろこれを助長すらしなければならない恐ろしい側にまわらなければならない」と指摘している（曲直部：1968, p. 25）。また、前東大教授の木本誠二（心臓外科）は、「条件が許せば、意欲的に推し進めてよいと考えている」と肯定しつつも、「死の定義や、その他の条件については、心臓を与える人、移植を受ける人、それぞれの家族たち、すべてに納得のゆくものでなければならない。……どうせなくなる人だから、数時間の早い遅いは問題でないと考える人がいるであろうが、たとえ絶望とわかっていても、患者が息を引き取るまで最善の手を尽すことを、世間の人たちはいまなお、医師に期待しているのである」と厳しい条件をつけている（朝日新聞一九六八年五月三〇日「摘出の時期に問題」）。

さらに、東京女子医大の榊原仟（心臓外科）は、法律家との座談会のなかで、心臓移植という医療技術そのものに対する否定的評価を語っている（我妻ら：1968, p. 15）。

私の考えでいきますと、現在の法律では許されないことだろうと思います。しかしもしそれがいいものであるならば、法律は変えていけばいいでしょう。ただそういうものが人間に行われていいかどうかということを考える手段としてまず自分を標準にしました。かりに、自分が間もなく死ぬような心臓病になったとして、他人の死体からの心臓や、あるいは馬や豚からの心臓を植えても永生きしたいかと考えますと、どう考えても私は植えてほしくないのですね。

……

そこでそれではどうして人間がそれをいやだと思うんだろうということを考えてみますと、どうもやはり人間というのは一定の年齢になったら死んでいくべき運命が与えられているのに、それに逆行することをやるわけですから、そういうことが本質的に何とはなしにいやな気持ちがするんじゃないかというふうに考えました。

この主張そのものは心情的な違和感を述べているに過ぎない。だが、それが心臓外科の第一人者の口から発せられ、しかも多くの同業者の暗黙の賛同を得ていたことは特筆すべき点だ。この時期に、榊原は自分では心臓移植をやる気はないという趣旨の発言を新聞紙上で繰り返している（読売新聞一九六七年一二月四日「残る倫理性　私ならやらない」、同一九六八年三月七日「日本に強い慎重論」など）。

さらに、榊原は当時の心臓移植の技術的な安全性についてもはっきりと疑問を呈している。彼が指摘するのは、心臓を移植するためには、いったんレシピエントの心臓を取り出す必要があり、もし移植が成功しなければ、当座のバックアップとなり得る人工心臓の開発が進んでいない現状では即死亡につながる点だ。彼はそのことを「特攻隊に百分の一でも帰る道をつくっておいてからやるなら、非常に危険なことでもよろしいが、始めから行きっぱなしというようなことは医者としてはやるべきではない」と強い言葉で表現している（我妻ら：1968, p. 17）。また、死の判定における「不可逆性」について、彼は「これは必ず死ぬものだから殺してよいということだったら、生まれたときから殺していいことになりますから……。」と論じている（ibid., p. 19）。ただし、榊原は「和田心臓移植」でレシピエントが死亡して以降の対談では、いろいろな人々と対話した結果、心臓移植を行うべきとの意見の人々が多かったことを理由として「機会があればやります」と積極的意見に転じている（読売新聞一九六八年一〇月三〇日「心臓移植もう一度考える」）。

いっぽう、当時の法律家の言説については、唄によるていねいな総説がある（唄：1985）。そこからわかるのは、当時の法的言説の主流は心臓移植を容認することを前提とした議論（「医学追認論」）だったことだ。それは、「これらの点は、もっぱら医学によってきめられるべきことであり、法律の立場からは、医学のきめた死亡時期によればよいわけである」（加藤：1968, p. 67）、「ある個体の状態が生か死かを決めるのは、法ではない。生命を取り扱う科学の認識の問題である」（植松：1968, p. 63）と表現される。さらに、植松正は「世間の常識はまだ心臓にこだわっているかもしれないが、その常識ももとは医学が与えたものにほかならないのであるから、医学は今後その常識を改めさせるための啓蒙をなすべき段階に来ている」とまで論じている（植松：1968, pp. 63-64）。すなわち、医師への全面的な信頼に基づいた上で、人間の死の判定は専門家である医師の専権事項であって法律家も一般人も関与すべきではないということだ。なお、当時は医学追認論を支持していた加藤一郎は一九八〇年代に厚生大臣の諮問機関「生命と倫理に関する懇談会」委員、日本医師会生命倫理懇談会の座長として、臓器移植と脳死に関する論争を患者の自己決定権という立場から主導していくことになる。

さらに、この時期の心臓移植を容認する法的な議論においては、インフォームド・コンセントという用語が不在なだけでなく、こんにちのインフォームド・コンセント論の主題となるドナーの承諾という問題そのものが存在し得ないことに注目する必要がある。なぜなら、心臓の拍動があってもドナーは死体である以上、法的に問われるべきはドナー（＝死体）からの臓器摘出が死体損壊罪にあたるかどうかだけだからだ。したがって、同意が必要だとすれば、ドナー本人によるものではなく、死体の処分権を有する遺族による承諾や納得ということになる。ただし、これは法律の構成や建前の話であって、植松や加藤も現実的にはドナー本人の生前の意思を何らかの形で尊重すべきだとは述べている。

そもそも法学的にみれば、死体損壊罪は、個人ではなく公共の法益の論理に基づいている。つまり遺族が自由に死体を処分することを制限し、死体に関する礼を失しないという公序良俗の範囲でのみ死体の損壊（例えば解剖や臓器摘出）を容認するという立論である。言い換えれば、公的目的のためであれば死体を傷つけることは許される。その論理を文字通りに受け取るならば、加藤が示唆するとおり、レシピエントの生命を救うという高次の文化的・倫理的目的のためには、本人はもちろん遺族の承諾は不要で「反対がなければ臓器を除去できるとすることに、考え方としては、賛成である」ことになる（加藤：1968, p. 68）。

より厳密に考えれば、臓器はそもそも生前にはドナーの身体そのものであって私有財産だったわけではないので、本人の遺言によってその処分方法を事前に定めることはできない。もし、臓器を私有財産のようなものと考えてドナーの生前の意思で自由に処分できるものだと考えれば、本人の同意の下での臓器売買も正当化されてしまうことにつながる。

いっぽう唄は、「憲法を根本基盤とするイデオロギーとしての法が、人権を擁護するための最有力の堡塁であるというこの国の現実」を指摘しつつ「この現実が、新しい科学的事態に対してさえ、法の側からの警戒と制御を期待している」と述べて、医療における法のもつ積極的で進歩的な役割を擁護している（「心臓移植への法的提言」（朝日ジャーナル一九六八年一月二一日号）、唄：1989 の第一章に再録、p.33）。こう主張する唄が、ドナーの「死につつある生命」の死の判定を考察する上での具体的な比較対象とするのは安楽死である（ibid., pp. 36, 37, 46）。

すなわち、それは「消えつつある生命」の死亡時間をいっそう早めるという意味では、安楽死と共通の問題を示す。

社会における生・階層・職業・経済力・人種、とくに「心身の健康度」などの相違が、そのまま「生命の軽重」あるいは「人権のハイラルキー」という概念矛盾にたやすく転じないための歯止めが社会的にも技術的にも十分に考究される必要がある。この「歯止め」の確立を条件として、臓器移植の文化性と倫理性は肯定されるのである。

勇者よ、アクセルをふむがよい。ただ、だからといって、強い生命だけを有難がったり、弱い生命を轍の下にふみにじることだけは、やっぱり私は許すことができないのである。

ここで臓器移植と脳死は、客観的事実としての「脳死」の定義と判定ではなく、社会的な弱者に対する死の判定という問題設定においてとらえられている。

なお、ドナー本人の承諾という（こんにちの）インフォームド・コンセントをめぐる論点に関して、当時の唄は、脳死と心臓死の間を生と死の中間的なα期と新たに名付けることを提案していた。それは、生でも死でもないその時期での心臓摘出（＝三徴候死に直結する）を例外的に認めることで心臓移植を容認するという論理である。ただし、α期での臓器提供について、唄は、生体移植と同様に厳格なドナー本人による事前（α期になる前）の自発的な承諾と近親者の承諾を必要とすると付け加えている。インフォームド・コンセント概念の日本への紹介者であった唄は、本人の意思を尊重する手続きを重視していたのだろう。一九六〇年代末という当時においては、死後臓器提供へのドナーの同意という手続きを制度的に保障してインフォームド・コンセントの枠組みに位置づけるには、こうしたアクロバット的な議論が必要だったのである。

このアイデア自体は、ドナー本人による事前の拒否がなく家族の同意があった場合に法的な脳死判定を行うという現在の臓器移植法における脳死判定の手続きととても似通っている。ただし、大きな違いは、現在の法律では、臓器提供を希望しインフォームド・コンセントが得られている場合にはα期に入った時点で死体と見なされるところである。だが、人権や法的秩序の根本にある生と死の区分が本人の承諾の有無だけで相対化されることには根本的欠陥があるとして、α期という考え方は唄本人によって一九七一年に正式に撤回された（「死亡と死体についての覚え書き1・2」、唄：1989 の第四章に再録）。ドナーカードが普及している現在では、こうしたドナーの生前の同意という制度が有していた問題性や歴史性は不可視となっている。

心臓外科医や法律家たちのこれらの意見に対して、社会的な発言や医事評論を行ってきた医師たちの考えは、医学が技術偏重になってきた極限として心臓移植をとらえるものであり、おしなべて否定的評価である。

医師で医事評論家でもある川上武による論評は、近代医学の「進歩」が生み出した臓器移植という技術そのものの再考を提起する。彼は「心臓移植に代表された臓器移植には、材料として別の人間の臓器を使うという点で医学の退廃をまねく条件がいりくんでいる」と断じ、さらに人工臓器の開発や拒絶反応のコントロールなどの技術的な問題は解決のめどは立っておらず、臓器移植はすでに「進歩のあとの停止時期」にあるとしている。そして、臓器移植の問題点として次のことを指摘している（川上：1968, pp. 256-257）。

ここに医学者が臓器移植を成功させようとすれば、少々の無理をしても生体にちかい臓器を入手しようとするのは当然である。

このときに生体からの臓器移植に類似した問題がおきてくるが、技術至上主義がこれを加速し、このさいの医学者の行動を全面的に肯定してくる。この間に人権を侵害するような事情があったとしても、それは技術至上主義の花々しさにかき消されやすく、医療関係者でない限りそれをチェックできないという特別の問題がある。

わずかの時間とはいえ、ここ（脳死と三徴候死の間：引用者註）に生死の境の時間が存在していることを医学としては無視できない。これを無条件に肯定する医療思想は安楽死の肯定以上に危険であるばかりでなく、医学者が死期判定を必要以上にはやめる方向にエスカレートする可能性をはらんでいる。

そのほかにも、レシピエントの生命が危険にさらされているのだから危険な手術を行ってもよいという医学者の判断は拡大解釈されやすく、必要以上に臓器移植の対象者を増大させかねないこと、それまでにも社会的弱者である死刑囚が腎臓移植ドナーとなっていたことを指摘し、臓器移植は有望ではあるものの「その本質において人権侵害の危険をはらんでいるので、無条件に推進することはできない」（川上：1968, p. 260）と結論づけている。

また、医師の中川米造（大阪大学、医学史・医学概論）は、歴史的事例としてナチスドイツによる心身障害者「安楽死」（虐殺）を挙げつつ、心臓移植は「人命の救助にあたるべき医療者が、時に死刑執行人を兼ねることがあるという疑念を世間に植え付けた」と指摘している（中川：1968）。つまり、臓器移植という個別の技術を再考するだけでは不十分で、医師への信頼という医療の本質が揺らいだことが最大の問題だというのだ。さらに、生死の瀬戸際における小手先の技術的な成功を追い求めるのではなく、重症化する以前の予防医学で対処することを重視すべきであるとした上で、心臓移植について根本的な批判を投げかけている。

直接的にも、間接的にも他人の生命の犠牲において、そして金持ちだけが享受できるものであるならば、むしろ、ない方が人類にとって幸福ではないか。

こうした議論のなか、日本初で世界でも三〇例目の心臓移植が行われる。

第六節　「和田心臓移植」以後

一九六八年八月八日札幌医科大学病院にて、胸部外科教授の和田寿郎らは日本初の心臓移植手術を行った。ドナーは二一歳の男性で、八月七日の正午過ぎに石狩湾に面した蘭島海岸でおぼれて心肺停止となっているところを発見された。駆けつけた救急車で運ばれ、酸素吸入と心臓マッサージを施されつつ、一二時四〇分には小樽市内の救急指定病院の野口病院に到着した。意識不明ではあったが、自発呼吸と心拍が回復した状態で病院に到着したという。当初に蘇生に尽力した医師の帰宅後、野口院長は、午後六時半頃その溺水患者の病態が急変したとして、小樽から札幌医大胸部外科に連絡した。そして、高圧酸素療法を受けさせる目的で転院させる手はずとなった。ただし、家族と札幌医大への救急搬送に当たった救急隊員は患者の容態に変化はなかったと証言している。また、高圧酸素療法は、炭鉱事故での一酸化炭素中毒に使われる手法で、溺水の治療としては用いられない。その上、溺水患者の蘇生を行う専門科は麻酔科か脳外科であって胸部外科ではない。さらに、和田は、出張手術を行うため野口病院に頻繁に訪れたことがあり、野口院長とは旧知の間柄であった。

ドナーが札幌医大に運び込まれたのは午後八時五分であった。和田によれば、自発呼吸のない脳死に近い状態だったという。だが、救急隊員、父親、偶然救急室に居合わせた別の患者らは、自発呼吸やうめき声があったと証言している。時間外であるにも関わらず、胸部外科スタッフ数十人が待機するいっぽうで、当直医であった脳外科医師には連絡がなかったという。また、蘇生をする準備を整えて救急処置室に向かった麻酔科医は、胸部外科医によって処置室から排除された。なお、救急台帳やカルテにも病状に関する記載は残されておらず、心電図記録は胸部外科医の指示によってすぐに破棄されている。

ドナーは二階の手術室に運び込まれ、看護師を入れずに胸部外科医だけでの処置が開始された。それは、蘇生とは関係のない人工心肺を溺水患者につけるための手術であった。このとき患者には筋弛緩剤が打たれており、自発呼吸や自発的な動きがあったことが強く示唆される。午後一〇時頃からの和田の説得によって、家族が人工心肺の停止と心臓提供に同意したのは午後一一時過ぎであった。家族が患者の死亡を告げられたのは八日午前二時五分である（ただし死亡診断書での死亡時刻は八日午後一〇時一〇分）。だが、救急処置室到着から死亡までの経過について和田および胸部外科スタッフとそれ以外の人々の間には大きな食い違いがある。主要な点を挙げれば、高圧酸素治療を行ったかどうか、脳波検査を行ったかどうか、心臓移植ドナー候補となったのはどの時点か、などである。こうした点の詳細はこれまでにも多く論じられているので割愛する（共同通信社会部移植取材班：1998、倉持：2001）。

いっぽう、レシピエントは一八歳男性で、リウマチ熱後の僧帽弁狭窄兼閉鎖不全症で入退院を繰り返しており、一九六八年五月に札幌医大病院の第二内科に入院していた。第二内科教授の宮原光夫は、心臓にある四つの弁のうちの一つ僧帽弁の狭窄・閉鎖不全症と診断して人工弁置換手術のために、七月五日に患者を胸部外科に転科させた。胸部外科の和田らの診断はまったく異なり、僧帽弁に加えて三尖弁と大動脈弁も状態がよくなく、治療は心臓移植しかないというものだった。八月八日の未明、彼は心臓移植を受けた。当初の発表では、和田はこの患者が札幌医大病院の内科にもともと入院していた患者であることを公表していなかった。いったんは、簡単な会話は可能となり、車いす程度にまでは回復するものの九月頃から病状は悪化し、一〇月二九日午後一時二〇分、レシピエントは死亡した。

日本初の心臓移植手術というニュースはメディアで大きく取り上げられた。例えば、北海道の地方紙「北海タイムス」社のまとめたドキュメント『心臓移植　和田グループの記録』は、手術の二か月後（一〇月一〇日）には出版されている（北海タイムス：1968）。出版時点ではレシピエントは生存していたため、「和田心臓移植」を賞賛する内容となっている。全体としては快挙として絶賛する報道が多いなかで批判的ないし慎重な記事も散見される。翌日の新聞見出しでは「心臓移植ついに踏み切る」の大きな見出しの下に、「あげるのはいや　提供者の弟妹」、「慎重論下に突破口　今後に響く手術の成否」、「続くのは好ましくない」などと批判的な小見出しが並んでいる（朝日新聞一九六八年八月九日）。とくに、すでに一九六八年五月から日本移植学会や政府と緊密に協力して準備を進めてきた「臓器移植法制定準備委員会」代表の陣内傳之助（大阪大学、消化器外科）は、次のように釘を刺している（同日、同紙）。

日本も外国にひけをとらないということを実例で示した手術だと思う。しかし、心臓移植は人の死の認定問題など、さまざまな問題を含んでいるので、これを契機に心臓移植が相次ぐことは好ましくないと思う。

さらに、厚生省医務局長の談話も「要は臓器移植がみだりにおこなわれないこと」と批判的である（同日、同紙）。なかでももっとも明確に反対の立場を示したのは公衆衛生学者で医事評論家の石垣純二だった。彼は、ラジオに出演して医療相談に答える「ラジオドクター」としてよく知られる存在で、後には「和田心臓移植を告発する会」の中心メンバーともなっている。「和田心臓移植」から一月もたたない時期に、彼は朝日新聞の投書欄で「脳波停止は〝後戻りのない死〟ではないから、これをもって死の判定基準とするには、余りにも未解決な点が多すぎる」などの理由を挙げて、「問題が多い心臓移植　当局は手術禁止の処置をとれ」と提案している（朝日新聞一九六八年八月二五日。同紙の九月一一日では、林田健男（東京大学・外科学）との対談で同じ主張を繰り返している）。

また、バーナードの試み以降の世界の心臓移植を取材した『神々の沈黙』（吉村：1969：1971）を、一九六九年三月から新聞連載する準備を整えつつあったノンフィクション作家吉村昭は、「和田心臓移植」の数日後に、心臓移植を「人類の精神的支えとして発生した宗教的、倫理的なものに対する不逞（ふてい）とも思える挑戦」と記している（朝日新聞一九六八年八月一二日）。

一〇月二一日付の朝日ジャーナルは、「技術のおごり『心臓移植』」という特集を組み、『育児の百科』（1967）で知られる医師で評論家の松田道雄、生物学史家の八杉龍一、先にあげた石垣の三名の論考を掲載している。とりわけ松田は、「和田心臓移植」を「人体実験という医学の退廃のなかにあらわれた一つの事件にすぎない」と切り捨てて、密室化した病院においては「一人の医者が死につつあるものの主治医であり、同時に心臓を欲するものの手術者であるという形は、きわめて危険な、あってはならぬ状況である」としている（松田：1968, p. 113）。

一九六八年一〇月二九日、日本初の心臓移植レシピエントが死亡した。その後にも、「宮崎君の死を生かそう進歩へ貴重な礎石　幾千、幾万の患者のため」（読売新聞一九六八年一〇月三〇日）など心臓移植に積極的な論調の記事が存在するが例外的である。むしろこの手術に関する多くの疑惑が語られるようになり、「和田心臓移植」は大きなスキャンダルへと変貌していく。

そうした潮目の変化を同時代的に証言している人物が作家の渡辺淳一である。心臓移植手術が行われた当時の彼は札幌医大の整形外科講師であり、折しも心臓移植手術が行われる数か月前に心臓移植を扱った小説「ダブル・ハート」を発表していた（渡辺：1968）。渡辺は、先にあげた吉村の「和田心臓移植」批判の論説への反論として「不遑な挑戦であることが、とりもなおさず医学の進歩であったのだ」と論じ、「蘇生可能なものを意識的に殺すなどということは医師の心理として絶対にあり得ないこと」であるから死の確認に問題はない、とも主張していた（朝日新聞一九六八年八月一七日、なお、批判された吉村は同紙上で再反論している（一九六八年八月二一日「玄人と素人『死の認定』をめぐって再び」））。その後、彼は「和田心臓移植」を詳しく取材してドキュメントに近い小説『小説・心臓移植』（渡辺：1976）を「オール讀物」の一九六九年一月、二月号に発表し、三月には札幌医大を辞職して小説家へと転身する。その後一九七〇年に、彼はこう述べている（和田心臓移植を告発する会：1970, pp. 180-181）。

私は、和田さんの心臓移植を小説に書こうと思って、記録的な意味を含めて詳細に調べたんです。はじめは、医学の進歩のためには、たいへん有意義な手術だと思っていたんです。ところが調べれば調べるほど、確実に黒の線が出てきます。（……）和田心臓移植自体は、各種のデータで、黒であることはほぼ確実なんです。

さらに、渡辺は、和田心臓移植不起訴を受けて「犯行の記録さえとっておかねば、殺人を犯しても起訴されない、ということになる」とも語っている（朝日新聞一九七〇年九月一日）。

レシピエントの死亡後、「和田心臓移植」は一九六八年末に殺人罪として告発された。この告発そのものは小さくベタ記事でしか取り扱われていない（朝日新聞一九六九年二月一五日）。検察の捜査報告書（共同通信社会部移植取材班：1998）によれば、一九六八年一一月二七日に告発状が提出され、一二月三日に受理されている。さらに、一九七〇年八月二六日には、「和田移植を告発する会」メンバーから、ドナーの殺人容疑およびレシピエントに対する業務上過失致死による告発状が提出されている。

「黒の線」（渡辺）が明確化し始めるのは、同じ札幌医大の第二内科教授でレシピエントの主治医でもあった宮原光夫が、この移植に関する和田らの論文（和田：1969）の内容を否定する論文（宮原：1969）を一九六九年五月に発表したときからである。宮原は僧帽弁の狭窄・閉鎖不全症と診断して人工弁置換手術のために、胸部外科の和田に紹介した。ところが、同じ病院内にいる内科主治医である宮原には何の連絡もないまま、その患者は三つの弁が狭窄と閉鎖不全を起こした絶望的状況として心臓移植のレシピエントとされたのだという。彼は、「今回の心臓移植が真の適応であったか否かにも疑問が残る、というより術前診療にあたった著者には少なくとも臨床所見からは適応であったとは考えられない」とまで記している。そして、このことはメディアでも大きく取り上げられた（一九六九年四月二六日、朝日新聞「移植の必要なかった　札幌医大教授が見解」）。「和田心臓移植」に対する疑問の声はまず、同僚医師による医学的批判として生じてきたのであって、死生観や脳死が死かどうかという問いやインフォームド・コンセントとは無関係であった。

こうした状況のもと、検察は本格的な捜査を開始し、一九六九年五月二二日には、和田に任意出頭を求め、質問事項に答える供述書を作成するよう伝えている。ドナーの死亡から九か月、レシピエントの死亡から七か月経過してからの捜査は物証が少なく難航した。一九九七年に公表された捜査報告書（一九七二年二月付）には、「和田教授は社会的身分があり、逃亡、証拠隠滅の恐れはないと見込まれた」ために強制捜査は行われなかったが、「和田教授とスタッフの供述には、通謀したと疑えるものがあった」ことから「証拠物については、期先を制して捜索、差し押さえ、保全の途を講ずべきだった、と反省している」との記載がある（共同通信社会部移植取材班：1998, pp. 254-255）。

「和田心臓移植」に対しては、宮原だけではなく札幌医大の病理学教授の藤本輝夫からの批判もあった。再三の要請にもかかわらず、レシピエントのもともとの心臓は、病状の確定のための病理診断を行う病理部に提出されていなかった。ようやく、その心臓標本が病理部に提出されたのは一九六九年二月であった。その病理解剖所見結果をもとに、一九七〇年、藤本は、レシピエントが心臓移植の適応であったかどうかに疑問を投げかけるとともに、病理解剖の前に心臓弁がすり替えられていた可能性を示唆した（藤本：1970）。

すべての弁膜は筆者らの検索前にすでにそれぞれの基部で切除されていて、大動脈弁については明らかに組織片に欠けるところがあり修復不能であった。

「和田心臓移植」は一九七〇年九月に不起訴となるが、直後に不服申し立てが行われる。また、人権侵害事件として調査していた日本弁護士連合会の人権擁護委員会・心臓移植特別調査委員会は「和田氏らの医師団は、移植医師としての資格能力がないのに、移植先駆者としての功を急ぐあまり、巧妙な詐術をもって提供者山口義政君（当時二一）の『生ける心臓』を摘出し」と強く非難する報告書を公表した（朝日新聞一九七一年九月一八日）。不服申し立てに対しては一九七一年一〇月には検察審議会が「不起訴処分不当」の決議をだし、その後の再捜査を踏まえた不起訴が確定するのは一九七二年八月である。

また、医師の石垣らを中心とする「和田心臓移植を告発する会」は、一九七〇年七月に「病者のための人権宣言」として「この手術は信じられないほど露骨な人体実験であり、良心ある医師としてはあえてなし得ない、虚偽と作為が疑われてきました」（和田心臓移植を告発する会：1970, p. 277）と断罪し、不起訴処分に対する声明として九月には「白い壁でかこまれた密室において、患者がまったく無力な状態でその生命を医師の手にゆだねる医療では、よほどのことがないかぎり、医師の過誤を証明するに足る証拠を発見することは困難である」（ibid., pp. 268-269）とも指摘している。石垣は、不起訴確定の直前にも、中央公論紙上に「和田心臓移植は二重殺人である」との同様の主張での論考を発表している（石垣：1972）。

いっぽう、「和田心臓移植」を擁護して不起訴処分（一九七〇年九月）を肯定する立場の論として、法学者と医学者の座談会（司会は植松）を例にみてみよう。植松は、心臓移植賛成の立場から「ピチピチしているうちに取った方が成功率が高い臓器なら、できるだけ早く取れるように、新しい死の判定法を開発すべきですよ」とあっけらかんと発言するとともに「死の判定基準などということは、医学が司法に追従すべきことではなく、司法が医学的真理に服従すべきことだと思います」と結論づけている（植松ら：1970, p. 63）。これは、「和田心臓移植」以前からの植松の主張通りである。また、法医学者の上野佐は「日進月歩の医学の世界で、ある程度患者に危険行為をおかしても、それは、刑事上の責任の枠外におかれねばならないという現在の捜査当局の考え方はありがたい」と感想を述べている（ibid., p. 64）。

第七節　社会的合意としての「死」の誕生

「和田心臓移植」のレシピエントが生存していた段階で、唄は「死の認定」という朝日新聞への寄稿のなかで死の判定をどう考えるかについての重要な提言をしている（一九六八年一〇月七・八日、唄：1989 に再録）。彼は、医師による死の判定を「何ものかにより定められた『死の概念』を前提としたうえでの『認定手続』にすぎぬ」として概念と手続きの二つに区分し、前者については「医学的＝技術的知識はもちろん、具体的事例についての措置と経過について可能な限りの情報と説明を与えられたうえでの、『人々の判断』こそ問題」と主張したのだ（唄：1989, pp. 52-53）。この点を、一九七一年には、唄はさらに明確に次のようにまとめている（唄：1989, p. 78）。

まずここで死の概念と死の認定とを、はっきりと区別して論ずるべきことを確認しておこう。前者は医師の専決事項でなく法学者や宗教家、哲学者らはもちろん、ひろく一般の人々をあげて皆で決すべきものであり、それに対し、後者は前者を前提としその具体的適用であり、それは医師にまかせられるということが、二つを区別する最大の実益である。

この「社会的合意論」は、法曹界はもちろん、その後の脳死や心臓移植をめぐる日本での議論に大きな影響を与えていくことになる。例えば、法学者の大谷實は、一九七〇年の日本刑法学会でのシンポジウムで「従来の古典的定義が法的効力をもちえたのは、それが国民の大多数によって支持されていること、ごく比喩的にいえば、その判定方法によって『死』が確認されれば、もはやなんびとも、これを礼拝の対象としていること」であると発言している（大谷・小林：1971, p. 66）。さらに、一九八〇年に出版されたテキスト『医療行為と法』のなかでは、さらに明確化して、次のように社会的合意を立法として解釈している（大谷：1980, p. 228）。

この問題は、生命を司る医学の問題であると同時に、死に対する社会一般の意識にどう受けとめられるかにかかわっている。他方、古典的な死の定義・判定方法が、社会的に容認され一種の法的基準となっている以上、死に対する医療水準の確立をまって問題を議会の場にもち込み、脳死の医学的合理性について国民的な論議を重ねるべきである。脳死説は、このように単に医学の問題としてだけでなく、社会がこれを容認するかどうかの見地から解決されるべきである。

死の概念と死の判定とを区分するという考え方は、社会的合意論と直結しているだけではなく、もう一つ大きな影響を脳死と臓器移植をめぐる議論に与えた。それは、脳死と安楽死の連続性の否定である。なぜなら、安楽死（消極的安楽死）や尊厳死とは、結局のところ治療行為の打ち切りという消極的行為の問題にすぎない。これに対して、心臓移植のための臓器摘出では直接的にドナーを死なせる（ドナーへの治療と無関係な）積極的行為を医師が行うことになる。つまり、心臓移植による臓器摘出が殺人ではないとするためには、治療打ち切りの容認だけでは不十分で、死の概念の変更（「回復の見込みのない昏睡患者」ではなく「心臓の動いている死体」）が絶対に必要となるというわけだ。このことは、こんにち「死亡ドナー・ルール（Dead donor rule）」と呼ばれる。

かつて安楽死と脳死の連続性を警戒すべきとしていた唄は、社会的合意論を明確化していくなかで、その二つの問題設定の論理的な違いを強調するようになり、「治療義務の打ち切りの容認と、死の概念の変更という二つの解決方法」を区別すること（唄：1989, p. 95）を主張するようになる。論理的・法的に見れば、その区分は生者に対する行為（治療行為の中止）と死者に対する行為（臓器摘出）とに対応している。そう考えれば、生か死かの判断という二者択一は、生者の中での差別としての有用な生かどうかの序列化とは根本的に異なることになるだろう。だが、果たして臨床の現場性は論理の整合性とぴったり重なり合うほど単純なものなのか。

「和田心臓移植」直後には、脳死の判定基準についても日本で大きな動きがあった。それは、一九六八年一〇月に発足した日本脳波学会（現：日本臨床神経生理学会）「脳波と脳死に関する委員会」が、詳細なアンケート調査と文献研究を踏まえて、脳死判定基準（「脳の急性一次性粗大病変における『脳死』の判定基準」）を、一九七四年一一月に公表したことである（植木：1974）。この脳死判定基準は、一九八五年末に新しい基準（竹内基準）が公表されるまでの一〇年余り、日本における専門家団体が定めた脳死判定基準として扱われていた。その技術的詳細には立ち入らないが、当時の「脳波」というテクノロジーの文化的な意味づけについては少し触れておこう。

第八節　テクノロジーの要因：脳波と免疫抑制剤

ハーバード基準では平坦脳波が判定項目の一つとされていたように、脳活動を計測するテクノロジーとしての脳波には当時は大きな期待が寄せられていた。一九七〇年代までは、脳の状態を知るためには、こんにちのＣＴやＭＲＩやエコー（超音波検査）は存在せず、脳血管造影や気脳写というかなり苦痛を伴う検査しかなかった。そのなかで脳波検査は、頭皮に電極を貼り付けるだけで記録できる苦痛の少ない手法として脳研究から医療へと臨床応用が進んでいた。そして、ちょうど心臓の働きが心電図で判定できるように、脳の働きは脳波で判定するのが客観的だという考え方は一般にも広く受け入れられつつあったようだ。「脳波の停止」や「脳波計使い確認」という表現は、脳死が語られるとき、当時の新聞紙上にしばしば登場する（朝日新聞、一九六八年七月一九日、八月一〇日など）。そして、「和田心臓移植」についても、ドナーの脳波の平坦化が本当に確認されたかどうか（そもそも脳波検査は行われたのか）は論争となった。脳波に関する専門家の団体である日本脳波学会が主導して、脳死の判定基準を作成することになったのはそういう背景がある。

また、「脳波と脳死に関する委員会」の委員長であった時実利彦（東京大学、大脳生理学）(5)は、「脳死とは回復不可能な脳機能の喪失である。脳機能とは大脳半球のみでなく脳幹の機能も含む」（時実：1969）という竹内基準にも引き継がれた脳死の定義を定めた上で、「脳波計は、人間に使えるのは、脳の表層についてだけだ。いまは脳の深層には無理だ。」（朝日新聞一九六八年八月一七日）とも指摘し、脳波計への過信を戒めていた。時実のいう脳の深層とは、この場合は主として脳幹のことを意味している。脳幹は、脳の中心部にある脳部位であって、呼吸などの生命維持の中枢であることが知られており、意識と密接な関連があるとも考えられていた。脳波は頭皮の上から記録する手法なので、特殊な方法を用いない限り、脳の深いところでの活動を検出することが困難だったのである。例えば、こんにちの脳死判定基準に含まれている脳幹機能の検査の一つである聴性脳幹反応は、脳波を用いた特殊検査であって、最初に報告されたのは一九六七年、臨床応用され始めるのは一九七〇年代後半以降である。すべての脳機能が喪失しているかどうかを、その時代の先端的なテクノロジーによって正確に検出できるかどうかは、一九八〇年代には改めて、脳波以外のさまざまなテクノロジーも巻き込みつつ、脳死をめぐる論争の中心的な主題となっていく。それは、ある意味では「和田心臓移植」の際の脳波の平坦化についての議論の反復でもある。

また、一九六八年一一月のアサヒグラフ特集「世界の心臓移植」への寄稿で、後に脳死判定基準を作成する中心となる竹内一夫は「脳波はあくまでも補助的な診断法」として、脳死と臓器移植に対して慎重な姿勢を見せている（「まだ明確でない死の認定」、竹内：2010 に再録、p. 23）。

心臓提供者としては最も好都合の症例をかかえているわれわれが、たとえ結果的には前向きの態度であっても、この努力を放棄してしまうことは、一方では難治とされている脳疾患患者を裏切ることになり、この分野の学問の進歩を大きく阻止してしまうことになる。

いっぽう世界的に、一九七〇年代初頭には心臓移植に対する反省の時期に入る。それは主として、移植された臓器に対する拒絶反応すなわち異物を排除しようとする免疫反応をコントロールすることができないという生物医学の技術的な壁に突き当たったからだ。この状況が変化するのは、一九七二年に発見されて一九七七年から臨床応用が始められた免疫抑制剤シクロスポリンによってである。とくに、米国で医療用に使用することが許可された一九八三年末以降には、心臓移植は実験ではなく治療として確立した手法として取り扱われるようになる（図1）。シ

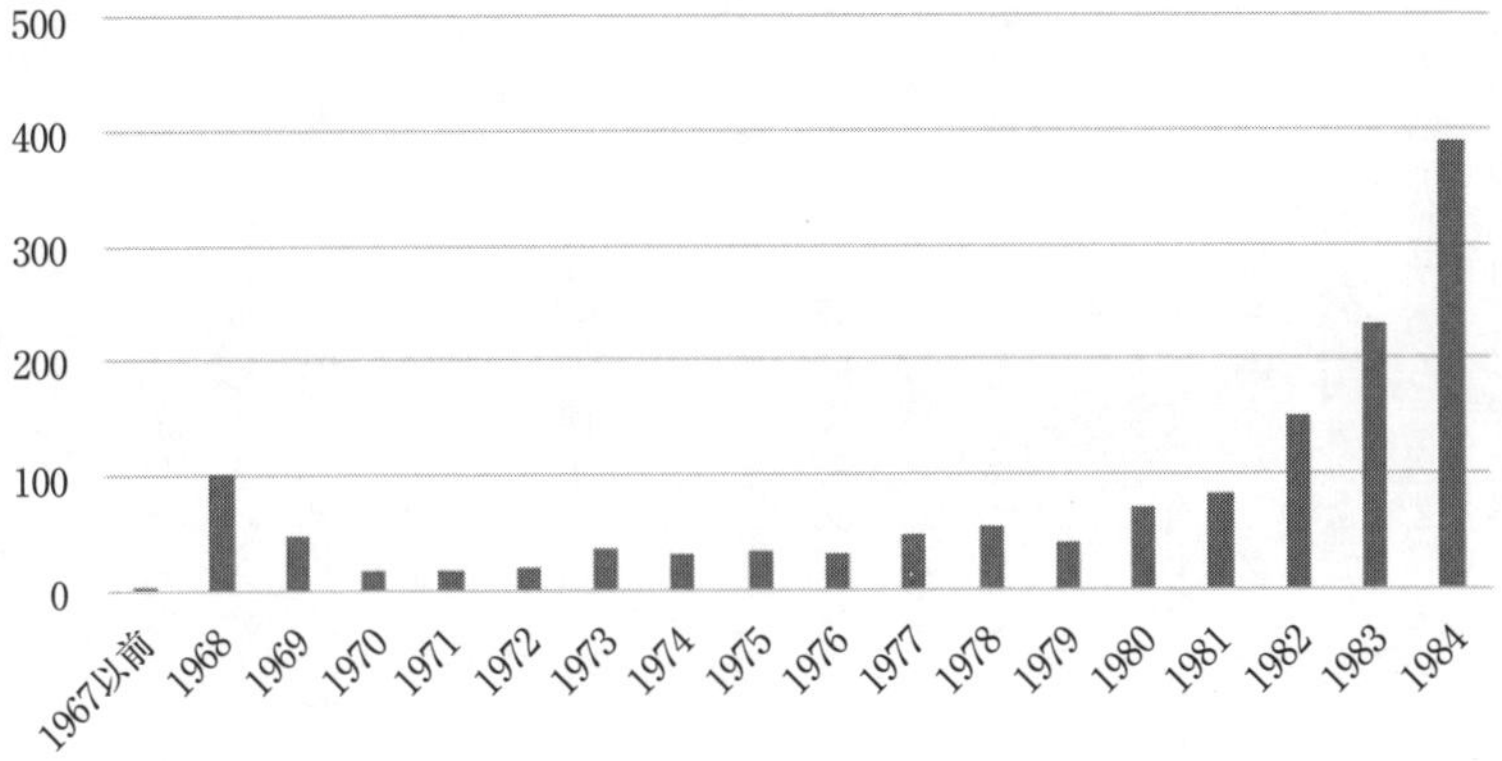

図１　世界の心臓移植件数

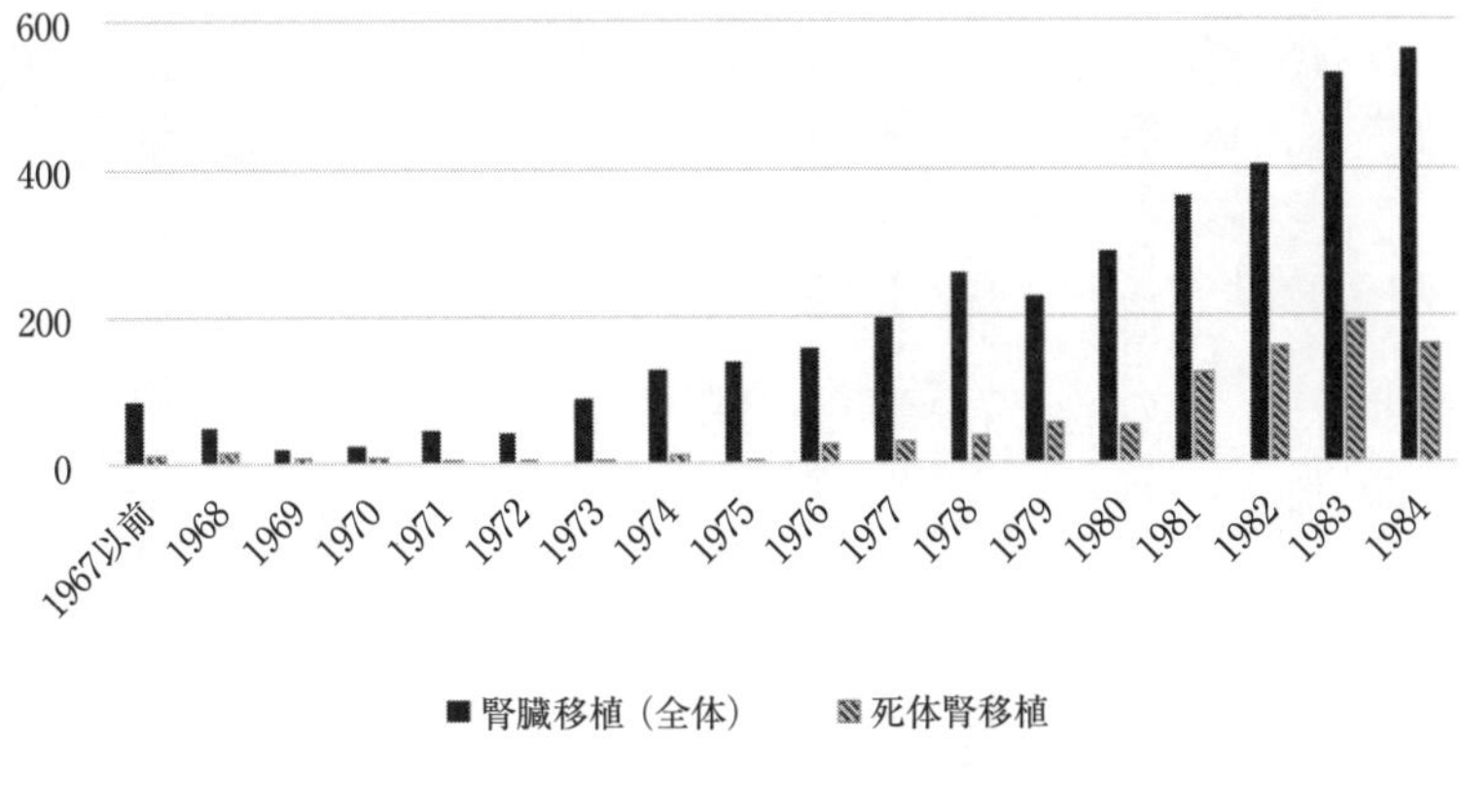

図２　日本国内での腎臓移植件数

クロスポリンの役割について医療社会学者のR・フォックスは次のように述べている（Fox and Swazey, 1992,p.30）。

シクロスポリンの発見と普及は、移植手術や臓器摘出技術の発展とあいまって生物医学上の主要因となり、一九八〇年代初期から九〇年代にかけて移植された組織や臓器の種類・数・組み合わせの点で、移植界が「ブーム」もしくは「爆発」と名付けた現象をもたらした。

第九節　日本における「脳死の時代」

「和田心臓移植」が不起訴処分によってそれなりの決着をみた後、ほぼ時を同じくして心臓移植そのものが技術的理由によって世界的にもあまり行われなくなった。そのため、脳死や心臓移植の国内の議論についてマスメディアが取り上げることはほとんどなくなる。一九七〇年代には、日本の医学雑誌、法学雑誌においてはほぼ議論そのものが消滅しているといってもよいほどだ（ただし、英米においては立法化や制度化に向けての議論が政府主導で進められていた（唄：1989））。

そのいっぽう、一九七〇年代後半には、従来の三徴候死後でも移植用の臓器摘出が可能で、しかももし失敗した場合でも人工透析というバックアップの手段がある腎臓移植については、移植を実行する手続きの制度化（例えば腎臓バンクなど）が国内外で進む。そして、一九七〇年代を通じて着実に増加していた生体腎移植に加えて、死体腎移植も増加し始める（図2）。そのきっかけとなったのは、一九七九年一二月に、生前のドナー本人の意思も重視する内容の「角膜・腎臓移植法」が成立したことだ。死体損壊かどうかという問題に加えて、ドナー本人の生前の意思表明の有無が臓器提供の可否を決定するという考え方、つまり自己決定権を重視するインフォームド・コンセントの枠組みが臓器移植のなかに導入されたのは、この法律を契機としている。だが、インフォームド・コンセントが法の中心となっているわけではない。本人の承諾に言及しているのは次の一節だ（「角膜および腎臓の移植に関する法律」第三条三項）。

ただし、死亡した者が生存中にその眼球又は腎臓の摘出について書面による承諾をしており、かつ、医師がその旨を遺族に告知し、遺族がその摘出を拒まないとき、又は遺族がないときは、この限りではない。

つまり、実際には、法律にかなった（死体損壊にならない）腎臓摘出は遺族の承諾を受けなければならないという枠組みを基本として、死後の臓器摘出に対する本人による承諾については但し書きがつけられているに過ぎない。

この「角膜・腎臓移植法」成立を受け、それまでにも多くの医療関係のルポで知られていた朝日新聞の記者藤田真一は、連載記事「これからの生と死」のなかで、腎臓移植に関わる医師たちに取材し脳死すなわち「心臓の動いている死体」の問題を紹介している（朝日新聞一九七九年一二月二三日、藤田：1980）。そこでは、後に脳死状態のドナーからの膵臓・腎臓の同時移植を行う岩崎洋治（当時は千葉大学、日本で初めて一九六七年に死体腎移植を行った）が登場して、留学先の米国での脳死ドナーからの臓器摘出の様子を語っている。

一九八一年の第一七回日本移植学会総会では、シンポジウム「脳死の諸問題」が開催される。シンポジストは、太田和夫（東京女子医大、腎臓移植）、落合武徳（千葉大学、腎臓移植）、竹内一夫、樋口和彦（同志社大、神学部）、唄孝一であった。そのなかに、心臓外科医は入っていないこと、医師と法律家に加えて宗教家が入っていること、が特徴的ともいえる。数が増え始めた死体腎臓移植について、その成功率（生着率）を向上させるために、三徴候死ではなく脳死直後での腎臓摘出の必要性が語られ始めたのである。同じ一九八一年には、米国から、組織適合性が一致しないため米国内での腎臓移植に使われなかった死体腎を空輸して日本での移植に用いることが行われ始めた（「US腎」、後藤：1985、第五章に詳しい）。こうして、移植用腎臓の不足の問題化、その不足を解消するためのメディアへの広報活動、不足を補うための生着率向上を可能とする死の定義の変更（すなわち脳死を死と認めること）に向けた活動が一体として現れ始めている。

翌一九八二年九月一一日には、脳死状態ドナーからの腎臓摘出が行われたケースの存在が、朝日新聞のスクープ記事として一面トップで報道された（「死の判定　新たな一石」、「脳死状態で腎移植」、「欧米では一般的に」）。こうした事例は、その年の日本移植学会総会でのシンポジウムで発表されたものであって隠されていたわけではない。この報道をきっかけとして、脳死を死と認めるかどうかの問題はメディアで積極的に取り上げられる話題となっていく。つまり、脳死と移植をめぐる一九八〇年代の論争は、心臓移植と脳死の問題としてではなく、移植用臓器（腎臓）の質・量の改善という問題、また欧米と日本との差異の問題として出現している。当時、脳死状態からの腎臓摘出の積極的な公表に含まれているプロパガンダ的な意図について、太田和夫（東京女子医大、腎移植）は、「私たちはコンセンサスを得るためにやっている。事実も何もないところにコンセンサスは生まれない。その事実を提供しているんです」と率直に語っている（藤堂安人：1983, p. 58）。

脳死状態からの腎臓移植を進めようとした医師たちの主張がメディアで取り上げられるとき、移植医療に関して日本は欧米に比較して遅れているので追いつかなくてはならないという趣旨となった。しかし、それは、日本経済が後にバブルと呼ばれるほどの繁栄を迎え、『ジャパン アズ ナンバーワン』（Vogel, 1979）などの「日本文化論」がもてはやされていた一九八〇年代においては以前とは異なる意味を帯びた。安易な「日本文化」なるものの礼賛が多かったにせよ、近代化や西洋化をすなわち進歩ととらえる考え方への疑問や相対化がメディアにもあふれていたからだ。こうした状況を背景として、脳死を認めないことは、日本の後進性を意味するのではなく、日本独自の死生観であるという主張が生まれた。日本文化の独自性を強調する議論は、一九九〇年代には脳死に対する反対論の一つの大きな潮流となっていく（例えば、梅原：1992）。この点について、日本での脳死と臓器移植をめぐる論争を調査した人類学者ロックも「脳死に対する日本人の様々な反応は、一つには、日本が世界的な近代化における強国の一つであるという意識から来ている」と指摘している（Lock, 2001, p.11）。

この時期の脳死や臓器移植を主題とする出版物としてもっとも早いものの一つは、日本移植学会が一九八三年二月に行った「脳死に関するシンポジウム」を数か月後にまとめた書籍（『脳死と心臓死の間で　死の判定をめぐって』）である（日本移植学会：1983）。これらの議論を受けて、一九八三年九月には、厚生省の主導で、杏林大学教授（脳外科）の竹内一夫を主任研究者とする「脳死に関する研究班」が発足し、脳死の症例についての全国調査を開始している。ほぼ同時に、『これからの生と死』（一九八〇）で脳死の問題を取り上げていた藤田真一は「脳死の時代」というタイトルの朝日新聞連載（九月八日〜一二日）で「脳死を肯定したルポルタージュ」を書き、ブックレット『誤解が多すぎる「脳死」の時代　患者と家族の立場から』としてまとめている（藤田：1984, p.3）。また、一九八四年には、厚生省医務局医事課の監修で英国の脳死概念（日本や米国での脳死とは異なる「脳幹死」という特殊な定義を採用している）をわかりやすく解説した『人間の死と脳幹死』の翻訳も出版されている（Pallis, 1983）。臓器移植と脳死の問題は、脳死状態からの臓器移植を推進する立場の人々によって、心臓移植という問題とは切り離されて、脳死そのものの問題としてこの時期に作り直されている。

「和田心臓移植」と比較して、この時期の脳死と臓器移植をめぐる議論のもう一つの大きな特徴は、医師や法律家以外の人々の声が大きく取り上げられはじめたところにある。それは、「和田心臓移植」の後に登場した死の判定に関する社会的合意論が広く受け入れられた結果とも考えられる。

まず、国家レベルにおいては、一九八三年に厚生大臣の私的諮問機関として「生命と倫理に関する懇談会」が設立された。その議事録の中間報告は早くも同年に出版されている（厚生省医務局：1983, 1985）。これは、一九八〇－八三年に死の定義をはじめとしてさまざまな問題を討議した「医学および生物医学・行動科学研究における倫理問題検討のためのアメリカ大統領委員会」を一つのモデルとしたものであった。このアメリカ大統領委員会の総括レポートは厚生省医務局医事課監訳で一九八四年に出版されている（President Commission for the Study of Ethical Problems in Medicine and Biomedical and Behavioral Research, 1983）。

この「生命と倫理に関する懇談会」は、一九八二年の米国ユタ大学での植え込み型人工心臓の成功、一九八三年の東北大での日本初の体外受精の成功などを受けたものと位置づけられていた。そして、中間報告までの時点では「生命科学と倫理の基本問題」、「臓器移植と脳死」、「体外受精」、「植物状態患者、ターミナル・ケア」の四回開催されている。そのメンバー一〇名のなかで医師は三名のみであり、『タテ社会の人間関係』（1967）で知られる人類学者の中根千枝、インド哲学や仏教学で知られる中村元も名を連ねている。また、学者だけではなく、漫画家の手塚治虫や経済界からの鈴木永二（三菱化成工業会長）も含まれていた。なお、法律家として参加しているのは加藤一郎（成城学園長）であった(6)。この懇談会の臓器移植と脳死をテーマとした会合では、岩崎と竹内がゲストスピーカーとなって話題提供している。そのなかで、医務局長は「脳死に関する研究班」について次のように発言している（厚生省医務局：1983, p. 69）。

そういうことで、一応一般の方のＰＲより前に医学界全体のコンセンサスも必要と言うことで、竹内先生に厚生省の研究班というのを今度作っていただいております。それで一応研究班という形ですけれども、できるだけ医学界全体に厚生省の研究班と言うことで、脳死のＰＲを行い、研究そのものよりもむしろコンセンサス作りの研究班ということで、実はお願いしております。

また、この懇談会の感想として加藤は、立法化によって脳死判定を法律により承認することについて次のようにのべている（読売新聞一九八三年五月一二日）。

これはもともとはお上の承認が必要だという感覚であろうが、国会は国民を代表するものであるから、立法がされるということは、社会的承認が得られたことを意味する。

さらに、一九八五年一月には、「生命倫理研究議員連盟」が設立されている。全般的な生命倫理と名乗っているものの、その主たる目的は脳死立法の推進であった。設立趣旨には、脳死と臓器移植に関して「この問題は広く国民のコンセンサスを得ることが必須の条件であり、その働きかけの中心となるよう本連盟を早急に設置して、必要な立法化について検討しておくことが大切であると考え、ここに超党派的に議員連盟を設立しようとするものである」と記されている（生命倫理研究議員連盟：1985）。

第二に、社会的合意の達成の程度を示すものとして、主としてメディアによって脳死と臓器移植に関する世論調査が繰り返し行われたこともこの時期の特徴だ（もっとも初期のものとして、一九七九年に筑波大学の消化器外科が中心となって、茨城県南部で脳死と死の判定についての世論調査が行われた（藤田：1980））。とくに読売新聞は、一九八二年一〇月、一九八四年の二月、一一月に脳死判定と臓器移植に関する質問項目を含む世論調査を行って報道している（読売新聞解説部：1985 の資料編）。NHKは一九八四年九月（佐藤：1985）、朝日新聞は一九八五年三月（朝日新聞取材班：1985 の資料2）、総理府は一九八五年一二月（ライフサイエンスに関する世論調査、日本医事新報三二三三号

（一九八六年四月一二日）、一〇五頁）に同様の調査を行っている。脳死を死と認める人の割合が過半数かどうかは、そのたびごとにメディアで大きく騒がれていたが、五一％を超えれば社会的合意が得られたというわけでもないだろうから、本論考では調査結果の詳細には立ち入らない。むしろ、ここで重視したいのは、医師や法律家という専門家の意見と同等かそれ以上に一般の人々の世論の動向が重視されるべきだという考え方が広く受け入れられたのがこの時期だという点である。

第三に、一九八〇年代には患者たち自身の声が数多くメディアに現れ始めた。とくに目立ったのは、日本の心臓病患者が渡米して心臓移植のレシピエントとなる物語である。数千万円の渡航・手術費用を募金によって捻出するためには多くの人々に移植への希望を訴えることが必要だったため、患者は積極的にメディアに露出した。

その最初となったのは、先天性心疾患に苦しみ愛媛大学病院に入院中であった仲田明美である（後藤：1988）。厳密にいえば、彼女が必要としていたのは、心臓移植ではなく心肺同時移植だったが、いずれにせよ日本で行われていなかったことに変わりはない。彼女は主治医に勧められて、心肺移植を数多く手がけていたスタンフォード大学に手紙を書き、一九八三年四月には、日本外科学会に出席するため来日していたスタンフォード大のシャムウェイと面会している。記者会見で、彼女が直接シャムウェイに米国での移植を訴える様子は、大きく報道された（朝日新聞一九八三年四月八日）。だが、彼女自身は移植を受けることなく、一九八八年一月四日に持病の悪化により死去した。日本人の渡米での心臓移植の第一号は、一九八四年四月四日にスタンフォード大で手術を受けた牧野太平であった（手術から二年半後に死亡）。なお、彼の渡航手術費用は募金でまかなわれ、およそ三〇〇〇万円だったとされる。心臓外科医など移植に携わる医師が、移植を希望する患者の主張を代弁するのではなく、患者自身や近親者が語るようになったことは「和田心臓移植」の時とは異なる一九八〇年代における脳死と臓器移植をめぐる議論の特徴である。

第一〇節　脳死に抗する　筑波大膵腎同時移植の告発

一九八〇年代に入ってドナーが脳死状態になった時点での腎臓摘出が既成事実として進められていることに対して強い反対を示したのが近畿弁護士連合会であった。一九八四年一一月一七日には、社会的合意ができていないという視点から脳死を死として扱うことに反対する次のような脳死に関する決議をしている（近畿弁護士連合会：1984）。

死は単に医学的意味を持つだけではなく、法律的、社会的、宗教的等の多面的な意味を持っているのであって、死の定義を定めることは、国民的な重要課題であり、医師の専権事項ではない。

従って、現在行われている脳死（心停止を来していない）患者の臓器摘出は、家族の同意があっても違法の疑いがあり、差し控えるべきである。

この決議では、脳死状態のドナーは生きていたのに臓器摘出で殺された、あるいは早すぎる死の判定によってドナーに不利益が起きたと主張しているわけではない。脳死状態の患者を死者として扱うことは違法だと威嚇しているに過ぎない。その理由は、死の定義を医師だけで決めることはできず、脳死を死とみなすことに現時点では社会的合意が存在していない、ということだけである。こうした形式面からの批判は脳死に対する典型的な反対論としてこの時期に機能していた。法律という「お上意識」や日本的な社会的同調への圧力という面もあるだろうが、社会的合意論が医療専門家に対する事実上の規制を正当化するイデオロギーとなっていたことも見て取れる。すなわち、死の判定は医師の専権事項であるので法律家や一般人は従えば良いという考え（医学追認論）は専門家の独善として否定されていたのである。

さらに、脳死に反対する決議の提案理由には「和田心臓移植事件、宇都宮病院事件等は、すべての医師が常に一人の患者の生命の延長に全力を尽くすとは限らないことを我々に教えてくれた」と記されている。宇都宮病院事件とは、一九八四年三月に栃木県の精神病院宇都宮病院で在院者に対する集団リンチ殺人が行われ、精神病院という密室のなかで「病死」として処理されていたことが発覚したものを指している。こうして医療の密室性や秘密主義に対する疑念が一般の人々の間でも高まった状況を背景として、決議の提案理由には「脳死判定には必ずその検査記録を保存し、遺族等一定の範囲の人の請求に対して開示義務を負うこと」という手続きの必要性が示されている。このように医療への不信と法律に従った情報開示の手続きの重要性が強調される点は、「和田心臓移植」の時代とは大きく異なっている。なお、近畿弁護士連合会のこうした姿勢には、当時の大阪大学の心臓外科が心臓移植の日本での再開に積極的だったことに対する牽制の意味があったようだ。

これらの脳死立法への反対運動のなかで大きな役割を果たしたのは、「東大ＰＲＣ（患者の権利検討会）企画委員会」である。これは、一九八四年に発足した東大付属病院の医師、看護師、職員、医療被害者、市民によって構成された団体で、患者の権利について研究討論していたという（東大ＰＲＣ企画委員会：1986 の編者紹介）。もともとは、一九六〇年代の全共闘運動に関わった若手医師で結成された「青年医師連合（青医連）」から一九七二年に生まれた「青医連・臨床検討会」に由来している。これは医療被害や人体実験を患者の立場で考えることを目指し、「結集する青医連医師が各被害者の闘争に、検討会を通じて連帯し、客観的には加害者としてある自己の存在をとらえかえし、医療実践で、あるいは社会運動で、元凶たる現在の医療体制の解体へ向け、闘う医師たらんとしている」ものであった（青年医師連合東大支部：1978, p. 23）。一九七七年には、この臨床検討会は、医療過誤の裁判などに関わる弁護士の参加を得て再編され、「医療被害と闘う医師弁護士の会」となった。それを母胎として結成されたのが東大ＰＲＣである。この設立趣旨や経緯をみれば、東大ＰＲＣが臓器移植と脳死の問題に関与するようになった理由の一つの大きな軸が、医療被害や薬害あるいは医療過誤に関わる裁判での経験に由来することがわかるだろう。

「和田心臓移植」において、患者の人権が語られるときは、生命そのものに関わる生存権や身体の安全の権利を意味していた。生命権としての人権は重要ではあるが、多くの人々にとって身近な問題とはいえない。これに対して一九八〇年代からの患者の人権という言葉は、インフォームド・コンセントや患者の自己決定権のことをも同時に指し示す用語として使われるようになる。この文脈のなかでの臓器移植と脳死の問題は、日常診療などのなかで医療専門家の言動に不満を感じていた多くの人々を引きつける一つの象徴となった。この点をロックは、「脳死の容認に反対する人々の多くが関心を持ったのは、脳死そのものよりも、インフォームド・コンセントを日本の医療で体系化することであった。脳死論争は、より大規模な医療改革のための強力な武器となった」とも表現している（Lock, 2001, p. 321）。東大ＰＲＣのなかでも、とりわけ脳死に関して中心となって活動し、発言してきたのは代表の本田勝紀（内科医）と阿部知子（小児科医、後に衆院議員となる）であった。

脳死の立法化に対するもっとも初期の批判的反応としては、東大ＰＲＣ主催での「『脳死』立法をめぐる市民・医師討論」が一九八四年に開催されている。そこでは、阿部が講師となって、脳死の導入と社会的なコンセンサス作りに向けたメディアや国家の動きを「医療費抑制政策」や「（医者への）思想統制」として批判している（阿部：1984）。これは医師による批判ではあるものの、医学的な内容での批判ではない。国家と人民の対立という図式で資本の論理を批判する論調は、反体制のイデオロギーを反映した決まり文句といってもよいだろう。その後、東大ＰＲＣは連続シンポジウム「脳死を考える」（第一回は一九八四年九月二七日）で、「医者だけ、または市民だけのミーティングということではなく、関係者全体がそろって議論し合う」ことをめざした活動を繰り広げた（東大PRC企画委員会：1986）。シンポジウムに参加する「市民」の多くが医療過誤・薬害被害者やその支援者であったことから、臓器移植と脳死の問題が論じられるなかでの医療不信や患者の権利という主題が大きくなっていった。

一九八四年一一月二四日、日本移植学会とメディアによる勉強会（「臓器移植の勉強会」、「脳死の勉強会」、（日本移植学会：1985）に収録されている）において、去る九月二六日筑波大付属病院で、岩崎洋治によって脳死状態ドナーから糖尿病で腎不全の患者をレシピエントとした日本初の膵臓・腎臓同時移植が行われたことについての発表があった。この移植は、「筑波大膵腎同時移植」として議論され、一九八〇年代の臓器移植と脳死をめぐる論争の一つの大きな舞台となっていく（中島：1985に詳しい）。報道によれば、この移植が行われた背景には、ドナーの家族（夫）からの自発的な臓器提供の申し出があり、生前にドナーとも臓器提供を話し合ったことがあったためとのことであった（例えば、朝日新聞一九八四年一二月二二日「筑波大病院大手術13時間余の全容」）。四三歳の女性であったドナーは脳の血管異常（モヤモヤ病）のため脳卒中を繰り返しており、脳出血の再発によって自発呼吸が停止する脳死状態となった。そして、臓器移植に関与しない脳外科医複数名によって脳死判定が行われた。脳死判定の技術的な手続きそのものは、当時の日本脳波学会の基準とハーバード判定基準の両方を満たすように厳格な形で行われており、しっかりと文書でも記録されている(7)。ただし、彼女は脳死になる以前から失禁や徘徊のある脳血管性認知症の状態で筑波大学病院の精神科を受診していた。つまり、臓器提供するかどうかを意志決定できる状態ではなかったことになる。

同じ一一月二四日には、「脳死立法反対全国署名活動委員会」から「反『脳死』ならびに『脳死立法』反対の宣言」が出されている（脳死立法反対全国署名活動委員会：1984）。そこでの脳死は、「医療の密室性、弱い患者の立場、続発する医療被害等々の中で」十分な治療を受ける患者の権利を脅かすものとされ、「移植の為の『早すぎる死』

をもたらす危険性が大きい」ものであるとみなされる。そして、「国が個人の死までも構想すること」に反対するが故に「立法化される死に反対しよう」と宣言されている。

そして、東大ＰＲＣと「脳死立法反対全国署名活動委員会」を中心とするグループは、一九八五年二月一二日に、岩崎らを殺人罪などで告発した。少なくとも、一九八二年頃からは脳死状態のドナーからの腎臓摘出が行われていたことは隠されていたわけでもなく、学会発表され、メディアでも報道されていた。そうした状況のなかでも、このケースがとくに刑事告発の対象となった理由は複数ある。一つは、執刀した岩崎は、臓器移植（腎臓）の専門家として「脳死に関する研究班」の一員となり、新しい脳死判定基準を作成する立場にあった点である。法律用語で表現すれば、「脳死に関する判定基準がいまだ確立されていないことを熟知しながら日本初の膵臓、腎臓同時移植を行うため生体から臓器を摘出した」ということになる（東大ＰＲＣ企画委員会編：1986, p. 133）。また、岩崎自身が臓器移植の推進のために脳死を死とすることが必要だということを、外科医として率直な（過激ともとれる）言葉遣いで一般向けメディアで主張していたことも影響したかもしれない（岩崎：1984）。

光り輝いている臓器か半分腐っている臓器かですよ。植えられるほうにしてみれば、腐ったような腎臓ではたまったものじゃない。

脳死によって脳の中が腐っちゃったような人に、空気を送り込んで心臓をコトコト動かすことには、社会的にどんな意味があるのか。

さらに、このケースではドナーの夫による臓器提供の同意はあったが、ドナーが精神障害者（脳血管性認知症）であって本人の意思で臓器提供に法的に同意することができなかった。告発状にも、「私的自治、個人主義の原則から自己の身体に対する侵害は結局提供者の同意ないし承諾によって正当化される」というインフォームド・コンセントの立場（東大ＰＲＣ企画委員会編：1986, p. 136）から、代理承諾しかなくドナーの同意が欠如しているという問題点（有効な承諾の欠如）が患者の人権の侵害として指摘されている。

なお、レシピエントが一九八五年九月一八日に死亡した後、当時の膵臓・腎臓同時移植が治療として確立していない実験的なものであったとして、同じグループは岩崎らを傷害致死罪で追加告発している。これらの告発は、同様の脳死状態ドナーからの臓器摘出に対する告発と同様に一九九七年の臓器移植法の成立後に不起訴処分となる。

東大ＰＲＣが臓器移植と脳死を批判する主張の基本は、朝日ジャーナル一九八四年一一月二日号「特集　死の倫理を問う」に掲載された、阿部による「脳死、そして臓器移植への七つの疑問」に記されているとおりだ（阿部：1984）。そこでは、①日本脳波学会の判定基準作成のときと異なり脳死研究班が臨床医だけで脳研究者を含んでいないこと、②専門家にしか分からない死ではチェックできないまま早すぎる死の判定が行われるかもしれないこと、③臓器移植と脳死を切り離すことはできないこと、④医療費削減と関連して「ムダ」と見なされた治療の抑制に結びついていること、⑤脳死の立法化は国による医師への管理強化につながること、⑥メディアが臓器提供を一方的に美談として扱う世論操作を行っていること、⑦脳死の立法化より前に死に逝く患者の人権を守ることが重要であること、が列挙されている。

この主張のなかには、臓器移植と脳死についての一九八〇年代以降の論争における主要なテーマが（日本文化論を除いて）ほぼ網羅されているといってもよい。まず、脳死の概念や定義が、同時代の脳科学や医学研究からみて十分に「科学的」で信頼できるものかどうか、という問いは、その後に評論家の立花隆によって徹底して問われる

(『脳死』三部作〔立花：1986, 1988, 1992〕のもととなった中央公論の連載は一九八五年一一月から)。また、医療現場という密室のなかでの脳死判定という具体的な手続きが信頼できるものかどうかという問いは、中島みちの『見えない死』〔中島：1985〕の主題となっていく。

医療専門家の間で脳死を死と認めるかどうかの医学的論争があるとすれば、社会的合意の成り立つ余地はない。ここで「脳死に関する研究班」が作成準備していた脳死の判定基準の賭け金はせり上げられることになる。その報告結果は、基礎研究者から臨床医までを含んだ医学的コンセンサスとなるべきものであり、その医学界での合意は社会的合意の前提条件となると目されたからだ。臓器移植と脳死に反対する東大ＰＲＣの論調は、もともとは医学的・科学的な内容ではなく反体制的なイデオロギーに依拠するものだった。だが、東大ＰＲＣの担い手の主要な部分が医師だったため、臓器移植と脳死に関する議論は、医学内部での争いとして理解されることになった。そのため、臓器移植と脳死に関する論争は、脳死についての論争となっただけでなく、さらには脳死の概念や医学的判定の手続きについての論争へと集約されていった。

今日読み直してみればその内容としては脳や意識や脳治療に関する研究の〔当時の〕現状紹介ルポという面の強い立花の『脳死』が、「脳死に関する研究班」に対する論争的な書物となって政治的な役割を帯びたのは、こうした背景から来ている。

臓器移植と脳死に関する論争が社会的合意以前の段階での膠着状態になるなかで、社会的合意よりもインフォームド・コンセントに重きを置く言説が現れ始める。その代表は、加藤一郎による患者の自己決定を重視する主張である。彼は、「提供者本人が提供を欲するという意思に重きを置いて、考えるべき」〔日本移植学会：1985, p. 218〕として、末期状態での治療行為の打ち切りと同様に、臓器提供だけでなく脳死判定にも同意するという個人の意思を示す書類を事前に作ればよいと提案している〔日本移植学会：1985, p. 221〕。

国民全体として、できるだけ承認してもらうことがいいとは思いますが、強い反対論者もあるわけですから、それに対しては本人の意思を中心に考えるべきで、反対の人については、その人が自分でしなければいいということで納得してもらうほかはない。

彼は、さらに「脳死の社会的承認について」のなかで、社会的合意論についてつぎのように述べている（加藤：1985, p. 44）。

社会的合意論は、脳死反対論者や、賛否をきめかねている人たちに、脳死の賛否を表に出さずに、「まだ社会的合意がない」といってすますことを可能にするし、脳死賛成論者にとっても、マスコミなどの批判を避けるために「社会的合意が得られるように努力すべきだ」といておけばよいという機能を営むことになるわけである。このようにして、社会的合意論は、その実体のないままに、引き延ばしのための論理として広く機能してきたのである。

ただし死の概念を本人の意思にすべてを任せてしまうこうした考え方は、生死の境界の相対化をもたらす危険があることは一九六〇年代から指摘されてきた。その極端な立場として、人間の死は生物としての死ではなく人格としての死であるべきという主張がある（パーソン論、例えばTooley, 1971）。この観点からは、回復不可能な意識障害（いわゆる「植物状態」）や重度の認知症で自己意識がほぼ消失している場合は死者として扱うべきとされてしまう。さらには、本人の事前の同意さえあれば臓器摘出して死に至らしめてもよいということになるからだ。

ただし、加藤の議論をインフォームド・コンセントに基づいた本人の意思による脳死の容認とだけ理解することは不十分だろう。彼は一九六〇年代には死は医学の内部で決めれば十分だとしていた（加藤：1968）。その考えからの連続性においてみれば、加藤のいうインフォームド・コンセントは、医学専門家が認める「死」であれば、その範囲での患者の選択の自由を容認すべきだという主張となるからだ。それは、人体実験や医療被害や薬害のなかでの患者の権利として創出されてきたインフォームド・コンセントとは似て非なるものである。

臓器移植と脳死に関する言説という視点からみれば、以降の議論はこうして昭和後期に形成された言説の布置の範囲に留まっている。駆け足でたどろう。

一九八五年一二月六日、厚生省「脳死に関する研究班」は「脳死の判定指針・判定基準」を公表する。いっぽう、東大ＰＲＣを中心とするグループは「筑波大膵腎同時移植」以降、脳死状態からの臓器摘出を殺人や傷害致死で次々と告発していく（本田：1996）。日本医師会「生命倫理懇談会」（座長：加藤一郎）は、脳死を死と認める内容の報告を発表する（一九八七年三月二五日に中間報告、一九八八年一月一二日に最終報告）。これに対して日弁連は、「最終報告を拠りどころにして、容易に臓器移植をすべきではない」と批判する意見書を一九八八年七月に公表する。一九九〇年には、「臨時脳死及び臓器移植調査会（脳死臨調）」が設置され、二年間の調査活動の後の一九九二年一月二二日に「脳死を人の死とすることについて概ね社会的に受容され合意されている」との最終答申を公表する。一九九四年には臓器移植法が国会に提出されるが一九九六年には廃案となる。その後の新法案として、一定の条件の下で脳死を死と認める臓器移植法が一九九七年一〇月に施行される。

第一一節　合意の興亡

一九六〇年代から一九八〇年代までの臓器移植と脳死をめぐる論争のなかで、いかにして脳死判定とインフォームド・コンセントが主題化されていったのか。その過程を理解する上で導きの糸となるのは、脳死についての社会的合意論が果たした多面的な役割である。その点に注目してこれまでの経過を要約しよう。

「和田心臓移植」前後の時期、脳死も含めての死は医療専門家によって排他的に管轄されることを前提として言説は編成されていた。和田と彼のチームが、そう考えて溺死者の死の判定と心臓の摘出を自分たちだけで行い何の疑問も感じなかったことは明らかだろう。心臓移植に対して慎重だった当時の心臓外科医たちもまた、心臓死と脳死の対比においてどちらの死を採用するかを最終的に決めるのは、医学知識を持つ自分たちの権限であると考えていた。つまり、当時の医療専門家と素人の間にあったのは一方通行的な啓蒙であって対話や合意ではなかった。インフォームド・コンセントは重視されておらず、多くの法律家もまた死を管轄するのは医学界であることを信じて疑わなかった。

「和田心臓移植」を強く批判した人々が問題視したのは、密室のなかで死が医療専門家によって独占されていることが死の判定の時間的なエスカレーションや社会的弱者の犠牲や強制的安楽死を生み出すのではないか、という懸念だった。つまり、脳不全としての「脳死」ではなく、早すぎる死の判定問題として扱われていたのだ。さらに「和田心臓移植」が医師たちからの心臓移植に対する医学的批判によって問題化することによって、脳死よりも心臓移植が焦点となっていった。その結果、心臓移植というリスクの高い人体実験の問題、そして、患者を出世の道具扱いする医療専門家の研究至上主義の問題として議論された。

そのころ新しく出現した社会的合意論は医療による死の独占を否定する言説として登場した。それは、死の概念は社会的に構成されるものであり、医療専門家は社会からの委託に基づいた業務として死の判定を行うという論理に基づいていたからだ。そこでは、死の生物学的というよりは社会的な側面を強調することで、医療専門家による独断を批判して、素人をも含めた民主的な議論の方向へ死の定義の問題を広げることが目指されていた。それは、世論調査が行われたり、専門家以外の人々の意見が活発に表明されたりすることを後押しした。いっぽうで、社会的合意の確認手段としての立法の重要性が強調される場合には、逆に素人の役割は狭められた。その際には、脳死も含めての死は医療専門家だけではなく法律専門家によっても管轄される領域であることになる。この意味での社会的合意論は、医療と法律という二つの専門家の間での主導権争いとその調停という側面をもつと考えられる。立法化と結びついた社会的合意論は臓器移植と脳死については両義的な役割を果たした。すなわち、臓器移植を進めるために脳死を死と認める立法化を推進する言説であると同時に、脳死を死とすることに社会的合意（法律）がない以上は脳死状態からの臓器提供を現状では行うべきでないという言説ともなり得た。

社会的合意論が果たした重要な役割の一つに、死のエスカレーションや社会的弱者の犠牲という臓器移植に向けられた倫理的な問いかけに対しての解毒剤を提供したことがある。社会的討議（と可能ならば法律）によって死の概念を誰もが納得いく形に厳格に確定することができれば、（脳死も含めた）死者と意識のない「植物状態」患者や認知症患者や重度障害者は理論的に区別されることになる。そう考えれば、脳死を死と認めることは、それ自身で死のエスカレーションや強制的安楽死に対する歯止めになり得るからだ。一九八〇年代に入って脳死状態からの臓器摘出が問題化されるなかで、脳死を死とすることに賛成・反対のどちらの立場でも呪文のように繰り返された「脳死と植物状態は異なる」という言説は、本論考の観点から見直せば、社会的合意論の一種の派生物ともいえる。それは科学的というよりは倫理的な言説とみなくてはならない。そして、脳死の概念や定義についての議論は、決着のつくことのない価値観をめぐる「神々の争い」となった。

さて、社会的合意論とは、死の概念の構成についての抽象的で形式的な論であって、脳死状態からの臓器提供という具体的かつ個別のケースが生じたとき、そこに当てはめることができる倫理的言説ではない。そのなかで、「自分たちの要求の法的・道徳的・政治的な諸要素を一つの単語やフレーズに込めることができるような新しい語彙」（Feldman, 2000, p. 39）として登場していたインフォームド・コンセントは、脳死状態からの臓器提供という具体的事例の是非を評価する上での重要な倫理的物差しとなった。

社会的合意論の言説は、医療の密室性や医療専門家の独善に対する素人からの民主的批判として登場しており、専門家批判を共通点としてインフォームド・コンセントの言説と容易に接合され得た。その結果、臓器移植と脳死について合意が得られた社会において、十分な説明を受けた患者が納得して臓器提供に同意することは一つの理想像として描かれることとなる。この文脈において、「筑波大膵腎同時移植」のドナーが意思疎通困難な脳血管性認知症であったことは決定的な意味をもった。それは、理想像の陰画となり、医療専門家が一方的に主張するだけで社会的合意のない脳死が、ドナー本人の意志も明らかでないままに押しつけられたこととして解釈され得る。それは、少なくとも批判者や告発者の観点からすれば、社会に対してと患者に対してとの二重化された医療の裏切りだった。

「和田心臓移植」のときと比較して一九八〇年代以降には、臓器移植という医療実践の位置づけは大きく変化した。それは、第一に、一九八〇年代の脳死論争のきっかけとなった腎臓移植は、一九七〇年代から日本でも生体腎移植が積み重ねられて人体実験ではなく「治療」として確立していたことである。第二に、シクロスポリンの登場によって心臓移植についても人体実験というよりは治療と見なされるようになったことである。それと同時に、日本から米国に渡航して手術を受けることが具体的な患者の声や姿と共にメディアで流布された。こうして、よりよい状態（つまり脳死状態）の臓器での臓器移植を受けることは、患者の権利要求の一部に組み込まれていった。そのなかで、インフォームド・コンセントの言説もまた両義的な役割を果たしたといえるだろう。まず、東大ＰＲＣを中心とするグループによる「筑波大膵腎同時移植」告発においては、インフォームド・コンセントの不在が指摘され、現実の臓器移植では患者の権利が守られていないという批判的言説へとつながった。そのいっぽうで、脳死状態での臓器提供を望む人々と臓器移植を希望する患者が存在する以上は、脳死状態で臓器提供したり臓器移植したりする権利を認めるべきだという言説にも、インフォームド・コンセントの理論は根拠を与えた。後者は、加藤の次のような言葉に象徴されている（加藤：1985, p. 46）。

現在、脳死判定による臓器移植をした筑波大学の医師に対して、心臓死より前に臓器を摘出したから殺人罪だとする告発がされているが、臓器の提供を望む人とそれに応じて臓器移植をした医師に他人が文句を付けるのは、おかしいことだと思われる。

このようにして社会的合意論、脳死の定義の厳格化、インフォームド・コンセントという三つの言説は両義性を帯びるようになり、特定の立場性の表明ではなく臓器移植と脳死をめぐる論争の展開される土俵となっていく。一九八〇年代以降、こうして創出された論争の土台は自明な前提となり、その土台の上で展開される臓器移植と脳死についての言説によっては根本的に問い直されることはなくなった。

そして、「臓器移植法（一九九七年）」は、社会的合意としての立法化、全脳死としての脳死の定義、インフォームド・コンセントの制度化の三つを、矛盾をはらみながらも合わせもつものとなっている（ただし現在は変更されている。その評価については、小松ら：2010、美馬：2010 の後書き）。

第六条　医師は、死亡した者が生存中に臓器を移植術に使用されるために提供する意思を書面により表示している場合であって、その旨の告知を受けた遺族が当該臓器の摘出を拒まないとき又は遺族がないときは、この法律に基づき、移植術に使用されるための臓器を、死体（脳死した者の身体を含む。以下同じ。）から摘出することができる。

2　前項に規定する「脳死した者の身体」とは、その身体から移植術に使用されるための臓器が摘出されることとなる者であって脳幹を含む全脳の機能が不可逆的に停止するに至ったと判定されたものの身体をいう。

3　臓器の摘出に係る前項の判定は、当該者が第一項に規定する意思の表示に併せて前項による判定に従う意思を書面により表示している場合であって、その旨の告知を受けたその者の家族が当該判定を拒まないとき又は家族がないときに限り、行うことができる。

第一二節　社会の外／不完全な合意

身体障害者団体の「日本脳性マヒ者協会全国青い芝の会総連合会」の脳死に対する見解は、こうした議論の土台に異質な何ものかを突きつけた。障害者の解放を目指し、人間を優劣に価値づける優生思想を障害者への差別として批判してきた青い芝の会は、東大ＰＲＣによる第四回シンポジウム（一九八五年九月一八日）において「脳死に対する見解」を公表している（東大ＰＲＣ企画委員会：1986,pp.116-118)。

人の命に差をつけ、社会的に役に立つものを永く生かせるとか、不幸といわれるものの短命の身代わりとして臓器を提供せねばならぬ社会風潮を築き上げようとしている。そのような現在の医療を私たちは放っておくことができない。

脳死立法化が、「死にゆく命」＝「ただ生かされているだけの命」＝「生まれるべきでなかった命」の合法的処理悪法として君臨することは断固避けなければならない。

脳死と強制的安楽死や尊厳死との連続性を優生思想として捉える見方は、脳死を社会的弱者に対して行われる早められた死の判定と見なすことと通じている。それは、一九六〇年代の「和田心臓移植」以前の批判者たちによる指摘の反復という面がある。しかし、その問題設定がどのような文脈に置かれているかには大きな違いがある。青い芝の会が問題にしているのは、たんなる医療の密室性ではない。つまり、法律に従った手続きを整備することによって情報を開示し、医療の場をオープンにすることだけでは解決にはならない。現在の医療が従来の死の概念から離れて新しく脳死の概念を必要としているのは、ある種の社会的合意から医療に対する委託によってだからだ。そして、医療以前にその社会のあり方（社会風潮）こそが問われなければならない。

いいかえればそれは、社会的合意論における「社会」の構成員は誰か、という問いである。さまざまな議論を通じて社会的合意が何らかの過程を経て生み出され、人々がそれに納得することはいかにもあり得る物語だ。しかし、論理的にいえば、何ものかについての社会的合意が作り出される以前に、人々が結合して一つの社会を作り出すことに合意がなされていなければならない。「われらは、現代社会にあって『本来あってはならない存在』とされつつある自らの位置を認識し、そこに一切の運動の原点をおかなければならないと信じ、且つ行動する」との綱領（一九七五年、横田：2015, p. 112）で知られる青い芝の会が問題とするのは、その社会の構成員に誰が含まれているのか、という根源的問いかけである。意識障害と身体障害は同じ境遇とはいえない。しかし、社会からの排除という点で、コミュニケーションの困難な状態にある「植物状態」や脳死の人々と沈黙を強いられてきた障害者は重なり合う。

「本来あってはならない」障害者の立場からの自己主張は「死についての社会的合意」の前提となる「ともに社会を作る合意」を共有できるかどうかへの覚悟を問い直した。この社会がある人々を排除しているとすれば、脳死の定義が厳格化されて判定手続きが厳密に定められたとしても、排除される側から見ればそれは安易な問題解決への道であって、そんな「科学性」は信用するに足りない。また、この社会がある人々を排除しているとすれば、インフォームド・コンセントによる合意は排除されている人々を丸め込むためのまやかしの危険な妥協に過ぎない。

脳死状態の人々と共にある障害者としての立場を明確にした言説は、臓器移植と脳死をめぐる論争にこれまで存在しなかった新しい声として現れ、「和田心臓移植」以前にあった強制的安楽死と脳死の関連性という問題を再導入した。自己主張の可能な脳性マヒ者と語ることのできない植物状態や脳死の人々との受苦者としての連帯から生まれた声は、一九八五年九月一八日の脳死シンポジウム会場で、「移植推進派」を圧倒する力と尊厳を備えていた。おそらく、「他人の生命を賭けて栄光をうる可能性のある職にある者」たちは「絶えなんとする生命、あるいはいましがた絶えていった生命の複数から適当に選んだ生命を、他の生命のために犠牲にする決定」を下すことの傲慢さを正面から突きつけられてひるんだのだ（橘：1969）。「社会的合意」や多数派のコンセンサスには還元することのできない正義の問題がそこでは問われた。

そしていまも、この本質的な問題提起に十分には誰も答えられない。だが、問題があると知っていることは、それを知らないよりもよいことだ。「完全な」ものなど存在しないのだから。

註

（1）新聞資料としては、朝日新聞記事データベース・聞蔵Ⅱビジュアル・フォーライブラリーを用い、「脳死」、「心臓移植」、「死の判定」、「脳波」、「移植」を検索語として、見出しとキーワードを検索対象に、一九六七年一二月から一九八九年一二月まで検索して内容を確認した。さらに、「インフォームド」AND「コンセント」、「医療」AND「同意」、「医療」AND「承諾」でも同様の検索を行った。また、一部の重要な時期に絞っては読売新聞記事データベースであるヨミダス歴史館でも同様の検討で確認している。

（2）一九七七年の日本刑法学会での議論「医療、違法と合法の接点　患者の同意ない手術　傷害罪に該当、生命維持装置取り外し　脳死時で合法」（読売新聞一九七七年一一月九日三面）が報道されているが、例外的であって、刑法に関わる法曹界内部での議論にほぼとどまっていた。

（3）この研究会は、もともと「臓器移植法案制定準備委員会」として、政府関係者も含めて一九六八年五月（和田心臓移植以前であることに注意）から始まったものである。

（4）一九六六年にビーチャーはニューイングランド医学雑誌上で、被験者の承諾無しに被験者を危害にさらした臨床研究二二件を列挙して暴露し、告発した。ビーチャーの告発は生命倫理の成立に大きな影響を与えた（Rothman, 1991, chap. 4）。

（5）最終報告の出る直前に病死したため、最終報告は副委員長だった植木幸明（新潟大学脳研脳神経外科）の名前で発表されている。

（6）メンバーを列挙すると、江橋節郎、加藤一郎、沢田允茂、鈴木永二、手塚治虫、中根千枝、中村元、花岡堅而、吉利和、渡辺格である。

（7）脳死判定の再確認が終わったのが午後三時四五分であった。だが、死亡判定後二四時間おくと翌日の火葬の受付時間（午後三時まで）に間に合わないとのことで、家族の希望に押された結果、死亡診断書は午後三時と記載されている。この点は、虚偽公文書作成として告発の対象とされた。

第七章　核文明と文学

金森　修

「己の書くものは死者を探し求める行為としての文学なのだ、いなそれは死そのものを行為化することなのだ……。」
――福永武彦『死の島』「終章・目覚め」

戦後しばらくの間、世に原爆文学として知られた作品群を描く一連の作家たちがいた。いうまでもなく、原爆（原子爆弾）そのものは科学技術を前提にしなければ存在しえないものだが、それを投下され、被爆し、傷つき、その後原爆症で苦しみ、やがて（最悪な場合）死んでいくのは、被爆者という人間たちである。しかも、投下直後の即死や二、三週間での急性の原爆症で死ぬ場合を除き、被爆者の生は、その後原爆症の可能的発症という怖れを何年も抱えながらのものであらざるをえない。そこに、特異的な〈生の形式〉が成立する可能性がある。

もちろん、被爆者の生の基本的条件についてのこの種の簡単な纏め上げは、被爆者自身からは離れ、過去への遡及的で総合的な視点からなされたものに過ぎない。当の被爆者自身は、そもそも投下直後には、それが〈新型爆弾〉であることにさえ気づかず、直接の熱線や爆風、火事などから生き延びた人々は、仮に少しばかりの怪我をしていたとしても、通常の爆弾の場合がそうであるように破局的瞬間はなんとか逃れたと思ったに違いない。数日後、それが原爆だということが徐々に分かっていった段階でも、投下から二、三週間目頃から始まる致死的な症状に思い至る人はほとんどいなかっただろう。また、投下から数日してから肉親を探しに市内に入ったり、怪我人や死亡者を収容するために尽力した人々も被爆するということなど、考えもつかなかっただろう。しかも、その原爆症[1]が数週間から二、三か月で終結してしまうものではなく、何年もたってからその病的帰結が発現するなどということも、同時代的に被爆者として生きた人々にとっては想定外だったはずである。

だから、原爆とそれがもたらす特異な病態は、人間の生活や心理に独特の影響を与えるものになる。原爆文学が、ある程度の固有性をもつことは、その点だけからみてもほぼ必然的なのである。

本書は〈科学思想史〉の論文集なので、原爆という主題を取り上げる場合、一九三〇年代終盤の核分裂反応の発見、ナチスとの兼ね合いでの原爆開発への動機付け、マンハッタン計画の始動とその科学思想史的意味、実際の原爆投下直前の科学的、政治的状況の分析などが、まずは定番の内容を構成すると思う読者も多いはずだ。実際、普通に考えるならその通りである。また、戦後わずか数年で始まる水爆製造と、何度も繰り返される核実験群の意味、わが国の五〇年代半ばでの原水爆禁止運動の盛り上がりなどが、それに続く内容になると思うのが普通だろう。水爆の場合には、核分裂爆弾（原爆）を小規模な熱核反応を開始させるための契機にすること（ブースター原理）、つまり原爆的な原理を水爆製造の通常過程に組み込むという可能性が早くから取り沙汰されていた。他方で、アメリカの一般諮問委員会が答申（一九四九年一〇月三〇日）の中で水爆開発を回避すべきだという提言をしたにも拘わらず、結局、エドワード・テラー（一九〇八—二〇〇三）らの執拗な主張によって、ずるずると開発が開始されていくということなどが重要なテーマになるはずだ[2]。

しかし、本章では、原水爆を巡るそれらいわば定番的な内容には踏み込まない。その最大の理由は、その種の仕事は既にかなり沢山あること、また、もしそれを扱うなら、私が最適の執筆者だとは到底いえないことに依る。

さらに、私は「虚構に照射される生命倫理」（金森：2013b）や「科学と可能的・幻想的世界」（金森：2014b）のようなエッセイの中で、われわれ人間は単に〈事実の連鎖〉の中だけで生きているわけではなく、必ず想像や期待、幻想や記憶(3)などをそれに重ね合わせながら、複合化された事実を生きていると主張してきた。その主張には、当然ながら、事実と虚構という明確な二分法を設定することや、事実の方が虚構世界よりも大切だと断定することは、必ずしも適切ではないという付帯的判断が付き従う。ここでもその基本的判断を改めて確認し、原爆という深刻な話題においても、それと虚構的成分や想像的成分とが混在した様相に目を向けたいのである。そのためには原爆文学が格好の資料体になる。

そして、原爆文学のアウトラインを提示した後で、冷戦構造や戦後の原子力政策が確立した核文明という世界システムへと眼差しを移し、それに呼応した文学的、思想的な反応のあり方についても簡単に見ておきたい。その際、表面的な一般論に陥ることは避け、核文明の人類史的意味をなぞろうとした取り組みや、原発（原子力発電所）という、新たなシステムの導入がもたらす問題群に話の重点を移していく。簡単に言い換えるなら、核文明という大枠の中で原爆から原発へと話の重点を移動させる。そして改めて、核抑止論をはじめとする冷戦構造がもたらしたわれわれの文明の異常さの中で、しかも現実と虚構との狭間の中で、各人たちがどのような人間的反応をしようとしているのかを探ること、それが本章の基本的テーマである。

ちなみに、原爆文学については網羅的記載を追及しない。あれもある、これもあるという類いの照覧は避け、資料的にはある程度の自己限定を加えながら、私が相対的に深く関わることができた幾つかの作品群を取り上げるだけにする。

また最終節では、福島第一原発事故後に大量に出た原発関連本は当然ながら貴重な資料体になる。だが、それらを追跡してそのまま内容提示をすることは避け、（それら全部を通読したわけではないが）そこで取り上げられた問題点を前提としながら、私なりの社会的判断を簡潔に提示する。その際、技術的細部には関わらない。認識論や科学史をベースとしている人間がエンジニアと同じ土俵に立てるはずはなく、立つ必要もない。技術的細部についての個別的判断は、私が信用に値すると見做す論者の議論(4)をベースにして考える。しかもそれには直結しない社会的、倫理的、思想的判断を行うことこそが私の仕事なのだ。

そして最後には、原爆文学や原発関連本を背景にして、この異常な時代を生きるわれわれが生き続ける際に、寄り添うべき一つの〈聴聞〉の可能性に触れておく。核文明という巨大なテーマに対して、本章が決定的打開策を出せるわけはない。ともあれ、私なりの視点である精神的姿勢のあり方を示唆しながら、一つの暫定的区切りとしたいと考えている。

なお、原爆文学に言及する際、「核戦争の危機を訴える文学者の声明」署名者の企画として、原爆文学の主要作品を一九八〇年代の時点で集大成した『日本の原爆文学』全一五巻（1983）は、本章の基礎資料になる。その書肆情報はすべてGBと略記し、それに適宜巻数を表示することでどの巻なのかを明記したい（たとえばGB3といえば、その第三巻）。

第一節　原爆文学という鬼子

1　原民喜

一九四五年八月六日に広島に投下された原爆は、そこにいた人々を、人類史上未曾有の経験に無理矢理立ち会わせた。未曾有の経験、そこにいた人にしか本当には分からない経験。しかし誰がそんな経験をしたいと望んだだろうか。誰もが、否応なく極限的な負の経験に立ち会わされ、仕方なくなんらかの衝動に衝き動かされて言葉を紡いだのだ。より正確には、最も言葉を残したかったのは投下直後に死んだ人々だったのかもしれない。しかしもちろん、文字通りの意味で死者が何かをいうことはできない。無念なままに死へと引き摺られた人々の代弁をするイタコになるか、死者のことを思いつつ、自らの死にも直面して自分が見たものを残したいという思いで言葉を残した人々[5]。その何人かの行為から、半ば自生的に原爆文学は生まれた。一般に、文学的創造には死や悪への接近は不可欠なものなのかもしれない。しかし、とりわけ原爆文学の場合、死との隣接は否応のない特徴であらざるをえなかった。

原民喜（一九〇五―五一）や大田洋子（一九〇三―六三）、正田篠枝（一九一〇―六五）などがとりわけ有名な証言派の作家たちである。

数人の有名な証言派の中でも原民喜の痛ましい来歴は最も心を打つものの一つだ。少しでも原爆文学に興味をもつ人で『夏の花』[6]（1949）を知らぬ人はいない。小海永二（一九三一―）が『原民喜』（1984）の中で触れているように、本来、ほぼ病的なまでに繊細な神経の持ち主だった原が、数年の幸せな結婚生活の末、愛妻貞恵（一九一一―四四）を結核で亡くすという哀しみに立ち会い、それからほどなくして被爆を体験するのだ。

一〇代の後半に「影法師は暗い処に居るから嫌です。ひよいと飛び出して私を抱えてつれて行かうと思つて樹や垣根の蔭に隠れて居るのです」（小海：68）と書いた原。恐がり屋の青年の折れそうな心が透けて見える。愛妻が病床に臥《ふ》せる傍らで、別に何を語りかけるでもなく、何時間もひっそりと座っていた原。

原は「夏の花」のような有名な作品を幾つか公刊した後何年か生きて、一九五一年に吉祥寺傍の線路に身を横たえて覚悟の自殺を遂げる。原爆だけではなく、朝鮮戦争のような世界情勢の重圧に耐えきれなかったともいわれる。

小海も述べるように、「魔のひととき」（1949：GB1所収）や「鎮魂歌」[7]（1949）の頃から、死に吸い寄せられるような感じの作品を書いていた[8]。

「心願の国」は一九五一年六月に雑誌に公表されたが、原は同じ年の三月一三日には自殺していたので、これは遺稿の一つということになる。ふと見上げた樹の枝から一枚の枯れ葉が落ちて地面に辿り着くまでの様子。それを視線で追いかけながら、原は「梢から地面までの距離のなかで、あの一枚の枯葉は恐らくこの地上のすべてを見さだめてゐたにちがひない。……いつごろから僕は、地上の眺めの見をさめを考へてゐるのだらう」と書く。自殺は未然の、近未来の現実的可能性として彼の周囲に漂い続けていた。そして実際に、これを書き記してほどなくして、原は自殺をした。この作品に追記された義弟、佐々木基一（一九一四―九三）宛の短い補足には、妻（佐々木の姉）と死に別れてからの作品は、それぞれが一種の遺書だったという気がすると書かれている。[9] 原には、過酷な運命に立ち向かうだけの強い気力はなかったのだろうか。もちろん、そこに弱さを見て取り批評めいた言葉を連ねる積りはないが、残された写真が仄めかす、本当に折れてしまいそうな繊細な姿からは、本来違う時代で違う人生を送るべきだった一人の詩人の、深い悲しみが漏れ聞こえてくる。鉄道自殺は悲惨なものだったらしい。だが、原爆や朝鮮戦争などで醜悪さを剥き出しにする世界を離れ、妻の待つ〈浄福の生〉に旅だった原の心の中は、とても静穏なものだったはずだ。

2　大田洋子

ところで、やはり重要な証言派の一人、大田洋子は原の自殺直後に書いた短い文章「死の魔手」（1951：GB2所収）の中で、原の自殺で、自分がどれほど嫌な思いをしたのかと書く。原が「自由主義的な死」と闘わずに、影や幻のみを哀しく歌い、それを越えた明確な生への思想をもたなかったといって詰るのだ。

では、その大田はどんな作品を残したのだろうか。彼女については、拙論「限界体験の傷口」[10] の中で既にかなり詳しい分析を加えておいた。しかし、大田は原爆作家、特に証言派の人々の特殊な立ち位置と、そこから来る悲劇性を体現する人でもあるので、若干の重複を怖れず、ここでも取り上げたい。

大田には、証言派としての立ち位置を当初から自覚していたと思われる証拠がある。彼女の代表作『屍の街』[11]（1948）の次のような一節だ（第一七節）。

「お姉さんはよくごらんになれるわね。私は立ちどまって死骸を見たりはできませんわ。」

妹は私をとがめる様子であった。私は答えた。

「人間の眼と作家の眼とふたつの眼で見ているの。」

「書けますか、こんなこと。」

「いつかは書かなくてはならないわね。これを見た作家の責任だもの。」

注意すべきなのは、何人かの証言派の中で、大田は一九四五年の時点で既に何冊もの著作を公刊していた、それなりに有名な作家だったという事実だ。ただ、それまでの彼女の生涯は順風満帆なものだったとは言い難い[12]。妻子ある男性との長く引き摺る関係、別れ、別の男性との邂逅と挫折。相手に灰皿を投げつけて怪我を負わせるなどの、激しい痴話喧嘩もしたらしい。三〇代の初め頃には随分荒んだ生活もしていた。ただ、その頃から長谷川時雨（一八七九—一九四一）が主宰する『女人芸術』に小説を載せてもらうようになる。三〇代の半ば頃、母トミが上京して一緒に住むようになったので、日常生活の世話は母に任せて最初の長篇『流離の岸』（1939）を書く。また、母に資金を援助してもらい中国に渡航。その時の経験を元に『桜の国』（1940）を書く。それは北京を舞台にした恋愛小説だった。一九四〇年といえば、既に時代はきな臭い戦争状態に突入しつつあったが、大田の関心には戦争への問題意識はほとんどなく、この小説だけではなく、他の作品群でも男女の情痴を中心とした題材に依ることが多かった。

とにかく次の事実は重要である。好評を博した「海女」を書いた一九三〇年代終盤の頃から、大田はそれまで書き溜めてあった作品を矢継ぎ早に発表し、一九四〇年から四三年頃にかけてわが国で最も成功した作家の一人だったのだ。いうまでもなく、それは第二次世界大戦前半の時期に重なる。戦時体制の過酷な状況下で、大田は得意の絶頂にあった。ちょうど彼女が三〇代終盤から四〇歳前後にかけてのことである。

だが、それも長くは続かなかった。一九四四年にもなると、戦況悪化に伴い出版事情も劣悪化し、大田は作品発表の機会そのものを徐々に失っていく。生活に再び貧困の陰が差し始め、母トミは広島に疎開する。

一九四五年一月になると、大田もまた、空襲の危険性が増す東京を逃れて妹一家の元に身を寄せるため、広島に疎開する。それが、その後の大田の運命を決めることになるとは知らずに……。そして八月六日、大田は被爆するのだ。証言派の代表的作家、大田洋子の誕生の瞬間だった。

正確には戦後の大田も、原爆以外のテーマをもつものをまったく書かなかったわけではない。というより、彼女は何度も何度も広島原爆のことから離れたいと漏らして呻吟していた。だが、その願いはそう簡単には叶わなかった。

普通、原爆をテーマにした大田の作品の中では『屍の街』、『人間襤褸《らんる》』（1951）、中篇「半人間」（1954）、『夕凪の街と人と』（1955）が代表的なものだと見なされる。

いま私は、大田は原爆から離れたがっていたと書いた。原爆投下の時に広島にいて、直後の鬼気迫る惨状を、自分もいつ原爆症で息絶えるかという不安の中で書き留めた『屍の街』。自身が述べるように、その行為の背景には作家としての矜持もあったのかもしれない。そして確かに『屍の街』は、それまでの大田とは違う社会的問題関心を示したものとして、一定の評価をえた。

しかし、その後徐々に時間がたっていくに連れ、被爆直後の広島の光景を描き出すことは、作家に多大の心理的負荷を与えるものになる。本当は、誰も八月六日に広島にいたいと思っていたわけではない。たまたまそこにいて、想像を超えるものを見てしまった作家。しかし作家とはいえ、日常生活が徐々に平常化していく中で、無惨なものを何度も思い描き、書き直すことに、どんな意味があるのだろうか。そう感じたとしても無理はない。事実、書くためには、日常の現実世界から離れてその時点に意識的に戻り、そこで経験したものをありありと表象し直さなければならない。ようやく忘れ去ろうとしている無惨なものを、もう一度わざわざ呼び戻すのだ。いわば意識化されたフラッシュ・バック。ＰＴＳＤを自ら追い求めるようなものだ。

そして、そのために大田はぼろぼろになった。上記の原爆文学上の名作を執筆する頃から、彼女は睡眠薬や抗ヒスタミン剤を常用するようになる。一九五二年秋には、一時期、ノイローゼのために東大病院神経科に入院している。

中篇「半人間」では、大田の姿をほぼそのままなぞったような登場人物が主人公に設定される。癌や白血病の発症可能性に絶えず怯え続けながら、その苦しみを軽減するために、病院で持続睡眠療法を受けるというのが、その大枠の設定なのである。

繰り返す。確かに、大田は『屍の街』をはじめとする一連の作品によって証言派の代表的作家としての地歩を築いた。しかしそれは大田個人の心理に多大の負荷を与え、少しずつ体も蝕んでいった。

しかも、彼女にとっては一層辛いことがあった。戦後五、六年もすると、人々は極度の混乱から徐々に脱却し、日常生活をそれなりに回復させていく。無念なことではあるが、現実主義的にみるなら、朝鮮戦争もまた、日本に多大の経済効果をもたらした。無惨な戦争の傷口が癒え始めるに従い、人々は戦争の記憶から逃れたいと思うようになる。そうなると、原爆文学は立つ瀬がなくなる。陰惨で暗い。原爆作家は被爆体験を売り物にしている。原爆のことしか書けないのか、というような言葉が囁《ささや》かれ、その内の幾つかは大田の耳にも届くようになる。

原民喜は一九五一年には自殺して果て、原爆文学の代表的詩人の一人、峠三吉（一九一七―五三）は一九五三年に手術中死亡する。一種の孤立感が彼女を苛む。大田は中央文壇からも疎まれ、さらに広島文壇からも充分な評価を受けない。

そのようなことが重なり、相生スラム（原爆スラム）を描いた『夕凪の街と人と』を公刊した後、死ぬまでの七、八年間、大田は原爆のことを避けるようになる。もっと自由に、違うことを書きたいと考えたのだ。だが皮肉なことに、そのことは、原爆作家としてそれなりの地歩を築いていた彼女の堕落と見なされた。原爆のことを書いている時にはそれしか書けないといわれ、それを書かなくなると「生き恥を晒した」とさえいわれた。

晩年には作品の注文もほとんど来なくなる。母トミが八四歳で死去。独りぼっちになった大田は、まるで何かを求めるようにして漂泊の旅を続けた。その最期にも旅をしていた。一九六三年一二月一〇日、猪苗代湖畔の中ノ沢温泉五葉荘で入浴中に急逝。六〇年の生涯だった。

戦後の大田洋子の苦しげで痛ましい来歴は、原爆文学という分野の特異な位置を図らずも明らかにしている。原爆がもたらす惨状は、本来文学的表象には馴染まないものなのか。証言をすることができるのは、畢竟、その場にいた人、あるいはその直後に広島や長崎に入った人だけに限られる。それはなんら肯定的なものではなく、本質的に悲惨で悲劇的なものなので、証言者でありうるという事実をなんらかの意味で特権だと捉えることは本来極めて不適切なはずである。しかし、それが実際に行われた。売り物にする、それしか書けない、それを書けばそのまま作品になると思っているなどという評言が、社会空間を飛び交った。中央文壇もまた、一般に原爆文学をそれほど歓迎しなかった。

アメリカ人の立場から原爆文学の繊細な分析を試みたジョン・トリートは大著『グラウンド・ゼロを書く』

(1995) の第Ⅱ部第六章で大田洋子を論じているが、彼もまた、被爆者と直接の被爆体験をしていない読者との間に介在する基礎的疎外について述べている。当事者たちの苦悩がどのようなものであれ、その表現化が何度も繰り返される時、そしてそれがなんらかの意味での社会的名声に繋がる時、社会の中に理不尽な被差別意識が生じるということが、事実として存在したのだ。その被差別意識に基づいて、一般人や普通の作家は原爆作家たちに噛みついたのである。

一連のそんな状況に心底嫌気がさしたのか、大田は晩年になるとある不穏な言葉を何度か書き留めるようになる。たとえば晩年の中篇「輾転の旅」(1960：GB2所収) の次の一節を見てみよう (第五節)。

南伊豆に来たのは、東京の底冷えから逃げ出したのでもあった。しかしもっと肝心なことがあった。ビキニ環礁で水爆の実験があり、日本漁船の十三人の船員が、広大な規模でふり注いだ放射能の降灰にまみれて戻った。東京に、死の灰と云われるものをふくんだ雨がふり、魚を食べる危険がふって湧いた。人々の眼の色を変えていた。私は天気のいい日に、傘をさして歩く男や頭に風呂敷をのせて歩く女性を見つづけた。髪の毛がぬけることを、人々は怖れていた。新聞やラジオが私のところに話をききに来た。
「ざまを見るといい」という気に、私はなっていた。だから云わないことではなかったのだと私は思っていた。

いうまでもなく、この背景には、一九五四年三月に実施されたブラボー実験で、第五福竜丸乗員をはじめとする多くの一般人が被爆し、世界的規模に拡散した放射能汚染に国内外が怖気を震ったという事実がある。第五福竜丸の乗組員、久保山愛吉 (一九一四―五四) が被爆死したのは、その年の九月のことだった。

原爆だけで既に充分におぞましいのに、世界はさらに強力な水爆を開発することを望んだ。放射能マグロなどが汚染の象徴として取り沙汰され、従来広島と長崎の限局的経験だったはずの被爆への恐怖が、〈死の灰〉という形で一般化された。目に見えない放射能は、誰もが怯えざるをえない対象になった[13]。

原水爆禁止運動が盛り上がる世情を尻目に、長年自分を無理解と揶揄、無視や冷遇の地位に貶めてきた世間や文壇に対して、大田は精一杯に毒づいたのだ。

この「ざまを見ろ」という言葉を最晩年の大田は何度か繰り返している。栗原貞子（一九一三―二〇〇五）や長岡弘芳（一九三二―八九）らがこの言葉を取り上げ、そこに大田の無惨な頽落を見て取っているが[14]、戦後社会での大田の活動とその扱いに対する憤懣ぶりを考えるなら、この程度の言葉が出てくるのは無理もない。もし人が、一種の当事者性に搦め捕られない限り、何か嫌な事柄に真剣に向き合おうとしないのなら、〈死の灰〉によって放射能汚染が一般化されることで、ようやく国民全体が原爆作家と同様の立ち位置に立てたのだと大田が思ったのも、本当に無理もないのである。

いずれにしろ、大田洋子の戦後の軌跡は、原爆文学という一種の鬼子の成り立ちとその特性、その問題点などを鮮やかに浮き彫りにしてくれる。大田は自らの心身を痛めつけながら、その特異性をわれわれに提示し続けたのだ。外的観察者のスタンスに留まりながら、彼女を断罪するような姿勢は、到底適切とはいえないと私は思う。

原民喜も大田洋子も、もちろん自ら望んで原爆投下直後の広島の様子を経験しようと思ったわけではない。否応のない運命に導かれて、普通なら経験しなくてもいいものを経験せざるをえなかった何人もの人々。その内の何人かが、自らが見聞きした地獄図を記憶に刻み、それを後世に残そうとした。彼ら証言派の活動があったからこそ、襤褸切れのように体中から垂れ下がる皮膚、「水を下さい」と言いながら川辺に近寄りそこでそのまま息絶える人、防火水槽の中の屍体、文字通り全身が炭化した屍体など、それらの悲惨な描像が、一種の範型性をもってその後の〈原爆イメージ〉を決定づけることになったのである。

なお、ここで言語ではなく絵画表象によってその地獄図に一定の芸術性を与えた丸木位里《いり》（一九〇一―九五）、丸木俊《とし》（一九一二―二〇〇〇）夫妻の『原爆の図』にも一言、言及しておく。

3　阿川弘之

阿川弘之（一九二〇―）の『魔の遺産』（1954）は、『春の城』（1952）よりも一層明確に原爆をテーマにした小説である。体裁としては、主人公の野口三吉が「原爆八年後の広島」という文学的報告書を書くために広島を訪れ、親族や関係者、原爆投下直後の様子を経験した人々の話を聞いてまわるという作りになっている。

黒川辰造と常子という叔父夫妻の末っ子、健が肛門近くにおできをつくって苦しんでいるという辺りから話が始まる。健は、被爆時にまだ二歳に満たない幼児だった。そこで浮き彫りにされる重要な機関、それがＡＢＣＣ（原爆傷害調査委員会）だ。健をＡＢＣＣに診せたことがあるのかという野口の問いに、常子は答える、「……主人は、あれはアメリカが広島の人間をモルモットにしているんだから、治療をしてくれないものを、診察だけしてもらっても意味がないから行くなって言うでしょう」（第一章、p. 17）[15]。

その後有名になるＡＢＣＣの重要な特徴、つまりそれは医療機関というよりは、被爆者並びにその子孫への放射線障害の個人的、遺伝的影響を調べる調査機関だという事実が、ここで端的に表現されている[16]。放射線障害を調べるには、確かに広島の被爆者たちは巨大な同一（類似）条件集団になるので格好のものではあった。そこには医学と医療との乖離という有名な問題が見え隠れする。またもちろん、軍事的含意があることも明らかだ。

その後、野口は興味をもって実際にＡＢＣＣを訪れる。すると日本側の協力者、Ｋ博士から幾つかの説明を受ける。Ｋは、被爆者はＡＢＣＣに積極的に協力してくれることを強調し、ＡＢＣＣが治療をしないのは、広島の開業医の営業妨害になるからだ、という。いかにも苦しい説明で、しかもそれが、協力者とはいえ日本の医師によって語られるということに、深い皮肉がある。
野口はABCCを訪問した後、割り切れない気持ちに引き摺られて友人の医師、脇本と会う。そして二人の間で次のような会話が取り交わされる（pp. 38-39）。

「僕［野口］は専門的な事はわからないんだが、広島と長崎とが、世界で唯二つの、原子爆弾の人体実験場だろう。はっきり言えば、ABCCというものは、第三次大戦が起こった時、アメリカが原子爆弾攻撃を受けた場合の科学的な防衛対策を確立する為に、日本人から上手にデータを集めているんだという気がして仕方なかったんだがね」

（……）脇本はウイスキーを氷水に割りながら言った。

「一体患者というものは、病気を治して欲しいから医者の所へ来るわけだ。事原爆の傷害に関する限り、ABCCほどたくさんの事例を扱って知悉している所はどこにも無いんだが、既に七年間もあんな広範な研究調査をやって、町でぽつりぽつり診ている個人々々の開業医以上に治療の目算が立っていないとしたら、ずいぶん妙な話だよ。何も彼も一〇〇パーセント原爆症を解決するような方法は見出されていないにしても、或る程度の答は出ているのじゃないかという気がするね。それが何んにもしやしない。広島の人間をモルモットにしていると言われる所以なんだがね」

治療ではなく調査をする医療機関――それへの根深い不信が改めて両者の口を通して表現される。しかもその目的が、たとえば次の大戦に向けた対処法の準備をも込みにしたものだという想定が、野口の口から発せられることで、『魔の遺産』発表時の時点、つまり普通に考えるなら敗戦後の混乱もほぼ終了段階にあると見なされる中で、原爆や被爆の位置づけが、より世界的構図の中に組み込まれているということがはっきりと分かる。冷戦構造が確定化する兆しの中で、人々は次の世界大戦の影にも怯えていたのである。

第一章の終わりでは、健は実は白血病だったということが明かされるが、この章はＡＢＣＣ論とでもいうべき趣をもっている。

第二章は広島大学医学部の柳川忠助の話を聞くことから始まる。ただ、その過程で野口が抱く「健がどんな風に悪化して、死んで行くか、自分はしっかりと見ていてやろう。それ以外に、結局自分には何も出来そうもないのだ」（p. 56）という言葉の意味は複雑だ。自身、広島原爆を他人事のように語る多くの人に違和感を抱き続けてきたという事実にも拘わらず、より直接的な当事者の前では、自分もまた一種の傍観者に過ぎないのだという苦い自覚と、それでも出来ることを模索しようという意志が混ざり合っている。

〈広島巡り〉もまた、原爆の凄まじさを記念する建物や遺跡などがもつ一種の傍観者性と、そこに隠された間接的な当事者性の痕跡の間を縫うようにして行われる。あの有名な住友銀行の人影の逸話[17]も出てくる。

ただむしろ大切なのは、白血病が一種の原爆症なのかどうか、つまり被爆と白血病との間には因果関係があるのかどうかが、完全確定はされていなかったということだ。事実、ＡＢＣＣは白血病を原爆症だと位置づけることをとても厭がるという記述もある。

医療機関ではなく調査機関であるというだけではなく、ＡＢＣＣはもちろんアメリカの機関なのだから、自国が落とした原爆の破局的効果がそれほど大きなものではないという認識が自国や日本で形成されていくことの方が何かと好都合なわけである。それは、純粋に科学的観点からみるなら二次的な事実に過ぎず、科学的にみてどの程度の影響があるのかを探る方が大切だという意見は、無意味とはいえず、一見正当的でさえあるが、この場合には実にナイーブな見方だといわざるをえない。放射線障害の正確な認識は現在でさえ簡単なものではなく、また、その実質的効果が出て来るには大きなタイムラグが必要な場合も多い。ほぼ同時的な即死の場合ならともかく、そうではない場合、長い時間の過程で、被爆者の生活状況や社会状況が変遷を繰り返し、一九四五年での被爆という事実以外に他の多くの因子が絡み合うことになる（大気汚染、食物汚染、喫煙、飲酒、不眠、特定の薬剤など）。そうなると、たとえば一九六〇年代に発症した原爆症らしきものが、一九四五年での被爆と直接的な因果性をもつのかどうか、それを実証的に辿ることは困難極まりない、ほぼ不可能に近いものにさえなる。

その事実が背景にある場合、できるだけ影響関係を小さく見積もりたいという（政治的・軍事的）意志が医学的判断に混入し、両者の境界線が見極めがたくなるという場合が生じることは充分可能なのだ。しかも、この事例の場合、ＡＢＣＣに協力した日本の医師たちも（全員とはいえずとも）それに迎合する判断をしていったという可能性さえある。笹本征男（一九四四―二〇一〇）の『米軍占領下の原爆調査』（1995）や中川保雄（一九四三―九一）の『放射線被曝の歴史』（2011）での分析は、その程度を探るための格好の資料になる。とにかく、既に『魔の遺産』の中で、白血病という個別事例を通して、原爆症を巡る医学的因果性の確定の困難、その難しさを増幅する政治的背景についての認識が、登場人物たちの口を通して明確に表明されていたのだ。

小説の第三章は量的にも多く、実際の被爆者たちの会合（柳の会）に野口が赴いて、そこで人々の語りを聞くというので有名な箇所だ。ただ、私としては最初の二つの章で散見された政治的かつ医学的問題点についての阿川の記述の方を重視したいという気持ちがあったので、それに重点を置いた書き方をした。

広島滞在もほぼ一か月を過ぎ、それまでのいろいろな調査の果てに野口が到達した感慨にはやはり重みがある（第四章）。それまで原爆投下にもなんらかの肯定的な意味、建設的な意味があったのではないか、それをこそ読み取るべきではないかと考えていた彼だったが、調査の結果、原爆はやはり完全な悪そのもの、悪魔が科学的構造物の姿をとってこの世に現れたものでしかないと結論せざるをえないのだった。

小説は、病院にいた健の病状が急変し、激烈な症状で苦しみながら息を引き取るという場面でほぼ実質的な終わりを迎える。その直後に医師がやってきて告げる次の言葉は、上記の分析とも響き合うものがあり、象徴的である(p. 264)。

「実は」と言い出した。「お子様が、或は原子爆弾と関係があるのではないかと思われる此の病気で、こういう風にしてお亡くなりになりましたので、ＡＢＣＣの方では、これに強い関心を持っておりまして、遺骸を解剖させて頂きたいという意向があるのですが、医学の上に一つの寄与をして頂く意味で、御承諾願えませんでしょうか？」

まるで死臭を嗅ぎ分けるハイエナのようなＡＢＣＣ。(18) 厭がる常子を説き伏せて、ＡＢＣＣではなく、その病院で解剖が行われることになる。そして初七日が過ぎて、野口は広島を去る。途中で京都に立ち寄るという彼の言葉に常子は皮肉をいうが、その皮肉を苦く受けとめながら、後ろめたい気分と同時に、どこかほっとする気分に浸される野口なのだった。

『魔の遺産』は、原爆文学に一つの政治性を与えることに成功したものだ。それも極度に露わな政治的扇動ではない。むしろ被爆という事実が、被爆者たちにどのような医学的効果をもつのかという問いかけが、被爆者の生や生活そのものとは必ずしも繋がらないという苦い事実を、何度か示唆される言葉を介して読者に徐々に覚醒させるというスタイルを取る。また当事者、準当事者、傍観者など、同じ日本人の間でも被爆に対する微妙な立ち位置の違いがあるということにきちんと目を向けている。この主題は、原爆文学の史的力線全体に大きな影響を与える重要なものである。

4　井伏鱒二

基本的にわが国の中央文壇には受け入れられないままに推移した原爆文学の中にあって、井伏鱒二（一八九八―一九九三）の『黒い雨』（1966）は特権的な地位にある。あまりに有名な小説であるだけに内容紹介的なものは最小限に抑えても問題ないはずだ。主人公、閑間重松が、姪の高丸矢須子の縁談を気遣い続け、矢須子の縁談が成功するようにと、彼女の被爆が事実上取るに足りないものだということを証明するために、被爆当日から一〇日間前後の記録、「被爆日記」を清書するというのが話の枠組みである。その際、実在の重松静馬の『重松日記』、岩竹博の『広島被爆軍医予備員の手記』が重要な準拠資料になっている。重松静馬からの聞き取りや日記の使用は詳細を究め、重松の文章をほぼそのまま転用したような部分も散見されるので、盗作騒動が起きたほどである。他方で、閑間の妻シゲ子の日記は完全な創作だ。形式的同一性をかぶせながら、片方では実際の記録、もう片方では虚構を併置させるというのが、井伏の意識的構成によるものだったことは明らかだ。

そして「被爆日記」の清書が比較的順調に進むようにみえた矢先、肝心の矢須子が原爆症の症状を示し始め、その後それが急速に悪化していくという形で話は終焉を迎えている。「今、もし、向うの山に虹が出たら奇蹟が起る。白い虹でなくて、五彩の虹が出たら矢須子の病気が治るんだ」と、叶わぬ願いを投げかける重松の姿、それがこの長篇の最後の、うら寂しい終結部分である。(19)

この流れだけをみるなら、原爆症に罹るかもしれない被爆者がいるとして、その人の縁談が壊れるのも無意味な差別とは必ずしもいえず、時として実際に発症する場合があるという意味を浮かび上がらせるかのような構図になっている。事実、そのように読んでうんざりしたという読者もいる。黒い雨は、降った時には強い毒性があるとは考えられていなかった。(20)しかしそれが結局、強い放射性物質を含んでいたのだから、それを浴びた人にはなんらかの効果が出て来るのだという事実が、閑間の願いにも拘わらず、矢須子の体に発現して終わるという形。原爆文学の優れた業績で知られる黒古一夫（一九四五―）もまた、『原爆文学論』（1993）第三章で「被爆者（矢須子）に対する〈差別〉は理不尽である、ということを証明するために清書される「原爆日誌」が、逆に被爆者はそのほとんどが原爆症を発病することの証言になってしまう、『黒い雨』のパラドクス」と述べている。

しかし、このことを殊更に強調するような読みは恐らく適切ではない。その種の直接的メッセージでは汲み取れない多くの意味の豊饒さ、しかもそれを強い政治的メッセージ性の形では出さないというスタイルにこそ、この小説の成功の理由があると考えられるからだ。

トリートは『グラウンド・ゼロを書く』の第Ⅱ部第八章で井伏のことを論じているが、そこでも何度か確認されるように、原爆文学の中で『黒い雨』が圧倒的な成功を収めたという事実は、それ自体が重要な分析テーマになるほどなのである。トリートによるなら、一九八一年現在で単行本が二六万三千部、文庫本が一一六万部売れているという。

また大田洋子が象徴する、中央文壇とのぎすぎすした感じ、原爆文学という存在の居心地の悪さ、それはこと『黒い雨』に関する限り妥当しない。佐伯彰一（一九二二―）の「圧倒的な反日常的事実に対して、まことに控え目な、日常的な記録者の位置にみずからを置く」という評言、山本健吉（一九〇七―八八）の「[他の原爆文学の作品は]あまりにハードボイルドに書かれ過ぎた。あまりに政治の手に汚され過ぎた。(……)井伏さんがこれを書いてくれなかったら、私は日本人として、何時までもやりきれない思いを消すことはできなかっただろう」という言葉など[21]は、普通の原爆文学に比べて『黒い雨』がどれほど特徴的なものと捉えられていたか、というより、原爆文学が一般に過度の特徴を引き摺る中で、相対的にその特徴を脱色された普通さをもつものとして捉えられていたかを明らかにしている[22]。江藤淳（一九三二―九九）もまた、原爆文学嫌いを率直に告白した後、『黒い雨』は「原爆をどんなイデオロギーにも曇らされぬ眼で」直視し、「平常心をつらぬきとおして原爆という異常時を語って成功した」[23]と表現して肯定的に評価した。

中央文壇からのこの種の異例の評価に触れた後に続くトリートの分析は、繊細なものである。いわゆる「二つの文化」論で名高いチャールズ・パーシー・スノウ（一九〇五—八〇）は、この本の英訳本についての書評で「原爆の芸術化」について語り、それを歓迎している。原爆を芸術化するということ。だが、それはどういうことなのか。あれほど非人間的なものでさえ、芸術という審美的制度の中に回収し、それなりに愛でることができるものに変換することなのか。それは〈異常なものの正常化〉ではあるが、本来、本質的に異常なものでさえ、その鋭角性を鈍磨させながら他の日常経験と無理にでも連接させ、その限界的特徴を有耶無耶にしてしまうことを意味するのではないだろうか。もっとも、このようにいってしまうと、芸術的な原爆文学は存在してはいけないという意味にもなりかねない。実は、この「原爆の芸術化」という簡単な表現は、このように検討すべき含意を多重的に含んだものなのだ。トリート自身は、この表現を受けて、被爆者と非被爆者を決定的に分断するのではなく、両者共に共通する事項、つまりわれわれの誰もが人間である以上、何か根本的に人間的なものに関わるという形でこの経験を表現しようとしたということに、肯定的意味を見出そうとしている。

また、井伏自身がこの小説の破格の成功を必ずしも喜んでいなかったということ、被爆者たちも井伏の小説を歓迎しなかったことなどという事実も興味深い。井伏は『黒い雨』についての注釈を意図的に避ける言葉を後年残している。〈被爆者の平常心〉を表現したと評価された井伏は直接の被爆者ではなく、それは、被爆者からみれば外的観察者による気楽な接近と見なされるものでもあったという事実が、そこには見え隠れする。

いずれにしろ、平常心という表現が適切かどうかは別にして、井伏が反戦、反原爆など、政治的メッセージに直結する主張を激しい形では一切しなかったという事実は重要である。よく読めば、登場人物の口を介してそれなりの主張が出されている部分はある。たとえばよく引用される「戦争はいやだ。勝敗はどちらでもいい。早く済みさえすればいい。いわゆる正義の戦争よりも不正義の平和の方がいい」（第一一章）という表現。それは精一杯の反戦思想の表明だが、その感慨も、直ちに小説の流れに影響を与えることはなく、まるで風景描写の一種でもあるかのように、そのまま流されていく。ここに、平常心や露骨な政治性の不在をみて肯定的に読み取るか、怒りの不在をみて、外的観察者としてのスタンスが透視されるとみるか。その気になれば、どちらの評価も可能なことになる。

私は、井伏が「被爆日記」として清書した内容の具体的細部についてはほぼまったく触れてこなかった。被爆直後の記録性や証言性は、それらの細部の中にこそ存在しているわけで、それをほぼ無視することは、本書の実質的内容の重要部分を素通りすることを意味している。その不適切さは意識しているつもりだが、証言的内容そのものの微細な腑分けは、ここでは目的としないでおく。というより、それも含めて、以上のごく簡単な分析では『黒い雨』の豊饒な内容を汲み尽くせないことは明らかだ。だが、そもそも本章は原爆文学の個別作品それぞれに、独創的知見を織り交ぜるということを一次的に目指すものではなく、原爆から原水爆、さらには原発という核文明の成立期にフィクション群がどのように対応しようとしたのか、その大まかな流れを追跡し、核文明という歪《いびつ》な大局的構造の中で、人間がどのように人間性を保持し続けていけるのか、その可能性を考察することを目標とするものなので、このくらいで充分と考えよう。

最後に被爆者差別にも繋がる内容について、井伏が簡単に触れている箇所があるので、その一節を引用して終えることにする。軽症の原爆症患者には、脳を休める意味もあり、釣りが一番だという医師の勧めに従って、重松と庄吉が釣りをしていると、近所のおばさんから皮肉をいわれるという場面がある（第二章）。釣りですか、皆が忙しく働いているのに、お二人ともいいご身分ですなという皮肉に、庄吉が受ける場面だ。

温厚篤実な庄吉さんも、日ごろに似合わず竿先をぶるぶる震わせていた。

「なあ小母はん、わしらは原爆病患者だによって、医者の勧めもあって鮒を釣っておる。結構な御身分とは、わしらが病人だによって、結構な身分じゃと思うたのか。わしは仕事がしたい、なんぼでも仕事がしたい。しかしなあ小母はん、わしらは、きつい仕事をすると、この五体が自然に腐るんじゃ。怖しい病気が出て来るんじゃ」

「あら、そうな。それでもな、あんたの云いかたは、ピカドンにやられたのを、売りものにしておるようなのと違わんのやないか」

被爆を売り物にするという、何度も何度も繰り返される心ない言葉。それに、これはある意味で軽症の病気、または外側からはそうと見分けられない病気一般にもいえることなのだろうが、一見なんでもなさそうな人が普通の仕事をしていない場合、忙しく働く普通人の反感を買うという紛う方無い事実が、原爆症という事例を介して明確に表現されているとみることができる。いわゆる原爆ぶらぶら病の場合でも、同様の問題を惹起することになるだろう。健康者と病者との間の、互いに簡単には乗り越えられない溝。ただし、一生健康なままの人などは、事実上ほとんどいないのだから、われわれの誰もが可能的病者なのだが。それでも、若く健康な人々からみて、原爆症で苦しむ人々への眼差しは必ずしも優しいものではなかったということが、ここでも簡単に触れられているとみるべきだ。

第二節　長崎の場合

1　永井隆

永井隆（一九〇八―五一）の名前ほど、長崎原爆の被爆者たちのその後のあり方を象徴するものはない。トリートは長崎を独立して扱った『グラウンド・ゼロを書く』第Ⅱ部第九章の冒頭を「怒りの広島、祈りの長崎」という言葉で始めているが、この言葉は永井の思想を暗に前提としている。

長崎原爆は広島のそれと比べて、使われる物質（プルトニウムとウラン）も、核分裂を惹起するメカニズム（爆縮方式と砲身方式）も異なる。[24] 敢えていうなら、広島への投下が、予想される九州決戦、四国決戦などを回避させ、その分アメリカ兵の戦死を減らすという戦略的意味がありえたのに対して、広島からたった三日後に、しかも結果的には浦上天主堂傍へ投下したという事実の中には、それほど大きな戦略的意味があったとは考えられない。もちろん、広島も長崎も重要な軍事拠点ではあった。だが、純粋に戦略的な意味では、勝敗の趨勢はとうの昔に決していたはずの日本に二発もの原爆を投下したことの根拠の中には、広島と長崎での起爆メカニズムの違いなどを念頭に置いた技術実験的要素があったと考えざるをえない。さらには、ソヴィエトへの示威効果も狙っていたはずだ。どれほど理屈を捏ねようとも、長崎への原爆は落とされる必要のない原爆だった。[25]

さて、そのような状況下での、永井隆の活動である。周知のように永井は放射線医学を専門とし、職業的理由から来る長年の被曝によって一九四〇年代初頭頃から白血病を患っていた。その彼が、八月九日、爆心地から一キロ以内に存在していた長崎医大で被爆したのである。それは従来の白血病に加えての被爆だったわけで、その後何度も危機的状態に陥るが、一時はなんとか乗り越える。そして一九四六年初頭に長崎医大教授に就任する。しかし同年の夏頃から床に臥すことが多くなった。病床での何枚もの写真が残っている。一九五一年五月一日、白血病で逝去。

永井は戦後、何冊もの著書を残して大きな影響を与える。また彼を扱う映画も作られた(26)。永井の名は、現在でも、土地の人々にとって特権的な意味をもつと述べて大過ない。これは原爆文学の文脈に限っても、そうである。ただ、その分多くの批判もあった。以下の部分では、永井の数ある著書の中でも『長崎の鐘』(1949)一冊に絞って検討を加え、その含意を探る。また永井が象徴する考え方に対する幾つかの批判にも注意を払いたい。

『長崎の鐘』は一九四六年八月に脱稿されたが、一九四九年に公刊された。細かく見ればとても複雑な文献だが、ここでは幾つかの論点に絞って論じてみよう。

被爆直後には分からなかったが、その後アメリカ側の発表もあり、自分たちに落とされたものが原爆だということがほぼ明らかになった時点で医師たちは言葉を交わすが、次の一節(「原子爆弾の力」)では、科学者としての客観化志向が、自分たちを当事者として巻き込む場合でさえ貫徹されており、軽い驚きを覚える。

「米国の科学陣の勉強ぶりも想像されるが、また、これは放射能物質をあつかう仕事だから、たくさんの犠牲者が出ているにちがいない」
「犠牲者なくして科学の進歩はないさ」(……)
「とにかく偉大な発明だねえ、この原子爆弾は――」

かねて原子物理学に興味をもち、その一部面の研究に従っていた私たち数名の教室員が、今ここにその原子物理学の学理の結晶たる原子爆弾の被害者となって防空壕の中に倒れておるということ、身をもってその実験台上に乗せられて親しくその状態を観測し得たということ、そして今後の変化を観察し続けるということは、まことに稀有のことでなければならぬ。私たちはやられたという悲嘆、憤慨、無念の胸の底から、新たなる真理探求の本能が胎動を始めたのを覚えた。勃然として新鮮なる興味が荒涼たる原子野に湧き上がる。

放射線医学関係の医師が多いと推測されるとはいえ、自らが原爆の実験台にされても、それを光栄に思うという思念には、やはり若干箍《たが》の外れた感じがする。

その後の一節（「三ツ山救護班」）でも、未知のことが多かった原爆症について、「いかなる症状を惹起するか、今私たちが診療している患者こそは、医学史におけるまったく新しい資料なのである。これを見逃すことは単に自己の怠慢にとどまらず、貴重な研究を放棄することになり、科学者として許すべからざるところである」と書かれている。そして骨髄や淋巴腺の障害、流産や奇形などの生殖腺障害、白血病、脱毛などの症状が記載される。自らも既に冒されていた白血病にも関わることなので、純粋な客観視は困難だったはずだが、原爆症の現れとして白血球障害のことが詳しく触れられている。全身倦怠、皮膚蒼白の前駆症をもって発病し、体温は四〇度以上、口内炎、歯齦潰瘍、喉頭義膜、潰瘍性扁桃腺炎などを起こす。また皮膚には点々と小豆色の溢血斑が生じる、とある（「原子病」）。

これらはいずれも、プロの手になる原爆症症状の科学的記載として重要なものだ。また、最終節（「原子野の鐘」）では、原子は原爆以外には使えないのかという問いかけに対して、そうではなく「こんな一度に爆発させないで、少しずつ、連続的に、調節しながら破裂させたら、原子力が汽船も汽車も飛行機も走らすことができる。石炭も石油も電気もいらなくなるし、大きな機械もいらなくなり、人間はどれほど幸福になれるかしれないね」と述べて、来たるべき〈原子力時代〉への夢を投影している。

以上、ここまで触れた箇所では、自ら被爆しながらも、原子病の客観的記載への執念、原子力時代の開始を待望

する明るい意志の表明など、科学者としてのスタンスからの発言が特徴的だ。それはそれで充分重要なことである。(27)

しかし、『長崎の鐘』をより個性的にしているのは、最終部分近くの一節「壕舎の客」で繰り広げられるある特徴的な考え方の中にあるというのは間違いない。だから、以下の部分ではこの一節、特にその後半部分を中心に、より詳しい提示を試みよう。それは復員兵、市太郎さんが家族全員を失って悄然として永井の前に現れた時のやりとりに関わる。市太郎は永井に問いかける。誰に聞いても、原爆は天罰であり、爆弾で死んだ者たちは悪者、生き残った者たちは神の特別の計らいで命を拾ったのだという趣旨の言葉を投げかけられるので、死んだ妻や子供たちは悪人だったのかという思いに悩んでいるという。永井は、その思想を逆転させるのだ。生き残った者こそが悪人であり、死んだ人々こそが神に召された特権的な人々なのだ、と。それを表現するために永井が認《したた》めた「原子爆弾合同葬弔辞」を、彼は市太郎に読ませる。

その弔辞では、原爆投下当日の八月九日深夜のほぼ同時刻に、浦上天主堂は炎を上げて燃え上がり、大本営では天皇が終戦の聖断を下したという事実がまずは確認される。また、二発目の原爆は本来違う都市に投下される予定だったが天候のために長崎に変更され、しかも、その長崎でも軍需工場地帯に落とされるべきが、逸れて浦上地区に落ちたという事実に言及がなされる。それら一見偶然の連鎖によって成立している事態には、実は隠された必然性があるのではなかろうか。

そこで永井は問いかける、「終戦と浦上潰滅との間に深い関係がありはしないか。世界大戦争という人類の罪悪の償いとして、日本唯一の聖地浦上が犠牲の祭壇に屠られ燃やさるべき潔き羔《こひつじ》として選ばれたのではないでしょうか？」と。少し飛んで次の一節が続く。

戦乱の闇まさに終わり、平和の光さし出ずる八月九日、この天主堂の大前に炎をあげたる、嗚呼大いなる燔祭よ！　悲しみの極みのうちにも私たちはそれをあな美し、あな潔し、あな尊しと仰ぎみたのでございます。汚れなき煙と燃えて天国に昇りゆき給いし主任司祭をはじめ八千の霊魂！　誰を思い出しても善い人ばかり。

　敗戦を知らず世を去りたまいし人の幸よ。潔き羔として神のみ胸にやすらう霊魂の幸よ。それにくらべて生き残った私たちのみじめさ。


これを読み進めるに連れて涙を溢れさせ、やはり妻や子供たちは地獄には行かなかった、自分は罪人として苦しみながらも生き続けようという決意を述べて、市太郎は去って行く。

　これを文脈限定的に見るなら、市太郎への励ましだともいえる。だが、永井のテーゼはより一般化可能なものだ。被爆死した者こそ幸いなり。永井自身の表現も借りて言い直すなら、要するにここで永井は、原爆が浦上に落ちたのは神の摂理であり、浦上はそのことを神に感謝しなければならないと述べているのである。彼が敬虔なカトリック信者だったなどということは、いうも愚かしい確認にすぎない。ここに出てくる「燔祭」という言葉は〈イサクの燔祭〉も思わせる、キリスト教上重要なテーマだが、あのホロコーストという意味もあるのが、なんともやりきれない。(28) 高橋眞司（一九四二—）は「長崎原爆の思想化をめぐって」(1985) という文章で、これを浦上燔祭説と定式化している。(29)

　いずれにしろ、この反直感的なテーゼは、その後大変有名なものになった。それは、信仰心に基づく原爆の特殊な受容論であり、多くの共感を呼ぶ傍らで、幾つかの激しい反論も呼び寄せた。

　たとえば、詩人山田かん（一九三〇—二〇〇三）は「長崎の原爆記録をめぐって」(1956：GB15所収) の中で、何度か直接間接に永井に触れている。本来なら、まずは憤りと憎悪がなければならないのに、永井の考え方はしばしばロマンティックなキリスト教的抒情に流れる嫌いがあった。長崎の場合には、原民喜や大田洋子のような作品をさらに越え出るようなものが存在しなかった。「……［長崎の人々は］原爆が文学として極めて重大な問題を内蔵していることに気づかず、悲しくなる位、痴鈍な反応を示したにすぎなかった。原爆さえも抒情しようとする伝統的な短歌的精神の涙っぽい習性化された思考の形態があるのみだ。」原爆さえも抒情化すること。そこには社会科学的な視座の設定がなく、ただ「自己の感性だけに頼って原爆をも自然観照するような態度」があるだけだ。

林田泰昌（一九二七—六八）は「新しい民族叙事詩の萌芽」（1955：GB15 所収）という文章で叙情詩と叙事詩を対立概念として使用しながら論を進めているが、その主旨は山田のものとそれほど違わない。林田は、民衆の抵抗を意識化し、言語化するものを阻むものとして、「民衆生活の中に根づよく残された前時代的思考の様式と、ブルジョワ的頽廃をもった文化あるいは宗教的世界観に毒された人間の抒情の様式」があるとする。それは原爆被災という悲劇を宗教的神秘的世界観によっていわば運命化し、あるいは文学的にローマン化することで、民衆の間に残された封建的残滓の上に安住するのだ。健全な原爆文学が成立するためには、叙情的なものではなく叙事的なものの構築をしなければならない。それが長崎の場合には充分に出来ていないと林田は考える。

山田も林田も、永井による原爆の特殊な宗教的意味付けを、大衆レヴェルでの成功という事実もあるだけに尚更、危険で有害なものと見做す。本来詠嘆すべきではない場面で情緒的な詠嘆に溺れることは、本当の敵を曖昧にするものでしかない。ただし、彼らのような意見は長崎の宗教界や永井の心酔者たちの激しい反感を買うものでもあった。(30) 原爆文学史での永井の位置づけは、実はいまだ浮動の揺れを抱えたままなのだ。

2　林京子

林京子（一九三〇—）は中篇「祭りの場」（1975）や「二人の墓標」（1975）などで知られた長崎を代表する原爆作家である。自身も、爆心地から一・四キロほど離れた三菱兵器製作所で被爆した。ここでは短篇集『ギヤマン ビードロ』を中心にみておこう。

『ギヤマン ビードロ』（1977-78：GB3所収）には林の特徴がよく出ている。そこには原爆を生き延びながらも、いつ襲ってくるかも知れない被爆関連死（原爆症）に怯えながら、淡々と日常生活を送る人々の心情が描かれている。(31)この短篇集では、大木、原、野田、西田、私（語り手）という四〇代半ばの女性たちが中心的な登場人物として配置され、それぞれの短篇で個別に現れる別の人間たちと絡み合う逸話が積み重ねられる。この五人の中では西田のみが被爆者ではない。時代は一九七〇年代半ば過ぎ、被爆から三〇年が経った頃のことだ。

両親の骨を空缶に入れて持ち歩いていた少女の思い出を語るもの（「空缶」）、結婚しながらも原爆症の故に子どもを産ませてもらえなかった女性が登場するもの（「金毘羅山」）、原爆症の遺伝のためか、白血病で死んだという青年に対して、その死因が本当に親の被爆によるものなのかどうか、訝《いぶか》しむ気持ちに揺れる感情を記述するもの（「青年たち」）、若い頃のたわいない学生同士の会話の中で、「結婚はしない」と頑《かたく》なに言い張る友に理由を聞こうと食い下がる仲間の様子を描いたもの（「友よ」）、原爆追悼式典に出席しながらも、それが実際の被爆の実相を伝えるものではないという違和感に触れたもの（「無明」）などがある。

「野に」では、母と私（語り手）との会話として、次のような一節がある。

死にそこのうたとにねえ、と母が、丈夫になったと感心して言った。放射能に強い人間だけが生き残ったらしいから、なかなか死ねないらしいよ、と私が言った。ある医師が、本気とも冗談ともつかない口調で、二十一世紀の核時代を生き抜くのは、われわれ放射能に汚染された免疫人間あるいは免疫を受けついでいる子孫に限られるかもしれませんよ、と言ったのを思い出したからである。

この一節のすぐ後では、なかなか死なないということそれ自体が一つの苦悩になるというテーマが描かれる。被爆者はそのうち全員が死ぬといわれながら、三二年も生きてしまった。長く生きすぎて、即死した同期生たちに申し訳ない、と私は「生きすぎた後めたさ」を語る。

死ぬ直前の娘が、サイダーが飲みたいというのを受けて、本物のサイダーなどはないので重曹に砂糖を混ぜた水を飲ませると、うまそうに飲んで死んでしまったという哀しい逸話の後で、自販機一つで、簡単に特段の有り難みもなく飲み干すサイダーが対比的に喚起される。両者の間には、三〇数年という時間の厚みが否応なく横たわる。

ただ、他にも幾つかの主題がある中で「野に」の最終部分の内容は、浦上燔祭説へのそれなりの反論になっている。広島、長崎の原爆に限らず、核への恐怖に怯える現代人は何かの希望にすがりつきたいという気持ちを捨てきれず、人間の力量から食みだした部分を見つけてそれを救いの糧にするという見方が、非被爆者の西田の口を通して提示される中で、それを受けた私（語り手）の次の言葉は重要である。

あれは人間がつけた傷よ、と私は言った。西田の言葉を借りるならば、人間が緻密に計算してつけた必然的な傷なのだ。その計算によって私たちは、子や孫に受け継がれてゆく生命に傷を受けている。これは自然の摂理からはみだした行為で、人間以外の者が介入する余地はない。

原爆投下（落とす）の主体を有耶無耶にする微妙な動詞の変化（落ちる）とか、祈りによって超越的なものへの祈願を強調することで、工学的に設計し、組み立て、実験し、その後で実際に落としたのは、神でも超越的存在一般でも、人類一般でもなく、ある特定の研究者集団と特定の軍隊なのだということが、改めて強調される。それは根底に潜む怒りの当然の表出だ。林の、普段は抑えた筆致の中では珍しく直截に迸《ほとばし》り出た情念の表れなのだ。

短篇集の順番としては前後してしまうが、『ギヤマン　ビードロ』への言及の最後として、「金毘羅山」での「被爆者ではない西田を除いた三人は、放射能の傷害を受けやすい血液、特に女の性にかかわり続ける血液の、異常を怖れながら、生きてきた」という文に注目しておきたい。具体的には、日常の些細な鼻血、抜歯の際の出血、出産の際の出血など、女性が出血を経験する際、それが通常のごく普通の出血なのか、それとも被爆に関係があるのか、もし被爆者としての影響がそこに反映されるなら、普通なら止まるはずの血がなかなか止まらないというようなことがあるのか、という怯えが付きまとう。それは、原爆症という潜在的恐怖に怯えながら生き続ける被爆者特有の経験なのだが、普通の女性でもたとえば出産の際には出血するわけで、通常と異常が、原爆症という潜在的可能性の介在によって一層複雑にされていく。それでも産むべきか、やめておくべきかという問題が、生き残った被爆者たちに絶えず襲いかかるのだ(32)。

では『ギヤマン　ビードロ』からは離れ、後二つ、違う作品に触れておこう。

中篇「長い時間をかけた人間の経験(33)」(1999)では、被爆による即死、または比較的短期の被爆関連死という、いわば〈短い時間をかけた人間の経験〉とは本質的に異なる経験の位相が、『ギヤマン ビードロ』の場合よりも一層明確に主題化されている。「長い時間をかけた人間の経験」は、長期的視座での原爆症発症可能性とはまた別個の問題に光が当てられる。それは、被爆者だけではなくわれわれ全員が向き合わざるをえないこと、つまり老化、そして必然的な死である。被爆者なのに還暦を迎えて喜ぶ語り手。しかし、と次の一節が続く(pp. 15-16)。

歓喜の叫びをあげてから、はて、と私は首を傾げた。誰に向かって私は喝采を叫んでいるのか。また、何が大丈夫なのか。とにかく大丈夫なのよ、両手を広げておおいかぶさってくる「死の許容範囲」から脱け出したのだから。私は自分にいった。天寿に、待ったをかける命の短縮こそが、原子爆弾と人間との間に交わされた、約束なのである。長生きしたからといって、九日の死の許容範囲と「許容量」から逃げのびたことにはならない。九十九パーセントを八月九日に結び付けて考えていた死への恐怖が、薄れただけのこと。それだけ私が年をとった、ということだ。

原爆症による死、そして老化による死。片方は人為的な感じがし、もう片方はごく自然な感じがする。[34]だが、被爆者が最終的には死を迎える時、もしその人が〈長寿〉に恵まれているのなら、その人は天寿を全うしたのだろうか、それともやはり被爆が死の原因だったのか。死が奇妙に二重化されていく風景だ。被爆者ならではの、死との向き合い方なのか、それともある程度長生きすれば、被爆者は普通の老人となんら変わりがないというべきか。しかしその場合、どの程度が「ある程度」なのか。幾つもの問いが浮かんでは消え、宙づりになるままだ。林のこの一節は、それを簡単に、しかし巧みに描いたものだ。

「トリニティからトリニティへ」(2000)という中篇にも触れておく。トリニティとは史上初めて原爆実験[35]が行われた場所のコード名(trinity site)だ。三位一体の聖性を考えるなら皮肉なことではある。私(語り手)は一九八〇年代半ばにアメリカに行き、しばらく滞在した後、トリニティに行こうと思う。この中篇はその道行きでの語り手の感慨から成り立っている。アルバカーキの国立原子力博物館を訪れた際のお土産の数々、それに原爆投下の写真や記録映画。お土産は原爆のおぞましさを覆い隠す気楽なおもちゃだ。その訪問は、客観的な見物客ではありえない私が、対象化的な眼差しと、写真の中の小さな一部を作っていた当事者としての実感との間の分断を改めて意識する瞬間でもあった。そして最後にトリニティ・サイトに到達する。残留放射能の危険性が告知される中を無言で行き交う人々。ただ、ここで興味深いのは、人里離れた荒野でもたくましく生き続けていたはずの人間以外の生物、爬虫類や昆虫などの存在に目を開かれたということだ。「地上で最初に核の被害を受けたのは、私たち人間だと思っていた。そうではなかった。被爆者の先輩が、ここにいた。泣くことも叫ぶこともできないで、ここにいた」（p. 171）と書く作者の目には、新たな深みが加わっている。

林京子は、〈長い時間をかけた被爆者の経験〉の機微を、繊細に書き抜く優れた作家だと私は思う[36]。

なお、本来広島を舞台にした童話だが、原爆症の哀しみが何気なく描かれているものなので、ここで引用する。今西祐行（一九二三―二〇〇四）の「あるハンノキの話[37]」（1960）では、女の子の髪をカミキリムシに切らせて遊ぶ男の子をライトモチーフにしながら、被爆後数年して、髪切り遊びのやりとりをするのが習いだったある男女の子どもが、ある時、いつもは数本を切らせるだけだった女の子が、みんな切ってもいいという言葉を呟き、そんなことをしたら君は尼さんになっちゃうと泣き笑いしながらそれを受ける男の子の姿が描かれている。その直後に白血病でその女の子が死ぬことを知る読者には、既に脱毛が始まっていた彼女が、自らの運命を悟って、髪を切らせるという行為の中にまだ健康だった頃の自分の姿を映し出し、もうすぐその健やかな日々も終わるのだと覚悟していたことが、さりげなく示唆される。ごく簡単な筆致の中に、子どもの哀しみと、原爆症という、時間差を伴う特殊な病気への憎しみが巧みに表現されている。

原爆症絡みで、もう一つだけ具体例を挙げておく。いつ発症するかも分からない原爆症の恐怖。それが被爆後何年も経ってから実際に人々を襲うということが持つ悲劇は、たとえば佐々部一清監督の『夕凪の街 桜の国』（2007）でも、淡い悲しみの基調の中で繊細に表現されている。もちろんこの映画は、こうの史代（一九六八―）の漫画『夕凪の街 桜の国[38]』（2004）を原作としたものだ。瀬死の皆美が呟く言葉、「十年経ったけど原爆を落とした人はわたしを見て『やった！　またひとり殺せた』とちゃんと思うてくれとる？」が心に残る。

耀子。

3　後藤みな子

後藤みな子（一九三六―）には「刻を曳く」[39]（1971）という中篇がある。耀子（私＝語り手）の父は医師で、一九四四年には出征していた。耀子も母も長崎で被爆したが、兄はその時に亡くなる。母は兄の死もあって徐々に精神のバランスを崩し、発狂状態になる。帰国した父は母の状態をみると、ますます研究に没頭していく。ある日耀子が自宅に帰ってみると、母はいなくなっていた。彼女の不在中に母を精神病院に入院させた父を許せないと感じる耀子。

ある時、母がいる病院を訪ねると、そこの医師が、広島に比べて長崎は遅れているという。なぜなら長崎は怒りを知らないから。「怒りを知らない人間なんて最低です。誰れでも自分の権利は自分で主張するより他にないんですよ。僕ら他所者だけが、いくら躍起になって叫んでも……」（pp. 57-58）と自らの違和感を吐露し続ける医師。長崎での〈怒りの不在〉という特徴が図らずも再確認された形だ。

父と二人きりの生活は暗く冷たいもので、耐えきれない気持ちでいた耀子は、道郎に出会い、惹かれ、結婚する。なぜなら、道郎は母のことを尋ねようともせず、自分の心の中に入り込んでこないから。彼は、長崎の原爆については一度も話題にしない。「過去を私のなかから抹殺して生きていくためには、私の心のなかにかかわってこようとしない、この人が必要だ」（p. 64）と耀子は思う。だが、しばらくは平穏に過ごした耀子だったが、そんな生活に若干疲れも覚え始める。穏やかな平和だと思っていた二人の日常生活は「平和というものではなく、何もない、空白の時」（p. 73）ではないのだろうか。そんな疑念に苛まれている頃、一つの事件が起こる。以下、有名な部分である（p. 75）。ある晩、夫はいうのだ。

「きみ、ケロイドないんだね」

瞼を閉じた私の顔の上で、道郎は肩の方から寝衣を剥がしながら、世間話でもするように言った。私は開こうとしていた両足をきっちと伸ばし、腿と腿とを力を入れて閉じた。(……)
私は身体中が総毛立つような戦慄を覚えた。いままでひたすら築きあげようとしていたものが、一挙に音をたてて崩れていくような恐怖が私を襲った。寝衣の胸元をかき合わせ道郎に背を向けて、布団をすっぽり頭からかぶった。

道郎はさらにかぶせるように、耀子の外見は普通の人とまったく変わりがない、という。「知っていたの」と訊く耀子に、ああ、結婚式の直前に耀子の父から聞かされた、と道郎。だからといって君との結婚をやめるつもりはなかった、とも。でも「……子供は生めないね」(pp. 76-77) と夫は呟く。姑には黙っていてくれ、とも。〈発症しないかもしれないのだが〉原爆症という可能性に怯えながら暮らさざるをえない被爆者の生の辛さと息苦しさが、改めて卓抜な表現を身に付ける。平穏に見えた生の中で、ケロイドがないかどうか時々探るような眼差しを投げかけていた夫。また、子供を作る作らないという言葉の前提には、被爆の遺伝的影響という問題があるのは当然だが、そこで遺伝について殊更に語るのは単なる差別だ云々という言辞を弄してみても、ほぼまったく無意味である。〈科学的調査〉が何度か、奇形や健康被害の明確な証拠はない云々という発表を繰り返しても、その調査のそもそもの困難さに加えて、(この分野に特徴的な政治的拘束性の背景の故に) その〈科学的調査〉なるものが完全な客観性に到達しているかどうかが覚束ないということも考え合わせるなら、普通人の生活感覚では、遺伝するしないは、あくまでも不確定なままに留まるのだ。そしてそれは、時に慎重さへの傾斜を生む。ここには特有の悲劇が存在するのであり、それを差別云々の社会科学的切り口だけで説明しようとしても、表層的なものに流れるだけなのである。

なお、後藤には『樹滴』（2012）という、ほぼ同一テーマの小説があることを付言しておく。やはり、原爆で息子を失い精神を冒された母をもつ娘が主人公になったものであり、母を捨てたくないという気持ちと、記憶の中から母を消し去りたいという気持ちとの葛藤が、より細かな襞に至るまで表現されている。

以上、長崎原爆を巡り、長崎を代表する作家・思想家として永井隆、林京子、後藤みな子の三人を取り上げた。次の節では、証言派からは若干離れた地点に立ち、次世代の原爆文学を担った人々の中から、幾つか代表的なものを取り上げる（映像作品にも言及する）。

第三節　原爆文学の同一性と変異

1　黒澤明

最初に映像作品を取り上げる。それは黒澤明（一九一〇―九八）監督の『生きものの記録』（1955）である。三船敏郎（一九二〇―九七）が老け役として中島喜一を演じている。中島が、本作品の特徴をほぼ一人で体現する重要な主人公である。妻はとよであり、二人には一郎、二郎という息子と、晴子、京子という娘がいる。また何人もの妾を抱えている。喜一は鋳物工場の経営者で、それなりの経済的基盤をもつ人物だからだ。

映画は、中島の子どもたちが父の準禁治産申請をするところから始まる。なぜなら喜一は原水爆や放射能一般に対する極度の被害妄想に駆られているからだ（もちろん、一九五四年のブラボー実験と死の灰騒ぎが背景にある）。そのため、せっかく秋田で建造最中だった地下家屋を、北方方面からの放射能飛来の可能性を危惧するあまり放棄してしまう。家族には数百万円の損害が残った。家裁の調停は歯科医の原田が担当した。

喜一は、地球上で安全なのはもはや南米のみだと考え、そのため家族全員を引き連れて、全財産を投下してブラジルに移住することを計画している。彼は、工場傍の自宅でサンパウロ傍の農場を映した活動写真を家族にみせる。時代背景を考えるなら、喜一の〈被害妄想〉が本当に妄想なのかは実は微妙である。他方で、雷をピカドンのように怖れ、危うく赤ちゃんを押しつぶしそうになる喜一の姿には、度外れた感じが付きまとうというのも確かだ。原田は、怯える父の傍らで一見平気な顔をしている息子に、お前は放射能は恐くないのかと訊く。息子は恐くないことはない、だがどうしようもない、と答える。

いずれにしろ家族は、家裁の忠告を無視して移住計画をどんどん進める父を無視するわけにはいかない。誰もブラジルには行きたくないのだ。他方で家裁でも、喜一の精神鑑定をすれば異常なしという結果がでるし、対応に苦慮している。喜一が心配していることもまったく無意味とはいえないが、個人でどうなるというものでもない。だから結局、家裁は家族の提案を受け入れる。だが、喜一は高裁に異議申し立てをする。

まだ完全に事態が収拾しない内にブラジル農場の側から関係者がやってきて、手付金一五〇万円を要求してくる。喜一は金策に走るがうまくいかない。だが、相手側もそれなりの対応はしてくれる。ともあれ、これら一連の行動は裁判所の意向を無視したものなので、結局、喜一は準禁治産者扱いになるのだ。

その後しばらくして、原田は電車で喜一を見かける。喜一は非常に老け込んでいる。彼は相変わらず原水爆の恐ろしさを訴え、考えれば考えるほど、いてもたってもいられないという感情を吐露する。原田は、あの老人を不幸にしたのはただ水爆あるのみだが、しかし彼は物事をあまりに突っ込んで考え過ぎるのだと思う。

喜一の家族が一堂に会した時、喜一は改めて家族にブラジルに行ってくれと頼み込む。土下座さえしながら。妻は夫がこれだけいうのだから行きましょうと受けるが、他の皆は被害妄想だとして取り合わない。感情が激するあまり、一瞬体の異変を訴える喜一の耳に、この工場さえあればなんとかなるという息子の言葉が響く。

映画の次の場面では、火事のために全焼した工場の姿が描かれる。実は、息子の言葉に煽られて、喜一自身が放火したのだ。しかし、自ら進んでその行為を告白する喜一には、工場がなくなって路頭に迷う労働者たちが、自分たちはどうなるのか、と詰め寄る。自分と家族を救いたいという気持ちで頭が一杯だった喜一の心からは、労働者たちの生活のことが完全に抜けていた。それに気づかされて、謝る喜一。自分たちだけが助かればいいという了見だった、と。

次の場面では、放火のために牢屋に入った喜一の姿が描かれる。囚人たちは、あんたが気にしていることなどは総理大臣に任せればいい、水爆が恐ければ地球から引っ越しするしかない、と喜一を揶揄する。

映画の最終場面は家族一同が精神病院から帰るところから始まる。喜一は精神病院にいる。病院を訪れた原田とすれ違う家族は、あの裁判が間違っていたのではないかと危惧する彼に対して、いいえ、最初からここに連れてくればよかったのです、と述べる。

原田と喜一との邂逅は、喜一が文字通りの狂人になったという姿を描く場面でもある。喜一は、原田に向かって、ここならもう大丈夫だ、安心なさいという。その後地球はどうなりましたか。まだ沢山人が住んでいますか。もしそうなら早く逃亡しないと大変なことになる。早く地球を離れてこの星に来なければならない、と原田に忠告する。窓の外に輝く太陽を見て、ああ地球が燃えていると嘆く喜一の姿が、哀しげに描出されている。

時代背景に一早く対応しながらも、何の救いもなく、一人の鋭敏な感覚をもつ人間が結局は発狂状態に陥るという流れの話。しかも、登場人物たちも述べるように、喜一が懸念していた事象は冷戦構造下での国家的営為に根拠を置くものなので、個人的対応をしようとしても、基本的には無理なことなのだ。原水爆を怖れ、軍事的枠組みでの核文明全体の構造から逃れようとすれば、確かに〈ブラジル〉、またはどこかユートピア的別世界に行くしかない。他方で、われわれの誰もが毎日の日常生活を送っていかざるをえない。この圧倒的な閉塞感と無力感が、一人の個人的悲劇という形で表現されたこの映画は、脚本もよく練られ、三船も老け役を熱演していたにも拘わらず、当時の日本社会にはまったく受け入れられなかった。川村湊（一九五一―）も『原発と原爆』（2011）第二章で確認するように、この作品は興業的に惨憺たる結果しか残せなかったのだ。それは、この作品に前後する『生きる』（1952）、『七人の侍』（1954）、『蜘蛛巣城』（1957）などが一定の成功を収め、現在でも黒澤の代表的作品にラインナップされるという事実と考え合わせれば、一層印象的なことだ。

私がここでこの『生きものの記録』に言及したのは、この作品に対して大衆が示した一種の嫌気、無関心、見ようとしないことなどという事実が、ちょうど原爆文学に対して人々が示した否定的感情と相即しているように思えるからだ。システム自体が巨大な悪や醜さを体現し、その具体相が原水爆や冷戦という形で現れようとする時、日本人は半ば諦念的にそれを無視し、無視することで間接的に受容しようとする。確かに、こういうだけでは、多様な大衆運動をまったく無視する言い方になるので公平ではないが、それでも、少なくともそういう傾向があるという事実に、私は目を向けざるをえないのである。

2　三島由紀夫

三島由紀夫（一九二五―七〇）の厖大な作品群の中で『美しい星』（1962）が占める位置は若干特殊なものだろう。この作家をSF作家と呼ぶ人はいない。しかし『美しい星』は、少なくとも一見したところSF風の作りになっている。レアリズムの眼差しで読み込もうとすれば、それも出来なくはないという不思議な話ながら、表層的には円盤との出会いで人生が変わり、最後には円盤で宇宙に飛び立つというSF的なテーマを骨子にもつ。まったくの絵空事と可能的な現実とが両方共併存して進むとでもいうような、不可思議な小説だ。私事になるが、実は高校生の頃に初読し、面白さが理解できずに三島の中では失敗作だと信じてきた。しかし今回の調査のために何十年後かに再読し、とても一筋縄ではいかないものだということがよく理解できた。

主要な登場人物は、飯能市に住む大杉一家にほぼ限られる。大杉重一郎とその妻伊余子、息子の一雄、その妹の暁子、この四人である。「一家が突然、それぞれ別々の天体から飛来した宇宙人だという意識に目ざめたのは」(p.14)[40]、去年の夏、深夜に何ものかに呼び出されたように感じた重一郎が、寝間着のまま外に出て、そこでほんの数秒円盤を間近に見、それが飛び立つのに立ち会った時以来のことだ。重一郎は、ばらばらだった世界が澄明な諧和と統一感に到達したと感じ、至福を味わう。そして瞬時に、自分は地球人ではなく、円盤に乗って火星から地球の危機を救うために遣わされた者なのだと思い至る。これが全篇を貫く〈霊感〉であり、初めは取り合わなかった他の家族たちも、やがてはその真実性を確信するようになる。他の三人も宇宙人なのだが、それぞれが違う惑星から派遣された者だと自認するに至る[41]（第一章）。

物語は、（これがいわゆる純文学だとすれば）極めて奇矯なこの設定によって全体の枠組みと方向性が与えられる。地球を救わなければならない――まるで子供向けのスーパー戦隊シリーズのヒーローの言葉のようだ。この霊感に基づき、暁子はフルシチョフに手紙を送り、重一郎は同窓会で地球救済の大演説を打ち、失笑を買う（第二章）。

暁子は、自分もまた金星人であり、円盤出現を予言できると自認する竹宮という男に会いに、金沢に向かう。そして二人でしばらく一緒に過ごす。重一郎は人類救済の任務を完遂するために粘り強い活動を続け、各地で講演会を開くまでになる（第三―第四章）。他方で、その活躍を目障りと感じる人々、羽黒真澄とその手下、栗田と曽根が登場する（第五章）。なぜなら、彼らは「人類全体の安楽死」(153)を望んでいるからだ。暁子は、その内に自分が妊娠していることに気づくが（竹宮との邂逅の詳細はぼかされたままだが）、自分はきっと〈処女懐胎〉をしたに違いないと信じる。娘を心配した父は金沢に発ち、竹宮薫（本名川口薫）は、実はただの女誑《たら》しに過ぎないことを確認する（第六章）。

普通に考えるなら、小説の構成上、地球人救済を望む大杉重一郎と地球滅亡を望む羽黒真澄が会って人間論を闘わせる第八章と第九章こそが、この小説の大団円だということになるはずだ。事実、この辺りの記述を重視して、『美しい星』を一種の政治小説だとみる見方がよくなされる。それを別に間違いだとは思わない。特に羽黒が紡ぎ出す言葉の中には、細かくみれば、興味深い知見、いわば人間憎悪の視座から構成された人間描写が鏤《ちりば》められている(42)。だが、ここでは詳しくは踏み込まない。

最終部分では、重一郎が末期癌に冒されているということが分かる。それを暁子に告げられた彼は、一人病人としての生を内省する中で、あれほど生き生きとしていた人類破滅の映像が力を失い、病室の外に生命力に溢れた人生を謳歌する人類の幻が立ち上がるのを見る。或る日彼は遂に病院を抜けだし、家族と共に彼らを待ち受けるはずの円盤の方に向かう。「来ているわ！　お父様、来ているわ！」という暁子の叫び声が小説の終焉を告げる声になるのだ（第十章）。

虚構的な設定のラインには、一家は地球の平和と宇宙の諧和を希求する宇宙の使者であり、滅亡に突き進む政治情勢に抵抗し、滅亡を歓迎する人間憎悪者たちとの闘争を繰り広げるという空間が広がる。可能的なリアリズムのラインには、宇宙人と自認するという特殊なパラノイアに冒された一家が、その妄想に基づき、冷戦構造下での原水爆製造競争という酷薄な現実に否定的に対応した人間救済論を立ち上げるという様子、女誑しに欺されて妊娠する暁子、胃癌で死が近いと感じ、自らのパラノイアが瓦解するのを感じる重一郎という空間が広がる。その両者が、どちらも可能な形で並行的に存在する書き方には、やはり三島の手腕が光る。

ここでは、〈人類救済〉という言葉が完全に空転しないような政治状況を、三島が敏感に反映させた、次の二つの一節を引用しておきたい。

まずは、同窓会に出席し、日常的な生産活動に勤しむ同級生たちの言葉を聞きながらも、重一郎に襲いかかる、一種の〈原水爆幻想〉が分節される場面である（pp. 67-68）。

重一郎は一瞬のうちに、この人たちが、着ているものはみな吹き飛ばされ、赤裸で地に伏して、呻き苦しんでいる姿を思い描いた。体の皮膚は半ば剥がれ、かきむしる髪はその手に残り、目は焼けただれ、立上がる力も失くして、折り重なってときどき頭をもたげては、ききとれぬほどの声で助けを呼んでいた。かれらの冷房装置や電話機は、ねじ曲がってそこらに四散していた。又、崩れた壁にしみ込んでしまった肉体から、赤いネクタイだけが融け込まずに、舌のように垂れてひらめいていた。鳥の群のように、焼けのこった沢山の書類が空いちめんに飛んでいた。……

いわば、突如として、風俗小説の中に原爆文学の表現空間が闖入したかのような印象を与える部分だ。同窓生たちのいかにも世間ずれした宴会談義の最中に重一郎がこの幻想に襲われるという、三島の位置設定も巧みなものである。

二つ目の場面は、〈地球救済〉のための講演活動、宇宙友朋会の興隆に尽力する重一郎の活動が述べられる箇所に挿入されている（pp. 202-203）。そこで彼は「人類の緩慢な自殺の姿」（p. 203）を見て取るのだ。

しかも春、死の灰の春がやって来ていた。たびたびの核実験の放射性物質は成層圏に舞いあがり、半減期の長いストロンチウム九〇やセシウム一三七などが、塵の形で降下の折をねらいながら、消えもやらず漂っている。北半球の春が来て、俄かに高まる気温が空気を擾《かきみだ》すと、今まで成層圏に浮遊していた死の灰は、中緯度地帯の圏界の切れ目を洩れて、とめどもなく対流圏へ散華する。春にはかくて、死の灰の降下量は二倍になり、学者たちはこれをスプリング・マキシマムと呼んでいるが、去年の秋のソヴィエトの核実験は、おそらく未聞の降下物をもたらすにちがいない。

ストロンチウムやセシウムの放射性同位体の名前は、三・一一後の日本社会では聞き慣れたものになってしまったが、〈死の灰〉が社会問題化した当時にあっても、それなりに人口に膾炙していたものなのだということが推察される。羽黒の人間憎悪論を待つ必要はない。事実上、人類は自ら進んで〈安楽死〉を求めているようなものではないか。三島のそんな呟き声が聞こえてくるような気がする。

三島は、この小説に一見奇矯極まりない設定を与えながらも、同時代の人々の漠然とした不安や危機意識を巧みに織り交ぜるという配慮を怠らなかった。その意味でなら『美しい星』は、〈地球救済〉を巡るやや幼児臭の残る空想譚であるどころか、最も深刻な意味でのリアリズム小説なのである。

3　井上光晴

井上光晴（一九二六―九二）といえば、全体主義的圧制に対する反抗の様子を探り、部落、朝鮮人、沖縄人民などへの多様で複雑な差別の様相を剔抉して、それを鋭く批判する多くの小説群で名高い作家だ。井上が亡くなった後で出された追悼文集『狼火はいまだあがらず』（1994）も、美しい文章で溢れかえっている。

原爆文学に、意図的に政治的、社会的因子を導入したものとしては、堀田善衛（一九一八―九八）の『審判』（1963）、いいだもも（一九二六―二〇一一）の『アメリカの英雄』（1965）、小田実（一九三二―二〇〇七）の『HIROSHIMA』（1981）など、他にも幾つか有名な作品がある。しかしここでは、それらの業績群を代表するものとして、井上の『地の群れ』（1963）を取り上げたい。ただ、前衛的手法も取り入れながら書かれ、複雑な構えをもつこの小説について、梗概をそのまま提示することはそれほど意味がない。何といってもこの小説の最大の特徴は、被爆者の経験や生き様を、理不尽な経験に突然巻き込まれ、その後も生理的後遺症や社会的不利などで苦しんだ〈被害者〉として描くという大筋から離れ、被爆者も、ある条件や視座設定の変更によっては、一種の〈加害者〉として存在しうるということを、虚実を入り混ぜながら否応なく描ききったというところにある。

そもそも、小説冒頭に登場し、立会人的、語り部的な位置を占めるはずの開業医、宇南親雄も、被害者と加害者の輻輳的な編み目の中から逃れ出ているわけではない。長崎原爆が投下されてすぐに、父と一緒に爆心地入りして被爆している被爆者であるということ。そして、やがては分かるように、母が部落出身者だという理由で父に離縁されているらしいこと、つまり自分も部落の血を引いているらしいという自認。この二重の差別構造のために、結婚しても親雄は子供を作ろうとはしないのだ。ここまでなら、親雄については比較的被害者的色彩の方が強いと思えるかもしれない。ただ、親雄は子供を作らないというその決心を、妻英子に何度も掻爬をさせた後で、さらに〈変な味のジュース〉を何度も飲ませることで妊娠を妨害するという卑劣な手段を使って実現しようとさえするのだ。こうなると、英子への暴力性は明らかである。さらに、親雄にはあまり好ましくない過去がある。まだティーンエイジャーの頃、同級生の朱宝子、安全灯婦[43]として働く在日朝鮮人である彼女を半ば強姦的な形で妊娠させ、遂には自殺させてしまう。宝子への振る舞いの中に、在日朝鮮人たちをどこか軽んじる気持ちがなかったとはいえない。その視座に照らし出される時の親雄は、もはや単純な被害者とは到底いえない存在になる。

このようにして、この小説は被爆者、部落出身者、在日朝鮮人という主として三つの〈差別軸〉の中に蠢く人間たちを、そのほぼ全員が純粋な被害者や傍観者ではない形で活写していく[44]。誰もが無疵ではいられず、誰も無垢でもいられない。今まで何度か触れてきたように、そもそもなぜ被爆者が社会から差別されねばならないのか、その理不尽さはこの上ない。しかし、それをいうなら、部落出身者や在日朝鮮人がなぜ差別されねばならないのか、そこには何の根拠もないのだ。にも拘わらず、人は互いを差別しあい、自らも差別される。私自身、これらの人間たちをただ愚劣だといって切って捨てるわけにはいかない。自分を〈聖人君主〉だと思うほど脳天気ではないのは当然だが、それだけではなく、精神活動の本質には、AとBを区別するという重要な特性が刻まれていると考える傍らで、ある局面においては区別と差別とが互いに区別しにくくなるという事実にも気づかざるをえないからだ。できれば、差別などはしたくない。しかし区別しているつもりが、事実上は差別している時もあるのかもしれない。恐らくわれわれ全員が無垢ではいられないこの根源的な状況を、井上は『地の群れ』でこれでもかという形で露わにしていく。原爆文学史上、ただこの一点だけに基づいても、これは傑作以外の何ものでもない[45]。

ただ、この小説は、登場人物たちの数が多く互いの関係も複雑であり、語りに前衛的な視点転換の手法がさりげなく採用されているために、一読しただけでは話全体の輪郭が見えにくい。また、この傑作が芥川賞候補になりながらも、（全員ではないが）選考委員たちの些末で愚劣にさえみえる理由づけによって受賞を逃したというのも、有名な事実である。

ともあれ衆目も一致するように、小説のクライマックスが、強姦された娘、徳子の無念を伝えるべく、その真犯人宮地真が住む海塔新田（架空の被爆者集落）を訪れた福地松子と、海塔新田の人々との間のやりとりと、その帰結の辺りにあるというのは間違いあるまい（pp. 187-188）。松子は自分たちが部落民なら、お前たちは〈血の止まらない部落民〉だという趣旨の言葉を述べるのだ。松子の言葉は海塔新田の住民たちの怒りを買い、石礫《つぶて》の攻撃の中で、こめかみに直撃を受けた松子は絶命する。なんの救いもない、暗い終結である。

以上で『地の群れ』への気忙しい言及を終えてもいいのだが、私は筋全体からいえば副次的な逸話ながら、次の二つの場面に少しだけ触れておきたい。

まずは、原爆で崩れた浦上天主堂の焼け爛《ただ》れたマリア像の首を、津山信夫がコンクリート欠片で粉々に粉砕する場面（pp. 33-34）。抱え持っていたマリア像の首を落とした時、それはまるで原爆でやられた人間の生首のように見えた。信夫はその嫌気の中で、まるで聖地への陵辱を一層完成させるかのように、首にコンクリートを投げつけるのだ。

次の逸話は原爆人形を巡るものだ（pp. 90-93）。投下直後に肉親や知人の遺骸を探し回った人々に小さな驚きを与えたもの、それは拳大、または人差し指と中指を合わせたぐらいの小さな人形、死体にそっくりの手足をもつ黒い石や金属だった。それは黒焦げの人間に似た、小さな人形だったのである。アメリカ兵や船員たちは気楽なお土産として、それらを高く買ったらしい。どこか無惨な印象を与える逸話である。このように、『地の群れ』は細かく見ればいろいろな文学的倍音を含んだ作品であり、それを単なる〈差別の重層的構造の剔抉〉云々というような視座だけで切り取ろうとしても、不充分なものに留まらざるをえない。しかしここでは、個別作品の掘り下げた読解は目指されていないので、このくらいに留めておこう。

井上は『地の群れ』以降も大作や問題作を次々に発表した。その鋭い政治感覚と、差別を直視する批判意識は、原爆文学という枠組みを超える大柄な文学世界の構築を彼に許したのである。

4　福永武彦

福永武彦（一九一八—七九）の『死の島』（1971）もまた、『地の群れ』とは違う意味でながら、原爆文学の最高傑作の一つだと考えて問題ない[46]。原爆を主要テーマとするという原爆文学の常套を踏みながらも、この主題を芸術作品として彫琢するための意志が全篇を貫き、テーマの重々しさ同様に、その技巧的完成度の高さに大方の読者は唸らされることになる。もちろん、ここで採用されている多くの技巧群の背景にはジェイムズ・ジョイス（一八八二—一九四一）やウィリアム・フォークナー（一八九七—一九六二）など、二〇世紀文学史の高峰の名が控えているのだろうが、私の専門からみて、その影響を具体的に縷説するだけの能力が私にはないというのは、読者の想定範囲内に留まるはずだ。

上下二巻の大部の小説ながら、主要な登場人物は極めて限定されている。編集者の相馬鼎、そして二人の女性、相見《あいみ》綾子と萠木素子、この三人の間で織りなされる物語がこの長篇小説の大枠を決めるのだ。ただ、相馬は編集の仕事の傍ら長篇小説の書き手になりたいという野心をもっており、事実そのためにWork in progressとNota beneという二冊のノートを所持している。前者には執筆中の『恋人たちの冬』という作品が書き溜められており、その内容が小説自体の進行と重ねて提示される。ただし、その後、相馬の他の作品『カロンの艀』と『トゥオネラの白鳥』も作品自体の中に織り込まれていくことになり、相馬の虚構世界と『死の島』での登場人物たちのやりとりとが、一層複雑に混在することになる。当たり前の話だが、『死の島』での登場人物たちのやりとり（便宜的に『死の島』空間と呼ぶ）もまた虚構なのだから、虚構と、虚構の中での虚構という階層差がそのまま平面的に併置されることになる。

また、小説には「内部」(47)と題された幾つもの断片が織り込まれているが、それが誰の内面の表出なのかは、少なくとも一瞬は分かりにくいように始められる。ただし、内容的にみて、それが素子の内面の独白に他ならないというのはすぐに明らかになるのだが。また、そこには何度もカタカナ・漢字混じり表記で他の文とは区別された部分が挿入される。内容からみて、それが原爆投下直後の様子を描写したものだということが分かるように書かれているが、いずれにしろ、この辺りのことについて、小説内部では一切の説明的補足はない。もっとも、小説全体の冒頭「序章・夢」と題された一節が、一種の水爆幻想に他ならないことに読者はすぐに気づかされるので、この本が多少とも核文明に関わる主題が追及された大著だということは、事実上、最初から明示されているともいえる。

これら付随的な因子群によって、全体は極めて複雑な様相を呈するようにみえる。しかし、もし小説の主要な梗概だけに限定し、それだけを辿ろうと思うのなら、それほど複雑怪奇な筋だとはいえない。或る絵をきっかけに相馬が素子と知り合うということ、そして素子との繋がりで綾子とも知り合い、二人の女性と相馬とのやりとりの中で、微妙な感情の揺れ動きが描かれるというライン。綾子には過去に辛い異性体験があり、素子は被爆者である。

この基本設定の下で、二人との逢瀬を重ねるにつれて、徐々に二人の存在感が相馬の中で大きくなっていた或る時、彼は突然、二人が服毒自殺を試み、病院で治療中だという知らせを受ける。二人とも危険な状態であり、しかも、その病院は広島にあるという。相馬は取るものも取りあえず、二人の容態を確認するために広島に発つ。そして、旅の途中の想念や過去の追憶が適宜挟まれていった後で、最終的には広島の病院に着いて二人に逢うという話の流れだ。

ただ、これ以上正確な梗概描写は、特にこの小説の場合あまり意味を成さない。一読すれば明らかなように、三人の逸話群がフォークナー張りに時空間的に大々的に解体され、時空間の意図的な往来がそのまま『死の島』空間を構成していくからだ。確かに、「三日前」とか「一三五日前」とか、それぞれの節が時間指定を付与されているので、それを客観的に並べ替えて時間を整序し、事件の時系列を辿り直すことは不可能ではない。一読後、その種の操作を施し、整序された事件を頭に入れ、改めて再読するという手はあるかもしれない。しかし少なくとも初読の段階でそのようなことをすれば、それはちょうどフォークナーの『野生の棕櫚』(1939)を、せっかく作者が交互に提示している二つの物語をそれぞれ別個に読み進めるようなものであり、文学的効果は台無しになる。

しかも福永は、さらに技巧的な仕掛けを最終場面で用意する。相馬が広島に向かう途中、彼は改めて二人の病状に関する電報を受け取るが、その電報には、一人は残念ながら死亡し、もう一人は依然危篤状態なのに変わりはないが、なんとか命だけは助かりそうだと書かれていた。ただし二人の名前が分からないので、どちらが死亡したのかはいえないという内容だった。相馬共々、読者もまた問いかけざるをえない。綾子と素子のいったいどちらが亡くなったのか、と。また相馬は自らに問いかける。今まで二人とはそれぞれに何度も会い、語り合った。いったい、自分は二人のどちらにより強く惹かれているのだろうか。この不幸な状況下で、本当なら二人共に助かって欲しかったが、一人が亡くなったというのであれば、どちらが助かることを自分は望んでいるのか、と。

さらに話の流れの中で、そもそもこの自殺には、被爆者としての過去と現在との調停が出来ずに死を選んだ素子と、素子の負のエネルギーに引き摺られ、彼女と共に死を選ぶことにしてしまった綾子という、自死に対する必然性の程度の違いがあることが浮き彫りになる。『死の島』空間の情動的色彩に素直に従えば、綾子が助かり、素子が助からないという方が、話の折り合いがつくようにみえる。

だが、そこで福永は技巧的な宙づりを最後まで貫徹し尽くすのである。どうやって？　普通に考えるなら旅の途中はいざ知らず、広島に着いて病院に行けば、二人の内のどちらが助かったのかがはっきりするはずだ。しかし、小説はそのようには書かれていない。福永は、可能的な選択肢を「朝」、「別の朝」、「更に別の朝」という形で併置することによって、素子が死んだヴァージョン、綾子が死んだヴァージョン、両方共が助からなかったヴァージョンというように、すべて提示してみせるのである。しかも、その三ヴァージョンの間には、現実と願望、幻影などというような実在度に関する補注がない。読者は、いったいどれが実際に起きたことなのか、よくは分からないままに放置される。

以上のような『死の島』の説明は、この繊細で複雑な大長篇を、その骨格の素描を太書きでなぞった程度のものに過ぎない。とにかく実際にじっくりと時間をかけて読むという手続きを外しては、『死の島』の豊かさは味わえない。

後はただ、自死へと至る素子の心情の一端を端的に描いた一節を引用して、この小説への言及の締めくくりとしたい。素子の頭脳は、八年前に死ぬべきだった場所、本来死んでいた場所で死にたいという欲求に駆られながら、次のような想念で充たされる（下巻、p. 295）。

お前は死んでいたのだ。お前はとうの昔に棺にいれられ、密閉された棺の壁を通してさまざまの幻覚を見ていたにすぎない。相馬さんも幻なら、綾ちゃんも幻、そんなものは現実にはちっとも存在していない。お前が棺にいれられる以前のことを少しも思い出せないように、棺にいれられたあとお前が生きてきたと思ったのはただの夢にすぎない。何を今さらお前がためらうことがあるだろう。

ここでは、被爆の瞬間から死を内包した生を紡ぎ、やがては内部に既存する死と帳尻を合わせるために実在的な死に突進するという悲惨な心情が、簡単な筆致の中で巧みに描かれている。繰り返す、『死の島』は原爆文学の王道のテーマを明確に受け継ぎながら、同時に、それを複雑極まりないストーリー（プロットではなく）の提示法、巧みな心理分析、実験的手法に基づく芸術的昇華などのあらゆる面を総合して、見事な言語芸術に仕上げた傑作なのである。あまり評判の好くない講談社文芸文庫版（2013）とは異なる形で、読者により接近し易い条件で再刊されることを、私は切に望んでいる。

5　大庭みな子

大庭みな子（一九三〇―二〇〇七）の『浦島草』（1977）は原爆小説ではあるが、一見、原爆はかなり間接的な関わり方しかしていない。確かに、冷子《りょうこ》が姑を探すために西条から広島に向かい、そこで見聞きしたものが描出される際には、投下直後の記録性を踏襲した書き方が成されてはいる（pp. 144-146）。「眼玉や骨がとびだし、立ったままで火柱になっている人」、「被爆者の行きすぎる道端で石に打たれて死んでいた」白人兵士、応急の被爆者収容所にいた「人間というよりは、生焼けの魚、火ぶくれした血みどろの、うごめいている魚か何か」のような人々などという描写の数々だ。

しかし、小説全体の中では爆心地そのものの描写的記載は遠景的なものに過ぎない。一応の主人公は長いアメリカ滞在の経験をもつ二三歳の雪枝。その周辺には、アメリカ時代の恋人マーレック、雪枝の異父兄で三〇歳もの年齢差がある森人、その兄洋一、森人の愛人冷子、森人と冷子の間の子供、黎などがいる。冷子は夫が出征中に森人と関係をもったわけだが、黎を妊娠し出産間近という時に、突然夫の龍が帰ってきた。龍は何かにつけて殺してやるといった類いの言葉を吐く男だったが、帰還以来、森人と冷子が住む家に住みついてしまう。そして冷子は森人と龍という二人の男の相手をし続ける。そんな生活の中で、冷子の髪は急激に白くなり、黎の存在もまた、どこか実体のないものになっていく。

黎は恐らくは自閉症だ。泥遊びへの異常なまでの熱中、他人への完全な無関心など。黎の一種の知的障害の中に、遠景の現在化がある。なぜなら、客観的に正しい正しくないは別にして、黎が障害をもつのは、冷子が姑を探しに被爆直後の広島を歩き回ったためと思われているからだ。確かに、冷子には広島に行った後しばらくの間、原爆症的な症状があった。

黎のために、森人は身寄りがないユキイという女性を世話係として探してくる。初めは熱心に黎の世話をしていたユキイも、やがて黎と二人でいることが耐えられなくなる。しかも彼女は黎だけではなく、黎の家族全員がどこか変だという気持ちを抱く。そして、当時一五歳の彼女は数歳年上のアメリカ兵と知り合い、妊娠する。男は戦死し、ユキイ自身出産直後に死んでしまう。その二人から生まれた子供が夏生である。現在（一九七六年と設定）では、夏生が黎の世話をしている。黎は三〇歳、夏生は二五歳だが、彼女はまるで黎の姉のように振る舞うことを余儀なくされている。ただし二人は、血の繋がりはないとはいえ、姉弟（妹兄？）以上の深い関係がある。他方で、冷子は三〇年間この家に暮らしている間中、「息子の黎を殺すことを夢み、そして最近では、夏生に代表されるすべての若い女を哀しみと恥の中で憎むことで、生き長らえてきた」（p. 101）。家の庭には、どこか不気味な黒っぽい仏炎苞《えんほう》をもつ浦島草が生えている。本の題名の由来となる植物である。以上が小説の大体の基本設定だ。

それぞれの章が複雑極まりない人間模様を断片的に明らかにしていくが、そこここに原爆の影がちらつく。やはり、黎の存在が大きい。冷子は夏生を憎み軽侮しているが、表面的にはとても可愛がっている。夏生は言葉を投げつける、「原爆の話ばかりじゃ生きられないわ、人間は」、「冷母さんも、老いらくの恋でもすればいいのよ。どうせ、今まで不道徳に生きたんだから」(p. 106)。

冷子に黎が重くのしかかる。ある意味普通の事だが、冷子は姑と良い関係はもっていなかった。冷子が原爆投下直後の広島で姑を捜し回ったのは、姑が生きているのをではなく、死んでいるのを確認するためだった。だが、冷子は雪枝との対話で述べる、「あの人〔姑〕は――あたしがあれほど希んでいたように、あたしが手をかけずに、――誰の手にもかけられずに――炎の中で消えてしまい――そして、屍体がないということで、あたしに復讐したんです。黎のような子供が生まれたのは、きっとそのせいです」(p. 149)。爆心地付近で必死に姑の姿（むしろ屍体）を探し、着物だか皮だか分からないものを引き摺りながら歩く人、飛び出た眼玉を押さえてうずくまった人などを傍らで見やりながら、その人たちの誰かがひょっとして姑かもしれないと思い至り、どうしようと狼狽《うろた》える。自分は気が狂った、とその時冷子は思う。雪枝は、貴女は今でも狂っていると口を挟むが、無視して冷子は続ける、「だから、あたしは一生あの人の幽霊におびやかされるんです。――あの人の死を希っていたあたしの罪が――黎に」(p. 150)。

読者は思い知らされる。確かに原爆投下直後の証言派的色彩はこの小説では希薄かもしれない。しかし登場人物の心理の中に被爆は大きな影を落とし、その生き方を束縛し続けている。さらに、それは心の中の苦しみや憎しみであると同時に、肉親（黎）の身体や精神へのダメージという形でも肉化されている。冷子にとって、原爆は何度も蘇る現在なのである。

他方で大庭は、被爆後約三〇年現在の時点で、原爆が否応ない風化を帯びているという事実にもしっかり目を向けている。久々に広島を訪れた森人と冷子は、かつての広島が驚く程に美しく、近代的な都市に変貌していることに感銘を受ける。そして原爆ドームを訪れた時、森人は若いカップルの囁き声を耳にするのだ（p. 287）。

——原爆、原爆っていったって、大したことないんじゃない——ケロイドの人なんてどこにもいないじゃない——そういうのが見たかったのに！

そういうのが見たかったのに！　そういうのが見たかったのに！　そういうのが見たかったのに！　森人は妙なめまいで立ちくらみし、頭蓋骨の奥に鈍い痛みを感じた。自分の頭蓋骨を両手で持ってふると、土くれがこぼれて、白い草の根がからんでいた。

森人を瞬時に襲う被爆即死者の幻影の描写は巧みである(48)。消え去らない過去と、風化した過去——この両者の側面を、いささか暗く陰鬱な人間関係の錯綜の中で描く『浦島草』は、証言派を離れた原爆文学の一つのあり方を指し示していると位置づけて問題ない。

6　青来有一

長崎に縁の深い作家、青来有一《せいらい》（一九五八—）の『爆心』（2006）もまた、証言派的ではない原爆文学の今後のあり方に示唆を与える作品だ。これは文壇からも評価され、二〇〇七年には谷崎潤一郎賞を受賞している。『爆心』は互いに関係のない連作からなる短篇集である。全体の題名も象徴するように、それらの作品はどれも緩い形で被爆と関係している。精神障害を扱った「釘」、知的障害を扱った「石」、義父母が被爆しているという形で原爆と繋がる「蜜」、原爆孤児を扱った「鳥」などからなるが、ここでは「虫」にほぼ特化した記述をしたい。

現在七五歳の私、廣瀬光子（語り手）は、看護婦見習いをしていた一五歳の時に被爆し、瓦礫の山からかろうじて助け出される。リヤカーの荷台に乗せられて助け出される途中に見たウマオイ（キリギリスの仲間）の姿が、一種の原風景のようなものになる。ある時、光子は玲子から手紙をもらう。久々に会って彼女の夫、もう一五年も前に亡くなった夫、光子の知人でもあった夫の思い出話をしたいというのだ。光子は一人、怒りに燃える。というのも、玲子の夫、佐々木とは同じ職場だったので、玲子よりも前から知っていたからだ。しかも、熱心なクリスチャンだった彼と会話を重ねる内、光子は佐々木に恋心を抱くようになっていたからだ。「原子爆弾でみっともなか姿になり、十代の後半をほとんど家の中で過ごしたわたしにも、溢れるものは溢れていたのです」（p. 101）[49]。それを玲子が横取りしたのである。

同じ職場には尾崎という同僚もいた。尾崎は被爆者で、爆風で酷い傷を負い顎がなかった。彼は、光子に、同じ被爆者同士なのだから付き合わないかという意味の視線を絶えず投げかけてきた。光子の頬にも痣があり、二人はいわば似たもの同士だったからだ。しかし光子は健康な佐々木に憧れ続け、尾崎には冷たくあたる。尾崎が光子を見る眼は「虫の眼」のように思えて、苦手だったのである。尾崎はその後、三〇歳になるまでに三回も顎の整形手術を受け、放射線障害にも苦しみながら、遂には縊死してしまう。罪悪感に苦しむ光子。

光子の脚は被爆時の障害で赤茶けた色に変色し、木切れのように痩せている。そこにはガラスの微細な破片が埋め込まれていて、時々しくしく痛む。

光子が務める印刷所に玲子が就職してきたのは、光子よりも二年ほども後のことだった。明るい雰囲気を撒き散らす玲子が佐々木の心を射止めるのに時間はかからず、佐々木はやがて五島の中学からの誘いがあり、印刷所を辞めてしまう。その二か月後には玲子も五島に行く。二人は結婚の約束をしていたからだ。光子はその間中、激しい嫉妬に苦しむ。

佐々木は美しい男性で、玲子と結婚して子供が三人生まれても、その美しさは変わることがなかったが、今から一五年前に脳血管障害で急逝してしまう。しかし光子の佐々木への思いはずっと続いたままだった。佐々木と玲子は結婚後もたびたび長崎に立ち寄り、子供たちと一緒の席に光子を誘った。彼が四〇歳になり、光子が三〇代終盤のある時、珍しく単身で長崎に訪れた彼と、光子はマリア像の前で関係をもつ。その後もそのことは一切秘密裏にされ、光子は玲子たちとそれまで同様に会い続けるのだった。その関係はただその時だけで、二度と繰り返されることはなかった。

その背景がある時に、玲子から夫の思い出を、という暢気な手紙をもらったとき、光子の怒りは改めて燃え上がったのである。光子は秘密の関係を告白する手紙を書くが、結局出し切れず、封印し、宛名を書いて祭壇の引き出しにしまう。

これが話の大まかな流れである。ここでは光子が佐々木と関係する場面、敬虔なクリスチャンであるはずの彼がマリア像の前で事に及ぼうとする際に、光子に問い質された時の言葉を引用しておく（p. 118)。

「おれらは虫といっしょさ。食べて、交わり、子を残していく……。誰が生き残り、誰が死ぬかは、ただの偶然でしかなか……それだけのことさ……」（……）

「神さまは、われらひとりひとりの顔を見てはおらんよ。人は多すぎる。この地上にはどこにも溢れておるやろうが、虫といっしょさ。虫の一匹、一匹の生き死にには、神さまは眼もくれんやろう。名前もなく、どれも同じ顔をしておるけんね。だから、虫もつまらん信仰などもちはせん。虫には神さまはおらん。人間が虫よりもどれほど偉かと言うのか」

他の箇所でも、なぜアメリカは同じ宗教の信徒が多く住む浦上に原爆を落としたのかを問題にする場面があるが、長崎原爆と宗教との問題はほぼ現在にあっても、依然として重要な問題系なのだということが確認できる。

虫のような身の男性として光子を抱いたという伏線は、「やがて、ウマオイは「まだ、生きておるね？」と笑いながら、濡れた尻尾をわたしのおなかに挿しいれてきて、濃い草の匂いがする精を、白い無数のガラス片のようにきらきらと放つのでした」(p. 136) という短篇最後の文章で、巧みに意味的な収斂を起こしている。

改めていうなら、「虫」は証言派の直接的な観察記述、同時的な驚愕や弾劾、憤怒の諸相から離れて、今後の原爆文学のあり方の一つを占う佳篇だと述べて大過ない。(50)

＊　＊　＊

さて、以上、かなりの長きに亘って私は、原爆文学の代表的な流れについて簡単な評言を加えてきた。取り上げた対象やその分析の仕方が顕著な独創性をもつとは思っていないが、科学思想史的知識背景の持ち主がそれなりに通覧した一つの可能的ヴァージョンとして、読者の一定の興味を惹いたとすれば私としては満足である。また、詩や短歌についてはほぼまったく言及できていないが、それはもっぱら当該分野に関する私の知識水準の低さから来るものである。

さて、次の節では、原爆問題が現代文明の中でその後一層汎在化し、核文明という様相さえ呈するに至った中で、人々はその世界的動向にどのように思想的かつ文学的に対応しようとしたのか、それをごく簡単に振り返ってみたい。

第四節　原爆から核へ

1　大江健三郎

ノーベル賞作家、大江健三郎（一九三五―）は、原水爆開発競争からより一般的な核文明へと至る戦後世界の中で、一早く警醒的な議論を組み立ててきた。小説作品としても、核シェルター絡みの話が出て来る『洪水はわが魂に及び』（1973）や、原発への評価の変遷を跡づける『ピンチランナー調書』（1976）などがあるが、[51] ここではより直截的な形で彼自身の思想が表れている評論活動に注意を払っておこう。具体的には、『ヒロシマ・ノート』（1965）、『核時代の想像力』（1970）、『核の大火と「人間」の声』（1982）などの文章である。

『ヒロシマ・ノート』は、自ら障害をもつ子どもをもち、内面の不安を抱えたままの大江が何度か広島を訪れ、原爆被害とそれに苦しむ人々に改めて思いを凝らし、それを契機に一種の文明批判を展開している書物である。扱われる話題は多様だ。一九五四年ビキニ環礁での水爆実験と、第五福竜丸被爆事件を契機にして、一九五五年に最初の会合が開かれた原水爆禁止世界大会が、その後、ソヴィエト連邦の核開発などの世界状況に翻弄され、左派勢力の分裂を反映させる形で運動自体が分断されていく様子を、ほぼリアルタイムに報告したもの（「プロローグ広島へ……」「広島への最初の旅」）、原爆病院で癌や白血病で死んでいく被爆者たちの様子を描いたもの（「広島再訪」）、不定愁訴として扱われかねない原因不明の不調に苦しむ被爆者、畸形児誕生の苦しみ、原爆孤老、被爆者の自殺など、個別の繊細な問題に踏み込んだもの（「モラリストの広島」）、原爆病院で患者救済に奮闘する医師、重藤文夫（一九〇三―八二）の活躍を見据えたもの[52]（「ひとりの正統的な人間」）などである。

原水爆禁止世界大会の成り行きなどをみれば、原爆問題が改めて大きな政治的枠内に位置づけられざるをえないものだということが実感される。もちろん、それは投下直後から理解されていたことだ。例えば大江も、地域の内科医師が被爆者間に高頻度で白血病が発生する可能性について新聞紙上で触れた際、ＡＢＣＣから苛烈な批判に晒されたという事実を取り上げている。阿川弘之も既に問題にしていたあのＡＢＣＣである。可能な限り危害の程度を小さくしたい加害者側と、被害の正確な評定さえなかなか許されない被害者という、〈強者の論理〉のごり押しの構図があからさまになっている。

当たり前のことだが、細かく見れば、議論はより複雑な織り目からなる。例えば原爆文学に深く関わってきた本章の観点からみれば、次の文章などは啓発的だ。爆心地傍で被爆しながらも、そこそこの健康を保ち、原爆症などの暗い予想に対してできるだけ楽天的であろうとする人間の感慨を表したものだ（p. 6）。

　そのためであろうか、原爆の文学とよばれるものが、ほとんど、恢復不能な悲惨なひとたちの物語であり、後遺症の症状、心理の描写であるより他に、ありようがないのかを以前から訝っていた。たとえば、被爆して、ひととおりの悲惨な目にあった家族が、健康を恢復し、人間として再生できたという物語はないものだろうか。被爆者はすべて原爆の後遺症で、悲劇的な死をとげねばならぬものであろうか。被爆者が死ぬとき、さきにいった健康と心理的な被爆者の負い目とか、劣等感とかいったものを克服して、普通の人間の死、自然死をとげることはゆるされないのかを考えた。

もちろん、これが規範的言表として提示されるなら問題含みだろう。原爆文学はかくあるべし云々という規範である。しかし、確かに運命の多様性を懐胎した被爆者のテーマ設定の中で、なんとか生き延びていく人々、その後新しい生活を作っていく人々の姿を描くという可能性は、当然存在する。被爆者の自然死というテーマも、その後林京子が問題にしたものと輻輳する。大江は、基本的には被爆者の困難な状況を書くために本書を準備していたわけだが、冒頭近くでいわば方向性の違う見解にもきちんと触れることで、自らの言説を若干相対化していた。『ヒロシマ・ノート』は他にも多くの興味深い判断で溢れかえっている。だがここではいささか不穏な含意さえ引き摺る次の一節を引用するに留めておく。『往生要集』を何度も引きながら、いわば現代の生き地獄に立ち会うわれわれは、昔日の終末観をさらに突き抜けて、人間自体の醜怪な変形という可能性さえ見据えなければならない、と彼は述べるのである（p. 185）。

しかし、放射能によって細胞を破壊され、それが遺伝子を左右するとき、明日の人類は、すでに人間でない、なにか異様なものでありうるはずである。それこそが、もっとも暗黒な、もっとも恐しい世界の終焉の光景ではないか。そして広島で二十年前におこなわれたのは、現実に、われわれの文明が、もう人類と呼ぶことのできないまでに血と細胞の荒廃した種族によってしか継承されない、真の世界の終焉の最初の兆候であるかもしれないところの、絶対的な恐怖にみちた大殺戮だったのである。

日本の政治風土は、地獄的なものを隠蔽し、早く忘却させようとする傾性をもつ。そのような風土があるからこそ、大江のこの不穏な言葉に何度も立ち帰り、その意味を吟味し続ける必要がある。私は強くそう思う。大江はその後も何度も核文明に関するコメントを発表している。また、三・一一後の脱原発を巡る社会活動も、よく知られている通りだ。彼にとって、原水爆から原発への稜線を構成する核文明の中で、どのように人間が文化水準を維持し、その矛盾と醜悪さから脱却するかということが極めて重要なテーマであり続けたということが推察される。

ここでは、後は『核の大火と「人間」の声』から二つの講演に簡単に触れるだけに留めておきたい。まずは「核の大火と「人間」の声」(京大講演：1981)。ノーマン・メイラー（一九二三―二〇〇七)、ジョン・アーヴィング（一九四二―)、ウィスタン・ヒュー・オーデン（一九〇七―七三）などの文学者の活動を引きながら、暴力に満ち溢れた世界の中で傷つきながら生きていく人間たちの姿に触れている。特にアーヴィングの『ガープの世界』(1978）への言及が目を引く。そして大江はオーデンが用いた“outgrow”(脱却する）という言葉の注釈の後で、こう述べている (p. 17)。

といいますのは、われわれの文学というものは、現代のような気違いじみた状態から人間がなんとかして生き延びていく、そういう道をひとりひとり発見してゆくのを目ざす試みだろうと思うからです。むしろそれが広く現代の学問、芸術の目的だろうと思うからです。ところが、いまどのような文化的な大衆操作がおこなわれているか。それはわれわれが自分たちの周囲にある困難、あるいは遠い射程で世界を見つめて、それをどんなに気違いじみているものだと認識するか、そしてそれをどう乗り越えてゆくかということを、われわれに考えさせぬ、そういう方向に向けておこなわれていると私は思うのです。

この酷薄な文明の中で、〈脱却〉とは生き延びるということを意味するものになる。「文化的な大衆操作」はその後も消え去ることはなく、むしろ三・一一後のわが国では一層酷くなっているように思うのは私だけだろうか。次の「核時代を生き延びる道を教えよ」(北大講演：1981）でも、やはり何人かの文学者への言及がある。中でもウィリアム・スタイロン（一九二五―二〇〇六）の傑作『ソフィーの選択』(53)(1979）への言及が印象深い。強制収容所に輸送される途中、二人の子どもの内、片方だけを助けるから「どちらにするかを選べ」という残酷な選択を迫られ、その後、一生心の傷を負いながら生き続ける女性。その女性の傷つきやすさ（vulnerability）を、周囲の二人の、やはり同様に傷つきやすい男性と絡めながら語るその小説を、核文明の中で多様な形で傷つきながら生きるわれわれと並行させて論じる。そして、非核三原則を立てながらも国際的には矛盾に満ちた行動をする日本政府を責め、核兵器がなければ戦争抑制ができないという立論を峻拒し、核状況一般を拒絶することを提言する。講演の最後では「現在の核状況の恐怖を敏感に感じながら、なんとかそれを打開していく道をもとめる」若者たちに、一縷の希望を託している。

総じて、大江にとって、核文明に対する批判的スタンスの確立とその乗り越えというテーマは、その想像世界の本質的部分に触れたものなのである。(54)

2　ティム・オブライエン

アメリカの作家ティム・オブライエン（一九四六―）の『ニュークリア・エイジ』（1985）は、なぜか私に黒澤明の『生きものの記録』を連想させる。それぞれの章に「連鎖反応」とか「放射性降下物」などというような、多少とも物理学的題名のついたこの分厚い小説の根本的気分を決めるのは、第一章「量子飛躍」と第二章「民間防衛」の二つだと考えて問題ない。

僕（語り手）ウィリアムは、長年の恐怖心を四九歳になるまで片時も忘れることなく抱き続け、彼にとって危機そのものの時代に対応するために、穴を掘り始めるのだ。一種の核シェルターとなってくれるはずの穴を、である。何のためにそんなことを始めるのか不審がる娘のメリンダを尻目に、ウィリアムは決然と穴を掘り始める。それは、長年、徴兵拒否や逃亡を繰り返し、反体制的運動に憂き身を窶《やつ》してきた彼にとって、最も肯定的で直接的な願望充足の方法なのだった。ただ、その危機なるものがより正確には何を指しているのか、それは敢えて若干曖昧な書かれ方をしている（p. 21）。

僕はいろんな体験をしてきた。僕は世界のありのままの姿を見た。それは幻想なんかじゃない。まごうかたなき現実なのだ。（……）ロス・アラモスのあの埃っぽい台地に住むガラガラ蛇や蝶にきいてみてほしい。ヒロシマの壁の影にきいてみてほしい。こうきいてみてくれ、僕は狂っているのかと。そして耳をすませてほしい。そうしっかりとだ。そうすれば君ははっきりとした回答を得ることができるはずだ。もし君がじっと息をひそめて耳をすませ、そしてもし君に勇気というものがあるのなら、君の耳には炉心溶融の柔らかなしたたりの音が聞こえるはずだ。

ロス・アラモスやヒロシマは明らかに原爆繋がりだ。だが、炉心溶融という言葉は原発を連想させざるをえない。だから、著者はそれら両者（もちろん原爆から水爆への〈発展〉も含めて）を纏めて現代文明の巨大な象徴と見なしているのだ。まさに〈ニュークリア・エイジ〉、核時代の象徴である。

ウィリアムがこの核時代への恐怖感を募らせていたのは大人になってからではない。それを明確に示し、なおかつ興味深い含意を忍び込ませているのは第二章である。彼は、とても小さな頃から核時代が孕む圧倒的危険性に敏感で、それになんとか対応しようとしていた。放射能に怯え、それに対処するために子どもの彼が考えついたのは、ピンポン台の上に木っ端や煉瓦などを積み重ね、台の周囲には段ボール箱や2×4の板などを集めて壁を作ることだった。いわば〈ピンポン台の核シェルター〉である。それでもまだ満足できない彼は、或る日〈鉛筆理論〉に思い至る。ピンポン台上のがらくたを取り除き、台の上一面に鉛筆を並べ始める。なぜなら鉛筆は、鉛のように放射能汚染を防いでくれるはずだからだ。

心配した父は彼に化学実験セットを買ってやる、という。それならガイガー・カウンターもあるといいな、と彼。するとと父は優しく常識的な忠告をしてくれる（p. 55）。

「でもな、いいかね」と父は優しいが真剣な口調で続けた。「お前はそういうのに負けちゃいけないんだ。そういうことでぐずぐず思い悩んでいたりしちゃいけないんだ。世界中の問題や危険を何から何まで気に病んで生きていくわけにはいかんのだ。要するにだな、我々は信念をもって、挫けずに頑張るしかないのだ。」

そしてウィリアムが〈鉛筆理論〉に基づいてピンポン台の上に鉛筆を並べたのをみて、確かに鉛は放射線防御に有効かもしれないが、鉛筆に含まれているのは鉛ではなく黒鉛なのだ、と優しく諭してくれるのだ。

ここには全般的で体制的な危険性を前にしては、個人（大人でも、ましてや子どもはもっと）はまったく無力だという酷薄な事実が晒されている。ちょうど著者も第二章冒頭で示唆しているように、原水爆の投下がある場合、机の下に潜り込んで身を守るという訓練がなされていたように。個人の対応能力は所詮その程度のもので、まさにそれは〈民間防衛〉に過ぎない。だからこそ、父親の常識的対応、つまり（放射能問題などに四六時中苦慮せずに）「挫けずに頑張る」しかない。それが心理的安定感を与える以外には、ほぼまったく無意味な忠告であるにも拘わらず。

全体としてやや冗長であり、より的確な刈り込みをしていれば、もっと傑作になっていただろう。だが『ニュークリア・エイジ』は全般的危機の中でもがき苦しむ個人の姿、幾分滑稽な姿を描出することで、われわれの時代の根源的な悲劇性を図らずも浮き彫りにしている。悩み苦しみ、遂には狂気に至る『生きものの記録』の主人公、中島喜一のように。これはやはり、従来の日本型の原爆文学とは一線を画する表現形態だといってよかろう。

3　武田泰淳

武田泰淳（一九一二―七六）は中国文学に詳しいという印象の強い人だが、その彼がＳＦ的色彩の強い『第一のボタン』[56]（1953：GB8所収）という作品を書いているのは、それほど知られていないはずだ。「第一のボタン」、「永久館」、「猿人の合唱」という三つの章からなるが、テーマ設定の統一性に見過ごせない亀裂があり、全体として、それほどの成功作とは思われない。本章の問題関心と照らしてみた場合、内容的に最も関係が深いのは「第一のボタン」なので、それに触れるのは当然だが、「猿人の合唱」も、違う観点ながら興味深いテーマを扱っているので取り上げることにする。

「第一のボタン」の内容ははっきりしている。一九九〇年代の時代設定。妹に性的暴行を加えようとしていた将校を殺害し、すぐに自首したスズキは、その将校が軍技術部の重要人物だったこともあり、死刑宣告を受ける。しかしやがて、当の技術部が彼の身柄を引き取り、彼にＢ一号という新しい名前をつける。Ｂ一号は技術部から特殊な任務を仰せつかるのだ。

それは、Ｂ一号の「指一本」で遂行可能な任務であり、それが終わればお前は自由だと彼は告げられる。Ｂ一号は任務内容をよく理解しているわけではなかったが、とにかく言われるままにボタンを押す。その後で彼はある映像を見せられる。まずはボタンの前。それは見慣れた敵国の首都の遠景だった。次にボタンの後（p. 269）。

次の場面、それは何ともわけのわからぬ地上の一光景であった。噴火口のようでもあり、沙漠にも似ていた。乾きはてた沼の底かとも思われた。月の表面に似て、地肌の醜い起伏が皮膚病のように盛りあがって見えた。亀裂があり、地崩れがしていた。それは第二次大戦のさいのヒロシマやナガサキの焼跡とはちがっていた。あの場合にはともかく、それが焼跡であり、爆撃のあとであることがわかった。眼前の場面はそれとちがい、太古からこのような形相をていしていた、自然のままの地形のように見えるのである。

要するに、原爆以上の威力をもつ特殊爆弾による敵の破壊である。「ボタンを押す」という表現には曖昧さがあり、指令をすることで戦略爆撃機の出動を許すのか、それとも直接に大陸間弾道ミサイル風のもので敵国を破壊するのか、確定しがたい。いずれにしろ、水爆の最初の実験は一九五二年、大陸間弾道ミサイルの開発は〈V2ロケットのようなものはあったが〉もう少し後のことだ。「第一のボタン」の章が雑誌に公表されたのは一九五〇年なので、原爆という既存条件があったとはいえ、破局的破壊力をもつ爆弾という発想は観察を超えるSF的想像力の賜だったことは間違いない。武田は特殊爆弾爆裂直後の様子が、人類にとっての凄惨というよりは「地球そのものにとっての凄惨」だったと形容している。不幸にして、その後の人類史はすぐに武田の想像力に追いつき、ボタン一つで〈原爆を遙かに超える〉破局的効果をもたらす爆弾はSFを超出して実在のものになった。

こうして「第一のボタン」が多少とも物理学的内容に絡むものだったとすると、「猿人の合唱」は明確に生物学的なもの、それも、バイオテクノロジー誕生以前のバイオテクノロジー的なものである。そこでは、スズキらが軍事大臣に勧められて来訪する動物園の様子が描かれる。動物園には人間の手によって改変された動物たちが所狭しと犇《ひし》めいている。柔和な性格に変えられた猛獣、兎大の象、象ほどに巨大化した牛、爬虫類のような犬など。〈不気味の谷〉とは、普通ヒト型ロボットの、人間との疑似類似性を巡って語られる言葉だが、ここでは動物が人間に近づき過ぎるある時点で発生する違和感が語られている。たとえば改変された後、休憩中の猿たちの様子。「或る猿は、椅子に腰うち掛け、静かに煙草をくゆらしている。或る猿は白い布で、汗をぬぐっていた。何より気持が悪いのは、彼等が人類と同じ、白い皮膚をしていることであった」(p. 307)。

もちろんそれらの改変には、それぞれ機能的目的がある。猛獣を柔和にするのは危険性を減らすため、食用生物の体積量を増やすのは食料需要の増大に応えるため、犬の大きさを自在に変えるのはその愛玩性を際だたせるためだ。

猿の場合には、さらに一層際どい目的が設定されている（p. 308）。

新動物学の博士たちは、この「猿」軍を、大工場で使用する計画を樹てていた。「猿」族は病菌や薬害、温度や湿度の激変に対する抵抗力が強い。作業能力も、一般工員に倍している。被服、食糧、住宅の点から見ても、人類を使用するより遙に経済的であった。（……）［猿たちは］生産一点ばり、働く以外に興味がない生物として、造り上げられた。まさに完成した労働猿である。

フランシス・ベーコン（一五六一―一六二六）の『ニュー・アトランティス』（1627）で語られる「ソロモンの館」での生物実験、ドゥニ・ディドロ（一七一三―八四）の『ダランベールの夢』（1769）の続編『対話の続き』で示唆されるヒトとヤギとの交配実験、ハーバート・ジョージ・ウェルズ（一八六六―一九四六）の『モロー博士の島』（1896）、私が『遺伝子改造』（2005）で紹介した二〇世紀終盤から二一世紀初頭にかけての遺伝学者たちの仮想実験など、生物改変というテーマは、歴史的に見ても固有の伝統をもつというほどに知れ渡ったテーマだ。第一、家畜化の道程が、人類が古来より実現してきた生物改変だともいえるではないか。武田は、一九五〇年代初頭の時点で彼なりの大胆な着想に基づいて生物改変の含意を掘り下げようとしていたのである。

この項目の最初で私は『第一のボタン』はテーマ設定の統一性に欠けると書いた。確かに、水爆クラスの特殊爆弾の投下と生物改変とでは、あまり関係がないようにも見える。しかし、考えてみるなら既に二〇世紀前半の時点で、X線などを利用した人為的な突然変異惹起はよく知られていた。X線を巡る想像力が放射線と連結しても驚くには当たらない。それにもちろん、原爆投下後の状況を具《つぶさ》に見れば、植物の形状異常、生物畸形などが知られていた。その意味でなら、多少とも放射能絡みの特殊爆弾と生物改変というテーマがどこかでリンクする可能性は、この話題の可能的展開の一つとしてトポス自体の中に内在するものでもあったのである。

4 長谷川和彦

小説ではないが、ここで私はある映像作品に言及してみたい。それは長谷川和彦（一九四六―）監督の『太陽を盗んだ男』（1979）である。一言でいうなら、それは「プルトニウムさえあれば、原爆は誰にでも作れる」と判断し、実際に個人で原爆を作ってしまう男の話だ。主人公は中学の理科教師、城戸誠であり、その役を若き日の沢田研二（一九四八―）が熱演している。原水爆開発は政治体制のシステム性を完璧に体現するものであるだけに、それを個人が行ってしまうという異常な基本設定が、まずは観客を惹き付ける。

ただ、この映画を純粋にリアリズムの観点から見続けることは難しい。東海村原発から一人で液体プルトニウムを強奪する場面、警察に原爆を取り戻されたのをターザン風の雄叫びと共に一人で取り返す場面、DJ・ゼロ（沢井零子）の人物造形、城戸が警察の追跡を振り切ろうとするのを沢井がリアルタイムで中継する場面、最終部分近くで城戸が山下警部に何発も至近距離からピストルを撃ち込むのに、警部は城戸を持ち上げるほどの力を発揮する場面、など、ほぼ荒唐無稽と断定しても構わないような場面が幾つもある。そもそも映画にはその種の要素が付き物だといってしまえばそれまでだが、テーマが含意する深刻さは、特に逃亡劇を中継する辺りからほぼ〈冗談〉のような展開になるせいで、かなり減殺されている。ビルの屋上から墜落しても障害物に引っかかりかろうじて絶命を免れた城戸が、道を歩きながら原爆が爆発するのに任せるという衝撃的な幕切れも、冗談の陰に隠れてしまうほどだ。

にも拘わらず、この映画には時々顔を出す冷厳なリアリズム的要素がある。液体プルトニウムから金属プルトニウムを取り出すに至る技術的過程の描写、製作過程で大量被曝を避けられない城戸が、やがて歯齦出血や脱毛の症状に見舞われることなどが、最も喚起的なものだろう。最後に原爆の爆発を放置する城戸は、自らの毛髪をむしり取りながら死への滑走を自覚し、爆裂させることで一挙にそれを完結させるとでもいうかのようだ。もちろん、その際多くの無辜《むこ》の市民を巻き込みながら、である。

なぜ中学校の理科教師が原爆などを作ろうと思ったのか、その実行に至るまでの逡巡や決意の心理的過程は、ほぼ意図的にまったく描かれていない。映画の主要な内容は、原爆を完成させた城戸が、自分は原爆をもっているということを政府に知らせ、その〈権力〉を楯に政府高官たちをいいように翻弄するという逸話から成り立つ。もっとも、その要求内容は素朴で取るに足りないものなのだが。プロ野球中継の時間を延長させること、麻薬問題で来日できないローリング・ストーンズの日本公演を実現させることなどだ。だが、話の要点は、原爆をもつものが特異な権力をもち、それで相手を意のままに操るという冷戦構造を統御する政治思想を、国家対国家ではなく個人対国家という規模の相違を抱えながらも、構造をそのまま同型的に保持しているというところにある。その直接は語られない基本構造こそが、半ば突拍子もないこの映画に一種の切迫性や根源的な暗さの感覚を与えている。この映画は現在でも一部に熱狂的なファンをもつが、それも充分に頷ける。『生きものの記録』がもとうとしていた直截的なメッセージよりは遙かに搦め手からの表現になるが、それもまた、一九五〇年代と七〇年代という時間差の中で、冷戦構造自体の既存性が高まっていたという苦い事実を反映したものだろう。

映像作品に触れたこの機会を利用して、もう一つ、原水爆絡みのテーマをもつ有名な映画にごく簡単に触れておく。それはスタンリー・キューブリック（一九二八―九九）監督の『博士の異常な愛情』（1964）である。アメリカの戦略空軍基地司令官リッパー将軍が一種の発狂状態になり、ソヴィエトの核基地群への爆撃指令を出す。事態の収拾を図る大統領がソヴィエト側と連絡を取り、大部分の爆撃機には帰還命令が出されるが、迎撃によって無線を破壊された一機が目標に爆弾を投下してしまうという筋書きのドラマである。そして、なんとそれが喜劇仕立てで演出されている。爆弾に馬乗りになりながら投下されてゆく兵士の哄笑。それに、一人三役をこなすあのピーター・セラーズ（一九二五—八〇）が、終盤近くでマッド・サイエンティスト、ストレンジラヴ博士の役を演じているが、それは喜劇的というにはあまりに痛々しいものだ。「ハイル・ヒトラー」という腕の癖を無理に抑えようとするその仕草に、われわれは本当に笑えるのか。全員を救済するのが無理なら、優生的な選別をすればいいという趣旨の言葉にも、軽く聞き流すのは難しいリアリズムの響きがある。冷戦構造の極端な愚かさは、喜劇でしか表現できないのか。『博士の異常な愛情』は、核文明が根底で抱えるグロテスクな非人間性を既に六〇年代の時点で映像的に活写した傑作なのだ。

他にも大規模核戦争後、人類全体の終焉を覚悟し、静かに最期を待つ人々を描くスタンリー・クレイマー（一九一三—二〇〇七）監督の『渚にて』（1959）、ソ連の潜水艦を執拗に追い詰める艦長が、NATO司令部の待機命令にも拘わらずミサイル発射準備をさせ、過度の興奮状態にある船員によって、それが誤射されてしまうという悲劇を描いたジェームズ・B・ハリス監督（一九二八—）の『駆逐艦ベッドフォード作戦』（1965）などが印象的だ。ベッドフォード艦自体、ソ連側が報復で発射した核魚雷の嵐の中で、木っ端微塵に消え去っていく。

また、当然ながら、冷戦構造や大規模核戦争という世界状況に触発された邦画は『太陽を盗んだ男』だけには限られない。水爆実験によって目覚め、巨大化した恐竜が暴れまくる『ゴジラ』（1961）は、戦後日本映画が生んだ文化的指標の一つになった。核文明が生みだした怪物が東京を破壊し尽くすという風景。それは被爆の現実的過去をもつ日本人が、可能的未来を強迫的に反復した（cf. Wiederholungszwang）ということなのだろうか。『ゴジラ』を監督した本多猪四郎《いしろう》（一九一一—九三）は、類似の着想に基づきながら、他にも『モスラ』（1961）や『マタンゴ』(1963)の制作に関わっている。

漫画原作のものも入れるなら、恐らく枚挙に暇がないはずだ。舛田《ますだ》利雄(一九二七―)監督の『宇宙戦艦ヤマト(劇場版)』(1977)も、大友克洋(一九五四―)監督の『AKIRA』(1988)も、その系列下に収まるものだ。だが、詳しくもない領域に踏み込み過ぎるのは適切ではないので、この二つの名前を挙げるだけに留めておく。

他にも、原爆というより原発を扱った映画なら、幾つか重要な作品が知られている。スリーマイル島原発事故(一九七九年三月二八日勃発)を直前に予言したとさえいわれる、ジェームズ・ブリッジス(一九三六―九三)監督の『チャイナ・シンドローム』(一九七九年三月一六日公開)、カレン・シルクウッド(一九四六―七四)という実在の女性を扱ったマイク・ニコルズ(一九三一―二〇一四)監督の『シルクウッド』(1983)、大規模原発事故と逃げまどう人々の被曝を扱ったグレゴール・シュニッツラー(一九六四―)監督の『みえない雲』(2006)などだ。

チャイナ・シンドロームという表現は、いわゆるメルトスルーについての半ば冗談的な言葉だが、原発の過激事故が未曾有の危害をもたらしうるということを、充分に意識させてくれるものではあった。また既にこの映画で描かれていることは、原発業界に絡み絶えず取り沙汰される幾つかの話題、例えば、その隠蔽体質、報道機関の政治的配慮による自主規制、原発の背後にある巨大な経済的利権構造とそれへの執着というような、その後何度も現実世界で確認できることなのである。映画としては、最後にジャック・ゴデルという人物が制御室に武装して閉じこもるという、やや現実離れした設定によって、そのリアリズム的特性に毀損を与えている。だがそれを割り引いたとしても、また、たとえ公開直後にスリーマイル島事故がなかったとしても、全体として見れば今でもじっくり鑑賞するに値するものだ。

シルクウッドは、自らが働くプルトニウム燃料の製造プラントでの、不充分な安全管理問題を告発しようとしていた。彼女には、自宅がプルトニウムに汚染されるというような不可解な事件が降りかかる。また、告発のための資料を運ぶ途中、突然激しい交通事故に見舞われて亡くなるのだ。当時から、彼女の死には謀殺の疑いが取り沙汰されていた。

5　原発を巡る文学

原爆から原水爆体制への移行とほぼ同期的に開発され始め、核文明の日常性への浸潤を一層明確に象徴する技術が原発であろう。では、一般に、原爆文学のような意味での原発文学は成立するだろうか。

数の多寡だけでみるなら、既にかなりのものが存在する。しかし、それが豊饒な文学空間を成立せしめるほどの多様な因子を含むかどうかは、実はかなり微妙である。原発は単に個人の心理内容を掘り下げるにはあまりに社会的、政治的色彩が強すぎ、他方で、社会派風の小説にしようと思う場合には、問題性が既に何度も指摘されており、独自の視点やテーマ設定をすることがなかなか難しいからだ。

ともあれ目に付いたものにごく簡単な評釈を加えてみよう。

長井彬（一九二四―二〇〇二）の『原子炉の蟹』（1981）という、やや奇矯な題名をもつ小説は、いわゆるサルカニ合戦の話を参照軸の一つにしながら、犯人による復讐譚を描いた小説である。原発予定地での土地買収に最後まで抵抗した石井正二が、再三の勧誘に遂に屈服して大切な農園を手放し、しかもその補償金までをも詐欺で失い、絶望して死去するという事件が、この話のベースになる。その近親者が復讐のために殺人を犯すという物語だ。そこでは、原発関連の事件や事実が強い隠蔽体質の中でなかなか表沙汰にならないということが、再三問題になっている。(57)

高嶋哲夫（一九四九―）の『イントゥルーダー』（1999）は、かつて付き合っていた女性、松永奈津子が、主人公が知らない内に子どもを産んでおり、その子が瀕死の重体だという知らせを奈津子から受け取るという場面から始まる。主人公は羽嶋浩司、東洋電子産業の副社長だ。息子は死亡してしまうが、それは事故死なのか暗殺なのかが不明なままだったので、羽嶋は真相解明に乗り出す。新潟県のある原発が、地殻構造との兼ね合いで耐震設計のミスが見つかる。しかし電力会社は、それに対応した設計変更を避けるためにデータ改竄を行う。息子はその事実を告発しようとしたために殺害されたというのが、話のラインである。建設前、建設途中、完成後などの幾つもの局面で、原発が巨大な利権の塊になっているという判断が、この種の話に一定の現実味を与えている。(58)

中村敦夫（一九四〇―）は、一九七〇年代に木枯し紋次郎役で一世を風靡した俳優、兼ジャーナリストであり、九〇年代には一時期参議院議員も務めた才人である。彼の政治思想は環境保護的色彩を強くもち、付和雷同型、権力者迎合型が多い政治家たちの中で、その一貫性と思想性によって異彩を放っていた。さらに中村は何冊も小説を書いており、『暴風地帯』（2010）はその内の一冊なのだ。千葉県での核廃棄物最終処分場誘致への賛否で割れる県内の政治グループに暴力団が加わり、賛成派、反対派の微妙な交錯の中から猟奇的な殺人事件が発生するという作りの小説だ。ただ、中村の自然エネルギー保護という関心が随所に顔を出し、フィクションの表層そのものよりもそちらの方を訴えたいという気持ちが強く出ている作品である。

真保裕一（一九六一―）の『連鎖』（1991）は、一九八六年春に勃発したチェルノブイリ原発事故を背景に、ヨーロッパのチェルノブイリ近隣地帯から輸入される汚染食品を監視することが仕事の（元）食品衛生監視員を主人公にするという点で、若干異色である。流通に目を向けるということは、汚染が例えばチェルノブイリのように地理的限局性の中で閉じ込められるものではなく、汚染食品の伝播によって、どこにでも拡散しうるという事実に改めて気づかせるものでもある。この本は、放射能汚染食品の不正規の流通問題という話題を軸に、それに多様なサスペンス色を加えた娯楽作品だと述べてよい。

藤林和子（一九三九―）の『原発の空の下』（1999）では、まず著者の経歴に注意を引かれる。彼女は紡績工場の労働者であり、原発の基礎知識も特にない状態であったにも拘わらず、原発に関心をもって独自に調査を進める。そして原発内部の作業員、特に下請け、孫請けの作業員の労働実態や健康被害を調べ、それを資料にしながら作業員の悲劇を淡々と描くという小説になっている。浜岡原発をモデルにした松浜原発で土井工業の作業員として働く伊藤拓也が主人公だ。働き始めた時には若く健康だった彼は、先輩たちが次々に健康を壊して去って行くのを不安げに見守る。そして徐々に自分自身が被曝していくことも実感しながら、辞職したいが、仕事の責任が重くなるにつれ辞めるに辞められず、遂には白血病を発症するという流れの小説だ。最後には、拓也の間近の死が仄めかされて静かに終わる。告発調のものとはいえず、むしろ被曝労働者の哀しみが自然に浮き上がる書き方がなされている。

次に井上光晴を取り上げる。井上のことなら、先の原爆文学の中で触れたと思う読者も多いだろう。実は井上は、原爆と原発、あるいは核文明一般の双方に跨がる仕事を残した貴重な作家の一人なのだ。ここでは原発問題に関する井上の小説『西海原子力発電所』(1986)を取り上げておく(59)。

被曝事故で夫を亡くした女性、水木品子と、彼女とは関係がないはずの名郷秀次が焼死体で発見されるということから事件が始まり、その真相解明が多くの人々の口を介して徐々に進められていく。同時に、水木の愛人だったはずの浦上耕太郎と、彼が所属している有明座の活動への説明がなされる。有明座の前身は浦上座といい、それは原爆専門のテーマを扱う劇団だった。ただ物語が進行する過程で、自らが被爆者だと宣言していた劇団員の何人かは、厳密には原爆投下時には直接浦上近辺にはおらず、数日後に長崎に入った、またはまったくの嘘だったという意味で、贋被爆者だということが明らかになっていく。

なお、有明座の演題として作中でその一部が紹介される「プルトニウムの秋」という作品は、実際に井上が一九七八年に公表したものと同じ題名である。井上の作家的歴史への準拠、さらには原爆への準拠が二重に遂行される。

ただ、原爆へのより明示的な準拠は作品の後半に徐々に行われるといった方がいい。作品空間の最初の条件設定にとって重要なのは、玄海原発を念頭に置いた西海原発の存在だ。当然ながら、原発関連産業で動く町全体にとって、有明座のような多少とも反原発的な思想の担い手たちは愉快なものではない。焼死という事件が耕太郎その人の殺害を目的としたものなのかどうか、それが当初のサスペンス的因子として、物語の中核をなしている。『西海原子力発電所』は、全体として構造が複雑である分、やや没入しにくいストーリーをもつが、原発と原爆、さらには贋被爆者という独自のテーマが絡み合う、味読に値する作品である。(60)

高橋源一郎（一九五一―）の『恋する原発』（2011）は、この作家らしいスラップスティック風の外観の中で、三・一一直後の大事故とその混乱を間接的に反映させようとした小説だ。話の大枠はなんとＡＶ作り（大震災チャリティーＡＶ）やダッチワイフ騒動の中で進められる。普通に考えるなら、途中で挿入される震災文学論の中に、高橋のより直截的な考えが出されていると見做しうる。特に宮崎駿《はやお》（一九四一―）の『風の谷のナウシカ』（1984）への言及は巧みで効果的だ。産業文明を崩壊させた大戦争。そして汚染の象徴としての「腐海」。世界中に撒き散らされた「有毒物質」なるものが何を指しているのかは明らかだ、と高橋は告げる。自ら汚染された世界に順応できるように改造された人類。そして死者の代弁者として語るナウシカ。普通の小説ならこのテーマを掘り下げることが目指されただろうが、高橋は敢えてそれをせず、馬鹿馬鹿しい枠組みの中にテーマ性の萌芽を紛れ込ませてしまう。文学的感動を期待する読者は、いわば肩すかしを食らう格好になる。ただこれは、原発大事故という破局的事態を前にして、狼狽と混乱ぶりを示す日本政府の姿が醸し出す愚かさを映し出すには、むしろ適した表現形態なのかもしれない。

岩井俊二（一九六三―）の『番犬は庭を守る』（2012）はＳＦ風の異色作である。岩井は映画やＣＭなども手がける才人だ。この小説では、廃炉作業の反復や廃棄物処理場などの林立のために放射能汚染が通常環境化し、その中で生きる人々の遺伝的正常性や生殖能力を決定的に毀損してしまった後の世界が描かれる。男性の生殖能力の劣化は著しく、相対的に正常な精子をもつ男は種馬と呼ばれ、その精子は精子バンクで高く買い取られる。そのため、時々〈種馬成金〉が生まれる。他方でより頻度の高い事例、劣悪な精子しかもたず、ペニスも充分に成長しない〈小便小僧〉がいる。この小説はその小便小僧の一人、ウマソーを主人公とした、暗く陰鬱な未来像を描くものだ。それに、人間化した豚による臓器補塡の話など、未来型バイオテクノロジーを合体させているのも特徴の一つだ。原発そのものは背景的なものとしてしか想定されていないが、この小説世界を決定的に規定していることに変わりはない。もし今後、原発文学なるものがカテゴリー化されうるほどに豊穣化するとすれば、この本はその先駆的なものとして位置づけられるに違いない(61)。

名前を挙げる気になれば、他にもまだかなりの作品群がある。たとえば吉原公一郎（一九二八―）の『破断』(1988)、高村薫（一九五三―）の『神の火』(1995)、東野圭吾（一九五八―）の『天空の蜂』(1995)、水上勉（一九一九―二〇〇四）の『鳥たちの夜』(1984) や『故郷』(1997)、斎藤栄（一九三三―）の『殺人本線日本海』(1996)、沙籐一樹（一九七四―）の『プルトニウムと半月』(2000)、北川貢一（一九七三―）の『原発』、山川元（一九五七―）の『東京原発』(2004)、新井克昌（一九三六―）の『日本列島放棄』(2007)、真山仁（一九六二―）の『ベイジン』(2008)、渥美饒児（一九五三―）の『原子の闇』(2011)、古川日出男（一九六六―）の『馬たちよ、それでも光は無垢で』(2011)、若杉冽の『原発ホワイトアウト』(2013)、吉村萬壱（一九六一―）の『ボラード病』(2014)、風見梢太郎（一九四八―）の『風見梢太郎 原発小説集』(2014)、木村友祐（一九七〇―）の『聖地Ｃｓ』(2014) などだ。これら福島第一原発の大事故以降、多少とも虚実を綯い交ぜにしたこの種の作品は、今後も書かれていくだろう。これらの中には、純粋な小説というよりは半ばルポルタージュ的色彩の強いものも含まれる。また若杉冽のものは、現役の官僚が匿名で発表したものであり、一時期話題をさらった。

ただ、ここでは、それらの簡単な紹介をこれ以上漫然と羅列することは避け、最後に一人だけ別個に取り上げておくことにしよう。それは野坂昭如である。

6　野坂昭如

野坂昭如（一九三〇―二〇一五）の「乱離骨灰鬼胎草《らんりこっぱいおにばらみ》」(62)(1980)という短篇を取り上げる。野坂らしい毒々しさに満ち溢れ、特異な歴史的背景を設定した上で、自然、人工の両方に跨がる放射能汚染をライトモチーフにした優れた作品である。

舞台は卵塔村《らんとう》。まずは村の歴史的背景が描かれる。その繁栄は、ある時ふとしたきっかけでこの村のことを知った勅使が、舟で沖から見た山肌が青白い光を放っていることに興味を引かれたということから始まった。それは夜見の石と呼ばれ、夜に怪しく光るその光は、墓石用に尊ばれる。僻村が石切りの村に変わり、活発な貿易も行われるようになる。

村の整備にと、切り立つ崖の上を開墾して稗を植え食料備蓄も怠らなかったが、よかれと思って行った開墾が徒になったか、やがて酷い鉄砲水や地滑りに襲われて、多くの村民が落命する。貧困の極みの中、若い女性は町に出てお定まりの売春業に身を沈める。村は墓石取引の場として、不浄の烙印を押される。村に残った少人数は穴居生活のような貧困に喘《あえ》がざるをえない。子供は墓荒らしで金品を盗むが、やがてある男に見咎められ、見逃す代わりに死亡直後の死体から肝を採れと持ち掛けられる。肝を採り、男の元に走れば高く買ってくれるので、子供らはその技に夢中になるが、ある日遂に捉えられて磔に晒される。

村民はますます少なくなり、危機意識を抱いた老人たちは村の娘を孕ませる。しかし生まれる子供の多くには、重い畸形の陰が宿る。ある僧侶が畸形児たちを見て、それは昔、寺を建立することを拒んだ仏罰だと村民たちに説く。彼らは、死んだ畸形児をあの世で成仏させようと請け合うその僧侶に、畸形児を手渡す。実際にその僧が行うことは、畸形児を見世物にして荒稼ぎの手段にするだけ。だが、僧はその儲けの一部を村に返し、念仏堂でも建てよと告げる。さらに、もしまた畸形児が生まれたら知らせてくれ、と前渡し金のような金も渡す。村は畸形児を生めば金になるとばかりに、出産を推奨。やがて卵塔村は見世物ネタの宝庫と呼ばれるようになる。幕末ともなると、さすがに取り締まりが厳しくなり、遂に畸形児商売は終わりを告げるが、その時までに蓄積された富を元手に、村は漁業で栄えることになるのだった。

これが、卵塔村の長い前史である。短く一気呵成の後半部では、その村が原発建設予定地になり、大量の資金投下で村民が村有地を手放す様子が簡単に描かれる。もともと水揚げも減少傾向にあった中、話がうますぎるという程の好条件で建設を承諾。トンネルが掘られ、それまで隔絶されていた地理的条件も激変し、外から見知らぬ多くの労働者が入ってくる。もっとも、大量の資金も使い果たせばそれだけの話で、漁業を再開しようにも汚染の心配から誰にも買ってもらえない。やることがなくなり酒に溺れる日々を介して、やがて村民たちは自らが原発作業員として働くようになる。流れ者とは違い、土地に居着く村民たちの矜持を示すために、放射能に気後れしない姿を見せようと、自ら進んで大量被曝に突進する。しかしやがて、生殖に危機意識をもつ村民たちから意見が出て、生殖年齢に到達する前の子供なら使い捨てでも構わないだろうという主張が通る。そこで幼児や子供が原発で働くようになる。そのため、原発内部には奇麗な色のペンキが塗られ、パンダやドラえもんの人形が至るところに置かれる始末だ。ネジ巻きのための可愛い台詞《せりふ》に踊らされて、園児や小学生は作業員として働き続けるのだった。

以上が、この話の大枠の筋である。卵塔村での畸形多発には、そもそも村の産業資源、その土地の花崗岩が放射性物質を比較的多く含むという根拠付けが行われている（近親婚という因子も絡む）。村民は、最初は天然の放射能で畸形児の出現を許し、それが結果的には見世物の対象として富の源泉になるというのが村の前史だ。そしてその後百年あまりの時間を経て、今度は原発による環境汚染と労働者の被曝という話に繋がっていく。原発の許諾とその後の顚末は、ある意味定型表現を踏襲したものに過ぎないが、江戸時代の村民が滅亡怖さに無理矢理娘たちを犯したのと相即するように、生殖可能な青年男女の被曝を避けて、代わりに低年齢児も含めた子供を作業員にするという強烈な逸脱行為が行われ、その衝撃の中でこの小篇は終わる。

末尾近くの次の一節などは、現実世界に萌芽的に含まれる諸要素が極端にデフォルメされ、グロテスクなまでに倒錯的でしらけた風景の現出を可能にしている。野坂の面目躍如といったところだ（p. 44）。

　軽やかな音楽にのって、保母が、三年保育の幼児とダンスしている、「おねじをクルクルクルクル、パッ、おねじをクルクルクル、パッ、おねじをガラガラガラ、パッ、小百合ちゃん、ガラガラの時は左まわしでしょ」壁に原発の、壁から露頭するパイプのバルブ、マンホールの蓋、タンク、チェーンの絵が描かれ、玩具もすべて原発内の器具、用具に模してある、「では雑巾しぼり競争よ、誰が上手かな」びしょびしょの床に、幼児がかけ寄り、ウエスをひたし、水を吸わせ、バケツにしぼる競争、「メッ、顔に水はねかせちゃいけないっていったでしょ」

貧困、売春、近親婚や被曝による畸形、フリークス的な伝統の示唆などと、暗い現実を半ば反映させたリアリズムは、ところどころで野坂独特の極端な歪曲の果てに、リアリズムを超えている。ともあれ、この小篇が発表された一九八〇年といえば、原発建設のための技術的錬磨や法的整備がなされ、やがては建設ラッシュを迎えようという時期に当たる。だから、この小篇の中には、我が国の同時代的背景に野坂なりに対応しようとした想像力の強さが見て取れる[63]。過度の政治性によって歪曲されることを避け、同時に文学的な深い陰影を与えることに成功したその手腕には、唸らされるものがある。

野坂は普通、男女の激しい性愛という私的領域の巧みな掘り下げで知られている。だが、これらの作品群は、ちょうど「骨餓身峠《ほねがみとうげ》死人葛《ほとけかずら》」(1969)が、一九六〇年代に盛んに議論された人口爆発と飢餓問題という、やはり深刻な社会問題を暗黙の遠景として描かれていたように、野坂の想像力が、同時代の複雑で深刻な社会問題に敏感に対応しながら調整されたものだということを、図らずも明らかにしている。

第五節　核文明下での人間性の保持のために

1　被爆の風化と、核の汎化

一般に、不幸や障害、病気などで苦しむ人間たちはどうしても自分の生命や身体への内向きの眼差しが強くなり、その分、社会的場面での活動に消極的で、撤退的になる。被害者や病者が賑やかで活発な社会活動一般から若干見えにくくなってしまうということには、それ相応の理由があるのだ。しかし、だからこそわれわれは積極的にその種の人々の存在を喚起し続け、彼らの聞き取りにくい呟き声に耳を澄まそうとし続けなければならない。それは別に〈綺麗事〉ではない。われわれの誰もが潜在的な病者であり、いつどこで見舞われるかもしれない事故、犯罪、突然の病などに、心の奥底で怯えながら暮らしている。その種の同時並行的な不幸の可能性を知らない人間などは、実は存在しない。人間は儚い存在なのだ。病や障害が顕在化し、それと闘っている人々のことを気遣い続けることは、可能的自己への気遣いとほとんど同じことなのである。

個人的で散発的な気遣いに留まり続けることにも充分意味があるが、それが集団化し、一つの政治的姿勢の表明として社会に一定の存在感をもつに至れば、当然、その社会的効果も違ってくる。広島や長崎の被爆者は、その意味で、一種不幸なラインの同時並行性を知らしめる受難者の中でも極めて特異な経験を受肉化しなければならなかった人々として、単に個人レヴェルでの苦しみを訴え続けるだけではなく、原爆被害の実相を広く社会に周知させるために集団化し、政治化していく必要があった[64]。そして、事実、被爆者集団を起点として幾つもの政治運動があった。

しかし、同時にわれわれは、被爆者の政治運動がいろいろな困難や問題点を抱えたものだったということを知っている。

小説家、夏堀正元（一九二五―九九）は「平和運動の中の人間」（1962：GB15 所収）の中で、一九五〇年代半ばにアメリカの水爆実験などを契機に盛り上がった原水爆禁止運動[65]の来歴を念頭に置きながら、それさえもが米ソ冷戦構造の中での核実験競争に翻弄され、的確な方向性を見失っていると見做す。せっかく組織された政治運動自体が、なかなか一枚岩にならない。大江健三郎のところでも軽く触れたが、たとえば原水爆禁止日本協議会（原水協）と原水爆禁止日本国民会議（原水禁）の対立はよく知られている[66]。

さらに問題を複雑にしているのは、本来、原水爆禁止という目標設定そのものにはなんら異存がないはずの被爆者グループが、この問題に対して極めて両義的な姿勢をとるという事実だ。一般に被爆者たちは、一部の例外を除いて、原水爆禁止運動には消極的または無関心なままに留まる。反対の姿勢をとる人さえいるくらいだ。原水爆禁止運動が全国規模の一種の祭典的性格をもつことへの違和感、原水爆禁止という一般性の中に、実際の被爆体験の当時者性が埋没することへの危惧などがその感情には練り込まれている。他方で、被爆者は、たとえば復興著しい広島の中で半ば忘れられたような存在になってもいる。さらには、当の被爆者たち自身が必ずしも一枚岩ではない。見舞金分配に分け隔てがあり、あるいはあるように認識され、被爆者相互間の生活水準にも微妙な違いが出て、相互に反目や離反が始まる。

こうして、長崎や広島で被爆したという空前絶後の体験を、より広い社会的文脈に連接させ、自分たちの悲劇的体験を政治的設計に反映させるという可能性は、その十全な可能性を充分に発揮できないまま、長い時間逡巡していたということが分かる。

そもそも、原爆自体の位置づけに大きな変化が起こる。まずそれは直接的証言から間接的調査の対象になる。観察から記憶への移行だ。さらに広島長崎という限局性から引き摺り出され、潜在的な大規模核戦争と、繰り返される核実験という世界的構図とリンクせざるをえなくなる。その構造変動の中で、原爆体験は徐々に周辺化されていく。原爆よりも遙かに強力な水爆が出現し、それが実験的にとはいえ何度も実際に爆発している状況の中で、広島長崎の〈負の特権性〉自体が瓦解していくのだ（時の流れ自体がもたらす風化作用はいうまでもない）。より巨大な怪物に、小さな怪物が呑みこまれていくとでもいうかのように。

そしてそれは原爆文学の作家たちにも共有される問題になっていった。たとえば本章第一節２でも触れた大田洋子の中篇「輾転の旅」（1960：GB2 所収）には、例の「ざまを見ろ」発言だけではなく、次のような見逃せない一節がある（第五節）。

十年間、私は原爆を扱った芝居を書いて来た。それが現代では、劇作や文学の範疇からはみだしたものであることを、私はいやいやながら知っていた。「現代では」という、現代の受入側の壁の堅固さを私は見た。

「またあれですか」

と人は云った。自分でもまたあれかと思った。

「まだH市には、あのことで書くことがあるのですか」

この詰問をおどろくべき考えだと思い、私の背中に、さッと寒さが流れた。

ここで重要なのは、対話者だけではなく、作家自身の分身である私（語り手）もが、「あれ」でまだ書くことがあるのか、書き続ける意味があるのかと一瞬自問していることだ。時間の重みが過去の実体を埃のように四散させるというのは、誰もが知悉する風景に過ぎないが、それは原爆という破天荒な経験にとってさえ例外ではない。

黒古一夫は「〈終末〉への挑戦」（1982：GB15所収）の中で、その風化の一端を跡づけている。林京子の『無きが如き』（1981）に触れながら、当時若手作家だった三田誠広（一九四八―）はある鼎談（1981）の中で「われわれの日常生活というものは、そういうもの［原爆］と全然関係ないところで生きているわけで、たまたまこの本を読んで、ふと、長崎に原爆が落ちたということを思い出す程度でしかないわけですね」と述べるのだ。黒古は三田の態度を「想像力の貧困」を暴露したものだとして弾劾しながら、林のような〈語り部〉の存在は一層重要になる、と論を進める。想像力の貧困というより、日常生活の惰性がほぼ不可避的にもたらす過去の軽視であろう。だが同じ作家として、三田の発言は確かに不遜なものだといわねばならない。「そういえば長崎には原爆が落ちたんだったっけ」……。投下後三五年前後にして同胞のインテリからこんな類いの言葉が呟かれるようでは、アメリカ人も、仮に一抹の罪悪感を抱く人であったとしても、それほど気に懸ける必要はないと思い直すことだろう[67]。

ともあれ、である。わが国だけではなく全世界の状況を改めて見直すなら、たとえばハワード・L・ローゼンバーグ（一九五一―）が『アトミックソルジャー』（1980）で報告するように、ネヴァダ州の核実験場で繰り返された核実験[68]によって何千人もの兵士が被爆したという事実（彼らの内の少なからぬ人々は、その後癌や白血病などに苦しむことになる）、湾岸戦争後、何度か実戦で使われた劣化ウラン弾による被曝（周辺住民並びに使用した兵士）など、放射能汚染は全世界的な規模のものに膨らみ、核文明の統合的一部をなすものになってしまった。それがどれほど不幸なことなのか、人類はもっと自覚的になってよい。その一般的風景の中で、確かに原爆体験は既に一部を構成するものでしかないという見方も不可能ではない。

ただ、その状況下にあっても、最初に核爆弾を投下されたという事実は永遠に残るので、原爆文学が今後もなんらかの形でその独自性を保つ可能性は依然として存在する。第三節でも触れたように、それは大庭みな子や青来有一のようなスタイルをとるものになるかもしれない。あるいは、原発や大規模核戦争と複合した一般的状況を意識したものになるかもしれない。原爆文学にはまだ、可能的未来が拓けている。

2　原発：政治的技術

原爆が投下され、市民が即死、または被爆症状に苦しみ続けたことは、もちろん自ら望んでそうしたことではない。その意味でそれは受動性の中での経験だ。ところが、戦後の日本は、史上初の被爆国という立場にも拘わらず、あるいはある種の論者に依ればまさにそのゆえに（「だからこそ」の論理）、自ら進んで原発システムを導入することになる。プルトニウム爆弾を落とされながらも、その数十年後には大量のプルトニウムを保有するに至るというその史的力線は、人類史が何度も立ち会ってきた逆説的展開に新たな具体例を付け加えるものだ。

一九五三年に行われた、アイゼンハワー大統領（一八九〇―一九六九）の「平和のための原子力」国連演説辺りを一つのきっかけにして、五〇年代半ばから六〇年代初頭にかけて、急速な法的整備と政治的調整によって原発の導入が決定されたという成り行きについては、吉岡斉（一九五三―）の『新版 原子力の社会史』（2011）や秋元健治（一九五九―）の『原子力推進の現代史』（2014）など、何冊もの詳細な研究があるので、それをここでなぞる必要はない。中曽根康弘（一九一八―）が一九五四年春にほぼ唐突な形で原子力関連予算を成立させ、翌年には早くも原子力基本法他の三法案が成立したというのは、実に迅速な決定だった。それが全国に原水爆禁止運動が盛り上がる時とほぼ同時期だったという事実は、徴候的なことである。それほどまでに、原爆と〈原子力の平和利用〉とは別個のものだという認識が当然視されていた。

その後、電力会社と通産省が軽水炉の導入を進める一方で、科技庁グループが日本原子力研究所（原研）と原子燃料公社(69)（原燃）という二つの法人を通して、高速増殖炉・新型転換炉・核燃料再処理・ウラン濃縮の四つを柱に自主開発を目ざすという二元的な構造をもっていたというのは、吉岡らの詳細な分析によって明らかにされた通りである。

また、原発立地の決定を円滑に進ませるために、田中角栄（一九一八—九三）政権はいわゆる電源三法（電源開発促進税法、電源開発促進対策特別会計法、発電用施設周辺地域整備法）を導入した。こうして、電力会社、官庁、受入自治体などそれぞれのアクターが互いに寄り添い、巨大な利権構造を生み出す土壌が醸成された。それらは、いつしか批判者たちから〈原子力ムラ〉と呼ばれるようになった(70)。秋元は原発関連の利権集団を〈原子力推進複合体〉と呼ぶ。その複合体は「政権与党、各省庁、国の原子力研究開発機関、原子力に関係する公益法人、原子力産業界、電力業界、そして原子力施設の立地する地元自治体と経済界、これらにマスメディアと一部の科学者、知識人たち、文化人たち」（p. 249）によって構成されると秋元は述べているが、それは、従来の〈原子力ムラ〉よりも一層明確に関与アクターを指示した表現だといえる。各省庁とぼかした書き方になってはいるが、基本的には経産省と文科省（旧科学技術庁を引き継いで）が中心的なアクターだったことは明らかである。

これらは極めて強大な権力集団だ。しかも、この場合の権力とは、政治的権力、経済的権力、文化的権力のいずれにも関わる。文化的権力の中には、専門的知識は当然ながら、それだけではなく、この複合体を自分たちに有利なように広報する手法や修辞などの総体も含まれる。また、原発は明らかに国策主導で展開されたものなので、それを維持し、自分も含めた関連利権集団を理論武装によって強化することに意を尽くす学者たちは、時に御用学者と呼ばれる。そして事実、多数の御用学者が生まれた。

だから、減原発や脱原発に向けた社会的営為は、それらと絶えず闘い続けなければならない。スリーマイル原発事故（一九七九）、チェルノブイリ原発事故（一九八六）など何度も重大な事故が発生し、その度に国内でも多くの反対運動があったにも拘わらず、〈原子力推進複合体〉は自分たちの利権構造を変えようとしない。マスコミを通した派手な広報活動、二酸化炭素を出さないからエコでクリーンなエネルギーだというブラックジョーク、専門的研究所と称しながらも際どい客観性保証しかもたない機関が何度も公表する一見客観的な数字の数々（それによって、原子力を相対的に安価なエネルギーだとする欺瞞が繰り返される）、初等中等教育で生徒の〈放射能馴れ〉を誘導する巧みなパンフレットの使用（たとえば一時期、『わくわく原子力ランド』[71]という苦笑を誘う題名の副読本が存在した）など、一般社会で自らの利権構造を維持・保存するために遂行される多様な手法は、ある意味で驚くべきものである。[72]その叡智を自己の帰属集団の利益のためにではなく、公益性にリンクさせれば素晴らしいものになるだろうに。

何も関連分野のほぼ全員がこの複合体での自己保存に汲々としているとまでいうつもりはない。私がそんな総体的判断をするだけの材料も権限ももたないからだ。だが、この複合体と闘おうとした人々、たとえば長らく原子力資料情報室[73]を主宰し、市民感覚に基づいた独自の情報を発信しようとし続けた高木仁三郎（一九三八―二〇〇〇）が送った苦闘の生涯を思い出してみよう。[74]この複合体には属さずに、複合体の利益関心と多少とも齟齬を来す社会的発言をする人は、多様な嫌がらせや取り込みの誘いなどと闘わざるをえない。自身が広島で被爆し、その後長らく被爆者の診察や治療に関わってきた医師、肥田舜太郎（一九一七―）は内部被曝の重要性を強調する論者の一人として名高いが、彼もまた、自らの主張を貫徹するために長年多くの心理的負担を味わわねばならなかった。ちなみに、放射線障害の研究史をみて驚かされるのは、内部被曝の重視というごく当然にみえる論点が軽視されてきたという事実である。また複合体の内部関係者で、社会的意味や公益性規範への意識が高い人々は、それによってしばしば不遇な状況に追い込まれるという深刻な事実もある。例えば京大原子炉実験所のいわゆる「熊取六人組」、つまり海老澤徹（一九三九―）、小林圭二（一九三九―）、瀬尾健（一九四〇―九四）、川野眞治（一九四二―）、小出裕章（一九四九―）、今中哲二（一九五〇―）のことを考えてみればよい。小出などは助教のまま、二〇一五年春にそのアカデミックキャリアを終えた。ともあれ、彼らを動かしているのは、金銭的報酬や肩書きの追跡ではなく、ある種の普遍性をもった価値規範の遵守にあるはずで、不遇な地位などは気にも留めていないだろうが。それに小出の場合には、福島第一原発の大事故後の活躍によって、全国にその名を轟かせた。その凜然とした姿に科学者の良心を感じる。

三・一一後の世界はそれまでの産業文明のあり方に根源的な反省を迫る〈ポスト三・一一ワールド〉の起点だったと私は思う。事故後、多数の原発関連書が公刊された。もちろんそのすべてを調査したわけではなく、エンジニア・レヴェルで技術的細部を理解し尽くしたわけでもない。本章冒頭でも述べたように、私がエンジニアの真似をする必要などは全くないのだ。その限定条件にも拘わらず、事故以前に読破していた文献群も含めた上で導き出される自分の判断に、根本的訂正を加える必要はないと考えている。それは次のようなものである。

①　原発は、危険な設備を過疎地や貧困地帯などに押しつけ、大都市圏がその成果を享受するという意味で、環境正義（environmental justice）に抵触する。また、電源三法交付金や固定資産税などによる懐柔によって原発を受諾した地方でも、本当の意味で人々が幸せになっているかどうかは極めて危うい。土地伝統の産業を破壊し、地域住民の間に相互確執を生み出す頻度の方が高いと述べて、問題ない。また受け入れる側の金銭への過度の執着という構造も生み出す。原発は土地の産業だけではなく、人の心も破壊するのだ。

②　原発周辺地帯を冷静に調査すれば、健康被害は既にある程度顕在化している。さらに原発内部では、親会社の社員ではなく、下請けや孫請けなど設置地域により深く密着した労働者層に、一層危険な作業があてがわ

れている。事実、作業がもたらす総被曝線量はその種の労働者の方が高い。原発労災の差別的構造は否定しようがない(75)。

③　高速増殖炉は計画通りにはまったくなっておらず、プルサーマルもかなりの危険性が予想される。そもそも、最終処分の目途さえ立たないこのシステムを、これ以上継続しようと望むことは科学的妥当性に欠ける。

④　二〇一五年秋現在で事故から四年半もたっても、人間は原子炉傍に近づくことさえできない。科学的にだけではなく技術的にも、原発は現時点での技術的限界を超えた局面を幾つも抱えもつ。オリンピック開催という目的に眼が眩み、事故由来の汚染水は既にコントロールされているという趣旨の囈語《げいご》を発した安倍晋三（一九五四―）の願望には関わりなく、未来にも予想される大事故は、人間の完全制御を超えたものになる蓋然性が高い。その意味で、原発は技術的妥当性さえ存在しない。

⑤　原発は大量の放射性廃棄物を後に残すことになる。それは現世代の欲望充足のつけを未来世代に押しつけることである。しかもプルトニウムなどの半減期を考えるなら、仮に廃棄物を管理し続けるとしても、それは現世人類史の何分の一にも相当する厖大な年月に及ぶ。この一連の特徴は、明らかに環境倫理（environmental ethics）と抵触する。

⑥　福島の大事故からも推測できるように、一度大事故が起こると、その処理、補償、類似施設の安全性確保などの必要性によって、莫大な資金がかかる。しかも、再処理や廃棄物保管のための費用も考えるなら、原発が自然エネルギーに比べて経済的だという判断は、まったくの作り話である。原発は経済的妥当性に欠ける。

⑦　一部の政治家は、〈原子力の平和利用〉というお題目にも拘わらず、原発開発の当初から、それが有事の際には核兵器の材料を提供してくれるという軍事的意味をもつので、その観点からして有用だと考え続けてきた。しかしそれは、戦時体制下で起こりうる多様な事象に対する想像力が全く欠如しているということの徴

表でしかない。将来、可能的戦争が現実のものとなり、特に我が国が有利に戦況を進めている場合、不利な状況を一気に打開しようとする敵は、複数の原発に対してミサイルの同時発射、戦闘機による波状攻撃、同期または準同期的に遂行される決死隊による地上攻撃などの多様な手段によって、原発自体を軍事目標にするはずだ。もちろんテロ対策は予め施され、敵戦闘機などには、それなりの迎撃もするだろう。しかし攻撃が同時多発的に起こり、しかも執拗に繰り返される場合、完全に防御し尽くすことは無理だと推定する方が合理的である。たとえ一つでも原発が破局的破壊に見舞われる時、周辺地帯は猛烈な汚染に晒され、戦争遂行を継続するには重い負担になるのは明らかだ。軍事的にみても、原発は敵に急所を晒しているようなものなのだ。

他にも、まだ幾つもの論点があるに違いない。要するに、原発は多重的意味で不適切なシステムなのだ。よく原発維持に肯定的な論者が、その根拠として科学性を楯にとることがあるが、原発は国策で無理矢理推進される技術、最悪の意味での〈政治的技術〉であるに過ぎず、にも拘わらず自分たちこそが科学性規範に則していると僭称することは、笑止極まりない。私益に目の眩んだ人間が科学性を奉じることは、科学を破壊することだ。

これらの複合的欠点があるにも拘わらず、また福島第一原発の事後処理もままならない時点で、再稼働に前のめりになり、新設さえちらつかせるわが国は、国家を成立させる公共的な理《ことわり》にある重大な亀裂を与えつつある。直接に利権の蜜を吸う特定集団を潤し、関連分野の官僚たちの権力欲を満足させる以外に、原発システムに固執する合理的理由などは一切存在しない。

われわれが目指すべきなのは再稼働でも新設でもない。確かに、一気にすべての原発を停止するのは、それに関わる労働者の失職、電力供給費の少なくとも一時的な高騰による産業活動へのダメージなどがあるので、若干困難かもしれない。しかし、われわれは原発がほとんど稼働しないでも、節電に気を遣いながら生活すれば或る程度は乗り切れることを既に実証している。たとえ一時期、一部の原発の再稼働を許した後でも、われわれが目指すべきなのは、化石エネルギーを主軸に、原発依存度をできるだけ低いままに留めること、そして従来消極的にしか推進されてこなかった代替エネルギー開発に、国家として全力で取り組むことだ。現時点では若干不安定で高価なエネルギーでも、規模拡大や技術的改善によって、問題点は徐々に克服できる。そして自然エネルギーなど、より環境適合的なエネルギー政策を中心にし、最終的には脱原発を実現するべきだ。他方で、原子力工学など、原発関連分野に関わる技術者は、今までとは違う意味ながら、依然として社会的重要性を保つだろう。なぜなら、危険性が高い原発、老朽化した原発などを見極め、それらを順次一つひとつ廃炉にしていくためには、その順番の見極め、廃炉に向けた安全策の構築、廃棄物の管理方法などに彼らの専門知識が必要だからだ。それは撤退的なことなのではない。真の意味での公益性に根ざした作業をすることこそが、科学者や技術者の本質に触れるものなのだ。

原爆という未曾有の経験を数十年前に体験しながら、それを実質的な経験としては受けとめず、適当にやり過ごし被爆者の苦悩を軽視すること、それがあるからこそ、まるで放射能を呑みこみ続ける怪物さながらに、次々に原発を作り続けることなどが可能だったのだ。われわれは実は、原爆を本当の意味では経験していないとさえいえるのである。

3　混濁した汚染世界でのイマジネール

原爆文学論を中核とする本章の性質を考えるなら、前項での原発批判はやや場違いだと感じる読者もいるかもしれない。しかし、そうともいえないのではないかと私は考えている。今し方述べたように、戦後の日本社会は、原爆体験をできる限り隠蔽し、忘却の淵に沈めることを目指してきたかのような印象さえある。だからこそ、何人もの原爆作家たちは自らの被爆体験の苦痛以外にも、社会的不遇や無理解に苦しまねばならなかった。

さらに、より深刻なことがある。本来、正面から見据えその意味を熟考すべき経験が与えられたにも拘わらず、それを素通りすることのみに意を尽くすような考え方が、現在もそれほど変わっていないという事実だ。だからこそわれわれは、三・一一後の福島第一原発の大事故ほどに破局的な経験でさえ、その鋭角性を鈍磨させ、破局性を日常的な惰性で塗り込めることに汲々としている。事故直後に幾つか見られた警醒的意識改革への掛け声に同調するどころか、水を差すことに全力を尽くし、危機意識を溶解させようとする言説の数々。海洋汚染も含めれば本当に深刻な被害状況を前にしても「安全だ」、「大した健康被害は出ていない」という麻酔的言語を連呼し、放射線障害の危険性を喚起する人々を〈放射脳〉扱いしさえする現代の日本。その構造は、原爆体験を忘れ去ろうとしてきた戦後の日本と何も変わっていない。過去の悲劇や失敗から重要な教訓を引き出すことがなされるべきまさにその場所で反復されるこの驚くべき愚行は、われわれが如何に人間個人の命を軽視し続けてきたのかという、より一般的で重大な事実とも関係するものだ。他者の命への驚くべき無関心――これが、場合によっては過剰なまでにセンチメンタルになりうるわれわれの本当の姿なのだろうか。

そして、その背景には目先の利益を優先し、それに向けた理屈を捏ね上げることに邁進する日本人の姿がある。われわれは、命の保護よりは産業保護を優先するという否定しようのない傾向をもつ。確かに産業は個人の命を支える物質的基盤を作る。しかし、もしそれが、大きな声を挙げることができない何人かの人々の健康を破壊し、生活を貧窮させ、最後には淋しく苦しい死を迎えさせることも込みの物質的繁栄だとするなら、われわれは本当にそれを望んでいるのか。しかも、その場合、家族や友人が完全に害毒から守られ続けるという保証はない。

良心的な小児科医、山田真（一九四一―）は『水俣から福島へ』（2014）の中で、私と同様の問題意識から森永ヒ素ミルク事件、水俣病、原爆などの事例を列挙し、そこに垣間見える問題の相同性を鋭く告発している。水俣病で粉骨砕身の努力をし、病因の解明や患者救済に一生を捧げたあの原田正純（一九三四―二〇一二）も、福島の事故から約二か月後のインタビューで「懲りてないねえ」という言葉を残している。水俣病、四日市喘息、イタイイタイ病、ＳＭＯＮ、サリドマイド薬害事件、薬害エイズなど、戦後発生した重要事件の数々は、華やかな技術革新や生活水準の向上という〈正の局面〉と表裏一体の〈負の局面〉を示すものだ。それらが露わにする日本社会の側面を、われわれは世界に誇れるのか。われわれは歴史から学んでいない。本当に懲りていない。だから、同じ間違いを何度も繰り返す。そして、個人の命が消尽されていくことをたわいのない逸話のように扱い続けている。

もちろん、以上のような極めて概括的な判断は、原爆体験の軽視と原発を存続させる社会圧をただ表面的になぞっただけのものでしかない。原爆の無視や原発への執着をより広く一般的構図の中に位置づけるという利点はあるが、それだけでは不充分だ。原爆文学が一つの文学空間を構築するものである限り、そこには人間性の多様な局面がそのまま表れている。公正や正義への感覚だけではなく、悪も醜さも愚かさも、そこには露わになっている。事実、私が第一節から第四節までで扱った作家や映像作者の事例だけに依ったとしても、そこで展開される複雑な人間模様は、到底単純な政治的メッセージに要約できるようなものではない。被爆による容貌破壊と、他者から疎まれ、自責しさえする構図。あるいはまさにそれを大道芸に変える人。いつ襲いかかるか分からない原爆症という可能的死を日常生活と並行させ、心理を歪め傷ついていく人。被爆死と自然死の混在に困惑する人。発狂するにまで至る放射能恐怖。遺伝的影響を怖れ、結婚や出産を避け、夫から産むなと言われる人。遺伝で残るとするなら、未来人は若干変わった遺伝子により変形した〈新人類〉になっているかもしれないという幻想を立ち上らせる人。ＡＢＣＣが象徴する加害者側の無神経な扱いに対する怒り。被爆体験を神が与えた試練だと見做して受容する人。被爆者相互の反目と差別。被爆者が他の被差別者を自ら差別し、負の感情をぶつけ合うという光景などなど……。

当たり前のことだが、私がかろうじて掬い上げることができたそれらの諸要素は、原爆文学が内部に孕む厖大な意味連関の筋目の一部に過ぎない。私が原発文学と仮称した作品群も、原発という問題性満載の技術系が生み出す社会問題や犯罪、放射能塗《まみ》れになった未来国家のおぞましい様子などを表現していた。それらは仮に空想的であったとしても、現実に肉薄した空想、虚構と現実の混合体のような姿をしていた。今後、原爆文学も、原発文学も、放射能汚染の傍らに立つ核文明独特の特徴をそれなりの様式で文学化したものに深化し、成長していくだろう。

政治体制としても、技術系としても、それに群がる利権集団という人間群としても、核文明は個人の手では届きようがない超脱性をもっている。それは核文明を特徴付ける重要な大前提になる。ともあれ、一人ひとりの人間がその異常性についての問題意識をもち、どのように感じどう生きるかについては、ある程度の自由が許されている。一人の人間として行うべきだと感じたことを、われわれはなんらかの形で表現できる。この混濁し、汚染した世界の中でも精一杯の創造性を発揮し、固有のイマジネール（想像的なもの）を構築する余地は残されているのだ。それは、核文明の理不尽さを当然の既定条件とはしないという意志であり、たとえ風前の灯火のようなものであったとしても、〈人間の人間性〉を刻む表現行為を続けようとする意志でもある。原爆文学は、それを一層豊かなものにするためにも、われわれに委託された貴重な先駆的資料体なのである。

このかなり長い論攷も、そろそろ終結を迎えるべき時が来た。私は最後に、水俣病という複雑極まりない社会事象を前にして、過度の糾弾や詠嘆で目を曇らすことがないままに、土地の言語で見事に人々の苦悩を表現した傑作、『苦界浄土』（1969）の一節を引用しておきたい。石牟礼道子（一九二七―）は、第一部第一章の終結部分で一種の決意表明をするのだ（p. 44）[76]。

水俣病の死者たちの大部分が、紀元前二世紀末の漢の、まるで戚夫人[77]が受けたと同じ経緯をたどって、いわれなき非業の死を遂げ、生きのこっているではないか。呂太后をもひとつの人格として人間の歴史が記録しているならば、僻村といえども、われわれの風土や、そこに生きる生命の根源に対して加えられた、そしてなお加えられつつある近代産業の所業はどのような人格としてとらえられねばならないか。独占資本のあくなき搾取のひとつの形態といえば、こと足りてしまうか知れぬが、故郷にいまだに立ち迷っている死霊や生霊の言葉を階級の原語と心得ているわたくしは、わたくしのアニミズムとプレアニミズムを調合して、近代への呪術師とならねばならぬ。

〈近代への呪術師〉になる。それは、近代批判というような紋切り型の姿勢に収まりきるものではない。既に死んだ者、死にゆく者の哀しみを伝えるべくこの世に現れた〈死者の語り部〉たろうとすることでもある。この石牟礼の決意は、原水爆や原発という歪んだ近代の徴表に抵抗しようとするわれわれにとっても、重要な布石になる。石牟礼は水俣病を語り継ぐために重要な役割を果たした。それと同様の意志で〈死者の語り部〉たろうとした多くの原爆作家たちがいたに違いない。それら語り部たちのかすかな声に耳を澄まし、そこから生命の源泉に連なる響きを聞き取ろうとすること。この汚辱に満ちた世界の中から清冽な倍音を少しでも聞き取ろうとすること。恐らくはそれが重要なことなのだ。

註

(1) 新藤兼人(一九一二―二〇一二)監督の映画『さくら隊散る』(1988)は、実在した移動劇団、桜隊が爆心地近くで被爆したことを扱っている。半数以上の劇団員が即死し、残った数人も、原爆症によって一人ひとり死んでいくという一種のドキュメンタリー映画だ。丸山定夫(一九〇一―四五)は八月一六日に、仲みどり(一九〇九―四五)は八月二四日に、それぞれ原爆症の症状で死んでいる。仲は東京にまで戻り、最後は東大病院で、放射線医学の権威、都築正男(一八九二―一九六一)らの介護を受けながら逝去した。彼女は、白血球の異常減少など、原爆症の病態が医学的に記録された最初の患者の一人である。

（2）有名な事実だが、一言確認をしておく。マンハッタン計画で全体の統括に辣腕を振るったロバート・オッペンハイマー（一九〇四―六七）は、一九五三年に「原子力機密安全保守」のためという理由で、公職追放の憂き目に遭っている。彼は水爆製造にアメリカが舵を切ることに反対をし続けた。そのために「水爆製造妨害者」のレッテルを貼られた。原爆にのめり込んだ人物だったからこそ、原水爆開発が孕む本性的な狂気に鈍感であり続けることはできなかったのだろう。

（3）想像、期待、幻想はまだしも、記憶は過去の事実の忠実な反映ではないのか、と思う読者もいるかもしれない。とんでもない。過去は、ある現在時点から取捨選択され、再構成され、物語化された半ば虚構の過去である。もちろん、まったく事実的成分を含まないというわけではない。しかし、たとえば三〇年前の客観的過去が、現時点でそのまま意識内部に再現されるというほどに単純な描像が成立しえないことは、ほぼ確実だ。では、集団的表象における過去の場合はどうなるのか。その場合、個人の場合よりも一層、事実寄り、または虚構寄りの振幅幅が大きなものになる。たとえば一九四五年八月一五日に第二次世界大戦が終わったという過去は、複数の証拠からほぼ間違いのない過去、確実な集団的記憶になる。ところが、その一方で、たとえば帝銀事件という事象の場合、その犯人や背景についていろいろな憶測や説があり、そう簡単には確定しがたいというのも明らかなのだ。

（4）どんな領域でも、ある人間が判断をする際、その人の社会的背景や帰属集団との関係などが、その判断内容を多少とも規定するものなのだろう。だが敢えていいたいが、特に原子力関係の学問（原子力工学、放射線医学など、複雑で多様な広がりと繋がりを見せる学問的総体）に帰属し、そこから発言するかなりの論者たちが、当人がどういう帰属団体を背景にしているのか、その条件を前提にしなければその人の判断を評価しにくいという事態が成立しているように思える。より直截的にいうなら、少なからぬ論者が、自己が帰属する領域を保護し、その利益関心に即した判断を外部に向かって提示する傾向が顕著だということだ。それらは、より一般的な公益性との観点に照らしてみた場合、そのまま鵜呑みにすることが難しい。その人物の背景を付帯条項として勘案しながら、その判断を評価しなければならないという状況に、私は調査中しばしば逢着した。私がここで「信用に値する」と述べるのは、その帰属関係にも拘わらず、より広い一般性や公益性と繋がろうとする意志をもつ論者、あるいは専門的知識をもちながらも、通常の集団的帰属関係からは若干離れた地点に立って議論を作る論者たちのことを指している。

（5）原民喜『夏の花・心願の国』（1973）に収録された最晩年の短篇の一つ、「鎮魂歌」（1949）の次の一節は有名だ。「生きて行くことができるのかしらと僕は星空にむかつて訊ねてみた。自分のために生きるな、死んだ人たちの嘆きのためにだけ生きよ。」イタコの役割とは少しだけ違う。だが、死者の嘆きを聞き取ろうとすることのみに自分の存在意義を見出そうとする彼の姿は、死者でさえ自分たちの思うように利用しようとする現代日本の乾いた感性世界との対比の中で、一層凜然とした輝きを放っている。

(6) 原民喜の短篇集であり、そこには同名の短篇「夏の花」(1947)、「廃墟から」(1947)、「壊滅の序曲」(1949) が収録されている。

(7)『夏の花・心願の国』所収。小海は「鎮魂歌」のことを、それはもはや小説でさえなく、「激しくせき上げ湧きかえる、言葉とイメージの噴出」によって一種の詩になっていると述べている(第V章)。

(8) ともあれ、「魔のひととき」にはこんな一節もある、「お前と死別れて一年もたたないうちに、僕は郷里の街の大壊滅を見、それからつぎつぎに惨めな目に遇って来てゐるが、僕にはどこか眼もとどかない遙かなところで、幸福な透明な世界が微笑みかけてくる瞬間があるやうだ」。幸福な世界の微笑みかけ。それはまだ子どもの頃に死んだ姉の、宗教的憧憬の追体験なのか、それとも妻との楽しい思い出の回顧なのだろうか。

(9) 理由は分からないが、GB1版では割愛されている。佐々木基一は文芸評論家として活躍した。

(10) 金森修「限界体験の傷口」、内田隆三編『現代社会と人間への問い』(2015d) 所収。

(11) 一九四八年に公刊されたものからは、「無慾顔貌」という章が全部削除されている。完全版が出るのは一九五〇年のことである。

(12) 大田の最晩年に一時期生活を共にした江刺昭子(一九四二―)の『草饐《くさずえ》』(1971) は大田の生涯や人となりを知るには好適な文献である。

(13) この辺りの社会的状況については三宅泰雄『死の灰と闘う科学者』(1972) が参考になる。

(14) cf. 栗原貞子「悲運の作家大田洋子への痛み」(GB2所収)

(15) 頁数はPHP研究所文庫版による。以下同。

(16) **Atomic Bomb Casualty Commission.** 一九四六年にハリー・トルーマン大統領(一八八四―一九七二)による設置命令が出され、一九四七年初頭に設立。その後、一九七五年に日本国内の組織(放射線影響研究所)に統合されるまで存続した。当初の目的が、アメリカによる原爆被爆者の被害調査だったことは明らかである。ただ、早くも一九四八年には、日本の厚生省国立予防衛生研究所がそれに協力することになった。被爆国の被害者を、自分の国の調査機関が〈科学的〉に調査し続けるということには、もちろん一定の意味はあったが、それが被爆者自体の幸福や福祉を一次的に追及するものだったとは言い難いということは、その後の歴史研究で明らかになっている。

(17) 次の一節である、「それは銀行の、低い幅ひろい御影石の石段の片隅で、木柵で囲いがしてあった。影は年月と共に薄れたらしく、うっかりすると見逃しそうだが、注意して見ると、薄黒い一尺平方ほどの痣が残っていた。八年前の、八月六日の朝、誰かが此所へ腰を下ろしていたのだ。爆発と同時に、其の人は死んだのであろうが、まわりの御影石は其の時の熱線で表を焼かれて新しい面を生じ、彼乃至彼女が腰かけていた其の部分だけは、肉体の遮蔽で、御影石の古い面が、人の姿を留めて残った」(79)。実際にはそれは人の影ではなく、何かの有機物が付着したものだということが、その後分かったらしい。しかしこの住友銀行（その後、大阪銀行）の人の影の話は、戦後しばらくの間、何度も何度も人の口にのぼる恐ろしい逸話になった。人間の完璧な蒸発があってもおかしくはないと思わせるほどに、広島原爆の凄まじさは人々の脳裏に刻まれていたのである。

(18) ちなみに花田清輝（一九〇九―七四）は原爆文学史上名高い「原子時代の芸術」(1955：GB15所収) という文章を書いている。細かく見れば捻れを含む読みにくさをもった文章だが、基本的には原爆文学を私小説的で心境小説的な水準に留まり、事物の典型にまでは至らない不充分さをもつと弾劾したものだ。丸木夫妻の『原爆の図』も記録芸術の域を出ていないとして、アヴァンギャルドの観点から切り捨てる。ところでここで私が花田の文章に触れるのは、彼が『魔の遺産』やＡＢＣＣにも触れ、『魔の遺産』が調査だけで治療はしないＡＢＣＣの非情さを批判的に描いていることに反論しているからだ。花田によるなら、正確な現地報告を作ろうとするならＡＢＣＣのような「没価値性」が必要だということになる。そして彼は、アメリカの調査機関に治療を期待するのは非常識で奴隷根性の現れに過ぎないと見なすのである。花田は、私が本文中で述べたようなＡＢＣ自体がもつ偏差、偏向の可能性については思い至らなかったようだ。『復興期の精神』(1946) のような名著もある。だが、この文章はいただけないと私は思う。

(19) 今村昌平（一九二六―二〇〇六）監督の映画『黒い雨』(1989) は、全篇が抑えた色調に覆われ、俳優群の的確な演技と、全体を通して感じられる淡い悲痛感などの特徴によって、名作と呼ばれるに相応しい作品である。

(20)『黒い雨』にも次のような一節がある、「毒瓦斯じゃなくて、爆発によって発生した黒煙が、天空で雨滴に含有されて降ったんだそうです。黒い雨は主に市街の西部方面に降ったんです。たった今、そこで市役所の衛生課の人に会ったら、そう云ってました。人体に害はないそうです」（第六章）。

(21) 佐伯の言葉も山本の言葉も、共にトリートからの孫引きである。

(22) 黒古一夫は「〈終末〉への挑戦」(1982：GB15所収) というエッセイの中で「抑えた筆致で、庶民の内に煮えたぎる憤怒を淡々と書き綴っていき、それがいつの間にか読み手の手の側に、〈反原爆〉の思想を組織していくという『黒い雨』の世界は、佐多稲子の言う《そこに居なかったもの》の抑制があったからこそ可能だったのではないだろうか」と書く。《そこに居なかったもの》の抑制とは、先にも軽く触れた証言派とそれからの離脱という論点とも絡む。そしてもちろん、ここで問題になっている異常な体験と平常心という問題とも絡むのである。

（23）『朝日新聞』夕刊文芸時評（一九六六年八月二五日）

（24）アメリカ人のユーモア感覚は嫌いではない。だが、広島原爆を little boy と呼び、長崎原爆を fat man と呼んだという事実には顔をしかめさせられる。これほどおぞましいものには、純粋に工学的で無機的な名前が相応しい。ただ、その両者のニックネームには、起爆メカニズムの違いによる爆弾の形状の違いがそのまま反映されているというのも皮肉なことだ。たとえば爆縮方式は爆弾の本体を球体とせざるをえない。だから、太っちょという表現には工学的論理が隠されている。

（25）トリートも、アメリカ人でありながらも「長崎への原爆投下は、第二次世界大戦の論理においても不必要な作戦であり、それは好奇心を満たすために実施された技術的かつ科学的な能力を試す演習であり、軍事力を誇示し、戦後の軍隊の能力を試す演習であった」（第九章）と書いている。

（26）大庭秀雄（一九一〇―九七）監督の『長崎の鐘』（1950）である。

（27）この種の考え方は、原爆を純粋な被害者意識から見るのではなく、科学者的なスタンスである程度客観視し、一定の受容的理解をするという意味をもつ。これは何も永井だけに限られた判断ではない。たとえばＳＦ作家、海野十三（一八九七―一九四九）は、やはり技術者的なスタンスから一九四五年一〇月に公表した文章、「原子爆弾と地球防衛」（1945：GB15 所収）の中で「そして率直に告白すれば、アメリカが原子爆弾の製作に成功したと知ったとき、私は敵味方の関係を超越し、広島の惨害をも超越し科学技術史上画期的なるこの成功に関しアメリカに対し祝意と敬意とを捧げざるを得なかった。そして又たいへん羨しく感じたことも告白せねばならない」と述べる。一読して、独特のやりきれなさの印象を与えられるように思うのは、私だけだろうか。

（28）第三帝国下での強制収容所で大虐殺が行われていた時期と、一九四五年夏とでは、時間的にもそれほどのずれはない。

（29）その後、高橋の『長崎にあって哲学する』（1994）に収録されている。なお一九八五年の報告でも、永井を批判することは長崎では一種のタブーに近く、敢えて批判する人々は激しい反感の対象になったという指摘がある。事実、現在観光で爆心地付近を訪れても、永井の思想や履歴を展示するその仕方は、一種独特の尊敬心で覆われている。

（30）原爆に対する長崎人の特殊な受容を、若干異なる視点から切り取ったものもある。たとえば左派系の作家、中里喜昭（一九三六―）は「表現活動にみる長崎の被爆意識」（1977：GB15 所収）の中で、当時の長崎は三菱造船、三菱電機など三菱系の企業群が市の生産人口のほぼ二五％もの労働者を吸収していたこと、長崎を支配しているのは県庁でも教会でもなく会社だったという事実に光を当てる。そして被爆を巡る長崎人の寡黙は、カトリック信仰の精神風土によるものではなく、三菱を中心とした積年の地域統治によるものだと喝破する。これは浦上燔祭説の影響を過大視することへの間接的反論でもある。

（31）黒古一夫は「〈終末〉への挑戦」（1982：GB15 所収）で、林の持続力と粘着力について語っている。林は「被爆後三十数年後の原爆小説はどうあるべきか」、その問題設定に最も思いを凝らす作家の一人なのだ。
(32) この、日常生活での潜在的疾患への恐怖というテーマを、トリート（1995：第Ⅱ部第九章）は「隠れてはいるが依然として化膿している傷の問題」と表現した。
(33) 林京子『長い時間をかけた人間の経験』（2000）に、「トリニティからトリニティへ」と共に収録。
(34) ちなみに微妙に異なる視座に立つものとはいえ、志条みよ子の「「原爆文学」について」（1953：GB15所収）には、次のような文章がある。これは、いわゆる第一次広島原爆文学論争を引き起こすことにもなった。「原爆によって多くの人を惨死させた。死ぬると言うことが問題なら、原爆でなくても毎日の如く何十万という人がさまざまな不幸のために此の世を去っている。惨死と言うことが問題なら飛行機の事故も汽車自動車橋梁のテン覆沈没の事故も劣りはしない。戦争は殺すことと殺されることが覚悟であるが、覚悟のない、科学や人為を超えた諸行無常のアラシの方がもっときびしくもっと身近かに我々の周囲を吹き流れている。」被爆死を普通の病死や自然死、事故死と並べて、その特異性（特権性？）を相対化するというものだ。無意味とはいえないが、それが当の被爆者たちを念頭に、彼らに向けても書かれたものだということを考えると、ずいぶんな言い方ではないか。ここには、ちょうど、被爆者が自分たちの苦しみを述べ立てると、それを売り物にしていると感じて揶揄したのと同じ精神構造が透けて見える。
(35) 一九四五年七月一六日早朝に行われた。
(36) ここで佐多稲子（一九〇四―九八）の『樹影』（1972）にも簡単に触れておきたい。大枠は、華僑柳慶子と画家麻田晋との間の不倫愛と、その後十数年の二人の運命を軸に構成された、抑えた筆致をもつ恋愛小説だ。だがその主題は、不倫愛という社会的不安定性だけではなく、共に長崎で被爆経験をもつ二人が徐々に体を壊し、それぞれがやがては亡くなっていくという、原爆症死を扱うものと考えて問題ない。ある登場人物が語る次の言葉は長崎の固有性を裏書きするものでもある、「長崎人はあきらめがいいのか、人が好すぎるのか、おとなしかですもんね。もっとも私にしたってこの十年は、生活に必死で、死のうとおもうことはあっても、なあんも云うては来んじゃったもの。やっと十年経って、自分の犠牲を云う気力が出てきたですもんね」（講談社文芸文庫版、一二七頁）。
(37) 今西祐行『あるハンノキの話』（1976）に収録されている。
(38) いうまでもなく、この題名は大田洋子の小説『桜の国』（1940）や『夕凪の街と人と』（1955）を念頭に置いたものだ。前者は被曝前の大田が書いた一種の恋愛小説であり、後者は相生スラム（原爆スラム）で暮らす人々を描いた原爆文学の名作の一つである。こうの史代のこの漫画は大きな成功を収めた。他にも中沢啓治（一九三九―二〇一二）の『はだしのゲン』（1987）など、原爆関連のテーマをもつ有名な漫画がある。中沢の『はだしのゲン わたしの遺書』（2012）には、原爆漫画を書くまでの来歴、その困難さ、その後の成功などが書き留められており、興味深い。『はだしのゲン』はその後、実写版、アニメ版と映画化され、また原作は多くの外国語に翻訳されている。中沢が『はだしのゲン　わたしの遺書』で書いた「考えてみると、おふくろが死んで以来、ぼくは「怒り」だけでここまで来たように感じます」（二一〇頁）という文章が印象に残る。それを裏書きするような事実もある。中沢の初期短篇を集めた『黒い雨にうたれて』（2014）には、アメリカ軍への怒り、被爆者差別をする日本社会への憤慨、被爆者の辛い人生模様などについて、直截で激しいメッセージが込められた作品群が掲載されている。

(39) 後藤みな子『刻を曳く』（1972）に収録されている。

(40) 頁表記は、すべて新潮文庫改版（2003）による。

(41) 伊余子が木星、一雄が水星、暁子が金星を故郷にもつという設定だ。それぞれが地球を挟んで内外で一、二番目に地球に近い惑星だということになる。

(42) 羽黒の目から見れば、水爆もまた礼賛の対象になる、「それ［水爆］は孤独で、英雄的で、巨大で、底しれぬ腕力をもち、もっともモダンで知的で、簡素な惟一つの目的（すなわち破壊）をしか持たず、しかも刻々の現在だけに生き、過去にも未来にも属さず、一等重要なことは、花火のように美しくはかない。これ以上理想的な『人間』の幻影は、一寸見つかりそうもない」（p. 264）。

(43) 炭坑で使う安全灯を整備する女性。もちろん、いまは存在しない。

(44) 長崎の場合、歴史的にみるなら隠れキリシタン弾圧という要素も絡み合っている可能性がある。幕府禁制のキリスト教をあくまでも信じようとする人々。そしてそれを監視し、摘発し、密告しようとする人々。そこには権力によって歪められながらも、もともと存在する差別意識が一層活性化されて存在していたはずだ。その遠景に、この三つの〈差別軸〉が上塗りされるというわけである。

(45) 黒古一夫も『原爆文学論』第二章で、この小説を「原爆文学の最高傑作のひとつになった」と評価している。

(46) トリートは『グラウンド・ゼロを書く』第Ⅰ部第二章で加賀乙彦（一九二九―）の評価に触れている。加賀は、この作品を『明暗』（1916）以来、日本で最も前衛的なフィクションだとする。

(47) 「内部」は全巻目次では、それぞれに「絵を見ながら」などの副題で互いに区別されるようになっているが、本文では「内部」A（からMまで）などというようにアルファベットで抽象的に弁別されているだけだ。しかも、最後の「内部」Mは、素子の死後を示唆するためか、頁全体が両開きに亘って白紙になっている。いわば、内部の不在が可視化されるわけだ。巧みな演出だといわねばならない。

(48) ちなみにケロイド繋がりで、ここで言及しておこうか。不条理演劇の大家、別役実（一九三七―）には『象』（1963）という作品がある（GB12 所収）。ある抽象的な空間での、男と病人の物語だが、病人は、原水爆禁止大会で演壇に立って背中のケロイドを見せる。それは彼の日常を反映するものでもある。というのも彼は、街頭で何度も裸になって背中のケロイドを晒し、いわば自らを〈見世物〉にするからだ。そのケロイドに触ってみたいと願う小さな女の子もいた。ただ彼は、徐々に被爆と大道芸人的要素を結び付けた痛ましい行為に、自らも自家中毒を起こしていく。以下、その病人の台詞である（第一幕第一場）「俺はそれから、見物人を喜ばせようなんて考えなくなった。毎日、あの街へ出掛けて行って、ゴザを敷いて、その上にボンヤリ立っていたよ。だけど、奴等は気がつかなかったんだね、ケロイドの裸男は、愛嬌が売りきれたんでかなしみを売り始めたって、そう云ってたよ。俺が本物の鼻血を吹き出して、地べタにぶっ倒れた時も、あのアメリカの若い兵隊は新しいポーズだと思ったんだね、ドイツ製の精巧なカメラのシャッターを押してたよ。」いわゆる〈原爆乙女〉という逸話共々、痛ましさの心象にくるまれた、いわばあまり表には出したくない成分を、劇作家は真剣に見据え、言語表現の中に記録しようとしているかのようだ。

（49）頁数は、青来有一『爆心』文春文庫版（2010）による。以下同。

（50）長岡弘芳や黒古一夫など、原爆文学そのものの歴史的通観を単著として残した論者以外にも、たとえば一九七〇年代の時点で、「生ましめんかな」（1945）で有名な詩人、栗原貞子（一九一三―二〇〇五）も「原爆文学論争史」（1978：GB15 抄録所収）などで、原爆文学の成り立ちや変遷の史的評価を加えているという事実には注意を払っておくべきだ。また、原爆文学史では必ず問題になる三つの論争、一九五三年の第一次論争、一九六〇年の第二次論争、一九七〇年代終盤から八〇年代初頭にかけての第三次論争については、それぞれが興味深い論点を多く含むということは確実である。本章ではそのごく一部にしか触れていないが、興味のある読者は御自分で調査していただきたい。必ず、現在でも通用する多くの問題点が取り沙汰されているということに気づくはずだ。

（51）大江は原発については、〈核の平和利用〉という意味で許容するスタンスをとっていた。たとえば『核時代の想像力』第四章の「核時代への想像力」における次の文章を参照せよ、「……たしかにぼくは核開発が人間の新しい生命をあらわしていることはたしかであって、それをまっすぐ引きうけることは必要だと思います。核の新しいエネルギー源は事実、日本人によってもそのように受けとめられています。現に東海村の原子力発電所からの電流はいま市民の生活に流れてきています。それはたしかに新しいエネルギー源を発見したことの結果にちがいない。それは人間の生命の新しい威力をあらわすでしょう」（pp. 119-120）。しかし大江は七〇年代初頭頃から徐々にその評価を変え始めていた。この小説はその変遷に文学的表現を与えたものである。

（52）大江はその後、重藤との対話篇『原爆後の人間』（1971）も残している。その対話で語られる大江の次の言葉などは、原爆問題の政治性が、アメリカは悪で日本は善、アメリカは純粋な加害者、日本は純粋な被害者云々というような単純な図式では捉えきれないことを示唆している。「日本人の肉体の上に現実に原爆の被害があり、その悲惨は一瞬で終るどころか現在まで二十五年以上も、日々の問題として続いているのに、そういう原爆の結果が現にあるということが認められぬ、ということは、端的にいって、その現実を認めることを希望しない人間がいるということですね。それもたとえばあるアメリカ人とか、またソヴィエトをはじめ核保有国の人間のみならず、日本人のなかにいる。しかも権力に近いところに、より意識的に、より多くいるのでしょう。原爆後の現実を認めたくないという人間たちが。」（p. 35）

（53）なおこの小説はアラン・パクラ（一九二八―九八）監督によって見事に映画化されている（1982）。公開時、パリでみた時の感動がいまだに忘れられない。メリル・ストリープ（一九四九―）の名演が光っていた。

（54）なおここで、やはり核文明一般の思想的含意を熟考し、それと現代の科学技術の成り立ちとの深い関係を剔抉する菅孝行（一九三九―）の論攷「反核運動と科学思想」（1982：GB15所収）を引いておく。菅は、その中で中村禎里（一九三二―二〇一四）や山田慶児（一九三二―）など、それぞれ鋭い科学批判を構築する学者たちを引用する傍らで、無反省な科学信仰を繰り返し、広島長崎の大量死を野蛮に対する文明の勝利云々という、無神経な規定をする武谷三男（一九一一―二〇〇〇）に鋭い批判を放っている。武谷批判としては、最も痛快な文章の一つだ（ただ、武谷には『原子力発電』という重要な編著もある。議論のバランス上引用しておくべきだろう）。これは事柄の本質に迫る鋭い論攷だが、その後の菅がこの主題を必ずしも掘り下げていないのは残念だ。

（55）頁数は文春文庫版（1994）による。以下同。ちなみに本書の訳者はあの村上春樹（一九四九―）である。

（56）雑誌発表の後、武田泰淳『流人島にて』（1953）に収録された。

（57）生田直親（一九二九―九三）の『東海村原発殺人事件』（1983）は、ある原発建設予定地での反対運動を統括する火田北甫《きたとし》が、その土地が原発に不向きだという重要な情報を握る人物を集会に呼び寄せ、そこでより科学的な反対論を展開しようとした矢先、結局、その覆面人物に遁走され、追跡する過程で火田自身が殺害されてしまうという事件をきっかけに話が始まる。話のところどころに興味深い社会的判断が織り込まれているとはいえ、登場人物の造形にやや通俗的色彩が強すぎ、全体として見ればあまり成功した作品とは言い難い。なお、生田はこれ以外にも原発の過酷事故を描いた『原発・日本絶滅』（1988）を書いている。福島の事故を知るわれわれにとっては既視感を覚えるほどだ。

　内田康夫（一九三四―）の『赤い雲伝説殺人事件』（1985）も、原発建設の話が持ち上がり、賛成反対に激しく揺れる予定地傍の島が舞台になったものだ。原発と、原爆の赤みがかった雲とのイメージ的な連結が、土地の祖先、平家以来の言い伝えと重ねられ、犯罪を誘発する暗い情念として設定されている。

長井、生田、内田のいずれもが、本来平和な地域が、原発建設という話を契機に賛成反対に別れて啀《いが》み合い、そこから犯罪的な土壌が形成される悲劇を見据えているという意味で、共通の主題に関わるものだ。

(58) ただし、高嶋は関連分野の技術者として活動したという自らの経歴を反映させて、この分野独特の自閉的な自己満足に陥る場合もある。川村湊の『震災・原発文学論』(2013) 第I章からの孫引きになるが、次の文章などはわれわれを鼻白ませるに充分なものだ。高レベル放射性廃棄物の地層処分に触れながら、彼はいうのだ、「一〇〇年に一度の大災害を今から考え悩む必要はないのではないか。現代に生きる我々は、せいぜい孫やひ孫の世代、一〇〇年、二〇〇年を心配すればいいのであって、あとは未来の人に託せばいい。高レベル放射性廃棄物の貯蔵に関しても同じではないか」(p. 33)。この判断を諺風に言い換えるなら「後は野となれ山となれ」になる。

(59) なお井上には、それ以外にも使用済み核燃料の輸送事故を扱った『輸送』(1989) がある。その二冊は共に文藝春秋から出版されているが、その合本が講談社文芸文庫版『西海原子力発電所 輸送』(2014) として出されている。

(60) 本文中でも書いた通り、井上には「プルトニウムの秋」(1978 : GB5 所収) という短い戯曲がある。原発関連施設で働く技師とその妻との間の原発の安全性に関するやりとり、また、かつて原発で働き、体調不良を訴え、被爆者手帳を手に入れたいと願う男とのやりとりが話の骨格をなす。技師の「原発の抱えている矛盾は、エンジニアの十人や二十人で解決できるようなものじゃないんだよ。だとすれば、それをいくらかでも減らす方向に持って行くべきじゃないのか。……原子力を基盤とする社会というのはね……単純な説明ではわかりにくいのかもしれないが、どっちみち網の目社会なんだ。進行の矢印は決まってるんだよ」(252) という台詞は、原発という巨大システムが個人を超えたところで進行するという事実への、一種の絶望感を表したものだ。そして、それに技術者として関わる場合、根本的問題設定は避けて、対処も技術的で対症療法的なものにならざるをえないという認識が、井上なりの冷徹なリアリズムで浮き彫りにされている。

(61) 三・一一後に書かれたものとして、後もう一冊挙げておく。それは池澤夏樹(一九四五―)の『アトミック・ボックス』(2014) だ。それは原発小説というよりは、一種の原爆小説と見做すべきなのかもしれない。というのも、話は、かつて「核の傘」の下にありながらも、日本独自の原爆開発をしておくべきだと考えた政治家が専門家を集めて極秘裏に原爆開発をさせたという基本設定によって規定されているからだ。細心の注意が払われていたにも拘わらず、計画の情報が漏れ、アメリカからの強制的中止命令もあって挫折する。その情報の一部を持ち出し、その後漁師として生きてきた父が死の間際に娘にその情報を託す。それを察知し、危険視した国家と、その娘との攻防が話の具体相をなしている。だが、その過程で、原爆よりも原発の方が、本来統御不可能な原子力を無理にコントロールしようとする不合理を体現しているという判断が織り込まれ、むしろそちらの方が著者の主要なメッセージとして浮き上がるという構えになっている。だから、この本はこの文脈で紹介して構わない。ちなみに池澤の父は福永武彦である。

（62）野坂昭如『乱離骨灰鬼胎草』（1984）に収録される。なお柿谷浩一編『日本原発小説集』（2011）にも再録されている。

（63）やはり野坂昭如『乱離骨灰鬼胎草』（1984）に収録された、もう一つの短篇「山師の死」（1977）にも触れておこうか。コンビナート建設計画を当て込んで荒地や山地を買い占め、その後計画が頓挫したせいで土地を持てあまし、お遍路さん相手の帷子屋に身を窶《やつ》して食いつなぐ安川。ふと知り合った前橋雄一に、安川が持てあます広大な土地をまずは牧草地に開墾し、その途中で見つけた石ころが良質のウラン鉱石だということにすればいい、そして鉱区権を売ることにすればいいと持ちかけられる。前橋は原子力が専門で、人形峠辺りから鉱石は適当に持って来て、それで放射能測定をさせるから大丈夫だ、と請け合う。山師、それも詐欺師という意味込みの山師そのものだ。思いも掛けぬうまい話に乗り気になった安川は、さらに前橋の忠告で、適当な代議士を巻き込んで信用させる。ところが、話がうまく進みかけたある時、安川は昔犯した些細な罪で突然逮捕。安川の面相から、叩けば絶対埃の出る経歴と踏んだ当の代議士の仕業だった。代議士は良質のウラン鉱石を見つけたと世間に公表。巨大な利権となるはずが、正式の調査をすれば、石ころはその辺のものではなく人形峠由来のものだろうと見抜かれ、思わぬダメージ。自分たちも欺されていたことを悟る。その頃前橋は行方不明になっていたが、この件でも調べられた安川は知らぬ存ぜぬで通す他はなく、結局釈放される。

土地の正式調査は思い掛けぬ事実を露わにする。ウラン鉱石というのは幻にしろ、その辺一帯が広範に放射能に汚染されていたのだ。しかも風向きなどの調査の結果、汚染の起点は近隣の原発にあるという推定がなされる。原発側は必死に否定する。事態の変遷に驚きながらも自分の町に戻る安川は、自分宛の一通の手紙を手にした。それは前橋からのものだった。実は前橋は、安川と会う前に重大な原発事故で液体廃棄物を全身に浴び、酷い被曝で明日をも知れぬ命だった。その前歴を自ら語る中で彼は告白した。かつて我が子も白血病で失い、下請け労働者が被曝して死んでいくのを投げやりに見ていたのだが、自分が被曝してみると事の重大さをようやく理解し、被曝死した労働者の厳封された灰を密かに持ち出し、自らの運命共々供養しようとしてのお遍路だった。前橋自らがヘリコプターで安川の開墾地に牧草用の種を撒いた時、同時に自分がいた原発を起点に放射性物質もばらまいておいた。原発はそもそも山師みたいなもの、そう考えていた彼なりの、精一杯の反抗だった。前橋はそう打ち明けた。そしてこの手紙を安川が読む頃には、自分はもう生きてはいないだろう、と。

呆然とした安川が自分の牧草地に行ってみると、そこは物々しい雰囲気で、見知らぬ男に問い質すと相手は答える。ここは放射能監視区域に指定されている、しかし安心して下さい、汚染土は回収します、原発は常に安全第一ですから。こうして作品は閉じられる。

被曝労働者のこと、周辺地帯の可能的汚染のことなど、その後も絶えず蒸し返される問題群に、一九七七年の時点で既に卓抜な文学的形象を与えた佳篇である。山師は安川か、それを持ち掛けた前橋か、それとも前橋の口から言わせているように、原発とその取り巻きの総体そのものが、一種の山師のようなものなのだろうか。人間の際どさが批判的視点の中で鋭く抉られている。

(64) 他方で、原爆危害についての事実は社会空間から隠されねばならないという、占領軍の政治的判断があった。GHQは一九四五年九月から新聞などの情報を統制し検閲するための体制、プレスコードを敷いた。それは一九五二年四月にサンフランシスコ講和条約が発効するまで続くことになる。プレスコードは広くGHQやアメリカを批判する内容の情報を禁じたが、それには原爆危害についての情報も含まれていた。それに抗して、原爆を主題にした作品を公表した作家は何人か存在した。しかしそれは、逮捕の可能性を込みにした危険な行為だった。また仮に出版が許された場合でも、内容検閲の末、削除や訂正後に許されるということが多かった。

原爆が与えた経験の細部は、アメリカによって日本社会から不可視のものにされた。しかし、それは受動的な限定だけには留まらなかった。今堀誠二（一九一四―九二）は『原水爆時代』（1959-60）の中で苦々しい口調でいう。多くの日本人は原爆問題に触れることを好まず、原爆のことは出来るだけ忘れたいと思うようになった。そして「プレスコードで原爆から疎外されているうちに、自分で原爆を疎外する習性が身についてしまったわけである」（上巻、p. 69）。事実、たとえば一九四六年六月には同人雑誌『広島文学』が創刊されたが、その中には原爆に触れた作品は皆無だったといわれる。

(65) 野間宏（一九一五―九一）は、「水爆と人間」（1954：GB15所収）の中で一九五四年三月の水爆実験に触れながら、放射能汚染が広範かつ一般的なものになり、たとえば牛乳もそれに汚染されているとなると庶民には対処のしようがなく、それが、無力感と諦念を一緒にした「水爆ニヒリズム」を惹起しうると述べている。だが、すぐその後で、その種のニヒリズムに打ち沈んでいてはアメリカの思うつぼだと警戒する。普通人にも主体的な反対運動を起こす余地はある。野間の目から見れば、その具体例こそが原水爆禁止のための署名運動なのだ。

(66) 一九五四年の第五福竜丸事件を直接の契機にして、全国に原水爆に反対する機運が盛り上がる。そして厖大な数の市民の署名活動に支えられて、一九五五年夏には第一回原水爆禁止世界大会が開催された。その同じ年に原水協は設立され、以後重要な運動体として活動を続けていく。しかし、社共対立が原水協に持ちこまれ、一九六三年に分裂。社会党・総評系は一九六五年に原水禁を設けた。ちなみに一九五六年には日本原水爆被害者団体協議会（日本被団協）が設立されたこと、一九五七年には「原子爆弾被爆者の医療等に関する法律」（原爆医療法）が可決成立したことも付記しておく。この辺りの運動の詳しい記載については宇吹暁の『ヒロシマ戦後史』（2014）を参照せよ。

(67) また、トリートも『グラウンド・ゼロを書く』第Ⅰ部第三章で触れていることだが、一九八二年一月二〇日に公表された、核兵器の廃絶や非核三原則の厳守などを訴えた「文学者の声明」は、その後いささか奇妙な内輪もめの題材に貶められることになった。何人もの文芸評論家たちから、それは、中央文壇の集団迎合的態度の表れに過ぎないとか、人間中心主義や素朴なヒューマニズムの域を出ていないなどという批判の対象になったのだ。現時点で考えてみるなら、それは、まだ文学者が〈総合的なインテリ〉像に肉薄しえていたかもしれない、社会行為の一つの重要な発現であるはずだった。それが、ある意味狭量極まりない、文壇内部の人間関係論に縮減されてしまったわけである。

　また同じ頃、吉本隆明（一九二四―二〇一二）が『「反核」異論』(1982)の中で、原発を技術問題に限定し、それへの批判運動に水を差しながら、核廃棄物などは宇宙空間に投棄すればよい云々の馬鹿げた議論を言挙げしていたことにも触れておきたい。吉本は技術者的背景をもった人のはずだが、その割には、もし仮に高濃度の核廃棄物を満載したロケットが打ち上げに失敗した場合、どれほど破局的な環境汚染に晒されねばならないかについて、想像力が働かなかったらしい。絶対安全が確保されない局面で、このような馬鹿げた提案をすること自体、実は技術的洞察力の欠如を表しているといわねばなるまい。

(68) 特に一九五七年に行われたプラムボム作戦のことが紹介されている。

(69) その後、原燃は動力炉・核燃料開発事業団（動燃）、さらに核燃料サイクル開発機構（核燃）へと改組される。さらには日本原子力研究所と統合されて、現在の日本原子力研究開発機構（日本原研）になる。

(70) もともとは東電内部で使われた若干意味を異にする隠語だったといわれるが、今はそれを追跡する気はない。

(71) かつての名番組、『わくわく動物ランド』の名前が泣いている。動物世界の生命特性と、〈医療目的の使用もあるが、それを除けば〉死を滲出する原子力とでは、ほぼ対蹠点にあるといっても過言ではない。

(72)〈文化的権力〉の一種として、新聞やテレビ、出版物を駆使した文化人の巻き込みがある。何人もいるが、ここでは荻野アンナ（一九五六―）の例を挙げておこうか。念のためにいっておくなら、荻野はフランソワ・ラブレー（一四九四？―一五五三）の優れた専門家であり、人柄も文章もなかなか面白い人だ。だが、川村湊が『震災・原発文学論』(2013)第Ⅰ章で紹介するような逸話を見る限り、自分が担う文化的権力がどのように利用されてしまうのかについて、彼女が若干不注意だったのは間違いあるまい。荻野は『アンナのエネルギー観光』(2004)なる本の中で、電事連主宰の〈観光旅行〉でヨーロッパの原発を視察し、その安全性をPRするという役目を請け負っている。また、国内の原発にも何度も訪れ、その紹介文を書いている。川村が引く一節 (29-30) には目を奪われる。そこで荻野は、放射性物質は際限なく不安定なままに留まるということから、それをなんと〈青春時代の物質〉に準《なぞら》えている。青春は、若干の脱線を含む生命の覇気の現れだが、放射性物質が放出する放射線は、生物の命や遺伝情報にダメージを与え続けるということに、彼女は思い至らないのだろうか。青春と死とが混ぜ合わされる光景は、ラブレー的な哄笑からは遙かに遠いところにあるはずである。

(73) 現在では、山口幸夫（一九三七―）、西尾漠（一九四七―）、伴英幸（一九五一―）らによって高木の遺志が受け継がれている。本当なら、〈市民科学〉の模範的事例として、国家とはいわずとも、中間規模の公的機関がなんらかの援助をするような仕組みがあればいいのに、と私は思う。

(74) 高木のことを考える度に、その魂の響きに揺さぶられるような感じがして、少しだけ幸せになれる。

(75) 堀江邦夫（一九四八―）の迫真のドキュメント『原発ジプシー』（初版1979）、森江信の『原発被曝日記』（初版1979）、樋口健二（一九三七―）の『闇に消される原発被曝者』（初版1981）、藤田祐幸《ゆうこう》（一九四二―）の『知られざる原発被曝労働』（1996）などを参照にすればよい。

(76) 頁数は河出書房新社版（2011）に依る。

(77) 戚《せき》夫人（?―BC一九四?）とは、前漢を興した高祖劉邦（BC二五六―BC一九五）の側室。劉邦の死後、彼の皇后、呂太后（呂雉《りょち》、BC二四一―BC一八〇）に疎まれ、残虐極まりない方法で殺された。

あとがき

金森　修

本書は『昭和前期の科学思想史』（勁草書房、2011）の続編である。『明治・大正期の科学思想史』も追って公刊される予定であり、西洋篇として既に公刊されている『科学思想史』（勁草書房、2010）と併せれば、しかもそれぞれが一〇〇〇枚前後の大冊だということを考えるなら、全体として、我が国の科学思想史の過去や現状を俯瞰する上で基礎的な資料になるはずである。

本書は二部構成からなる。

第一部は基本的には個人のモノグラフィ的な記述である。第一章では武谷三男、第二章では柴谷篤弘、第三章では下村寅太郎が扱われる。いうまでもなく、そのいずれもが戦後日本の科学思想史を語る際には欠かせない人物だ。第一章の中で金山は、武谷三男の多様な活動の中から代表的なものを取り上げつつも、それらの活動の認識論的基盤を成す〈模写説的な立場〉に絶えず留意しつつ、武谷の諸活動に一定の縦糸を通そうとする。模写説は、少しでも科学史や哲学の訓練を受けたものならその単純さはほぼ明らかなものだが、他方でそれは現在でさえ、平均的な科学者・技術者の多くに共有される考え方でもある。その意味では、この発想の先行形態としての武谷の論説を総体的に俯瞰しておくことは現在でも重要だ。武谷は、〈科学性〉を文化の隅々にまで浸潤させれば、如何なる社会問題も政治問題も自ずと最適解に導かれるはずだという自らの前提を疑うことはなかった。だがそれが文化論に実際に外挿され、具体的判断となって結晶する時、とりわけその独善性と視野狭窄性が露呈され、全体としては無惨な結果をもたらすことにもなった。彼が一時期体現した合理主義的社会評論のスタイルは、当時の歴史的文脈の中ではある程度機能していたことは確かだが、現在ではむしろ反面教師的色彩をもつと述べて問題ない。

第二章は分子生物学者として出発しながらも、徐々にその領域から離れ、後期には反科学論と自ら名づけた独自の思想を展開した柴谷篤弘が扱われる。ただ、この論攷は、武谷ほどではないかもしれないが、極めて広範な評論活動を展開した柴谷の中から、ほぼ二点の著作に絞った解説がなされる。『生物学の革命』と『反科学論』である。両方共が柴谷の経歴全体の中でも枢軸を成す重要性をもつことは確実だが、彼にはパラダイム論や同時代の文化事象についての積極的な評論や、差別に対する分析などもあるので、斉藤の論攷はそのための基礎的な準備作業として位置づけられる。近未来には、柴谷という重要な思想家について、より総合的視座に基づく全体像の解明をしてくれるはずである。なお、念のためにいっておけば、武谷の〈反科学〉が、科学に対する pro et con を巡る単純極まりない対立項に収斂するものでないことは明らかだ。というより、如何なる科学思想史も、その種の単純な二項対立を逃れたところからしか出発し得ない。それは何度でも強調しておく必要がある。科学技術や合理的思考一般が大切なのは自明なのだが、現代の科学技術が体制的に抱える諸問題を剔抉することは、同様に大切だ。柴谷の〈反科学〉論は、科学者の手になる〈科学批判〉として現在でも貴重な先行資料なのである。

第三章は京都学派の重鎮の一人、下村寅太郎が取り上げられる。本書は便宜的に〈昭和後期〉という時代設定をしており、それに拘泥するなら下村の自然哲学、数理哲学、科学史などの主要業績は一九四〇年代半ば前後に集中しており、若干時代がずれているともいえる。時代設定の点からいえば、本書が一応設定する時期は下村が自らの研究領域を急速に拡大し、アッシジの聖フランシスコ、レオナルド・ダ・ヴィンチ、ブルクハルトなどの研究に沈潜していった時期に相当する。とはいえ、板橋は、前期下村の科学思想史の重要な論点を適切に剔抉することを忘れない。それは後期下村の活動の理解のためにも重要な基盤となるからだ。また、板橋は比較的見逃されがちだった「知性改善論」にも注目し、重要な論点を浮上させている。特に聖フランシスコ論やダ・ヴィンチ論から板橋が抽出する論点は、単に二人の偉人の個性の回顧には留まらない普遍的問題設定に肉薄するものだ。私個人的には、昔訪れたアッシジの美しさが印象深く思い出され、聖フランシスコの清冽な生涯とそれとが重なり合い、改めて下村の聖フランシスコ論を再読したいという気持ちに駆られた。いずれにしろ、この論攷は一見拡大しすぎた感さえある下村の学問世界の壮年期から最晩年までの作業に過不足ない眼差しを注ぎ、それぞれの時期から重要な思索の痕跡を抽出しようと試みた、重要な下村論である。

第二部は、第四章や第五章のように個人のモノグラフィ的な色彩を残しているものもあるが、本質的には個人の知的業績内部に沈潜するというよりは、それを横溢するあるトポスの設定に重点を置いた論攷からなる。ただ、繰り返すなら最初の二つは、個人の著作の分析を行いつつ、そのトポスを浮き上がらせるという書き方がなされている。

まずは本書全体の中でも最大の論攷、第四章をみる。もっとも、ほぼ薄めの単行本にも匹敵する枚数を誇る岡本論文を、私がここで数行で纏め上げるのは馬鹿げたことなので、それは避けておく。岡本はここで二人の人物、武谷三男と廣重徹を取り上げる。期せずして武谷三男への言及は第一章と重なるが、第一章が比較的総覧的な色彩を帯びたものだったのに対し、ここでは武谷の三段階論に重点を置いた分析がなされる。ただ、なんといっても本章の白眉は、全体の四分の三以上の比率を占める廣重徹論である。岡本は廣重の経歴全体への配慮を怠らないながらも、特に廣重の〈科学の体制化〉というトポスの設定に注目し、その意味を丁寧に腑分けする。また、それらの緻密な作業を通して、歴史内在的に〈科学論〉を語ることの意味を廣重が自覚していったはずだと纏めている。第四章は、恐らくいままで我が国の科学史業界で書かれた中でも最も緻密で深遠な廣重徹論を実現している。また〈科学の体制化〉概念に触れておくなら、当時でさえ、それが着々と進行しつつあるという診断の元で危機意識に貫かれていた廣重の気持ちを踏みにじるかのように、その後の科学は体制化を完成してしまった。現在では、ちょうど常に海水にいる魚たちが海水自体に目を向けてその特性を対象化することが難しいのと同じように、若い科学者・技術者にとって、体制化以外のどんな様式下で自分の作業を続ければいいのかが分からない。だからこそ逆に、〈科学の体制化〉論は科学論業界の中でもなかなか掘り下げられないという事情がある。ある種のどうしようもなさが予感される時、人はその問題を見据える代わりに忘却することを好むのだ。その意味でもなおさら、岡本論文のもつ意味は大きいといわねばならない。

第五章は短いながらも緊張感に満ちた良質の論攷だ。瀬戸口はここで二人の論者、柴谷篤弘と坂本賢三を取り上げる。ここでもまた、柴谷への言及という点で第二章との収斂を起こしている。ただ、瀬戸口の問題意識は主として〈科学者の主体性の喪失〉というトポスを設定することにあり、柴谷への言及はあくまでも例証としてのそれである。実はここでの〈科学者の主体性の喪失〉なるものは〈科学の体制化〉現象と表裏一体のものだ。もっとも科学は自然界の謎に対する個人の自発的探究の集合だったはずだ。それが集団的特性をもつとしても、あくまでもその根底には独立した個人の自由で闊達な好奇心や探究心があったはずだった。しかしそれは徐々に変質を余儀なくされ、その集団的特性は社会の複合的関連因子と合体し、それ自らが〈主体性〉を偽装するようなものになっていく。知識自体の〈自己増殖化〉である。この半ば避けがたく、その分深刻な歴史的動向を瀬戸口は柴谷の分析から抽出するだけではなく、技術論に独自の切り込みをした坂本賢三の作業の中からも引き出そうとする。論攷自体は問題点の定位にほぼ終始しているが、それはこの論点の本質的重要性と解決の困難さを暗黙に示唆するものでもある。私は、瀬戸口が、このラインに沿う、より克明な持論の展開を継続していくことを切望する。

さて、以上五つの章は、確かに第四章、第五章は特定のトポス設定に論の中核を配置するという特性はあるにしろ、より単純化された視点に立てば、武谷三男、柴谷篤弘、下村寅太郎、廣重徹、坂本賢三という、いずれ劣らぬ重要な個人の肖像画的側面をもっと述べることもできるものだ。ところが残る第六章、第七章はそれらとは明らかに性質を異にしている。

まず第六章。扱われる主題は脳死・臓器移植である。周知のように、脳死はそれ自体で幾つもの重要な論点を含む話題だ。だがそれがとりわけ議論の対象になるのは、単にそれが終末期医療の特性や意味の解明について多くの示唆を与えるからだけではない。何よりも、脳死体が臓器移植のドナーになるという意味をもつからだ。確かに、我が国の場合、それが単なる〈議論〉の位相から実際の〈医療〉にまで根を下ろし始めるには一九九〇年代後半、一九九七年での臓器移植法施行、二〇一〇年での改正臓器移植法施行を待たねばならない。特に後者が、その後の動向の変化に大きな影響を及ぼした。その限りでは、それは本書の一応の時期設定からは外れている。しかしもちろん臓器移植という多くの論点を含む医療行為が実際にかなり浸透し始めるためには、それを支える政治的圧力や医療界・医薬品産業界などの直接的関与だけではなく、共通の倫理規範の定立や思想的射程の吟味を、脳死・臓器移植の両者に亘って何度も繰り返すという長い前史が必要だった。美馬がこの章で行うのは後者の方、それも特に一九六〇年代から一九八〇年代前半辺りにかけての動きを回顧し吟味することだ。それは脳死・臓器移植問題の一種の〈考古学〉であり、立法とそれに続く実質的医療の中でともすれば忘却されがちな多様な見解、議論、紆余曲折を、当時の幾つかの大事件を一応の指標としながら辿り尽くすことである。なお、脳死・臓器移植論の文脈では特に前面に置かれていたとはいえないインフォームド・コンセント論の発生と成熟の問題にも力点が置かれているのが本章の特徴の一つだろう。バーナードの心臓移植、和田の心臓移植など、定番の指標を辿りつつ、美馬は〈死〉の意味の微妙な変遷について粘り強い腑分けをしていく。裁判沙汰も含めたいろいろな論争への配意も怠らない。美馬の論攷が全体として与える読後感は、読者それぞれの職業、死生観、価値観などを総合的に介在させたものであらざるを得ないために、一意的確定ができる類《たぐ》いのものではない。ともあれ、この脳死・臓器移植を巡る我が国の論争は、日本文化の基底的性格に深甚な影響を与える重要なものだという事実は揺るがない。

最後の第七章は私自身が執筆したものだ。一言でいうならそれは、最後の方で原発問題などにも言及するが、主として、戦後に成立した〈原爆文学〉の大まかな流れを代表的な作家や作品に寸評を与えながらほぼ通覧的に跡づけたものである。それは個人や個別作品の掘り下げを目的とはしない。しかも、この論攷は〈科学思想史〉という学問領域に包摂されるかどうかが微妙なものでもある。原子爆弾を投下され、即死、関連症状による早期の死だけでなく、内部被曝による緩慢な死という特殊な経験をせざるを得なかった被爆者たち、またはその証言者たちの経験が元にあるという意味では〈科学〉と無縁ではないとはいえ、その本質は科学そのものではなく、原爆という未曾有の経験を通過した人間たちの苦悶や自省の文学的表象が中心にあるのは明らかだからだ。ただ、元々〈科学思想史〉という学問の内包と外延は古典的な学問領域よりは曖昧模糊としている。しかも私の最近の関心が〈科学思想史〉の境界領域や辺縁領域に向くという外向的志向性を強めているという個人的事情もある。その意味でいわば広義の科学思想史の一試行として、この章を本書に組み込むことも許容されるはずだと考えた。ただ、自分の論攷をこれ以上纏め続ける作業には魅力を感じないので、この辺で切り上げておく。

＊　＊　＊

既によく知られた歴史的な逆説がある。古代史や中世史に比べれば実証的価値の高い資料が大量に存在する現代史の方が歴史記述がし易いはずだが、実際には歴史記述は現代に近づけば近づくほど異質な困難の前で足踏みをしてしまうという逆説だ。例えばこの二〇年間の日本史を書けと単に漠然といわれれば、たいていの人なら途方に暮れ、その困難さを充分に味わってから、何かをなんとか書き留めることになるはずだ。仮に当人の専門領域だけに絞ったとしても、そう簡単なことではないはずだが、ましてや、領域を指定されずにこの二〇年間で書き残すに値する事件や判断に触れながら歴史を構成しろという課題は、極めて困難なのだ。しかも、テーマや人物の選択行為だけではなく、それらに対する評価は現代に近いほど未確定なままに留まり、何を取り上げるか、取り上げたとしてそれをどう評価するか、それが近未来の我が国にどのようなインパクトをもつかなど、いろいろな論点について、それを書く人の知識水準、知らずに透過される好き嫌い、度量の程度、人生観の深浅などが、すべて晒される。歴史記載を試みる〈歴史家〉は、いわば全存在を賭けた一種の冒険をしなければならない。さすがに現在では、宮刑を受けた司馬遷のように直接的暴力を耐えねばならないような政治的状況にはない。だが、歴史家が〈愚かなこと〉を書いて信用を失う時、その作業がその人にとって重要であればあるほど、それはその人にとって半ば社会的な死を経験するようなものになる。とにかく、一般に現代史を書くことには固有の困難が存在するのだ。

領域を全く確定しない〈現代史一般〉に比べれば、まだ一応、〈科学思想史〉という区切りがある分、テーマ選択の茫漠さはかなり限定されたとはいえ、上記のように科学思想史という学問自体がもつ曖昧さのゆえに、対象時期が決まれば、テーマ選定も、大多数の意見の収斂が予想される形で順当に決まるというような性質のものではなかった。本書の設定時期が前提条件になる場合、なぜ、あれこれは扱われないのか、と不審に思われた読者も多いはずである。また、これも半ば自明のことながら、編者の嗜好や知識限界という個人的バイアスもある。ただ、別に居直るつもりはないが、かなり大部の本とはいえ、一冊で特定領域の数十年分の歴史を網羅できると考える方が無理ではないだろうか。歴史書は、厖大なネットワークの一部としてしか存在し得ない。人間の文化は、それほどまでに奥深く、厚いのだ。その意味で、あとがき冒頭で本書は当該領域の基礎的資料になるはずだと豪語してはいたが、それでも多くの限界を抱えていることはいうまでもない。これを踏み台にして本書を敷衍する、または補完する新たな著作群が出現する契機になればよい。いまはただ、そう思うだけだ。

また実をいうなら、現代史の困難は重々承知の上で、未刊の『明治・大正期の科学思想史』、既刊の『昭和前期の科学思想史』、現行の『昭和後期の科学思想史』と来れば、その余勢を駆って、過去ほぼ三〇年弱の期間に相当する当該分野の〈現代史〉、例えば『現代日本の科学思想史』や『平成の科学思想史』なるものも構想可能ではないか、と考えたこともあった。その場合には、誰もが思うようにまずは情報工学の爆発的な進展とその社会的・思想的含意を掘り下げることが最重要テーマの一つになる。しかし、私自身がこの分野の知識に疎い上に、あまりに重要すぎ、広く社会に浸透しているせいか、〈情報工学〉全般という切り口で科学思想史的記述をできるような人を思いつくことが叶わなかった。またナノテクノロジーのような重要分野も、技術的解説に終始するのならともかく、その歴史的・思想的含意を剔抉できる人もそうはいないように思われた。他方で、現代宇宙論の佐藤文隆や松井孝典、ロボティクスの石黒浩や浅田稔、生命論の多田富雄や福岡伸一、薬理学を超えた一般的議論に踏み込む清水博などの重要な論者、科学論で異彩を放つ池内了、進化論の進展に伴いその自然主義的発想を文化批評に拡大した長谷川眞理子、重厚な科学史的作業で耳目を惹いた中山茂や山本義隆のような思想家を対象にした個別論文は興味深いだろうという予想は付く。さらにこの時期にその多様な問題群への応対によって急速に重要性を増している〈生命倫理学〉の科学思想史的な掘り下げ、近年哲学界で今まで以上の隆盛を誇る〈科学哲学〉の科学思想史的吟味など、幾つかの興味深い論点も思いついた。さらにいうなら、私自身は〈ポスト三・一一ワールド〉を語ることが有意味だと考え、その意味の熟考の果てに出現する新たな文明論的科学論を構想すべきだと考えているが、現状の日本はそのような方向性を指示してはおらず、何故それが実現できないのか、その頓挫や成立不可能性の社会的・思想的根拠を探るという作業も重要だと考えている。というように、幾つかの難点を抱えながらも、この種の主題設定の少なくとも一部を実現した科学思想の現代史は不可能ではないとは、いまでも思っている。

しかし、それでも私を躊躇させるものがある。それは科学と技術が基礎と応用に対応する、いやそうではない云々という比較的素朴な科学論・技術論の分節・対峙関係の分析段階を経て、科学と技術の融合が進み、〈科学技術〉を語ることが普通になるという状況なら既に〈昭和後期〉には実現していたし、その特徴の分析も数多く存在する。しかし、この三〇年弱をより強く特徴づけるのは、科学と技術、産業、さらには政府が一体となった産学複合体（より正確には瀬戸口が述べるように軍産学複合体）という総体の存在こそが、諸科学や諸技術の個別的具体相を決定づける割合がますます大きくなっているという事実である。どれほど科学者・技術者個人が違うことを信じようと、彼らの作業の根底に、政治的・産業的（軍事的も）要請という強力な規定因子が介在することは否定しようがない。現代科学論は科学政策論、科学経済論、科学政治学、軍需産業史などの総体と対峙し、その総体内部の少なくとも一部に切り込むだけの射程や深さをもつものしか、その名に値しない。だが、そうなると、例えばある個別科学の様相を辿ろうと思っても、それが内在的には一見どれほど巧みにみえようとも、それをことさらに〈科学思想史〉という切り口で設定することにどれほどの意味があるのか、はなはだ覚束ないことになる。例えば、ある科学技術の隆盛が、それがもつ科学性の精度の度合い、技術的実現の程度だけではなく、それを巡るマーケティングの巧拙までも考慮に入れなければ正確な評定ができないような状況が一般的になる時、それをことさらに〈科学思想史〉という思想的・哲学的側面を重視した切り口で見ることの意味は、まるで自明なものではなくなるのだ。科学思想史は、元々ふわふわとした浮動性や鵺《ぬえ》的性格のせいで、一度として学問世界の中で主流の地位につくことはなかった。ともあれ、それがよちよち歩きながらもなんとか続いてきて、科学技術の日常世界への浸透度の深さから考えて、その成長に有利な条件が整ったと思えた矢先に、科学思想史という切り口自体が現代社会のあり方とはそぐわないものになりつつあるのではないか。私にはそう思われてならない。科学思想史は、一度として完全開花を迎えることもないままに、いつしか古色蒼然としたものに成り下がる。それが、既定路線のような気さえする。だから、本書『昭和後期の科学思想史』は、それでもなんとかこの学問分野の体裁を整わせ得た最後の試みの一つになるかもしれないとさえ、私は考えている。もちろん、この予想が外れてくれることを願うと共に、科学思想史的問題関心を科学政治学的なテーマ設定と融合させることができる真に豊かな才能の持ち主が出現する日々を待望するという一抹の希望も捨ててはいない。いずれにせよ、それは私自身には手の届かないものでありそうだ。

＊　＊　＊

本書成立にあたっては、いつもながら勁草書房編集部の橋本晶子さんのお世話になった。私の個人的事情も勘案して下さり、作成過程ではいつもに増して本質的な力添えを頂いたことを心から感謝したい。『明治・大正期の科学思想史』でも、再び彼女にご苦労をかける予定である。

また、何よりも他の執筆者に感謝の意を捧げたい。私的理由のためにろくに準備会議さえ開くこともできなかった。それは会議の後の楽しい懇親会もほとんど共有できないということを意味していた。お一人おひとりのお顔をいま思い浮かべながらいまこの部分を書いているが、もし可能ならまた何度もお会いして、直接お礼を申し上げたいと願っている。ストレスばかりが多いこの種の作業がどの程度報われるものなのか、それは分からない。それでもなお、本書に参加して下さった彼らのような人々がいるからこそ、とにかくなんとかここまで続けてこられた。この当たり前の事実を、改めて私は噛みしめている。皆さん、本当にどうもありがとう。

金森　修

二〇一六年春分

本書の構想は、『昭和前期の科学思想史』刊行の数か月後から金森修によって組み立てられ、二〇一一年中には執筆者が確定した。研究会開催を伴いつつ企画は進み、二〇一四年夏に自身が重篤な病を抱えていることを知った後も、金森は、執筆準備の開始を促す連絡を定期的に送り続けた。一時期は自身の担当分を短くすることも考慮したが、結局は長編の論文を仕上げて校正も早々に済ませ、他の執筆者たちを叱咤激励しつつ脱稿に導き、刊行に伴う諸事のおおよそを終えると、再校締切日の前日、二〇一六年五月二六日の午後、金森は逝去した。

本書の刊行を見ずに逝った編者を送るに哀悼の語のみをもってするに忍びず、右、別して記す次第である。

執筆者紹介

編者

金森　修（かなもり　おさむ）
1954 年北海道出身
東京大学大学院人文科学研究科博士課程単位取得退学
博士（哲学・パリ第一大学）
筑波大学講師、東京水産大学助教授などを経て、東京大学大学院教育学研究科教授
専門　フランス哲学、科学思想史、生命倫理学
著書
『バシュラール』講談社、1996 年
『サイエンス・ウォーズ』東京大学出版会、2000 年：新装版、2014 年
『科学的思考の考古学』人文書院、2004 年
『〈生政治〉の哲学』ミネルヴァ書房、2010 年
『科学の危機』集英社、2015 年
『知識の政治学』せりか書房、2015 年
『科学思想史の哲学』岩波書店、2015 年
他
編著
『エピステモロジーの現在』慶應義塾大学出版会、2008 年
『科学思想史』勁草書房、2010 年
『昭和前期の科学思想史』勁草書房、2011 年
『合理性の考古学』東京大学出版会、2012 年
『エピステモロジー』慶應義塾大学出版会、2013 年
2016 年 5 月、逝去

執筆者

金山　浩司（かなやま　こうじ）
1979 年大阪府出身
東京大学大学院総合文化研究科博士課程単位取得退学
博士（学術、東京大学）
北海道大学スラブ・ユーラシア研究センター非常勤研究員などを経て、現在、東海大学現代教養センター講師
専門　科学技術史
著書
市川浩編『科学の参謀本部：ロシア／ソ連邦科学アカデミーに関する国際共同研究』（分担執筆、北海道大学出版会、2016 年）
他

斎藤　光（さいとうひかる）
1956 年青森県出身
京都大学理学部卒業
北海道大学大学院環境科学研究科修士課程修了

東京大学大学院理学系研究会修士課程修了
茨城キリスト教短期大学講師、京都精華大学人文学部教員を経て、現在、京都精華大学ポピュラーカルチャー学部教員。
専門　科学史、近現代文化社会誌
著書
廣野・市野川・林編『生命科学の近現代史』（分担執筆）勁草書房、2002
『幻想の性　衰弱する身体』洋泉社、2005
井上俊・伊藤公雄編『文化の社会学（社会学ベーシックス　3)』（分担執筆）世界思想社、2009
井上俊・伊藤公雄編『身体・セクシュアリティ・スポーツ（社会学ベーシックス　8)』（分担執筆）世界思想社、2011
共編共著
『性の用語集』（講談社、2004）
『性的なことば』（講談社、2010）

板橋　勇仁（いたばし　ゆうじん）
1971年東京都出身
上智大学大学院哲学研究科博士後期課程修了
博士（哲学・上智大学）
現在、立正大学文学部教授
専門　近現代日本哲学思想、近現代ドイツ超越論哲学
著書
『西田哲学の論理と方法』、法政大学出版局、2004年
『歴史的現実と西田哲学』、法政大学出版局、2008年
『底無き意志の系譜』、法政大学出版局、2016年
共編著
『知の軌跡』、北樹出版、2004年
『ショーペンハウアー読本』、法政大学出版局、2007年
『存在の意味への探求』、秋山書店、2011年
『哲学　はじめの一歩』、春風社、2015年

岡本　拓司（おかもと　たくじ）
1967年愛知県出身
東京大学大学院理学系研究科博士課程単位取得退学
博士（学術・東京大学）
新潟大学人文学部助手などを経て、現在、東京大学大学院総合文化研究科准教授
専門　科学史、技術史、高等教育史
著書
『科学と社会：戦前期日本における国家・学問・戦争の諸相』サイエンス社、2014年
金森修編著『昭和前期の科学思想史』（共著）、勁草書房、2011年
他

瀬戸口　明久（せとぐち　あきひさ）
1975年宮崎県出身

京都大学大学院文学研究科博士後期課程修了
博士（文学・京都大学）
日本学術振興会特別研究員（PD）、大阪市立大学経済学研究科准教授を経て、現在、京都大学人文科学研究所准教授
専門　科学史
著書
『害虫の誕生』、筑摩書房、2009 年

美馬　達哉（みま　たつや）
京都大学医学研究科大学院博士課程修了
博士（医学・京都大学）
米国国立健康研究所（NIH）特別客員研究員、京都大学医学研究科高次脳機能総合研究センター准教授などを経て、現在、立命館大学大学院先端総合学術研究科教授
専門　医療社会学、神経科学、神経内科学
著書
『〈病〉のスペクタクル』人文書院、2007 年
『脳のエシックス　脳神経倫理学入門』人文書院、2010 年
『リスク化される身体　現代医学と統治のテクノロジー』青土社、2012 年
『生を治める術としての近代医療』現代書館、2015 年
他

人名索引

こ

さ

し

す

せ

そ

た

つ

て

と

な

文献表

第一章

相川春喜（1942a）『技術論入門』，三笠書房
相川春喜（1942b）『産業技術』，白揚社
いいだもも（1996）「解説」，山田坂仁『認識論と技術論』，こぶし書房，259-298
伊藤康彦（2013）『武谷三男の生物学思想――「獲得形質の遺伝」と「自然とヒトに対する驕り」』，風媒社
岩佐茂（2013）「主体性論争で問われたこと」，岩佐茂・島崎隆・渡辺憲正編『戦後マルクス主義の思想』，社会評論社，14-41
岡邦雄（1955）「技術の規定」，飯田賢一（編）『新しい技術論』，こぶし書房，1996，69-142
奥田謙造（2015）「イギリスからのコールダーホール型商用炉導入」原子力技術史研究会編『福島事故に至る原子力開発史』，中央大学出版会，33-50
加藤哲郎（2013）『日本の社会主義』，岩波書店
金森修（2011）「〈科学思想史〉の来歴と肖像」，金森修（編著）『昭和前期の科学思想史』，勁草書房，1-103
金森修（2015）『科学の危機』，集英社
金山浩司（2007）「エネルギー保存則は保存される――1930年代半ばにソ連において行われた哲学論争の再考」，『哲学・科学史論叢』第9号，65-89
金山浩司（2015a）「ソ連の物理学とイデオロギー」，『科学史研究』第272号，103-110
金山浩司（2015b）「実践的生産過程での媒介としての技術：1940年代初頭における相川春喜（1909-1953）の理論的諸著作」『科学史研究』第273号，17-31
唐木順三（1980）『「科学者の社会的責任」についての覚え書』，ちくま学芸文庫，2012，5-99
コシュマン（2011：原著1996），『戦後日本の民主主義革命と主体性』葛西弘隆訳，平凡社
小林傳司（2007）『トランス・サイエンスの時代――科学技術と社会をつなぐ』，NTT出版
坂田昌一（1946）「原子物理学の発展とその方法」，『物理学と方法』，岩波書店，1972，29-50
坂本賢三（1977）「武谷三男『弁証法の諸問題』」，『明治・大正・昭和の名著　総解説』，自由国民社，276-278
絓秀実（2012）『反原発の思想史』，筑摩書房
菅孝行（1995）「主体性論争と戦後マルクス主義」，中村政則ほか編『戦後思想と社会

意識』，岩波書店，87-123
武谷三男（1936a）「自然弁証法，空想から科学へ」，『弁証法の諸問題　新装版』，勁草書房，2010，36-39
武谷三男（1936b）「自然の弁証法（量子力学について）」，『弁証法の諸問題　新装版』，勁草書房，2010，54-66
武谷三男（1936c）「現代物理学の一段階」，『弁証法の諸問題　新装版』，勁草書房，2010，70-85
武谷三男（1937a）「ニールス・ボーア教授の諸業績について」，『弁証法の諸問題　新装版』，勁草書房，2010，86-94
武谷三男（1937b）「ロマン・ロランとベートーヴェン」，『弁証法の諸問題　新装版』，勁草書房，2010，160-169
武谷三男（1942）「ニュートン力学の形成について」，『弁証法の諸問題　新装版』，勁草書房，2010，98-113
武谷三男（1946a）「日本の科学について」，『技術と科学技術政策　武谷三男現代論集3』，勁草書房，1976，3-9
武谷三男（1946b）「革命期における思惟の基準」，『科学と技術　武谷三男著作集　4』，勁草書房，1969，11-28
武谷三男（1946c）「現代物理学と認識論」，『弁証法の諸問題　新装版』，勁草書房，2010，40-53
武谷三男（1946d）「哲学はいかにして有効さを取戻しうるか」，『弁証法の諸問題　新装版』，勁草書房，2010，19-35
武谷三男（1946e）「技術論」，『弁証法の諸問題　新装版』，勁草書房，2010，143-159
武谷三男（1947a）「自然弁証法について」，『弁証法の諸問題　新装版』，勁草書房，2010，257-272
武谷三男（1947b）「自然の論理について」，『弁証法の諸問題　新装版』，勁草書房，2010，273-294
武谷三男（1948a）「実践の問題について」，『文化論　武谷三男著作集　6』，勁草書房，1969，231-242
武谷三男（1948b）「原子力とマルキシズム」，『科学と技術　武谷三男著作集　4』，勁草書房，1969，296-308
武谷三男（1950）「後記」，『科学と技術　武谷三男著作集　4』，勁草書房，1969，226-246
武谷三男（1954）「米爆撃機のモスコー攻撃は近づいた」，『核時代　武谷三男現代論集　2』，勁草書房，1974，84-92
武谷三男（1956a）「原水爆時代と原子力時代」，『原子力　武谷三男現代論集　1』，勁草書房，1974，55-71
武谷三男（1956b）「2つの世界と2つの科学」，『核時代　武谷三男現代論集　2』，勁草書房，1974，116-120
武谷三男（1956c）「科学を阻止するもの」，『技術と科学技術政策　武谷三男現代論集

3』，勁草書房，1976，24-29
武谷三男（1957a）「原子力開発の方針」，『原子力　武谷三男現代論集　1』，勁草書房，1974，78-83
武谷三男（1957b）「核原料・核燃料物質及び原子炉の規制について」，『原子力　武谷三男現代論集　1』，勁草書房，1974，92-100
武谷三男（1957c）「大国と小国と平和と」，『核時代　武谷三男現代論集　2』，勁草書房，1974，142-156
武谷三男（1957d）「原子力時代と科学者」，『核時代　武谷三男現代論集　2』，勁草書房，1974，204-208
武谷三男（1961）「物理学は世界をどう変えたか」，『自然科学と社会科学　武谷三男著作集　5』，勁草書房，1970，137-383
武谷三男（1963）「科学・技術および人間」，『科学と技術　武谷三男著作集　4』，勁草書房，1969，247-266
武谷三男（1964）「中共の原爆実験と日本」，『核時代　武谷三男現代論集　2』，勁草書房，1974，300-307
武谷三男（1965）「素粒子論グループの組織と方法」，『現代の理論的諸問題』，岩波書店，1968，357-372
武谷三男（1979）「特権と人権の思想」，武谷三男編著『特権と人権』，勁草書房，1979，1-20
武谷三男（1985）『思想を織る』，朝日新聞社
武谷三男（1991）「七四年もよく持ちこたえたよ」，武谷三男『環境と社会体制』，技術と人間，1998，131-132
武谷三男（1998）『罪作りな科学』，青春出版社
武谷三男（2010）『弁証法の諸問題　新装版』，勁草書房
武谷三男（2014）『物理学入門——力と運動』，ちくま書房
武谷三男・久野収（1958）「スターリンとスターリン以後の《ママ》含む諸問題」，武谷三男『現代の理論的諸問題』，岩波書店，1968 年，186-200
武谷三男・星野芳郎（1968）「解説」，『弁証法の諸問題　新装版』，勁草書房，2010，379-470
鶴見俊輔（1965）「武谷三男論」，『思想の科学』第 44 号，48-55
富田武（2013）『シベリア抑留者たちの戦後』，人文書院
朝永振一郎（1972）「人類と科学」，江沢洋（編）『プロメテウスの火』，みすず書房，2012，14-35
中村静治（1977）『技術論入門』，有斐閣
中村静治（1995）『新版・技術論論争史』，創風社
仲村政文（1975）「武谷説における技術論の方法について——「意識的適用」説批判の一視角」，『鹿児島大学経済論集』第 12 号，52-88
中山茂（1995）「科学技術からエコロジーへ」，中山茂編『科学技術とエコロジー』，社会評論社，5-48

中山茂（1996）「武谷と山田，バナールとクラウザー」，『場』No. 5，こぶし書房，9
日本科学史学会（2014）『日本科学史学会第 61 回年会・総会　研究発表講演要旨集』，酪農学園大学
初山高仁（2004）「三木清の技術論と「技術の倫理」」，『国際文化研究科論集』（東北大学大学院）第 12 号，107-120
廣重徹（1965）「科学史の方法」，『科学と歴史』，みすず書房，1965，1-53
村田純一（2009）『技術の哲学』，岩波書店
八巻俊憲（2015）「武谷三男の思想についての研究」，日本科学史学会第 62 回年会配布資料
山田坂仁（1946）「技術論について——その技術主義的・科学主義的偏向を排す」，『認識論と技術論』，こぶし書房，1996，128-144
山田坂仁（1948）「批判と前進——武谷氏との論争について」，『認識論と技術論』，こぶし書房，1996，152-168
湯川秀樹・坂田昌一・武谷三男（1970）『現代学問論』，勁草書房
吉岡斉（1984）『科学者は変わるか』，社会思想社
Godin, Benoît (2009) “The Linear Model of Innovation: The Historical Construction of an Analytical Framework,” *The Making of Science, Technology and Innovation Policy: Conceptual Frameworks as Narratives, 1945-2005*, Montréal: Centre Urbanisation Culture Société, 25-65.
Gorelik, Gennady and Bouis, Antonina W. (2005) *The World of Andrei Sakharov*, New York: Oxford University Press

第二章

柴谷篤弘（1947）『理論生物学』，日本科学社
柴谷篤弘（1960）『生物学の革命』，みすず書房
柴谷篤弘（1962）「中村禎里氏に対する反批判」，『生物科学』第 14 巻第 4 号，188-191
柴谷篤弘（1970）『生物学の革命』改訂版，みすず書房
柴谷篤弘（1970）「第三刷へのあとがき」，『生物学の革命』改訂版，みすず書房，265-270
柴谷篤弘（1973）『反科学論——ひとつの知識・ひとつの学問をめざして』，みすず書房
柴谷篤弘（1996）『われわれにとって革命とは何か——ある分子生物学者の回想』，朝日新聞社
柴谷篤弘（1998）『反科学論——ひとつの知識・ひとつの学問をめざして』，筑摩書房（ちくま学芸文庫）
柴谷篤弘（1998）「文庫版あとがき」，『反科学論』，筑摩書房（ちくま学芸文庫），409-414

柴谷篤弘（1999）『構造主義生物学』東京大学出版会
池内了・島薗進（2015）『科学・技術の危機――再生のための対話』，合同出版
池田清彦（1998）「解説」，柴谷篤弘『反科学論』，筑摩書房（ちくま学芸文庫），415-425
斎藤光（2014）「われわれにとって柴谷篤弘とは「何」か―― 2011 年シンポジウムについて」『生物学史研究』No. 90, 51-55
中島勝住（2014）「柴谷篤弘と反差別論」『生物学史研究』No. 90, 77-90
林真理（2014）「柴谷篤弘と分子生物学――唱道者はどのようにして批判者になったか？」『生物学史研究』No. 90, 56-66
横山輝雄（2014）「反科学から科学批判へ――柴谷篤弘の科学論」『生物学史研究』No. 90, 2014, 67-76
シオドア・ローザック，稲見芳勝・風間禎三郎訳（1972）『対応文化の思想』，ダイヤモンド社（原著，1969）
Blackburn, T.R.（1971）“Sensuous-intellectual complementarity in science,” *Science* 172, 1003-1007

第三章

下村寅太郎（1949）「思想の植物性について」，『展望』昭和 24 年 1 月号，22-27
下村寅太郎（1988-1999）『下村寅太郎著作集』全 13 巻，みすず書房
板橋勇仁（2004）『西田哲学の論理と方法』，法政大学出版局
板橋勇仁（2008）『歴史的現実と西田哲学』，法政大学出版局
板橋勇仁（2016）『底無き意志の系譜』，法政大学出版局
大橋良介（2000a）「解説」『下村寅太郎「精神史の中の日本近代」』，燈影舎，443-462
大橋良介（2000b）「年譜」『下村寅太郎「精神史の中の日本近代」』，燈影舎，463-465
笠井哲（2014）「下村寅太郎『科学史の哲学』における現代的意義」『福島工業高等専門学校 研究紀要』第 55 号，97-102
門脇佳吉（1990）「下村先生とキリスト教」，『下村寅太郎著作集 月報6』，みすず書房
金森修（2011）『昭和前期の科学思想史』，勁草書房
酒井潔（2008）『ライプニッツ』，清水書院
城阪真治（2009）「下村寅太郎の科学的認識論」『日本哲学史研究』第 6 号，54-77
竹田篤司（2001）「下村寅太郎――「精神史」への軌跡」，藤田正勝編著『京都学派の哲学』，昭和堂，224-239
中岡成文（2005）「科学論から 1930 年代を見る」『日本思想史学』第 37 号，20-28
中島啓勝（2009）「「京都学派」の歴史哲学における下村寅太郎の位置付け」『社会システム研究』第 12 号，229-241
西田幾多郎（1911）『善の研究』，『西田幾多郎全集』第 1 巻（1965），岩波書店
西田幾多郎（1927）『働くものから見るものへ』，『西田幾多郎全集』第 4 巻，岩波書

店，1965
西谷啓治（1961）『宗教とは何か』，『西谷啓治著作集』第 10 巻，創文社，1987
野家啓一（2003）「「精神史」の方法的射程」『下村寅太郎「精神史としての科学史」』，燈影舎，394-413
萩原明男（1967）「下村寅太郎の哲学」『哲学論叢』第 24 号，241-253
原田雅樹（2009a）「科学と哲学をめぐる公共性と歴史性――下村寅太郎からハンナ・アーレントへ」『人間の発達』第 5 号，25-36
原田雅樹（2009b）「公共性，歴史，科学の間――下村寅太郎とハンナ・アーレント」『共生学』第 1 号，27-56
Burckhardt, Jacob（1860）*Die Kultur der Renaissance in Italien. Ein Versuch*, Basel.
Burckhardt, Jacob（1905）*Weltgeschichtliche Betrachtungen*, Berlin und Stuttgart.

第四章

荒木俊馬（1943）『科学論籔』，恒星社
石原純（1929）『自然科学概論』，岩波書店
石原純（1948）『自然科学的世界像』，評論社
井尻正二（1954）『科学論』，理論社
板倉聖宣（1955）『物理学と矛盾論：古典力学・電磁気学・量子力学の歴史的な分析』，『科学と方法』別冊 6，東大自然弁証法研究会
板倉聖宣（1961）「日本科学史学会編：科学革命」，『科学史研究』，59 号，38-39
板倉聖宣・木村東作・八木江里（1973）『長岡半太郎伝』，朝日新聞社
ヴァン・ルーン，ヘンドリック（1926）『世界文明史物語』，前田晁訳，早稲田大学出版部
ウィーン，プランク（1943）『熱輻射論と量子論の起源：ウィーン，プランク論文集』，天野清訳編，大日本出版
梅沢博臣（1953）『素粒子論』，みすず書房
エンゲルス（1927）『猿の人間化に於ける労働の寄与』，黒田房雄訳，叢文閣
エンゲルス（1950）『自然弁証法　フォイエルバッハ論』，マルクス＝エンゲルス選集，第 15 巻，マルクス＝エンゲルス選集刊行会編，上・下，大月書店
大沼正則（1974a）『日本のマルクス主義科学論』，大月書店
大沼正則（1974b）「反科学主義の一形態――廣重徹『科学の社会史』」，『季刊科学と思想』，13 号，156-159
岡邦雄（1951）「科学史の本質」，『科学史研究』，20 号，1-7, 20
岡邦雄（1952）「科学史と社会科学」，『科学史研究』，24 号，1-5 ページ
小田稔（1977）「1953 年の国際会議と湯川記念館」，『日本物理学会誌』，32 巻 10 号，761-762
カッシラー，エルンスト（1926）『実体概念と関係概念』，馬場和光訳，大村書店
加藤正（1963）『政治と哲学の自立性　加藤正全集第 1 巻』，現代思潮

カルノー（1973）『カルノー・熱機関の研究』，廣重徹訳，みすず書房
川上武（1960）「二つの重大な間違い　批判のための批判に終始」，『図書新聞』，8
京大理フィールド・グループ（1955）「場の理論における因果律（シンポジュウムの綜合報告」，『素粒子論研究』9巻2号，146-181
久野収・鶴見俊輔・藤田省三（1959）『戦後日本の思想』，中央公論社
熊谷寛夫（1972）「基礎自然科学の将来」，『日本物理学会誌』，27巻9号，723-725
倉田三郎（1951）「解放の道はただ一つ——新しい綱領は実現できる」，『前衛』，62号，2-9
黒田寛一・辻哲夫（2011）『黒田寛一・辻哲夫　往復書簡　上　1952-1953』，こぶし書房
黒田寛一・辻哲夫（2012）『黒田寛一・辻哲夫　往復書簡　下　1953-1958』，こぶし書房
小谷正雄・熊谷寛夫・小野周・小田稔・佐藤正知・福留秀雄・森本英樹・廣重徹（1963）「日本の物理学はいかに進められたか」，『自然』，18巻1号，14-31
小沼通二（1960）「3原則は抽象的か——廣重氏の「原子力と科学者」批判」，『自然』，15巻8号，69
コンスタンチーノフ，アレクサンドロフ監修（1952）『弁証法的唯物論と史的唯物論』，ソヴェト研究者協会訳，大月書店
近藤完一（1960）「戦後日本の技術者運動」，『思想の科学』，1960年4月号，20-37
佐以良進（1950）「素粒子論における唯物弁証法——坂田理論を中心にして」，『前進』，50号，91-109
坂田昌一（1946）「湯川理論発展の背景」，『自然』，1巻4号，20-23
坂田昌一（1947）『物理学と方法：素粒子論の背景』，白東書館
坂田昌一（1949）「湯川理論展開の経路（Ⅰ）」，『自然』，4巻3号，28-31
坂田昌一（1951）「湯川理論展開の経路（Ⅱ）」，『自然』，6巻4号，70-73
坂田昌一・原治（1947）「電子の自己エネルギーと核子の質量差」，『科学』，17巻2号，57-58
座間三郎（1952）「科学者の愛国心，科学者の平和運動のありかたについて」，『前衛』，69号，29-32
首藤郁夫・西尾成子（2008）「故廣重徹を語る—没後30年を前にして」，『物理学史ノート』，No. 11, 1-47
ゼーリッヒ，C.（1957）『アインシュタインの生涯』，廣重徹訳，商工出版社
素粒子論研究会編（1949）『素粒子論の研究　Ⅰ　——中間子討論会報告』，岩波書店
素粒子論研究会編（1950）『素粒子論の研究　Ⅱ　——場の理論』，岩波書店
素粒子論研究会編（1951）『素粒子論の研究　Ⅲ　——中間子・宇宙線・核力・β崩壊』，岩波書店
素粒子論研究会編（1954）『原子核・宇宙線の実験——素粒子論の研究Ⅳ』，岩波書店
ソ連邦科学院哲学研究所（1959）『哲学教程　第一分冊』，森宏一・寺沢恒信訳，合同出版社

竹内啓・廣重徹（1971）『転機にたつ科学』，中央公論社
武谷三男（1935a）「自然科学の唯物弁証法的研究」，『世界文化』，9・10号，73-77
武谷三男（1935b）「物理学界の話題」，『世界文化』，11号，24-28
武谷三男（1936a）「ボーア，アインシュタインを教ふ」，『世界文化』，14号，53-54
武谷三男（1936b）「自然弁証法，空想から科学へ——一自然科学者の無遠慮な感想」，『唯物論研究』，40号，122-123
武谷三男（1936c）「自然の弁証法（量子力学に就て）——問題の提示」，『世界文化』，15号，2-11
武谷三男（1936d）「ノーベル賞受賞者ジョリオ＝キュリー夫妻の学的業績に就いて」，『世界文化』，16号，10-20
武谷三男（1937）「ニールス・ボーア教授の諸業績に就て」，『世界文化』，30号，38-40
武谷三男（1942）「ニュートン力学の形成について」，『科学』，12巻8号，307-311
武谷三男（1943）「天野清訳編：ウィーン，プランク論文集　熱輻射論と量子論の起原」，『科学』，13巻6号，218-219
武谷三男（1946）『弁証法の諸問題』，理学社
武谷三男（1947）『弁証法の諸問題』，第二版，理学社
武谷三男（1948）『量子力学の形成と論理　I　原子模型の形成』，銀座出版社
武谷三男（1949）「中間子理論発展の方法論的背景」，『弁証法研究』，1号，4-9
武谷三男（1950）『続弁証法の諸問題』，世界評論社
武谷三男編（1957）『自然科学概論　第一巻——科学技術と日本社会』，勁草書房
武谷三男（1968）『武谷三男著作集　1　弁証法の諸問題』，勁草書房
武谷三男（1969）『武谷三男著作集　4　科学と技術』，勁草書房
武谷三男（1972）『量子力学の形成と論理　I　原子模型の形成』，勁草書房
武谷三男・久保亮五・杉本栄一・高島善哉・都留重人（1949）『自然科学と社会科学の現代的交流』，理論社
武谷三男・久保亮五・杉本栄一・高島善哉・都留重人（1950）『自然科学と社会科学の現代的交流』，重版，理論社
田中吉六（1949）『史的唯物論の成立——技術論と認識論』，理論社
田中一・廣重徹・小川潔・奥井敏郎（1955a）「π中間子および核子の質量差について」，『日本物理学会春季分科会講演予稿集』昭和30年度（1），30
田中一・廣重徹・小川潔・奥井敏郎（1955b）「中性子—陽子の質料差について」，『日本物理学会年会講演予稿集』，昭和30年度（5），51
田辺元（1915）『最近の自然科学』，岩波書店
田辺元（1918）『科学概論』，岩波書店
田辺元（1935）「古代哲学の質料概念と現代物理学」，『思想』，161号，395-434
多幡達夫（1972）「会誌について一言」，『日本物理学会誌』，27巻6号，529
柘植秀臣（1980）『民科と私　戦後一科学者の歩み』，勁草書房
辻哲夫責任編集（1976）『物理学史研究——その一断面』，東海大学出版会

辻哲夫（2011）『物理学史への道』，こぶし書房

恒藤敏彦・廣重徹・藤原出（1954）「Spin2 の Fusion Theory について」，『日本物理学会年会講演予稿集』，9(1), 12-13

恒藤敏彦・廣重徹・藤原出（1955）「Spin2 の Fusion Theory について」，『日本物理学会春季分科会講演予稿集』，昭和 30 年度（1），7

戸坂潤（1966）「科学論」，『戸坂潤全集』，一巻，勁草書房，115-227

朝永振一郎（1948）『量子力学』，東西出版社

中岡哲郎（1960）『現代における思想と行動　挫折の内面をとおして見た個人・運動・歴史』，三一書房

中岡哲郎（1975a）「もののみえてくる過程」，『展望』，195 号，38-54

中岡哲郎（1975b）「廣重徹・小倉金之助・科学史学会」，『科学史研究』，Ⅱ期，14 巻，114 号，85-86

中村禎里（1976）『危機に立つ科学者—— 1960 年代の科学者運動』，河出書房新社

中山茂（1995）「民主主義科学者協会」，中山茂・後藤邦夫・吉岡斉編『［通史］日本の科学技術 1［占領期］1945-1952』，学陽書房，308-315

西田幾多郎（1939）「経験科学」，『思想』，8 巻 207 号，1-67

西谷正（2011）『坂田昌一の生涯——科学と平和の生涯』，鳥影社

日本科学史学会編（1961）『科学革命』，森北出版

日本科学史学会（1964）『日本科学技術史大系』第 5 巻・通史〈5〉，第一法規出版

日本科学史学会（1966）『日本科学技術史大系』第 4 巻・通史〈4〉，第一法規出版

日本共産党科学技術部（1946）「日本の科学・技術の欠陥と共産主義者の任務」，『前衛』，1 巻 10・11 号，64-67

日本共産党科学技術部（1951）「当面する情勢と科学者技術者の任務」，『前衛』，58 号，54-62, 75

羽仁五郎（1946）「科学と資本主義」，『中央公論』，61 年 6 号，7-14

バーナル（1951-1952）『科学の社会的機能』，第一部，第二部，坂田昌一・星野芳郎・龍岡誠訳，創元社

日野禎治（1960）「独占資本と科学・技術　政府・自民の「十年計画」に対決」，「アカハタ」，3464 号，12 月 2 日，4

廣重徹（1957a）「理論闘争は楽でない」，『自然』，12 巻 5 号，73

廣重徹（1958a）『原子と原子力の話』，日本児童文学刊行会

廣重徹（1960）「科学と哲学——科学史の立場から」，花田圭介編『科学論』，三一書房，117-147

廣重徹（1961a）「日本の科学技術と歴史の法則的発展」，『みすず』，23 号，2-6

廣重徹（1961b）「大学人と産業人」，『中央公論』，76 年 5 号，100-110

廣重徹（1962a）「スプートニクのかげの教育」，『科学朝日』，22 巻 3 号，83-87

廣重徹（1962b）「科学史の現代的意義とは」，『医学史研究』，6 号，315-316

廣重徹編著（1962c）『日本資本主義と科学技術』，三一書房

廣重徹編著（1963）『講座　戦後日本の思想 4　科学思想』，現代思潮社

廣重徹（1964）「科学史の方法（3）」,「科学史の方法（4）」,「科学史の方法（5）」,『京都大学新聞』, 3月23日, 2；4月13日, 8；4月27日, 4
廣重徹（1965a）『科学と歴史』, みすず書房
廣重徹（1965b）「湯川秀樹と素粒子論」,『中央公論』, 80年7号, 439-444
廣重徹（1965c）「科学技術基本法は必要か」,『科学朝日』, 25巻12号, 134-135
廣重徹（1966a）「何が科学史の研究でありうるか——藤井陽一郎氏への答え」,『科学史研究』, 79号, 133-135
廣重徹（1966b）「新しい科学技術と政治」,『朝日ジャーナル』, 8巻41号, 104-112
廣重徹（1966c）「一般教育における科学史の意義」,『科学』, 36巻3号, 165-166
廣重徹（1966d）「第11回国際科学史会議に出席の記」,『物理学史研究』, 3巻1号, 84-108
廣重徹（1967a）「ハイゼンベルクの思想と近代科学」,『科学朝日』, 27巻7号, 119-123
廣重徹（1967b）「オッペンハイマー博士の素顔」,『自然』, 22巻4号, 46-47
廣重徹（1967c）「革新的科学政策のヴィジョン——手段から創造へ」,『月刊労働問題』, 7月号, 36-41
廣重徹（1967d）「研究と金と体制化」,『自然』, 22巻9号, 28-33
廣重徹（1968a）『物理学史』Ⅰ, 培風館
廣重徹（1968b）『物理学史』Ⅱ, 培風館
廣重徹（1968c）「歴史的なオリジナル論文を読むには——伏見先生にもの申す」,『自然』, 23巻6号, 102-103
廣重徹（1969a）「創造性からの逆行　アポロ的科学技術の退廃①」,『朝日ジャーナル』, 11巻31号, 12-16
廣重徹（1969b）「近代科学とその現代的状況」,『展望』, 130号, 123-136
廣重徹（1969c）「日大授業再開の虚妄」,『朝日ジャーナル』, 11巻13号, 45-48
廣重徹（1969d）「欧米における現代物理学史研究」,『物理学史研究』, 4巻3・4号, 47-64
廣重徹（1970a）「専門職業としての物理学」,『物理学史研究』, 6巻4号, 62-64
廣重徹（1970b）「科学史にみる創造——それは思いつきの新しさだけではない」,『科学朝日』, 30巻4号, 42-43
廣重徹（1970c）「国際会議にみる物理学史と物理教育」,『物理学史研究』, 6巻4号, 55-61
廣重徹（1970d）「科学史の新しい動き——アメリカと日本」,『ちくま』, 18号, 8-11
廣重徹編（1970e）『科学史のすすめ』, 筑摩書房
廣重徹（1971a）「科学技術と労働運動」,『労働調査時報』, 603号, 24-29, 33
廣重徹（1971b）「科学史学会の創立について記しておくべきこと」,『科学史研究』, 第Ⅱ期10巻, 100号, 201
廣重徹（1971c）「ヨーロッパ科学史の旅」,『科学朝日』, 31巻12号, 119-122
廣重徹（1972a）「科学技術の現代的意味」,『新聞研究』, 251号, 20-24

廣重徹（1972b）「巨大科学と物理学の未来」，『日本物理学会誌』，27巻4号，307-313
廣重徹（1972c）「科学者の国籍」，『日本物理学会誌』，27巻6号，443-445
廣重徹（1972d）「物理学の歴史と内的必然性」，『日本物理学会誌』，27巻10号，792-793
廣重徹（1980）『廣重徹科学史論文集　1　相対論の形成』，みすず書房
廣重徹（1981）『廣重徹科学史論文集　2　原子構造論史』，みすず書房
廣重徹（2002）『科学の社会史（上）戦争と科学』，岩波書店。『科学の社会史：近代日本の科学体制』（中央公論社，1973年）の序章から第6章を収める
廣重徹（2003）『科学の社会史（下）経済成長と科学』岩波書店。『科学の社会史：近代日本の科学体制』（中央公論社，1973年）の第7章から終章，および吉岡斉の解説を収める
廣重徹（2008）『近代科学再考』，筑摩書房
廣重徹（2012）『戦後日本の科学運動』，こぶし書房。中央公論社から1960年，1969年に刊行されたものに吉岡斉が解説を付している
廣重徹・滝田修・高橋潔・清水多吉（1969）「反大学は学問解放の砦か」，『現代の眼』，10巻7月号，194-207
廣重徹・村上陽一郎・廣松渉（1972）「近代自然観の超克」，『情況』，9月号，5-28
廣重徹・伊東俊太郎・村上陽一郎（1975）『思想史のなかの科学』，木鐸社
藤井陽一郎（1966）「廣重徹「小倉金之助論」の批判」，『科学史研究』，77号，21-29
ブハーリンほか（1934）『岐路に立つ自然科学』，唯物論研究会訳，大畑書店
ブリッヂマン（1941）『現代物理学の論理』，今田恵・石橋栄訳，創元社
ブリュー，オットー（1957）『物理学』，1-3巻，金関義則・廣重徹訳，平凡社
プランク（1928）『物理学的世界像の統一』，田辺元訳，岩波書店
星野芳郎（1956）『現代日本技術史概説』，大日本図書株式会社
星野芳郎（1958）『技術革新の根本問題』，勁草書房
星野芳郎（1960）「技術導入の10年計画——科学技術会議の答申」，『科学朝日』，20巻12号，90-91
ボルケナウ，フランツ（1935）『近代世界観成立史：封建的世界観から市民的世界観へ　マニュフアクチア時代の哲学史のための研究』上巻，横川次郎・新島繁訳，叢文閣
松川七郎（1960）「“「科学革命」についてのシンポジウム”を傍聴して」，『科学史研究』，55号，38-39
マッハ，エルンスト（1966）『認識の分析』，廣松渉・加藤尚武編訳，創文社
三木壽子（2012）「廣重徹の思い出」，『場』，No. 43, 7-10
民科京都支部委員会（1967）「民科の活動の歴史について——京都支部を中心とした総括を試みるにあたって」，『民科京都支部ニュース』，20号，5-10
民主主義科学者協会（1948）「民主主義科学者協会第三回大会議事録要約」，『社会科学』，14号，55-59

民主主義科学者協会京都支部（1949）『民主主義科学者協会京都支部会員名簿』
民主々義科学者協会京都支部（1958）『民科京都の歩み――自然科学部門篇』
民主主義科学者協会京都支部歴史部会編（1953）『祇園祭』，東京大学出版会
民主主義科学者協会物理学部会編（1953）『日本の原子力問題』，理論社
村田全（1975）「廣重徹君のこと」，『科学史研究』，第Ⅱ期，14 巻，114 号，80-84
山口省太郎（1960）「原子物理学と国民の利益　科学十ヵ年計画に原子科学者の意見」，「アカハタ」，3471 号，12 月 9 日，4
山田慶児編（1973）『人間学への試み』，筑摩書房
山田慶児（1975）「慈顔の阿修羅」，『自然』，30 巻 4 号，45-47
湯浅光朝（1961）『科学史』，東洋経済新報社
湯川秀樹（1943）『存在の理法』，岩波書店
湯川秀樹・坂田昌一・武谷三男（1951）『真理の場に立ちて』，毎日新聞社
湯川秀樹・坂田昌一・武谷三男・小川修三・藤本陽一（1965）『素粒子の探究――真理の場に立ちて』，勁草書房
吉岡斉（1984）『科学者は変わるか：科学と社会の思想史』，社会思想社
歴史科学協議会（1999）『歴史科学大系第 33 巻　民科歴史部会資料集』，校倉書房
渡辺慧（1948a）『物理学の小道にて』，アカデメイア・プレス
渡辺慧（1948b）『原子核理論の概観』，河出書房
渡辺慧（1949）「御殿場口もあり大宮口もある――素粒子論の一挿話」，『自然』，4 巻 6 号，12-16
渡部義通（1946）「日本科学者の歴史的環境と民主主義科学者の当面の任務」，『民主主義科学』，1 巻 1 号，11-20
無署名（1957）「神武景気と科学者の場合――科学者の本来的使命」，『自然』，12 巻 3 号，9
Bernal, John Desmond（1952）*Science in History*, London, Watts
Tsuneto, Toshihiko, Tetu Hirosige, and Izuru Fujiwara（1955）”Relativistic Wave Equations with Maximum Spin Two,” *Progress of Theoretical Physics*, 14: 4, 267-282

第五章

榎木英介（2014）『嘘と絶望の生命科学』文藝春秋社
小野十三郎（1943）『風景詩抄：詩集』湯川弘文社（小野：1979 に再録）
小野十三郎（1979）『定本小野十三郎全詩集：1926-1974』立風書房
加藤尚武（1992）「坂本賢三教授を追悼して――時の手足はもぎ取られてしまった」『千葉大学人文研究』第 21 号，1-7
北沢方邦・中岡哲郎・坂本賢三（1969）「大学闘争と科学・文化・技術論――現代の科学は情況分析の方法たりうるか」『現代の理論』第 6 巻第 5 号，22-41
小林敏明（2010）『〈主体〉のゆくえ：日本近代思想史への一視角』講談社
坂本賢三（1965）『技術論序説 上』合同出版

坂本賢三（1966a）「Gaston Bachelard における科学論と文学論の接点」『桃山学院大学人文科学研究』第 4 巻第 1 号，117-142
坂本賢三（1966b）『技術の進歩と労働者：生産と労働の歴史』労働調査研究所
坂本賢三（1967）「技術時代の思想」『理想』第 413 号，108-115
坂本賢三（1968）「海外だより」『国際関係研究』第 11 号，53
坂本賢三（1970）「反合理化の理論と取り組み」『日本読書新聞』1970 年 12 月 7 日付
坂本賢三（1972）「現代技術革命の課題と条件」『マネジメントガイド』第 18 巻第 2 号，38-45
坂本賢三（1974）「反科学論への疑問——科学の意味と現代」『展望』第 186 号，37-59
坂本賢三（1975a）「技術と倫理の関係について」『神戸商船大学紀要第一類文科論集』第 23 号，105-129
坂本賢三（1975b）『機械の現象学』岩波書店（本文中では「K」と表記）
坂本賢三（1978a）『現代科学をどうとらえるか』講談社
坂本賢三（1978b）「牧羊子と恋文詩——『文学室』同人の頃」『面白半分』第 13 巻第 7 号，60-61
坂本賢三（1979）「広重徹著 近代科学再考」『自然』第 34 巻第 5 号，104-105
坂本賢三（1982a）「技術と，人間の主体性」『教育と情報』第 295 号，2-7
坂本賢三（1982b）「構造主義とは何だったのか」『理想』第 592 号，21-24
坂本賢三（1984）『科学思想史』岩波書店
坂本賢三（1985a）「ハイテク時代と器文化」『聖教新聞』1985 年 3 月 21 日付
坂本賢三（1985b）「機械の思想史」竹内啓編『機械と人間』東京大学出版会，31-64
坂本賢三（1985c）「機械と人間 運命を共に」『神戸新聞』1985 年 8 月 21 日付
坂本賢三（1986）「技術時代のあるべき人間像——帆船の生活をとおして考えたこと」月尾嘉男編『人間能力と技術革新の適合』清文社，157-176
坂本賢三（1987）『先端技術のゆくえ』岩波書店
坂本賢三（1989）「『汝』から『モノ』へ：自然観の変遷」『科学朝日』第 49 巻第 12 号，105-109
坂本賢三・三藤利雄（1987）「技術革新と歴史の尺度」『現代の理論』第 24 巻第 10 号，22-35
柴田崇（2013）『マクルーハンとメディア論：身体論の集合』勁草書房
柴谷篤弘（1947）『理論生物学：動的平衡論』日本科学社
柴谷篤弘（1960）『生物学の革命』みすず書房
柴谷篤弘（1973）『反科学論：ひとつの知識・ひとつの学問をめざして』みすず書房（本文中では「H」と表記）
柴谷篤弘（1975）「『反科学』の意味するもの——諸批判にこたえる」『展望』第 194 号，60-82（柴谷：1981a，中山：1995 に再録）
柴谷篤弘（1977）『あなたにとって科学とは何か：市民のための科学批判』みすず書房

柴谷篤弘（1978）「分子生物学の終焉」『生物科学』第 30 巻第 4 号，175-175（柴谷：1981a に再録）
柴谷篤弘（1981a）『科学者は変わったか：パラダイム転換か自己発見か』朝日出版社
柴谷篤弘（1981b）「分子生物学批判―上―科学と科学史の相互浸透のために」『技術と人間』第 10 巻第 9 号，20-36（柴谷：1982c に再録）
柴谷篤弘（1981c）「分子生物学批判―下―科学と科学史の相互浸透のために」『技術と人間』第 10 巻第 10 号，33-45（柴谷：1982c に再録）
柴谷篤弘（1982a）『バイオテクノロジー批判』社会評論社
柴谷篤弘（1982b）「“人間機械論”を越えて」『聖教新聞』1982 年 9 月 4 日付（柴谷：1982a に再録）
柴谷篤弘（1982c）『私にとって科学とは何か』朝日新聞社
柴谷篤弘（1996）『われわれにとって革命とは何か：ある分子生物学者の回想』朝日新聞社
柴谷篤弘（1998）「文庫版あとがき」柴谷篤弘『反科学論』筑摩書房（柴谷：1973 の再刊），409-414
絓秀実（2012）『反原発の思想史：冷戦からフクシマへ』筑摩書房
ステント，G.S.（1972：原著 1969）『進歩の終焉：来るべき黄金時代』渡辺格・生松敬三・柳沢桂子訳，みすず書房
高木仁三郎（1999）『市民の科学をめざして』朝日新聞社
竹内啓・広重徹（1971）『転機にたつ科学：近代科学の成り立ちとゆくえ』中央公論社
天理図書館編（1997）『坂本賢三蔵書目録』天理大学出版部
中岡哲郎（1970）『人間と労働の未来：技術進歩は何をもたらすか』中央公論社
中岡哲郎（1975）「もののみえてくる過程」『展望』第 195 号，38-54（中岡：1980 に再録）
中岡哲郎（1976）「機械と人間」猪野謙二ほか編『現代世界の文学 1』岩波書店，93-108（中岡：1980 に再録）
中岡哲郎（1980）『もののみえてくる過程：私の生きてきた時代と科学』朝日新聞社
中岡哲郎（2015）「一技術史家が見た戦後七〇年（12）神戸市外国語大学に招かれる」『一冊の本』第 20 巻第 12 号，53-56
中岡哲郎・広重徹・後藤邦夫・坂本賢三（1972）「反主流の科学者・武谷三男」『現代の理論』第 9 巻第 5 号，101-128
中岡哲郎・柿原泰（2001）「インタビュー　労働・近代・技術」『現代思想』第 29 巻第 10 号，62-73
中山茂編（1995）『コメンタール戦後 50 年⑦科学技術とエコロジー』社会評論社
中山茂（2006）『科学技術の国際競争力：アメリカと日本 相剋の半世紀』朝日新聞社
林真理（2014）「柴谷篤弘と分子生物学：唱道者はどのようにして批判者になったか？」『生物学史研究』第 90 号，56-66
広重徹（1973a）「科学における近代と現代」堀米庸三編『歴史としての現代』潮出版

社，271-315（広重：1979 に再録）
廣重徹（1973b）『科学の社会史：近代日本の科学体制』中央公論社
広重徹（1979）『近代科学再考』朝日新聞社
プライス，D.（1970：原著 1963）『リトル・サイエンス ビッグ・サイエンス』島尾永康訳，創元社
室田武（1983）「機械の現象学」『國文學：解釈と教材の研究』第 28 巻第 15 号，94-95
無署名（1992）「故坂本賢三教授略年譜・業績一覧」『千葉大学人文研究』第 21 号，9-40
無署名（1996）「故坂本賢三教授業績一覧追補」『千葉大学人文研究：人文学部紀要』第 25 号，29-35
Daston, L. and P. Galison,（2007）*Objectivity*, New York: Zone Books.
Kohler, R.（1994）*Lords of the Fly: Drosophila Genetics and the Experimental Life*, Chicago: University of Chicago Press.
Strasser, B. J.（2011）"The Experimenter's Museum: GenBank, Natural History, and the Moral Economies of Biomedicine, 1979-1982", *Isis*, Vol. 102, 60-96.

第六章

阿部知子（1984）「いつ死んだのかは当人でないと分からない」技術と人間，1984 年 9 月，12-24
阿部知子（1984）「脳死，そして臓器移植への七つの疑問」，朝日ジャーナル，1984 年 11 月 2 日，94-96
朝日新聞取材班（1985）『どうする移植医療』朝日新聞社
唄孝一（1968）「心臓移植への法的提言」朝日ジャーナル，1968 年 1 月 21 日号（唄：1989 に再録）
唄孝一（1970）『医事法学への歩み』，岩波書店
唄孝一（1985）「脳死問題に対する我が法学者の対応（一, 二, 三）」，法学教室，1985 年 10 月号（61 号），78-88，11 月号（62 号），14-23，12 月号（63 号），19-27
唄孝一（1989）『脳死を学ぶ』，日本評論社
唄孝一（1989）『臓器移植と脳死の法的研究』岩波書店
藤田真一（1980）『これからの生と死』朝日新聞社
藤田真一（1984）『誤解が多すぎる「脳死」の時代　患者と家族の立場から』朝日新聞社
藤本輝夫（1970）「病理学から見た心移植の適応――循環動態との関連を中心に」最新医学 25 巻 5 号，1137-1146
後藤正治（1985）『空白の軌跡』，潮出版（『後藤正治ノンフィクション集第一巻』，ブレーンセンター，2009 年に再録）
後藤正治（1988）『きらめく生命の海よ』，潮出版（「ふたつの生命」と改題されて

『後藤正治ノンフィクション集第一巻』，ブレーンセンター，2009年再録）
北海タイムス社編（1968）『心臓移植　和田グループの記録』，誠文堂新光社
本田勝紀（1996）「過去十年間に殺人罪で告発された本邦『脳死』移植八例の医学的，倫理的問題についての総括的分析」医学哲学医学倫理，14巻，107-120
石垣純二（1972）「和田心臓移植は二重殺人である」中央公論，87巻（1972年7月号），209-218
稲生綱政，木本誠二，唄孝一，我妻栄，水野肇（1968）「心臓移植は許されるか　臓器移植の現状と問題点」法律のひろば，1968年8月号（21巻8号），6-30
岩崎洋治「臓器移植の発展に脳死認知を」，朝日ジャーナル，1984年11月2日，98-99
加藤一郎（1968）「心臓移植手術をめぐる問題点」ジュリスト，1968年10月1日号（407号），65-74
加藤一郎（1985）「脳死の社会的承認について」，ジュリスト，1985年10月1日（845）号，43-49
川上武（1968）「心臓移植は人間を救うか　進歩と退廃との間」朝日ジャーナル，1968年1月21日号（『医学と社会』，勁草書房，1968年に再録）
近畿弁護士連合会（1984）「第一決議（案）」，ジュリスト，1985年1月1.-15日号（828），200-201
小松美彦，市野川容孝，田中智彦編（2010）『いのちの選択　今，考えたい脳死・臓器移植』，岩波ブックレット
厚生省医務局編（1983）『生命と倫理に関する懇談』，薬事日報社
厚生省医務局編（1985）『生命と倫理について考える　生命と倫理に関する懇談報告』，医学書院
倉持武（2001）『哲学者の出番です　脳死移植のあしもと』，松本歯科大学出版会
共同通信社会部移植取材班編著（1998）『凍れる心臓』，共同通信社
曲直部寿夫（1968）「心臓にメスを入れる心」朝日ジャーナル，1968年1月21日号，23-25
松田道雄（1968）「人間喪失の医学」朝日ジャーナル，1968年10月20日号，109-114
松倉豊治編（1968）『一般医家のための医療過誤の諸問題』，金原出版
町野朔編（1993）『脳死と臓器移植　資料・生命倫理と法Ⅰ』，信山社
美馬達哉（2007）『〈病〉のスペクタクル　生権力の政治学』，人文書院
美馬達哉（2010）『脳のエシックス　脳神経倫理学入門』，人文書院
宮原光夫（1969）「心臓移植時における生死の判定」内科23巻5号，850-853
水野肇（1990）『インフォームド・コンセント』中公新書
中川米造（1968）「心臓移植が投げかけた問題」朝日新聞1968年6月7日
日本移植学会編（1983）『脳死と心臓死の間で　死の判定をめぐって』，メジカルフレンド社
日本移植学会編（1985）『続：脳死と心臓死の間で 臓器移植と死の判定』，メヂカルフレンド社

新美育文（1976）「承諾なき乳腺摘出手術」別冊ジュリスト 50 号『医事判例百選』，82-83
脳死立法反対全国署名活動委員会（1984）「反『脳死』ならびに『脳死立法』反対の宣言」，ジュリスト，1985 年 1 月 1-15 日号（828），201-202
櫛島次郎（2012）『精神を切る手術　脳に分け入る科学の歴史』，岩波書店
大谷實，小林宏志（1971）「臓器移植をめぐって」刑法雑誌，17 巻，3 = 4 号，61-84
大谷実（1980）『医療行為と法』弘文堂
青年医師連合東大支部（1978）『現代の医療被害』，三一書房
榊原仟，唄孝一，我妻栄，宮沢俊義，鈴木竹雄（1968）「心臓移植をめぐる問題」ジュリスト，1968 年 5 月 15 日（397 号）14-24
佐藤悠（1985）「臓器移植についての世論調査」，日本移植学会編『続：脳死と心臓死の間で　臓器移植と死の判定』メヂカルフレンド社，226-232
生命倫理研究議員連盟編（1985）『脳死・移植　政治と生命倫理』エフエー出版
青年医師連合東大支部（1978）『現代の医療被害』三一書房
橘直矢（1969）「生と死と麻酔医と」内科 23 巻 5 号，845-849（東大 PRC 企画委員会編：1986 に再録）
立花隆（1986）『脳死』中央公論社
立花隆（1988）『脳死再論』中央公論社
立花隆（1992）『脳死臨調批判』中央公論社
竹内一夫（2010）「まだ明確でない死の認定」，『不帰の途——脳死をめぐって』信山社
藤堂安人（1983）「揺れ動く『脳死観』　個体死か否か　コンセンサス作りを模索」，日経メディカル，1983 年 11 月号，52-59
時実利彦（1969）「“脳死と脳波に関する委員会”中間報告」日本医事新報，2358, 106
東大 PRC 企画委員会編（1986）『脳死（増補改訂版）』技術と人間社
植木幸明（1974）「脳の急性一次性粗大病変における『脳死』の判定基準」日本医事新報，2636 号，31-34
植松正（1967）「臓器移植に関する法律問題」移植（1 巻 4 号），1-6（1966 年日本移植学会総会での講演録）
植松正（1968）「心臓移植・死体損壊・死の判定」ジュリスト，1968 年 10 月 1 日号（407 号）60-64
植松正，林田健男，上野佐，藤木英雄，福田平（1970）「心臓移植事件の不起訴処分をめぐって」ジュリスト 1970 年 11 月 15 日号（466）48-64
梅原猛編（1992）『脳死は死でない。』思文閣出版
和田寿郎，他（1969）「心臓移植手術の臨床」，日本医事新報，1969 年 11 月 16 日（2325 号），3-6
和田寿郎（1992）『あれから 25 年「脳死」と「心臓移植」』，かんき出版
和田心臓移植を告発する会（1970）『和田心臓移植を告発する』，保健同人社
渡辺淳一（1968）「ダブル・ハート」オール讀物 1968 年 9 月号（渡辺淳一全集第一巻

『死化粧　光と影』，角川書店，1996 年に再録)
渡辺淳一（1976)『白い宴』角川文庫（『小説・心臓移植』を加筆改題したもの）
柳田邦男編（1996)『元気が出るインフォームド・コンセント』，中央法規出版
横田弘（2015)『増補新装版　障害者殺しの思想』，現代書館
読売新聞解説部（1985)『いのち最先端　脳死と臓器移植』読売新聞社
米本昌平（1988)『先端医療革命』中公新書
吉村昭（1969)『神々の沈黙　心臓移植を追って』，朝日新聞社（文春文庫，1984 年で再版）
吉村昭（1971)『消えた鼓動　心臓移植を追って』，筑摩書房（ちくま文庫，1986 年で再版）
Beecher, Henry K.（1968）“Ethical problems created by the hopelessly unconscious patient” NEJM 278: 1425-1430（June 27, 1968）
Blaiberg, Philip（1968）, Looking at My Heart. TIME Inc.『第二の心臓』福島正光訳，タイムライフブックス，1969 年
Faden, Ruth R. and Beauchamp, Tom L.（1986）*A History and Theory of Informed Consent*. Oxford University Press『インフォームド・コンセント　患者の選択』酒井忠昭，秦洋一訳，みすず書房，1994 年
Feldman, E. A.（2000）*The Ritual of Rights in Japan: Law, Society, and Health Policy*. Cambridge University Press
Fox, Renee, C and Swazey, Judith P.（1992）*Spare Parts: Organ Replacement in American Society*. Oxford University Press『臓器交換社会　アメリカの現実・日本の近未来』森下直貴，倉持武，窪田倭，大木俊夫訳，青木書店，1999 年
Giacomini, M.（1997）“A Change of Heart and a Change of Mind? Technology and the Redefinition of Death in 1968”, Soc Sci Med 44: 1465-82
Jonsen, Albert R.（1998）, *The Birth of Bioethics*, Oxford University Press『生命倫理学の誕生』，細見博訳，勁草書房，2009 年
Leflar, Robert B.（2002）,『日本の医療と法　インフォームドコンセント・ルネッサンス』長澤道行訳，勁草書房（日本オリジナル版，元論文は ”Informed Consent and Patients’ Rights in Japan” Houston Law Review 33（1996））
Lock, Margaret（2001）*Twice Dead: Organ Transplants and the Reinvention of Death*, University of California Press『脳死と臓器移植の医療人類学』坂川雅子訳，みすず書房，2004 年
Pallis, Christpher（1983）, *ABC of Brain Stem Death*, BMJ Press『人間の死と脳幹死』，植村研一訳，医学書院，1984 年
President Commission for the Study of Ethical Problems in Medicine and Biomedical and Behavioral Research（1983）*Summing Up: Final Report on Studies of the Ethical and Legal Problems in Medicine and Biomedical and Behavioral Research*,『アメリカ大統領委員会生命倫理総括レポート』厚生省医務局医事課監訳篠原出版，1984 年
Report of the Ad Hoc Committee of the Harvard Medical School to Examine the

Definition of Brain Death (1968), "A Definition of Irreversible Coma", JAMA Aug 5, 205: 85-8.

Rothman, David (1991) *Strangers at the Bedside: A History of How Law and Bioethics Transformed Medical Decision Making*, Basic Books『医療倫理の夜明け 臓器移植・延命医療・死ぬ権利をめぐって』,酒井忠昭訳,晶文社,2000 年

Tooley, Michael, "Abortion and Infaticide" Philosophy and Public Affairs 1 (1) 1971.『妊娠中絶の生命倫理』江口聡編,勁草書房,2015 年に所収

Vogel, Ezra F. (1979) *Japan As Number One*. Harvard University Press.『ジャパン アズ ナンバーワン:アメリカへの教訓』,広中和歌子,木本彰子 訳,TBS ブリタニカ,1979 年

Wijdicks, E. F. M (2003) "The Neurologist and Harvard Criteria for Brain Death" Neurology, 61: 970-6,

Wolstenholme, G.E.W. and O'Connor, M. ed. (1966) *Ethics in Medical Progress: With Special Reference to Transplantation*. Little, Brown and Co.

第七章

＊本文中で触れたすべての文献や資料について網羅的にあげているわけではない。逆に本文中にはなくても,情報的価値の故に掲載している本もある。また翻訳書の場合,文中では原著刊行年を記載してある。

阿川弘之 (1952)『春の城』,『阿川弘之全集』第一巻所収,新潮社 (2005)

阿川弘之 (1954)『魔の遺産』新潮社:PHP 研究所文庫 (2002)

秋元健治 (2014)『原子力推進の現代史』現代書館

浅田次郎他編 (2011)『ヒロシマ・ナガサキ』集英社

渥美饒児 (2011)『原子の闇』上下巻,中央文庫

新井克昌 (2007)『日本列島放棄』文藝春秋企画出版部

安藤裕子 (2011)『反核都市の論理』三重大学出版会

飯田哲也・佐藤栄佐久・河野太郎 (2011)『「原子力ムラ」を超えて』NHK 出版

いいだもも (1965)『アメリカの英雄』河出書房新社

生田直親 (1983)『東海村原発殺人事件』徳間書店

生田直親 (1988)『原発・日本絶滅』カッパ・ノベルス:光文社文庫 (1999)

池内了 (2014)『科学・技術と現代社会』上下巻,みすず書房

池澤夏樹 (2014)『アトミック・ボックス』毎日新聞社

石丸小四郎他 (2013)『福島原発と被曝労働』明石書店

石牟礼道子 (1969)『苦海浄土』講談社:池澤夏樹編『世界文学全集』III-04,河出書房新社 (2011)

井上光晴 (1963)『地の群れ』河出書房新社

井上光晴 (1986)『西海原子力発電所』文藝春秋:『西海原子力発電所 輸送』講談社

文芸文庫（2014）
井上光晴（1989）『輸送』文藝春秋
井伏鱒二（1966）『黒い雨』新潮社
今井祐行（1976）『あるハンノキの話』偕成社
今中哲二（2012）『低線量放射線被曝』岩波書店
今中哲二他（2014）『熊取六人衆の脱原発』七ツ森書館
今堀誠二（1959-60）『原水爆時代』上下巻，三一書房
岩井俊二（2012）『番犬は庭を守る』幻冬舎
ウェラー，G. & A. ウェラー編（2007：原著 2006）『ナガサキ昭和 20 年夏』小西紀嗣訳，毎日新聞社
宇吹暁（2014）『ヒロシマ戦後史』岩波書店
内田康夫（1985）『赤い雲伝説殺人事件』廣済堂出版
江刺昭子（1971）『草饐』濤書房
大江健三郎（1965）『ヒロシマ・ノート』岩波書店
大江健三郎・重藤文夫（1971）『対話 原爆後の人間』新潮社
大江健三郎（1973）『洪水はわが魂に及び』新潮社
大江健三郎（1976）『ピンチランナー調書』新潮社
大江健三郎（1982）『核の大火と「人間」の声』岩波書店
大江健三郎（1970）『核時代の想像力』増補版，新潮社：(2007)
大田洋子（1948）『屍の街』中央公論社：完全版は冬芽書房（1950）
大田洋子（1951）『人間襤褸』河出書房：『大田洋子集』第二巻所収，三一書房（1982）
大田洋子（1954）『半人間』大日本雄弁会講談社：『大田洋子集』第一巻所収，三一書房（1982）
大田洋子（1954）「残醜点々」：『大田洋子集』第一巻，三一書房（1982）
大田洋子（1955）『夕凪の街と人と』ミリオンブックス：『大田洋子集』第三巻所収，三一書房（1982）
大庭みな子（1977）『浦島草』講談社
荻野アンナ（2004）『アンナのエネルギー観光』梱出版社
奥田博子（2010）『原爆の記憶』慶應義塾大学出版会
小田実（1981）『HIROSHIMA』講談社
オブライエン，T.（1989：原著 1985）『ニュークリア・エイジ』村上春樹訳，上下巻，文藝春秋：文春文庫（1994）
織井青吾（2005）『原子爆弾は語り続ける』社会評論社
海渡雄一（2011）『原発訴訟』岩波書店
「核戦争の危機を訴える文学者の声明」署名者（1983）『日本の原爆文学』全一五巻，ほるぷ出版
影書房編集部編（1994）『狼火はいまだあがらず』影書房
柿谷浩一編（2011）『日本原発小説集』水声社
風見梢太郎（2014）『風見梢太郎 原発小説集』光陽出版社

金森修（2005）『遺伝子改造』勁草書房
金森修（2011a）「カズオ・イシグロ『わたしを離さないで』：〈公共性〉の創出と融解」，『現代思想』七月臨時増刊号，Vol. 39-9, 86-89.
金森修（2011b）"After the Catastrophe— Rethinking the Possibility of Breaking with Nuclear Power", *Peace from Disasters*, Proceedings of HiPec International Peacebuilding Conference 2011, September 18-19, 2011, Hiroshima International Conference Hall, 87-92.
金森修（2011c）「公共性の黄昏」，『現代思想』vol. 39, no. 18, 136-150.
金森修（2012a）「〈放射能国家〉の生政治」，檜垣立哉編『生命と倫理の原理論』大阪大学出版会，85-108.
金森修（2012b）「自律的市民の〈叛乱〉のために」，『Kototoi』Vol. 002, 63-75.
金森修（2012c）「システムの信用失墜と機能不全」，藤原書店編集部編『3・11 と私』藤原書店，320-323.
金森修（2013a）「客観性の政治学」，金森修編『エピステモロジー』序論，慶應義塾大学出版会，5-34.
金森修（2013b）「虚構に照射される生命倫理」，粟屋剛・金森修編『生命倫理のフロンティア』丸善出版，1-20
金森修（2013c）「3・11 の科学思想史的含意」，アステイオン編集委員会編『アステイオン』第七八号，79-94.
金森修（2014a）「科学批判学の未来」，『現代思想』vol. 42, no. 12, 126-144.
金森修（2014b）「科学と可能的・幻想的世界」，『科学フォーラム』（東京理科大学），通巻三六六号，20-23.
金森修（2015a）「〈自発的隷従〉の回避へ」，『iichiko』No. 125, Winter 2015, 108-114.
金森修（2015b）“The biopolitics of contemporary Japanese society”，法政大学国際日本学研究所編『受容と抵抗』国際日本学研究叢書二二，137-151.
金森修（2015c）『科学の危機』集英社
金森修（2015d）「限界体験の傷口」，内田隆三編『現代社会と人間への問い』せりか書房所収
カルディコット，H. 監修（2015）『終わりなき危機』河村めぐみ訳，ブックマン社
川村湊（2011）『原発と原爆』河出書房新社
川村湊（2013）『震災・原発文学論』インパクト出版会
北川貢一（2000）『原発』文芸社
北村博司（2011）『原発を止めた町』現代書館
木村朗子（2013）『震災後文学論』青土社
木村友祐（2014）『聖地 Cs』新潮社
清塚邦彦（2009）『フィクションの哲学』勁草書房
クック，S.（2011：原著 2009）『原子力 その隠蔽された真実』藤井留美訳，飛鳥新社
黒田光太郎・井野博満・山口幸夫編（2012）『福島原発で何が起きたか』岩波書店
原子力市民委員会（2014）『脱原子力政策大綱』宝島社

黒古一夫（1993）『原爆文学論』彩流社
現代詩人会編（1954）『死の灰詩集』宝文館
『現代思想』（2011）vol. 39-7，特集：東日本大震災，青土社
小出裕章（2014）『100 年後の人々へ』集英社
こうの史代（2004）『夕凪の街 桜の国』双葉社
小海永二（1984）『原民喜』国文社
小林圭二（1994）『高速増殖炉もんじゅ』七ツ森書館
後藤みな子（1972）『刻を曳く』河出書房新社
後藤みな子（2012）『樹滴』深夜叢書社
斉藤栄（1996）『殺人本線日本海』中央公論社
笹本征男（1995）『米軍占領下の原爆調査』新幹社
佐多稲子（1972）『樹影』講談社：講談社文芸文庫（1988）
沙籐一樹（2000）『プルトニウムと半月』角川ホラー文庫
篠田節子（2002）『静かな黄昏の国』角川書店
島薗進（2013）『つくられた放射線「安全」論』河出書房新社
真保裕一（1991）『連鎖』講談社
周防柳（2014）『八月の青い蝶』集英社
絓秀実（2012）『反原発の思想史』筑摩書房
鈴城雅文（2005）『原爆＝写真論』窓社
青来有一（2006）『爆心』文藝春秋：文春文庫（2010）
瀬尾健（1995）『原発事故』風媒社
関沢まゆみ編（2010）『戦争記憶論』昭和堂
添田孝史（2014）『原発と大津波 警告を葬った人々』岩波書店
外岡秀俊（2012）『震災と原発 国家の過ち』朝日新聞出版
高木仁三郎（1981）『プルトニウムの恐怖』岩波書店
高木仁三郎（2000）『鳥たちの舞うとき』工作舎
高木仁三郎（2011）『チェルノブイリ原発事故』新装版，七ツ森書館
高嶋哲夫（1999）『イントゥルーダー』文藝春秋
高橋和巳（1965）『憂鬱なる党派』河出書房新社
高橋源一郎（2011）『恋する原発』講談社
高橋眞司（1994）『長崎にあって哲学する』北樹出版
高村薫（1995）『神の火』改稿版，上下巻，新潮社文庫
武田泰淳（1953）『第一のボタン』新潮社
武谷三男編（1976）『原子力発電』岩波書店
竹西寛子（1978）『管弦祭』新潮社
つかこうへい（1986）『ヒロシマに原爆を落とす日』角川書店
手塚治虫他（2013）『原発といのち（漫画家たちの戦争）』金の星社
土井淑平（2012）『原発と御用学者』三一書房
東京原爆症認定集団訴訟を記録する会編（2012）『原爆症認定訴訟が明らかにしたこ

と』あけび書房
東京新聞原発事故取材班（2012）『レベル7』幻冬舎
徳山喜雄（2005）『原爆と写真』御茶の水書房
戸田清（2012）『〈核発電〉を問う』法律文化社
豊島与志雄（1999-2000）『豊島与志雄童話作品集』全三巻，銀貨社
トリート，J.W.（2010：原著1995）『グラウンド・ゼロを書く』水島裕雅・成定薫・野坂昭雄訳，法政大学出版局
長井彬（1981）『原子炉の蟹』講談社：新装版，講談社文庫（2011）
永井隆（1949）『長崎の鐘』日比谷出版社：サンパウロ（1995）
長岡弘芳（1973）『原爆文学史』風媒社
長岡弘芳（1977）『原爆民衆史』未来社
中川保雄（2011）『放射線被曝の歴史』増補版，明石書店
中沢啓治（1987）『はだしのゲン』全一〇巻，汐文社：（発表は1973-1985）
中沢啓治（2012）『はだしのゲン わたしの遺書』朝日学生新聞社
中沢啓治（2014）『黒い雨にうたれて』『中沢啓治著作集②』垣内出版
中澤正夫（2007）『ヒバクシャの心の傷を追って』岩波書店
中村敦夫（2010）『暴風地帯』角川書店
成田龍一（2010）『「戦争経験」の戦後史』岩波書店
新形信和（2014）『日本人はなぜ考えようとしないのか：福島原発事故と日本文化』新曜社
西尾漠（2012）『なぜ即時原発廃止なのか』緑風出版
農文協編（2012）『脱原発の大義』農山漁村文化協会
野坂昭如（1984）『乱離骨灰鬼胎草』福武書店
野坂昭如（2012）『終末処分』幻戯書房
バゴット，J.（2015：原著2010）『原子爆弾1938〜1950年』青柳伸子訳，作品社
ハーシー，J.（2003：原著1985）『ヒロシマ』増補版，法政大学出版局：（原著初版は1946）
林京子（2000）『長い時間をかけた人間の経験』講談社
原民喜（1949）『夏の花』能楽書林
原民喜（1973）『夏の花・心願の国』新潮文庫
東野圭吾（1995）『天空の蜂』講談社：講談社文庫（1998）
樋口健二（2011）『闇に消される原発被曝者』増補新版，八月書館：初版，三一書房（1981）
肥田舜太郎（2012）『内部被曝』扶桑社
広河隆一（2011）『福島 原発と人びと』岩波書店
広瀬隆（1987）『危険な話』八月書館
福永武彦（1971）『死の島』上下巻，河出書房新社：講談社文芸文庫，上下巻（2013）
福間良明（2009）『「戦争体験」の戦後史』中央公論新社
福間良明（2011）『焦土の記憶』新曜社

福間良明・吉村和真・山口誠編（2012）『複数の「ヒロシマ」』青弓社
藤田祐幸（1996）『知られざる原発被曝労働』岩波書店
藤林和子（1999）『原発の空の下』東銀座出版社
船橋洋一（2012）『カウントダウン・メルトダウン』上下巻，文藝春秋
ブール，D. & K. ホワイトサイド（2012：原著 2010）『エコ・デモクラシー』松尾日出子・中原毅志監訳，明石書店
古川日出男（2011）『馬たちよ，それでも光は無垢で』新潮社
ブロデリック，M. 編（1999：原著 1996）『ヒバクシャ・シネマ』柴崎昭則・和波雅子訳，現代書館
堀田善衛（1963）『審判』岩波書店
堀江邦夫（2011）『原発ジプシー』増補改訂版，現代書館：初版，現代書館（1979）
本田宏（2005）『脱原子力の運動と政治』北海道大学図書刊行会
本間龍（2012）『電通と原発報道』亜紀書房
松本直治（1981）『原発死』現代書林：増補改訂版，潮出版（2011）
真山仁（2008）『ベイジン』東洋経済新報社：幻冬舎文庫，上下巻（2010）
マンガーノ，J.J.（2012：原著 2008）『原発閉鎖が子どもを救う』戸田清・竹野内真理訳，緑風出版
三島由紀夫（1962）『美しい星』新潮社：新潮文庫，改版（2003）
水田九八二郎（1995）『原爆児童文学を読む』三一書房
水田九八二郎（1997）『原爆文献を読む』中央公論新社文庫
水上勉（1984）『鳥たちの夜』上下巻，集英社
水上勉（1997）『故郷』集英社
三宅泰雄（1972）『死の灰と闘う科学者』岩波書店
宮崎駿（1983-95）『風の谷のナウシカ』Animage Comics ワイド版，全七巻，徳間書店
村上親康（2007）『広島の白い空』文芸社
森江信（1989）『原発被曝日記』改稿版，講談社文庫：初版，技術と人間（1979）
矢部宏治（2014）『日本はなぜ，「基地」と「原発」を止められないのか』集英社インターナショナル
山岡淳一郎（2011）『原発と権力』筑摩書房
山川元（2004）『東京原発』竹書房
山岸涼子（2010）『夏の寓話』潮出版社
山田真（2014）『水俣から福島へ』岩波書店
山本昭宏（2012）『核エネルギー言説の戦後史 1945-1960』人文書院
ヨーク，H.（1982：原著 1976）『水爆を製造せよ』塩田勉・大槻義彦訳，共立出版
吉岡斉（2011）『新版 原子力の社会史』朝日新聞社
吉岡斉（2012）『脱原子力国家への道』岩波書店
吉羽和夫（1969）『原子力問題の歴史』河出書房新社
吉村萬壱（2014）『ボラード病』文藝春秋

吉本隆明（1982）『「反核」異論』深夜叢書社
吉原公一郎（1988）『破断』社会思想社
リフトン，R.J.（2009：原著 1968）『ヒロシマを生き抜く』：上下巻，岩波現代文庫：『死の内の生命』湯浅信之他訳，朝日新聞社（1971）改題
ローズ，R.（2001：原著 1995）『原爆から水爆へ』上下巻，小沢千重子・上沼二真訳，紀伊國屋書店
ローゼンバーグ，H.L.（1982：原著 1980）『アトミックソルジャー』中尾ハジメ，アイリーン・スミス訳，社会思想社
ロビンソン，F.M.（1976：原著 1975）『プロメテウス・クライシス』井坂清訳，徳間書店
若杉冽（2013）『原発ホワイトアウト』講談社
早稲田文学 記録増刊（2012）『震災とフィクションの“距離”』早稲田文学会
渡辺広士（1978）『終末伝説』新潮社
★映像
今村昌平監督（1989）『黒い雨』
キューブリック，S. 監督（1964）『博士の異常な愛情』
黒木和雄監督（1988）『明日』
黒澤明監督（1955）『生きものの記録』
佐々部一清監督（2007）『夕凪の街 桜の国』
新藤兼人監督（1988）『さくら隊散る』
関川秀雄監督（1953）『ひろしま』
ニコルズ，M. 監督（1983）『シルクウッド』
長谷川和彦監督（1979）『太陽を盗んだ男』
ブリッジス，J. 監督（1979）『チャイナ・シンドローム』
山川元（2002）『東京原発』

編著者略歴

1954年札幌生まれ.
東京大学大学院人文科学研究科博士課程単位取得退学, 博士（哲学・パリ第一大学）.
筑波大学講師, 東京水産大学助教授などを経て, 東京大学大学院教育学研究科教授.
専門は, フランス哲学, 科学思想史, 生命倫理学.
著書に,『バシュラール』(講談社, 1996年),『サイエンス・ウォーズ』（東京大学出版会, 2000年：新装版, 2014年),『科学的思考の考古学』（人文書院, 2004年),『〈生政治〉の哲学』（ミネルヴァ書房, 2010年),『科学の危機』（集英社, 2015年),『知識の政治学』（せりか書房, 2015年),『科学思想史の哲学』（岩波書店, 2015年）他.
2016年5月, 逝去.

昭和後期の科学思想史

2016年6月26日　第1版第1刷発行

編著者　金《かな》森《もり》　修《おさむ》
発行者　井村寿人

発行所　株式会社　勁《けい》草《そう》書房

112-0005　東京都文京区水道2-1-1　振替　00150-2-175253
電話（編集）03-3815-5277／FAX 03-3814-6968
電話（営業）03-3814-6861／FAX 03-3814-6854
港北出版印刷・牧製本

ISBN978-4-326-10252-5　Printed in Japan